海康威视
ITS 2.0 的践行者

云图交通，畅享生活
为了更安全、更高效、更舒适的交通出行

优化交通信息综合感知体系

优化图像质量： 低照度、防抖、透雾、全景拼接等
车辆特征精准识别： 车身颜色、车辆品牌、车头特征、车辆挂饰等
交通违法行为精准识别： 闯红灯、不系安全带、开车打电话、远光灯、礼让行人、行人闯红灯等
宏观交通行为采集： 道路交通事件检测、交通参数采集、OD与交通迁徙分析

提升交通数据运用能力

云存储： 海量数据资源存储，无限扩容，高性能并发读写
云分析： 视频图片结构化、深度挖掘图像特征信息，优化数据价值
大数据： 海量数据、特征碰撞与比对，有力支撑交通管理

改善可视化交通管理应用体验

以公安交通集成指挥平台为核心，充分整合资源、实现自适应信号控制、数据可视化、无线视频指挥调度、交通违法综合管理、事件检测与管理、可视化道路综合管控、交通态势分析与研判。
以云端互联网交通信息平台为核心，开展互联网交通违法举报、互联网交通信息发布与交互应用，打造全民参与、全民共享互动的智慧交通平台

00-700-5998　　www.hikvision.com

科技呵护未来
First Choice for Security Professionals

股票代码：002415　微博：@海康威视hikvision

海康威视
官方微信

萤石智能生活
订阅号

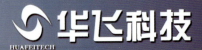

安徽国华智能交通科技有限公司

国华智能　智通天下

安徽国华智能交通科技有限公司拥有一支以"国家科学进步一等奖获得者"为首的十余名国家著名大学毕业的高精尖技术人才为核心的技术研发团队，是一家专业从事智能驾考、智能驾培和智慧交通应用软件研发及专用设备生产、销售和安装的高新技术企业，是国内少数几家规模较大的智能驾考、驾培和智慧交通产品供应商。目前已形成业务覆盖全国26个省（直辖市、自治区）的业务辐射规模，处于国内同行业领先地位。

■ 智能驾考

系列产品包括机动车驾驶人科目二场地考试系统、机动车驾驶人科目三考试系统、军队驾驶人考试系统、驾驶人考试监管系统等，系统拥有自主知识产权的虚拟传感器检测技术和3D仿真监控监管技术的双重保障，采用先进的GNSS高精度卫星定位、电子传感、数据处理、无线传输等技术，保证系统兼容性扩展性更强、科技含量更高、运行稳定性强度更高。

■ 智能驾培

系列产品包括安易学车APP、安易学车驾校ERP管理系统、安易学车机动车驾驶员计时计程培训系统平台、电子教练、机动车场地驾驶技能模拟系统（科目二）、机动车驾驶人实际道路驾驶技能模拟系统（科目三）等，通过一系列配套齐全的智能化监管系统和设备，实现驾校打造从学员招收、驾驶基础知识学习、计时计程培训、模拟考试，到整个驾校运维管理把控的全智能化培训及管理模式。

■ 智能交通

立足于现代城市交通智能化建设，城市智能交通运维管理系统运用交通大数据分析为公安交通管理部门模拟提高交通能力，提供智能分析和决策。

国华智能，值得您信赖的驾考专家

地址：安徽省合肥市高新区置地创新中心24楼（长江西路与创新大道交口西南角）
电话：0551-65368466/65326466　售后服务专线：0551-65575096
网址：http://www.ahguohuagroup.com

官方微信

手机网站

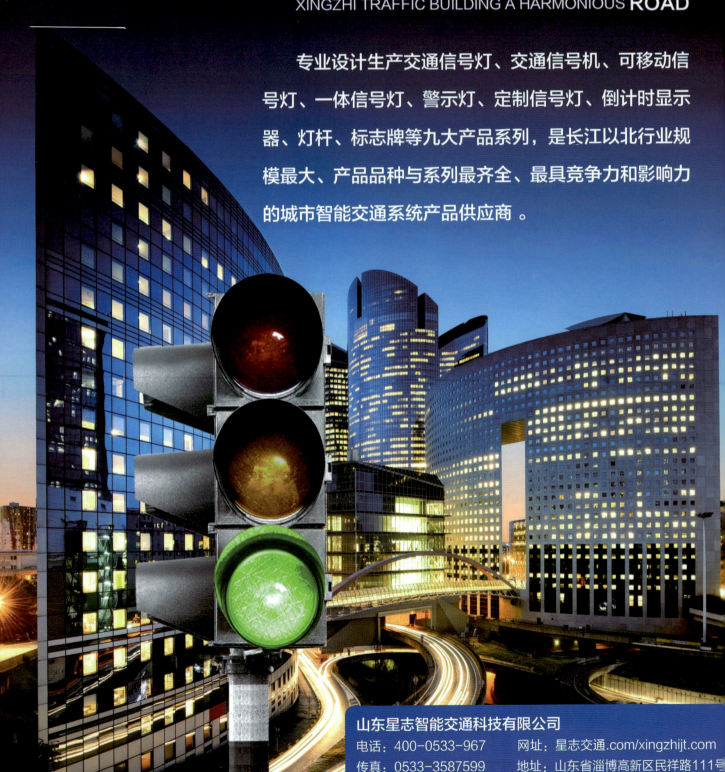

山西禾源科技股份有限公司
Shanxi Heyuan Technology Co., Ltd.

股票代码：871449

山西禾源科技股份有限公司成立于 2000 年 10 月，主营业务涉及智能交通、智能安防、智能防雷、系统集成、智能气象等工程的设计、施工及技术咨询服务。公司成立 17 年以来，为近 5000km 的高速公路业主提供了有关智能交通、智能雷电防护及机房建设等专业服务，积累了丰富的经验和多项行业领先技术。2017 年 5 月 26 日在全国中小企业股份转让系统（新三板）正式挂牌。

禾源科技为客户提供专业的高速公路机电系统及交通安全管理解决方案，主要包括高速公路智能防雷安全一体化解决方案、基于人工智能 AI 的交通路况感知及数据采集系统、基于人工智能 AI 的高速公路自动雷达事件监测解决方案、隧道应急引导逃生解决方案、道路作业安全管理系统、公路桥梁健康管理及超载超限快速预检系统等。

高速公路智能微波自动实景（事件）监测系统

世界领先的全天候低误报率交通智能感知核心科技

◆ 全天候工作：适应所有眩光、黑夜、雨、雪、雾、烟、尘、火灾条件
◆ 极低误报率：真正的 24 小时＜1 次
◆ 实时响应：＜10s
◆ 交通实况实景感知：实时目标的经纬度、速度、方向角、方向角米
◆ 监测距离远（半径 500m，直径 1000m）
◆ 监测范围广（360° 覆盖双向车道、匝道、立交、交叉路口、收费广场及服务区）

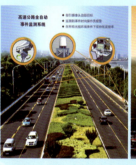
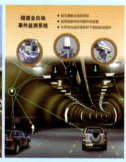

隧道应急引导逃生系统

提供交通事件信息报警并及时指示逃生路线

包括了微波自动实景事件监测系统、火灾定位系统、温度传感器、烟感传感器、风向风速仪、远程监控中心的一套整体解决方案，为司乘人员提供交通事件信息报警并及时提示逃生路线。

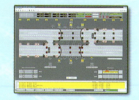

公路桥梁健康管理及超载超限快速预检系统

保障道路安全、路产资产健康的核心科技

◆ 评估桥梁的安全性及可承受的最大交通负载，分析桥面损耗度与寿命
◆ 无损安装：安装在桥梁下方，无需破坏路面
◆ 无需停车：记录车辆的准确通过时间、车重、车速、车型、轴组负荷、轴间距等
◆ 对超载超限车辆预警预告，可集成车牌识别系统

禾源北斗（BDS）道路作业安全管理系统

道路作业者和道路管理者的安全保障

◆ 道路交通事件信息管理系统（交通安全管理单位）
◆ 道路路政信息管理系统（路政巡查、管理）
◆ 道路养护信息管理系统（道路养护施工作业）

地址：山西省太原市高新区亚日街同昌创业园 5 层　电话：+86（351）3524355；+86（351）3525233

深圳北斗应用技术研究院
Shenzhen Institute of Beidou Applied Technology

深圳北斗应用技术研究院有限公司（简称"北斗院"），是由中国科学院深圳先进技术研究院和南山区政府共建的新型研发机构。现已逐渐成为智慧交通和大数据服务领域内有一定影响力的创新型企业。

北斗院致力于将大数据应用于智慧城市的方方面面。通过对城市大数据的分析来提升智能化水平：开发的"城市管理中央控制平台"，实现城市精细化管理，已在宝安区政府实际使用。提供数据驱动的交通运行、组织优化及出行链服务：通过北斗数据计算公交车实际运营里程，实现对城市公交补贴的科学管理，推广至全国每年可节省经费上百亿元；

通过北斗、交通卡、手机等数据实时计算城市客流及路况，进行公交车的动态智能调度，用大数据改变传统公交的运营模式，实现传统公交与互联网定制公交模式的有机融合；通过地铁客流、慢行交通、充电桩选址等分析，为城市绿色出行提供决策支持。

联系电话：0755-86539692

地址：深圳市南山区西丽学苑大道1068号中科院深圳先进技术研究院F栋4楼

瞬通护栏
SUNTOPFENCE
上海世博会护栏指定供应商

智慧城市用智慧护栏

运用物联网技术，云端通信传输，
打通智慧城市最后一公里壁垒，
实现交通管理的全面智能化……

智慧护栏1#

Z1-B智慧报警型、Z1-Q智慧取证型、Z1-G智慧可视型
产品功能： 自动报警，快速施救，减少次生事故，固定证据，及时维护，确保通行安全，主动信息传递，具有综合管理能力。
国家发明专利
ZL 2013 1 02452098.5

智慧护栏3#

智能检测护栏

产品功能： 实现道路信息采集及空气质量采集的信息主动传递。

智慧护栏2#

马路机器人——智能变道护栏

核心功能： 通过智能变更车道，解决进出城区早晚高峰节点拥堵。

实用新型专利
ZL 2014 2 0492529.5

扫一扫更多方案

智慧护栏简介

　　江苏瞬通集团国内独创智慧护栏系列创新产品；智慧护栏大胆突破传统制造业的桎梏，运用物联网技术，结合IT云端传输系统，实现城市智慧交通，于2014年7月份通过江苏省经信委、科技厅、公安部科研所、国家化工研究院、清华大学、同济大学、南京理工大等政府主管部门及科研单位组织的新技术、新产品科技成果鉴定，列入江苏省物联网重点推广项目，获得第七届中国道路安全产品博览会创新产品奖。

深圳工程实例

全国服务热线：**400-108-0855**

江苏瞬通交通设施有限公司
总部地址：江苏省常州市钟楼开发区合欢路56号

江苏爱可青实业有限公司(全资子公司)
生产基地：江苏省淮安市金湖县涂沟镇工业集中区30号

广东方纬科技有限公司

广东方纬科技有限公司成立于2003年，前身为广州市方纬交通科技有限公司，2013年正式更名为东方纬科技有限公司。2016年，在佳都新太股份有限公司以股权转让和直接出资方式向我公司注资以来方纬科技联同中山大学智能交通研究中心、佳都新太形成了"产、学、研、用"的战略合作模式，形了一支由学科带头人、技术研发专家、项目实施专家组成的精英团队，共同推进智能交通产品和服务普适应用。

方纬科技拥有信息系统集成及服务、广东省高新技术企业、安全技术防范系统设计、施工、维修资质。公司先后承担了国家重点研发计划战略性国际科技创新合作重点专项项目"特大城市智能交通统构建与关键技术合作"、广东省警民通大数据公共服务平台及其创新应用等国家、省市各类科研项十余项。截止2017年6月底，累计已取得93项计算机软件著作权、29项软件产品登记和11项发明专利先后荣获国家安监总局安全生产科技成果奖三等奖等众多奖项。

经过多年的技术沉淀以及产品项目应用，方纬科技提出了新一代智慧交通IDPS体系，在智能交通划设计、支撑应用平台开发、交通信息系统集成、大数据研判分析以及交通信息服务等领域形成了成的产品和服务。方纬科技结合多年的信号控制优化服务经验，开发的交通信号控制优化管理系统，对口进行基础信息的电子化建档、数字化分类存储、移动化巡查优化以及自动化舆情管理，实现了信号制优化的全生命周期管理。方纬科技结合腾讯、华为等的大数据、云计算以及人工智能能力，开发了据驱动、问题导向的大数据智能决策支持平台，从交通需求、交通容量、交通状态三个维度分析解决市道路拥堵问题，实现了路况的实时分析以及短时预测、信号配时方案的评估以及自适应优化、路网载力的分析评估等。在交通信息服务行业，方纬科技根据广大群众在交通出行以及保险活动中的参与为数据，推出面对消费者的按天计算保费型车险和基于驾驶行为习惯计算保费型车险的新型保险产品以满足不同出行需求的用户受众。

目前，合肥市高新区已经采集了118公里道路基础设施构建了基于高精度交通安全设施准实景信息据库的GIS-T交通地理信息数字化管理平台，部署了8套视频交通检测软件，接入了14路视频（最大支64路）。在此基础上，建立了交通信号控制优化平台，实现了黄山路沿线6个路口的单点自适应控制以绿波协调控制。宣城市已经采集了主城区150公里里程的道路交通基础数据构建了GIS-T交通地理信息字化管理平台，并在此基础上，建设了道路交通状态分析系统，定量地分析了宣城市在不同交通状况的路网承载力，在市区107个路段分析了上下游交叉口的通行能力匹配情况，并基于车道级饱和度实现号运行方案状态的自动分析与评价。信号控制优化服务已经从珠三角的广州、珠海、中山、佛山扩大清远、汕尾、贵州省六盘水市以及安徽省合肥市、宣城市等地区，优化路口超过2500个。方纬科技依华为云平台计算能力在深圳试点应用了智慧交警联合创新方案，结果验证了基于现有视频进行车流量测精度较高，且基于多源数据融合进行信号控制方案的实时可视化评价以及自适应优化效果较好。

地址：广州市大学城青蓝街数字家庭基地A栋8楼

电话：020-89250751　　传真：020-89250752　　网址：www.fundway.net

中山大学工学院
智能交通研究中心

智能交通研究中心

智能交通研究中心成立于 2000 年 11 月，隶属于中山大学工学院；中心以发展智能交通和绿色交通为主要特色，拥有交通运输规划与管理、交通信息与控制工程、交通安全与环境、载运工具运用工程共四个学科方向。目前，已建立了从本科、硕士到博士完整的人才培养体系，拥有交通工程本科专业、交通运输工程一级学科硕士点和智能交通工程二级学科博士点。截至 2016 年，已建成一支以中青年为主的教学、科研队伍。现有教师、专职研究员、科研助理与管理人员 50 余人，其中高级职称以上 20 余人。

已有的科研平台状况

中心建设以"超算、大数据、互联网"作为新的抓手来谋划发展，拥有多个省部级科研平台，包括广东省智能交通系统重点实验室、视频图像智能分析与应用技术公安部重点实验室、广东省新型轻量化电动汽车工程实验室、广东省交通环境智能监测与治理工程技术研究中心。2014 年，由本中心主导的智能交通国际化研究平台 OpenITS 研究计划联盟成立；

2016 年，经国家发改委批准，中心与 7 家单位共同成立了视频图像信息智能分析与共享应用技术国家工程实验室。

基础设施与网络专线

中心现有实验室占地面积约 3460 平方米，建立了数据中心、仿真中心、模拟交通指挥中心等。拥有价值逾 2000 万以上的研发硬件设备与专业软件工具。并且在国家超级计算广州中心有物理直连光纤和专用计算节点，搭建了交通环境大数据的支撑环境，为研究提供强大的计算资源。同时与广州超算中心、公安厅、交通厅、业务企业接有网络专线，数据存储空间达 PB 级。

已有的 4 个省部级科研平台

近五年，中心共获得 248 项项目，经费总额约 1.45 亿元，其中国家级项目共 40 项，项目经费约 5480 万元；省部级项目共 67 项，项目经费约 6245 万元。国家"863 计划"项目共 6 项，国家支撑计划项目 5 项，国家自然科学基金 12 项，项目经额超过 500 万的项目共 10 项。发表学术论文共 247 篇；申请专利共 76 项，授权专利共 23 项。

中心通过与企业合作，建立了高效的应用和成果转化平台，先后有 30 余项技术和产品在广东省乃至全国政府部门得到应用，部分还出口泰国、香港、塔吉克斯坦等国家和地区。

电话：020-39332772-813   网址：http://its.sysu.edu.cn//
地址：广东省广州市新港西路135号/广州市大学城中山大学工学院

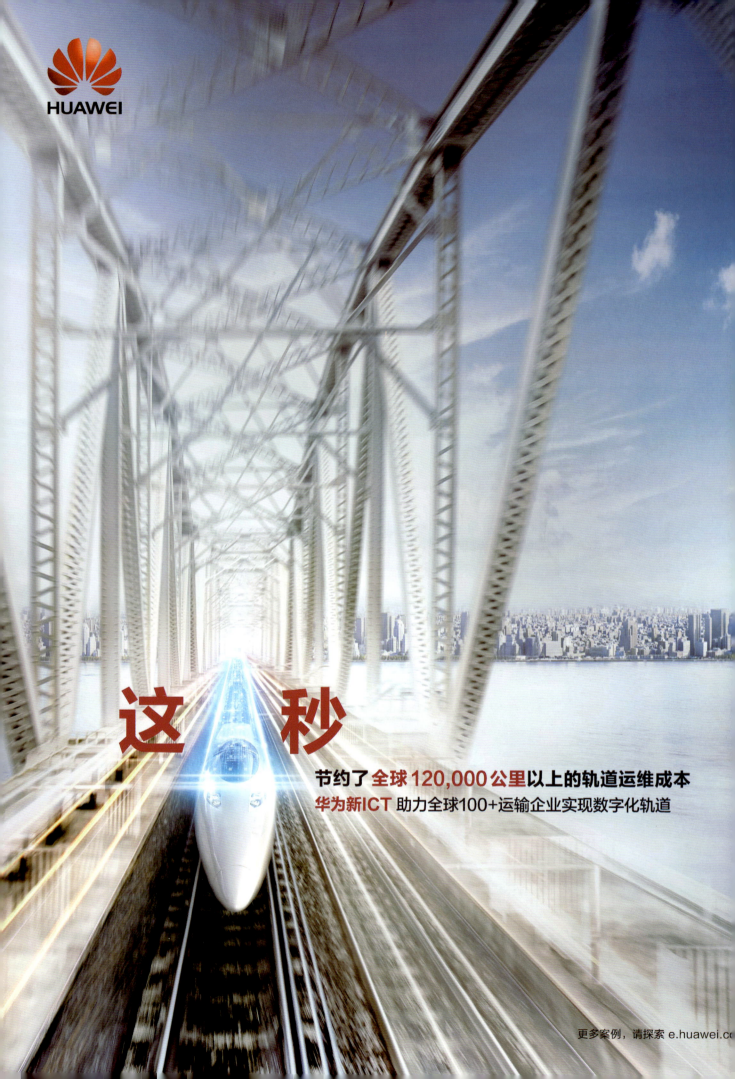

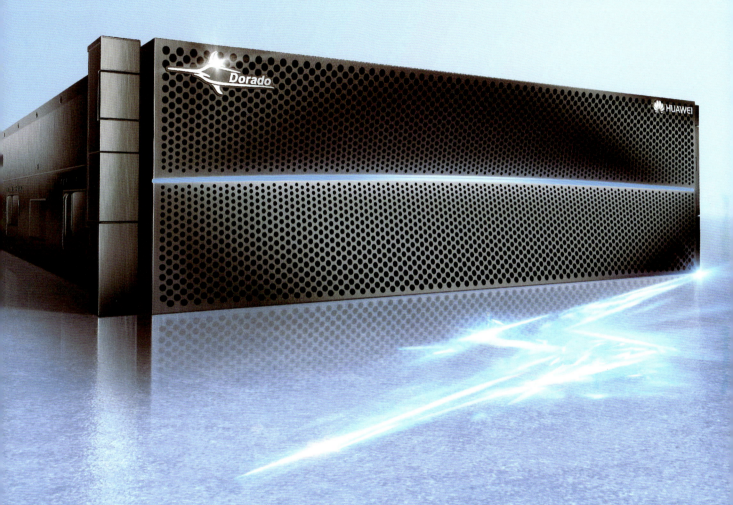

OceanStor Dorado V3
又快又稳全闪存

- 20 倍数据库访问加速
- 99.9999% 业务可用性
- 承诺 3 倍数据缩减率

了解更多，请登录 e.huawei.com

引领新ICT 迈向数字化转型之路

KELI系列物联网道路交通信号控制机

- 列入公安部科技成果推广示范名录
- 荣获国家四部委颁发的"国家重点新产品"
- 获得2016年公安部科学技术三等奖
- 获得2016年安徽省科学技术奖一等奖
- 获得2015年安徽省科技进步奖二等奖
- 获得2014年安徽省专利金奖

KELI系列物联网道路交通信号控制机吸收了国内外先进交通信号控制机及控制系统的经验，针对我国城市道路复杂的混合交通现状，形成了多种智能交通控制算法，通过物联网短程无线通信技术、硬件在环仿真技术及动态优化控制技术，实时感知车辆到达信息，智能优化路口信号配时，实现了城市路口交通流通行权的最优分配，特别是可以为城市快速公交及特种车辆提供优先控制及服务，是满足我国城市交叉路口交通流动态调控的成熟产品。

技术特点及功能

网络通讯功能、流量数据采集功能、硬件在环仿真功能、故障监控功能、防盗报警功能、多时段多方案控制功能、单点自适应控制功能、干线协调控制功能、感应协调控制功能、VIP管制控制功能、快速公交/特种车辆优先控制功能、区域优化控制功能。

产品推广应用情况

该产品在合肥市智能交通建设中发挥了重要作用，在合肥市的市场占有率已达到90%以上，并已广泛应用于安徽省各地市及浙江、河南、福建、四川、山东、江西、贵州等全国市场，具有良好的市场号召力、影响力和较高的市场占有率，在国内处于技术领先水平。

安徽科力信息产业有限责任公司
ANHUI KELI INFORMATION INDUSTRY CO.,LTD

网址:www.ahkeli.com 电话:0551-65338252 65336686 地址:安徽省合肥市黄山路628号 邮编:230088

2017 智能交通产品与技术应用汇编

中国智能交通协会　国家智能交通产业技术创新战略联盟　编

电子工業出版社.

Publishing House of Electronics Industry

北京·BEIJING

内 容 简 介

  由中国智能交通协会、国家智能交通产业技术创新战略联盟组织有关行业、城市和地区的交通管理部门、行业组织、高校和研究单位、企业等共同完成编辑的《2017智能交通产品与技术应用汇编》，内容分为交通安全与管理、城市交通、静态交通、公共交通、智能网联汽车、轨道交通、智慧公路、民航、水运、科研开发等，涵盖交通感知与控制、智能交通管理、交通大数据应用、车联网技术应用等智能交通产业各领域相关内容，从技术论述、解决方案、系统设计、应用案例、企业展示等角度给读者以参考、借鉴、交流合作的信息。

  本书可作为智能交通相关领域的项目建设、管理、科研及实际工作的工具书，也可作为智能交通产业产、学、研、用之间交流合作的应用资料，对智能交通的建设具有重要的参考价值。

图书在版编目 (CIP) 数据

2017 智能交通产品与技术应用汇编 / 中国智能交通协会，国家智能交通产业技术创新战略联盟编. —北京：电子工业出版社，2017.11

ISBN 978-7-121-32916-6

I. ①2…   II. ①中… ②国…   III. ①交通运输管理－智能系统   IV. ①U495

中国版本图书馆 CIP 数据核字（2017）第 258161 号

策划编辑：徐蔷薇

责任编辑：赵　娜

特约编辑：劳嫦娟

印　　刷：北京捷迅佳彩印刷有限公司

装　　订：北京捷迅佳彩印刷有限公司

出版发行：电子工业出版社

    北京市海淀区万寿路 173 信箱　　邮编：100036

开　　本：880×1230　1/16　印张：31　字数：1088 千字　彩插：68

版　　次：2017 年 11 月第 1 版

印　　次：2017 年 11 月第 1 次印刷

定　　价：398.00 元

《2017 智能交通产品与技术应用汇编》

编辑说明

为推动智能交通行业深入实施创新驱动发展战略，推广智能交通产品与技术的应用，中国智能交通协会、国家智能交通产业技术创新战略联盟自 2014 年起组织有关行业、城市和地区的交通管理部门、行业组织、科研单位、企业等共同编辑出版了《智能交通产品与技术应用汇编》（以下简称《汇编》），展示和宣传我国智能交通的发展和取得的成果，促进新技术、新成果、新产品的推广应用，是全面反映我国智能交通技术产品应用及企事业单位微观发展的连续性、综合性、权威性大型工具书，为我国智能交通行业的规划、科研、生产、销售及新产品开发等提供支持与服务。《汇编》自 2014 年首度出版以来，得到了政府管理部门的关怀指导，以及科研院所、企业和相关单位的大力支持，在行业中具有广泛影响力，受到了广大读者的热烈欢迎。

2017 年度《汇编》的内容涉及城市交通、静态交通、公共交通、智能网联汽车、轨道交通、智慧公路、水运与航空智能化等领域，涵盖交通感知与控制、交通安全与管理、交通大数据应用、智能停车、车联网技术应用等智能交通技术及产业相关内容，从技术论述、解决方案、系统设计、应用案例、企业展示等角度给读者以参考、借鉴、交流合作的信息，展现我国智能交通产业企事业单位所取得的创新发展成果，增进和拓展智能交通产业链的交流与合作，推动智能交通产业的良性发展。

2017 年度《汇编》的编辑出版过程中，得到了交通管理部门、业主单位、企业及科研院所等 100 多家主要智能交通产学研单位的大力支持，在此对本书的入编单位及所有关心本书出版的广大智能交通行业的同仁表示衷心的感谢！

由于智能交通是跨行业、跨领域、多学科的行业，本书在内容的系统性、全面性、深度性等方面存在局限，恳请读者批评指正。希望今后能够继续得到行业内外企事业单位及广大读者的大力支持，以便我们今后的编制工作质量不断提高。

中国智能交通协会

《智能交通产品与技术应用汇编》编辑委员会

2017 年 10 月

▌企业简介

- 成立于2005年，国家级高新技术企业

- 智能交通行业综合解决方案及服务提供商

- 七家分公司，产品广泛应用于全国二十六个省市

- 高品质团队，专注于自主研发，专注于技术与商业模式创新

- 以物联网、大数据、云计算技术为基础，在智能驾考、智能监管、智慧驾培、智能视频应用、智能停车等领域具有核心竞争力

▌业务布局

北京精英智通科技股份有限公司 📞 8610-88864122/3

地 址：北京市海淀区清河小营西小口路27号海升大厦C座　　传 真：8610-88864177　官 网：www.jaya.

目　录
Contents

◆ 交通安全与管理 ◆

城市智能交通

◆ 智能停车技术 ◆

❖ 公共交通 ❖

智慧公路

◆ 智能网联汽车 ◆

交通安全与管理

基于无人机的交通管理与控制指挥机器人关键技术

深圳榕亨实业集团有限公司

一、引言

交通管理与控制指挥机器人是系统集成智能车路协同（交通管理与控制领域）、智能路侧设施（交通基础设施领域）、智能网联汽车（交通运载工具领域）三个方面的创新模式。为了区别于常态下交通流及其随机波动的情形，将交通事故、施工作业等一系列非常规情形定义为交通管理与控制的特殊需求，并根据特殊需求的作用方式，将其归纳为三种主要技术领域：交通需求处于特殊状态、交通供给处于特殊状态、交通运行环境处于特殊需求状态。无论是哪一种特殊需求，交通管理与控制指挥机器人系统若不能及时响应，不但会导致特殊需求直接作用的道路交通网络运行状态的恶化，而且还会引起整个城市道路交通网络的阻塞。对于道路网络交通流调控系统而言，交通供给特殊状态、交通需求特殊状态、交通运行环境特殊状态三种典型的特殊需求交通管理与控制，都可以划分为两大技术领域：计划性或可预知的特殊需求与随机性或不可预知的特殊需求的技术领域。

（一）城市交通特殊需求特征提取与状态识别

道路网络交通流调控模式包含交通供给特殊状态、交通需求特殊状态、交通运行环境特殊状态三种特殊交通需求的管理与控制，可能是计划性或者可预知的事件，也可能是随机发生或不可提前预知的事件。这些事件不但对其直接作用的交通网络节点、路段产生影响，而且还会对一定范围内的交通网络区域产生影响。特殊需求下道路网络交通流特征参数的提取与状态辨识，重点是解决如何准确识别事件、如何确定事件的影响等问题，需要 360 度交叉口单点、路段全景视频无人机监测采集与动态建模。

（二）特殊需求下的网络交通变结构协同控制

交通需求的激增（大型活动）或者设施通行能力的衰减（施工、交通事件）等，显著改变了相关区域交通供需对比关系，造成交通网络供需的短时结构性不匹配。仅仅通过信号控制微调优化等措施通常难以有效地快速应对特殊需求，增加固定性的供给则可能造成资源的浪费。交通网络变结构管理与控制，旨在通过不同管控措施改变交通网络结构而使其达到期望状态，提高交通系统应对特殊需求的总体性能和效率，交通网络结构的变化通过对网络交通流空间通行权的约束和调整来完成。根据不同的交通基础条件，交通网络结构可以静态变化，也可以动态调整，进行交叉口、路段、区域在特殊需求下交通网络变结构协同管控评估与仿真。

（三）特殊需求下交通拥挤疏解预防与舒解研判

交通需求和供给的特殊状态以及运行环境的特殊状态都可能造成交通网络节点短时的过饱和。除变结构控制策略之外，交通控制系统还需要充分利用网络时空资源，通过信号控制策略的优化，对这种特殊需求引起的突发交通拥挤做出及时的响应和最优化调控，避免城市更大范围的交通拥挤乃至交通系统的瘫痪。基于区域动态划分的网络交通战略调控、网络态势与控制互动机理及诱导策略反馈、关键通道和路径的控制策略的动态优化等，实现特殊需求下交通拥挤疏解预防与疏解控制研判。

（四）道路网络特殊交通流分级优先协同管控

按照是否提前预知，可将特殊交通流分为两类：一类是具有随机性的特殊交通流优先与救援，如面向交通事故、医疗抢救等救援车辆；另一类是可预知的特殊需求优先，如 VIP 等。特殊交通流的引入造成网络交通流具有不同的优先等级，针对不同的特殊交通流，重点关注如何提高应急交通的运行效率、可靠性和安全性，如何降低优先与救援对常规社会交通流产生不利影响的协同管控技术，开展特殊交通流分级优先协同管控指挥机器人设计。

（五）面向特殊需求的交通指挥机器人系统联动运行

特殊需求在一定的时空范围内并不一定频繁出现，完成交通在线仿真分析方法和动态建模，可支撑特殊需求下交通控制策略的实践。特殊需求下交通管理与控制系统的功能需求分析、系统体系结构设计、控制模块设计、控制模型算法实现与集成、与已有控制系统的接口和协议对接，支撑特殊交通需求下交通网络交叉口节点的信号配时优化管理，动态协调交通供需关系，改善交通系统稳定性、抗干扰能力，提高交通网络总体运行品质。采用特殊需求下区域交通协同管控的智能车路协同技术，建设面向特殊需求的交通管控优化系统，实践交通管理与控制指挥机器人系统联动运行。

基于无人机的交通管理与控制指挥机器人项目采用太阳能供电无人机的长时间精准镜像定位、实时采集交叉口数据、动态在线建模等技术，创建智能机器人中网络机器人之一的隐蔽型机器人理念，将道路网络关键节点一体化集成在城市交通网络体系中，对交通拥堵、事故、污染等特殊需求问题，展开运行监测、动态建模、在线仿真、影响评价分析研判，实现特殊需求下区域交通协同管控的城市大脑——交通管理与控制指挥机器人系统。系统总体结构如图 1 所示。

二、总体设计及涉及的关键技术

（一）项目总体设计

交通管理与控制指挥机器人系统是集成智能车路协同、智能路侧设施、智能网联汽车三个方面的创新模式；是对交通拥堵、事故、污染等问题，展开运行监测、动态建模、在线仿真、影响评价，实现城市交通大脑系统。其体系结构如图 2 所示。

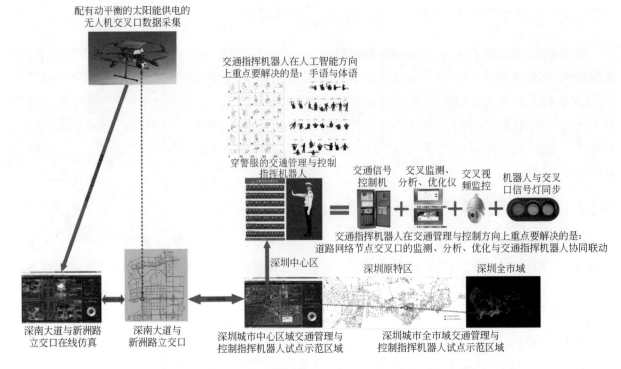

图 1 城市大脑——交通管理与控制指挥机器人系统总体结构

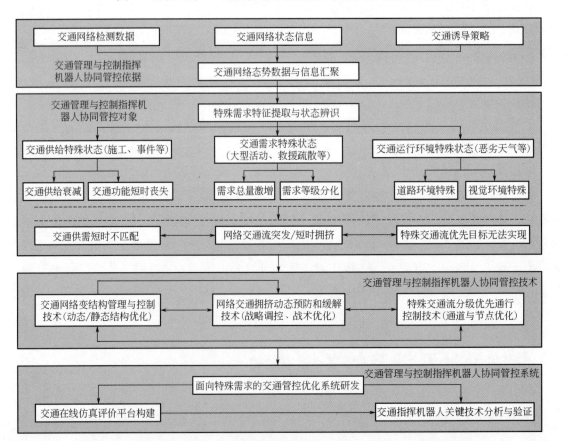

图 2 基于无人机的交通管理与控制指挥机器人系统体系结构

（二）项目涉及的关键技术问题

从城市交通网络的管理与控制角度，特殊需求发生后，交通网络的表现可归结为三大类问题：交通供需结构性不匹配、短时道路网络交通拥挤、紧急交通流无法优先通行的问题。基于对这些现象和交通管理与控制指挥机器人现实需求的分析，特殊需求下道路网络交通管理与控制指挥机器人系统需要解决的核心科学技术问题主要涵盖三个方面：特殊需求快速响应控制理论与方法、特殊需求与背景交通协同管控、特殊交通流优先通行管控。这些问题的解决，不仅需要从交通管理与控制学科入手，而且也需要从智能车路协同、智能路侧设施、智能网联汽车相关学科领域入手。

1. 车辆高精度定位

交通管理与控制指挥机器人系统环境下的车车、车路协同等功能的实现要依赖于车辆的实时定位数据。本项目进一步提高了现有车辆定位系统的精度，具有很现实的应用意义，可以极大地促进交通管理与控制指挥机器人技术的发展。

2. 准确高效的车辆状态采集

对于道路网络交通流调控模式而言，交通供给特殊状态、交通需求特殊状态、交通运行环境特殊状态三种典型的特殊交通管理与控制需求可能是计划性或者可预知的事件，也可能是随机发生/不可提前预知的事件。同时，这些事件不但对其直接作用的道路交通网络的节点、路段产生影响，而且还会对一定范围内的道路网络产生影响。特殊需求下道路网络交通流特征参数的提取与状态辨识技术方法，重点是解决如何准确识别事件、如何确定事件的影响等问题。

通过 360 度交叉口、路段全景视频实时无人机监测与建模技术，运用特殊需求下特征提取与状态辨识技术理论方法，完成交叉口单点、路段交通指挥机器人的数据基础与一体化的区域交通协同管控的关键节点动态建模。

在新型城镇化快速建设与发展的时期，城市交通事故、占道施工、紧急交通、大型活动、恶劣天气等典型的交通特殊需求中，占道施工、紧急交通、大型活动、恶劣天气是交通管理部门实现可以预知的，可以提前制定交通组织预案，而交通事故则是不可预知的。因此，必须首先利用历史和实时采集交通数据，对特殊需求作用的区域交通流特征参数建立提取方法；其次，利用拍摄 360 度交通事故关联的路段与交叉口全景 4K 视频的实时在线监测无人机，通过配有动平衡装置采用的太阳能供电系统，实现在城市路段与交叉口上空长时间镜像监测，采集交叉口经纬度、时间、车道、车辆、车型、车速、方向、行人等交通数据，进行实时动态在线建模，实现交叉口单点交通指挥机器人的数据基础与建模依据。具体技术路线和监测与建模分别如图 3 和图 4 所示。

在交通管理与控制指挥机器人系统中，三个关键要素为：车辆、路侧设备和控制中心。实验车由以下几部分组成：车辆、车载逆变供电系统、DSRC 通信设备、GPS 模块、车辆中央控制单元数据读取模块、车载数据处理电脑、车载显示屏、3G 通信组件。路侧设备功能是通过DSRC 与车辆通信，并将数据发回控制中心。路侧设备包括 DSRC 通信设备和信号灯。实验室控制中心实现数据接收、汇总与发布，外场实验情况监视，总体控制的功能，其设备包括应用服务器、数据库服务器、控制端 PC 和监视器。交通管理与控制指挥机器人系统实验环境如图 5 所示。

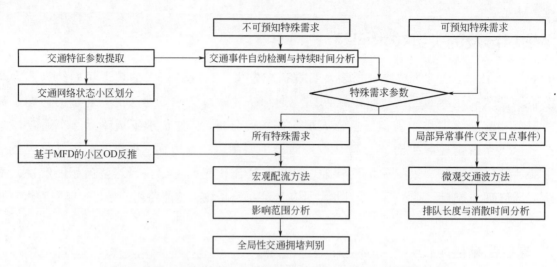

图 3　采用 360 度交叉口全景视频实时无人机监测与建模技术路线

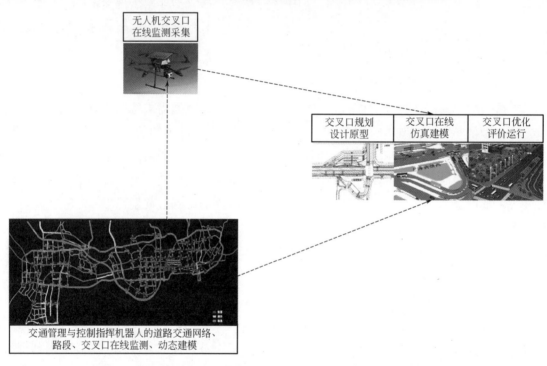

图 4　交通指挥机器人 360 度交叉口全景视频实时无人机监测与建模

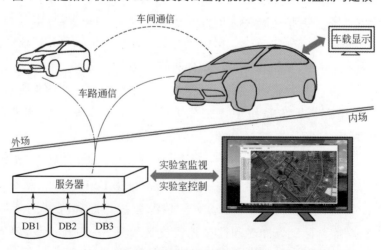

图 5　交通管理与控制指挥机器人系统实验环境

3．安全、可靠的车路通信

交通管理与控制指挥机器人系统集成的智能车路协同、智能路侧设施、智能网联汽车系统的基础即是车车、车路之间信息的交流沟通，而车辆的通信系统则是车辆实时信息共享的关键。依托通信系统，车辆之间、车路之间可以进行信息交互，进而实现车辆间的交互，如图6所示。

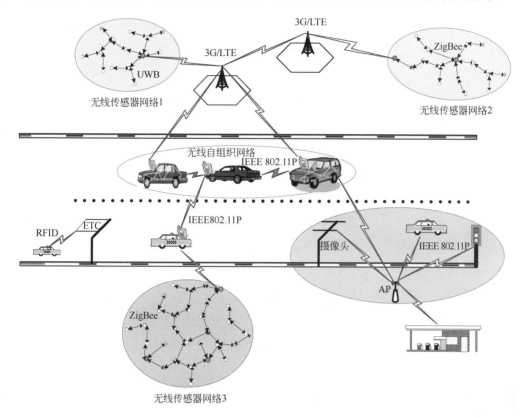

图6　交通管理与控制指挥机器人安全可靠的车与路通信网络环境

4．车路协同感知的信息融合

交通管理与控制指挥机器人依赖于出行者（人）、运载工具（车）和道路交通设施（路）的相互感知，需要借助于多传感器信息融合。利用多个传感器所获取的关于对象和环境全面、完整信息，主要体现在融合算法上。因此，多传感器系统的核心问题是选择合适的融合算法。对于多传感器系统来说，信息具有多样性和复杂性，因此，对信息融合方法的基本要求是具有鲁棒性和并行处理能力。在车路协同系统中，传感器设备种类多、分布广，车载传感设备处于高速运动状态，涉及的对象种类多，特征复杂，这对环境的检测、车辆状态和行人对象状态的识别需要的信息融合算法提出了较高的要求。

三、项目创新点

（1）交通管理与控制指挥机器人系统理念是集成智能车路协同技术、智能路侧设施技术、智能网联汽车技术"三位一体"的集成创新。

（2）特殊需求下的交通流特征提取方法和计算模型创新。通过交通管理与控制指挥机器人系统分析研判，对于城市快速路提出了基于上下游交通流密度差的交通事件检测算法，建立了一种基于贝叶斯网络和非参数回归方法的快速路交通事件持续时间模型，与传统的"美国加州 8 号算法"比较，系统的算法的平均检测率提高 20%以上，平均检测时间缩短 25%；在绝对预测误差小于等于 120 秒时，预测精度可达 85%以上。对于地面交通，基于贝叶斯网络的交通事件检测算法，分别针对 SMOOTH 交通信号控制系统，建立了交通事故模型；对于较短路段（500 米以下），平均检测率达到 90%以上；对于较长路段（500 米以上），平均检测率为 80%左右。

（3）提出了特殊车辆级别划分优先、路径选择优先、在线信号优先"三优策略"的协同管控方法，交通管理与控制指挥机器人项目研究了出行路径选择方法，并采取特殊交通流流向绿波协调控制思想，为特殊车辆提供最佳出行路径；提出了基于路径的特殊交通流信号优先控制策略，改进以往仅点到点检测判别的单点感应策略的时间延滞性及同行不可靠性，提出基于出行前选择最佳路径，并根据实际状态决策信号切换时刻和切换方式的信号优先控制策略；研究兼顾背景车流的优先控制方法。不同于全封闭的强制优先控制，本项目研究考虑背景车流延误的应急信号优先，在保证特殊车辆通行的前提下，尽量减少对背景车流的干扰，有利于道路网络的交通恢复。

（4）构建了一套完整的特殊需求交通建模流程和方法流程体系。交通管理与控制指挥机器人项目分析方法包括研究范围界定、数据采集、特殊需求对交通参数的影响分析、特殊需求仿真实现等一系列流程。该方法可以为不同特殊交通状态下的微观交通仿真建模分析提供普遍性参考方法，同时也可以为特殊需求下的各种交通管理和控制策略提供一个有效可用的评价分析平台；针对五类城市交通特殊需求（大型活动、交通事件、紧急交通、恶劣天气、占路施工等），分析其对道路条件、交通管理与控制、车辆性能、交通需求、驾驶人行为等仿真参数的影响，并研究相关参数在 VISSIM 仿真中的实现方式方法。

（5）研制了交叉口信号控制的（监测仪、分析仪、优化仪）在线仿真系统。交通管理与控制指挥机器人项目针对实际交叉口节点的监测、分析、优化信号控制现状，通过对交叉口信号控制机等接口设备 CID 通信接口，实现数据通信的有效传输与交换，采用 360 度太阳能供电的无人机在交叉口上空镜像采集与动态建模，实现了交叉口的在线监测与建模的创新手段，大幅度缩短了交叉口在线监测平台中相关的大数据信息源池环境建立，项目研发出城市道路网络交叉口节点监测仪、分析仪、优化仪"三仪"硬件终端设备，开创了对交叉口规划设计、在线仿真、优化运行三种状态监控"诊断体检"评价指标体系。

（6）研发了特殊需求下交通管理与控制指挥机器人系统的区域交通协同管控优化新模式。交通管理与控制指挥机器人项目针对城市交通特殊需求，如城市的大型活动、占道施工、恶劣天气、紧急交通、交通事件等能够有效、快速响应，建立先进的 4G/5G 通信环境下交通口群动态组合协同管控模式随交通拥堵区域的动态演变而变化的创新思想，改变了传统意义上的固定交叉口群绿波控制模式，实现了特殊交通需求下对城市道路交通网络交叉口的信号配置优化管理，达到了动态协调交通供需关系，在线适应交通拥堵区域的演变而变化，以达到提高城市交通系统稳定性、抗干扰能力和总体运行品质的目的。

（7）通过改进解析的逆向运动学算法，实现基于机器人手语关键帧的快速编辑。在机器人完成交通指挥指令的过程中，需要根据其接收到的交通指挥指令，准确、连贯地做出每个交通指挥指令动作，其中每个指挥指令包含若干个手势动作。针对目前普遍采用的数据手套采集技术的不足，通过改进解析的逆向运动学算法，重新设定了编辑参数，计算出手臂肩、肘和腕关节的运动参数，通过结合手形编辑系统，实现了基于机器人手语关键帧的快速编辑，一定程度上弥补了基于运动捕获技术的手语合成系统的不足。系统存储容量小，运行速度快，可扩展性好，具有很好的应用前景。

智能交通集成指挥控制解决方案

连云港杰瑞电子有限公司

一、方案概述

我国的城市智能交通系统（Intelligent Transportation System，ITS）由于其在城市交通缓堵保畅、减少交通事故、降低能源消耗和环境污染等方面的重要作用，整体建设速度呈现明显高于经济增长速度的发展态势。由于这些年我国城镇化、机动化水平的高速增长，而交通管理领域的技术储备却还处在发展初期，几乎没有准备好，甚至根本没有循序渐进的发展机会，导致在城市智能交通系统建设和应用过程中暴露出一些问题，且日益受到社会各界的广泛关注。因此，如何建设和应用好城市智能交通系统，科学理性、规范有序地推动我国城市智能交通事业的发展，使其在应对城市交通问题、促进城市可持续发展上发挥更大的作用，成为当前我国城市智能交通系统建设及多年来业内各界人士探索面临的重大课题。

随着城市建设的不断发展，交通供需矛盾越发对社会造成严重影响，具体表现在：

（1）随着城市机动车数量急剧增加，与有限的道路资源和警力资源的需求矛盾也在加大，城市交通问题已经成为制约城市可持续发展的重要因素之一。

（2）研究表明，随着城市规划和发展，单纯靠修建道路、增加警力已经很难解决城市交通问题。

（3）大部分城市已经建设信号控制、视频监控、电子警察和移动警务等独立子系统，而一体化集成指挥平台的应用层次较低，信息孤岛现象依然存在。

二、系统架构

智能交通集成指挥控制系统架构如图 1 所示。

图 1　智能交通集成指挥控制系统架构

三、方案描述

杰瑞智能交通集成指挥控制解决方案可概括为"一个中心、三个平台、九个系统"。

➢ 一个中心：一个城市大数据信息资源中心。

➢ 三个平台：交通管控平台、集成指挥控制平台、交通信息服务平台。

➢ 九个系统：城市道路交通信号控制系统、综合视频监控系统、非现场执法系统、车辆智能监测系统、交通信息采集系统、交通诱导信息发布系统、交通事件检测系统、交通数据信息共享系统、互联网运维系统，部分系统功能介绍如下：

（1）非现场执法系统，利用高清电子警察、治安卡口、视频监控、违章自动抓拍球机等，针对闯红灯、不按导向车道行驶、超速行驶、违法停车、货车闯禁区、不礼让行人等各类违法行为进行治理。利用城区路口条形屏、短信、微信平台自动发布信息，将违法信息（违法车牌号、违法地点及违法行为信息）发布到条形诱导屏（见图2），提升执法威慑力，改善市内交通秩序问题，创造安全有序的交通环境。

图 2　交通违法行为曝光

（2）城市道路交通信号控制系统，利用配套的车流量检测系统，根据交通流量变化实时进行路口信号控制，提高路口的通行效率。整个行政区域内具体可分为三级控制，分别为路口信号优先控制、线性协调控制及区域自适应信号控制。通过单点自适应控制、绿波控制、瓶颈控制、区域控制等控制方式，减少车辆在路口的等待时间，有效缓解路口拥堵情况，降低道路排队长度。

（3）全方位的交通信息采集系统，如图 3 所示，利用定点交通流检测和基于电子警察的过车数据检测手段，结合国内大型互联网公司提供的实时路网拥堵状态数据，实现准确率大于90%实时路况判别。

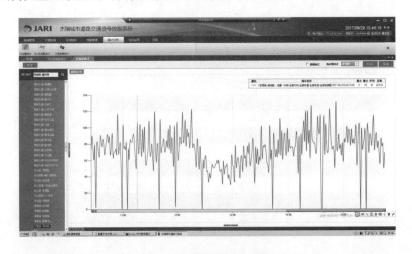

图 3　交通流量信息采集

（4）交通信息服务平台与交管系统无缝集成，通过交通诱导屏、微信、网站、广播等多种发布手段，面向市民提供路况、年检、车辆违法、驾驶员违法等信息查询与提醒服务。如图4所示，通过诱导屏发布实施路况，引导市民出行，提高便民服务水平，并促进政府从管理型政府向服务型政府转变，提升公众满意度。

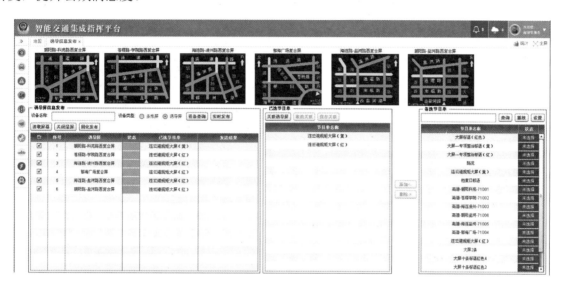

图4 交通诱导信息发布

（5）集成指挥控制平台，对信号控制、交通流采集、电子警察、卡口、视频监控、交通诱导、事件检测、移动警务、运维管理等系统进行集成汇聚，综合分析研判。对区域交通进行实时监控和指挥，实现突发拥堵 GIS 地图实时报警及展示；制定大型活动、恶劣天气状况下局部道路拥堵预案；解决日常勤务业务中布岗不明确、勤务调整不及时、勤务工作难监控的问题。通过建立专题化的分析研判和集成式场景化指挥调度，提升交通管控能力。

（6）交通数据信息共享系统，运用大数据分析技术，对海量过车、交通流量等数据进行分析研判，为专项整治、交通规划、警力配置提供科学依据；实现强大的稽查布控、车辆轨迹回放、伴随车分析等功能，为治安侦破提供强大的支撑；与交通委、环保局等多部门进行资源互通共享，提高跨部门协同管理效率，为市民提供更加优质服务。

四、客户价值

1. 改善城市道路交通秩序

系统集成电子警察、治安卡口、超速抓拍和违停抓拍等各类设备，加强违法行为打击力度。利用城区路口诱导屏实现实时发布交通信息及曝光车辆违法行为，提高交通宣传能力和威慑力。利用大数据过车分析，识别套牌车，及时对逃逸、未年检等重点车辆进行布控报警，并提供轨迹回放和分析，加大执法力度。与环保局等联动，对黄标车、大货车进行现行区域非现场抓拍。

2. 提高交通管理指挥效率

指挥中心和交通管理者可实时、全面、准确地掌握交通路况、警情和警力信息。利用自主警情，实现 5 分钟内快速发现拥堵和事故警情。基于拥堵、违法警情规律分析，使勤务岗设置更科学性、扩大巡逻岗、利用 GPS 掌握警力部署，量化考勤和加大监督管理力度，并支撑扁平化管理，指挥层级大幅度减少，接处警更快。利用大数据技术实现轨迹分析、即时布控报警，建立城市布控网。按多场景设置大型活动、恶劣天气预案，利用系统快速部署执行。

3．完善设备设施运维体系

实现联网设备（信号机、电子警察、卡口、视频监控、诱导屏、流量采集设备等）、故障通过自动巡检方式，非联网设施（信号灯、杆件、标志、标牌、标线等）通过人工巡查方式快速发现故障并报修。系统故障及时通过手机 APP 进行报警，设施处、运维商收到报警后进行派工处理。通过运维平台实时掌握整个系统运行状态、保证设备在线率、完好率，对维修队、运维商工作质量进行科学、有效评价。利用历史数据分析检测手段，提前发现电警、卡口等设备故障，降低故障影响范围。系统运维过程形成有效闭环，定期盘点形成统计分析报表，提高运维保障力度。

4．加强跨部门间资源共享

建立共享数据中心接口，与环保局、交通委等部门能实现信息共享。联动管理环保局黄标车、交通委危化品和货车、公安局嫌疑车等，利用稽查布控、非现场执法加大联合执法力度，避免重复投资。从交通委等部门获取浮动车、航空、客运等信息，为交通路况分析、丰富民生服务等提供支撑。为城建部门的城市规划提供交通影响分析，使路网规划更科学。

5．提高城市道路通行效率

信号系统可根据车流量自动分析并生成平峰、高峰不同时段合理控制策略，大大降低人工信号方案调整工作量。针对城区主干道平峰时实现绿波，高峰时实现全路段车辆均匀分布，避免高峰时段形成拥堵。部署缓进快出的控制策略，使城市核心区域车辆数保持合理范围内。夜间路口降低车辆无效等待时间。快速路可部署公交优先控制策略，减少快速公交通行时间，提升城市公共交通通勤能力。

6．提升民生服务水平

利用路口诱导屏，与互联网公司合作开发路网实时拥堵计算，实时准确发布交通路况，准确率高达 90%。利用路口条形屏，定时更新发布车辆违法行为信息、交通宣传标语、文明城市标语。利用微信提供货车闯禁区业务快速审批业务，利用微信公众号推送实时路况、单行、管制等信息，提升民生服务能力和水平。

五、方案亮点

➢ 实现道路拥挤事件上报功能，可基于 GIS 地图实时查看拥堵事件信息并进行指挥控制。

➢ 基于事件预案和集成平台的强大集成能力，实现城市大型活动、恶劣天气等应急事件的快速响应和处置。

➢ 基于互联网运维平台和手机 APP 应用，对城市道路交通各类设备设施进行全生命周期闭环管理。

➤ 自主研发的多源数据融合处理对多源异构交通数据进行分析整理，对实时数据进行预处理，高效地解析存储海量交通数据，实现对海量交通数据进行集成管理。

➤ 针对城市货车闯禁区问题，提供互联网、微信公众号和手机 APP 服务，货车车主可随时随地进行货车通行证申请和审批工作，提升便民服务能力。

➤ 基于大数据技术实现海量过车数据秒级查询。

➤ 多种信息发布途径，通过交通诱导屏、广播、微信等多种发布方式，为交通参与者提供便民服务，大大提升通行效率。

➤ 基于海量多维历史交通数据和实时交通数据，通过对海量历史数据实时挖掘分析，发现路网交通状况变化的规律，为实时交通信息及预测服务提供基础和保证。

"公安交通突发事件快速反应处理关键技术研究与应用" 成果简介

安徽科力信息产业有限责任公司

"公安交通突发事件快速反应处理关键技术研究与应用"项目由安徽省公安厅交通警察总队、安徽科力信息产业有限责任公司、清华大学、东南大学等单位共同研究完成。系统登录界面如图1所示。

图1　系统登录界面

该项目是自选课题，20世纪末期，我国大城市的交通拥堵问题已经显现，如何有效缓解道路交通拥堵已列为各级政府的重要议事日程。本项目完成单位自选课题，从1999年开始进行公安交通突发事件快速反应处理在有效缓解交通拥堵方面的研究。经过近20年的努力，拓展思路，不断创新，该项目成果于2015年7月研究完成，2015年8月在大连市投入试运行，2017年开始在安徽省蚌埠市全面投入示范应用。拥堵报警界面如图2所示。

图2　拥堵报警界面

该项目集大数据应用、实时路况数据精准研判、视频跟踪拥堵快速精准报警、数据采集传输、多种实时路况数据精准融合、拥堵源头位置快速确定、拥堵源头快速报警、事件并行处理快速接警、拥堵源头成因快速确认、实时路况信息可信度分析、快速精准调警、突发事件预案快速切换、处警警员手机 APP 技术、警员工作效率自动考核、路口控制器的控制效果实时监测、辖区拥堵程度自动连续定量分析显示、缓堵措施精准选择、缓堵效果精准定量评价、历史数据精准定量再现显示、大型警卫任务精确到秒的指挥调度等技术于一体,实现了哪里发生拥堵,警察就能立即出现在哪里,就能将拥堵源头消灭在萌芽状态或缩短拥堵源头的持续时间。拥堵解除界面如图 3 所示。

图 3　拥堵解除界面

该项目研发思路全面创新,追求实用立竿见影,已经申请与本课题直接相关发明专利 133 项,目前已授权 106 项。核心技术均有专利保护,全部技术自主创新,缓堵技术难题有重大突破,系统软件的规模庞大,技术难度复杂。

同类技术经国内外查新检索属于世界首创,本课题研究成果与国内外现有系统的关键区别点在于:①展示平台与实战平台的区别;②人工报警与综合报警的区别;③单个坐席接警与并行坐席接警的区别;④事件发生后分钟级报警与秒级报警的区别;⑤有误报率与无误报率的区别;⑥单一路况信息与融合多种路况信息的区别;⑦拥堵路段报警与拥堵源头报警的区别;⑧启动预案与切换预案的区别;⑨人工抽样考核警员工作效率与自动、全面、连续、实时考核警员工作效率的区别;⑩模糊评价辖区道路拥堵程度与精准定量评价辖区拥堵程度的区别;⑪大型警卫任务靠人海战术封闭交通演练进行指挥调度和精确到秒精准指挥调度的区别。

基于本项目成果开发的系统操作简单便捷,界面友好,操作人员即学即会;处警警员手机响应速度小于 3 秒,警员现场处置方案由顶层统一制定,突发事件导致的拥堵能快速反应处理,实用性强。

支撑该项目发挥作用的基本条件:①需要配备一支接警员队伍;②需要配备一支处警员队伍;③需要在经常拥堵的点段设置视频图像采集设备;④储备一支国内顶级专家队伍,共同研发综合缓堵举措;⑤细化警务区范围;⑥提供足够带宽的互联网端口。

该项目贴近实战,投资小,见效快,能有效缓解我国城市和高速公路交通拥堵问题,具有广阔的推广应用前景。在有效缓解道路交通拥堵层面能做到今天安装今天见效,现在安装立即见效,在因机动车流量小而导致的交通拥堵领域,其缓堵效果立竿见影。城市概况界面如图 4 所示。

图 4 城市概况界面

　　大型警卫任务精确到秒的指挥调度方法，可以在确保交通警卫对象安全的前提下，精确到秒地完成任务。

　　该项目投入使用后，为交通警察勤务模式的改革提供了有力的技术支撑。成果应用后，执勤方式由固定执勤模式向巡逻执勤模式转变，实现了哪里需要警察，警察就能立即出现在哪里的目标；能有效减轻警察劳动强度，提高警察工作效率，将拥堵源头消灭在萌芽状态或缩短拥堵源头持续时间。

　　该项目实现了技术创新与实践应用的重大突破，成果的推广应用对推动公安领域突发事件快速反应处理工作的进步将起到重要的促进和示范作用。

道路交通事故再现鉴定与安全保障解决方案

天津市智能交通技术工程中心

天津市智能交通技术工程中心于 2014 年 4 月由天津市科学技术委员会批准设立，中心牵头单位为天津职业技术师范大学，2016 年 5 月中心完成建设任务，通过了天津市科委组织的验收工作并获得优秀称号。中心研究方向包括区域交通协同控制与优化、汽车运行安全与智能检测、智能交通运营服务技术、新能源汽车运用技术。2017 年 7 月，获批天津市天职物证司法鉴定所，作为中心技术服务平台之一，重点开展道路交通事故再现与司法鉴定的技术研究与服务工作。此外，为了保障道路交通安全，中心基于车路协同技术，开展了道路交通事件的检测预警方法研究。

一、道路交通事故再现与鉴定技术

交通事故的处理分析涉及工程学、医学、心理学、金融保险等领域知识，而事故鉴定技术更加依赖于工程知识，如事故现场勘验技术、汽车碰撞理论、事故再现分析等技术。交通事故分析、仿真和鉴定技术为道路交通事故共性因素挖掘和关键因素提取提供了可能，也为事故鉴定提供了技术支持，有效提升了事故鉴定的准确性，减少了同类交通事故的发生数量和人员伤亡。

（一）交通事故分析系统构建

结合数据统计和挖掘分析技术，建立稳定、可靠的云端数据分析系统，支持跨平台数据分析服务业务，实现交通事故信息、道路环境信息、汽车信息、驾驶人信息、气象信息、地理信息、交通管控信息的数据层整合，实现交通事故原因分析、交通状态感知、交通事故评估、道路黑点分析方法、模型、评估等功能的网络化和模块化，形成标准化事故信息处理流程，实现道路交通事故数据的动态跟踪评估，为事故鉴定和预防提供分析和决策支持。交通事故分析流程和平台分别如图 1 和 2 所示。

（二）事故再现与鉴定

结合 PC-crash 道路交通事故再现模拟系统、行人仿真系统、LifeMOD 人体碰撞仿真平台等道路交通事故再现技术，提高交通事故鉴定科学性，协助制定交通安全政策，发挥对交通安全的反馈修正作用。PC-crash 车辆交通事故再现仿真和 PC-crash 人体碰撞交通事故再现仿真分别如图 3 和图 4 所示。

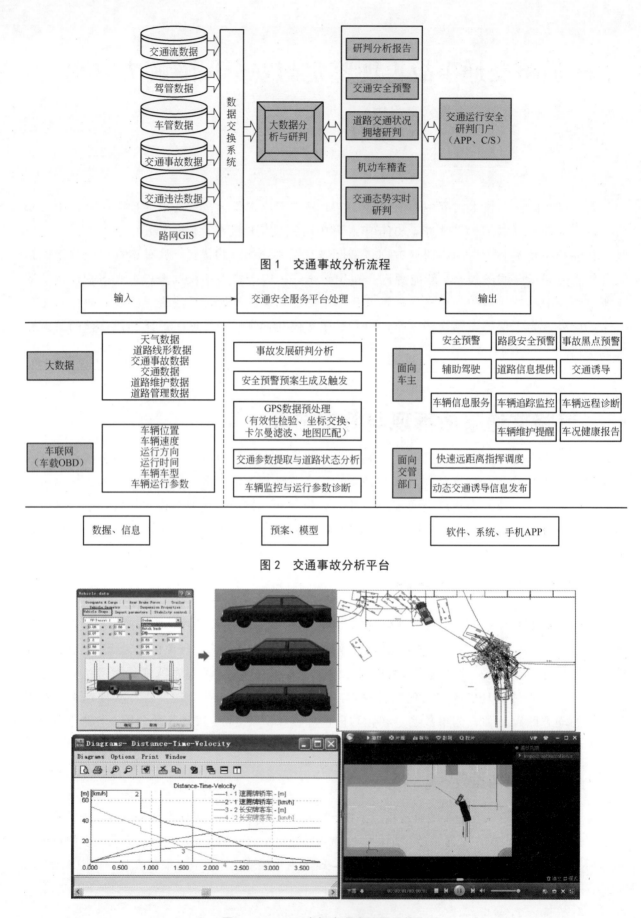

图1 交通事故分析流程

图2 交通事故分析平台

图3 PC-crash车辆交通事故再现仿真

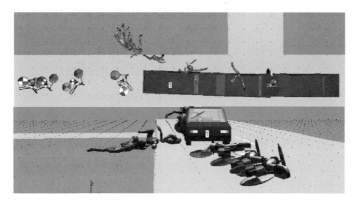

图 4　PC-crash 人体碰撞交通事故再现仿真

二、基于车路协同的道路交通事件检测预警方法

首先，在快速路布设路侧设备和地磁交通检测器，采集车辆的车速、位置和占有率信息，设定交通信息采集周期，通过占有率和平均车速指标，判断交通事件是否发生；然后，根据车速的分布情况，确定消散区断面、积聚区断面；最后，在积聚区下游布设交通预警设备，对位于预警设备下游，以及与主车流方向相同的车辆发布交通预警信息。基于车路协同的快速路交通事件检测与预警方法流程如图 5 所示，交通检测设备和预警设备布局位置示意如图 6 所示，车载单元和路侧单元交互示意如图 7 所示。

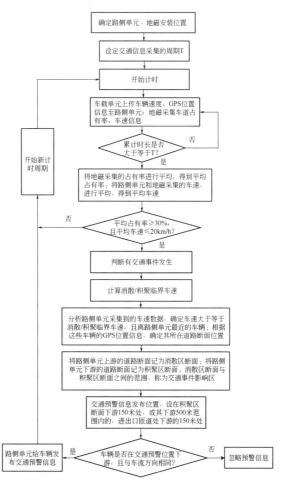

图 5　基于车路协同的快速路交通事件检测与预警方法流程

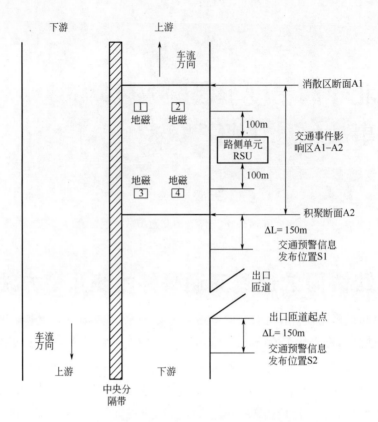

图 6 交通检测设备和预警设备布局位置示意

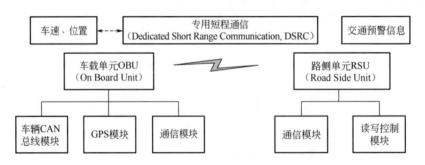

图 7 车载单元和路侧单元交互示意

　　通过联合使用车辆的车载单元、路侧单元、地磁交通检测器，既可以获取宏观交通流参数，也可以获得个体车辆的运行信息，丰富了交通事件检测的信息来源，提高了交通事件检测的可靠性和准确性；另外，以积聚区断面为基础，合理确定预警信息发布的位置，有利于提高交通预警的效果，进而缓解交通拥堵。本技术方法已获我国专利授权。

基于北斗高精度车联网大数据的警保联动交通事故快处快赔智慧系统

武汉六点整北斗科技有限公司

基于北斗高精度车联网大数据的警保联动交通事故快处快赔智慧系统提供"云管端一体化"的一站式解决方案，以开放、共享为发展方式，对北斗全时空信息数据进行资源整合、协同计算和融合处理，面向公众以及交通管理、保险、交通运输与物流管理、汽车后市场服务等行业用户提供大数据和云计算服务。

本项目以武汉大学、腾讯科技有限公司、公安部交通管理科学研究所等单位承担的"十三五"国家重点研发计划"协同精密定位技术"项目为技术支撑，也是中国工程院"互联网+发展的总体发展战略"重大咨询项目之一"互联网+智能交通"行动计划发展战略研究课题的转化成果。

一、北斗即时判高精度警保联动智慧系统介绍

"北斗即时判：警保联动智慧系统"以"互联网+北斗高精度+警保联动+车险产业链大数据服务"为主线，通过基于北斗高精度和人工智能的车载智能终端，提供公安交管互联网在线交通事故处理、智慧车险产业链服务、UBI 保险服务、汽车后市场数据服务、汽车大数据服务，使得汽车生活变得智能化、网络化和数据化。

北斗即时判警保联动智慧系统以"一个终端三朵云"为架构，即北斗高精度 AI 车载终端、保险云、交管云和服务云，系统示意图见图 1。该系统融合大数据与云计算服务、北斗卫星导航技术、羲和系统协同精密定位技术、智能车载终端、人工智能（AI）、智慧车险算法等核心技术，以基于北斗高精度时空信息的数据链生产交通事故中交管和保险处理的证据链，实现快速、公平、公正的现场还原，实现交通事故的快处快赔及快撤，系统架构见图 2。系统具有强连接、强平台、强数据、强智能等发展特征。

基于北斗高精度车联网大数据的警保联动交通事故快处快赔智慧系统通过互联网+和大数据手段，满足交警互联网在线交通事故处理、公正透明与便民执法、"向科技要警力"等需求，解决保险行业定价缺乏"从人"因子、线上查勘和理赔、技术手段防骗赔等运营高成本，运营服务缺乏数据支撑等方面的痛点，为用户提供"安全驾驶下的车内互联网生活及便捷后市场服务"的出行方式。项目通过"好保险、好服务、好中介、好监管、好保姆、好交管"的业务模式，建设并运营中国最大的基于北斗高精度全时空信息的车联网及保险、后服务一体化的云计算和大数据平台。

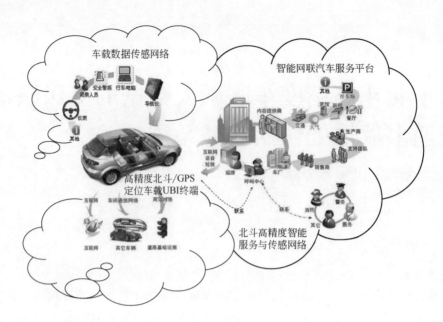

图1　系统示意图

北斗高精度警保联动智慧系统的数据具有实时性、完整性、有效性和高精度的特征，有效支撑"车联网—物联网—产业互联网"的体系建设。

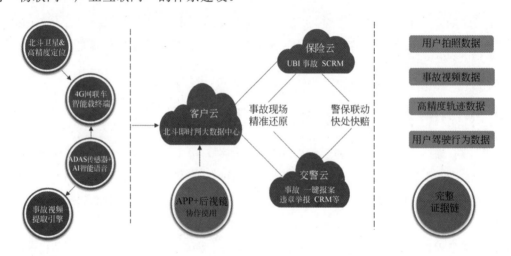

图2　系统架构图

1. 交管云：交管互联网在线定责平台

六点整交管处理平台，为各地交管部门提供数据服务，实现交通事故的线上远程定责，并可与电子交通事故责任认定书对接。

平台与北斗高精度车载设备、APP 客户端互联，接收、处理交通事故的车辆、事故前后视频图片、事故位置和轨迹、驾驶人员信息及其他数据。平台能够为交警及车主提供实时在线服务，快速、便捷处理交通事故，协助交通管理，并通过北斗高精度技术以及其他技术的应用，引导主动安全系统的社会化应用。

平台提升了交通管理效率，实现"快处快赔快撤"的城乡覆盖，并极大地节约了警力，也保障了交通警察的人身安全与身体健康。完整的数据链-证据链系统，保证了执法的公平性、可追溯性。

通过交管处置方式的根本转变，解决交通事故造成的拥堵和二次事故问题，以互联网+的信息化手段服务于民生。

2. 保险云：线上保险事故智能处理平台

线上保险事故处理智能系统通过提供事故过程视频、高精北斗定位行驶轨迹、事故现场图片等数据，实现远程查勘、远程定损和线上理赔，有效解决了交通事故线上处理难点和长期困扰保险业的车险理赔痛点，预防了保险假赔案等突出社会问题，完善了车辆后市场服务体系，缓解了交通矛盾，降低了社会化成本，提高了社会满意度。

保险云平台的海量大数据，对于 UBI 保险的开发，构建基于驾驶行为和生活场景的保险生态具有战略价值和重大现实意义。

3. 汽车后市场服务云

"即时判：北斗高精度警保联动智慧系统"搭载有汽车后市场服务云，核心功能包括事故车导引，快速救援，洗车、美容、养护、修理、配饰、加油、停车等高品质信息导流等。

即时判汽车后市场服务云通过连接车主和汽车后市场产业链，将车险市场产业链与后市场产业链有效打通。

4. APP 族：第一汽车生活入口

即时判系统的客户端，除了提供实时定位、轨迹产品、里程报告、驾驶行为矫正等功能外，还提供快捷报案功能，针对无人伤轻微交通事故，通过与即时判交管云、保险云配合，用户通过 APP 向交警和保险报案：

（1）事故现场数据的第一时间采集和上传；

（2）实现快速撤离现场，保障交通畅通；

（3）减少交警出警次数，为偏远地区出警提供手段，提升交管效率；

（4）减少车主到处理中心的次数，实现远程事故处理。

5. 北斗高精度智能车载网联终端

项目研发的北斗高精度智能车载网联终端以汽车智能后视镜为主要产品新形态，是一种新型的行驶记录设备，如图 3 所示。

图 3　北斗高精度智能车载网联终端

1）车规级系统设计

采用车规级主控平台，适应高低温工作环境，解决夏季太阳暴晒环境的连续、稳定工作难题。

2）北斗高精度定位与导航及高精度地图应用

产品采用北斗 GPS 双模定位芯片，整合武汉大学国家卫星定位系统工程技术研究中心在羲和系统高精度定位技术，实现亚米级北斗定位（车道级），如图 4 所示，结合高精度地图技术，为公众提供更加安全的生活服务。

图 4　基于北斗高精度的车道级定位导航及相关高精度地图应用

3）高清前后双摄行驶记录

产品配有前后两个高清摄像头，支持汽车启动自动录影、支持后视镜冷启动快速倒车影像，具备夜视能力，采用循环录像等，有效保证数据采集与驾驶安全。

4）交通事故第一现场还原及驾驶行为采集

产品搭载高精密 MEMS 传感器，在遇到交通事故时能够锁定视频，向通过 4G 网络实时将交通事故发生前后的视频、图片、行驶轨迹等数据传输到后台。

产品具有驾驶行为分析功能，提供驾驶人员在交通事故以及日常驾驶中的位置、里程、点火/熄火、急加速、加减速、急转弯等驾驶行为的数据采集和分析。

5）主动安全

产品采用主动安全设计，集成了 ADAS 智能辅助驾驶（车道偏离预警系统 LDWS/ 车距检测预警 HMW）、倒车影像、全语音操控 ASR、蓝牙电话、防眩屏幕等主动安全功能，有效提升驾驶人员的驾驶安全系数，预防交通事故的发生，此外还具有一键报警功能。

6）车联网设备

产品采用 4G 通信技术，采用 5 模 13 频，同时兼容中国移动、中国电信、中国联通的 4G 网络，是领先的车联网设备。

二、系统采用的关键技术

1. 导航卫星精密定轨、定位技术

已形成一套能处理 GNSS 静态、动态、高动态数据的精密定位处理方法与软件系统。

2. GNSS/INS 稳健组合导航技术

目前已搭建了惯性导航和组合导航研究平台，可满足对不同精度惯导的需要。

3．高精度亚米级北斗/GPS 定位感知技术

终端依托国家 863 重点项目成果"广域实时精密定位技术"，对北斗/GPS 卫星在空间段、传播段、用户段的误差进行分析处理，从而提高卫星定位的精度，从平均 4～20 米左右的定位精度提升到达到大众应用亚米级的水平。

4．基于卫星导航数据的道路交通违法行为分析

依托公安部《道路交通安全违法行为卫星定位技术取证规范》《道路交通安全违法行为图像技术取证规范》等一系列标准规范，为卫星定位数据的公安交管执法提供依据。

5．面向 UBI 大数据协同计算与融合处理技术

本项目采用了时空大数据分析与协同计算技术，能够接收、存储、管理、发布高精度北斗定位差分服务数据、用户车辆行为数据、交通安全态势及预警数据、交通环境与地理信息数据与一体的共享平台，建成能够对 UBI 大数据进行长期挖掘分析的融合与处理平台。

三、系统应用实践

警保联动智慧系统与宁波市公安局交通警察局、宁波保险行业协会签约建立起战略合作关系；入驻宁波交警指挥中心（见图 5）。在宁波以国家保险创新综合试验区应用项目、宁波市智慧城市建设试点项目获得规模应用，已经取得了良好的示范效果，是国内第一个面向民用的万级北斗车联网应用。

图 5　系统入驻宁波交警指挥中心

本系统在实践中也被认可为树立了互联网的创新、开放和服务思维，促进落实公共服务理念，加快服务型政府建设；已经与多家保险公司签署了全国性或者区域性的协议。

四、社会效益

1．促进智慧警务建设，提升交通违法监管水平

本项目实现对车辆各方面数据的读取，并通过车联网通讯技术将车辆信息实时传送到互联网，

通过分析得出车辆行车轨迹数据和驾驶人行为数据。有了这些数据，交管部门可以对车辆进行分析监控，记录信息查处交通违法行为，提高道路交通执法效能。

2．提高交通轻微事故处理效率，向科技要警力，实现科技惠民

通过本项目的辅助，在发生事故时，交通监管部门可以同步获得事故现场图像及事故车辆行驶数据，从而在线化解因道路交通事故引发的矛盾纠纷，大大提升了轻微事故的处理效率，避免了由于事故现场撤除不及时引发的交通拥堵和二次事故。

3．支撑商业车险条款费率改革工作

本项目的开展将有力推动商业车险条款费率管理制度改革工作，让商业车险更有利于保护消费者，更有利于发挥社会管理功能及促进行业转型升级。

4．带动互联网+智能交通产业的发展

本项目的开展将有力推动我国互联网+便捷交通新兴产业的发展，显著提高交通运输资源利用效率和管理精细化水平，全面提升交通运输行业服务品质和科学治理能力。

五、结束语

世界发展趋势从互联网、移动互联网到万物互联的物联网，2020 年将有 1000 亿台智能设备，北斗是世界物联网位置服务入口，占领入口即占领全球下一代物联网产业的制高点。基于北斗高精度车联网大数据的警保联动交通事故快处快赔智慧系统，为我国以国家战略的北斗高精度时空信息下的车联网大数据来服务于国计民生，占领物联网的入口提供了机遇。

基于网络的网页版智能交通控制系统整体解决方案

深圳市大族元亨光电股份有限公司

一、概述

深圳市大族元亨光电股份有限公司（以下简称大族元亨）创建于 2002 年，通过与北京理工大学的技术合作在控制系统、视频处理等领域取得了一系列成就，在智能交通领域为客户提供了成熟、稳定的解决方案和良好的服务态度，在系统方面一直以客户需求为核心，研发出简单、易操作的控制系统。

公司自 2002 年成立以来已经通过了 ISO9001：2008、ISO14001：2004 认证，并且获得高新技术企业、深圳市高新技术企业、深圳市软件企业、深圳自主创新企业及建设部颁发的机电设备安装等资质，"YAHAM"还在 2009 年被评为"深圳知名品牌"。

二、系统简介

网页版智能交通控制系统是大族元亨自主研发设计的以 TIMS 服务器端为中心，集 Web 控制系统（上位机）、控制卡程序（下位机）于一体的屏体控制解决方案。

该系统的成功研发与应用使得我们坐在办公室就可以发布交通信息和接收交通屏的状况，从而提高了交通信息发布的效率，减轻了维护人员的工作，并为后续的城市智能交通系统建设和进一步发展奠定了良好的基础。

该系统是通过网络来进行信息交互的，因此要在交通屏体上使用 4G 路由器或者无线网桥，使得屏体能够连接到网络，这样才能够通过 B/S 的客户端来控制屏体。

三、系统的组成

（一）TIMS 服务器平台

TIMS 服务器平台是整套系统的核心，在整个系统中起到不可或缺的作用。它是整套系统的桥梁，为 Web 控制系统和控制卡程序传递信息。它作为消息的中转服务器端，主要是把从 B/S 客户端传递上来的信息转发给控制卡程序。

（二）Web 控制系统

Web 控制系统是基于 B/S 实现的客户端。它作为消息的发送端，首先要登录才能进行下一步操作，登录之后把要传递的信息编辑好，再选择要发送的目标，信息首先会发送到 TIMS 服务器，再由 TIMS 服务器转发到目标上。

（三）控制卡程序

控制卡程序是下位机程序。它作为消息的接收端，同样要先登录才能接收从客户端发送过来的程序，通过指定的协议解析之后再在屏体上显示内容并且回复信息给客户端。

（四）三大组成的关系

在本系统中，数据的发送都是由 B/S 的客户端通过网络发送到 TIMS 服务器端上，再由 TIMS 服务器端转发给控制卡程序，最后由控制卡程序根据指定的协议解析后显示在屏体上，如图 1 所示。

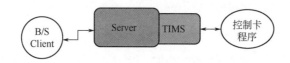

图 1   TIMS 服务器、Web 控制系统、控制卡程序的关系

四、系统运用

（一）需求分析

一般的控制系统是通过网口或者串口控制屏体的，这个控制方式需要网线或者串口分别连接电脑和显示屏。这种控制方式的优点在于传输数据快、不用其他的工具、没有其他额外的费用；缺点在于每次更改内容必须到现场通过网线或者串口线连接，才能发送内容；适合用于改动少或者不改动屏体内容的情况。

在网络发达的今天，一般的控制系统已经不能满足我们的需求，我们要做到足不出户便可控制屏体，因此通过网络来控制屏体的系统应运而生。这个系统是通过网络来传输数据的，因此屏体必须要连接到网络；屏体可以通过 4G 路由器来连接网络，在有 WiFi 的地方可以通过无线网桥来连接网络；这种控制方式的优点在于不在现场也可以通过网络来控制屏体；缺点则在于传输数据慢，甚至网络不好的时候可能发送数据失败；这种控制方式适合用于网络顺畅，而又经常改动节目的屏体。

在市场考察中，很多客户对这个通过网络的控制系统很感兴趣，说明这个系统还是很有开发的前景的。目前该系统能适应交通屏体的基本数据交互，如图片的发送、文字的发送、亮度调节和读取屏体的某些状态信息等。因为这个系统是用本公司自主研发的，功能可以根据客户的需求来添加，因此这套系统是可以适应现在大部分的客户需求的，是以客户的需求为核心来研发的一套极其实用的系统。

（二）系统的功能

TIMS 系统作为服务器端，主要作为消息的中转站，主要功能有创建账号（用户和屏体）、把账号两两关联起来、修改账号的资料等功能。

Web 控制系统作为 B/S 类型的客户端，主要作为消息的发送端，主要功能有创建屏体账号、删除屏体账号、修改用户密码、把消息体按照协议格式发送到服务器端、接收从服务器端回来的信息并且解析。消息体可以是图片、文字、播放列表、亮度等，接收的信息主要包括温度、湿度、电压、GPS 坐标、屏开关、当前播放列表等。

控制卡程序作为消息的接收端，主要功能是把接收过来的信息按照协议解析出来并且在屏体上显示和回复某些信息给 TIMS 服务器端，通过 TIMS 服务器端来转发给 Web 控制系统。

（三）系统的技术

账号的信息、账号之间的关系都是存储在数据库里面的，数据库里面的信息是共享的。

数据之间的交互是通过 HTTP 的方式来传递的，传递的过程是从电脑的 B/S 客户端编辑好发送的内容，通过网络以 HTTP 的方式传递到 TIMS 服务器端，在 TIMS 服务器端解析之后再以同样的方式把信息传递到控制卡程序，最后用控制卡程序信息解析出来显示在屏体上。

在 B/S 客户端编辑信息是在 Web 控制系统完成的，在该系统中，B/S 客户端页面上面的信息是通过 ajax 传递到后台进行加密处理的，在这里数据传递是使用 json 格式来保存数据的。

（四）易于上手、操作简单的图形化界面

（1）简单的登录页面，如图 2 所示。

图 2　Web 控制系统登录页面

图 2 中的 Username 表示用户账号；Password 表示密码；domain 表示域名，只要填入正确的账号、密码和域名就可以进入网站进行操作。

（2）登录之后进入主页面，如图 3 所示。

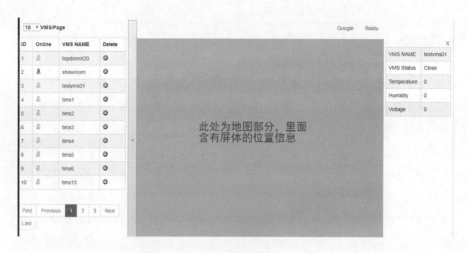

图 3　主页面

在图 3 中可以在地图上看到屏体的位置，有两种情况：一种代表屏体账号已经登录，可以正常通信；另一种则是屏体账号离线，原因可能是网络不好，或者屏体没有联网，因此不可以进行信息的交互；点击左侧的箭头可以看到所有屏体的登录状态，也可以删除屏体账号；点击右上角下拉框可以进行修改账号密码、添加屏体账号、退出登陆等操作；点击屏体的标记会在右侧弹出一个当前屏体的基本信息，如温度、湿度、电压、屏体是否关闭等屏体信息。

地图可以使用百度地图和谷歌地图两种。百度地图适用于国内，地图资源更新快，但是超出中国范围就不再适用；谷歌适用于全球范围，地图资源更新慢；国内建议用百度地图，国外则建议使用谷歌地图。

（3）发送消息页面，如图 4 所示。

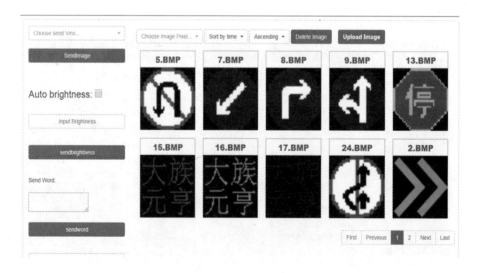

图 4　发送消息页面

在这个页面上，可以实现上传图片、删除图片、指定大小的图片来显示、对图片进行时间或者名称排序、选择图片并且发送到屏体、调节亮度、发送播放列表等功能。

本系统的图片都是存储在服务器上的，上传图片、删除图片都是对服务器上的文件夹直接进行修改，修改之后会直接反馈到页面上。发送数据方面，你可以给一块屏体发送多张图片，也可以将一张图片发送给多块屏体，还可以发送多张图片给多块屏体。

发送播放列表弹框如图 5 所示。

图 5　发送播放列表弹框

在这个框里，左边 VMS Image 代表已经发送到屏体的图片，中间 PlayList 是准备要播放的图片列表，右边 PlayList 是每张图片停留的时间和名称，停留的时间默认为 1 秒。

（4）编辑图片页面，如图 6 所示。

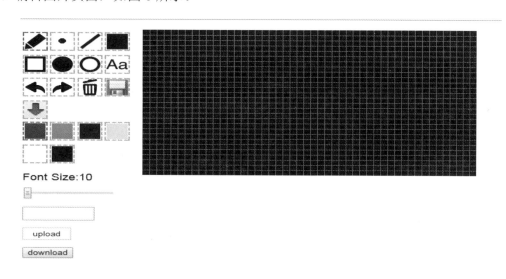

图 6　编辑图片页面

在这个页面，可以制作你想制作的图片。左边区域有画笔的种类、保存图片功能、下载图片到本机、可以自由选择颜色、可以上传图片之后再修改、下载画图支持的字体。

绘画方面，可以先选择画笔的种类，有画线、点、实/空心矩形、实/空心圆形、文字等；然后选择画笔的颜色，有红、绿、蓝、黄、白、黑 6 种颜色，其中黑色是用于精修图片，即想去掉的部分用黑色覆盖。绘文字，选择绘文字的功能和要绘的颜色，之后要选择所绘文字的大小，然后要在画板上先点击一下选一个坐标，画板会出现一个标记，最后在输入框输入内容即可；其他的选好之后直接在画板上操作即可。

（5）监控页面，如图 7 所示。

智能交通产品与技术应用汇编

图 7　监控页面

　　在这个页面上，可以看到在线的屏体上所播放的节目列表。图片上面的内容表示屏体名称，框内表示的是屏体当前播放的节目列表。

五、展望未来

　　自从进入信息时代，人们越来越离不开网络。随着互联网的飞速发展，通信模式从以前的 2G 网到现在的 4G 网，信息流量不断增加。展望 5G 的网络时代，也会在不久的将来实现，并进一步增加数据流量的传输速度。这套高兼容性的网页平台客户端，基于流量传输速度，能够实现更多的功能，例如，实拍实传实播的视频播放功能，存储更多图片、文字的云盘储存功能。这套高兼容性的网页版智能交通控制系统秉承了互联网+和物联网的发展趋势，把智能设备连接起来，形成一个小型物联网系统，并有能力进一步接入智能交通，甚至智能城市的物联网系统中。大族元亨将继续开发，努力完善此平台，并投入更多研发资源，丰富其功能，扩大适用范围，立志于走在互联网+与物联网发展的第一线。

KingTMS 公安交通集成指挥平台

南京金智视讯技术有限公司　卢冠祥

一、系统简介

　　金智视讯 KingTMS 公安交通集成指挥平台整合各类前端设备集中控制和管理，实现多种交通信息的采集、融合与集成、发布，实现交通管理信息的高度共享和增值服务，使交通管理部门能够决策科学、反应及时、响应快速；使交通资源的利用效率和路网的服务水平得到大幅度提高；也使交通信息服务能够惠及千家万户，让交通出行变得更加安全、舒适和快捷，是城市智能交通系统建设的核心内容。系统主界面如图 1 所示，行车轨迹分析如图 2 所示。

图 1　系统主界面

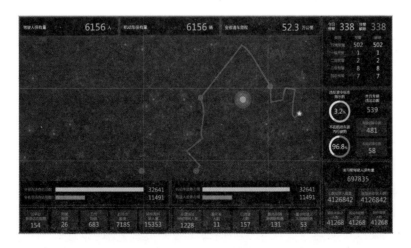

图 2　行车轨迹分析

系统基于大数据、云计算支撑平台环境下整合处理规划、城管、交运、气象等系统共享的相关信息和智能交通系统内部信息，进行数据融合、挖掘得出决策和服务数据。这些数据信息一方面可由智能交通系统内部向公众发布，另一方面可统一对外信息服务。系统对交警业务应用平台采集的数据进行整合分析，辅助交通管理、决策管理进行道路交通宏观调控、交通指挥调度，提升道路服务水平、提高交通管控效率。

二、系统特点

金智视讯 KingTMS 公安交通集成指挥平台设计目标主要体现在：改善现有路网交通运行状况；提高道路有效利用率和道路通行能力，规范道路交通秩序，减少道路的交通拥挤程度、交通事故，并实现交通管理的智能化和高效率；实现交通管理数据资源整合与共享；提高交通管理信息服务水平；高效、正确地为交通管理提供智能化辅助决策支持；为智慧城市建设提供基础数据支撑；实现城市灯控的交通信号协调控制；实现交通管理指挥调度的信息化。最终实现有序、安全、畅通、经济、环保的城市道路交通网络体系；在城区范围内实现"指挥调度智能化、交通执法自动化、公众服务多元化、行政监督电子化、管理决策科学化"，确保道路交通安全管理工作与经济建设和社会发展相适应。

（一）全面掌控实时交通状况

系统涉及各类交通监测系统的建设或对接，如交通流采集系统、交通视频监控系统、GIS 交通地理信息平台、卫星定位系统警车定位系统、重点车辆监控系统、交通设施管理系统、移动警务系统等。这些系统可以提供各类的实时交通状况信息数据，依靠这些信息数据，交通管理人员可以掌握城市交通的整体状况，开展交通信息研判，实现对交通的管理、指挥与控制。

（二）提高交通指挥控制能力与效率

系统能够帮助用户掌握最全面、最实时的交通信息，辅助用户进行指挥与控制，同时，借助先进的网络技术、电子技术、IT 技术，智能交通系统可以协助用户实现扁平化的指挥控制，从而提高公安交警交通指挥的控制能力与效率。

（三）实现交通管理数据资源整合与共享

智能交通的高效运行，依赖于各类交通管理信息数据资源的有效整合与共享。交通管理指挥控制的全过程依赖于全面、及时、准确的信息数据。

系统在统一规划的前提下，依照信息共享的原则，消除各交通管理信息化系统之间的壁垒，使得交通管理的数据资源能得到有效整合与共享。

（四）为交通管理提供智能化辅助决策支持

系统一方面通过各系统的建设，使掌控全面的交通信息数据成为可能；另一方面，通过智能化辅助决策系统的建设或对接，借助图文化的数据分析挖掘以及交通仿真工具，为交通管理提供智能化的辅助决策支持。

（五）优化扁平化指挥调度

系统可以更加优化交通指挥中心与路面勤务间点对点、点对面无缝对接的科学管控模式，缩减警情通报与处置反馈的时间，强化指挥中心对路面勤务的扁平化指挥，为准确、科学的交通决策奠定更好的基础，提升交通管理工作"精确研判、准确决策、有力支撑、高效指挥"扁平化指挥格局。

（六）完善闭环指挥调度流程

系统可使交通指挥中心形成完整的闭环式指挥调度流程，围绕指挥调度业务统筹和管理能力提升，按照"警情流程全方位监测、警情处理立体化提升"的思路，将指挥调度各流程有效整合，搭建集警情预测、警情综合检测、警力快速部署、方案、预案制定及管理、信息发布、组织体制、科技系统保障和事后评价的"八位一体"的闭环式调度指挥流程，以及时统筹和解决指挥调度存在问题，提高指挥调度执行力。

（七）提升交通信息服务水平

系统在掌控大量交通信息数据的同时，通过各种渠道和方式，将全面、实时的交通信息发布给社会公众，如中心城区的实时路口、城区交通管制信息、施工路段公告、交通违法信息等，提升城市交通信息服务水平。

三、特色功能

（一）以"人"为核心

1. 驾驶人构成分析

可按多个维度分析辖区驾驶人情况及构成，分为以下八个纬度：

（1）基本业务情况：驾驶证总量、驾驶证核发、驾驶证注销、驾驶人考试、营运资格证信息等情况。

（2）有驾驶证无运管资格证情况。

（3）重点驾驶人情况：重点驾驶证审验、重点驾驶人换证、重点驾驶人满分学习。

（4）重点业务指标：外地人学车比例、科目考试合格率、大中型客货车驾驶证审验率。

（5）按年龄、性别、准驾车型分别统计分析。

（6）按驾校培训、自学直考、军转、外转等统计分析驾驶人来源。

（7）按本地、外地、境外人员等统计分析驾驶人户籍属地。

（8）按驾驶人培训机构统计分析。

2. 驾驶人全息档案

建立驾驶人专题库全息档案，包括驾驶人基本信息、前科信息、驾驶证信息、违法情况、事故情况、名下车辆情况、违法处理关联信息等信息。

3．驾驶人证件分析

按两客一危一校、公交车、出租车、渣土车等重点车辆驾驶人类型分析，按性别、年龄、籍贯、准驾车型、驾龄、住所等条件多维度分析重点车辆驾驶人构成、重点车辆驾驶人准驾不符、审验、换证临界/逾期等情况。

4．驾驶人风险评估

综合驾驶人驾证状态、违法记分、违法处理情况、事故情况，建立重点驾驶人安全风险评估模型，综合评价驾驶人风险评估积分值，再根据分值确定其所属的风险等级。

5．驾驶人违法、事故分析

分析驾驶人交通违法发生时间、地点、车辆、违法行为（一般违法/严重违法、已处理/未处理）等情况。

分析驾驶人交通事故情况，按性别、年龄、籍贯、准驾车型、驾龄、住所、事故发生时间、地点、天气、车辆、违法行为、事故责任等多维度分析车辆驾驶人事故四项指数情况。

6．驾驶人活动规律分析

以驾驶人名下车辆轨迹数据为数据基础，分析驾驶人的活动区域、活动时间、违章违法情况。

（二）以"车"为核心

1．车辆全息档案

实现车辆信息的全视图展现。以车辆车牌号码、车辆类型等为查询入口，实现对某一具体车辆的全息档案展示，具体包括车辆基本信息、车主及涉案涉毒情况、前科情况、联系电话信息、关系地址信息、关联违法信息、关联事故信息、关系人信息、车辆出行轨迹等信息。

2．车辆通行分析

1）夜间行驶分析

按管辖部门根据重点车辆类型、车辆 GPS 轨迹、卡口轨迹分析红眼车辆夜间通行情况。

2）疲劳驾驶分析

以车辆 GPS 轨迹数据、城区卡口及高速卡口数据为基础，按管理部门、重点车辆类型分析 24 小时累计驾驶时间超过 8 小时，日间连续驾驶超过 4 小时，夜间连续驾驶超过 2 小时等疲劳驾驶情况。

3）超速行驶分析

结合重点车辆 GPS 轨迹、卡口区间测速分析车辆超速情况。

4）偏离线路通行分析

按车辆类型分析重点车辆偏离规定线路通行情况。

5）不按规定时段通行分析

根据车辆类型、通行时间分析重点车辆不按规定时段通行情况。

6）车辆 GIS 实时定位监控

以车辆 GPS 实时轨迹数据、卡口过车数据为基础，通过 GIS 地图动态展示车辆实时定位和车辆位置追踪。

7）车辆轨迹回放

以 GIS 地图对车辆轨迹进行回放。

3．车辆风险评估

结合车辆状态、车辆违法情况、事故情况、车辆年限等多维度建立车辆安全风险模型，对车辆实行积分评估分析预警制度，综合车辆状态、违法、事故、车辆年限等多维度信息，综合评价车辆风险评估积分值并确定其风险等级，系统自动预警高危车辆。

4．车辆预警

基于卡口轨迹、GPS 数据等车辆通行信息，对长途客运车辆、危险品运输车辆、两客一危一校、公交车、出租车、渣土车在行驶中进行动态监控管理，对超速行驶和疲劳驾驶、偏离运行路线、不按规定时段通行等违法行为实时预警，对重点车辆、重点违法行为的处置情况进行监管和提醒。

5．车辆活动特征分析

以过车时间、卡口、区域、车辆类型为条件，分析逾期未检验、违法未处理等异常状态非营运车辆、重点车辆、一般车辆（非重点车辆）活跃情况，分析输出活跃车辆号牌、车辆异常状态、活跃地点（卡口）、活跃时段等活跃时空分布情况，为车辆查缉提供时空线索。

6．车辆精确搜索

以车辆识别为核心，以二次识别为基础，通过提供车辆的大数据检索、车辆的数据碰撞和挖掘以及车辆大数据的统计分析，提供车辆的多维度服务支撑。

通过车辆的车牌号码、车辆品牌、车辆子品牌、车辆年款、车辆颜色、车牌颜色、车辆类型、车牌类型、年检标、遮阳板、安全带、特征图等车辆细节信息，从某一个条件或者多个条件快速定位所要搜索的车辆信息，并且保证在千亿级别的数据规模下，实现查询结果的秒级返回。

（三）以"路"为核心

1．实时交通运行情况

结合交通卡口实时数据统计车流量和平均车速，结合互联网地图厂家交通拥堵情况数据分析实时交通运行状态。

交通流分析模型中会为车辆速度、车辆密度、拥堵时长、拥堵距离等指标综合设定阈值，按照畅通、缓行和拥堵设定等级，当形成拥堵后会进行报警，并将报警信息推送到指挥中心，以提醒及时采取分流措施。

2．历史交通运行情况

交通流分析模型产生的实时分析结果记录也都会依次进入大数据中心存储的分析库。通过对这些历史数据的多维统计，形成按周期（天、年、月、季度、年）、按时段（按小时划时间段）、按道路、按区域等多维的分析结果。

3．交通拥堵预警分析

通过对历史拥堵情况的统计分析，可以预估出某一个时段、某一个区域（主要商圈、景区、学校和交通流量过于集中的区域）、某些时间高峰段将会形成的交通流量，对交通拥堵情况进行预警分析。

可按照指定的道路、指定的路段、路口等统计查询指定时间段内，拥堵次数、拥堵发生时间、拥堵发生位置等。

1）拥堵高峰预测

根据历史交通运行情况，以及往年同期和近期交通运行状况，可以对预测区域的拥堵高峰进行预测，尤其是在节假日等敏感时间，通过对拥堵高峰持续时长的预测，可以得出类似拥堵小高峰、出城最堵时刻等关键指标，可以为错峰出行等提供意见建议。

2）拥堵区域预测

根据实时交通拥堵以及历史交通拥堵情况，对重点区域（如景区、学校、高速公路等）发布拥堵预测，同时以热力图等可视化页面进行展示，为民众的出行提供建议。

3）绕行建议

对市、县区的道路以及高速公路进行拥堵计算和预测，通过对周边道路情况的直观了解，为拥堵路段提供绕行建议。

4．旅行时间分析

结合运营车辆数据和互联网打车平台数据，分析两点之间不同时间段的旅行时间变化规律，以GIS 地图形式展示。

5．交通 OD 分析

根据时间点，查询前后车流量最大的五个卡口路口，在地图上进行标注，并以流动的光点和线直观而整体地展现车流运行态势。系统同时提供车流整体分布趋势的热力图，功能界面如图 3 所示。

图 3　功能界面

（四）以"事"为核心

1．事件趋势分析

（1）事故形态趋势分析，驾驶人死亡与行人、驾车人、乘车人死亡比例趋势，责任趋势分析，责任者交通方式趋势分析等。

（2）对事故发生形态进行分类统计，包括正面相撞、侧面相撞、尾随相撞、对面刮擦、同向刮擦、碾压等。

（3）统计交通事故中，机动车驾驶人死亡人数、行人死亡人数、骑车人死亡人数、乘车人死亡人数，并分析其变化趋势。

（4）以指定的统计单位为间隔，统计机动车负同等责任、主要责任、全部责任的次数变化趋势。

2．视图预警、告警联动

系统可通过调用事件检测分析服务对视频的内容进行自动预警，当触发预先设置的预案后，联动的摄像机将会同时打开监控图像，形成对事发地的监控封锁，同时实时报警。智能规则分析包括：区域入侵、绊线检测、非法停车、徘徊检测、打架检测、非法尾随、人群聚集、车流统计、车牌特征识别等。

3．警力资源优化

系统可统计各巡区警情发生性质及数量，根据警力资源自动优化巡区范围。

基于前端智能的音视频联动
违停管理系统

上海安讯士网络通讯设备贸易有限公司

　　随着城市化的发展和汽车总量的增加，城市道路拥堵状况及交通事故频发等现象日益严重。而在引起道路交通拥堵的众多原因中，驾驶员不按照规定行使，如违法变道、违章停车等是减少交通通行能力和增加交通事故的重要原因。

　　以违章停车为例，常发生在城市道路边、高速公路匝道、高架桥梁匝道、交通枢纽匝道等处。以前交通管理部门常通过设立警示标志、人工巡逻劝离、拍照罚款等方式来对违法行为进行处理；随着智能化科技的发展，电子警察违停抓拍等技术有效地提升了执法效率，可以对违法行为进行及时处理（见图1和图2）。

图1　违法停车的人工执法　　　　　　　　图2　电子警察违停抓拍技术

　　通过罚款计分等处罚方式虽然可以对驾驶员的违法行为进行有效惩戒，但这种方式往往是被动处罚，此时该行为已经对交通造成了影响。而且交通管理部门的根本出发点还是希望防止这样的违法行为发生，减少对交通造成的拥堵。

　　于1984年成立于瑞典的安讯士AXIS，作为网络数字视频监控技术的发明者，ONVIF标准的主要指定参与者，一直专注于通过网络技术和前端智能化技术来提升管理者的效率，并有效降低综合成本。

　　对于违法停车这一典型应用，安讯士AXIS推出了基于前端智能和网络技术的音视频联动违停管理系统（见图3），结合了包含智能网络摄像机、智能网络扬声器等智能设备，可以对交通违法行为进行及时警告，并在必要时进行记录处罚。此系统从架构上包含如下功能。

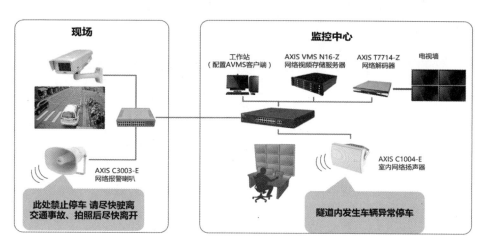

图3　安讯士基于前端智能和网络技术的音视频联动违停管理系统

一、非法停车行为摄像机前端智能识别

安讯士智能网络摄像机前端配有 ARTPEC 智能芯片，用户可以根据自己的需求，随时加载各种智能应用 ACAP 到前端摄像机。如图4和图5所示，当前端摄像机覆盖区域内有违法停车行为时，可以及时侦测并进行记录。所有智能应用仅在前端处理芯片内完成，无须借助专用识别设备。

图4　安讯士 AXIS 网络摄像机前端智能识别技术

图5　违法停车摄像机前端智能识别

二、智能网络扬声器前端告警驱离

在摄像机检测到违法行为发生时，可以将触发信号给到现场安讯士 AXIS 网络扬声器，及时播报预先录制好的语音，如"此处禁止停车，请尽快驶离，否则罚款处理"，有效地对违法行为人进行警告和制止（见图6）。

图6 AXIS智能网络扬声器前端告警驱离

在传统模拟广播扬声器解决方案中，需要铺设专门的音频线、功率放大器、负载切换控制器、媒体矩阵等设备，且传输距离有限，需要专业人员定期维护，综合成本非常高。与传统模拟方案不同，安讯士AXIS网络智能技术的解决方案中，网络扬声器可以通过POE网线同时进行取电和数据传输。在监控中心，无须设置其他音频管理的硬件，只需要安装音频管理软件即可。通过智能化的网络音频方案，可以预先录制音频内容，设定音频播放区域和播放规则，当特定事件触发后实时播放音频广播，极大地提升了管理效率，降低了综合成本。

三、SIP广播和电话系统

对于重点区域，如需进行人为远程喊话的干预，可以在中心设置SIP服务器。这样可以通过手机、麦克风、现场电话等设备，通过SIP网络，对前端扬声器进行远程喊话，且不受距离和网络形式限制（见图7）。

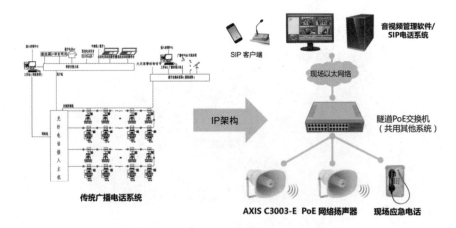

图7 AXIS基于SIP的音视频远程联动

四、中心管理平台

监控中心可以设置NVR存储、智能音视频管理软件，并与违法处理平台进行对接联动。AXIS

后台管理系统如图 8 所示。

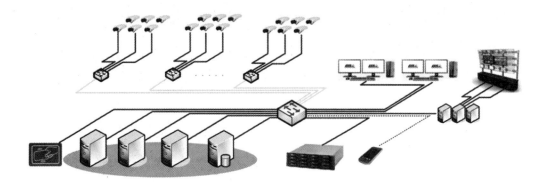

图 8　AXIS 后台管理系统

　　以上四部分就组成了安讯士 AXIS 基于前端智能的音视频联动违停管理系统。除了用在城市道路场合外，也可以在如高速公路出入匝道、高架桥梁匝道、机场航站楼送客平台等场合使用此套系统，对违法行为进行及时告警，并在必要时进行记录处罚。

　　未来，安讯士 AXIS 将推出更多的基于前端智能的应用，让人们生活、出行更安全、更智能。

基于 RFID 的汽车电子标识在道路交通管理应用的研究及探索

李家洪[1]　王　胜[1]　杨纪刚[2]

近年来，社会经济高速发展，城市汽车数量在逐年增加，城市交通拥堵、停车难、空气污染等社会管理问题日渐凸显。为减少道路交通事故，确保道路安全和畅通，各地公安部门在城市主要出入口和主要公路上安装基于视频图像技术的公路卡口、闯红灯抓拍及测速等设备，进一步强化交通违法行为查处和城市智能化交通管控。在平安城市建设方面，各地政府在城市重点区域安装大量基于视频图像技术的安防监测点，以强化城市治安管理，提升社会管控能力。但受到环境、照明和天气等因素的影响，汽车号牌识别率不高，且视频图像识别不能有效辨别假牌套牌、故意遮挡号牌等违法行为，因此，基于视频图像技术的汽车身份识别技术已难以满足智慧交通管理、公众出行服务、社会治安综合管理等要求，迫切需要更先进、成熟、可靠的汽车电子身份识别技术以满足交通管理及公共服务需求。

基于 RFID 技术的汽车电子标识，具有识别快速、抗干扰能力强、识别率高、使用期限长、高速运动中快速精准识别、可写入信息等特点，辅以汽车电子标识防拆卸、防克隆的设计，可对车辆身份进行有效精确识别，实现"全景式感知、精准性把控、智慧化调控、便捷化服务"的"涉车信息管理及公共服务"，是新形势下提升城市和公路智能交通管理水平、服务公众出行、创新社会治安防控体系的重要手段。

本文从汽车电子标识工作原理、特点优势、应用价值等方面着手，对汽车电子标识在道路交通管理应用进行了研究和探讨，为解决日益凸显的交通问题寻找一种全新的技术手段和思路。

一、背景概述

（一）交通管理面临的挑战

1. 道路拥堵日趋严重

截至 2016 年年底，全国机动车保有量达 2.9 亿辆。随着机动车保有量的逐年增加，道路越来越拥堵，空气污染越来越严重，各地政府被迫实施尾号限行、单双号限行等政策。

---

1 江苏航天大为科技股份有限公司；
2 深圳市金溢科技股份有限公司。

2．城市交通智能化程度不高

城市信号灯控制智能化程度不高的主要原因是设备感知能力有限、交通流量信息采集不精准，使得交通信号配时和信息发布不够准确，城市交通智能化管理及公共服务水平亟待提升。

3．涉车监管手段单一

针对无牌、套牌、故意遮挡号牌等问题车辆，目前主要采用视频监控、感应线圈、GPS 等技术手段来发现和处理这些问题，其中感应线圈使用得比较多。例如，路口抓拍闯红灯、抓拍超速等，但是该技术无法识别车辆身份。现在主要利用视频+汽车号牌来识别车辆身份，但当汽车号牌做假、套牌、不挂、遮挡时，将无法进行有效识别。当无法有效识别车辆身份时，交通执法面临很多困难。

（二）汽车电子标识带来的变革

汽车电子标识（Electronic Registration Identification of the Motor Vehicle，ERI）是嵌有超高频无线射频识别芯片并存储汽车身份数据的电子信息识别载体。汽车电子标识系统主要由汽车电子标识、读写器及后台业务管理平台组成。

基于 RFID 技术的汽车电子标识具有识别快速、抗干扰能力强、识别率高、使用期限长、高速运动中快速精准识别、可写入信息等特点，辅以汽车电子标识防拆卸、防克隆的设计，可对车辆身份进行有效精确识别，实现"全景式感知、精准性把控、智慧化调控、便捷化服务"的"涉车信息管理及公共服务"，提升反恐处突能力，实现涉车案件少、侦破效率高、群众满意、社会和谐稳定的目标。

目前，汽车电子标识的技术难关已经攻克，由公安部交通管理科学研究牵头制定的《汽车电子标识通用技术条件》等一系列国家标准已于 2014 年面向社会征集意见，2016 年报批国标委。

为进一步加快汽车电子标识的推广和应用，公安部于 2016 年率先在无锡、深圳等城市进行了试点应用，在重点车辆通行监管、特种车辆优先通行、假/套牌车缉查布控、小区/停车场门禁服务等方面广泛运用汽车电子标识，给社会管理和人民生活带来巨大便利，得到社会的高度认可。

二、系统工作原理

（一）汽车电子标识介绍

汽车电子标识又称电子车牌，是一种将普通车牌与超高频 RFID 无线射频识别技术相融合形成的车辆唯一电子身份证，其原理如图 1 所示。

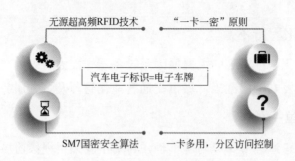

图 1　汽车电子标识原理

（二）系统工作原理

当汽车经过设置在道路上方（或路侧）的 RFID 读写设备有效磁场区域时，贴在车窗的汽车电子标识自动获取读写设备发出的无线射频信号，并利用感应电流获得的能量，向读写设备回送电子标识芯片中存贮的汽车身份密文信息，读写设备对读取的密文信息进行解码并传送给后台系统。系统工作原理如图 2 所示。

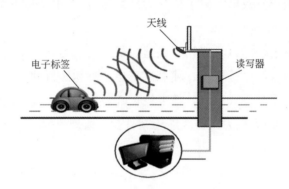

图 2　汽车电子标识系统工作原理示意

（三）特点及优势

1．性能优异

汽车电子标识采用 UHF RFID（超高频无线射频识别）技术，可在车辆 200km/h 以上高速行驶条件下远程动态采集车辆信息，车辆识别率达 99.9%。芯片在高温、低温、辐射、雾霾等各类环境下能被正常识读，系统在长时间运行后依然运行稳定。

2．安全可靠

汽车电子标识采用国密算法，具有国产自主知识产权，建立了一套完整的安全应用体系，自带双向安全认证，能够防克隆、防伪造、防篡改、防非法识读，保障信息安全，有效保证了汽车电子标识应用中涉车数据采集及使用的安全性。

3．管理便利

汽车电子标识唯一的 TID 标签号能实现"一车一卡"，难以复制、不可拆卸，可以作为车辆的"电子身份证"，具有高防伪性，可有效预防假/套牌违法行为。同时汽车电子标识芯片具备多种访问控制权限，可满足不同行业安全读取权限设置和控制需求，有助于开展车辆精确管控以及多种类的行业管理应用。

4．一卡多用

汽车电子标识可以满足公安、环保、交通、保险等多个行业和部门的涉车应用，每种应用具有独立的信息存储区域，实现一卡复用。

三、系统设计

（一）设计目标

通过基于 RFID 的汽车电子标识的应用系统建设，能够加强公安、交通、安监、环保等各政府事权单位对车辆监管和服务，提高涉车商权单位信息化建设水平以及满足公共涉车群体定制化服务的实际需求，实现涉车数据的融合、分析和挖掘等处理，提供更深层次的智能化服务。

本系统立足于成熟、经济、适用、先进、可靠的 RFID 与视频识别相结合的基础技术，采用开放性、模块化、智能化的体系结构，依托现有信息化系统，构筑指挥高效、反应灵敏、处置快捷、防范有效、控制有力、操作方便、保障可靠的智能交通体系，进一步满足日益复杂的道路交通管理需求。

（二）总体架构

本系统总体架构是围绕涉车数据中心的综合服务平台。在基础设施建设和保障体系的支撑下，系统总体上划分为智慧感知和生态采集、基础数据信息服务、应用服务平台三个领域。系统总体架构如图 3 所示。

（三）逻辑架构

根据物联网技术体系的特点，基于 RFID 的汽车电子标识应用系统从逻辑上分为"两大平台"和"四层结构"。其中，"两大平台"是指应用服务平台和运行服务平台，"四层结构"是指感知层、网络层、数据层、服务层和应用层。系统逻辑架构如图 4 所示。

1．感知层

感知层主要实现对车辆所处物理世界的智能感知信息的采集，包括汽车电子标识信息、车辆位置、行驶速度、道路交通状况、视频监控等相关数据信息。感知采集层由功能种类繁多的多个设备集群共同组成，主要包括 RFID 基站集群、传感器采集集群和视频采集集群。

2．传输层

网络传输层的目标是实现广泛的互联互通，把感知层采集得到的信息无障碍、高可靠、高安全地传送到数据处理中心。

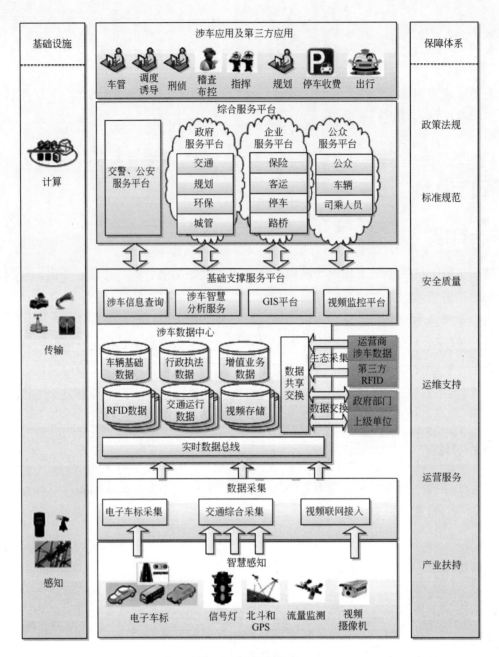

图 3　系统总体架构

3．采集层

　　采集层是数据的接入点。感知数据通过传输层，接入采集层的物联网网关，完成数据接入。物联网网关将不同接口、不同协议的设备统一成数据层所能理解的格式和操作，实现协议转换。采集层适配原有系统和第三方数据接口，实现统一数据接入和生态数据采集。

4．数据层

　　数据层为所有应用和服务提供数据。针对物联网应用的特点，数据层采用实时数据总线，为采集到的实时数据提供高效的访问入口，提供的数据包括元数据、基础数据、RFID 采集数据、综合交通数据、交通业务数据和历史视频图像资料。

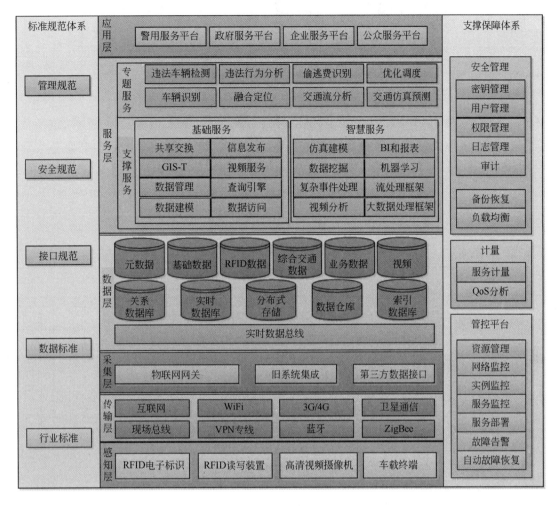

图 4　系统逻辑架构

5．服务层

服务层是系统内部的服务，是本系统所有应用功能的核心，为业务应用系统提供模块化的服务支持。这些服务在不同的涉车应用中具有共性特征。

6．应用层

应用层包含四大应用服务平台，以及依托于这些平台的各类业务应用。其中，警用服务平台是内部服务平台，用于公安、交警内部的涉车应用和交通应用；政府服务平台是提供给其他政府部门的服务平台，满足各部门涉车业务的需要；企业服务平台为企业用户提供商业服务接口；公众服务平台为普通市民提供便民服务。

7．标准规范体系

标准化是解决有效地开发和利用信息资源，开发信息技术，保障信息化技术设施建设的优质高效和网络的无缝连接，确保各系统间互连、互通，确保信息安全可靠的基本手段和保障。标准规范体系包括总体标准、应用标准、安全标准、网络标准、数据交换标准以及管理标准等内容。

8．支撑保障体系

支撑保障体系包含安全、管控和计量三类服务平台。其中，安全管理体系为采集层、传输层、数据层、服务层、应用层提供统一的信息安全服务；管控平台是综合性的系统管理平台；计量服务统计各个软件系统的使用率、数据量、服务质量等信息，通过计量服务可为系统的优化升级路线提供决策依据。

（四）应用服务平台

应用服务平台主要由基础支撑服务平台、警用服务平台、政府服务平台、公共服务平台、企业服务平台组成，如图5所示。

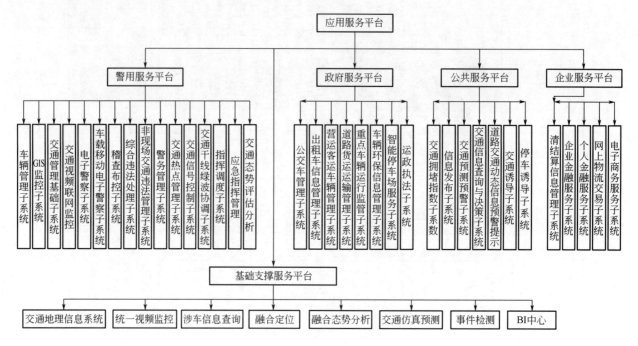

图5　应用服务平台组成

四、应用价值

1. 城市智慧交通

在大数据背景下，通过本系统的建设，加强各职能部门的信息共享，提高数据全方位、多渠道采集、分析和综合处理能力，切实完善城市智慧交通规划、建设、管理、服务联动机制，优化城市功能，提高政府工作效率；通过大量的基础数据积累和深度挖掘分析，加强交通管理的预见性、科学性；通过相关行业监管及应急指挥平台建设，行业管理部门可及时、全面地掌握城市交通运营动态，提高城市交通的监管能力和应急处置能力。

2. 交通执法管理

1）提升通行效率

为政府各个涉车管理与执法机构提供不停车状态下的路查、路检、收费、扣分和罚款等一系列行使行政职能的技术手段，从而大幅降低停车检查的发生概率，提升通行效率。

2）优化交通组织

以汽车电子标识为载体，利用物联网技术，对交通综合信息进行采集、组织、分析，根据道路拥堵状况进行调控，使路网交通流运行于最佳状态，从而缓解交通拥堵，降低污染。

3）有效管控限行

黄标车和限行货车虽只占城市机动车总量的 10%左右，但排放的污染物却达到总量的 50%。利用汽车电子标识和物联网技术建立区域限行系统，可提高限行管理的准确性和高效性，为各类限行车辆区域限行政策提供有效技术支撑。

3．交通运输管理

"车辆偷逃各种税费"，"黑车扰乱城市公共运输市场秩序，阻碍运输业健康发展"一直是交通管理部门工作的重点和难点，而汽车电子标识的应用可针对这些问题提供涉车营运资格认证、税费电子稽征、路桥不停车收费等多种先进技术手段，从而为交通运输管理部门提高工作效率提供强有力的支持。

4．治安防控管理

"动态情报信息采集""区域路网追踪搜索""历史现场重建和事件追溯取证"是以往涉车警务中作业难度高、警力需求多、资源消耗大、执行效率低的三大瓶颈。针对这三大难题提供涉车身份识别、时空信息提供、行车轨迹追溯、黑名单布控等多种先进的技术手段，从而为公安各警种涉车业务快速高效作业提供强有力支持。

5．城市公共服务

加大各种惠民利民措施，为所有交通参与者提供实时、准确的交通状况信息。为城市公交优先提供宏观调度和局部控制，开展停车场宏观调配和局部管理，扩大不停车通行的应用范围，提高通行效率，减少停车延误。

智慧交通集成指挥平台的研发与实施

浙江浙大中控信息技术有限公司　朱　皓　廖宇婷　余　素　杨永耀

一、建设背景

随着国内城市的快速发展，机动车保有量迅速增加，给城市交通出行带来了很大压力。近年来国内诸多城市已建设了大量信号控制系统、电子警察系统、高清卡口系统等，这些系统在一定程度上起到了改善城市交通状况的作用，大量违法行为得到了有效遏制，车主行驶习惯得到了有效规范。然而在相当多的城市，上述不同的智能交通系统相对独立运行，系统之间的数据共享较为薄弱，系统功能间缺少协调配合，影响了智能交通系统功能的最佳发挥，从而不能最大效用地提高城市交通整体效率，最大限度地减缓日益困扰城市出行的交通拥堵问题。

本文介绍通过智慧交通集成指挥平台的建设，整合集成城市交通信号控制系统、交通诱导、高清卡口等功能系统，使之形成一个在智慧交通集成指挥平台高效管理下的一整套现代化的城市智能交通系统，实现更加有效的交通管理，最大限度地提升道路通行能力，遏止机动车交通违法现象，切实缓解交通拥堵程度，以适应城市快速发展条件下的现代交通管理需求。

二、系统建设目标

智慧交通集成指挥平台（以下简称平台）建设，以提高交通管理服务水平、提高交通管控效率为目的，综合利用多种交通管控资源，提高交通管控的快速反应能力和交通指挥中心的工作效能，形成交通综合信息集成系统。

平台依托公安交警部门现有的智能交通监控系统和设备、上级业务部门的各类数据库和系统，实现数据共享、功能互补、整体协调的智慧交通集成管控和指挥。通过应用新一代信息技术，集成交通信号控制系统、交通诱导系统、非现场执法系统、高清卡口系统、视频监控系统、六合一、122接处警等系统，汇聚交通流量、过往车辆、交通视频、交通违法、交通信号、车驾管、交通事故等各类交通大数据，实现集数据接入注册、存储计算、访问服务于一体的数据交换平台，并以此为基础实现包括集成指挥系统、缉查布控系统、信息发布系统、综合研判系统、运维管理系统、交通管理信息系统的六大业务应用。

通过实时监测采集、处理交通数据信息，优化交通信号，及时发布诱导信息，协调城市交通流、缓解城市交通压力、提高处理交通及其他突发事件的能力，提高交警的快速反应能力和工作效率，实现交通数据的可视化管理和应用。

三、平台设计指导思想

平台以大数据平台为底层框架，能够对海量数据进行快速检索、快速统计分析，同时能够进行深度的关联分析，挖掘出其中有价值的信息。平台建设依托组件技术，提供标准的封装接口，应用层以组件的形式装配实现。各级公安交警管理部门（以下简称用户）可以根据各自需要将各个组件有选择地进行组合，构成适合各自城市交通特点的应用系统。

平台设计追求以下技术特色。

➢ 实时性：海量数据查询分析秒级响应，多源数据关联分析秒级响应。

➢ 智能化：交通预案，交通模型，推送服务，交通预测。

➢ 灵活性：更便捷的数据存储、线性平滑扩展，更灵活的混杂数据管理模式。

➢ 经济性：更高并发的数据处理分析能力、更好的数据处理质量、更低的硬件成本。

➢ 广泛性：支持多种通行数据采集，如治安卡口、交通卡口、电子警察、汽车电子标识等（见图1）。

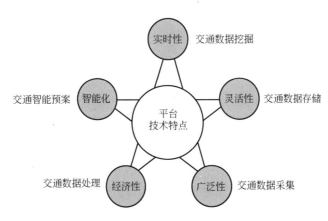

图1 平台技术特点

四、平台系统架构

平台系统架构如图2所示，主要组件简述如下。

（1）信息采集层：信息采集主要来源是视频专网、公安内网和互联网。视频专网信息是指道路前端监控视频、卡口、交通违法取证、交通流量等。公安内网信息是指PGIS、六合一平台、122接处警等信息。互联网信息是指重点车辆定位、高德/百度路况、气象等各类异构信息。

（2）数据接入层：统一数据进口，规范数据传输接口标准，有效解决各子系统之间的数据孤岛等问题。通过实时数据接入引擎和静态数据接入引擎，与各子系统互联互通，达到数据传输规范、同步和一致。

（3）大数据计算中心：主要由数据处理和数据存储两部分组成，数据处理包括流式计算、算法模型等实时数据处理和离线计算、机器学习等历史数据处理。数据存储包括基础库、业务库、GIS库、主题库、图片库、视频库等。

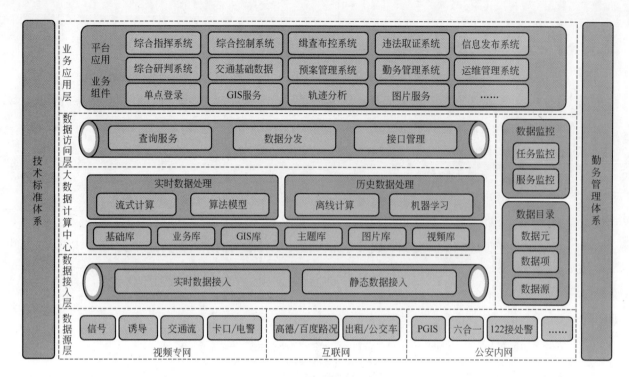

图2 平台系统架构

（4）数据访问层：统一数据出口，实现交管数据互融互通，与公安部集成指挥平台核心版无缝对接，数据项包括视频、卡口过车、电警违法等信息，数据访问服务针对平台应用，如信号控制、轨迹分析等，提供轻便的数据访问接口。

（5）数据管理：主要分为数据监控及数据目录两大部分。数据监控包括数据接入任务监控、数据共享服务监控、服务器监控等。数据目录包括数据元管理、数据项管理、数据源管理等。

（6）业务应用层：主要分为平台应用系统和业务组件两部分。平台应用系统包括综合应用系统、信号监控系统、缉查布控系统、违法取证系统、信息发布系统、综合研判系统、交通基础数据、预案管理系统、勤务管理系统、运维管理系统。业务组件包括单点登录、GIS 服务、轨迹分析、图片服务等。

平台建设标准主要遵循 GA/T 1146－2014 公安交通集成指挥平台结构和功能、GA/T 1049 公安交通集成指挥平台通信协议，以及各类道路监控系统的技术标准、图形符号和向集成平台传输信息的各类信息接口规范。勤务管理规范主要指公路交通安全防控体系建设、集成平台应用所配套的道路交通管控的勤务机制、应急指挥调度工作规范、嫌疑车辆拦截处置等各类预案、违法审核等业务工作规范。

五、平台主要应用系统

（一）综合指挥系统

综合指挥系统可以全面感知城市交通状况。通过视频、卡口、微波、线圈等交通流采集设备将实时交通信息源源不断地输送给数据大脑，基于智能算法模型建立报警规则，将事故、拥堵、布控、故障等警情准确、实时地传递给指挥中心。该系统汇聚平台各子系统的功能，助力指挥中心实现快速指挥调度。

通过交通大数据实时分析路况，当出现路段拥堵报警时，通过实时视频验证是否拥堵，展现拥堵数据评价指标数据，配合信号控制调试，诱导路况发布，实现基于交通大数据的治堵策略。

智能交通综合指挥系统如图 3 所示。

图 3　智能交通综合指挥系统

1．一张地图进行交通综合监测，实现交通指挥调度

平台使用一张地图宏观展示主城区各重点道路的实时运行状况、拥堵状况、交通设施设备运营状态等信息。以路段拥堵报警（依据拥堵指数重点展开）、布控报警、设备报警等报警事件为线索，联动视频、微波、电警、监控等设备进行报警信息查验，综合研判并做下一步的关键路口信号优化控制、区域信号优化协调、交通诱导发布、警力现场处理等方案布置。

2．支持实时路况监测，综合分析展示城市各道路拥堵状况

1）展示道路交通运行指标数据

通过对重点道路中各路段速度、路段流量、路口流量、违法量、设备故障量、交通事件等的综合分析，评价分析路段运行速度、道路通行效率、道路路段双向通行速度趋势等指标数据，展现在交通集成指挥平台上，使交警等有关人员可以实时查看各重点道路实时运行信息，并做相关布置处理工作。

2）实时路况监测

平台实现了对城市道路网的运行状况监测功能，详细展示各道路路段的拥堵状况、运行指标等信息，使用了丰富的报表工具，具体从全路网实时交通指数和变化趋势、路网车速变化等指标反映城市拥堵的严重程度。

3．宏观分析拥堵指数，展示各重要区域拥堵状况

以区域为单位，平台实现了整体展示城市各重要区域的拥堵状况，对每个片区的拥堵状态进行

量化分析，展示区域全路网的平均运行速度、拥堵里程比例等指标数据，同时平台对各区域中每条道路的拥堵状况、交通指数、历史运行指标等数据进行分析及数据展示。为城市的城建交通规划制定、日常交通管理与治堵工程决策，提供良好的技术支持。

4. 高点监控重点道路交通状态，减轻人工巡逻压力

通过高点监控点位，平台可实时监控半径 3 千米的交通态势，对半径 1 千米以内区域道路上的车辆车牌等清晰监控，同时平台可以对突发事件实时监控。

城市道路交通管理人员可以使用中心平台进行道路视频巡逻，减轻平峰期间人工巡检的工作压力，同时支持自动视频巡逻功能。

（二）交通管控系统

该系统协助指挥中心远程管控信号机，实现自动警卫特勤等功能。通过实时视频分析路口流量，远程控制信号，调整配时方案，早晚高峰期间疏导路口拥堵，实现城市交通信号的自动化、智能化远程控制，提升城市交通通行率和畅通率。交通管控之远程信号配时系统如图 4 所示。

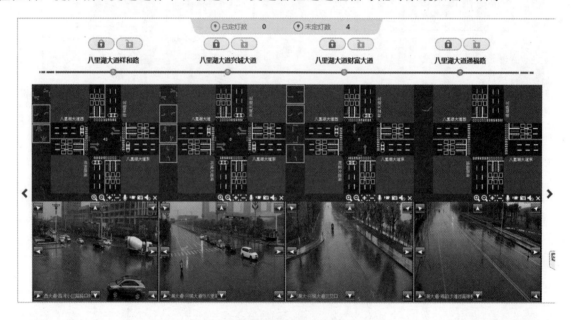

图 4　交通管控之远程信号配时系统

1. 智能化远程控制信号配时，提升交通畅通率

中控信号控制系统能够智能分析路口流量，自动调整信号配时方案，交通管控系统可以结合视频实时查看路口流量及信号调控等情况。同时路口信号机支持驻留、调时、锁相、解锁等信号机远程操作及控制。

2. 信号自动警卫特勤，及时掌控突发状况

在保障警卫、消防、救护、抢险等重大保卫任务时，预定路线上的信号灯可以按照管控系统下发指令进行绿波推进，保障特定任务车辆一路绿灯行驶，同时平台能够实现全程监控预定道路状况及车队位置，做到及时掌控突发状况，保障特定车辆安全畅通运行。

（三）缉查布控系统

1．布控内容设定，缉查布控车辆精确查询

1）过车查询

实现过车历史记录的查询，支持相关车辆信息的精确查询和模糊查询；支持查看具体车辆的详细信息，包含过车信息（经过地点、经过时间、行驶方向以及过车照片等）和机动车信息（车主、驾驶证等信息），实现亿级数据的秒级查询效率。

2）实时过车

还原某个近实时的过车界面，直观展示路口车辆各方向的通行状况。同时对卡口设备进行监测。

2．数据实时比对，实现多种类型车辆报警功能

被布控的车辆与卡口数据进行实时比对，发现匹配则立即进行报警。在前端设备数据上传无延时的前提下，布控报警的时间与过车时间相差不超过 8 秒。

报警信息实现用户自定义显示，用户可自主选择需报警的违法行为与违法地点，支持多种违法行为与多个违法地点的选择。

可结合地图，在地图上实时动态标注报警车辆的位置信息，使用户能够直观了解违法车辆的区域分布密度。

3．智能模糊查询，实现车辆查控分析和布控管理

查询报警历史记录及报警详情，并根据需要设置布控的车辆，实现布控车辆管理。车辆辑查布控系统如图 5 所示。

图 5　车辆缉查布控系统

（四）信息发布系统

该系统基于交通大数据协助指挥中心发布实时路况、路径诱导等交通信息，帮助交通出行者进

行出行模式和最佳路径的决策与选择,以便避开交通拥堵路段,实现城市路网交通流,最大限度地保障城市道路畅通。该系统通过提示路段突发事件等信息,保障市民出行安全,降低安全隐患。此外,该系统还可以展示交通常识,引导市民文明出行,提升城市友好形象。交通大数据交换平台如图6所示。

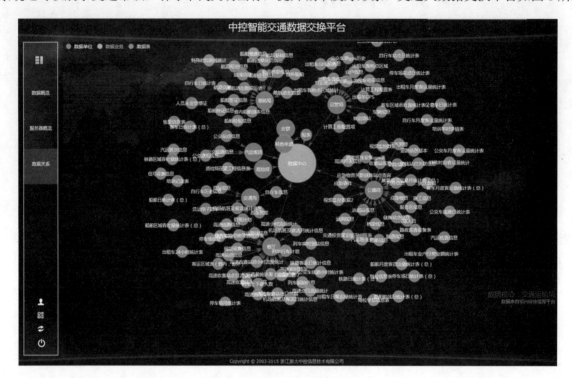

图6　交通大数据交换平台

1. 图文信息定制发布,提升道路交通安全

实现图文信息发布,包含管制、违章、重大交通公告或法规信息、交通事故、查缉通告、协查、套牌车、黑名单车辆查缉通告及协查等内容。

2. 基于"互联网＋交通大数据"实时分析的路况发布

平台基于"互联网＋交通大数据"实时分析交通路况,并通过诱导屏实时下发拥堵路段等城市道路运行信息,帮助并引导交通参与者进行出行路径选择决策,避开交通拥堵路段,缓解拥堵路段的交通压力,实现整个城市道路网交通的均衡分配,提高路网交通运行效率,保障城市功能的发挥。

3. 实时监测停车场状况,展现停车场实时诱导信息

通过地图展现停车场分布情况,展示停车场总车位、剩余车位数量等信息,提供给相关管理人员查看,以便相关人员把控城市或某区域停车场的总泊位、停车率、停车场饱和度等信息。实时监控各大停车场的总泊位、车辆流动、剩余车位等情况,显示在平台页面上,以便进行相关的停车诱导信息发布等操作,方便驾驶员寻找并选择合适的停车场进行停车。

(五)违法取证系统

该系统实战运用于车辆违章处理,帮助指挥中心处理非现场执法违章现象。基于卡口电警采集的违章车辆及违章信息图片,通过六合一接口上传。结合前端设备自动识别车牌号、人工审核进行

违章数据预处理，并将违章信息定期上传到交通违法处理平台，以便后续处罚。

1. 违法监测数据自动采集与分析，实现违法处理

1）违章预处理

通过卡口、视频抓拍、超速卡口等前端交通信息采集设备，对违法停车、闯红灯、超速等违法行为进行数据监测、采集和上传。在违法取证系统的违法监测平台可以进行初期车辆违章信息审核处理、历史违法记录查询、上传至下一步违法处理平台等操作。

2）违章处理

基于卡口电警采集的违章图片，通过人工审核，实现违章数据预处理。为加强违法数据处理的规范性和正确性，违法取证系统的违法处理平台在校验的基础上，增加了数据审核与作废审核功能，保障违法处理的准确性。

2. 违法数据综合统计，分析设备违法查处率

违法取证系统的违法统计中，违法信息统计数据包括采集数、校对数、上传数、校对有效率、设备查处率等信息，可综合比对分析设备违法查处率。

（六）综合研判系统

该系统主要功能是分析交通大数据，挖掘数据的关联关系。采集交通流、设备状态、交通违法、交通事故等交通数据，对数据进行智能优化分析，通过丰富的报表实现交通信息的"一站式"查询与展示，为各级交通管理业务部门决策者提供数据支撑和决策依据。城市交通综合研判系统如图 7 所示。

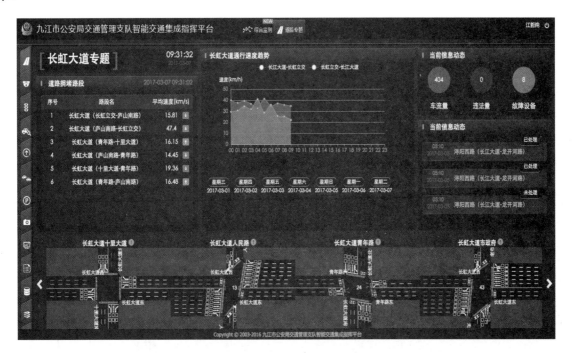

图 7　城市交通综合研判系统

1．实时监测城市路况，展示路况综合指标分析

1）实时路况监测分析

分析近 12 小时内的拥堵时钟，1 小时内的交通流趋势图和速度趋势图，5 分钟内的车流量和平均速度，形成路况综合评价指标展示在平台上。

2）交通流量监测统计

通过路口流量、车辆类型、时段等方面的统计，分析道路的拥堵异常状况、车流量异常减少或增多等情况，为道路建设及交通管理提供依据。

2．可视化展示，实现交通事故热点分析

侧重于对事故的分析，从时段、地段、数量方面统计事故发生变化趋势，详细显示近期各时刻的事故发生数，并用颜色区分严重程度。执法人员可根据各时刻的事故数，在相对应的时刻，采取相应的措施，应对交通事故。

3．设备运维自动监管，强化主动监控

各类设备的数据质量分析，从数据上传的延迟比例、数据量、各设备数据上传排行、各设备的状态完好率等方面进行统计并展示变化趋势，由此分析出各类设备的质量是否下降，是需要维修、更换还是投入新设备，为决策者提供直观的依据。

4．实现违法信息统计，形成交通违法月报

分析上月违法地点排行、违法时间排行、违法行为排行、处理部门排行等信息，以便有关部门进行重点整治。

（七）交通预案自动处置

预案是交通指挥调度的重要手段之一，通过制定科学、合理的预案，合理利用现有的科技系统，科学调度警力资源，优化资源配置，大大提高各类事件的应对效率和处理能力，最大限度地保障道路安全、通畅、有序，降低、控制和消除各类交通事件引起的社会影响。

1．支持各种交通场景的应急预案设置，缓解道路拥堵

综合各种交通场景的应急方案配置，包含道路/路段、信号机、视频、诱导等设备的综合配置，当道路或路段发生拥堵时，可及时下发应急预案，缓解道路拥堵。

2．针对不同时间的预案设置及发布，节省警力资源

从时间方面设置场景预案，如应对早晚高峰，可配置信号、诱导等预案，自动调节信号方案，发布早晚高峰道路拥堵诱导信息等，大大节省警力资源的调动。

3．查询用户对各类预案的评价，筛选最满意预案

查询用户对各类预案使用后的评价，根据用户的评价筛选预案，为用户推荐最满意的预案。

（八）勤务管理

系统主要面向公安交警管理部门，通过排班管理、考勤管理、勤务数据分析与统计等为警员日

常工作计划安排、考核、警力资源的分布管理提供管理和维护平台，通过系统的使用可以有效降低公安交警管理部门管理成本，提高警力利用效率。勤务管理系统以 GIS 为基础，以 GPS 为依托，结合警员单兵定位系统实时地了解值班警员的位置、隶属部门、所属值班领导、执勤任务等信息，为中心指挥领导提供实时、有效的情报信息，同时能够及时、有效地下发调度指令，实现智能指挥。

1．支持警务资源查询、管理、分配及任务下发，降低管理成本

1）警务资源查询

改变以前资源分散、管理混乱的现象，实现警务资源查询功能，实现对警用设备、警员、组织机构等基础信息的综合管理，为用户减少管理成本。

2）勤务安排及下发

确定勤务任务后，在勤务安排表中制定勤务安排计划，支持多任务制定。分配执勤的警员、车辆及执勤区域，其中执勤区域应由专员根据执勤任务进行统一划定。

2．支持远程警力监测管理，加大监督力度

根据警车行驶轨迹的 GPS 信息及警员的对讲机 GPS 信息，结合地图形成轨迹，实时监测执勤人员是否在规定区域内执勤。平台功能实现了执勤情况的监测具化到个人，加大了监督力度，提高了办事效率。

六、应用案例

智慧交通集成指挥平台开发成功后在国内多个城市进行了工程实施，并根据不同城市的应用情况持续改进与完善。该平台技术与方案目前已日趋成熟，可以覆盖从特大城市到中小城市的智能交通集成指挥与管控。成功实施中控智慧交通集成指挥平台的业主单位包括重庆市交警总队智能集成管控平台、九江智能交通集成指挥平台，以及浙江柯桥、桐庐、桐乡、德清、余杭、安吉、海宁、淳安、海盐、建德等地的智能交通集成指挥平台，取得了良好的社会效益和经济效益。

基于云平台的道路运输证卡系统方案

北京华大智宝电子系统有限公司

一、概述

（一）HCE 概念

在一部配备 NFC 功能的手机中实现卡模拟的功能，目前有两种方式：一种是基于硬件的，称为虚拟卡模式（Virtual Card Mode）；一种是基于软件的，称为主机卡模式（Host Card Mode），即本文要讨论的方式。

在虚拟卡模式下，需要提供安全模块（Secure Elemen，SE），SE 提供对敏感信息的安全存储，且可以为交易事务提供一个安全的执行环境。NFC 芯片作为非接触通信前端，将从外部读写器接收到的命令转发到 SE，然后由 SE 处理，并通过 NFC 控制器回复（见图 1）。

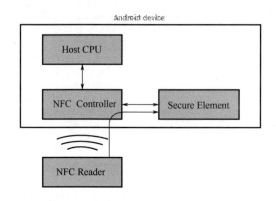

图 1　基于安全模块的卡模拟

而在主机卡模式下，不需要提供 SE，而是由在手机中运行的一个应用或云端的服务器完成 SE 的功能，此时 NFC 芯片接收到的数据由操作系统或发送至手机中的应用，或通过移动网络发送至云端的服务器来完成交互（见图 2）。两种方式的特点都是绕过了手机内置的 SE 的限制。

2013 年 10 月 31 日，Google 发布了最新的 Android4.4 系统，这其中提到了一个 NFC 的新技术，即 HCE（Host Card Emulation）。自诞生之初，HCE 就引起了极大的关注，不仅仅在于这项令人耳目一新的新技术本身，更在于它让业界的所有人看到了一种脱离安全载体（SE）而部署 NFC 的可能性。HCE 技术对第三方的服务提供商（SP）意义重大，它使得 SP 们可以将自己的服务在更短时间内以更低的开发成本推向市场，而用户也可以更方便地使用多个 SP 提供的服务。

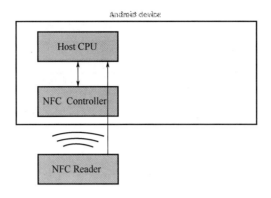

图 2　基于主机的卡模拟

（二）基于 IC 卡的道路运输证卡系统

IC 卡道路运输证卡系统主要由省部两级系统构成，其总体框架如图 3 所示。

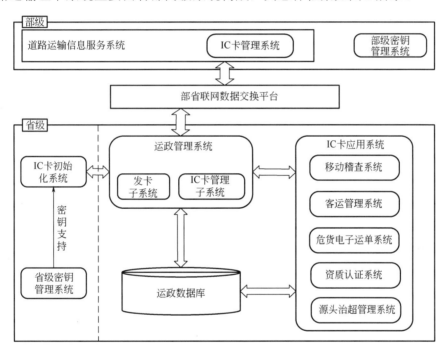

图 3　IC 卡道路运输证卡系统总体框架

部级系统主要包括道路运输信息服务系统的 IC 卡管理系统和密钥管理系统；省级系统主要包括运政管理系统的 IC 卡发卡管理子系统、IC 卡初始化系统、密钥管理系统和 IC 卡应用系统。

二、方案设计

（一）系统架构

基于云平台的道路运输证卡系统方案，在原交通运输部证卡系统的基础上增加了证卡云认证管理平台，实现道路运输证卡卡云端化的目的。系统总体框架如图 4 所示。

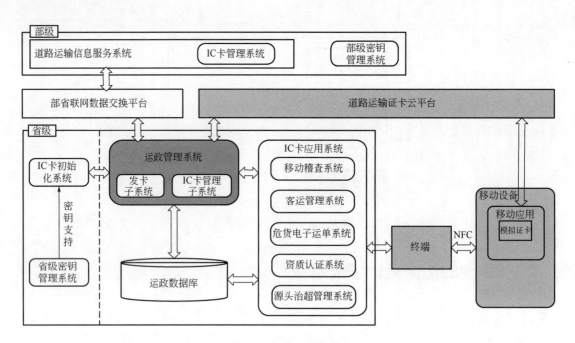

图 4　基于云平台的道路运输证卡系统总体框架

图 4 中的白色框图部分和原交通运输部道路运输证卡系统完全一致，道路运输证卡云平台中涉及终端和移动设备的部分是云平台实现部分，运政管理系统部分需要进行升级，以实现在兼容原有系统功能的同时，也支持云平台相应的功能（主要是提供一些数据交换接口和云平台对接）。可以看出，本方案无须对原有的系统进行较大的改动，在付出较少成本的情况下能够支持传统 IC 卡和新型云卡两种应用方式。

1. 系统组成实体

1）道路运输证卡云平台

道路运输证卡云平台提供一些可配置的选项（类似 IC 卡的个人化数据），发卡方可以根据这些选项设置一些与持卡人体验及风险管理有关的参数，包括若干风险参数，如账户参数使用时间、账户参数使用次数和阈值等。

为保证云卡账户可以按照发卡方和云平台的参数进行交易，云平台需要提供一系列的基础功能，包括云账户的创建和初始化、活跃账户管理、交易验证、交易处理、生命周期管理及后交易处理。除这些基础功能之外，云平台还可以提供一些辅助功能，如账单服务、报告服务等。

2）移动应用平台

移动应用平台是移动应用既有的或新建的后台管理系统，它负责移动应用与云平台之间的数据转发和路由，可以由云平台提供者提供，也可以由第三方提供。

3）移动设备（移动应用）

支持云平台服务的移动设备端插件可以集成在服务提供方的移动应用软件中。如果云服务提供方是发卡方，则移动应用软件可以是独立的道路运管证移动应用。相反，如果云服务提供方是第三方，则移动应用软件可以是一个第三方的移动应用（调用相关插件）。

移动设备上的移动应用能保存和处理账户参数，并通过这些参数来完成 HCE 交易。移动应用也负责管理账户创建时提供的相关服务参数，并根据这些参数来管理和发起账户参数更新操作。

移动应用也应具备道路运输证卡应用处理逻辑，从而能支持 HCE 的道路运输证卡交易。

4）终端

对于终端来说，基于 HCE 的交易与基于卡片的交易相同，道路运管证卡所有的终端均应能兼容云端账户发起的交易。终端应具备联机能力，和道路运输 IC 卡应用系统连接。

5）发卡方处理系统

支持云服务的移动设备发起的交易均应联机发送给发卡方进行授权。对于云端账户来说，授权请求报文中应包含账户参数的使用状态，发卡方据此做出接受或者拒绝的授权决定。

2．系统核心功能

系统核心功能如表 1 所示。

表 1　系统核心功能

组成部分	核心功能	描述
道路运输证卡云平台	生命周期管理	管理来自发卡方或者移动应用生命周期管理消息，发起账户生命周期管理事件
	密钥管理	管理发卡方主密钥和云端账户使用的限制密钥
	云账户的创建和初始化	准备云端账户参数，并向移动设备部署这些参数
	活跃账户管理	根据账户参数更新的请求或者云端账户风险管理，生成新的账户参数，为每个云卡账户维护一个状态来管理账户参数更新
	交易处理	发卡方管理云账户交易处理
	后交易处理	降低账户参数被伪造的风险，同时也降低移动设备上账户参数暴露的风险。发卡方可以周期性地检查闪付交易处理或使用后交易处理信息来验证账户参数更新请求
移动应用平台	账户参数更新	处理终端设备上账户参数的更新过程
	生命周期管理	处理来自发卡方、云平台和移动应用的生命周期管理消息
	云端账户创建和初始化	协助想移动应用部署云端账户的账户参数、配置信息等
	后交易处理	降低账户参数被伪造的风险，同时也降低设备上账户参数暴露的风险。例如，发卡方可以周期性地检查交易处理或者使用后交易处理信息来验证账户参数更新请求
	用户注册	帮助用户注册成为云平台系统的用户
移动应用	云账户的创建和初始化	管理接收来自道路运输证卡云平台的账户参数、配置参数及设备阈值参数
	用户验证	为道路运输证卡云平台提供基于设备的 CVM 功能
	生命周期管理	管理来自发卡方和道路运输证卡云平台的生命周期管理消息
	活跃账户管理	管理云卡账户风险，维护参数状态，根据设备阈值参数来为每个活跃账户更新账户参数
	交易	在道路运输证卡终端上进行交易流程的逻辑功能
	后交易处理	降低账户参数被伪造的风险，同时也降低设备上账户参数暴露的风险。发卡方可以周期性地检查闪付交易处理或使用后交易处理信息来验证账户参数更新请求

1）云端账户创建和初始化

道路运输证卡云平台负责为系统注册用户创建一个云端账户。

用户注册的方式：首先，用户需要在道路运输证卡管理机构提交申请和个人信息资料，管理机构在云平台上登记并进行用户注册。完成后，发给用户一个云端申请码作为开通云端账户的凭证。

用户下载道路运输证卡移动应用到自己的移动设备上。登录应用后按照要求使用云端申请码进行云端账户创建；同时，云平台也需要生成该账户对应的管理和服务参数，并将这些参数发送给移动设备端的道路运输证卡移动应用，使之能正常执行。

2）活跃账户管理

云卡账户创建和初始化完成后，云平台即可执行活跃账户管理。活跃账户管理可以在交易处理或者移动应用的活动中触发。

交易过程中，如果发现移动应用端的参数需要更新，则活跃账户管理功能需保证响应并立即与移动设备进行连接来更新参数。

如果移动应用发现参数需要更新或者接近需要更新（通过阈值检查），移动应用可以主动发起参数更新。

3）交易验证

云平台的交易验证功能要求移动应用在发起交易之前或者在交易进行过程中进行持卡人验证。云平台对创建的云端庄户支持持卡人验证方法。作为管理和服务的一部分，云平台需要建立一套卡验证方法相关的规则，并将此规则与账户创建、账户管理、交易处理功能所共享。

4）交易处理

当云端账户创建完成后，云端账户创建功能与活跃账户管理功能将此云账户已创建完成的消息传递给交易处理功能中的交易服务。交易处理功能负责验证应用、发送服务参数到发卡方。

5）生命周期管理

当云端账户创建和初始化完成后，用户和云平台负责对该云卡账户进行管理操作。用户发起的管理操作可能是由于移动设备遗失，或者是移除云端账户。云平台发起的管理操作可能是由于风险管理，或者账户重新发行需要等。

（二）发卡流程

基于云平台的道路运输证卡系统的发卡流程如图 5 所示。

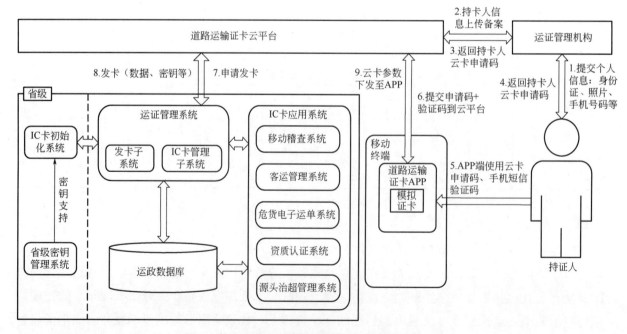

图5　基于云平台的道路运输证卡系统的发卡流程

发卡流程步骤具体如下：

（1）持卡人向道路运输证卡管理机构提申请办卡，并提交个人信息资料，如身份证卡、照片、生物识别信息、手机号码等，由道路运输证卡管理机构进行审核。

（2）道路运输证卡管理机构将持卡人信息资料上传至道路运证卡云平台进行注册备案。

（3）道路运证卡云平台生成云卡申请码并返回。

（4）将云卡申请码返回持卡人。

（5）持卡人下载登录道路运输证卡 APP，并输入云卡申请码和手机短信验证码。

（6）移动 APP 将持卡人申请码、手机短信验证码提交道路运证云平台，申请发行道路运输证手机云卡。

（7）道路运输证卡云平台将申请提交到运证管理系统，申请卡片数据、密钥。

（8）运证管理系统按照发卡要求将卡片应用相关数据、密钥等发卡数据发送到道路运输证卡云平台。

（9）道路运输证卡云平台生成云卡参数并下发至手机 APP 保存备用。

（三）交易流程

基于云平台的道路运输证卡系统的交易流程如图 6 所示。

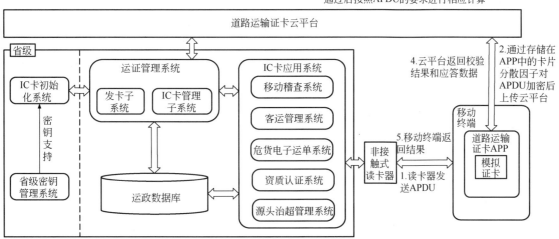

图 6　基于云平台的道路运输证卡系统的交易流程

交易流程步骤具体如下：

（1）读卡器发送 APDU 命令给移动终端。

（2）移动终端的道路运输证卡 APP 接收到 APDU 命令后，使用存储在道路运输证卡 APP 内的参数（分散因子）对其进行加密处理，然后上传至道路运输证卡云平台。

（3）道路运输证卡云平台对接收到的密文 APDU 命令使用相同的参数（分散因子）进行解密校验；校验通过后，道路运输证卡云平台按照接收到的 APDU 命令要求进行相应计算和取数据。

（4）道路运输证卡云平台将校验结果和应答数据返回道路运输证卡 APP，如果校验结果正确则返回应答数据，否则给出错误状态字。

（5）道路运输证卡 APP 通过移动终端 NFC 接口返回结果，包括响应数据（Response Data）和状态字（SW）。

（四）移动应用逻辑组成

道路运管证卡移动应用逻辑组成如图 7 所示。

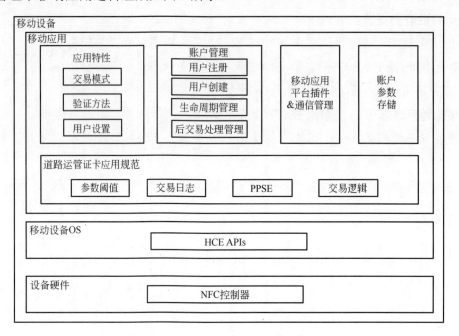

图 7　道路运管证卡移动应用逻辑组成

（1）设备硬件：必须支持 NFC 控制器，使之能够和终端进行非接触通信。

（2）移动设备 OS：必须支持 HCE APIs，支持主机卡模拟（Android 4.4 以上版本）。

（3）移动应用功能。

① 道路运输证卡应用规范。

➢　道路运输证卡交易逻辑；

➢　PPSE 实现逻辑；

➢　交易日志，该日志中包含了交易的相关细节，移动应用使用该日志来进行活活账户管理和后交易处理交互；

➢　参数阈值，移动应必须能够初始化或更新云端支付设备阈值管理参数，该参数可以触发账户参数更新。

② 应用特性。

➢　交易模式，移动应用发起一个交易的方式，如手动模式或者默认自动模式；

➢　验证方法，移动应用确认所使用的验证方法，如密码等；

➢　用户设置，管理用户的偏好设置。

③ 账户管理。

➢　用户注册，用户注册一个云端账户服务；

➢　账户创建，移动应用应能够使用接收到的账户初始化数据在移动应用上完成一个云端支付账户创建和配置；

➢ 活跃账户管理，当账户参数阈值超过时，移动应用应通过移动应用平台发起一个账户参数更新；

➢ 生命周期管理，发起并处理账户生命周期管理事件，包括用户发起的删除、发卡方发起的删除、发卡方发起的暂停、发卡方发起的恢复。

➢ 后交易处理：交易验证，接收并响应来自移动应用平台对交易验证日志的请求；参数更新，从交易验证日志中提取信息作为参数更新请求的一部分上传移动应用平台。

④ 移动应用平台插件及通信管理：移动应用应能够与移动应用平台之间建立安全通信通道，通过该通道移动应用可以请求、接收、发送云端账户管理的相关要求。

⑤ 账户参数存储：用于支持和配置一个道路运输证卡交易。

智能机动车驾驶人科目二、科目三考试培训系统

安徽国华智能交通科技有限公司

　　"国华智能机动车驾驶人科目二、科目三考试培训系统"融入全部考试流程控制，兼顾考试与训练，提供 3D 可视化监控监管接口，实现科目二、科目三、监管的一体化。可兼容多家系统的考试模式，并可定制特有的考试模式，完全满足考试、训练的双重要求。系统拥有自主知识产权的虚拟传感器检测技术和 3D 仿真监控监管技术的双重保障，"国华智能机动车驾驶人科目二、科目三考试培训系统"使用户操作更加简便、后期维护升级更加快速便捷、系统兼容性扩展性更强、科技含量更高、运行稳定性强度更高（见图1）。

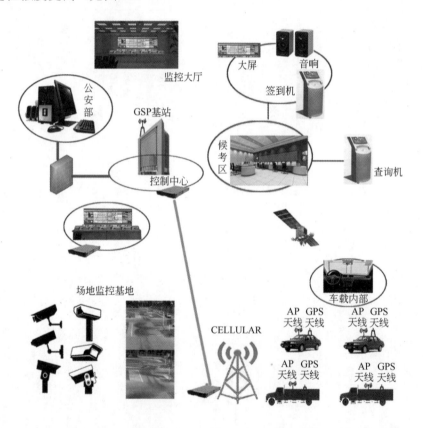

图1　国华机动车驾驶人科目二、科目三考试培训系统

一、系统特点

　　（1）符合公安部第 139 号令及相关标准中关于驾驶人场地和实际道路驾驶技能考试的规定和要求。

（2）系统自动评判项高，完全满足科目二考试全部评判要求和道路驾驶技能考试系统规定。

（3）考试道路上无须安装专门设备即可完成考试功能，施工简单。

（4）科目二、科目三车载评判系统一键切换。

（5）实际道路考试线路设计灵活，多条考试线路能够自动切换，支持随机选择考试线路的考试模式。

（6）虚拟传感器检测系统支持碰擦桩杆和半挂车辆的半挂部分的检测需求，实现传感器的完全车载化，考场不必安装额外的电子传感器设备。

（7）考试、训练、监管过程的高度统一化设计，使系统既具有驾驶人考试过程控制与监管功能，又具有灵活的训练评估、分析、演示等功能。

（8）特有的数据传输模式，设计高度安全的考试数据断网续存功能，实现考试数据零丢失；设计出兼顾实时监管监控通道式数据传输方式，实现考试动态数据的即时传达。

（9）灵活网络配置方式，用户可以选择 4G 网络或者自建 WiFi 网络。

（10）系统兼容性和扩展性高，根据用户的需求可以对国内所有考试或训练系统进行快速改造升级。

（11）三维监管监控一体化设计，通过三维电子地图，用户既可以全面了解考试系统中车辆状态、考试过程和设备状态的即时信息，又能够全程 360 度跟踪指定考车的考试过程，同时可实现与场地监控的联动跟踪。

（12）考试过程全程三维录像，可随时 360 度查看整个考试过程，结合音视频监控，实现考试过程回放的透明化、全面化。

二、系统功能分述

1. 签到管理

签到管理通过人脸识别技术（见图 2）、身份证识别技术、指纹识别技术（见图 3）对考生进行身份确认，维护培训考试的顺利进行。考场可以根据自己的需要进行配置，显示或者隐藏功能模块，考生进行身份确认后，调度程序就可以根据考生进行身份确认的先后顺序进行调度考试了。

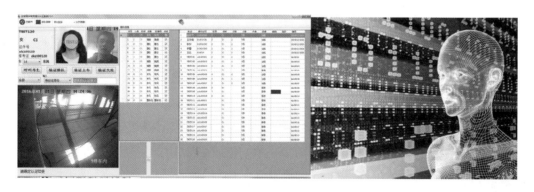

图 2　人脸识别技术

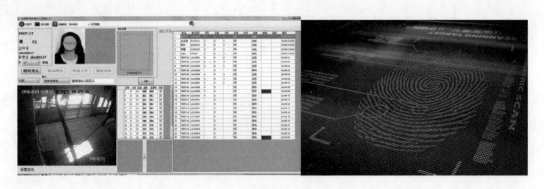

图 3　指纹识别技术

2．中心调度

控制中心网络结构如图 4 所示。

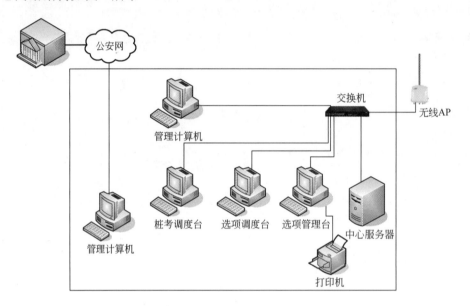

图 4　控制中心网络结构

　　管理与控制中心设备由待考区设备、考试监控区设备、发车区设备等功能区设备组成，主要包括数据库服务器、管理工作站、监考工作站、3D 监控监管电子地图工作站、考试音视频系统、语音广播系统等。

　　控制中心软件对考试状态进行实时监控和自动评判，并且能通过音视频对考试过程进行实时干预，具有完备的数据安全手段和完善的数据查询、统计、音视频回放、备份等功能。

3．上传管理

　　上传管理兼容国华智能考试系统的科目二、科目三考试系统，提供实时上传和模拟上传两种上传模式，用户可以根据自己的需要进行选择。

4．通信设备

　　通信连接设备和通信连接产品支持多种通信链路，可以根据实际需求来选择。数传电台为基站和车载移动系统实时跟踪解算提供高速、远距离、抗干扰的无线数据链。其结构合理、质量轻、高效省电、操作简单、性能稳定、安全可靠。移动网络国华驾考系统支持使用 4G 或者 WiFi 等作为通信链路的功能。①4G：在有 4G 信号的地方，可以通过网络将基站位置信息实时传到车载移动端进行位置解算，以保证实时、准确地提供厘米级的定位误差。②WiFi：在小范围内使用 WiFi 局域网或在有 WiFi 热点的区域通过互联网实时将基站差分数据传输到车载移动设备，以进行载波相位差分解算。

设备网络拓扑图如图 5 所示，各设备集成图如图 6 所示。

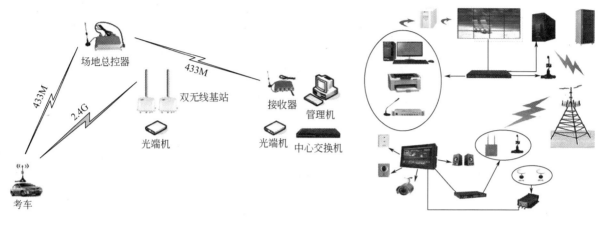

图 5 设备网络拓扑图   图 6 各设备集成图

5. 车载控制

国华智能科目二、科目三车载系统通过车载主机采集考车的车门、挡位、安全带、喇叭、前照灯、转向灯、离合器、手制动、速度、加速度、发动机转速、绕车行为检测、驾座状态、车辆行驶状态等信息，结合考试过程的音视频、语音提示，在车载工控机上通过车载评判软件实现考试项目检测。

车载系统中包括车载主机、车载工控机、车载音视频系统、车载传感器单元、GPS 接收机、GPS 天线及 WiFi 天线等。

6. 车辆监管

车辆监管实现对车辆状态的全方位控制与管理，监控软件兼容科目二、科目三的实时音视频数据监控，实现更新队列、准备就绪、照片抓拍、缺考、开始考试、终止考试、人工评判、打开声音、按下通话功能，可通过修改配置实现单独监控画面，或者监控画面和考试过程数据同步显示两种方式展现。监控软件操作界面如图 7 所示。

图 7 监控软件操作界面

7. 三维实时监控监管系统

基于公安部 139 号令的创新考试实时监控产品"三维实时监控监管系统"，运用虚拟现实技术，融合音视频监控，实现 GPS 车辆轨迹跟踪、考试数据在线显示、考场异常状态报警、考试轨迹完全回放、监控无盲区，让考试过程更加透明、公正，将考试监控图像全面数字化，提高了系统使用效率与科技水平。三维实时监控监管界面如图 8 所示。

图 8　三维实时监控监管界面

8．三维轨迹回放

GNSS 实时轨迹：在考场和中心，打开三维地图形式轨迹回放，根据储存的 GPS 数据回放考试过程、车内视频、车内传感信号、车外视频、考试实时过程提示、考试成绩等，以还原考试现场。多角度、全方位地再现考试过程，为复核结果提供了有力的证据。轨迹回放如图 9 所示。

图 9　轨迹回放

回放过程控制：当回放某一考试过程时，可以进行暂停、播放、快进等操作，增强了回放的控制能力和效率。

三、案例展示

国华智能自主研发的驾驶人场地系统采用厘米级高精度 GNSS，融合了虚拟传感器技术、4G 技术、惯性导航技术、视频图像处理等国内外先进技术于一体的科目二驾驶人考试自动评判与智能管理考试系统。该系统完全依照国家公安部 139 号令要求驾驶人场地考试系统行业标准的具体内容和要求进行设计，并已通过国家公安部的严格检测，各项指标均已达到国家公安部的行业标准。

该系统能实时、准确地记录与评判驾驶人驾驶机动车辆的实际能力，提高驾驶人对交通法规的掌握和理解程度，以及在实际驾驶过程中对各种情况的观察、判断及应变能力。推广应用本系统，可以减少考试过程中的人为因素，提高考试的准确性、客观性和公正性，有效地解放警力、节约人力和物力，可以从源头上解决交通安全隐患。

科目二考试三维场景如图 10 所示。科目三考试三维场景如图 11 所示。

图 10　科目二考试三维场景

图 11　科目三考试三维场景

国华智能自主研发的军队驾驶人考试系统是根据军区考试的实际情况，制定特定的考试评判方法、中心调度管理等系统，为军区考场特殊考试而设计的。定制的考场考试项目、考试流程，采用先进的电子检测技术，为考试的精确性护航。三维可视化的定制场景，将考场尽收眼底，俯瞰全景，从整体的考试现场到每辆考车的状态都能——在屏幕上显示出来，同步显示实施评判信息，监考官就可以全局掌握考场的所有信息资源。该系统已通过军区考试单位的检验，各项指标均已达到军队考试系统的行业标准。

全国首家军区三维可视化定制考场三维场景如图 12 所示。

图 12　全国首家军区三维可视化定制考场三维场景

四、考试训练

（1）具备驾校管理功能，通过技术手段完全杜绝培训工作人员违规操作，最大限度地保障了驾校的合法经营权益和学员的根本利益，提高了驾校的考试合格率。

（2）具有前端评判和后端评判两种评判方式，可以满足不同客户的需求。

（3）具备身份证识别、人脸识别、学时统计、指纹识别、预约排号多种认证技术手段，最大限度地满足广大用户的个性化需求。

（4）对考试训练过程进行全程智能语音播报，通过语音播报指导学员训练，并对其出错操作进行实时错误评报，让学员知其然，知其所以然，提高训练的效率。

（5）模拟成绩单打印和统计，对学员多次模拟考试成绩进行比较，客观地反映学员模拟考试成绩进步与否，从而增强学员信心，提高学员实际考试通过率。

（6）通过模拟考试和有针对性的突击式训练，对学员考试顺利通过起到了科学的指导作用。系统具备完整的考试评判项目，拥有自主知识产权，使考试、训练、监管过程高度统一化。使系统既具有驾驶人考试过程控制与监管功能，又具有灵活的训练评估、分析、演示功能。

五、电子教练系统

国华智能电子教练系统是一款协助教练教学，帮助学员更快、更好、更准确地掌握驾驶技能的学车教学系统，可以提高学员考试通过率。所谓电子教练，就是在一辆教练车上装载一套智能教学系统，并通过精准车辆定位、智能语音提示、三维图像虚拟和回放、音视频多媒体内容等智能手段在学车过程中实时提示学员如何操作，直观、明了地指导学员进行驾驶技能练习，最终使学员更快、更好地学会开车。电子教练系统教学场景如图 13 所示。

图 13　电子教练系统教学场景

六、安易学车机动车驾驶员计时计程培训系统平台

根据公安部、交通运输部《关于做好机动车驾驶人培训考试制度改革工作的通知》（公交管〔2016〕50 号文），全面推动我国驾驶人培训考试制度全面改革，公司推出了"安易学车机动车驾驶员计时计程培训系统平台"，该平台主要借助卫星定位技术、无线通信技术、互联网技术、GIS 技术、图像技术、IC 卡技术、二维码技术和海量数据存储等技术，在完全符合交通运输部的要求，实现驾培机构学员培训记录实时传输到监管平台的基础上，又实现了驾校管理、学员管理、教练管理、训练场管理、车辆管理、计时终端管理、收费管理及教练学时投放、学员预约学车等功能。同时也是一个满足机动车驾驶运营机构行业管理部门需求，方便驾培机构内部管理，体现行业服务的综合管理平台。平台产品架构如图 14 所示。

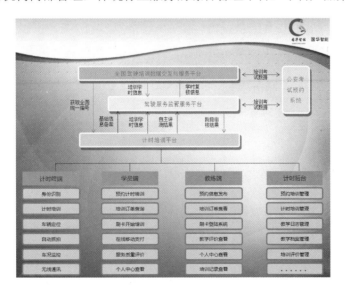

图 14　平台产品架构

七、安易学车驾校 ERP 管理系统

系统实现了从手机移动端到 PC 电脑端,从学员报名、理论学习、自主预约计时培训、自主预约考试,形成了一个完整的闭环,不但整合计时培训系统平台实现对驾校管理、学员管理、教练管理、训练场管理、车辆管理、计时培训管理;还实现对驾校的招生管理、财务管理等功能模考;可以根据驾校的招生计划给学员提供灵活的班型设置,支持分阶段培训,计时收费,先学后付,先付后学付费模式;同时兼容现有全包价、预付费方式,提供一套驾培企业培训服务管理信息化整体解决方案。

学员在手机上实现在线报名、在线预约、计时培训等服务,支持自主预约、自主选择教练、自主选择车辆、自主选择培训时段,支持在线移动支付付费方式。教练在手机端合理规划自己的时间投放预约练车,并可实时查看学员预约培训信息(见图 15)。

图 15　ERP 管理系统

城市智能交通

GIS-T 交通地理信息平台关键技术研究及服务应用

中山大学智能交通研究中心

从 2010 年至今，随着移动互联网、物联网、大数据技术、人工智能等技术的发展，以及在智能交通系统 1.0 的支撑下，智能交通系统从一个不可测、不可知、不完全可控的，需要管理者主动介入的辅助式自动化系统，逐渐向可测、可知、可控的智能交通系统 2.0 演化。要实现交通系统的可测、可知、可控，需要系统具备自我感知的能力，首先需要计算机"认识"交通路网，"读懂"交通路网。GIS-T 交通地理信息路网模型是计算机在交通领域应用的基础。但是，目前 GIS-T 路网模型在智能交通的应用上依然存在局限。主要是因为地理信息学与交通工程学所描述的实体之间存在差异。地理信息学以描述地理实体为主，而交通工程学是以道路上的交通现象为对象，所描述的对象是交通实体。交通实体不仅仅是地理实体中的道路部分，还包括交通参与者及各类型车辆等实体。因此，把 GIS-T 路网模型应用到智能交通领域时，必须首先考虑交通实体的描述与表达，构建车道级的 GIS-T 交通路网模型。进而构建 GIS-T 交通地理信息可计算服务平台，对全局路网状态进行认知，实现路网资源管理、数据共享、路网计算、接口发布等功能，并利用交通仿真计算对路网状态进行预测推演，综合考虑交通出行者、交通服务提供者、交通管理者的全体需求，通过调整交通控制方案自主引导交通演化，实现人车路各方协同的交通智能。

一、车道级 GIS-T 路网模型

车道级 GIS-T 路网模型改变了原有以节点和连线为基本对象的地理信息模型，将地理信息的存储和表达的对象细化到车道级别，建立划分为三个层次（有向路段层、有向子路段层、车道层）的基础路网模型（见图 1）。然后通过构建交通规则模型，将依附于路网、道路和路口的交通规则数字化，并建立地理信息系统中的交通对象与交通规则的关联关系。同时，针对多种传感器及数据（如线圈、视频、微波、地磁、浮动车等），基于地理定位信息，建立传感器及数据与路网的关联，形成传感器数据感知层，使交通流状态感知、分析与交通事件快速判别等成为可能。

在车道级 GIS-T 路网模型的基础上，完成静态交通实体与动态交通实体的管理。前者主要由路网基础信息、基础交通设施信息等构成，后者主要由地感线圈、视频、微波、浮动车等传感器检测的交通流参数信息构成。

GIS-T 交通地理信息平台技术首先以高速公路车道级 GIS-T 路网数据模型为基础，构建传感器检测参数与基础路网关联的动态交通实体数据模型；然后基于交通实体的属性特征，通过制定属性字段代码规则，对各种交通实体模型数据进行特征自动辨识与分类，同时，构建交通实体的数字化模型和可视化符号库，根据要素代码显示要素对象，实现交通实体数字化及系统上的可视化；进而，根据实体特征差异进行实体的自动归类和存储，实现交通数据的标准化和实体化管理。交通数据实体化管理如图 2 所示。

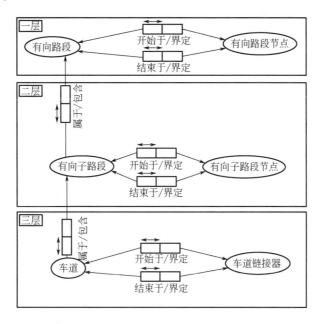

图 1 车道级 GIS-T 路网模型对象关系

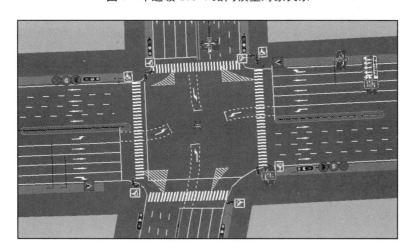

图 2 交通数据实体化管理

二、GIS-T 地图服务平台及功能

在车道级 GIS-T 路网模型的基础上，研发 GIS-T 地图服务平台，平台主要功能包括资源管理、数据共享、数据分析、接口发布等。

（一）资源管理者：实现对资源的有效管理

平台侧重于数据资源的利用和功能的开发，能够将基础的车道级路网资源、路网上的设施资源及街景图片资源进行集中管理。主要功能包括资源的归类存储、可视化统计、编辑、自动查错纠错等。

（二）数据共享源：为业务系统提供数据共享

平台能够为各种交通管理业务系统提供基础的车道级路网数据和路网关联的设施数据信息，实现路网数据的跨平台转换与共享。

（三）数据分析：完成路网容量需求状态数据分析计算

平台具备路网可计算的功能：基于车道级路网数据，进行通行能力计算分析，结合各种交通检测数据，进行路段的流量、速度等状态分析，并针对交叉口、收费站等路网关键节点，进行服务水平分析评价及交通管控策略推荐。交叉口通行能力分析如图 3 所示。

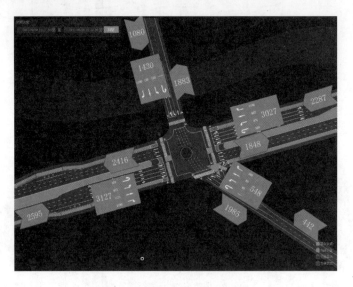

图 3　交叉口通行能力分析

（四）接口发布员：为其他系统平台提供数据接口

平台具备地图接口服务、数据共享接口服务等功能，主要包括车道渲染、复杂路段交通路况实时研判、营运车辆、警车警员等 GPS 地图匹配、仿真路网数据转换、多场景路网仿真模拟、收费站服务分析等，可以为城市交通管理策略分析和决策提供支持。路网数据的共享应用如图 4 所示。

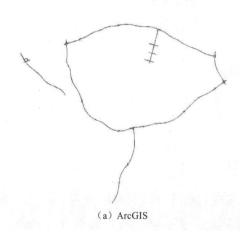

（a）ArcGIS

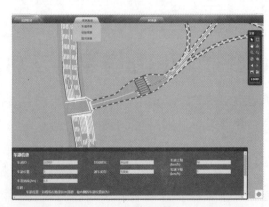

（b）收费站建模

图 4　路网数据的共享应用

三、在公安部 "两化" 工作中的应用

宣城市是安徽省 "两化" 工作的试点城市。利用 GIS-T 平台，实现了宣城城区所有交通设施设备的信息化管理，包括每条道路的车道数和渠化信息，交通信号灯等各种设施设备的联网率、在线率、完好率等。

针对 "标志标线标准化" 工作，基于 GIS-T 的可计算功能，完成了标志标线的自动排查，如在路口立了一块禁止左转的标牌，地面上就不应该有左转弯的箭头，这为 "两化" 工作提供了先进的设施问题排查技术手段。

针对 "信号配时智能化" 工作，平台在 GIS-T 路网可计算功能的基础上，统一汇聚采集的交通数据，分析区域、路段、交叉口的交通容量、需求、状态等数据，支撑信号控制优化。例如，通过监控关键路段的在网车辆数，提前给出排队长度过长而导致溢出风险的研判，及时实施交通信号 "截流" 管控，确保关键路口路段平稳度过高峰期。

四、展望

以 GIS-T 交通地理信息平台为基础，可构建一整套城市交通智能计算与服务应用体系，实现交通数据 "采集-管理-融合-分析-服务" 的智能链条，为城市政府部门科学决策、行业企业高效运营、公众个性化出行提供动静态数据分析与仿真、数据应用与服务环境支撑，并形成可复制、可推广的智能交通产品与建设应用模式，助力交通大数据产业生态发展。

基于边缘计算的网络化交通控制器研究

北京东土科技股份有限公司

一、概述

交通是社会经济活动的命脉，交通控制关乎交通运行的实际效果，交通控制器是交通控制的核心。国家在"十三五"规划中提出的两化融合、中国制造 2025 等国家战略，对 ICT（Information Communication Technology）与 OT（Operation Technology）的融合提出了迫切的需求，而边缘计算是 ICT 与 OT 融合的支撑与使能技术，将使交通控制行业发展进入重要机遇期。交通信号控制体系将从分层架构、信息孤岛向物联网、云计算、大数据分析架构演进，而边缘计算将是实现分布式智能控制工业自动化架构的重要支撑。

交通控制系统向网络化、智能化方向的不断发展对交通控制理念与技术提出了新的要求。而边缘计算技术能将数据和控制方案在靠近网络边缘侧生成和实施，通过融合网络、计算、存储、应用核心能力的开放平台就近提供边缘智能服务，可以满足交通控制系统在实时信息采集、数据共享、方案优化等方面的关键需求，将交通信号控制系统以边缘计算技术的结构形式和控制理念进行融合，能够使交通控制实现更精确的控制效果、更完善的控制体系。边缘计算技术在交通信号控制系统的发展中将产生越来越深远的影响。

二、网络化交通控制器的总体设计

本研究的目的是构建基于边缘计算的网络化交通控制器，通过设计具备数据共享能力及智能处理能力的路口节点，实现整体网络化协调优化控制方案，为路口节点的智能优化控制提供完整的基础数据支持（见图 1）。路口节点数据共享和智能处理的实现需要系统具有网络通信能力、计算能力、存储能力、容错机制及系统运行控制方案。系统采用总线式网络通信来实现路口节点之间及本地设备之间的网络通信。系统通过设计具有较强计算能力的主控模块来实现交通数据处理及优化方案的选择。系统设计了具有自检、通信、驱动、处理能力的智能外设模块，来保障系统设备的容错机制。系统通过设计数据存储模块，来实现本地交通数据和外围节点数据的存储。网络化的交通控制系统不仅可以支持常规控制方案，还可以实现基于边缘计算的交通协调优化控制，能够大大降低中心统一协调调度时的运行负荷，提高运行效率。

基于边缘计算的网络化交通控制器的整体设计主要包括四个部分（见图 2）：第一部分是一体化交通控制器的设计，该部分是控制器的核心部分，包括控制器的 CPU 处理器模块、电源、网络、存储及驱动等模块。第二部分是外围智能 IP 节点驱动模块的设计，该部分是控制器外围设备的驱动模块，两者共同构成网络化控制器的基础硬件结构。第三部分是网络通信结构的设计，它是系统进行高效网络化通信与控制的重要支撑。第四部分是网络化通信软件的设计，该软件为系统的安全、稳定运行提供了有力的保障。

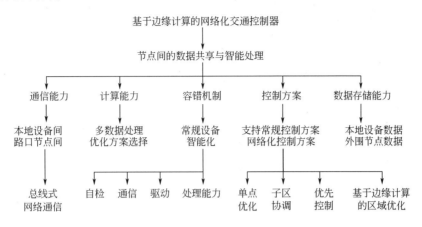

图 1　基于 IP 网络的分布式交通控制系统设计

图 2　控制器整体设计

三、新型网络化交通控制器的具体设计

（一）一体化服务器的设计

智慧交通条件下的一体化服务器（见图 3）在功能和结构上与传统信号机有较大差别，一体化服务器在功能上其能够实现较高要求的计算，能够对交通外围设施实施相应的控制，同时还可以完成向上、向下的网络通信。在结构上采用载波通信模块替代了传统相位驱动、检测器驱动等相应板卡，精简了控制系统的结构，简化了工程布局。因此，其设计思路也有较大不同，旨在为智慧交通提供良好的基础设施支持，加快智慧交通领域的建设。

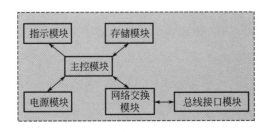

图 3　一体化服务器构成

1. 主控模块

主控模块是一体化服务器的数据处理和逻辑运算中心，也是基于 IP 网络的分布式交通控制器的硬件核心。该模块主要负责对外部设备运行状态的监测、交通信号控制方案的生成及交通数据信息的处理。该模块使用四核高性能工业芯片 T1040 作为处理器进行设计和研发，模块运行频率达 1.4 GHz，带 64 位 ISA，支持调度、数据包排序和阻塞管理的队列管理，支持增强型串行外设接口（eSPI）、双 I2C 控制器、4 个 UART，可实现实时数据的接收、分析和操作。

该模块处理器内部集成了千兆以太网交换机，可以满足与网络通信模块的高速率网络通信；可实现设备各模块的管理；对外配备 8 个 RS485 串口扩展、两个 USB 接口及 4 个标准 SATA 接口，以实现数据存取；对外提供管理串口和管理网口，能够支持非实时软件的运行。该板卡配备时钟复位及板上电源模块，以 CPLD 为核心的系统复位和控制电路，可实现对处理器芯片的精准复位，为主控模块内各个功能模块提供参考时钟；可实现 12V 电源到主板各个芯片所需电源的转换；还可以实现系统状态的监测，电源状态监测等功能。

2. 电源模块

电源模块基于 IP 网络的分布式交通信号控制器，整体采用 220V AC 输入，经过 AC-DC 交流电源模块后，生成交通控制单元和通信单元所需的直流电源。电源的整体设计如图 4 所示。

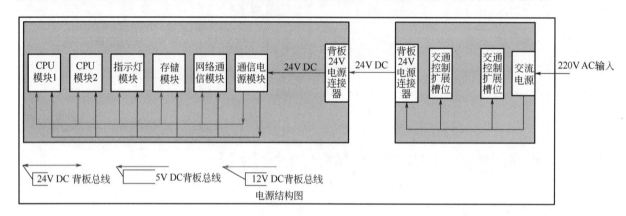

图 4　电源的整体设计

交流总电源通过电源输入端子接入控制器背板上，背板上对应电源输入端与 AC-DC 交流电源模块相连，经过交流电源的降压、整流、滤波和稳压等过程后实现 220V AC 到 24V AC 的变换，经过交流控制背板及连接器到通信背板，与通信电源模块相连，实现 24V 电源到 12V 电源的隔离输出，提供给计算通信中各个单板模块。

3. 网络通信模块

网络通信模块是保证一体化服务器功能模块能与外围信号灯、检测器等交通设备正常通信的重要组成部分。在本研究中，交通路口外围设备均以 IP 节点的形式接入交通信息网络，本研究中采用二线制通信技术来实现交通信息网络的搭建。

高效的网络通信是实现网络化控制的基础，常规工业通信方式受到通信距离、通信带宽及稳定性等方面的限制很难完成交通信号控制系统通信网络的任务。本设计采用二线制载波通信技术，设计二线制载波通信模块，将网络信号加载到二线制线路上进行长距离的传输通信，进而实现长距离、高带宽的稳定网络通信（终端硬件结构如图 5 所示）。

4．网络交换模块

网络交换模块（见图 6）是信息处理控制器与外围智能 IP 节点设备进行网络通信时提供网络交换功能的重要模块。该模块不仅可以完成主控模块与外部智能 IP 节点的网络数据交换，还可以为用户管理和配置其他功能模块提供网络入口。同时模块内置网络安全模块，可以确保现场网络、上联中心网络的信息安全。

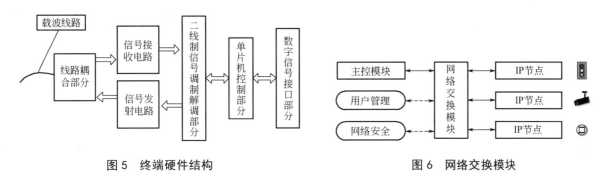

图 5　终端硬件结构　　　　　　　　图 6　网络交换模块

5．总线接口模块

总线接口模块主要负责实现主控模块对外围智能化 IP 节点设备的状态控制和信息通信，其结构示意如图 7 所示。总线接口模块用于一体化服务器与现场交通控制、检测、视频等设备的通信、供电连接。该模块包括交流电源、直流电源、RJ45 以太网端口、二线制调制以太网接口、RS485 串行通信接口等。

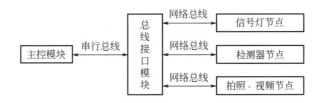

图 7　总线接口模块结构示意

6．状态指示模块

交通控制器需要显示每个相位的交通信号状态和外围检测器的运行状态，因此本研究设计了相位指示模块和检测器状态指示模块来对上述两种信号进行实时显示。考虑我国交通控制器国家标准对交通控制相位数量的相关规定及路口的实际规模，在设计相位指示和检测器指示模块时，均设计了 32 路独立状态显示电路，可以充分满足各种大型交通路口的状态指示需要。

7．数据存储模块

数据存储模块主要为控制器提供系统重要数据、交通节点数据及交通流视频数据等的存储。该模块的设计主要由 4 个 SATA 硬盘接口电路、电平转换电路组成，可以提供 4 个独立硬盘的安装、配置和使用。每个硬盘的设计尺寸为 2.5 英寸，并为每个硬盘的工作状态设计了指示灯，便于进行配置和使用。

（二）智能应用模块的设计

本文研究的是基于边缘计算的交通控制器，需要将交通外围设备以 IP 节点的形式接入交通控制网络，因此需要将不同种类的交通外围设备进行 IP 化，使其能够按照统一的方式与控制服务器进行连接和通信。设计标准、统一的 IP 化智能应用模块（见图 8）不仅可以提高不同种类设备的兼容性，还可以提高设备的智能化水平，对智慧交通的建设提供良好的设计参考。

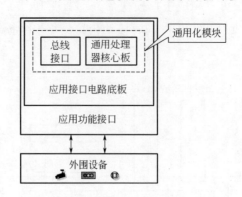

图 8　网络化智能应用模块设计示意

交通设施外围设备有信号灯、检测器、拍照设备等不同的类型，其接口、通信类型也不相同，因此在外设驱动模块的设计时，应考虑模块的向上、向下兼容性。按照外设的接口方式可以将外设大致分为两类：强电驱动型和接口通信型。强电驱动型外设一般是指信号灯等信号指示型设备，其工作时需要交流电直接进行供电，同时需要单独的相位驱动电路进行驱动。接口通信型主要是通过对外接口进行与主控设备的通信连接，如网络通信 RJ45 接口、串行通信 RS485 接口及普通 I/O。两种外设驱动模块电路组成类似，由于每种外设驱动模块均配置了 MCU 控制器，因此实现接口通信型外设驱动模块比较方便，直接通过 MCU 与串口、PHY 驱动芯片等连接，即可实现接口型设备的驱动。而强电驱动型设备需要单独设计安全、稳定的驱动电路，还要设计模块的身份识别模块和工作状态监测模块等，图 9 所示为外设驱动模块的驱动原理示意。

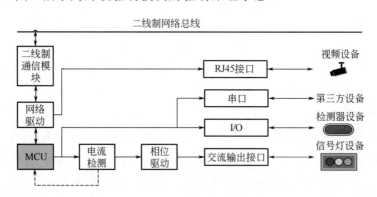

图 9　外设驱动模块的驱动原理示意

（三）网络通信结构的设计

智慧交通需要处理的对象是大范围区域内众多的交通控制服务器和 IP 化智能单元，同时还需要对这些设备进行实时监控、数据的处理和状态控制，这就要求系统网络通信具有更好的稳定性和更高的资源带宽。本文研究了一种基于边缘计算技术的总线结构与树状结构结合的网络拓扑结构（见图 10），在交通控制系统中各设备集成独立的控制器和网络接口的基础上，完成设备的全 IP 化设计，为系统中各设备并入该网络提供了基础。

一体化服务器主要与应用管理层、本地拓展设备及本地交通设备等进行组网通信。在应用管理层，用户或者管理员可以通过一体化服务器管理网口（USB Console）接入服务器，进行相关配置、管理等操作；可以通过外接 GPS/北斗天线实现系统的自动授时；可以通过服务器以太网电口或光口实现与外部互联网的连接。在本地设备中，还预留了相关选配以太网或者串口设备通信的接口。在外围交通设备层，信号灯、视频等设备可以通过二线制以太网通信总线与一体化交通控制服务器进行组网连接。多层次的系统组网方式可以满足智慧交通系统对于设备的状态监控，信号的大范围实时控制及管理层的调度，能够很好地提高整个系统的运行效率。

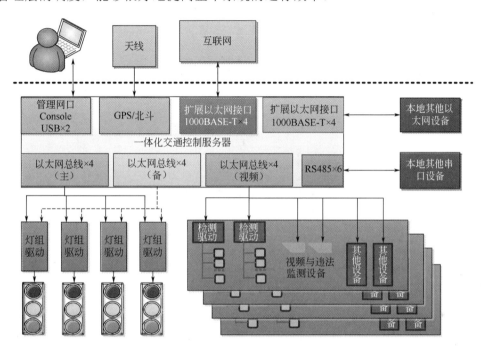

图 10　服务器应用组网结构

（四）网络化通信软件的设计

基于边缘计算的新型交通控制器由通用一体化交通控制服务器硬件平台、通用一体化交通控制服务器软件平台和交通控制功能软件组成，通过集成的方式实现设备控制、状态监控、控制方案优化、控制方案执行、交通数据处理、视频信息处理、违法数据处理、存储服务等功能。通用一体化交通控制服务器硬件平台提供硬件支持，为实现整个功能提供必要的硬件接入及计算能力。通用一体化交通控制服务器嵌入式软件平台提供嵌入式 Linux 软件平台，为智能交通控制功能软件提供操作系统支持（见图 11）。

本文根据控制器具有的分布式数据通信与处理的特点，采用烟花模型来实现一体化服务器与外围智能节点的软件设计。烟花模型主要包括烟花模型管理器（Firework Manager）和烟花模型节点（Firework Node），它是专为协同边缘环境下多数据利益相关者之间实现数据的共享和处理而设计的一种编程模型，因此可以结合其模型的组成结构和数据处理方式来实现本研究中交通协同优化控制。烟花模型如图 12 所示。

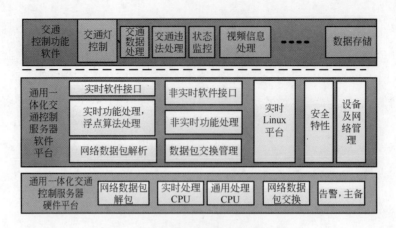

图11　新型交通控制器组成结构

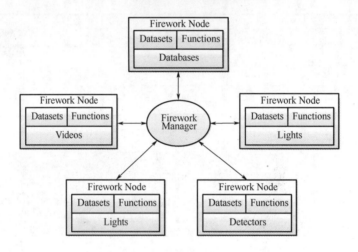

图12　烟花模型

　　烟花模型的运行需要烟花模型节点和模型管理器共同配合完成，在模型的启动阶段，模型节点即外围IP节点在完成自身启动初始化及默认任务部署以后，生成包含数据集和功能的注册报文，通过向模型管理器注册，来完成模型管理器任务分解和分发的数据利益相关者目录。

　　系统外设智能 IP 节点的注册完成及模型管理器节点目录的生成与更新是系统在烟花模型上运行的基础。模型管理器负责将节点的注册报文抽象成数据视图，这些数据视图对已完成注册的节点设备是可见的，即数据视图的透明化。模型节点通过对数据视图的分析，向模型管理器发送特定视图的组合请求，由模型管理器将视图组合请求分解为若干子任务，分发给相关模型节点。每个子任务将在本地设备上执行相应的计算、控制等具体任务。

四、总结

　　基于边缘计算的新型交通控制器的设计与研究是对边缘计算技术在交通信号控制领域的技术探索和应用实践，为交通信号控制向智慧交通方向的发展提供了可行性参考。

互联网交通大数据与交通信号控制系统的融合

天津易华录信息技术有限公司

一、前言

经济的发展，城市化速度的加快，机动车辆占有量急剧增加，由此引发日益严重的交通问题：交通拥挤甚至堵塞，交通事故频繁，空气和噪声污染严重，公共运输系统效率下降等。解决这一问题通常有两种办法：一种是修路造桥，这对道路交通状况的改善是一种最直接的办法，但它需要巨额的投资，且在城市中心区受拆迁的限制下，很难实施。另一种是在现有的道路交通条件下，实施交通信号控制和管理，充分发挥现有道路的通行能力，大量事实已经证明这种方法是切实可行的。

当前，国内外交通信号优化和实时优化理论都是建立在基于路口检测器、路段检测器上传的 5 分钟或 1 分钟粒度的流量、速度、占有率和排队长度统计数据基础之上的。随着"智慧城市和智能交通"建设工作的深入及互联网厂商对交通的参与，交通大数据尤其是短时交通流的采集、分析更加容易，为交通信号实时优化提供了基础支撑，通过构建相关技术路线推动交通信号优化理论进一步发展。

二、中心控制系统

交通信号控制系统是道路交通管理和控制的基础，通过实时监测车流量，实时优化交通信号控制模式，调整信号控制参数，实施交叉口间的协调控制，调节道路交通流量，充分挖掘道路的路网容量，在保障交通安全的前提下，合理配置道路交叉口时间和空间资源，使停车次数、延误时间、最大排队长度减至最小，充分发挥道路系统的交通效益，达到道路交通系统最大程度的畅通。交通信号控制系统的日常控制方式包括：多时段定配时控制、感应控制、单点自适应控制、干线协调控制、区域协调优化控制、人工干预控制、公交优先控制、VIP 特勤控制等。

中心信号控制系统实现信号的分级优化控制，多种控制策略相结合，根据路口的实际交通流量，实现感应控制、自适应控制，实现干线绿波协调以及区域联网控制，智能优化信号控制方案，最大限度地减少绿灯浪费时间和增大路网通行能力，保障道路运行有序通畅；系统实现了对实时感知的道路交通参数进行融合、处理，针对不同的交通状况实时生成不同的控制策略，实现信号控制系统的智能化。

系统实现智能化采集手段的灵活应用，包括布设存在、感应、排队长度、反溢检测器，对于流量的采集监控做到多手段、全采集；通过系统内部的实时自适应优化算法，实现各种控制策略。主要的控制策略如下。

1．单点控制

交叉口的控制与其他交叉口不进行任何的协调，由交叉口各进道口实时到达的车流量决定各交叉口的控制方案。单点控制可分为以下四种形式。

（1）单点固定配时：针对单个交叉路口的，采用的是单一的固定配时方式，一天只运行一套信号配时方案。

（2）单点多时段控制方式：把一天按交通流大小分成若干时段，在高峰时段执行高峰配时方案，低、平峰时又分别执行低峰、平峰信号配时方案，这样有效地提高了交通信号的控制效率。

（3）单点感应控制：利用交通检测设备对到达的交通流进行检测，优化交通信号配时，使信号配时适应实际到达的交通需求。

单点感应控制分为全感应和半感应两种。全感应信号控制：是在路口各进口道都设置交通检测器。在采用全感应信号控制的交叉路口，以车队形式到达的车流最有可能遇到绿灯，不要让车队出现大的空隙，否则检测器会以为没有车辆到达，而不延长绿灯信号。半感应信号控制：用于主次干道相交的道路，检测器的设置有两种：在次要道路；在主要道路上。

（4）单点实时自适应：根据交通流的动态的随机变化而自动地调整信号控制参数，使控制系统自动地适应交通流的随机变化，这种控制方式就是自适应交通控制方式。

2．干线协调控制

在城市交通中，交通干线承担了大量的交通负荷，通过协调控制的方式保证干线交通的畅通，对改善城市交通状况具有很大的作用。

在干线协调中，路口信号控制有一个明显的规律：绿灯时车辆以车队形式通过路口，而当路口前的车辆放空后出现断流，路段上出现空闲时间，放行相交方向的交通流。根据上述规律，我们将针对整个信号控制系统中涉及的道路和路口进行干线协调控制，优先保证这些干线方向的运行畅通，提高交通信号控制的整体效应。

3．区域协调优化控制

一个区域内如果各路口交通流相关性比较大，就可以利用路口交通流到达的间歇性进行整体考虑，使区域内的车辆从一个路口行驶到另一个路口时正好遇上绿灯或少遇红灯，减少一个交通区域内总的停车次数，形成适当速度的交通流。这就是区域交通信号协调优化控制，又称为面控。

区域控制需要对城市中所有的联网路口进行分类，划定若干个子区域，然后还要对每个子区域指定一系列子区域计划。子区域计划与子区域中每台路口机内所存储的本地计划有密切的关系。

在同一个子区内，系统将一条道路延长线上的连续几个信号机在时间上相互联系起来进行信号显示，通过减少车辆停止次数，缩短停车时间，达到使交通畅通的目的。

4．人工干预控制

人工干预控制指以人工干预的方法直接控制信号机，对信号机进行操作，进而控制交通信号，疏导交通。人工干预控制可分为路口人工干预控制和中心人工干预控制两种。

路口人工干预控制：指交警/管理人员直接在路口的信号机上进行跳相、特殊放行、全红等操作。

中心人工干预控制：指中心具有远程控制功能，信号机将交通流等信息上传到中心，中心根据实际情况，选择相应控制操作，下发指令到相应路口的信号机，直接控制路口信号机执行指定相位，强制疏导交通。

此种控制方式具有全面控制的优势，将人工干预分散到多个路口，使多个路口都具有可控性。实行单口轮放，改变相位方案，达到各个路口既不饱和，又不拥堵的目的。

5．公交优先控制

"公交优先"指对公共交通在通行空间、通行时间上优先于其他车辆。公交优先控制可在不同程度上获得收益，如可降低公交线路行程时间、降低交叉口延误、减少公交车停车次数、提高公交服务水平等。此处的公交优先控制指信号控制系统中对公交车辆通行时间上的优先，即信号优先。

6．特殊勤务控制

特勤控制的特点是适时控制，在不锁定相位（尽量不干扰社会车辆正常通行）的情况下，确保VIP车辆无停顿、无等待地顺利通过特勤路线上的各个路口，直至目的地。

7．行人过街控制

当交通流量相当高且相邻两路口间距相当长，行人过街又属必要时，系统可设置协调式路段行人过街感应控制。路口行人过街控制具有请求式控制方式和预案式控制方式。系统能够在在线协调或区域协调控制的条件下及时响应或等待响应路段行人过街请求，使行人利用交通流间隙过街通行。

8．紧急优先控制

信号机可以将硬件的 IO 输入信号作为紧急优先输入信号，在接收到信号后按照预设的优先方案进行控制，通过延迟、过渡、清道、驻留、退出几个阶段完成优先控制，达到对紧急车辆触发的优先控制。适用于消防、救护、抢险等单位车辆出口的优先感应控制。

三、第三方信号优化控制

交通信号控制系统通过道路检测器和信号机的配合实现对道路交通流量的采集功能。一方面，采集的交通流量用于实现信号的感应控制、自适应控制等；另一方面，将采集的交通流信息上传至指挥中心，与其他系统（如视频、电警等）采集的数据相融合，用于对整个道路路况的综合研判，通过第三方信号优化控制模块的优化算法，定时生成新的信号配时方案，由中心控制系统定时下发配时参数实现对信号的优化控制。

四、互联网交通大数据交通优化控制

对于传统的交通信号控制来讲，主要依据的路况交通数据为：车流量、压占时间、平均车速、车头时距及排队长度。对于根据路口交通数据进行控制的称为战术控制，而对于根据路段交通数据进行宏观控制的称为战略控制。对于传统交通控制来讲，主要是根据每 5 分钟或 1 分钟粒度的交通数据来进行控制的。但是，传统的信号控制方法的缺点就是需要在路口或路段布置大量的检测器，成本比较高，同时线圈检测器等对路面的破坏也比较严重。而且，线圈一旦布置完毕无法进行调整，无法精确地检测到路口的排队长度。另外，通过路口或路段检测器对信号的控制，也只能是单路口的感应或自适应控制，实现区域协调控制比较困难。

而采用互联网交通大数据，除了提供实时动态路况信息之外，还可以实现路况预测、历史路况查询、拥堵瓶颈分析，可以提供更短时间的数据，提高交通控制的精度。随着新能源汽车、智慧城市建设以及车联网的推进，交通大数据的施展空间还将进一步扩大，数据的精度和准确度也会随之提高。此外，中国交通信息的准确度与西方发达国家的相比并不存在明显差距，基本处在同一水平。因此，未来采用交通大数据进行道路交通控制会大有前途。

目前，从高德可以获取到道路上每个 LINK 路段的路况数据，包括：车流速度、行驶时长、拥堵距离、拥堵状态（0：未知，1：畅通，2：缓行，3：拥堵，4：严重拥堵，5：无交通流）、描述路口各行驶方向的交通流信息（1：掉头；2：左转；3：直行；4：右转）。

只要在任何一台与互联网相连的服务端或者终端访问高德的 HTTP 协议接口地址就可以得到路况信息。数据格式为 JSON 串的格式，与平台语言、系统都无关。服务器或者终端按照 JSON 规则解析 JSON 数据就可以得到每个路口的路况数据。互联网交通大数据信号控制系统架构如图 1 所示。

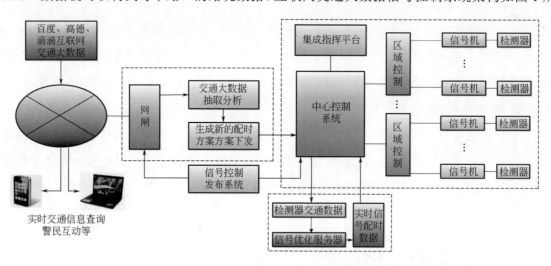

图 1　互联网交通大数据信号控制系统架构

1．互联网

互联网即我们通常所说的公网。由于路况交通数据需要通过互联网取得，因此，该系统必须首先可以连接到互联网系统。

2．交通大数据抽取分析

根据城市道路的数量或交通数据的多少，设立一台或多台路况交通数据的取得服务器；服务器上的应用程序请求方式使用 HTTP 接口，HTTP 基于服务器/客户机模式的请求/应答协议。用户通过 HTTP、GET 方式发送数据服务请求，服务器接收到请求数据，请求成功。

3．生成新的配时方案及方案下发

同时，服务程序取得的路况交通数据要以路口为单位，通过交通判态服务器，根据最近的 2 分钟的交通数据，再加上之前的 10 分钟、15 分钟、20 分钟的数据及历史数据，对路口的交通拥堵状况进行精确的判断；同时，将最近的数据通过数据库服务器保存到数据库当中，作为判态的历史数据。

判态服务器将每个路口的交通拥堵判断结果及要实行的控制策略、配时调整策略等信息进行封装，然后，发送到交通信号控制中心，通过控制中心实现对路口信号机的控制。

五、互联网+红绿灯交通信息发布

由于近年来互联网在中国的大力发展，互联网已经影响了人们生活的方方面面，采用互联网+传统业务可以明显提升传统业务的效率和用户体验。本系统主要致力于利用互联网+智能交通服务的构建，使广大居民可以方便、快捷地了解自己周边的交通情况，并可以切身参与到自己城市交通的建设当中，例如，民众可以随时随地通过智能手机对某一路口的交通控制提出合理的建议，交警部门可以查看并采纳民众的合理建议，长此以往可以使交通信号灯的配时迭代更加合理，从而提高整个城市的交通效率。

"互联网+红绿灯"系统是公安交通指挥系统的重要组成部分。"互联网+红绿灯"系统主要是通过建立交通信号在互联网上的应用，以交警的微信平台为基础，实现红绿灯灯态展示、路口排队长度情况发布，以及其他交通信号方面的应用，并能提供人机界面与市民进行友好互动，让市民更加直观地了解当前路段的交通状态，为广大市民的出行提供良好的出行保障。

"互联网+红绿灯"系统可对道路上的交通流进行合理的引导和控制，以缓和或防止交通拥挤、减少尾气排放和噪声污染及能源消耗，并及时为车辆上的有关人员及行人提供交通状况信息，以提高道路通行速率。"互联网+红绿灯"系统可以缓解出行者的个体需求与交通整体需求存在的差异和矛盾。

"互联网+红绿灯"系统极大地方便了市民的出行，可使市民提前绕开拥堵、施工等特殊因素的路口或路段，市民可参与城市道路交通设施建设和配时优化，通过系统了解公共交通设施相关情况。

六、总结

随着互联网交通大数据精度的日益提高，在传统交通信号控制系统的基础上，引入多元交通数据，百度、高德、滴滴等互联网交通大数据，对城市道路进行宏观控制。依据路口信号检测器检测的路口交通数据对交叉口进行微观控制，同时，以互联网浮动车数据进行宏观控制的两种控制策略的结合，相信会提高信号控制的精度。

地面智能诱导系统与应用

杭州博达伟业公共安全技术股份有限公司

一、系统概述

地面智能诱导系统融合了太阳能光伏供电技术、交互式传感技术、多组态无线通信等技术，通过智能控制平台，将获取到的人、车、路等多源信息，主动转换为相应运行模式，并动态可视地呈现出来，最终实现对行人、车辆等交通事件主体的诱导、疏导、警示、引流等应用。可定制联动其他交通保障设施，结合物联网大数据、云计算等前沿技术，形成完整的道路安全诱导系统。

作为引领未来智能交通发展的前沿技术，地面智能诱导系统具有交通要素实时化和信息化、用户参与主动化和协同化、服务组织的柔性化与绿色化等特点，可广泛应用于主动避障、危险预警、驾驶行为监控、实时路径诱导、交通协调控制等领域。众所周知，特殊路段交通事故频发、城市道路交通拥堵严重、交通诱导信息缺失，新一代地面智能诱导系统可将道路的交通情况实时、准确、直观地呈现出来。它将成为道路上超视距交通引导智能的眼睛，可以有效地缓解交通拥堵，提高运行安全事件自动检测的覆盖率与及时发现预警率，力争构建安全、可靠、高效的综合交通服务体系。

二、系统概要说明

（一）系统架构

基于"云计算""互联网+"技术，搭建恶劣天气交通安全大数据平台，利用 LGS 等系列路面设备采集的数据，在云端对海量数据进行分析，获取恶劣环境发生的内在因素，将道路的安全管理从"事后处理"变成"事前预判"，逐步过渡到对事故进行预警及智能事故主动防范。

系统所需的基础物理设施利用地磁感应突起路标、道路冲突热点检测器，并根据实际情况进行扩充，增加交通数据获取通道，如车速、道路条件、天气状况等，为云端计算获取更丰富的数据，搭建更为完善的云计算系统。

平台层利用云计算技术搭建，作为大数据处理的核心层面，负责路侧设备的云端接入、网络管理与控制、数据存储与分析，并支撑上层用户应用，为实际需要提供数据的分析处理计算能力。

系统的应用层作为与用户交互的界面，为交通管理者、驾驶人员、决策人员提供基于数据支撑的分析结果与交互手段。应用层具有良好的可扩展性，并对外提供交互接口，便于与交通管理部门、数据需求部门的现有系统进行对接（见图 1）。

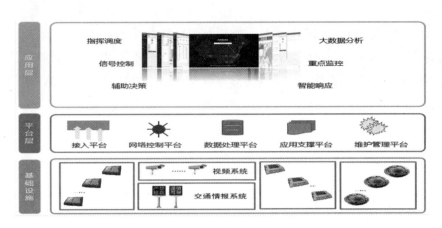

图 1　系统架构

（二）技术特点

1. 光能供电技术

该系统采用太阳能光伏，配合低功耗电路，实现即使在长期无日照的情况下仍能够正常持续工作。针对雨、雾、雪等其他恶劣环境，系统具有专项应用模式，提供高清晰度的道路走向线形诱导，解决了户外供电难题。

2. 无线同步技术

如果是在一个有线连接的装置中实现同步闪烁并不难，但是在道路交通环境中采用有线连接方式没有使用价值，主要原因是连接线的敷设成本很高，线路发生故障后非常难判断故障点，导致信号丢失等一系列问题，地面智能诱导系统设备之间的同步优先选用了无线通信技术，该系统中太阳能突起路标采用卫星定位授时加无线时标转发技术，实现了全系统高精度同步。

3. 无线远程控制技术

该系统中无线突起路标使用由分级的无线控制模块组成的长距离分级无线控制单元，采用分级的小功率无线模块，采取有线转无线或者无线转无线的形式来实现对大区域的无线覆盖，有线转无线接力形式是由一个频率的数字无线发射模块作为本地控制单元，使用有线的电位控制接口或其他接口接收上位控制指令，而无线转无线接力形式使用一个频率的数字无线发射模块作为本地控制单元，负责本地覆盖区内受控设备管理。

4. 动态尾迹显示技术

在低能见度环境下通过人工智能给后方车辆提供一组高可见性的动态尾迹，该尾迹与车辆行驶过程同步，其尾迹长度可通过人工智能设置定义，将前方存在行车的信息提前传递给后方来车，以满足恶劣环境下最低安全车辆间隔距离的要求。

三、系统实现

我国地域辽阔，地势高低悬殊，环境复杂多变，高速公路的通行能力大、行车车速高，在给人们的出行生活带来便利的同时，也给交通安全运营带来了巨大的挑战。城市道路交叉口是车辆与人流汇集地，是城市道路交通的枢纽，是设计、组织及道路交通管理的控制点。隧道路段行车环境相对昏暗、能见度较低、照度分布不均匀，直接影响驾驶员行车环境的舒适性及行车安全性。本着切实可行地降低高速公路的交通事故发生率，提高城市交通运行效率、改善拥堵，有效改善隧道路段行车环境、提高驾驶员视觉舒适性等一系列原则，地面诱导智能系统应运而生。

该系统中主要基础设施是一种亮度、频率均可调的高精度同步主动闪烁警示标志。连续布设可形成线形光学车道，能清晰地描绘出道路或障碍区域轮廓。尤其在雾天、雨天和夜间能高亮度地显示路况信息，且闪烁灯光起到了明显的导向警示作用。

另外，该系统基于杭州博达伟业公共安全技术股份有限公司的引航诱导技术，分阶段推进车路协同技术，并以多种智能组态的形式，提供定制化的解决方案。而且该系统可与道路情报板、可变限速、智能语音系统、监控系统相互配合、联动扩展，进而实现多功能、多样化的效果。

典型路段地面应用效果如图 2～图 5 所示。

图 2　高速公路匝道应用效果

图 3　隧道应用效果

图 4　城市道路应用效果

图 5　高速减速路段应用效果

四、功能应用示例

1. 高速及高架桥匝道引流

在低能见度环境下，系统中同步突起路标自动开启，提醒后方车辆即将进入匝道，注意行车方向及行车安全，减少交通事故的发生。匝道引流功能应用示意如图 6 所示。

2. 前置式行车主动诱导

系统中同步突起路标自动开启，形成了强化的道路轮廓，给后方车辆形成了更加清晰的行车指引。前置式诱导功能应用示意如图 7 所示。

诱导装置的发
光显示组件连
续布设，形成
匝道的轮廓

星历或远程控制
主动点亮/关闭

图6 匝道引流功能应用示意

诱导装置的发
光显示组件自
动点亮，指示
行车方向与行车
安全

图7 前置式诱导功能应用示意

3. 后置式防止追尾诱导

当前车道前方车辆行驶过后，系统中的地磁突起路标自动开启，会在其后方形成一条动态尾迹，提示后方车辆当前车道前方是否有车辆及与前车间距，尾迹长度将为后车提供一个跟随状态的安全间距，从而避免前后车辆间的追尾事故。后置式诱导功能应用示意如图8所示。

4. 进入隧道时防撞预警

隧道口存在明暗交替的地带，进隧道口路段甚至无法清晰分辨车道，系统中有线同步突起路标开启，显示道路轮廓标线，动态地同步发光闪烁，给驾驶员明确预警注意行车方向。隧道防撞预警功能应用示意如图9所示。

5. 隧道里视觉引导

隧道路段比较狭窄、环境相对昏暗、视觉效果不佳、照度分布不均匀，而且通常建设时间较长，地面轮廓反光引导作用欠佳，道路轮廓提示及对行车驾驶员视觉神经刺激不够，行车通过时，易产生视觉疲劳，系统中有线同步突起路标开启，不同的闪烁频率和亮度等级，强化道路两侧标线，间歇性刺激行车驾驶员注意安全跟车距离。隧道视觉引导功能应用示意如图 10 所示。

车辆驶过，诱导装置的发光显示组件自动点亮，形成动态尾迹

图 8　后置式诱导功能应用示意

诱导装置的发光显示组件在进入隧道口路段布设，形成道路轮廓

图 9　隧道防撞预警功能应用示意

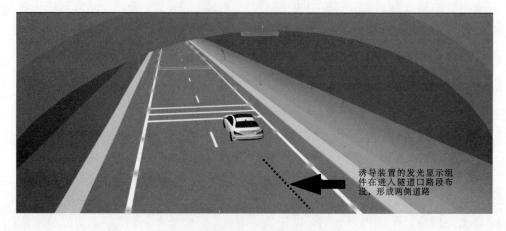

诱导装置的发光显示组件在进入隧道口路段布设，形成两侧道路

图 10　隧道视觉引导功能应用示意

6. 拥堵路段疏导及障碍物预警

城市生活的复杂性直接影响城市道路的拥堵路段的多变性，系统将根据实时的交通信息控制相应拥堵路段的无线突起路标开启，实时实地指示来往车辆及行人，注意前方路况。

在低能见度的环境下，系统中太阳能同步突起路标主动开启，同步发光闪烁能清晰指示障碍物的位置及大小，提醒驾驶员注意前方障碍物。

拥堵路段疏导及障碍物预警功能应用示意如图 11 所示。

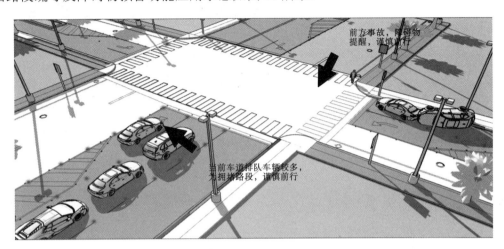

图 11 拥堵路段疏导及障碍物预警功能应用示意

7. 夜间行车引导

夜间能见度低时，系统中太阳能同步突起路标以本地星历周期调整模式，进入开启状态，清晰显示路侧标线，提高了行车安全性。夜间行车引导功能应用示意如图 12 所示。

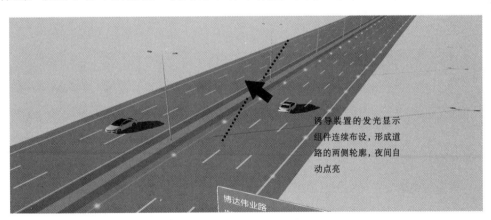

图 12 夜间行车引导功能应用示意

8. 行人通行安全保障

当行车速度较快时，无法目测前方行人过街，降低车速的缓行时间过短，存在交通事故隐患。此时，安装在人行横道两侧太阳能突起路标形成线性的视觉效果，起到了提前预警的作用。行人通行安全保障功能应用示意如图 13 所示。

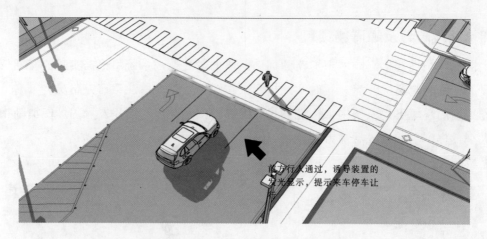

前方行人通过，诱导装置的发光显示，提示来车停车让行

图 13 行人通行安全保障功能应用示意

智能交通信号控制系统
——瑞斯康达 4G 安全网关链路备份解决方案

瑞斯康达科技发展股份有限公司

一、方案背景

信号控制系统为智能交通系统的核心子系统，其可靠性和稳定性极为关键，作为承载数据的基础，传输网络在此起到十分关键的作用。

瑞斯康达 4G 安全网关链路备份方案为提高网络的可靠性和安全性设计，主要解决一般的智能交通专网中常见的两个问题：

（1）单一的光纤专网承载数据，网络故障时相应的业务传输也会中断，对交通管理带来严重的影响。

（2）出现网络风暴时，危害到的不仅是网络本身，网络中的信号机同样会接收和处理这些风暴报文，消耗大量的 CPU 资源，严重时会导致信号机挂起。

二、通信解决方案

交通指挥中心和路口信号机间采用光纤和 4G 无线两张网络作为传输通道，其中光纤专网为主链路，4G 无线网络为备份链路。瑞斯康达 4G 安全网关覆盖通信全网络，支持 TD-LTE/FDD-LTE/WCDMA/EVDO/ TD-SCDMA/CDMA/ GSM 多种制式，满足移动、联通、电信网络要求。同时支持 GPS/北斗接收装置，可以通过卫星进行踪迹定位。

4G 安全网关连接两张网络和信号机主机，实现数据转发、链路切换和安全隔离的功能。4G 安全网关的 WAN 口连接光纤专网，LAN 口连接信号机，无线接口拨号到运营商的 4G 网络，与交通指挥中心的无线接口路由器建立 VPN 隧道（L2TP/IPSec/GRE）。4G 安全网关链路备份拓扑总图如图 1 所示。

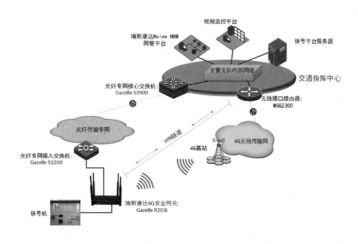

图 1   4G 安全网关链路备份拓扑总图

光纤专网作为主链路，通信正常时，信号机的数据传输走光纤专网，如图 2 所示。

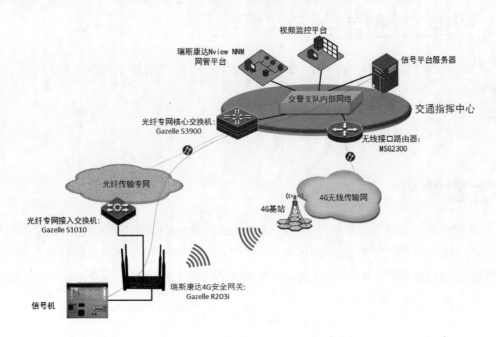

图 2　4G 安全网关链路备份拓扑（有线链路工作）

4G 安全网关实时检测主链路的状态，当主链路故障时，迅速切换到无线备份网络，如图 3 所示。

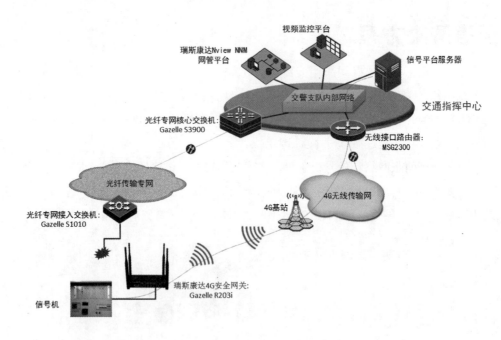

图 3　4G 安全网关链路备份拓扑（链路切换）

三、方案特色

（1）实现业务传输的双链路备份。通过有线和无线两张网络备份的方式传输信号控制业务，大大提高了系统的稳定性。

（2）提供高实时性的传输通道。备份链路选用运营商的 4G 网络，链路的传输带宽高，实时性高，满足信号控制系统的传输要求。

（3）提供高安全性的传输通道。无线链路采用 VPN 方式建立与交通指挥中心的隧道，隧道建立后，等同于专网传输，并且数据经过加密，保证交通管控数据的安全性。

（4）实现信号机安全隔离。瑞斯康达 4G 安全网关可以实现数据包过滤，光纤专网的广播风暴和与信号机业务无关的数据都无法穿过 4G 安全网关到达信号机，网络安全性得到极大的提高，从而保证信号机运行在一个安全、稳定的工作环境。

（5）节约建设成本。备份链路选用运营商的 4G 网络，无须单独进行大规模的网络建设。备份链路根据业务需求触发流量，按需付费。

（6）规划简单，兼容性强。瑞斯康达自主研发的 EoIP 技术，可以实现跨三层网络的二层传输，对于两端的业务而言等同于一个局域网内，这样大大降低了专网建设时数据规划的复杂度，尤其对于已经建设完成的交通专网进行链路备份改造时，无须进行大范围的地址变更。

（7）集中管理，简易维护。在交通指挥中心部署瑞斯康达统一网管平台 Nview NNM，可以实现全网安全网关的集中管理，提供告警处理、设备状态查询、配置下发等管理功能，从而提高管理效率，降低维护成本。

四、产品相关认证

生态智慧交通调控原理与方法

安徽中科龙安科技股份有限公司

一、引言

随着我国社会与经济的快速发展，机动车保有量迅速增加，机动车数量已经超过3亿辆。我国大中城市的交通拥堵与过饱和现象日趋严重且常态化。自21世纪初以来，智能交通系统研发与应用受到重视并发挥了重要作用。新兴的大数据技术、车路协同也正被引入智能交通领域，以缓解城市交通拥堵状况。然而，现有的智能交通控制是以提高道路通行能力、降低交叉口车辆的平均延误为目标的，其基础模型主要包括交叉口平均延误、停车次数和排队长度等模型，未考虑对交通排放的控制，以及天气环境对交通行为的影响等。

交通-环境是一个有机的整体，存在相互影响和制约的关系（见图1）。一方面，运行车辆在道路特别是交叉口区域，由于其频繁的怠速、加速和减速行为，较正常行驶状态时产生更多的一氧化碳、二氧化硫、碳氢化合物、碳氧化合物和重金属离子等排放，形成了城市大气环境的主要污染源。此外，机动车排放的二氧化碳也对温室效应有相当大的贡献，车辆运行还是主要的噪声污染源。交通排放危害着城市大气环境，严重影响了人们的身体健康。另一方面，气象环境因子尤其是雨、冰、雪、雾和雾霾等恶劣天气影响着车辆运行行为，以及城市路网的拓扑及其连通性，不仅降低了城市路网的通行能力，而且易发生交通事故。因此，生态智慧交通调控新原理与方法研究与应用具有重要意义。

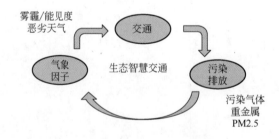

图1 交通-环境生态系统

近年来，城市交通低排放控制方法的研究已经受到了重视，并取得了一定的进展。这些方法的模型基本上是建立在经典的延误、停车次数基础上的，本质上是宏观分析模式。而机动车排放受到车辆性能、驾驶员反应延误、车速和交通管理与控制方案等多种因素影响，需要研究相应的交通管控方案与排放的复杂关系模型，以克服现有方法无法准确反映交通污染行为的局限性。气候环境尤其是恶劣气象因子对路网拓扑、车辆行为和道路通行能力具有较大影响，在该类环境条件下的交通管控方案与正常气候环境下的有显著区别，因此，需要研究气象因子与交通管控方案之间的相关关系，以提高城市交通的安全性。

不同于现有交通控制技术与系统，本文提出的生态智慧交通调控方案综合考虑交通通行能力、交通排放和气象因子，将交通-环境视为一个有机的统一整体，定义了感知-建模-优化控制高维闭环关系的绿色控制体系结构，描述了系统的主要组成部分功能，建立了生态智慧交通调控机制，以实现环境友好、安全的城市交通管控。

二、生态智慧交通调控原理

生态智慧交通调控依赖于交通与环境状态的动态感知，是一种数据驱动的控制模式。首先给出生态智慧交通调控的定义如下：

定义：城市生态智慧交通调控可定义为一五元组 $\langle S, N_t, P_y, P_r, R \rangle$，其中，$S \in \rho(S')$，$S'$ 是由交通流状态、尾气排放和气象因子组成的有限状态集合，$\rho(S')$ 是 S' 的幂集；N_t 表示路网拓扑结构；P_y 表示交通控制策略集合，由有限的行为序列组成；P_r 表示状态转移概率，$S \times P_y[\times N_t] = P_r(S)$，$a \in P_r$；$R$ 是因为状态转移而获得的奖赏，$S \times P_y[\times N_t] \rightarrow R$。系统目标是获得综合排放、通行能力和安全等多目标优化的长期累计折扣奖赏。

根据该定义，生态智慧交通调控区别于经典的交通控制技术，后者仅考虑交通控制方案对平均延误、停车次数或排队长度的影响，而前者不仅包括了后者的研究内容，而且还处理交通低排放、恶劣环境下的城市交通流控制。

生态智慧交通调控主要包括交通排放建模与优化控制和基于气象因子的交通安全控制两个领域。交通低排放控制针对交叉口、干线和区域路网，从微观层次上研究车辆匀速、加速和减速行为的主要影响因素，分析不同交通控制方案与机动车尾气排放量、通行能力之间的复杂关系，以实现交通低排放的优化控制。

基于气象因子的交通安全控制研究恶劣气候环境对城市路网的影响。由于城市路网低洼路段、立交桥匝道进出口、下穿道路易受积水、冰和雪等气候因素影响，无法通行且易导致交通事故，改变了路网拓扑，导致路网的 OD 需求也发生动态变化。因此，需要研究在动态路网拓扑条件下的交通自适应控制方案。另外，恶劣天气改变了路面附着系数，影响了交通状态与行为如安全间距、车头时距等，降低了道路和交叉口的通行能力，需要研究在不同路面附着系数条件下的交通控制方案，为实现在通行能力约束下的车辆安全通行提供基础支持。

三、主要功能与特点

根据第二部分的分析，给出生态智慧交通调控系统的体系结构，如图 2 所示。

生态智慧交通调控系统框架是由交通-环境子系统、状态感知、交通管控方案、人工平行交通系统和执行机构等组成的高维复杂系统，其中交通-环境系统由人-车单元、气象因子、机动车排放、道路状况等组成，相互之间存在影响与制约关系。通过交通管控方案的优化调控，以实现交通系统各要素之间的协调。控制框架形成了感知-建模-优化控制的闭环系统，分别包括交通低排放控制子系统和基于气象因子的交通管控子系统。

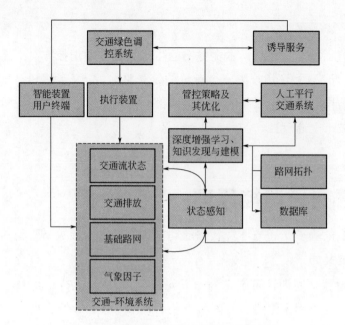

图 2　生态智慧交通调控系统的体系结构

（一）交通低排放控制子系统

交通低排放控制子系统的处理流程为：通过分布式传感系统对路网交通流状态和排放进行感知，实现信息获取，并存入数据库系统。基于实时数据和历史数据对交通管控方案和排放之间的关联关系进行数据挖掘、建模，采用多目标优化方法获取优化的交通低排放控制策略。同时，人工交通系统根据路网拓扑、交通实时数据和历史数据，构建与现实交通系统一致的虚拟环境，采用自学习方法对交通管控方案进行寻优，以宏观与微观结合的模式，在虚拟环境中进行仿真评估，并与现实交通系统采用的低排放控制策略进行比较，实现交通低排放的优化控制。

（二）基于气象因子的交通管控子系统

基于气象因子的交通管控子系统的处理流程则为：通过分布式传感系统对路网交通流状态、环境因子和道路状况进行信息获取，存入数据库系统。根据环境因子数据变化路网拓扑，如积水、积雪和结冰影响了路网的连通性。基于实时数据、路网拓扑和历史数据对交通管控方案和恶劣气候环境下的关联关系进行数据挖掘、建模。人工交通系统则根据路网拓扑、交通实时数据和历史数据，构建与现实交通系统一致的虚拟环境，采用自学习方法对动态环境下的交通控制和诱导方案进行寻优和仿真评估，并与现实交通系统进行交互，通过分别进化和交互，进行恶劣气候环境下的交通安全控制与诱导服务。

四、结束语

城市交通管控与排放、气象因子之间存在动态的、非线性复杂关系，形成了一个有机整体。现有的交通管控机制仅以提供道路或路网的通行能力为目标，未考虑交通管控方案对排放，以及气候环境对交通行为和管控模式的影响。生态智慧交通是智能交通的发展方向。本文提出了生态智慧交通调控机制，本质上是交通-环境巨系统的调控方法，该方案的应用对实现城市交通环境友好、低碳和安全控制具有重要意义。

卡口式交通信号灯解决方案

四川科维实业有限责任公司　曹型勇

一、概述

（一）项目背景

2017 年年初，中央财经频道推出："不忘初心，坚守实业""我为中国实业代言"等栏目，一大波中国实业干将涌现。随着物联网、云计算的大力普及，国家智慧城市被广泛提及，城市智能水平将不断提高。此前，信达证券研究报告指出，为了支持智慧城市迅速发展，各地方给予了多项政策支持。

而智慧城市至少包含五个方面：一是智能交通，要规划建设智能交通综合管控平台、智能停车等；二是带动相关产业升级，通过信息技术的运用催生一批智能工厂，反过来促进信息产业发展；三是建设配套的信息基础设施，包括宽带入户、云计算中心等；四是智能化的城市管理与服务，如智慧医疗、教育；五是智能城市的运用使城市人的素质得到提高，如数字图书馆、智慧旅游等。

（二）行业现状

目前，整个交通行业的信号灯大量使用螺丝安装，效率低，成本高，发生故障后，也不易维修，整灯整换，耗时、费力、价高。其原因主要有以下几个方面：

一是维护效率低，整灯整换，人力、物力成本高，交通故障不能得到及时解决，造成路口交通混乱，容易发生交通事故。

二是传统的固化思维，沿着老习惯不愿意改变。

（三）项目意义

伴随城市交通智能化的推进，当前交通灯安装困难、维修困难、浪费成本的情况亟待解决。为响应国家政策，解决交通行业存在的问题，积极响应打造"智慧交通城市"号召，在自己专业领域做精做强，我公司特研发推出新型产品——"卡口式交通信号灯"。

二、产品设计

（一）公司情况

1．资质荣誉

凭借自身的雄厚实力和专业技术服务，公司获得多项证书，包括 AAA 级信用等级、生产许可证、质量管理体系认证、环境质量管理体系认证、职业健康安全管理体系认证 ROHS 证书、FCC 证书、CE 证书，具体如下：

（1）实用新型专利：旋转灯头 / 一种行人过街电子劝导员 / 一种无工具化组装信号灯。

（2）外观设计专利：道路交通信号灯（分段立柱式）/ 道路信号立柱封盖 / 道路交通信号灯 / 人行横道交通信号灯。

（3）建筑资质证书：电子与智能化工程专业承包贰级公路交通工程 / 公路安全设施专业承包贰级 / 公路交通工程公路机电工程专业承包贰级/市政公用工程施工总承包叁级 / 钢结构工程专业承包叁级安全。

（4）计算机软件著作权登记证书：基于 GIS 的高清治理卡口管理平台系统 V1.0 / 交通违章处罚管理平台系统（Kovy-Epolice）V1.0 / 集中协调式信号控制系统（KV-TSC）V1.2。

2．成功案例

公司经过 20 多年的发展历程，为全国乃至国际城市交通建设提供了各种解决方案，为数千家大中型客户提供了交通智能化解决方案设计、建设与服务，连续 10 年成为成都市交通信号灯中标企业，在交安领域的技术支持和售后服务等方面积累了丰富的经验和大量成功案例。

3．团队建设

经过 20 多年的发展，公司员工普遍具有高科技、高素质的创新精神，有 2/3 以上的人员获得了各类资格认证的证书、大学毕业生占人员体系结构的 80%以上，有交通灯专业技术、产品研发及丰富实战经验的高精尖人才 30 余名，高素质、高技术、专业化、创新型的人才队伍给科维注入了无穷的发展动力。

2016 年，为解决交通灯安装困难问题，公司组织技术研发部，按照"安装方便"的理念，对产品进行了升级换代，逐步形成了自己的核心技术，在同行业中处于领先水平，有力地推动了智能交通技术的稳步、快速发展。

（二）产品设计

"卡口式交通信号灯"是科维实业自主研发的，设计思路围绕"安装方便"进行，该产品由国家公安部出具权威检测报告。

该产品采用安全防水对接线，一插搞定，大大提升了作业效率；灯盘更换简单，换灯盘像换灯泡，工人技能要求降低，培训成本减少，零经验人员一旋即可；遮阳罩设计灵活，安装方便，节省了安装时间，降低了维修成本。卡口式交通信号灯示意图如图 1 所示。

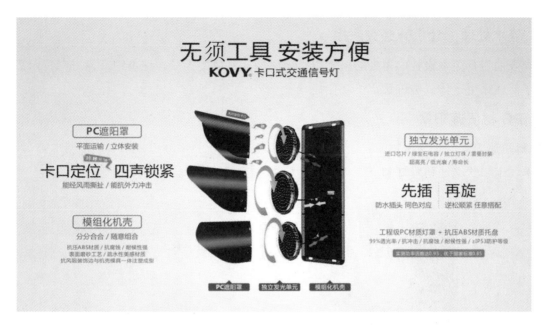

图 1 卡口式交通信号灯示意图

便捷的安装方式，能快速解决交通问题，尽快恢复交通，与传统交通灯模式相比，维护费用节省 25%～28%，安装周期节省 5 倍。

1. 低碳环保，节能高效

一体式装饰边，去掉传统装饰边喷塑工艺，低碳环保，能有效减少空气阻力，提高电警拍摄效果。

卡口式交通信号灯采用抗浪涌电源，小体积，大能量，节能高效：质量轻，功耗小，输出电压稳定，抗反向电压能力佳，实测功率因数达 0.93，优于国家标准（国家标准值为 0.85）。卡口式交通信号灯电源示意图如图 2 所示。

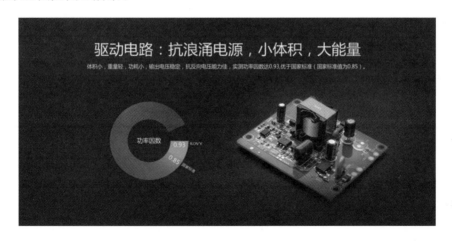

图 2 卡口式交通信号灯电源示意图

2. 高品质：独立发光单元，抗压 ABS 材质背罩，工程级 PC 透光面罩

背罩采用抗压 ABS 材质，透光面罩使用工程级 PC 材质（与防爆盾牌同类材质），轻薄、高透、抗冲击，经久耐用。

3．疏水处理，让机壳经久耐用

机壳表面进行疏水设计，再大的风雨也可孑然独立、风姿不减。注重细节，方向指示清晰，安装一目了然。采用一体式装饰边，美观便捷。

4．PC 材质遮阳罩

PC 材质遮阳罩，永不生锈、氧化，能经风雨撕扯，能抗外力冲击，质量轻，强度高，能回弹，安装简单。卡口式交通信号灯独立灯盘概念图如图 3 所示。

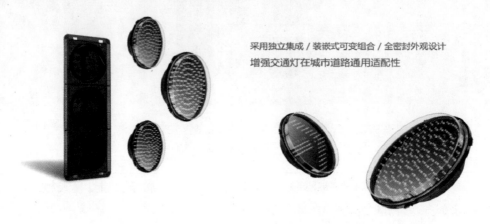

采用独立集成 / 装嵌式可变组合 / 全密封外观设计
增强交通灯在城市道路通用适配性

图 3　卡口式交通信号灯独立灯盘概念图

三、产品应用

（一）产品应用范围

"卡口式交通信号灯"可以应用于智能交通的各个方面，其主要应用领域有：城市道路交通、铁道警示灯、仓储/物流园区、教育培训系统、收费站/停车场等。

（二）用户受益

通过对科维卡口式交通信号灯的应用，用户可实现以下受益：低碳环保、安装方便、降低维修成本、提高作业效率、减少人工培训成本。

四、结束语

交通信号灯是城市出行的重要一环，科维卡口式交通信号灯在交通领域的应用，必将在很大层面上改变传统交通灯维护效率低的局面，极大地提高智能交通系统的经济效益和社会效益。

在未来发展道路上，科维实业将继续坚持"科技维系一切"的产品理念，加大科技研发力度，提升服务水平，不断迈进，不断跨越，为智慧城市的发展贡献力量。

通信传输设备在西安市公安局灞桥分局社会治安报警监控系统中的应用

北京华飞时代科技有限公司

一、概述

西安市公安局灞桥分局社会治安报警监控系统（三期）以建设有效的城市综合报警与监控体系和机制为目标，以西安市社会面动态治安控制为重点，运用网络、图像处理等现代技术，依法有组织地建设西安市报警服务体系及社会治安监控体系，努力实现全方位、全时空的防范报警和监控，大幅提升治安防控体系的科技含量，提高公安机关在动态、复杂环境下驾驭、控制社会治安局势能力及为民服务水平。随着系统规模的增大，组建的复杂性越来越高，传输的数据越来越多，对系统的安全稳定性的要求也随之提高。为了保证系统设备稳定运行，提供一套适合的、稳定的传输方案很重要。

二、设计依据

该系统的设计参考了以下设计标准和准则：

《闯红灯自动记录系统通用技术条件》（GA/T 496—2009）；

《道路交通安全违法行为图像取证技术规范》（GA/T 832—2009）；

《中华人民共和国道路交通安全法》；

《中华人民共和国道路交通安全法实施条例》；

《公路交通安全设施设计技术规范》（JTJ 074—2003）；

《民用闭路电视系统工程技术规范》GB 50198—94；

《安防视频监控系统技术要求》GA/T 367—2001；

《中华人民共和国公共安全行业标准》GA 38—92；

《中国电气装置安装工程施工及验收规范》GB J232—90.92；

《道路交通标志和标线》GB 5768；

《公路车辆智能监测记录系统技术规范》GA/T 497—2009；

《公安计算机信息系统九五规划》GA/23—92；

《系统接地的型式及安全技术要求》GB/4050—93；

《电气装置安装工程电缆线及施工工程验收规划》GB/50168—92；

《城市道路交通管理评价指标体系》公交管〔2002〕35号；

《安全防范工程程序与要求》GA/T 95—94。

三、设计原则

（1）可靠性：系统采用的软硬件均应通过相应部门的检测和检验，在实际中得到广泛的应用，并证明质量可靠，性能稳定。

（2）先进性：采用先进的技术和可靠的电子元件相结合，制造出先进的传输设备。

（3）稳定性：在设计初期，要充分考虑到不同地域环境特点来选择相应的设备，以确保系统的稳定性。

（4）易操作性：一个成功的系统必须使用简单，维护便捷性。本系统以该原则进行基础设计，从用户的角度考虑，为用户提供便捷。

（5）经济性：在满足用户对功能、质量、性能、价格和服务等各方面要求的前提下，实现最优化的系统设备配置，降低系统造价。

（6）可扩展性：系统采用灵活配置设计，在系统设计之初，就考虑到系统的可扩展性，从而可以进行本公司其他产品的二次扩展或者其他方面的一些功能衔接。

四、系统简介

通过前端的高清摄像机将视频信息，如违法犯罪信息等，上传至后方数据处理中心进行保存和相应处理。根据该系统所处环境的特殊性，以及违法犯罪信息的真实、可靠性，必须保证数据的实时性，图像的清晰度，运行的稳定性，操作的灵活性。在如此较高的要求下，一般的商用产品，难以达到这种需求标准。而工业交换机在设计之初就出于高性能、高可靠性来设计和制造。因此，工业交换机更适合此项任务。

该系统大体结构包括 3 部分：前端监控点（包括路口、街道、乡村偏僻地区等事故案件多发地等），传输单元和后端处理中心。

1．前端监控点

前端监控点每个点位都有独立的监控系统，包含 1 台百万像素高清摄像机、1 台工业级光纤收发器、室外专用机柜及其他辅助设备。监控路口处配置为百万像素高清相机、工业交换机、光纤收发器、室外专用机柜及其他辅助设备。

2．传输单元

（1）每个监控点采用点对点传输到后端处理中心，由中心端的收发设备进行视频图片等信息的上传。前端路口处数据信息就近直接由交换机进行汇聚，较大的路口距离超出网线传输距离的监控点可通过收发器传输，汇聚到路口交换机再通过收发器回传到后端处理中心，并由中心端的收发设备进行视频图片等信息的上传。

（2）监控点位比较分散，现场采用点对点传输，解决点位分散问题。

（3）方案设计全部采用工业级传输设备，以满足系统高性能、高稳定性的需求。

3．后端处理中心

在后端监控中心部署电子警察软件平台、操作终端、数据服务器、存储服务器来集中管理全网数据。

五、系统总体结构（见图 1）

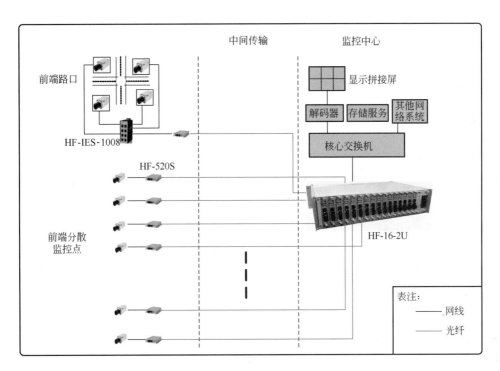

图 1　系统总体结构

系统总体框架包括前端采集设备、实时监控点位显示屏、接入层工业收发器、接入层工业交换机、监控中心核心交换机和其他联动触发系统。

六、方案拓扑说明

（1）按照就近进入、集中回传的传输原则，采用点对点方式传输，解决点位分散问题。每个路口相对独立，调试维护非常方便。

（2）根据平均带宽需求，预留足够的传输余量，以应付并发的数据传输要求。

前端监控点采集设备如下。

1）HF-520S

该设备提供 1 个百兆电口和 1 个百兆光口，电口为 10/100M 自适应。项目需求 1 个光口和 1 个电口即可满足应用。此款设备结构小巧，安装方便。

2）HF-IES-1008

该设备提供 8 个百兆电口，每个电口均为 10/100M 自适应电口。其中 4 个电口可用来接入本地采集数据，十字路口其他 3 个方向每个方向一路摄像头接入，再用 1 个电口与工业收发器相接回传。方案设计使用 5 个电口，剩余电口作为预留，以方便日后扩建添加设备使用。如果路口接入设备超出端口数量，则需根据项目需求选择其他多端口的设备。

3）后端处理中心设备

后端处理中心接收端设备使用 HF-520S，采用标准 2U 机箱集中供电方式，安装方便，合理使用机柜空间，使机柜整洁、美观，同时方便维护与管理。

七、方案使用设备介绍

（一）HF-520S 概述

图 2　HF-520S

HF-520S 是一款以太网光纤传输设备，是符合 IEEE802.3 标准的光纤收发器（见图 2）。该设备可以将网络压缩视频信号转化为光信号，在单模或多模光纤上传输，突破了电缆传输距离的限制，使得以太网在保证高带宽传输的前提下，利用光纤介质实现 20km 及以上的远距离传输。RJ-45 网口支持 10/100M 速率，全/半双工、平行/交叉自适应。光模块和核心电路均采用进口元器件，稳定性高，光、电接口均符合国际标准。可在环境温度-30℃～+75℃、工作湿度 0～95%（无冷凝）的状态下正常工作，具有防尘、防盐雾、防酸雾等性能，完全适用于工作条件更苛刻的野外环境。

产品特性如下：

- 符合 IEEE 802.3、IEEE 802.3u 等标准；
- 带 APC 电路，输出光功率恒定，动态范围大；
- SMT 表面贴装工艺；
- 无中继传输距离最远可达 80km；
- 电源和其他参数状态指示 LED 可监视系统运行状况；
- 工业级设计，模块化设计使设备可靠灵活；
- 电源、光纤链路、数据状态指示，方便用户的现场操作；
- 设备支持断路功能检测（link-loss）功能；
- 完备的 LEDs 灯诊断功能；
- 提供两种转发模式可调；
- 网管型设备可支持 IEEE 802.1Q VLAN TAG 协议；
- RJ-45 网口支持 10/100M 速率，全/半双工、平行/交叉自适应；
- 支持 10KByte 超长数据包传输。

（二）HF-IES-1008 概述

HF-IES-1008 系列工业级以太网交换机是一款 8 端口 100M 网络通信非网管型二层工业级以太

网交换机，最多可提供 8 个灵活配置网络接口，即插即用（见图 3）。

HF-IES-1008 系列工业级以太网交换机可提供导轨式或壁挂式安装，即插即用的设计使得安装简便易行，设备带有网络、电源和其他参数 LED 状态指示灯，可实时监控系统的运行状态。

HF-IES-1008 系列工业级以太网交换机采用工业级宽温范围设计，光模块和核心电路均采用进口元器件，稳定性高，光、电接口均符合国际标准，可在环境温度-40℃～+85℃、相对湿度 5%～95%（无凝露）的状态下正常工作，具有防尘、防盐雾、防酸雾等性能，适用于环境恶劣的工业领域及条件更苛刻的野外环境。

图 3　HF-IES-1008

产品特性如下：

● 符合工业四级电磁兼容性要求；

● 10/100M、半/全双工、MDI/MDI-X 自适应；

● 绿色工业以太网系列，无风扇，低功耗设计；

● 多种可选电源电压输入；

● 宽温工作（-40℃～+85℃）；

● 满足严苛电气环境可靠工作要求；

● 电源监控告警输出；

● IP40 防护等级，金属外壳；

● DIN 卡轨式或壁挂式安装；

● CE、FCC、RoHS 认证。

八、方案特点

（1）传输网络采用点对点方式组建，解决了监控点分散不规则的问题。

（2）设备端口灵活，方便部署安装。

（3）设备传输速率高，实时性强，稳定性高，确保视频流畅、图片清晰，也为后期视频图片等资料的有效调取提供了保障。

马路机器人——潮汐车道解决方案

江苏瞬通交通设施有限公司

一、潮汐车道简述

在城市化发展过程中，由于老城区与新城区及住宅区与工业区、行政区、商业区之间的基础设施的能力不配套，通行车辆在特定区域、特定时间段存在着方向性车流巨大变化的特征（见图1）。

为了解决这类矛盾，很多城市通过在特定路段、不同时间段，通过改变不同方向的道路车道数，来调整道路载流量，来缓解此类矛盾，提高道路的车载能力，保证交通的有序畅通，满足人们的出行需求。这种在特定时间段，变化行车方向的的车道称为潮汐车道（见图2）。

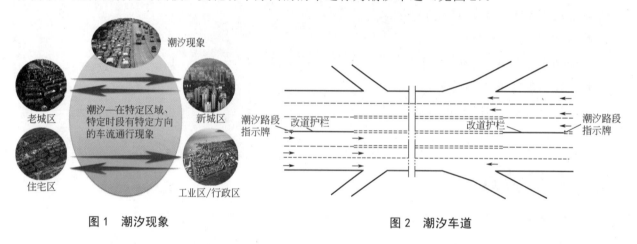

图1　潮汐现象　　　　　　　　　　图2　潮汐车道

二、潮汐车道的实施方案

当前国内针对潮汐车道的解决方案从表达形式上分为两大类：视觉诱导虚拟隔离与护栏设施物理隔离；从应用层面上可分为：单纯虚拟隔离、虚拟隔离+物理隔离的叠加应用；从物理隔离上又可分为：机械转运式（拉链车）与智能联网式（马路机器人）应用；使得整个潮汐车道的设计规划更具安全性、智能化、人性化。具体实施方案分三种。

1. 视觉诱导虚拟隔离——灯控+标线

通过红绿灯，在特定时间段给出与正常信号不一致的红绿灯信号，引导车流驶入信号指示的车道，按指示车道行驶（见图3）。

图3　灯控+标线

2.机械转运物理隔离——拉链车

通过专用车辆，将道路隔离墩通过机械方式进行搬运，隔离出新的车道隔离方式，达到改变某一方向车道数的目的，实现每个车道载流量的均衡，提升道路整体的截流量，从而达成交通的有序。比较有代表性的产品有拉链车（见图4）。

图4　拉链车

3.智能联网物理隔离——马路机器人

采用物联网技术，实时根据道路车流量信息，结合控制平台对道路路面情况的监控，灵活给出控制指令，自动、快速地实施道路路面车道数的切换，实现智能化的路面信息数据的集成管理，最大限度地提升路面的承载能力，更经济地改善城市道路交通状况，更灵活地满足车流变化引起的道路资源的需求，更快捷地解决路段交通拥堵问题。这方面的产品有江苏瞬通交通设施有限公司独创的马路机器人，又称智慧护栏2号（见图5）。

图5　马路机器人

为了提升马路机器人综合运用安全性，并与现有交通设施更好地进行匹配，使车辆运行有更好的引导，江苏瞬通交通设施有限公司针对性地开发了配套产品——改道护栏（见图6）。改道护栏的性能满足国家相关标准，具体参数更可以按道路的实际情况进行量身定制。

图 6　改道护栏

三、马路机器人的特点

1．五大功能

（1）马路机器人上岗，成倍提高通行效率。

（2）智能化管理平台，提升交通管理能力。

（3）科学规划路面资源，实现集约节能环保。

（4）降低道路基础投资，深化城市精益管理。

（5）智能设施落地先行，智慧城市顺利推进。

2．十大技术创新——5 项发明专利+2 项实用新型专利保障

（1）远程智能切换控制，科学调度通行流量。

（2）人眼仿真识别技术，24 小时精准定位。

（3）智能驱动匹配技术，确保护栏同步移动。

（4）动态智能识别障碍，确保护栏安全运行。

（5）智能手动快速切换，快速应对突发事件。

（6）智能动态平衡系统，提升路面落差适应。

（7）信号灯智能化同步，保障道路通行安全。

（8）变道声光多重提醒，多重提醒安全保障。

（9）新型柔性护栏警示，道路安全畅通有序。

（10）特种防水技术运用，满足涉水正常工作。

3．两种物理隔离方案对比（马路机器人 PK 拉链车）

两种物理隔离方案对比如表 1 所示。

表 1 两种物理隔离方案对比（以 1 千米路段为例）

序号	功能	马路机器人	拉链车	评 价
1	单车道变道用时	35 秒	35 分钟	马路机器人效率提升 60 倍，路段越长，效率优势越大
2	多车道变道	1-N 车道自由变换	只能实现单车道变道	马路机器人变道从 1-N 自由变换无障碍
3	操作要求	智能化遥控操作	专业特种车驾驶人员	马路机器人真正实现全智能操控
4	与智能交通系统的信息互通	智能数据接口可互联互通	人工操控，无法接入	马路机器人智能产品，可单独使用，同时可接入智慧城市系统
5	项目投资	相当	相当	投资成本相同
6	运营成本	700 元/年/千米	30 万/年/千米(不含塑料壳墩的自然老化损坏)	拉链车年运营成本（人工+车辆费用+油费）是马路机器人的 400 倍，马路机器人电耗 0.5 度电/天/次/千米

四、应用案例

江苏瞬通交通设施有限公司与深圳交警支队成功合作，并于 2017 年在深圳市南山区深南大道南山段成功运用马路机器人，具体实施方案及开通仪式如图 7 所示。市场应用评价如图 8 所示。

深圳深南大道马路机器人应用实例

深圳公安局任局、深圳交管局徐局、刘局等领导亲临现场剪彩马路机器人启动仪式。

图 7 具体实施方案及开通仪式

图 8　市场应用评价

通过深圳项目的成功应用，引起了交管系统广泛的关注和认可，江苏瞬通交通设施有限公司生产的马路机器人，成为 2017 年全国城市道路交通管理工作现场会公安部交警装备推荐产品（见图9）。

图 9　2017 年公安部交警装备推荐产品展示——马路机器人

现场会上也引起了几十个城市交管系统领导的关注，并进行了进一步的接洽，随着江苏瞬通的马路机器人在全国各地的成功实施，已成为城市潮汐车道建设中集安全性、智能化、人性化于一体的最佳方案，将会给城市道路拥堵的治理带来积极的影响，对交通智能化推进工作具有非常成功的借鉴作用。马路机器人十大优势如图10所示。

图 10 马路机器人十大优势

城市交通大数据智能决策支持平台

广东方纬科技有限公司

　　随着城市机动车保有量的快速增长，城市交通压力不断增大，交通安全和交通治堵逐渐成为城市交通管理的主要难题。目前建设智慧交通系统作为解决城市交通问题的重要科技手段已被广泛采用。城市交通大数据智能决策支持平台是智慧交通建设体系的"大脑"，该平台的建立，可实现对城市道路交通管理的精准掌控，对症下药，避免"一刀切"等不得要领的"盲管"现象。

一、交通大数据智能决策支持平台概述

　　供需平衡则路畅，供不应求则易堵。城市交通大数据智能决策支持平台，可对路网交通运行的三大特征——交通容量、出行需求、交通状态进行分析计算。该平台能够通过计算分析路网交通拥堵的具体成因，包括上下游通行能力不匹配、高峰期交通需求过大、交通信号配时不均衡等，为交通管理智能决策提供大数据分析支持。

二、交通大数据智能决策支持平台特点分析

　　全新价值数据挖掘：利用卡口式电警、视频交通流、信号灯、GIS-T 交通地理信息、浮动车五类基础数据，自动计算路网交通容量、掌握市民出行需求、感知路网交通状态，掌握城市交通运行的"生命指标"。

　　城市交通系统解构：以路网容量、出行需求、路网状态为关键指标，以交叉口、关键路段为节点，将城市交通系统解构为可聚类的单元，根据不同单元交通运行情况，采取不同交通管控策略，缓堵成效显著。

　　建设投资性价比高：平台只需利用现有的（或新建）卡口式电警系统、信号灯联网控制系统、视频监控系统三个基础应用系统，结合 GIS-T 交通地理信息平台，即可给城市交通装上"大脑"，实现城市交通智慧化的自认知、自调节、自优化。

　　交通掌控精细化：拥堵分析精细到通行能力是否匹配、交通需求时空分布是否合理、信号控制相位是否均衡等方面，精细划分常发车辆及偶发车辆的出行需求。

　　出行服务个性化：根据出行需求的特征，结合路网交通运行的状态、信号灯控制系统、微信平台等，为交通出行者提供个性化贴心服务，提高交通参与者的体验满意度。

　　"交通大脑"共享化：平台的研判结果，可通过标准接口共享给其他相关业务系统（如交通指挥平台），给业务系统提供大脑。

三、交通大数据智能决策支持平台功能介绍

（一）交通容量分析

1．掌握路网交通承载力

平台能够结合 GIS-T 可计算平台，根据现有路网结构情况，自动计算路网的容量，同时分析和评估路况顺畅、缓慢和拥堵时，在网车辆数的临界值。

2．掌握路口通行能力

根据路口的车道数量、标志标线设置情况，自动计算和分析交叉口的通行能力，可精确到每个进口、每个方向、每条车道。

3．路段上下游通行能力匹配

根据各个交叉口、不同路段的通行能力，当上游车辆汇入需求大于下游道路承载能力时，能自动计算和分析出潜在拥堵风险。并根据潜在拥堵风险，提出交通组织优化建议，消除隐患。

（二）交通需求分析

1．出行需求分析

对卡口和电警式卡口布点比较完善的区域，能够分析出每天车辆群体出行的需求，群体出行趋势情况。包括出行 OD、出行时间、出行方式、出行路径等方面的信息。

2．个体车辆轨迹重构

平台根据卡口、卡口式电警的行车记录数据，分析每个监测点的车辆出现频次，并聚类划分为通勤车辆、偶发车辆，分析通勤车辆的行驶轨迹。

3．路段行驶车辆监控

掌握每个路段中正在行驶的车辆数及具体车牌。

4．精准交通诱导建议

根据通勤车辆的行驶轨迹，当其行驶轨迹上的路况出现缓慢和拥堵时，通过推送手机信息，提醒车主错峰出行或绕道行驶。

（三）交通状态研判

1．路况分析

平台根据卡口、卡口式电警、交通流采集系统采集数据、浮动车数据、互联网数据等多源数据，进行融合分析，分析道路状态（顺畅、缓慢、拥堵），并将分析结果通过图标的方式展示，在电子地图上分别用绿、黄、红三种颜色显示不同的路况，并自动生成周期性城区路网运行评价报告。数据共享给其他信息发布系统。

2．路网运行监控

实时分析路网的平均速度、在网车辆数，监测路网的实时运行情况。以 5 分钟或更短时间为周期进行分析，当在网车辆数达到缓慢和拥堵的阈值时，自动报警。

3．拥堵成因分析

自动分析出现拥堵路况的路段和交叉口的拥堵成因，主要是容量问题、需求问题、信号控制问题所造成的拥堵。辅助工作人员研究解决拥堵的方案。

四、宣城市应用案例介绍

（一）案例一：实时计算在网运行车辆数

通过城市交通大数据智能决策支持平台对宣城市中心城区约 150 千米路网进行分析计算，得出该路网承载力轻度拥堵状态下约为 12000 辆车。

再利用平台实时监测在网车辆数，在网运行车辆数变化曲线如图 1 所示，由图 1 可知：晚上 9 点至次日凌晨 6 点，在网车辆 1000 辆左右；早高峰时段在网车辆达到 7000 辆左右；晚高峰时段在网车辆不到 8000 辆。通过以上分析可以得出结论：该路段高峰期的车辆数峰值仅为 8000 辆，距该路段路网承载力 12000 辆仍有 4000 辆左右的差距，该路段承载力足够，只要交通管理有序，拥堵现象是可以避免的。

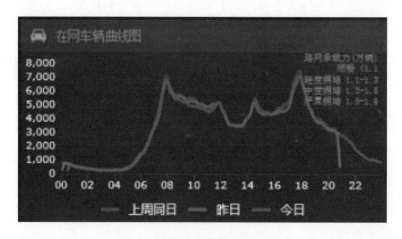

图 1　在网运行车辆数变化曲线

（二）案例二：发现潜在拥堵风险

平台利用 GIS-T 交通地理信息数据，结合信号灯相位配时数据，通过上下游交叉口的通行能力匹配情况计算，分析上下游连续路口交通流压力。

宣城市上游中山路——锦城路交叉口西行直行通行能力 1448 辆，下游中山路——状元路交叉口东进口通行能力 731 辆，当上游交叉口汇入交通量超过 731 辆时，下游交叉口即会因通行能力不足造成拥堵（见图2）。分析出潜在拥堵风险，采取针对性的交通组织优化措施，即可消除隐患。

当前，该平台一共分析了宣城市城区 107 个路段，排查出疑似潜在拥堵的路段共 31 条，为交通信号控制策略和停车场设置提供了数据支撑。

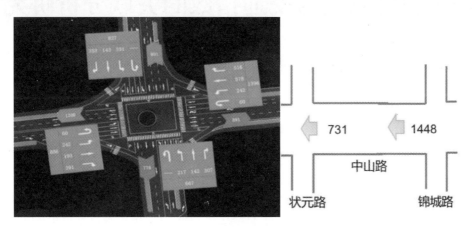

图 2　上下游通行能力不匹配

基于手机数据与交通指数的关联分析研究

上海美慧软件有限公司

王浩淼　杨彬彬　姚　远

随着 2G/3G/4G 通信技术的迅速发展，智能手机的应用普及，手机已成为城市交通出行时携带的必需品。用户携带手机出行过程中会产生大量的手机信令。这些信令记录着手机用户在某时刻下在某个地点附近的手机行为。目前，手机信令数据及其应用由于覆盖范围广、样本量巨大、投资成本低等先天优势，已逐步成为城市交通出行信息采集、分析及应用的重要数据。道路交通指数作为一种反映城市交通状况的数据信息，是城市交通拥堵评价指标体系和评价方法的核心评价指标，能够宏观地反映道路网交通运行状况，已在部分大城市中得到应用。道路交通指数受多种因素影响，难以通过一成不变的分析方法获取真实、客观的数据。

本文尝试充分利用手机信令数据资源，深入挖掘手机信令大数据潜在价值与内涵。通过大数据分析处理关键技术，分析研究手机信令数据与交通指数之间的关联。利用手机信令数据相关信息从另一个侧面来反映城市道路交通指数及其变化规律。

一、手机信令数据

采用起源蜂窝小区定位技术与手机切换定位技术实现交通信息提取与应用。在手机通话切换的过程中，移动网络运营商会保留相关记录，以上记录的保存为利用手机切换进行交通信息采集提供了可能及所需的必要参数。通过起源蜂窝小区与手机信令切换定位技术，可实现手机用户静、动态位置采集，实现基于手机信令数据的交通信息采集。

通过与运营商、手机数据采集商的沟通与协调，获取上海移动信令数据研究及应用授权。运营商提供详细的 MSID、LAC、CELL、时间戳、信令事件等信息。其中，正常位置更新、周期性位置更新、主叫和短信启呼过程、BSC 切换四类典型信令事件，在手机信令数据中占有率较高，且是交通信息采集中常用的几种信令事件数据。

二、交通状态指数

本文中交通指数主要针对上海城市道路交通状态指数（Traffic State Index，TSI），用以描述道路交通拥堵程度，综合反映交通出行畅通程度。利用交通状态指数，可以评价城市交通整体或区域的运行状况，科学分析和判断中、长期交通发展趋势，有效预报、预警交通拥堵程度和范围，为政府制定科学合理的交通规划、辅助交通管理决策提供定量、可参考的依据。上海城市交通状态指数 TSI 取值介于 0～100 之间，数值越大表示道路交通状态越拥堵，数值越小表示道路交通状态越畅通。在指数数据区间的基础上，通过对历史数据统计分析、出行调查和现场验证，分类归纳出对快速路、地面道路交通拥堵的习惯感受程度，划分拥堵程度等级。

三、手机数据与交通指数关联分析

（一）信令事件与交通指数偏相关性

对上海市重点交通区域交通指数与手机信令数据进行偏相关分析，得到手机数据属性与区域交通指数的偏相关系数。

研究发现，正常位置更新事件与交通指数呈正相关关系，而周期性位置更新、主叫与短信启呼过程都与交通指数呈负相关关系。

1. 正常位置更新事件数量与交通指数呈正相关关系

正常位置更新发生在手机用户出现跨越 LAC 行为时，则认为手机用户产生了出行记录，并且有可能是距离为数公里的出行。因此，在某个地面道路区域内，如果正常位置更新的信令记录越多，则这个区域内手机用户出行的人数也越多，人的出行伴随着交通状态的变化。出行人数越多，交通指数可能越高，因此可用该属性衡量地面道路区域内人们出行的活跃程度。

2. 周期性位置更新、主叫与短信启呼过程都与交通指数呈负相关关系

周期性位置更新事件表示该手机用户在一个更新周期内，没有跨出所在 LAC 区域的位移，可认为该手机用户在一定时间段内始终停留在同一位置，没有发生出行行为。分析表明，某区域分析时段内周期性位置更新事件数量上升越快，则该区域的手机用户处于室内工作或休息的比例就越高，出行量也越低，道路更畅通，交通指数下降。

主叫与短信启呼过程事件表示该手机用户在当时处于通信状态，但通信过程中，如果出现跨小区行为，会出现 BSC 内切换事件。如果主叫与短信启呼过程事件数量明显比 BSC 内切换事件数量多，则表明该区域的手机用户在该时段内出行活跃度不高。

（二）信令事件与交通指数回归分析

利用回归分析方法，对上海市多个地面道路区域的手机信令数据与交通指数数据建立回归分析模型。

以徐家汇的交通指数为例，根据回归分析徐家汇的地面道路交通指数为：

$$TSI_{xjh} = 20.764 + 1.883C - 0.030U_1 - 2.883U_2$$
$$+ 0.178M - 1.155H + 0.054S$$

式中，TSI_{xjh} 表示徐家汇区域交通指数；C 表示手机用户数量；U_1 表示正常位置更新量；U_2 表示周期性位置更新量；M 表示主叫与短信启呼过程量；H 表示 BSC 内切换量；S 表示信令事件总量。

回归分析结果表明，可以根据该地面道路区域内的某时段内（半小时）该区域检测到的手机用

户数量（C）、正常位置更新事件的数量（U_1）、周期性位置更新事件的数量（U_2）、主叫与短信启呼过程事件的数量（M）、BSC 内切换事件的数量（H）及信令总量（S），拟合出该区域地面道路的交通指数。为验证回归模型的有效性，对模型拟合度进行评价，一般采用 R^2 作为评价标准。R^2 值基本都在 0.7 以上，具有很好的拟合优度。

（三）模型评价

采用模型精度计算公式计算回归模型分析精度：

$$\text{Err} = |拟合值 - 实际值| / 实际值 \times 100\%$$

$$\text{Acc} = 1 - \text{Err}$$

从 68 个区域地面道路交通指数拟合平均绝对误差看，平均精度为 90.15%，具有十分高的精度。因此，可以将手机信令数据作为交通分析的补充数据源，对地面道路交通指数进行实时评估。

四、结束语

本文研究了针对手机信令事件与地面道路交通指数的关系，利用偏相关分析，探索了不同信令事件与交通指数的关系。通过回归分析方法，对上海市 68 个区域的地面道路分别建立了交通指数回归分析模型，模型具有相当高的拟合精度，平均精度达到 90%。研究表明，手机信令数据可以作为交通分析的补充数据源，实时检测地面道路区域的交通变化情况。

但是，本文研究数据尺度及范围具有一定局限性，若将模型应用到其他区域地面道路交通指数的检测，仍需提取区域的交通状态、道路复杂度等属性作为分析数据源。将来还有待于进一步建立一个能够广泛适用于不同区域的回归分析模型。

大数据环境下交通整体解决方案

深圳市城市交通规划设计研究中心有限公司

一、背景

物联网、云计算、大数据、移动互联网等新一代信息技术的快速发展，为智能交通提供了强大的技术支撑：以用户体验为核心的互联网+交通技术重塑传统交通运输服务模式；以透彻、泛在、智慧为特征的物联网技术，将极大地提升交通各要素的协同运作效率；大数据分析技术深入应用，将驱动智能交通实现精准管理、精细服务。积极、稳妥地推进和引导"互联网+"交通运输行业应用与改革，促进行业创新发展、转型升级，实现交通运输行业健康稳定发展，已成为智能交通领域的重要主题。

在此背景下，深圳市城市交通规划设计研究中心有限公司致力于研究大数据在交通中的深度应用，积极探索并推行大数据环境下交通整体解决方案，通过数据进行整合加工，形成分层次、开放体系，引导全社会对数据进行二次利用，为政府决策、社会服务和创客等提供良好的数据平台与基本的数据处理技术服务，以发挥数据价值、支撑政府管理、支持创客创业、研发交通产品和解决社会交通问题。

二、方案架构

在集成化数据采集的基础上，建立以交通大数据云平台为核心支撑，面向交通规划、建设、运行、管理等全过程的多元化创新型应用，逐步形成以交通大数据为多元数据汇聚中心，集存储、计算、共享、发布于一身的高性能数据管理中心及云应用环境的平台，服务于"交通监测评估、规划建设决策、智慧管控诱导、智慧出行服务"四大板块交通大数据业务体系，为城市政府在交通规划建设决策、运行管理和公众出行服务提供一流的整体解决方案（见图1）。

三、方案功能

解决方案包括数据采集、支撑平台、应用服务三个方面的功能。

（一）数据采集

在数据采集方面提供基于路段和基于路口两种模式的集成化全息感知方案。

在路段，以智慧交通杆为硬件载体，集车流量检测、行人检测、道路险情检测、交通诱导、WiFi

探测、环境检测、报警呼叫和 LED 照明等功能于一体，实现多杆合一，全面感知道路交通运行状况，不仅便于交通运输部门对道路的管理，同时也为交警、城管、气象等部门提供业务数据支撑，为后期的自动驾驶和智慧城市升级预留硬件基础。可采集数据内容包括断面交通流量、断面速度、环境/噪声、监控视频流、道路险情、人员活动、车路协同交互、紧急呼叫等多元数据。

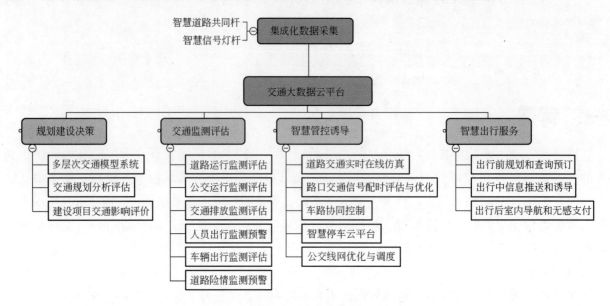

图 1　大数据环境下交通整体解决方案

在路口，以信号控制系统为载体，集成建设视频监控、事件识别、多目标追踪雷达、红外检测、地磁中继等设备，检测检测路口车流量和排队长度、感知行人过街量、人群密度、人流轨迹、非机动车流量，实现路口信息分布式感知采集。

（二）支撑平台

构建基于 T-GIS 的综合交通数据信息管理平台，统筹城市静态与动态交通资源，按照"统一信息入口、统一统计口径、统一信息标准、统一数字地图数据"的四统一标准，实现综合交通信息便捷化查询、可视化编辑、共享式管理；实现对硬件资源的集中式、虚拟化管理，形成支持动态调用的分布式计算节点群，允许资源的弹性配置，提升资源利用率和可持续性。

（三）应用服务

面向城市交通综合治理，提供"全方位交通监测评估、一体化规划建设决策、智慧化管控诱导、综合化出行服务"四大板块的交通大数据业务体系，为城市在交通规划建设决策、运营管理和公众出行服务方面提供一流的整体解决方案。

1. 全方位交通监测评估

（1）道路运行监测评估

实时发布道路交通运行路况、交通指数、典型道路运行车速等，基于历史数据分析交通拥堵在时空上形成与消散机理，预测分时段全市各道路的拥堵情况。实时发布交通运行指数网站（以深圳为例）如图 2 所示。

页面	内容
页面一：全市概况	查询全市和各行政分区的实时及历史交通指数，了解交通总体状况和变化趋势
页面二：重点片区	查询中心城区内59个交通小区以及宝安中心区、龙岗中心区、龙华中心区等热点片区的交通指数。
页面三：道路关口	查询北环大道、滨河（海）大道、深南路等主要道路，以及梅林关、布吉关、南头关等原二线关的交通指数和车速信息

图 2 实时发布交通运行指数网站（以深圳为例）

（2）公交运行监测评估

选取候车时间和运行时间作为公交监测评估的核心指标，综合考虑站点、线路和线网的静态信息，结合候车时间形成公交指数，重点针对公交站点覆盖率、站点停留时间、到站稳定性、站间速度等指标进行功能展示。

（3）交通排放监测评估

基于交通大数据和本地排放因子的实时交通排放模型，实时监测全市交通污染排放情况，评估交通规划决策的环境效益。城市交通排放检测与评估分析界面示意图如图 3 所示。

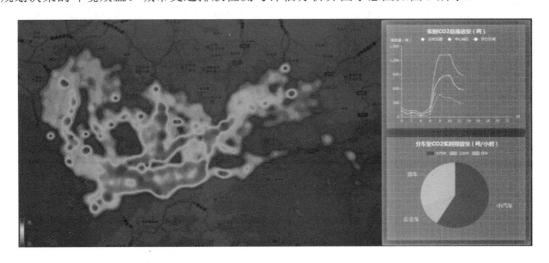

图 3 城市交通排放监测与评估分析界面示意图

（4）人员出行监测分析

基于手机信令、互联网定位数据，实现对片区、行政区等层面的人员出行监测与预警，包含职住分析、核查线分析（见图 4）、OD 分析、片区人员密度分析等功能。

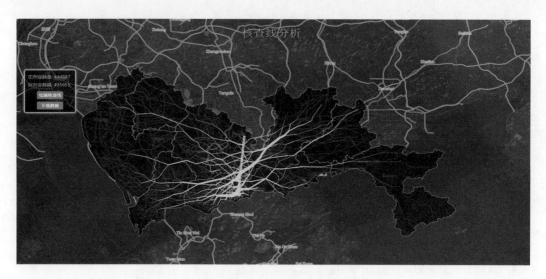

图 4　核查线分析

（5）车辆出行监测评估

车辆出行监测评估包含固定点位的监测分析、车辆的全网动态跟踪评估及可达性分析等功能。车辆轨迹跟踪如图 5 所示。

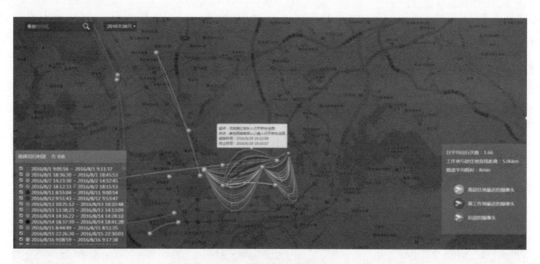

图 5　车辆轨迹跟踪

（6）道路险情监测预警

实时采集和管理城市路网、交通基础设施信息及交通流运行状态信息，实现对道路险情的实时预警和提前预测，提高道路交通的安全性及运行效率。

2．一体化规划建设决策

（1）交通评估模型系统

交通评估模型系统分为宏观（区域和市域）、中观、微观几个层次，分别用于支持区域、市域（组团）、分区（片区）、关键路段和节点等不同空间层次的交通规划技术分析和决策支持需求（见图 6）。

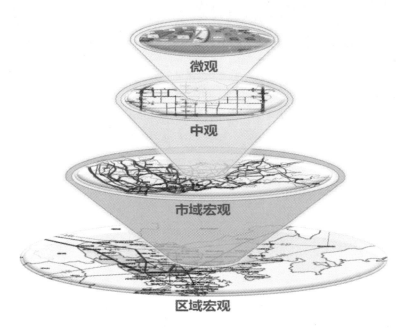

图6 多层次一体化模型体系

（2）交通规划分析评估

基于居民出行调查、手机信令等数据的建模与挖掘，支撑交通战略评估、综合交通规划及重大专项规划等。未来年大区域出行量预测如图7所示。

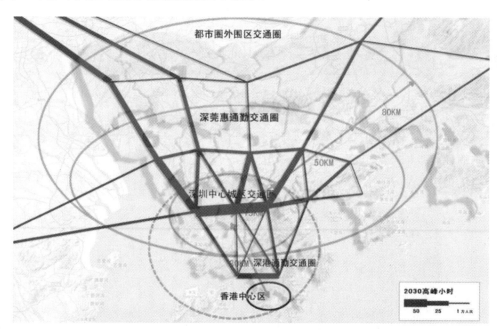

图7 未来年大区域出行量预测

（3）建设项目交通影响评价

构建建设项目交通影响评价系统，实现统一数据基础、统计技术方法和统一输出格式。系统包含项目管理、用户输入、模型运算和结果分析等核心功能模块。结果可视化展示如图 8 所示。

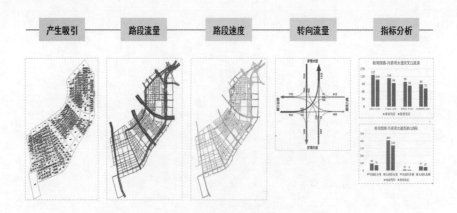

图 8　结果可视化展示

3．智慧化管控诱导

（1）道路交通实时在线仿真

在大数据分析平台、道路运行系统和离线交通模型等的基础上，结合实时检测数据输入，建立实时在线动态仿真模型，获得路网实时及预测的车流量等数据。实时在线仿真平台如图9所示。

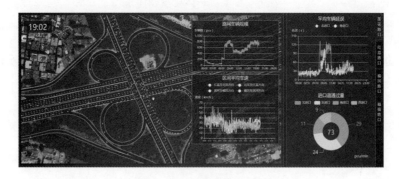

图+　实时在线仿真平台

（2）路口交通信号配时评估与优化

通过实时的导航数据，建立交叉口延误实时评估（见图 10）、信号控制优化模块，准确、高效地为交通管控提供决策支持。

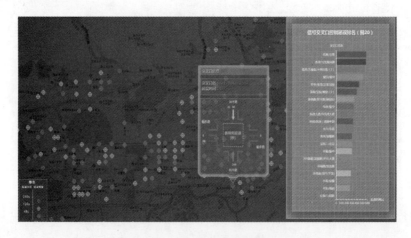

图 10　交叉口延误实时评估

（3）车路协同控制

通过 DSRC 技术实现路侧设备和车载设备的双向毫秒级实时通信，实现路侧设备和车辆的信息交互，实现行车辅助驾驶；通过对平台的信息实时获取，对公交车等特殊车辆优先控制，提高公交通行的安全和效率。道路施工预警推送如图 11 所示。

图 11　道路施工预警推送

（4）智慧停车云平台

实时监控停车场的剩余车位数，支持对停车场历史饱和度的多维度分析。停车管理云平台如图 12 所示。

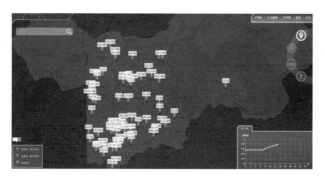

图 12　停车管理云平台

（5）公交线网优化与调度

利用公交优先示范城市评价指标、公交运行指数等结果，根据公交运行效率和客流分布情况对公交线网进行优化调整，利用交通模型对优化方案进行评估、多次迭代并得到最终方案。线路优化调整如图 13 所示。

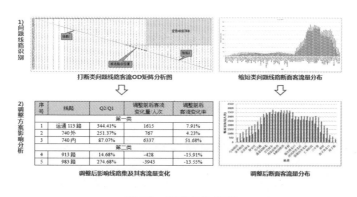

图 13　线路优化调整

4．综合化出行服务

基于出行环境（路况、成本、污染、安全等）和出行感受（交通幸福感等）的多目标体系，构建基于 MaaS（Mobility as a Service）的全链条智慧出行服务，实现面向系统最优的交通综合调控；基于多源数据整合及多方式诱导策略，贯穿全出行方式，面向个体出行前、出行中、出行后的全过程动态跟踪，融合路况、天气、停车位、公交到站、出行感受等综合信息，为市民提供从"数据—策略（算法）—服务"的整体智慧出行方案设计。面向自驾出行的全过程服务如图 14 所示，面向公交出行的全过程服务如图 15 所示。

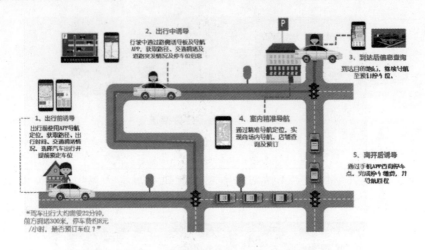

图 14　面向自驾出行的全过程服务

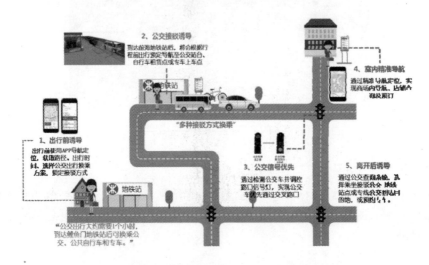

图 15　面向公交出行的全过程服务

四、方案优势

（一）契合需求形成一体化的交通解决方案

紧密契合城市综合交通治理需求，方案涵盖数据采集、支撑环境、融合分析、多维度应用服务，提供城市交通监测分析➡交通规划决策➡交通管控服务一体化、综合化的技术解决方案。

（二）专业化评估模型支撑精准化应用

方案以多元化综合交通数据库为基础，按照"多层次、一体化"的技术思路与同一平台、统一数据、上下衔接、协调一致的原则要求，通过融入实时采集的动态交通信息，有效整合利用、二次挖掘和提炼分析多源数据，建立多层次一体化的模型体系，将仿真技术手段应用于城市交通规划设计、运行评价、方案技术比选及交通规划政策决策中，以支撑精准化应用。

（三）积木式功能模块满足差异化需求

方案通过整合及分析不同用户需求、业务需求和功能需求，提出大数据环境下的交通整体解决方案，采用模块间积木式构建方式，可以实际情况进行分期分段建设，满足不同条件下的建设需求。

智能交通视频监控系统解决方案

深圳市厚石网络科技有限公司

一、项目背景

视频监控系统的运行需要昼夜不间断地提供各个区域的动态变化信息，如主干道、隧道、交叉口、收费站、拐弯处、事故易发区等。部署如此大规模的视频监控系统需要具备网络基础设施和通信领域的专业知识，厚石网络公司专注于工业通信领域产品的研发、生产、技术指导，通过成熟的光通信技术实现智能交通高清流畅的视频监控系统。

二、功能需求

（1）高可靠性，保障视频监控长时间无中断；

（2）工业网络冗余技术，链路故障迅速切换；

（3）全千兆光纤骨干网络，满足超大视频流量的传输需求；

（4）高等级工业设计，具有宽压输入、防震、防湿、硬件保护等特性；

（5）合理的网络部署，强大的软件功能，增加带宽利用率；

（6）设备要求极高可靠性，具备无人值守运行能力；

（7）标准工业接口及协议，具备良好扩展、兼容、可靠性。

三、厚石解决方案

厚石 IS3000 系列全千兆交换机直接安放在各个交通路口的视频监控点，组成工业以太环网，上联控制中心核心交换机，核心交换机采用厚石 IS6000 系列多接口三层机架式交换机。各路口监控杆箱放置厚石 IS1000 系列现场级卡轨式交换机，IS1000 系列是厚石开发的非网管紧凑型卡轨式交换机，具备体积小、性价比高等特性，路口摄像机通过网线连接到 IS1000 接入交换机，IS1000 通过光纤连接到 IS3000 汇聚交换机。路口 IS3000 系列多个千兆光纤接口组建冗余环网拓扑，高带宽、冗余链路，可以满足大量视频数据的传输需求。

交换机还具有 tag VLAN 和 IGMP snooping 功能。tag VLAN 功能在每个帧上做一个标记，然后将视频送入制定目的 VLAN，这样就无须在每个物理端口配置视频流，可节约交换机的传输处理性能，达到更高效的传输效率。此外，IGMP snooping 测试通过去除组播堵塞来降低网络中的通信堵塞，减少了组播报文的产生。

由于智能交通范围广、路段多，厚石建议接入层设备采用百兆视频采集、千兆光纤接口组建汇聚及骨干网络，并采用 ERPS 技术进行保护，在 20ms 内恢复网络故障链路切换，确保视频数据不丢包、不卡顿，保障视频监控系统的稳定运行。

四、网络拓扑图（见图1）

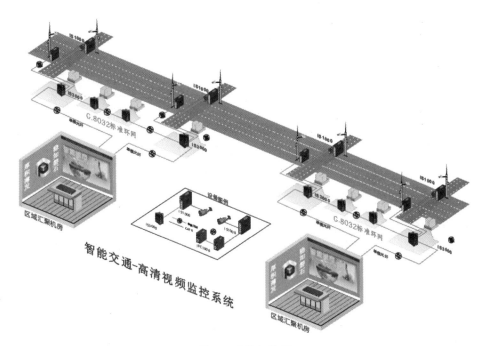

图1　网络拓扑图

五、天津技防网视频监控案例

（一）项目背景

按照国家发改委、中央综治办、公安部等 9 部委联合印发的《关于加强公共安全视频监控建设联网应用工作的若干意见》以及天津市委、市政府印发的《关于加强社会治安防控体系建设的实施意见》等文件要求和天津市社会治安防控体系建设整体规划，以及天津市政府 2015 年度第 60 次常务会审议通过的《天津市社会治安防控体系视频监控网系统建设总体方案》要求，根据"统一规划、统一标准、分级建设，互联互通、一网运行、共享应用"的规划原则和"圈块格线点"的设计布局，定于 2016 年年底前在天津市范围建成涉及重点地区路口路段一类点位 9.5 万个，电子卡口 1000 处，2017 年第十三届全运会前试运行，形成布局合理、重点突出、兼顾城乡、覆盖严密的视频监控网络，实现"区域全面监控、时空无缝衔接、目标全程追踪"的防控效果。方案涉及的津南分局 2016 年视频监控系统工程采取货物服务、分期付款模式，建设内容包括：计划按照 5848 个和 50 处卡口摄像头为一个包和两个分项，系统建成后将全面提升天津市社会治安防控整体水平。

根据津南区实际情况，本项目的建设成果必须同时满足与智慧津南管理服务平台共享视频数据，并为区委区政府提供决策基础。

（二）功能需求

> 包转发率：≥6Mpps，交换延时：<5μs。

> 支持以太网环网保护、自愈。

> 支持端口聚合，端口限速。

> 支持广播风暴抑制。

> 具备网管功能、支持 Web 界面设置，易于管理。

> 电源特性：双电源热冗余，支持反接保护，支持过压保护，支持过流保护，支持告警输出。

> 产品采用金属外壳达到 IP40 防护等级。

（三）厚石解决方案

厚石采用 IS3000 系列千兆管理型工业以太网交换机，是符合工业设计要求的二层管理型工业以太网交换机，采用成熟的技术和开放的网络标准，适应低温高温，抗电磁干扰强，防盐雾，抗震防抖，配备冗余 DC/AC 电源规格可选，满足工业现场的严苛工作环境要求，为工业物联网提供高效、可靠、快捷的解决方案。

现场由于道路距离远、路段多，前端设备采用千兆光口上传，由于现场距离长短不一，设备光口类型为 SFP，SFP 支持千、百兆，方便运营商对接；支持热插播，灵活可选 20km、40km、80km 等，大部分传输距离小于 20km，配置 20km 单模单芯 SFP 光模块，节省光纤资源；由于现场采用高清相机，厚石接入设备采用高背板带宽，大容量交换缓存，确保线速转发，确保视频数据不丢包、不卡顿，保障视频监控系统的稳定运行。

（四）系统拓扑图（见图 2）

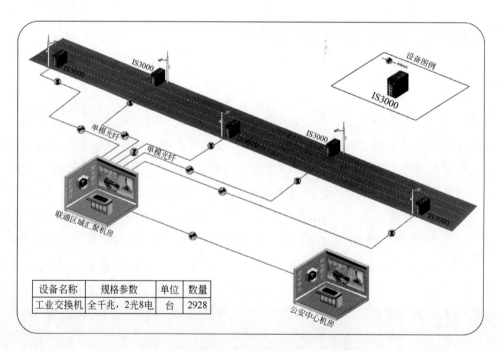

设备名称	规格参数	单位	数量
工业交换机	全千兆，2光8电	台	2928

图 2　系统拓扑图

（五）方案优势

- 超大背板和缓存实现全千兆高带宽保障，流畅无阻塞传输；
- 抗干扰、耐腐蚀，耐超高低温，满足无人值守稳定运行；
- 全网设备满足 GB/T 30094-2013 等国家标准；
- 具备超大帧长、巨型帧传输，轻松应对任何视频压缩算法机制；
- 机箱体积小、端口多，满足单个区域多节点导轨安装需求；
- 支持电源模块热插拔、防反接技术；
- 支持远程同步配置技术，无须逐台配置。

（六）应用产品（见表 1）

表 1　应用产品

IS3000 系列接入设备	
	二层全千兆以太网交换机，导轨安装
	2 个千、百兆 SFP 光口，8 千兆电口
	支持 IEEE 802.3/802.3u/802.3x/802.3ab 存储转发方式
	支持 CLI、Web、SNMP、RMON 等管理方式
	硬件广播风暴抑制功能，可抑制广播、组播、单播流量
	工业四级 IEC 6100 系列标准认证
	双电源冗余输入，AC/DC 可选，导轨式安装
	1 路继电器告警输出，支持电源、端口告警等
	IP40 等级防护，高强度金属外壳，无风扇，低功耗设计
	工业四级设计、MTBF≥10 年、无人值守工作
	支持 ITU G.8032 标准的 ERPS 环网协议，自愈时间小于 20ms

城市智能交通运维服务中心解决方案

浙江广信智能建筑研究院有限公司　全江伟　陈进奕

一、背景

多年来，国家和政府高度重视交通行业的发展。《交通运输"十二五"发展规划》中提出："十二五"时期要推进交通信息化建设，大力发展智能交通，提升交通运输的现代化水平；在国家八部委起草的《关于促进智慧城市健康发展的指导意见》中，智能交通被列为十大领域智慧工程建设之一；2014 年杨传堂部长在 2015 年全国交通运输工作会议上的讲话中两次提到 "以智慧交通为主战场"。随着智能交通建设规模的不断扩大和应用的不断深入，给智能交通系统的运行维护工作也带来了新的挑战。如何及时了解智能交通系统的运行情况，确保大型智能交通系统长期稳定、可靠地运行，将已经建成并投入运行的系统"管理好、维护好、使用好"，在智慧交通防控和应急事件处置中发挥更大的作用，进一步发挥投资效益，深度挖掘应用价值，成为摆在我们面前的一个重要问题。

一个信息系统的全生命周期，"运行维护"是生命周期中最长的阶段，也是系统真正发挥使用价值的阶段，局限于狭义阶段，而忽视了广义阶段，将造成对系统使用价值打了折扣（见图1）。

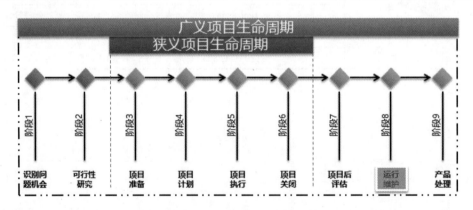

图 1　一个信息系统的全生命周期

基于深入贯彻落实 2015 年 5 月国家发展改革委等 9 部委改高技〔2015〕996 号《关于加强公共安全视频监控建设联网应用工作的若干意见》中第十一点要求的"创新管理方式：发挥监理、检测、认证等第三方专业机构的作用，创新专业运维服务机制"，广信提出了建设城市智能交通运维服务中心，进一步健全规范和深入运行维护管理机制，以科技手段提升实时、同步、动态运行维护管理效能和提高运维信息化建设水平的切入点和着力点，进一步通过信息化手段将维护管理延伸到系统运行的全过程，强化事前预防、事中监督、事后及时处理的职能作用，不断提升运行维护保障服务的能力和水平，使智能交通系统更好地为社会服务。

二、建设内容

城市智能交通运维服务中心的建设将紧密结合智能交通系统建设的实际情况，通过运维服务中心场所建设、运维管理工具、运行保障体系三大方面建设具有本地特色的全方位的、综合性智能化运维服务中心，实现以下内容：

（1）将孤立的、分散的运行维护管理模式转变为集中式管理模式；

（2）通过智能运维管理工具，采用"科技管理科技"的高效率模式，达到被动转主动的服务要求；

（3）实现制度规范完整、责任明确、分工清晰、流程细致周到的创新管理模式。

最终实现以先进的运维平台软件为工具，以运维服务中心场所为运营环境，以制度执行流转为运行保障的一个自动化、标准化、可视化的为运维和业务人员服务的智能化运维服务中心。

三、总体架构

系统共分为五个层次，分别为监控资源层、网络承载层、运维平台层、运维中心层、应用中心层，国家部省相关技术规范，统一建设标准与接口要求，网络安全支撑，数据安全支撑贯穿整个系统，如图2所示。

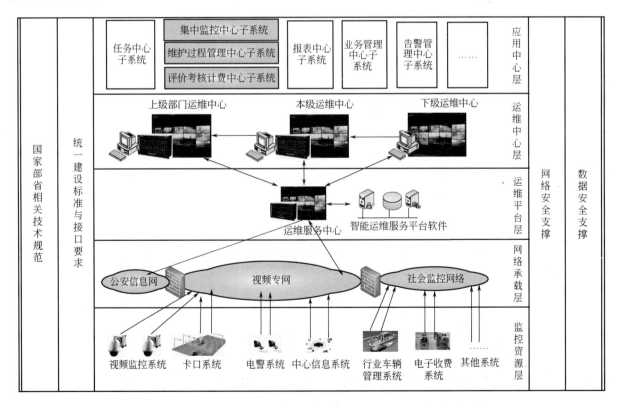

图2 系统总体架构

四、解决方案

1．运维服务中心场所建设

建设运维服务中心办公场所，配备电脑、服务器、大屏显示器、矩阵、音视频采集设备等必要的硬件，接入运维管理工具，构建网上运维管理操作平台，实现对一个运维管理工作集中、维护效率高效、科技手段先进、制度规范完整、责任明确、分工清晰、流程细致周到的可视化智能运维服务中心。运维服务中心可视化大屏效果如图3所示，建成后可基于运维大数据，提供运维可视化决策大屏服务，为领导决策提供依据

图 3　运维服务中心可视化大屏效果

运维服务中心办公场所在基础环境建设的基础上，主要包括电视墙显示系统、综合控制矩阵、值机终端及配套办公系统和客户端系统。

2．运维管理工具

图 2 所示为根据 ITSS 思想设计的运维工具软件架构，从设备资源层、传输层、整合接入层、服务支撑层、应用层等至底而上展示了系统搭建的层次结构。

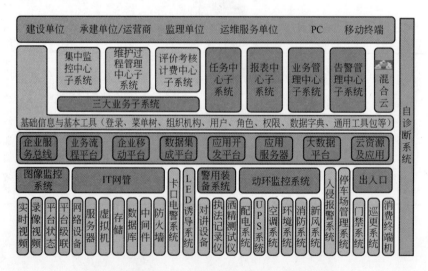

图 4　根据 ITSS 思想设计的运维工具软件架构

根据 ITSS 思想架构设计的运维工具软件，集云计算、物联网、大数据、机器视觉于一体，采用标准化接口实现多系统互联。采用集中监控中心子系统、维护过程管理中心子系统、评价考核计费中心子系统覆盖整个运维业务的管理。

系统既可以部署在独立的服务器上，也可以部署在云上，建设单位、承建单位、监理单位、运维服务单位根据不同的权限及职责提供全面的应用功能。

平台软件既可以在 PC 上操作，也可以在移动终端互相协同操作。运维工具 PC 上的软件界面和移动终端的软件界面分别如图 5 和图 6 所示。

图 5　运维工具 PC 上的软件界面

图 6　运维工具移动终端的软件界面

3. 运行保障体系

（1）组织保障要求

为了运维服务中心保持备勤状态，应根据运维服务中心规模建立具有实战能力的组织队伍，并建立操作性强的值班管理制度。

● 运维服务中心席位设置：要求按运维服务中心规模配置运维管理人员，按《公安信息通信部门勤务保障备勤等级暂行规定》科学安排值班备勤，以确保随时、高质量的信息通信畅通。

● 运维管理人员素质要求：运维管理人员要具备相应技术素质，上岗前应进行技术培训，日常运行过程中应进行应急预案演练，使其达到备战水平。

● 管理制度要求：要建立运维管理人员值班管理制度和监督考核制度，应采用管理软件、人工抽查等办法进行监督和考核。

（2）运行保障要求

为了让运维管理人员实时掌握各系统功能正常运行，应建立一套运行巡检管理制度并进行监督考核。

● 巡检制度：应由运维管理人员采用定时/不定时进行人工巡检，通过人工巡查与网管平台相结合的办法确保运维服务中心的正常运转。

● 系统运行日志：应建立系统运行日志，应由运维管理人员协调、反馈系统故障并保修。

● 值班报表要求：应建立值班报表报告机制，统计历史数据，及时发现系统运行趋势并进行系统故障预警。

● 应急保障机制：应建立应急预案，定期组织应急演练，可以进行技术比武以提高技术保障能力。

（3）保养维护要求

为了确保运维服务中心正常运转，应建立日常保养和维护维修管理制度，配置必要的备品备件，甚至建立冗余系统。系统保养和维护维修结束后应进行维护工作的监督和考核。重大维修后应组织技术专家进行验收。

4. 发展展望

随着科学的进步，计算机、网络技术的蓬勃发展，管理部门对运维管理工作的重视及在政府倡导购买服务的大背景下，项目建设和运维管理将出现逐渐分离的趋势，完整的智能运维体系将应用于系统运行过程中，主要向三个方面发展：

一是朝着专业的智能运维管理方向发展，建立专门的运维监控服务中心，完善的运行维护机制，专业的维护团队，完整的运维考核绩效管理，最终形成一个完整的运行维护体系。随着建设规模的不断扩大，管理工作的重要性，将变得越来越重要。

二是将充分运用科技手段，采用先进的运维管理工具，对设备运行甚至对设备的全生命周期进行有效的全过程管理，为设备的建设运行成果进行绩效评定，为以后的监控资源建设提供有力的依据。

三是将充分运用运维大数据（数据驱动），为系统运行的故障进行提前预警，并提供研判手段，正确定位故障，同时为各个项目、系统的运行情况进行有效评估，进行及时优化、处理，切实提高监控资源的有效利用率和保障措施。

5. 应用效果

智慧城市智能运维服务为广信智慧城市建设六大板块中的一个核心板块，先后推出了针对平安城市、智能交通、看守所、监狱、银行、石油等多个行业的运维服务中心解决方案，并进行了成功实施，取得了客户的高度满意。目前，公司具有专业的运维服务团队和运维工具研发团队，并取得了 ITSS 信息技术服务运行维护标准符合性证书三级，信息系统集成及服务资质证书运行维护分项三级，具备专业的运维服务能力。

（1）全省视频联网运行管理系统运维服务

为确保省、市、区县三级视频信息联网平台跨区域可靠、稳定运行，在省、市、区县及其他级联的每个视频信息联网平台部署运行视频联网运行管理系统，实时获取被监测的视频信息联网平台运行情况数据，进行纵向分析，并实现上下级联网审计，从而实现对省对市、市对区县的三级视频信息联网平台运行情况进行动态监管、运行考核（视频完好率、视频质量、录像完整性、服务器、平台运行情况等），快速锁定运行故障平台。

本产品可主要对多级联网平台的运行情况进行考核和维护管理，目前主要在浙江省公安厅、各地市及区县联网应用，既有第三方服务模式，也有第三方提供工具模式。

本解决方案获浙江省安防协会组织的"建设立体安防，共筑平安中国"优秀应用系统和解决方案奖项。在 G20 期间为全省的视频运行联网保障提供了强有力的支撑，获得了多个表扬信。

（2）评价考核计费系统及服务

作为第三方通过评价系统从源头进行检测、评价、考核及计费。根据监控数据日常应用范围，对设备的运行状态、质量，录像的完整存储，抓拍的效率和正确性等进行检测，基于 SLA 运行维护级别与实际运维情况比较，以此为依据对集成商服务能力进行评价考核。

在考核系统中可及时查看设备的运行情况及维护情况，通过日报表、月报表了解总体状况。每月可根据检测结果和预设的要求阈值生成考核计费结果。

本产品及解决方案可广泛应用于承租单位，可在公安、交警行业进行推广应用。

（3）ITSS 运维交付过程管理系统及服务

基于 ITSS 体系中的 GB/T28827.1《信息技术服务运维维护第一部分通用要求》及相关其他国家标准的要求，从"人员、资源、过程、技术"四个方面进行产品构架，加强对运维业务的制度化、规范化及标准化管理，围绕服务台、事件管理、问题、处理、反馈、评价、巡检管理等 ITSS 最佳实践，进行运维服务的流程化、规范化管理。通过完善知识库建设，实现知识库共享，从而提高信息服务效率，提高用户的满意度。

本产品及解决方案注重于运维过程管理标准化、资产、配置及合同等流程化、规范化方面的应用，可广泛通用于各个行业。

华云一体化智能管控系统解决方案

山东华夏高科信息股份有限公司

一、概述

（一）项目背景

在互联网+的时代背景下，国家制定出"互联网+"系列行动计划，积极推动移动互联网、云计算、大数据、物联网等与现代交通运输业相结合。发改委、中央综治办、科技部、工信部、公安部、财政部、交通运输部等十一部委联合发文：到 2020 年，城市监控全时可用，重点区域 98% 的完好率、其他公共区域 95% 的完好率。

（二）行业现状

目前，现代交通运输业所使用的绝大多数智能交通系统都是完全依赖人工来管理和维护的，故障发现迟，维修不及时，故障排除效率低所带来的结果是系统运行成本高、运行效率低、运行质量没有保障。其原因主要有以下几个方面：

一是缺乏对系统设备运行状况进行自动检测和故障诊断的技术手段。

二是人工维护工作量大、维护效率低。有些设备故障必须现场维护，维护周期长，人力、物力成本高，资金没保障，造成故障未得到及时解决。

三是缺乏对系统设备有效的科学评估技术手段。传统交通运维系统设备在线率低、完好率低，断电、断网、设备故障时数据丢失、发现时间晚。没有标准的技术支撑体系，无法进行客观、有效的服务质量评价。

四是缺乏一套完整的运行维护管理机制和工作流程的技术支撑平台。如发现故障之后，信息如何传递，任务如何流转，工作如何落实，绩效如何评估等，这都需要完整的维护管理机制和工作流程来保障整个系统的有效运行。

（三）项目意义

伴随平安城市监控、智能交通等基础设施建设的海量增长，运维服务相对落后、滞后的问题日益凸显，当前智能交通系统管理难、维护难、运行成本高、运行效率低下的问题亟待解决。为响应国家政策，解决运输行业痛点，提高系统运行效率和智能化水平，山东华夏高科信息股份有限公司研发了具有自主知识产权的综合型"互联网+"集中管理平台系统——华云一体化智能管控系统。

二、系统设计

（一）公司简介

山东华夏高科信息股份有限公司成立于 2004 年，是国内智能化、信息化建设领域优秀的系统服务供应商，是国内领先的智能交通、系统集成解决方案服务商，是拥有业内顶级设计阵容和行业资质的高新技术企业。公司专注于智慧城市、智慧交通、智慧农业、科技研发等业务领域，为政府、行业和个人用户提供定制化的解决方案。

1. 资质荣誉

凭借自身的雄厚实力和专业的技术服务，公司先后获得了高新技术企业、"双软"认证企业、安防一级资质企业、信息系统集成及服务资质、AAA 级信用单位、AAA 级质量服务诚信单位等多项资质和荣誉，并已通过质量、环境、职业健康体系认证，拥有多项自主知识产权的专利及软件著作权证书，公司现为中国安防协会、中国智能交通协会、山东安防协会、山东软件行业协会会员单位。

2. 成功案例

经过高速发展，华夏高科为政府、公用事业、企业、公安及教育等行业的众多客户提供各种解决方案，为数百家大中型客户提供了智能化解决方案设计、建设与服务，在系统集成的技术论证、设备选型、网络建设、信息系统安全、安装调试及相关的技术支持和售后服务等方面积累了丰富的经验和大量成功案例。

3. 团队建设

经过十余年发展，公司现拥有员工近 200 人，普遍具有高科技、高素质的创新精神，有 2/3 以上的人员获得了各类资格认证的证书，大学毕业生占人员体系结构的 80% 以上，有智能交通系统、安防工程、系统集成丰富实战经验的高精尖人才百余名，高素质、高技术、专业化、创新型的人才队伍给华夏高科注入了无穷的发展动力。

2016 年以来，公司先后组织架构了华云一体化智能管控平台、智慧云平台系统、环境精准监测与调控等系统，在智能监管、环境监测、数据同步上传等方面成绩显著，科技创新技术水平稳步提升，逐步形成了自己的核心技术，在同行业中处于领先水平，有力地推动了智能交通技术监管的稳步快速发展。

（二）系统设计

华云一体化智能管控系统是华夏高科自主研发的，具有自主知识产权的综合型"互联网+"集中管理平台系统，由前端智能硬件和后端管理系统共同组成，其主要功能是实现对室内外环境信息设备系统（如供配电系统、网络系统、温控、湿控、浸水报警系统等）及运行环境的实施监控。

充分利用物联网技术是华云一体化智能管控系统的一大特色。前端智能检测单元能对前端设备的运行状况、监测现场的温湿度进行实时检测，还能在前端设备断电发生时向后台发出告警信息。中心管理平台可同步接收和实时显示前端检测单元发来的检测数据和告警信息，利用视频动态检测和信号诊断技术来检测和判断视频监控设备的运行状况。另外，中心管理平台对系统硬件和软件进程实时检测，设定临界预警阈值，对可能影响系统运行的故障提前预警并进行事前干预，保障中心系统的运行质量。中心平台能够根据采集到的设备运行状态数据和故障告警信息，自动生成各种统计报表。按不同设备类型，分区域、分时间段统计故障、故障率、系统运行完好率等，一旦系统发生故障，中心平台能够提供一整套的处置流程，自动生成故障通知单和维护维修工单，并对工单的状态和故障的处理进行全程实时的跟踪监控，监督维护维修工作的全面落实。

1．项目目标

通过华云一体化智能管控系统达到以下目标：

（1）减少智能交通系统80%以上的维护工作量，大幅降低维护成本。

（2）提升故障处理效率，提高设备在线率，保障智能交通系统的稳定运行。

（3）故障线上通知，及时维修。

（4）经过数据统计分析，出现频率高且不需要现场维修的故障可以线上维修，避免人工成本。

（5）维保内、维保外的费用统计分析，为老项目的维修成本、新项目的报价提供参考。

（6）设备从购买到生命周期结束全程跟踪，降低投资成本。

（7）数据统一管理，方便查找、维护。

2．系统组成

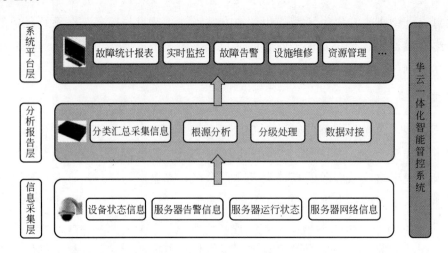

图1 华云一体化智能管控系统组成

华云一体化智能管控系统分为信息采集层、分析报告层和系统平台层三层，对应的系统架构分三层设计：终端智能采集设备、平台报警分析、平台系统。

信息采集层负责设施运行信息的自动化采集，向平台提供基础数据。它直接、间接地通过设施提供的接口或系统接口采集相关性能、状态、配置等运行数据。采集的数据包括服务器告警信息、服务器运行状态、服务器网络信息等。

分析报告层负责分类汇总信息采集层采集到的数据，通过报警阈值和报警规则预处理后生成基础事件，对相关联的事件进行根源分析，根据报警事件重要程度进行分级，实现平台与终端智能采集设备的数据对接。

系统平台层围绕设施运维应用，实现各种业务功能，具体业务功能包括：

故障统计报表（设施运行状态统计图、故障信息统计图、维修统计图）、实时监控（设施实时运行状态及控制操作）、故障告警（设施报警信息）、设施维修（故障设施人工维修）、统计分析（各种维度信息统计）、资源管理（设施点位信息、设施基本信息、故障库等）、系统管理（用户、权限管理）、日志管理（系统以及操作日志）等。

1）华云一体化智能管控平台（见图2）

图2　华云一体化智能管控平台界面

华云一体化智能管控平台主要包含六大部分：故障统计报表、实时监控、故障告警、资源管理、统计分析和系统管理。

（1）故障统计报表

实时显示所有设备实时故障统计报表，精准分析数据变化趋势和相关数量及比例。

（2）实时监控

主要实时显示前端点位和设备的实时监测信息，并可对设备实施监控及相关操作。

（3）故障告警

实时显示前端点位和设备的实时故障监测信息，并可对设备实施相应的监控操作。

（4）统计分析

通过对采集前端信息数据的分析统计，实现故障率月报、故障率年报、故障对比、故障趋势和故障率统计等丰富的多维度统计分析报表。

2）华云一体化智能机柜

华云一体化智能监控机柜主机基于嵌入式 ARM 处理器、多任务实时操作系统开发，内置强大的 Web 服务，方便用户进行人机交互，可为智能电控柜或其他监控系统做配套使用；也可为用户定制开发，提供二次开发接口，作为协处理部件实现数据采集、控制、报警处理等功能，扩充主系统功能。

华云一体化智能监控机柜主要分为智能系统管理主机、电源管理主机、手持配置设备三大部分，智能机柜系统组成如图3所示。

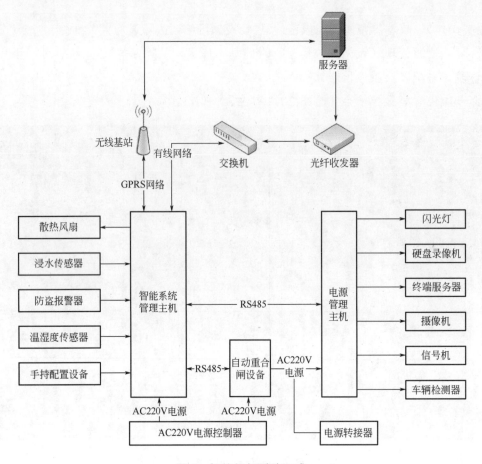

图3　智能机柜系统组成

（1）智能系统管理主机：主要通过 GPRS 和以太网通信实现智能机柜环境检测、机柜电源监测控制、外设联动控制、GPS 定位、停电报警、远程自动更新功能。

（2）电源管理主机：主要实现电源输出控制、定时控制、过压/欠压保护、过流保护、输出状态检测功能等。

（3）手持配置设备：采用宽视角的 LCD 显示屏进行信息显示，方便在现场查看智能机柜电源的电流、电压和漏电数据，主机网络连接状态，网络参数信息，周围环境信息及对智能系统管理主机进行配置。

华云一体化智能机柜实物图如图4所示。

图4　华云一体化智能机柜实物图

三、系统应用

（一）项目特点

华云一体化智能管控系统利用智能交通系统有线通信网络或无线通信网络进行前端智能检测单元和中心平台之间的信息传输，实现了故障通知及故障数据统计分析、设备故障自动修复、断电断网自动报警、温湿度异常报警、柜门异常报警、设备多级管理等一系列智能化运维管理功能。

（1）故障及时通知修复、大数据统计分析、设备智能追踪、大幅降低成本。

本系统采用加设智能运维终端管理设备方式对设备进行维护和管理，实现对故障的智能化诊断和自动修复，一定程度上解决了故障定位困难、响应速度慢、现场维修周期长的问题。

（2）相比传统的纯人工维护的方式，本系统能实现故障自动修复，大量减少维护人员现场处理的次数，从而达到缩短维护周期和减少维护工作量的目的，保障了智能交通系统的稳定运行。

（3）系统自带断电、断网、温湿度、柜门开关检测等各类传感器，可以对前端控制机柜内的温湿度、柜门状态进行监控，可以对前端设备的断网、断电情况进行报警，能够及时发现机箱故障、偷盗破坏情况。

（4）对于系统无法自动修复的故障，通过权限设置，可将不同层级的故障信息以短信、微信、平台报警等形式直接发送到相关人员，大幅缩短故障维修响应时间。

（二）项目应用范围

华云一体化智能管控系统可以应用于智能交通管控的各个方面，其主要应用领域有：

（1）治安/测速卡口系统；

（2）电子警察系统；

（3）视频监控系统；

（4）信号灯控制系统；

（5）违停抓拍系统；

（6）交通诱导系统等。

（三）用户受益

通过对华云一体化智能管控系统的应用，用户可实现以下受益：

（1）设备运维集中化管理；

（2）自动分析故障；

（3）自动处理问题；

（4）减少 80% 以上的维护工作量；

（5）大幅提高设备在线率。

四、结束语

物联网技术的应用已经渗透到社会、经济、生活的各个层面，华云一体化智能管控系统是物联网技术在交通管理方面的应用，它的应用必将在很大层面上改变智能交通系统的运行维护现状，极大地提高智能交通系统的经济效益和社会效益。

在未来发展道路上，华夏高科将继续坚持"以科技求发展，以服务求生存"的经营理念，加大科技研发力度，提升服务水平，不断迈进，不断跨越，为智能化行业的发展贡献力量。

城市道路积水智能监测系统

山东星志智能交通科技有限公司

一、前言

随着我国经济的不断繁荣，大中城市的建设也在突飞猛进地高速发展，城市圈也在不断扩大。为了缓解交通压力和保证出行的畅通，许多城市建设了不少的立交桥和下穿隧道。

近年来，由强降雨引起的城市下穿隧道、立交桥下低洼处及道路低洼路段存在大量积水的现象时有发生，且有愈演愈烈的趋势。在多雨的季节，积水有的竟然高达一米以上，且长时间不能及时排走，给人们的出行带来了很大的不便，严重时竟引发车辆和行人误入造成死亡和失踪事件。此现象已经引起市政、应急、防汛、路政、交警等政府有关部门的高度关注。一方面，要积极修建并管理好排水设施；另一方面，建设城市道路积水监测系统也极为必要，它既可以提供道路积水的实时信息和警示，也可以为市政排水调度管理机构提供支持。

山东星志智能交通科技有限公司在目前水位检测设备功能的基础上开发了城市道路积水智能监测系统，该系统不仅能够检测道路积水深度和积水区域的视屏影像，还可以通过系统中的 LED 显示屏显示实时积水深度，以及通过信号灯和语音提示器为道路通行人员发出通行安全警示信号，也可以智能联动排水设备工作。

二、系统结构

城市道路积水智能监测系统主要为城市道路、地面、隧道、立交桥等容易积水的场合提供预警服务。该系统采用高度集成的一体化设备，包含多传感器接入、本地化预警、远程无线发射、蓄电池充放电管理等单元，具有易于架设、使用简单、待机功耗低、通信距离远、可靠性高的优点。

城市道路积水智能监测系统主要由数据中心及分布在城市各处的监测控制系统两大部分组成。其中，监测控制系统包括积水监测仪、电子水位计、视频摄像机、信号灯、语音报警器、LED 信息显示屏等设备，监测各个积水点的水文、气象数据，可以完成积水深度、温度、湿度、雨量等数据采集及视频图像、图片信息的采集，本地显示实时积水深度，发出声光警示信号，并通过通信网络上传至市数据中心。

数据中心通过相关的软件，接收并处理由监测站发来的数据，将处理的数据信息在第一时间分发给相关部门决策者，并根据具体情况及时发布预警信息。

城市道路积水智能监测系统结构如图 1 所示。

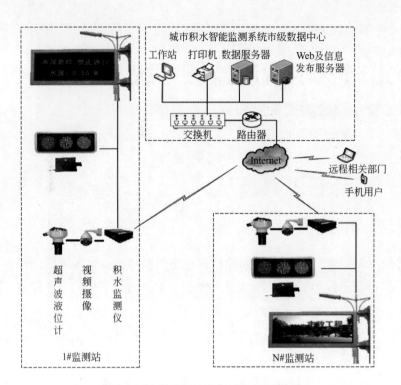

图 1　城市道路积水智能监测系统结构

在城市道路积水智能监测系统中，需要对众多的易积水点进行实时监测，大部分监测数据需要实时发送到后台数据中心的后端服务器进行处理，并通过 Web 服务器发布。由于监测站分散，分布范围广，因此采用 LTE/3G/GPRS 无线网络进行数据传输。与有线通信方式相比，LTE/3G/GPRS 网络具有速度快、使用费用低、施工简单、维护方便等特点。

三、主要功能

（1）实时采集监测点的积水深度；

（2）实时采集监测站的温度；

（3）实时采集监测站的湿度；

（4）实时采集监测点的视频信息；

（5）LED 显示屏实时显示监测点的积水深度；

（6）语音播报警告信息；

（7）LED 交通信号灯提醒交通状态。

四、硬件设备

硬件设备包括安装在前端监测站的积水监测仪、电子水位计、温湿度传感器、雨量传感器、视频摄像机、LED 显示屏等，以及安装在市级数据中心的计算机、网络交换机、路由器、UPS 等设备。

（一）道路积水智能监测报警控制器

道路积水智能监测报警控制器（见图 2）是山东星志智能交通科技有限公司针对城市积水监测系统开发的道路积水检测专用设备，与水位计、LED 信息显示屏、信号指示灯、语音提示器等设备组成一套完整的监测站，它能自动完成水位数据的采集、存储、显示，通过 Ethernet、LTE、3G、GPRS 等网络与市级数据中心进行远程通信。

图 2　道路积水智能监测报警控制器

道路积水智能监测报警控制器同时接收来自后台数据中心及相关部门的数据信息，并将其显示在 LED 显示屏上，如政策法规、公益公告、交通信息等。

道路积水智能监测报警控制器采用高可靠性、低功耗、一体化的设计原则，特别适合在野外进行水文实时采集、处理和传输，可广泛应用于城市、河道、水库、湖泊、泵站、闸门、防洪排涝等工程设施。

其主要特点为：

（1）集成 Ethernet 技术，支持多数据中心通信，支持 APN 数据专网业务。

（2）脉冲量输入通道可接入雨量计等开关量信号输出的设备。

（3）模拟量通道可接入多路 4～20Ma（或 0～5V）信号，可由 RTU 控制传感器的电源通断，可接入水压、渗漏等压力传感器及超声波水位计等模拟量信号输出的设备。

（4）串口通信（RS232 或 RS485）可接入串行通信类传感器（如 LED 显示屏、测温仪等），或接卫星通信设备等，可动态控制串行设备的电源通断。

（5）多种测报方式：自报式、应答式、平安报等，并发送到数据中心。

（6）本地预警信息输出：自动将当前水位及预警信息发送到 LED 显示屏上。

（7）声光报警输出，多种本地警示信号实时发布，防止人员车辆误入。

（8）支持大容量历史数据存储，并有历史数据找回功能，保证采集数据的连续性和准确性低功耗设计，采用低功耗方案设计，离线值守电流≤2mA，GPRS 在线值守电流≤12mA。

（9）提供太阳能供电及蓄电池接口，自动进行充放电管理，自动监测及上报太阳能电池及蓄电池状态。

（10）内置实时时钟芯片，自带内置电池，支持本地校时及远程校时。

（11）金属外壳防水设计，内置看门狗，性能稳定，保证在野外恶劣环境下长期、可靠地工作。

（12）支持串口升级固件程序和参数修改，也支持在线远程升级固件及参数修改。

（13）宽温设计，可工作在-30℃～+70℃环境中。

主要参数：

（1）电源供电及功耗。

供电电压：AC220V 50HZ。

值守电流：≤2mA（关闭 GPRS 通信）。

在线空闲状态工作电流：≤12mA（开启 GPRS 通信）。

（2）模拟量输入。

2 路 4～20mA（或 0～3.3V）信号输入，12 位 A/D。

精度：0.2%FS+1LSD。

分辨率：≤0.1%FS

（3）可控电源输出：5 路独立电源输出控制。

（4）串行数据接口：1 路 RS232，1 路 RS485，速率：300～115200bps；数据位：7/8；奇偶校验：N/E/O；停止位：1/2

（5）远传数据接口：1 路 Ethernet。

（6）工作环境：温度-30℃～75℃；湿度 0～95%，非冷凝。

（二）超声波电子水位计

目前最常用的水位传感器，按测量方式大致可分为机械浮子式、光电浮子式、超声波式、电容式、压力式、气泡式、雷达及电子水位传感器等多种形式，它们各有优缺点。其中，最适合在城市环境中使用的是超声波水位计，它测量精度高，不受环境如温度、湿度、泥沙、波浪、降雨等因素的影响，抗干扰性强。可任意设置上下限节点及在线输出调节，并带有现场显示，可选择模拟量、开关量及 RS485 输出，方便地与相关设施接口。超声波水位计如图 3 所示。

图 3　超声波水位计

其主要特点为：

（1）超声波液位计是由微处理器控制的数字物位仪表。在测量中脉冲超声波由传感器（换能器）发出，声波经物体表面反射后被同一传感器接收，转换成电信号。并由声波的发射和接收之间的时间来计算传感器到被测物体的距离。由于采用非接触的测量，被测介质几乎不受限制，可广泛用于各种液体和固体物料高度的测量。

（2）先进的检测技术，丰富的软件功能，可以适应各种复杂环境。采用新型的波形计算技术，提高仪表的测量精度，具有干扰回波的抑制功能，保证测量数据的真实性。

超声波电子水位计技术参数如表 1 所示。

表 1　超声波电子水位计技术参数

测量范围：0～50m
盲区：0.15m～1.2m
测量精度：±3mm 或 3～5‰，取其大者

续表

重复精度：1‰
分辨率：1mm
频率：40KHz / 24KHz
方向角：4°/ 6°（全角）
压力：16 个大气压以下
显示：自带 LCD 显示液位高度
输出：4～20mA、RS485 协议
供电电压：DC24V/AC220V
环境温度：−20℃～+60℃
防护等级：IP65

（三）LED 显示屏

LED 显示屏是安装在监测站前后方（上下行）道路两侧的超高亮度显示设备，可以显示各种信息。例如，实时显示监测站的积水深度、温度、湿度；可与交巡警支队实现信息共享，实时显示交通控制信息；可与市政工程处、应急指挥中心等相关部门实现信息共享，实时发布政策法规及公众信息；还可以发布公益广告及商业广告等。

LED 显示屏如图 4 所示。

（a）显示积水深度，提醒通行安全　　　　　　　　（b）发布政策法规、公益公告

图 4　LED 显示屏

（四）交通信号灯和语音提示器

LED 信号灯和语音提示器（见图 5 和图 6）安装在监测站前后方（上下行）道路右侧，在不同积水状态时显示不同的灯颜色和播放不同内容的语音，提醒即将到来的司机和行人。

除了上述的主要设备之外，城市道路积水智能监测系统还可在前端配置其他的设备单元，如温湿度传感器（见图 7）、降雨量传感器、视频摄像机（见图 8）等。

图 5　LED 信号灯

图 6　语音提示器

图 7　温湿度传感器

图 8　视频摄像机

五、数据中心

数据中心分为硬件和软件两个部分。

硬件包括数据服务器、Web 服务器、管理工作站、网络交换机、UPS 等设备。

软件为城市道路积水智能监测系统管理平台，是用于整个被监测区域内全部城市道路积水监测仪参数采集，包括积水是否发生、积水分布、积水水位、持续时间、对应时间日期、历史数据等。

（1）显示监测站位置、监测站信息、道路积水现场图片，支持电子地图。

（2）列表方式显示最新一次更新的数据。

（3）按监测站、时间段、字段查询历史数据，具备打印和导出 excel 表功能。

（4）按监测站、时间段、绘制水位曲线，曲线可以缩放打印、显示各点数据。

（5）可实现任意监测站、任意字段、任意数量曲线在同一时间段的对比。

（6）添加、删除、修改站点信息，方便用户自己变更设备。

（7）支持各种信息的发布，包括在各监测站 LED 显示屏上的发布，以及中心 Web 网站上的发布。

九宫路网交通组织理论研究

无锡市明大交通科技咨询有限公司
周正浚 周立平 程天琪

一、概述

交通拥堵问题是城市交通面临的核心问题，系统应对城市交通拥堵问题主要有以下三个方面的措施：道路网络效能优化、交通运输效能优化、交通管理效能优化。道路网络效能是基础，交通运输效能是关键，交通管理效能是保障。其中，如何释放道路网络效能是治理非饱和流区域交通拥堵问题最直接、有效的措施，就算是面对饱和流区域交通拥堵问题，释放道路网络效能也是缓解交通拥堵的根本前提。

道路网络效能可通过点、线、面 3 个层面得以释放，其中面层是指承载城市交通的道路网，是点、线进行正确、合理渠化与设计的基础与前提。所以，本文先从宏观层面对如何释放路网效能展开分析，即论证什么样的路网结构布局更合理，最利于路网效能的释放。

二、城市道路网结构分析

现已形成的路网结构布局一般可以归纳为四种：方格网式、环形放射式、自由式及混合式。目前对这四种路网结构的优缺点分析研究较多，本文将着重分析何种路网结构布局最优。众所周知，任何闭合的路网区域有且仅有 3 种交通类型：穿越型交通、进出型交通、内部型交通（见图 1）。

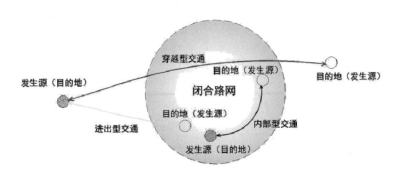

图 1　闭合路网中的 3 种交通类型

路网最优结构布局将从以下方面展开比选分析。

1．交通功能

单从交通功能上分析，环形放射型路网和方格网型路网都能满足交通基本 3 种需求，但两者相比，环形放射型路网更加有利于穿越型交通，方格网型路网更有利于内部交通，两者对进出型交通的功能完全相同。

2. 城市规划

城市道路交通是城市规划和经济建设发展的基础，所以城市规划、经济建设发展首先要考虑城市道路交通，而方格网的路网结构布局可与城市规划协调统一，更为合理。

3. 建筑用地开发

城市道路交通一般是以上位城市规划为基础，都注重对地块的功能划分。而地块的划分原则，除了可基于山水、地物、地貌或者铁路、公路等天然或人工的阻碍外，还有一条就是便于地块内建筑的"摆放"，自然而然，方形地块最受青睐。此外，方格网的土地利用率最高。

4. 交叉口功能

十字交叉口比 T 型交叉口、五岔及以上多路交叉路口的通行能力更高，交通便捷性更好，方向识别性更好，交通设施的认知性更好，然而十字交叉口正是由方格网型路网所形成。

5. 城市附属设施布设

这里所说的城市附属设施主要是指埋设于地面或架空的管道管线。很明显，方格网下的各种管道管线更易于敷设和维修。

综上考虑，方格型路网能够更好地平衡穿越型交通适应性和其他多种条件适应性。

三、方格型路网研究

通俗地讲，方格网是由数条"纵横线"相交构成的网络形式，这里的"纵横线"放到路网中即东西向和南北向道路。不同数量的"纵横线"相交则会形成不同的方格网形式，如田字格、九宫格、十六宫格等，不管哪一种都能够很好地满足 3 种不同交通类型，但是什么样的方格网形式更为合理？笔者将遵循路网的评价原则，从网络识别性、路网容错性、进出通道对保护壳通道的干扰程度、封闭区域内部道路干扰程度 4 个方面分析不同方格网形式的优劣，给出最优的方格网形式。由于城市道路网络是个非常庞大的结构，因此为了便于剖析其原理，我们选择城市路网中最小的基本方格网单元（边长为 400～600 米的正方形结构）进行分析。

（一）田字格路网结构布局分析

田字格路网结构布局是较为简单的一种方格网形式，优缺点分析如下：

① 田字格路网道路和节点较少，通过进出型道路将整个闭合区域分成四格象限，内部道路和建筑物的交通识别性都非常好。②由于每个方向只有一组进出通道，尽管满足了进与出的匹配，但是不能满足进出交通和内部交通两种交通压力的承载要求，其交通容错性非常差。③由于每个方向进出通道与保护壳通道只有一个交叉节点，因此进出通道对外围保护壳通道的干扰非常小。④由于该区域内部纵横道路仅有一处交叉节点，因此内部道路相互干扰非常小（见图2）。

（二）十六宫格路网结构布局分析

十六宫格路网结构布局优缺点分析如下：

①十六宫格路网道路和节点很多，通过进出型道路将整个闭合区域分成十六个象限，内部道路和建筑物的交通识别性都非常差。②由于其每个方向都有三组进出通道，不仅能满足进与出的匹配，而且还能很好地满足进出交通和内部交通两种压力的承载要求，其交通容错性非常好。③由于每个方向进出通道与保护壳通道都有三个交叉节点，因此进出通道对外围保护壳通道的干扰很大。④由于该区域内部纵横道路有九处交叉节点，因此内部道路相互干扰非常大（见图3）。

（三）九宫格路网结构布局分析

九宫格路网结构布局优缺点分析如下：

①九宫格路网通过进出型道路将整个闭合区域分成九个象限，内部道路和建筑物的交通识别性很好。②由于其每个方向都有两组进出通道，不仅能满足进与出的匹配，而且还能很好地满足进出交通和内部交通两种压力的承载要求，其交通容错性很好。③由于每个方向进出通道与保护壳通道都有两个交叉节点，因此进出通道对外围保护壳通道的干扰较小。④由于该区域内部纵横道路有四处交叉节点，因此内部道路相互干扰较小（见图4）。

图2　田字格路网示意图　　　图3　十六宫格路网示意图　　　图4　九宫格路网示意图

综上考虑，九宫格结构的路网既保留了田字格结构路网的优点，又去除了十六宫格路网的缺点，是城市方格型路网结构中的理想结构类型。

四、三层次九宫路网研究

杨佩昆教授给出交叉口的合理间距为400～600米[2]，另有我国学者通过对SCOOT自适应信号控制系统在北京市实际应用状况的分析中指出：当相邻两个交叉口的间距不大于500米时，系统通车效益较高[3]。由此可以看出，范围值400～600米可作为相邻红绿灯之间的合理间距。

（一）三层次九宫格路网概述

1．微循环

根据城市道路的等级划分，本文将微循环定义为由次干道、支路构成的九宫格形式。微循环是承担 3 种交通类型最小的闭合区域,外围的次干道主要承担穿越型交通,内部的支路主要承担进出型交通和内部型交通。结合微循环九宫格图,微循环边长 X 为相邻两个红绿灯的最优间距(400~600 米)。微循环九宫格如图 5 所示。

2.中循环

理想状态下由九个微循环即可构成一个中循环,所以中循环可以理解为由主干道、次干道构成的九宫格形式。中循环的边长为 $3X$(1200~1800 米),即通过对城区路网结构的区域分级划分,明确每个区域内三种交通类型的交通组织方案。中循环九宫格如图 6 所示。

3.大循环

理想状态下由九个中循环即可构成一个大循环,所以大循环也可以理解为由快速路、主干道构成的九宫格形式。大循环的边长为 $9X$(3600~5400 米),根据研究发现,县区一级的城市中心城区基本就是一个大循环规模,常规地级市中心城区基本上就是由九个大循环组成的特大循环规模,因此,大循环是城市道路网络中的基本循环单元,不同级别的城市无非就是由若干个基本循环单元组成而已。大循环的外围保护壳通道为快速路,外围快速路与快速路相交节点应采用全互通立交控制方式,每个方向的主干道与快速路相交节点处应采用菱形立交控制方式。大循环九宫格如图 7 所示。

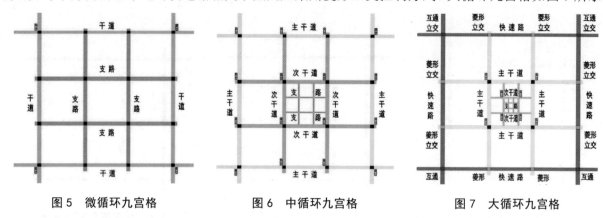

图 5　微循环九宫格　　　　图 6　中循环九宫格　　　　图 7　大循环九宫格

(二)九宫格路网应用研究

1.支线合理间距研究

支路是构成城市路网的最低等级道路,本文基于九宫格路网交通组织理论对相邻平行支路间的合理间距进行相关研究。

信号控制交叉口作为交叉口的主要形式之一,是城市道路网中的重要节点。根据交叉口相关设计规范与标准,一般认为次次相交形成的交叉口是进行信号控制的最低标准,因此,上文所引结论——信控交叉口的合理间距为 400~600 米实际上就是两条次干道之间的合理间距,即 X=400~600 米,依据微循环九宫格布局,合理的支路之间的间距 A=X/3(133.3~200 米)。微循环主支路合理间距示意如图 8 所示。

2.干线合理间距研究

依据中循环九宫格,次干道是构成中循环的主要道路单元,主干道是中循环系统中的最高等级道路,故主干道之间的合理间距 B=$3X$(1200~1800 米)。基于中循环九宫格系统的干线之间的合理间距示意如图 9 所示。

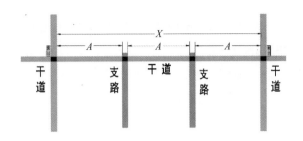

图 8　微循环主支路合理间距示意

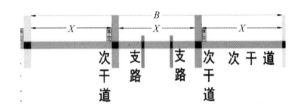

图 9　中循环主支路合理间距示意

3．快速路合理间距研究

快速路是大循环中的最高等级道路，是城市路网的保护壳，故快速路之间的合理间距为 $C=3B$（3600～5400 米），大循环主支路合理间距示意如图 10 所示。

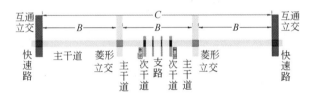

图 10　大循环主支路合理间距示意

4．城市道路网密度合理取值研究

（1）支路网密度

《城市道路交通规划设计规范》（GB50220—95）（以下简称《规范》）规定支路网的密度为 3.0～4.0km/km^2。慈玉生在对大城市支路网合理密度的研究中指出，《规范》给出的支路网密度偏小，需要增加支路网的密度。依据本文提出的九宫格路网交通组织理论，我们可以推算出城市支路网密度范围为 6.67～10km/km^2，可以说明《规范》给出的支路网密度偏小，需要增加支路网的密度。

（2）干线网密度

《规范》规定大城市干道网密度为 2.4～3.14km/km^2；中等城市干道网密度为 2.2～2.64km/km^2。杨佩昆指出，《规范》给出的城市干道网密度太小，建议把大、中城市的干道网密度提高到不小于 4km/km^2。经计算，九宫格路网交通组织理论下的干道网密度为 3.7～5.55km/km^2，其中，主干道密度值为 1.48～2.22km/km^2，次干道密度值为 2.22～3.33km/km^2，可以说明《规范》给出的干道网密度偏小，需要增加干道网的密度。

（3）快速路网密度

《规范》规定大城市快速路网密度为 0.3～0.5km/km^2。根据上文对城市支路网密度、干线网密度的分析可知，《规范》给出的快速路网密度值偏小，而九宫格理论下的快速路网密度值应该更合理。

依据本文提出的九宫格理论，大城市快速路网密度宜为 0.74～1.11km/km^2，说明《规范》给出的快速路网密度偏小，需要增加快速路网的密度。

至此，我们给出了九宫格理论下的大城市支路网密度、次干道密度、主干道密度、快速路网密度，分别为 6.67～10km/km^2、2.22～3.33km/km^2、1.48～2.22km/km^2、0.74～1.11km/km^2，对应的大城市道路级配为快速路：主干道：次干道：支路=1：2：3：9，显然《规范》给出的大城市各道路级配比例偏低。

五、结论

本文是对九宫格路网结构布局展开的解读，通过相关分析和论证，本文得到以下主要结论：

（1）城市路网结构布局以方格网最优。

（2）方格型路网以九宫格形式最合理。

（3）基于上述结论，提出三层次九宫格概念：微循环、中循环、大循环。

（4）基于九宫格理论，给出相邻支路、相邻干线及相邻快速路之间的合理间距。

（5）基于九宫格理论，给出合理的路网密度值及道路级配。

该技术重点在于如何通过交通组织技术最大限度地释放道路网络资源的自身潜能，以达到缓解交通拥堵的压力。通过对该技术的应用我公司成功破解了台州市黄岩和路桥核心老城区的交通拥堵难题，推动了台州市椒江主城区道路网络结构的合理优化、交叉口渠化水平不断提升，并成功帮助台州市连续两年在全省交通治堵中获得第一名。

智能交通大数据平台

百年金海科技有限公司

一、设计思路

为了最大限度地降低对现有软件平台的软硬件部署的影响程度，大数据平台只针对交通的过车数据、交通违法数据进行存储、统计和处理，而其余表项如卡口信息表、平台服务器信息表、平台配置信息表、用户数据信息表仍由 ORACLE 数据库进行管理，关系型数据库与大数据将为一种并存的关系。

智能交通大数据平台提供统一的客户端，而大数据平台对智能交通管控平台、监控平台提供Web Service 接口，以实现过车信息数据接收、检索、研判、统计等业务功能。大数据平台通过 WebService 接口接收来自交通监控平台发送过来的新增过车记录及过车违法记录并反馈数据接收结果，智能交通管控平台根据反馈的新增数据接收结果决定是否继续向大数据平台发送新增过车信息数据；智能交通管控平台在接收到用户关于过车记录表及违法记录表数据更新、检索、研判、统计等请求后通过大数据平台的 Web Service 接口将请求发送给大数据平台，大数据平台在接收到请求后通过计算及处理将得到的结果集反馈回智能交通管控平台，智能交通管控平台将大数据平台反馈回来的结果集经过再处理后将最终结果反馈给用户。智能交通大数据平台方案架构如图 1 所示。

图1 智能交通大数据平台方案架构

（一）交通大数据平台系统架构

智能交通大数据平台系统架构如图 2 所示，包括数据资源、数据处理、数据应用 3 层。

数据资源包括来自卡口、电警的过车数据，视频监控系统的视频数据，GPS 的地理信息数据，以及其他系统中的相关数据。

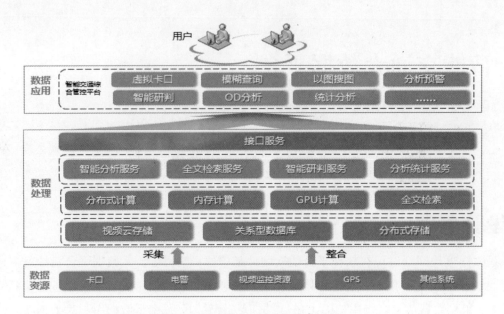

图2　智能交通大数据平台系统架构

数据处理层负责数据的存储及分析计算，包括数据存储、数据计算、数据服务、接口服务等几个层次。

（二）大数据平台流程介绍

HDT 平台与智能交通综合管控平台业务流程如图 3 所示。

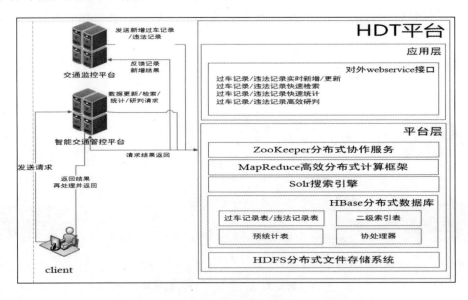

图3　HDT 平台与智能交通综合管控平台业务流程

如图 3 所示，过车记录和车辆违法记录等交通数据信息通过交通接入服务器转发到大数据平台，并写入 HDFS 分布式文件存储系统中；基于 HDFS 分布式文件系统部署分布式数据库，用来承载数据的预统计表和二级索引表。在数据搜索层，部署基于 Solr 分词的全文检索搜索引擎，并通过 MapReduce 分布式计算框架提供高效数据分析速度。Zookeeper 提供分布式文件系统之间的多进程协调服务。

针对数据写入、检索、统计和研判应用，大数据平台提供统一的 Web Service 接口，供交通视频监控平台和智能交通管控平台进行处理应用。

（三）交通大数据平台功能

1．快速检索

针对过车记录表及违法记录表有针对车牌的精确查询及模糊查询需求，有如下统计需求：

（1）过车记录精确、模糊查询；

（2）违法记录模糊查询；

（3）轨迹查询。

2．快速统计

针对过车记录表及违法记录表有如下统计需求：

（1）过车记录表车流量统计。

（2）过车记录表车流量对比。

根据筛选条件将各个卡口在各个时间段统计出来的车流量形成一个对比直方图，其效果如图 4 所示。

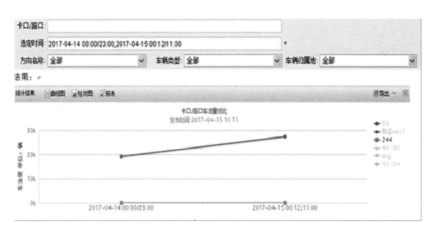

图 4　过车记录车流量对比直方图

通过车流量对比能够对改善城市交通调度提供依据。

（3）违法记录表车辆违法统计。

（4）过车记录表特定时间段车流量统计。

同车流量对比，时间颗粒度变成一天，并且可以选定一天中具体的若干个时间段，其统计条件及统计结果分别如图 5 和图 6 所示。

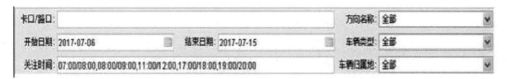

图 5　过车记录特定时间段车流量统计条件

图 6　过车记录特定时间段车流量统计结果

（5）过车记录车辆行车轨迹统计。

3．研判分析

（1）过车记录表频度研判。

（2）过车记录表特定时段车辆研判。

（3）过车记录表短时过车研判。

（4）过车记录表车辆初次入城研判。

（5）过车记录表区域碰撞研判。

区域碰撞功能给公安查询分析跨区反复作案的嫌疑车辆带来了极大的便利。其查询条件及研判结果分别如图 7 和图 8 所示。

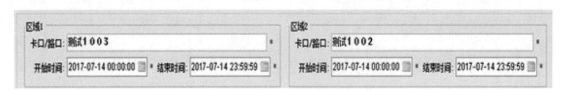

图 7　过车记录区域碰撞查询条件

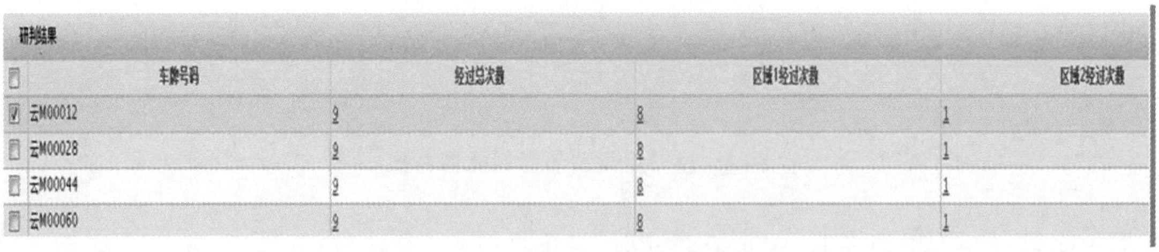

	车牌号码	经过总次数	区域1经过次数	区域2经过次数
☑ 云M00012		9	8	1
云M00028		9	8	1
云M00044		9	8	1
云M00060		9	8	1

图 8　过车记录区域碰撞研判结果

（6）过车记录表行车轨迹研判。

（7）过车记录表跟车研判。

（8）违法记录表违法多发时段研判。

（9）违法记录表违法多发地研判。

4．驾驶人员行为源头管控

驾驶人员行为源头管控是指对开车经常超速在 20%以下，但是又有超速习惯的驾驶人员（不违法，但是有违法的嫌疑），进行专项的分析，然后以非现场执法的形式发送通知短信，进行源头管控；筛选超速 10%~20%的车辆，然后进行统计，分析其超速行为的概率，从而判断驾驶人员的动态评分规则。

5．特种车辆轨迹时空域分析

基于大数据的特种车辆管控是指针对类似渣土车、校车等安全等级较高的车辆，通过设定专属的行驶路线，一旦出现车辆偏离行车路线的情况，即发送报警信息给相关人员，从而确保特种车辆始终处于受控的安全状态。

6．车辆遮阳板与案件关联的时空域分析

大数据平台根据卡口的过车数据对每辆过往车辆建立单独的信息库，与车管库的车辆信息库所不同的是，该信息库是专门用于过车信息研判。例如，卡口会对每辆过车是否放下了遮阳板进行检测，大数据平台则统计车辆的全部过车照片，放下遮阳板的次数有多少；打开遮阳板的次数有多少，随后定义一个研判规则，如这个比例超过 50%，那么驾驶人就有一定的违法嫌疑，进入单独的违法嫌疑车辆库；这个信息库从长远来看，就是根据一些统计结果来判断驾驶人员的驾驶行为。

7．同行车辆多模型分析

基于大数据的同行车辆分析是指针对具有跟车相关的团伙作案时的车辆进行进一步研判，研判的规则包括筛选某个固定时间区间内同行经过 N 个卡口数量的车辆信息；筛选某个固定时间内有关多车关联性的分析，举例而言就是通过跟车关联性研判发现车辆 A 与车辆 C 有跟车关联性，车辆 B 与车辆 C 有跟车关联性，那么分析车辆 A 和 B 之间的跟车关联性的嫌疑性。

8．多业务维度积分研判分析

基于大数据平台的多业务维度车辆积分研判，是武进技防和图侦相关干警参考其他地市先进的车辆信息技战法，以及结合自身对实际嫌疑车辆研判时所提出的一种新的研判分析方法。其根据对车辆的出没时间属性、出没卡口地点属性、驾驶人员违反行为信息、牌照归属地信息等多种有关车辆属性进行综合考虑，引入一套关于车辆积分研判的方法，因此在对车辆信息进行有针对性的研判时带来一种全新的体验。同时，为了满足研判和预警实时性的要求，大数据采用 spark 流计算的方式保证车辆积分能够实时处理并将结果分发给相关人员。

9．基于车辆相关数据的车辆套牌的相关性分析

在现有的视频作战平台中，已经引入了一套根据同一时间内出现在不同地点来判断是否套牌车辆的相关分析手段，但是由于前端卡口设备在车辆识别率上并不能达到 100%，因此有一定的误报率；此外，该种套牌分析方法在定位一些非当前库内所包含的车辆信息时往往缺乏有效的分析手段；而大数据平台则是利用本期和前三期中一些已经对车辆进行二次结构化处理后的数据（如车型、车标、子品牌、年款等）进行套牌车分析库，将被盗抢车作为套牌车辆分析的重点，从而判断套牌车辆的可能性；另外，大数据平台将在时空领域上结合 GIS 应用，根据车辆不正常的出没规律来分析套牌车辆的可能性，如某辆车 C 在不同的时间内从区域 A 出现在区域 B，但是逻辑上区域 A 和区域 B 必须经过某几个卡口，但是在该段区域和时间内没有任何关于车辆 C 的过车卡口描述，因此可以判断车辆 C 是否为套牌车辆。

10．车辆时空出没规律分析

大数据平台的另一个重要作用是多元多维度的统计分析方法，针对某一辆车辆信息，大数据平台采用分布式计算的方法将车辆信息的过车点位信息、所有过车卡口的出没频次、出没时间段、经

常活动的区域、经常经过的监控点位信息以及违法信息统计和同行车辆信息进行统一展示，可以提供包括车辆使用人的居住地和工作地相关信息预测。同时预留这些数据分析结果，可进一步用于车辆与相关案件关联性的分析。

（四）基于大数据平台的以图搜图功能

以图搜图是当前智能交通综合管控平台针对车辆检索的新型的检索方案，系统支持以一张原始图片为基础搜索条件，根据图片中车辆的特征信息（如车头、车窗、车内饰等）查询目标车辆，根据特征信息的相似度进行从高到低的检索。当前以图搜图主要有云存储和图片服务器两种方案，分别如图 9 和图 10 所示。

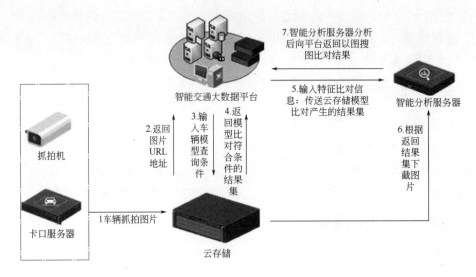

图 9 云存储方案

云存储方案用于大型规模的智能交通平台，一般为日均过车数据在几百万辆以上的项目中。其中使用云存储设备作为数据信息的核心服务器，内置智能建模的算法；而智能服务器在系统中充当查询对比服务器，为用户返回最终分析结果。该方案图片预建模和分析全都在云存储系统中完成，而检索部分则由专门的智能分析服务器完成，因此是全网范围内的以图搜图应用，搜索的效率会比较高。

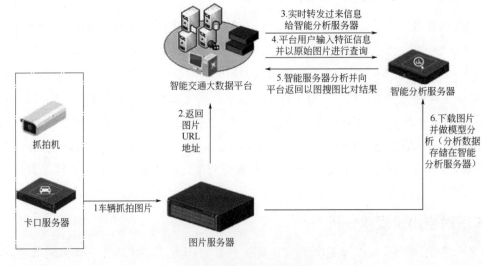

图 10 图片服务器方案

而图片服务器方案则适用于中小型规模的智能交通平台，由智能分析服务器完成过车数据的建模，并由其进行数据对比并返回以图搜图的对比结果。该方案中所有的建模分析和检索全部依靠智能分析服务器完成，因此整个系统的瓶颈在于智能分析服务器的性能。

相比较这两种方案的以图搜图的实现方式，基于大数据平台的以图搜图实现方式进一步将图片资源的二次结构化和大数据平台的全文检索功能进行融合，从而将以图搜图的功能从精准检索更进一步扩展到极速检索。基于大数据平台的以图搜图方案架构如图 11 所示。

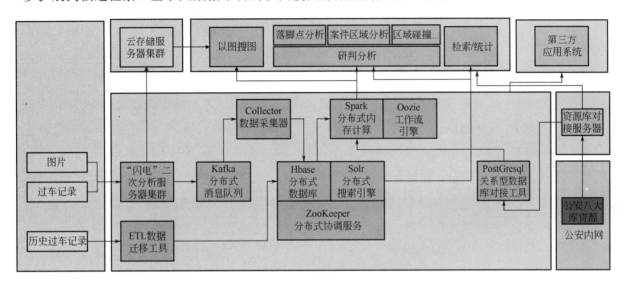

图 11　基于大数据平台的以图搜图方案架构

该方案由以下几部分构成。

（1）云存储服务器集群：用于存储实时的过车图片和违法车辆图片，并提供上层应用的基础图片资源库；此外，通过部署统一的存储资源池，提供视频图片的混合云存储资源。

（2）"闪电"二次分析服务器集群：提供图片实时的后端二次分析，包括车型、车标、车辆子品牌、车辆年款、驾驶室情况描述（是否系安全带、开车接打电话、遮阳板检测）、危险品车辆顶灯检测等；此外，针对以图搜图中需要的车辆特征描述，也由"闪电"二次分析服务器进行分析；而"闪电"二次分析服务器通过部署集群方式保证分析应用的负载均衡。

（3）ETL 数据迁移工具：针对历史数据的迁移，则采用 Sqoop（ETL 数据迁移工具）将历史数据导入大数据平台。

（4）Postgresql 关系型数据库对接工具：与公安八大库进行实时对接，并承载一部分的 SQL 语句多表查询功能。

基于大数据的以图搜图是整合了云存储的海量存储能力和关键帧索引技术、"闪电"智能分析服务器强大的图片处理性能，以及大数据平台的数据存储和处理能力，整个方案以交通数据流为导向，以数据的接入、处理、存储和分析及应用等每个过程整合各个组件，并考虑历史数据的整合和关系型数据库之间的 SQL 语句查询的支持，因此大幅度降低了以图搜图在实际应用中的查询时间，从而可以更好地服务公安、交通管理部门在车辆检索分析过程中的业务应用。

道路车辆检测和闯红灯监测：
用雷达替代地感线圈车检器的实测报告

昆山市工业技术研究院有限责任公司
北京华同微波科技有限公司

一、问题的提出

地感线圈车检器的应用已经被交通管理部门广泛接受。使用这种车检器，需要在道路的沥青路面下用导线构造一个大致成矩形的线圈，该矩形宽度（垂直车道方向尺寸）略小于车道宽度，矩形长度（顺着车道方向尺寸）可以根据应用需求制定，如 2～10 米。这样，线圈就形成一个检测区。在车辆进入、停留、驶出检测区的过程中，车辆的铁磁和金属性质会改变线圈的电感值。使用频率法或电抗法容易检测线圈电感值的变化，而电感值的变化能够反映车辆进入、停留、驶出检测区的过程。

了解和使用地感线圈车检器比较容易，同时这种车检器对车辆检测和闯红灯监测能达到较好的准确性，使得地感线圈车检器在应用市场上仍然占据重要位置。然而，安装地感线圈车检器两三年后，这种车检器出现故障的频率逐渐频繁，而更换工程代价高的缺点变得越来越突出。地感线圈在越冬以后老化加快，而且这个问题还难以找到比较经济的方法来解决。更换地感线圈的施工量和对交通的影响不是小事，于是人们在思考使用其他类型车检器的可能性。视频车检器被认为是一种很有发展希望的车检器，但在各种环境和天候条件下测试车辆检测和闯红灯监测的准确性后发现，综合地看视频车检器目前还难以达到较满意的性能。有雷达制造商宣传使用常用的测速雷达作为车检器，如果只用于车辆检测（计数、分类、测速等），这是可行的。然而，对于闯红灯监测，常用的单频率、单波束测速雷达就难以应用。考虑闯红灯监测的实际例子，常常需要监测多种不同的违规行驶，例如，车辆超越了止行线；车辆停留在超越止行线的一个位置上；车辆不仅超越止行线，而且行驶超越更远的界限。常常用两个或多个地感线圈，形成两个或多个检测区域，并在每个区域上利用检测信号触发一次或多次拍照取证。最简单的情况是参照止行线，在不同距离的两个指定位置上拍照。这个实际要求在原理上是普通测速雷达难以完成的。自然，使用多目标交通雷达有可能满足闯红灯监测的应用需求，但多目标雷达的高价格又排除了这种选择的可能性。

二、闯红灯监测应用：FSK 雷达车检器对比地感线圈车检器

闯红灯监测要求雷达波束能够覆盖一个车道的一段距离范围，并且能够提供进入照射区车辆的实时距离信息，用于引发不同指定距离上的两次或更多次触发信号。如果车辆停止在照射区内，应该能够检测车辆的存在。FMCW 雷达能够满足这些要求，只是其价格偏高。频移键控连续波（FSK）

雷达是更合理的选择。FSK 雷达能够提供进入照射区内车辆的实时距离信息，其不足是不能直接提供车辆在照射区内的存在信息。华同微波公司推出的 FSK 雷达被充分检验能够在车辆很低速情况下（2km/h 或更低）提供准确的距离信息。利用这种雷达能够实际地确定在检测区域内车辆的停车—再启动过程，从而实际地确定车辆在某个具体位置上的存在。同样重要的是，这种 FSK 雷达的价格和普通测速雷达相当，用作车检器时，其综合成本与地感线圈车检器基本持平，但雷达的寿命长得多。此外，FSK 雷达车检器有更多的优点，表 1 列出了两种车检器对车辆检测和闯红灯监测应用的比较。

表 1　两种车检器对车辆检测和闯红灯监测应用的比较

	FSK 雷达车检器	地感线圈车检器
原理	24.15GHz 微波，FSK 雷达	磁感应
施工难易程度	简单	复杂
受天气影响	很小	很小
对车辆的区分能力	强 车辆区分间隔 0.25m	一般 车辆区分间隔>2m
车辆检测精度	94%～98%	95%～98%
使用寿命	7 年	3 年
发展趋势	经济型多道、多卡口雷达	无
对车辆拥堵、慢行情况的适应能力	有一定适应能力	适应能力差
附注	（1）车辆检测误差主要出现在有挂车等异性车辆情形。 （2）作为车检器，性能优于车流量检测器 RTMS	车辆检测误差主要出现在有挂车等异性车辆情形

本文用实测数据来说明 FSK 雷达的优良性能。

（一）FSK 雷达区分车辆的原理和效果

图 1 是使用 SFK 雷达对串行通过照射区的多个车辆进行数据采集所获得的测试结果，其横轴是时间，结果图上显示的样本间隔约 13ms。该图的第一行是信号强度，表现各辆车通过照射区时，雷达输出的信号强度变化。由该图的各个山峰能够直观地判读各个车辆。一般情况下，一个山峰可能不是单峰；同时，当车距较小时，强度山峰会变得越来越难以相互分割开。这些情况会使得凭强度图来区分各个车辆的能力受到限制。

图 1 中第二行是车辆速度，表现各辆车通过照射区时，雷达输出的车辆速度变化。为获得该图，雷达照射区设置在能覆盖车道止行线后的一个区域，使雷达容易取得车辆停止—再启动的过程数据。图 1 的第二行反映了车辆从停止状态再启动以及后续车辆依次进入照射区过程中，雷达检测到的速度变化图。

图 1 中第三行是车辆距离分布。可以看出，从一辆车到后一辆车，距离分布图的跳动是鲜明的，使得从一辆车到另一辆车更容易相互区分。各个车辆的距离变化线性规律良好，虽然有噪声干扰，克服噪声干扰相对容易，使得能够在多个距离上设置对相机的取证触发。这正是 SFK 雷达的重要优点。

（二）FSK 雷达捕捉低速和起步停车目标的能力

图 2 所示为单部车辆在照射区域内停车过程的信号。图 2 中第一行是车辆的雷达信号强度，第二行是车辆的速度，第三行是车辆的距离。可以看出，速度下降很规则，直到停止。第三行的距离图出现的小跳变是数据量化造成的现象。当速度很小时，距离变化很小。当车辆完全停止时，由多普勒效应造成的强度信号很快下降。综合这些信息能够确认车辆停止在速度达到最小值对应的距离位置附近。

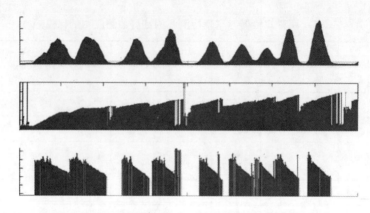

图 1　使用 SFK 雷达对串行通过照射区的多个车辆进行数据采集所获得的测试结果

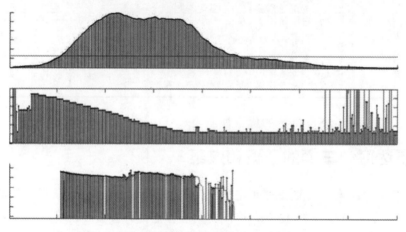

图 2　单部车辆在照射区域内停车过程的信号

三、如何使 FSK 雷达等效于地感线圈车检器

为了对比 FSK 雷达车检器和地感线圈车检器的性能，本试验选择了两处事先埋设了地感线圈的路段进行测试，其中一处在无锡市广石西路—凤宾路交叉口上，有一个地感线圈跨在止行线上，同时还有第二个地感线圈在止行线外。原有的地感线圈车检器已确立了两个触发位置。在绿灯通行阶段，当车辆尾部处于这两个位置时就会引发触发信号，将信号送给红绿灯控制信号机中的智能交通终端控制管理设备，能够完成交通信息统计。在红灯止行阶段，当有车辆尾部处于这两个位置时就会引发触发信号，用于启动相机的拍照取证。用 FSK 雷达替代地感线圈车检器，问题简化为安排雷达，使得当车辆尾部处于两个已确立的位置时能引发触发信号。为此，选用 FSK 雷达必须满足：

（1）雷达天线的照射区必须充分覆盖两个已确立位置；

（2）雷达天线的照射区宽度应略小于车道宽度。

在试验中选用了华同公司生产的 FSK 雷达 FTS01A，天线-3dB 波束宽度为 4.4°×7°；数据更新周期 13ms；雷达设计的距离参数适合于覆盖距离范围 17～34m；而雷达适应的速度范围是 2～240km/h。雷达照射区可以根据天线波束的-7dB 覆盖范围来估计。所设计天线的-7dB 波束宽度为 6.6°×10.6°。假定雷达安装高度为 7m，车道宽度为 3.5m。可以绘制一个几何图形来估计雷达安装和覆盖的关系，如图 3 所示。由图 3 可以看出，雷达天线高低向-7dB 波束宽度使用 10.6°正好适配 17～34m 的距离范围；而雷达方位向-7dB 波束宽度使用 6.6°正好适配大致 3.5m 的车道宽度。这样，只要安排雷达覆盖的距离范围，使得能够覆盖线圈车检器已确立的两个距离位置，就能够保证雷达等效地替换地感线圈车检器。其基本原理在于 SFK 雷达在其波束覆盖范围内的任何指定距离上都能给出检测信号并引发触发。

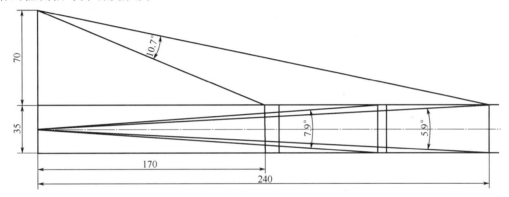

图 3　对合理实施雷达安装和覆盖的辅助用途

四、测试实施方案和结果

图 4 示出了对比测试的实施方案。雷达安装位置处于止行线后 18m 处。适当调整雷达天线的俯仰角能够保证由地感线圈车检器已确立的两条检测线完全包含在雷达覆盖范围内。在试验中，两条检测线的位置和距离可以调整，便于实现和现场地感线圈车检器的检测信号在时间上取得一致。

（一）典型数据

数据统计时间：2017 年 8 月 6 日—8 月 13 日，全天 24 小时无间断。

记录数据：车辆计数。

参照数据：相互对照。

结果统计图如图 5 所示。

（二）补充说明及统计结果分析

（1）短期计数记录显示，雷达数据和地感线圈数据基本一致，都能达到良好的准确性。

（2）雷达持续运行 6 周内未显示故障。

（3）统计 2017.8.6—2017.8.19 共 14 日的结果显示，雷达数据和地感线圈数据基本一致。

（4）对单车通过检测区域进行分析表明，线圈检测与雷达检测基本一致，两者在触发上的时间误差为 83ms。

（三）结论

通过对车辆及单车通行的检测，可以为"闯红灯系统—雷达"的可行性及准确性提供参考。测试结果表明，使用 FSK 雷达的车检器能够做到与地感线圈车检器的结果基本一致。

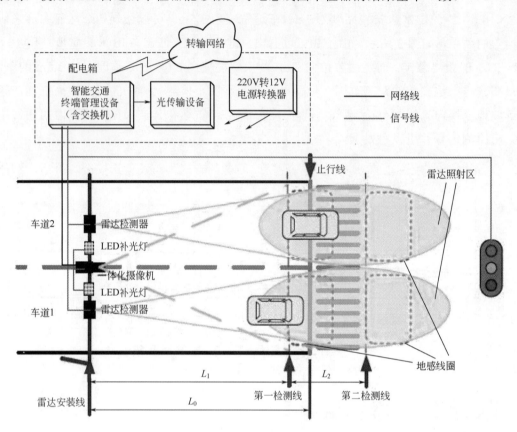

图 4 对比测试的实施方案

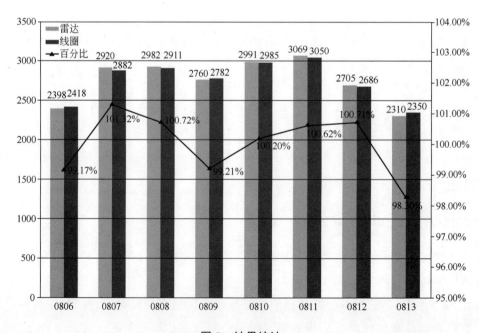

图 5 结果统计

智慧路灯系统解决方案
——助力智慧城市落地建设

上海三思电子工程有限公司

随着我国城市化建设进程加快，城市面积不断扩张，城市人口与车辆保有量激增，城市管理面临越来越严峻的挑战。如何在城市现有的公共设施基础上加强和完善绿色照明、交通诱导、监控检测、应急救援等设施与设备，利用最合理、经济、科学的方式为市民营造安全、舒适、智能的城市环境，成了摆在城市管理者面前的一道难题。

路灯作为城市基础设施建设的重要一环，充分展示了"无处不在"的地理优势和自带市电配套的供电便利，形成了连接城市物联网的天然节点。基于物联网、云计算、大数据、空间地理信息集成等新一代信息技术的应用，遍布在城市各个分支的路灯，通过感知、分析、整合城市运行核心系统的各项关键信息，可以实现对于城市服务、公共安全、环保在内的各种需求做出智能响应，这便是三思自主研发的智慧路灯系统解决方案。这样的路灯不仅仅是灯，也是智能感知和网络服务的节点。

一、智慧路灯系统解决方案概述

上海三思依托在 LED 显示屏、LED 路灯和硬软件系统集成上的综合开发能力，成功开发了智慧路灯系统，首先解决道路亮化照明问题；同时，通过智慧路灯的建设，实现智慧城市基础设施建设。三思智慧路灯系统应用框架如图 1 所示，其具有以下特点：

（1）自主研发的无线路灯控制方案，实现远程控制、远程维护。

（2）承载了 LED 户外显示屏作为信息发布的平台。

（3）集成了感知设备，包括环境传感器、RFID 阅读头和摄像头；利用路灯天然的地理优势，解决了智慧城市感知层设备的供电与载体问题。

（4）内嵌自主研发的智慧路灯控制器；将智能灯控、LED 屏控制、信息采集和信息传输集成在一个控制器之内，并具有一定的本地数据处理能力。

（5）配套三思智慧路灯控制软件系统；依托云平台，实现点（智慧路灯）—线（道路）—面（城市）的三级监控，实现对灯、屏的远程监测和维护。

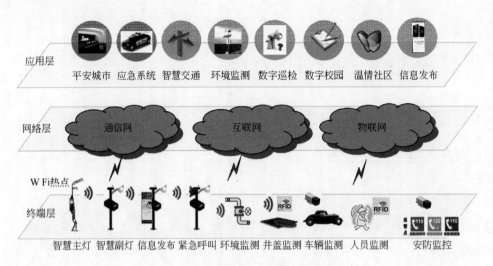

图1 三思智慧路灯系统应用框架图

二、智慧路灯系统功能概述

三思智慧路灯基于物联网信息传感设备，通过路灯对信息进行智能采集、存储、传递、处理，不仅可以作为一个重要的信息传输通道，也是市政信息发布终端、互动终端、监测终端，是现代化城市中一道亮丽的名片。具体来说，三思智慧路灯系统的功能如图2所示。

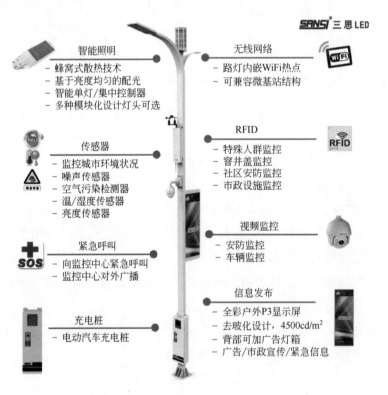

图2 三思智慧路灯系统功能图

"三思智慧路灯系统"不仅拥有基本的智能照明模块，还集信息发布模块、信息采集模块、信息传输和控制模块、应急电源模块等于一身，通过配备的户外小间距 LED 显示屏、摄像头、无线 WiFi

及充电桩，可实现 LED 路灯照明、LED 显示屏显示、通信与控制、视频监控、RFID 人/物监测、环境传感监测、电动车充电桩和紧急呼叫等不同应用。这些多样化的应用使其在节约能源、环境友好、事故预警、公共安全及便民出行等多方面大有用武之地，具有极高的实际应用价值，既可以全面提升和改善社会效益，又可以作为智慧城市的信息感知终端，支撑起城市物联网的全范围覆盖。

三、智慧路灯系统解决方案优势

三思智慧路灯系统拥有以下三大核心优势，对于构建智慧城市具有重要意义。

（一）LED 智能照明——打造绿色创新城市

三思智慧路灯 LED 照明系统通过采用先进的节电设备和完善的电力方案来节约电力使用量，有效地缓解了能源紧缺的现状，达到了节约能源及减少碳排放的目的。几种常见灯的参数和耗电量比较如表 1 所示。

表 1　几种常见灯的参数和耗电量比较

比较项目	400W 金卤灯	250W 金卤灯	250W 高压钠灯	100W LED 灯
平均寿命	1 万小时	1 万小时	2 万小时	5 万小时
启动时间	2～3 分钟	2～3 分钟	3～4 分钟	>2 秒钟
功耗	≥400W/小时	≥250W/小时	≥250W/小时	≥110W/小时
表面温度	>250°	>250°	>300°	<60°
电压范围	180～230V	180～230V	180～230V	110～260V
每天耗电量	12000 度	7500 度	7500 度	3300 度
每月电费	360000 元	225000 元	225000 元	99000 元
每年电费	432 万元	270 万元	270 万元	118.8 万元

三思智慧路灯 LED 照明系统采用智能控制，可实现可观的二次节能，其功率输出如图 3 所示。以 3000 盏 100W LED 路灯为例，计算没有控制和全亮 12 小时有智能控制，6 小时全亮，3 小时 50%，3 小时 25%数据，可计算智能控制 LED 路灯节电优势，如表 2 所示。

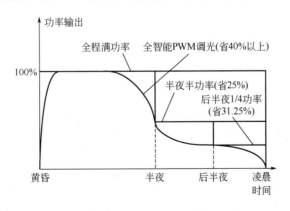

图 3　三思智慧路灯 LED 照明系统功率输出图

结合图3和表1可以看出，在保持原有路面照明条件下，以3000盏路灯为单位进行比较，LED灯比高压钠灯每年节约电费151.2万元；如果使用智能控制，LED路灯每年将节电192.3万元。同时，LED路灯使用寿命是高压钠灯的2.5倍，寿命显著增长；工作时的LED灯表面温度远低于高压钠灯，因此LED灯具坏损率更低，这就大大降低了LED路灯的维护成本。

表2　智能、无智能控制的LED灯具节电能力对比

控制	灯具功率（W）	灯具数量	每天耗电（度）	每年耗电（度）	节电（度）	节电比	节约费用（一元一度）
无	100	3000	3600	131.4万	0	0	0
智能	100	3000	247.5	90.3万	41.1万	31.25%	41.1万元

（二）全彩LED屏信息发布——创造双赢效益

在如今这个信息大爆炸的时代，各种鱼龙混杂的信息铺天盖地而来，冲击着人们。人们已经无法从信息的海洋中分辨哪些是精华，哪些是糟粕。当人们对手机上杂乱的信息感到疲惫时，随处可见的智慧路灯就成了正确、主流的信息平台。如图4所示为三思智慧路灯信息发布系统，采用高亮度户外全彩LED显示屏，净显面积为$1m^2$，去玻化的设计，可视角可达120°。它不仅是一个信息发布平台，同时也是官方公信实力的延伸。

图4　三思智慧路灯信息发布系统

（三）智慧管理平台——打造智慧城市

1. 智慧管理——城市设施集中管理

三思智慧路灯系统可以采集城市设施中的资产标签，当城市道路周围的市政设施受到侵犯时（如窨井盖、配电箱、垃圾箱等园区公共设施），可以发出报警信息。报警信息同时推送至显示屏信息栏、服务中心监控端。显示屏端的提示信息，警示行人异常情况出现；监控端工作人员接收到报警信息后，将信息发送至相关管理部门，进行及时处理。若公共设施失窃/损坏，可通过监控摄像头取证摄像头。

如图 5 和图 6 所示，智慧路灯通过 RFID 设备对道路周围的市政设施进行统一管理。以管网窨井盖为例，在管网窨井盖下方安装资产标签，当窨井盖发生移动、反转等异常情况时，触发标签报警。数据经由智慧路灯本地处理，对软件平台发布报警信息，同时摄像头捕抓报警视频、图像信息。

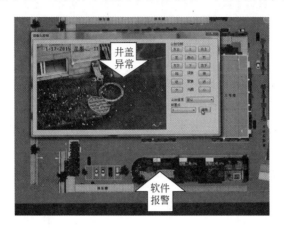

图 5   窨井盖管理系统 1

图 6   窨井盖管理系统 2

智慧路灯将图像信息回传服务器端，经由服务器端对现场图像进行进一步处理，通过图像识别确定井盖实时发生异常情况。这样可降低井盖报警的误触发率，进一步提高城市市政资产监控的准确性、可靠性。二次验证完成后，将警报信息发布给周围群众，通过 LED 户外显示屏更直接、更快捷地进行信息发布，可以起到立竿见影的效果。

2. 智慧安防——车辆、人员出入安全管理

三思智慧路灯系统可以对城市道路中人流量、车流量密集的公共场所出入口和大型社区出入口的周边道路进行车辆及人员监控。在区域内挑选多个关键路口、车辆汇集位置，安装多个"前端设备——网络摄像头"，对区域内的车辆/人员流动情况进行抓拍，并上传车牌信息，经由本地数据处理。同时，在信息公共显示屏上显示出入园区车辆、人员信息，起到园区安全管理的功能。并且对违反停车行为及时、准确地取证查处，预警提示违法行为，规范驾驶员停车行为，保证道路畅通安全。

3．无线城市——无线网络全覆盖

随着人们无线上网的需求，移动通信网络已经渗透至社会生活的各个领域。如图7所示，三思智慧路灯无线上网系统内嵌 WiFi 模块与微基站，本身就是 WiFi/4G/5G 网络的载体，支持无感知、短信和二维码访客等多种高效、便捷的无线上网认证方式。与传统的宏基站网络相比，应用智慧路灯无线微基站方案运营成本降低 50%，能耗降低 35%，极大地降低了运营商的综合运营成本。同时，该方案具有体积小、功率高、安装便利、覆盖广、隐蔽的优势，能帮助运营商解决寻址困难问题，实现快速部署，提供高质量的移动网络服务。

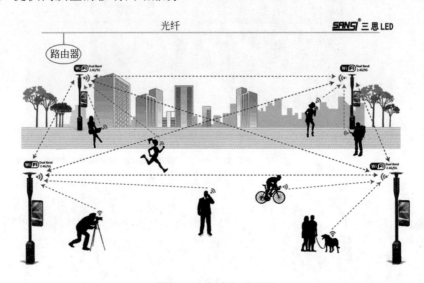

图 7　无线城市系统图

4．环境监测——建设绿色生态示范城

三思智慧路灯环境监测系统具有多种监测功能，可针对客户的不同需求配备相应的传感器。环境传感信息将被传送至服务器端，以便进一步处理、分析等。通过传感器检测到的部分环境信息，实时发布到显示屏，实现对重大环境污染事件、紧急突发事件的及时快速预警，充分展示城市内环境生态优势（见图8）。

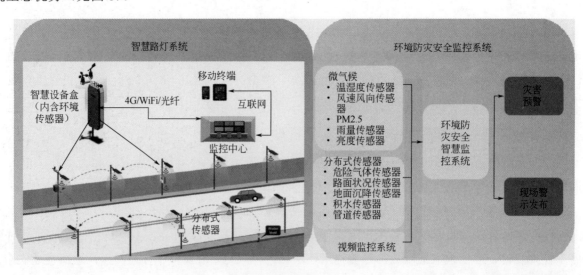

图 8　环境监测系统

5. 充电桩——助力新能源

目前，充电设施建设不足成为新能源汽车发展的瓶颈已是社会共识。经过多种方案对比，智慧路灯已经被验证为最经济可行的充电桩解决方案。智慧路灯与充电桩结合，可以突破城市充电桩建设过程中存在的征地难、建设费用高、电力配套难等困局，快速推进和建设，帮助城市管理者和电动汽车、充电桩运营商构建"灯、桩、网、车"一体化产业联动的智慧城市运营生态圈。新能源车只要停靠在路灯旁，用手机扫描充电桩二维码，并安装相关 APP 后，就可将汽车与路灯连接开始充电（见图9）。

图9 三思单盏智慧路灯充电桩充电演示

四、智慧路灯系统解决方案应用案例

2016 年 5 月下旬，由上海三思承建的智慧路灯系统大规模应用项目——江苏洪泽城区 LED 道路照明及智慧路灯应用系统工程顺利通过验收。在这一项目中，三思提供了自主研发生产的 3000 余套 LED 智能路灯和 30 余套智慧路灯及系统平台，安装在洪泽县 14 条主干道、12 条次干道、21 条支路及新建道路共 54 条道路上，为打造智慧城市提供良好的示范案例（见图 10）。

2016 年 9 月，杭州 G20 峰会召开期间，三思安装于 G20 峰会举办地——钱江世纪城的智慧路灯系统向八方来宾展现如何以路灯灯杆为载体，以大数据、云计算、物联网、地理信息、移动互联网等新一代信息技术作为驱动力，建立一套智能的、可持续的城市发展模式（见图 11）。

图10 江苏洪泽三思智慧路灯系统落地项目

图11 杭州钱江世纪城三思智慧路灯系统落地项目

2016 年 12 月中旬，人民日报、新华社、央视新闻等多家媒体报道了上海三思安装于北京左安门西街的智慧路灯系统。据悉，该系统由 10 套智慧路灯控制 67 套智能调光路灯组成的路灯物联网系统，是北京市大规模应用智慧路灯系统案例（见图12）。

图 12　北京左安门西街三思智慧路灯系统落地项目

此外，三思智慧路灯系统还在浙江嘉善巧克力甜蜜小镇、嘉善大云廖家新农村、上海浦江工业园区、广东东莞城区、深圳罗湖区、杭州富阳区、安徽芜湖、江苏昆山等 10 余个城市得到安装应用，切实助力智慧城市落地建设。

智能停车技术

智慧停车技术现状及未来发展趋势

浙江大华技术股份有限公司

截至 2016 年年底，全国机动车保有量达 2.9 亿辆，其中汽车 1.94 亿辆，伴随城市机动车保有量的迅猛增长，"停车难"已日益成为制约城市经济与社会发展的"瓶颈"。据保守估计，我国停车位缺口超 5000 万个。面对城市停车资源的日益紧缺，合理解决停车难的问题受到了各级政府和领导的高度重视。国家发展与改革委员会等七部颁发了《关于加强城市停车设施建设的指导意见》，首次将吸引社会资本、推进停车产业化纳入国家层面。

为解决道路停车问题，合理利用道路资源，缓解"一位难求"的城市停车现状，需要对城市的道路、交通、停车进行统一的规划、优化和管理，充分挖掘城市停车资源，特别是科学、合理地拓展路边占道停车资源，并通过对路边占道停车合理收费这一经济杠杆实现停车资源高效利用，为城市交通、停车提供高效、方便、有序的服务，从而改善城市的交通拥堵和停车困难。

一、现状

（一）停车场出入口控制技术

1. 出入口控制机

最早开始有停车出入口管理的概念是从人工收费逐步演变成用设备来替代，而当时的设备仅仅是由票箱和道闸两种组成，当车主进场时主动取卡，同步票箱发出报警信号给道闸使道闸开闸，车主出场时把 IC 卡交由岗亭收费人员，平台根据制定的收费规则以及 IC 卡的进出场时间差来完成收费同步开闸。

但是随着这种刷取卡的普及后，市场发现这种进出场的效率在大型综合体、商场、医院等车流量较大的场所，效率非常低下，经常导致出入口拥堵，所以整个市场需要由新的技术来替代这种传统的票箱技术，因此射频技术应运而生。

2. 视频技术

之前两种技术存在的局限在视频技术上都不会出现，主要原因在于车牌是每辆车的唯一标签，通过视频技术识别每辆车的车牌信息作为进出场的唯一凭证，不需要发卡，也不需要刷取卡，做到了无感进出场的体验，这也是当下主流的停车场出入口控制技术。

视频技术应用在停车场出入口主要设备组成有：出入口抓拍相机、道闸、软件平台以及其他相关配件，当车辆进入车场时，出入口抓拍相机通过图像算法技术，准确识别出车辆的车牌信息、入场时间、车身颜色等，同时上报给平台，当车辆出场时也通过车牌识别，然后根据平台制定的收费规则完成缴费后车辆即可出场。

　　当然视频识别技术也存在一些局限性，主要存在对车牌识别无法做到识别率 100%，主要原因还是在于会出现各种状况的车牌，如阴阳牌、污损牌、车牌遮挡、倾斜车牌等，所以视频技术对图像算法依赖很高，需要以视频技术为核心的厂家不断优化算法，从而提高车牌识别率。

图 1　浙江大华推出的出入口视频抓拍相机

　　图 1 所示为浙江大华推出的出入口视频抓拍相机。

（二）地下停车场引导及反向寻车技术

1．超声波技术

　　大型地下停车场车主都会存在找车位难、找车难等问题，最早的时候以艾科、科拓、捷顺等老牌停车场厂家为代表的超声波诱导技术广泛应用在地下停车场引导。主要是通过在每个车位上方放置超声波探测器和红绿双色指示灯，当车位状态发生变化时候，超声波探测器会下发指令给指示灯使其颜色改变，探测器通过 RS485 线把车位状态信息上报给超声波管理器，多个超声波管理汇聚到一个节点控制器，节点控制器主要用于数据的汇聚和上传给平台，由平台把余位信息下发到部署在各个场内路口的室内诱导屏，告诉车主不同方向的余位信息。

　　超声波技术的应用确实缓解了不少车主找车位难的问题，但是车主找车难的问题依然没有得到很好地解决。所以浙江大华作为以视频技术为代表的安防厂家进入停车市场，把视频技术应用于地下停车场的引导和反向寻车中。

2．视频技术

　　浙江大华把视频技术从停车场出入口延伸到地下停车引导及反向寻车中后，大大提高了车主的找车位和找车的便捷性。其核心技术还是在于车位前方放置的视频车位检测器，通过视频车位相机的图像算法、车辆建模等技术来判断当前覆盖的 2/3/6 车位的车位状态和车牌信息，只要有一个空车位，车位相机的指示灯就依然显示绿色，满车位就显示红色。

　　车位相机通过前端识别车牌和车位状态的方式，直接把结果通过网络方式上报给平台，然后平台把余位信息下发至各个室内诱导屏，完成车位引导环节。而浙江大华在业内率先提出的双网口技术大大减少了这套系统部署的施工工程量，减少了交换机数量、网线、桥架以及人工成本，推动了视频技术进一步在地下停车场引导中的使用。

图 2　视频车位检测器

　　另外，在各个电梯厅或者关键位置放置寻车机，在寻车机上输入车牌信息可直接反馈一条到车辆最短的路径，极大地缓解车主寻车难的问题。

　　由于浙江大华这种以视频技术为核心的厂家加入停车行业，把停车场行业推向了另一个浪尖。这也是出现 2015 年互联网停车的热潮的重要原因之一。

　　图 2 所示为浙江大华强势推出的视频车位检测器，分别覆盖 2/3/6 车位。

（三）道路停车技术

1．传统手持终端收费

介绍完了场内停车，接下来介绍场外的停车。从目前来看，国内还有很多城市的道路停车收费沿用传统的人工收费方式，每位收费人员配备 1 台收费 POS 机，通过手工录入车牌信息并通过移动公网的方式回传给平台，车主离场时也通过 POS 上显示缴费金额进行人工收取，从 2016 年统计数据来看又新增了 58 个城市使用了这套传统的技术手段。但是这套技术手段人工效率比较低下，通常一个收费人员管理 15 个车位就已经满负荷工作了，却也不能改变"跑冒滴漏"现象，所以这种传统技术手段慢慢会被淘汰，然而这种传统的停车技术已经被称为"道路停车 2.0"。

2．地磁+POS

道路停车中地磁技术的应用把"道路停车 2.0"推向"道路停车 3.0"，其原理相对比较简单明了，在每个车位上放置 1 台地磁探测器，当车辆驶入车位时，车辆切割地球磁感线而造成磁场的变化，地磁探测器检测到这种磁场变化后认为当前车位被占用，然后地磁探测器通过无线方式把车位状态上报给地磁管理器，地磁管理器把多个地磁探测器上报上来的车位状态以及车辆入位时间通过移动公网方式上报给平台开始计费，同时平台把对应车位状态信息下发给对应权限的 POS 机，由收费人员完成车牌信息录入工作。当车辆离场时仍然需要人工去收费，避免不了"逃单"现象。

地磁技术的应用虽然提高了道路停车收费管理员的效率，但是关键在于地磁探测器检测的准确率，究其原因还是在地磁算法层面的准确率，如在机场边上、商圈中心都会存在交变磁场，在变电站、地铁站边上的强磁场，就需要靠算法去过滤这些干扰。还有一类情况，如车辆在车位上停放超过 24 小时时，是否会把当前停车状态的磁场当做基准磁场而车辆离开判断为有车状态，这种情况也需要靠算法去过滤。

3．视频桩+POS

随着技术的不断发展，浙江大华再次把视频技术引入道路停车行业，那便是浙江大华发布的室外视频车位检测器，借势把道路停车推向"道路停车 4.0"阶段。

在每个车位放置一台视频车位检测器，用于判断车位状态和识别车牌信息，设备上集成 7 色指示灯、超声波探测器和抓拍相机。7 色指示灯满足业主个性化需求，如 VIP 车主或高端车主对应可显示黄色，超声波探测器用于辅助检测车位状态、提高车位判断准确率，抓拍用于车牌、车身颜色等信息的识别。

终端管理盒给前端视频车位检测器供电、传输、存储以及通过无线网桥方式把数据上报给云平台。云平台负责对各个终端盒上传上来的数据进行汇聚和处理，对于车主端 APP 主要是服务于车主进行自助缴费、车辆监控、车场导航、余位信息查看以及广告信息获取。而收费人员的 POS 主要用来处理平台下发的车辆不规范停车情况，确保车辆有序停车。

图 3 视频车位检测器

图 3 所示为浙江大华推出的专门用于道路停车的视频车位检测器。

（四）诱导发布

为了让整个道路停车形成闭环，需要在各个重要路段设置城市停车分级诱导屏，用于提醒车主各个停车场余位信息，缓解因为车主找车位而带来的无效行驶，从而缓解交通拥堵和减少尾气排放。

现有的城市分级诱导屏主要分为一级诱导屏、二级诱导屏、三级诱导屏，一级诱导屏如图4所示，放置于核心路段，用于显示周边停车场的余位信息，目前的一级诱导主要有全点阵和光带复合屏两种。

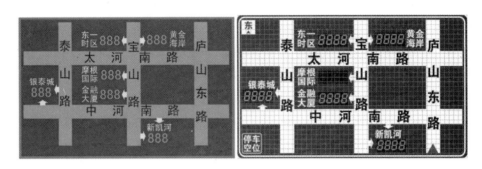

图4　一级诱导屏

二级诱导屏一般设置在各个停车场周围主要的路口，向即将通过路口的、需要停车的司机传达沿路口各个方向的停车场空车位状况、行车方向及行车距离等信息，可显示多处停车场空余车位的实时信息，如图5所示。

图5　二级诱导屏

二、未来发展趋势

（一）城市停车统一管理

1．出入口新技术应用

1）电子车牌结合相机

目前国家正在大力推进 RFID 电子车牌，通过政策层面推动电子车牌的普及，主要还是为了统一管理车辆，通过发放的电子车牌上添加车辆信息、车主信息、年检信息等，然后在各个路段中设置 RFID 读头，对过车数据进行读取上报，同时结合出入口抓拍相机进行视频取证，降低了对出入口抓拍相机的要求。

2）视频识别技术

将基于深度学习的应用下沉应用于出入口抓拍相机中，提高车牌识别、车身颜色、车型车系的识别率，同时提取其他非结构化数据，车牌不再只是车辆的唯一标识，可以是前挡风玻璃的某一挂件或者是纸巾盒等其他物品，大大提高了车辆进出效率，基本可以做到100%的识别进出场。

2．道路停车新技术应用

目前以华为为代表的通信厂家正和国内三大运营商合作，大力推进 NB-IOT 的建设，就单从4.5G 基站的承载能力来看，理论上一个基站单扇区可以承载 10 万个 NB 终端的接入，大大提高了物联网建设的进程，而在道路停车中地磁结合 NB 技术走运营商的 4.5G 基站上云平台无疑是最好的结合，NB 技术的应用大大减少了道路停车系统建设的成本，而且有运营商来维护基础网络建设和运维，基本可以确保道路停车系统的稳定运行。

（二）未来支付

目前不少智慧停车公司联袂支付宝推出"无感支付"，其技术背后主要是通过平台打通，利用支付宝强大的支付功能实现停车缴费，但是这种模式还是对"套牌车"支付问题无法解决。

那么我们大胆设想一下，随着智能化不断前移，前端设备尤其是以出入口抓拍相机为代表，在不久的将来完全有可能实现对"人脸面部特征"的精准抓拍，所有停车场出入口系统都统一上云端，所有出入口抓拍出来的人脸都和云端人脸库进行比对，同时云端也打通"支付宝或微信及其他支付通道"，实现以"人脸面部特征"为唯一识别标签的支付方式，这样就解决了仅仅靠车牌作为唯一标签来支付的漏洞。

三、结束语

浙江大华深耕"视频"技术领域多年，凭借不断的研发技术投入，不断产品迭代更新，把整个停车行业技术带入一个新的领域，同时前端产品智能化前移，后端平台业务功能不断完善，势必把停车行业推向另一个高潮。

智慧停车云前期研究

深圳市易行网交通科技有限公司

一、背景介绍

随着我国经济发展及国民生活水平的大幅度提升，我国城市居民的机动车保有量呈现直线上升趋势。截至 2016 年 9 月 26 日，据公安部交通管理局统计，全国机动车数量已突破 2.85 亿辆，其中汽车总数 1.84 辆。根据《深圳晚报》上深圳交警给出的数据，截至 2016 年 9 月 26 日，深圳市机动车保有量高达 3237711 辆，车辆密度全国第一。然而，与日益增长的机动车保有量形成鲜明对比的是，深圳市道路资源严重不足，停车供给严重不足。据统计，到目前为止深圳市共有约 107 万个停车泊位，停车缺口大约为 216 万个。换言之，深圳市每 3 辆机动车，才只有一个停车位，车辆和泊位数比例为 3：1，而研究数据表明车辆和泊位数合理比例为 1：1.4。所以，目前深圳市的停车配比严重不足，甚至有些区域"停车难"比"行车难"的问题更为突出。

"停车难"从各个层面约束城市的发展。其一严重影响城市交通畅通程度；其二环境污染严重，严重降低了城市居民生活质量。为避免停车难约束城市发展，同时为了贯彻落实《国务院关于促进云计算快速健康发展和培育信息产业新业态的意见》（国发〔2015〕5 号），推动深圳市云计算快速健康发展，深圳市制定了《深圳市推进云计算发展行动计划》（以下简称《行动计划》）。

《行动计划》提出"计划到 2017 年，云计算基础设施进一步完善，大数据产业具有一定规模，云服务产业规模达到 400 亿元，云计算企业超过 500 家。云计算在政务、教育、医疗、交通和金融等领域得到广泛应用，全市云计算应用水平跃上一个新台阶"的总体目标，并筛选出 2015—2017 年推进的重点工程，包括电子政务云、教育云、健康云、交通管理云、社会保障云、公安警务云、智慧停车云等方面的建设项目。通过这些项目的实施，以点带面，加快推进深圳市云计算应用发展。

智慧停车云是基于云计算的停车信息管理和服务平台，利用物联网、云计算、车联网、移动互联网和金融支付等技术，接入城市各类"孤岛"型占道停车泊位和停车场，形成联动发展的综合性系统网络，对分散的泊位进行数字化信息采集，同时对泊位数据进行集中管理、统一发布和智能分析，实现联网停车场、占道停车泊位的远程在线管理，实现无处不在的泊位查询、停车导航、车位预约/预订、错时停车、在线支付、车位共享和反向寻车等智慧停车服务，彻底解决停车难的问题。

二、研究目标

针对城市交通拥堵和停车困难两大难题，智慧停车云旨在从静态交通即车辆停放的角度来解决城市交通拥堵和停车难问题。通过本项目的研究，能够充分说明智慧停车云在城市建设发展中的重要作用，明晰智慧停车在国际和国内的发展状况，为搭建深圳市智慧停车云的建设方案积累相关技术方法和实际应用经验参考。

三、行业发展状况

当前，智慧停车管理系统作为智能交通系统的重要组成部分，在国际上受到广泛重视，国际上已经在这一领域开展了大量的研究工作。美国、日本、欧洲、韩国等交通发达国家和地区已经将诸多研究成果投入了实际应用，在许多城市实施了智慧停车泊位管理系统，取得了比较先进成熟的应用案例。例如，美国 Toledo 市使用了园区智能系统（Park Smart System）；在亚洲，日本最早建立了城市停车诱导系统（Parking Guidance Information System，PGIS）。

与国外发达地区相比，我国的智慧停车管理系统起步虽然比较晚，但近几年，智慧停车行业在我国得到了迅猛发展。

我国第一套完整的停车引导系统于 2001 年年底在北京市王府井地区投入运营。在此之后，上海市、深圳市、武汉市、沈阳市、成都市等许多地区都配备建设了停车引导系统。随着系统的使用深入和规模壮大，智能停车引导系统所能涉及的车库数量大大增加，在车库车位得到充分利用的同时，改善了道路乱停车辆的状况，交通条件明显好转，城市交通环境明显改善。

四、技术发展状况

1. 智慧停车管理体系

智慧停车管理系统是"智慧停车系统"的重要组成单元，它要全面收集城市相关停车动态及静态信息，通过有效整合、综合分析与控制各种交通管理资源和设施，实现停车资源采集、信息管理、支付服务等功能，满足先进实用、反应快速、运转协调、安全可靠的现代化停车管理指挥和服务体系的要求，全面提高城区交通管控能力和停车服务水平。

2. 停车云硬件技术

在采集系统中，各种传感与通信终端设备决定了数据品质。其中，高清视频监控、视频抓拍、查询终端、车位引导屏、道闸等是建设智能停车系统必不可缺的基础设施。

3. 关键技术

（1）物联网在智慧停车场中的应用主要包括：将停车场设施设备、交通诱导设备、充电桩、交费设备、车辆等交通体系涉及的相关设施、设备通过物联网实现互联互通；实时输出设施设备数据；接收并响应外部指令；融合各种定位技术，实现室内、室外一体化导航和诱导。

（2）RFID 卡与传统的磁卡、IC 卡相比，最大的优点就在于非接触，利用 RFID 技术可以在远距离外，不与目标直接接触，透过外部材料直接读取数据信息。停车场控制系统通过控制出入口道闸的开启和落下，配合车辆 RFID 卡、射频读卡器和传输天线，确定入场、离场车辆信息，完成整个停车服务流程。

（3）云计算是一种基于互联网实现的大规模数据计算方式，通过这种计算方式，能够按照实际需求将共享的各类资源和信息提供给计算机和其他设备。基于云计算的智慧停车系统可以将城市道路智慧停车管理系统的海量信息，包括城市区域停车场分布信息、道路交通量信息、停放车辆信息、管控信息等存储到网络上，从而构成智慧停车云。

（4）移动支付是停车场收费系统实现智慧停车的最佳方式。其具有防止车主逃费，防止收费员私吞票款，避免收费过程中发生纠纷，支付结算对账更快更安全，大幅减少管理人员的数量等优势。

（5）LBS 在智慧停车中的应用包括：结合 GIS 系统实现车辆导航、跟踪、监控、调度及安全服务；及时响应车辆被盗、遇劫等事故，记录车辆位置和状态，并协助智能停车系统向报警位置发送应答信号；利用移动设备随时获取周围重要信息，满足用户的各类生活信息需求。

4. 基于大数据挖掘及移动互联网应用的智慧停车系统

大数据（Big Data）是继云计算、物联网之后 IT 产业又一颠覆性技术变革，具有数据体量巨大、数据类型繁多、价值密度低与商业价值高、处理速度快等特点。

基于大数据挖掘及移动互联网应用的智慧停车系统主要包括数据采集端、数据中心、数据显示终端（见图1）。数据采集端采集本地停车场的空停车位信息、收费标准、类别、空余停车位数量、总车位数量信息、入口位置、是否露天、通道高宽度、停车位长度尺寸、是否有视频监控、购物免费停车信息、用餐免费停车信息等数据中的一种或多种组合信息数据，实时上传给数据中心，数据中心利用大数据分析方法比对数据，分析停车场的各种信息，并将停车数据信息传输给数据显示终端，同时连接其他服务器收集该地区天气数据或路况数据和其他环境信息。当利用数据显示终端进行停车场信息检索时，数据显示终端通过网络或地图工具将各个停车场的实时情况进行显示，方便出行者参考、选择。

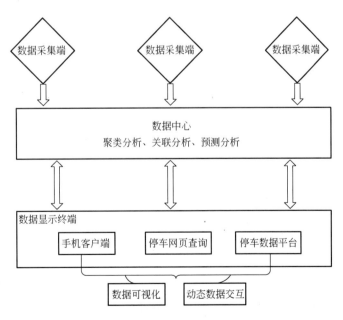

图1　基于大数据挖掘及移动互联网应用的智慧停车系统示意图

五、初步建设方向

深圳现有的城市停车解决方案主要分室内外停车管理系统、道路停车管理系统两大类，其系统结构、技术特点、收费模式、管理流程差异较大。智慧停车云平台的建设，需要实现各类停车系统的资源整合，满足未来智慧停车行业因业务不断增长而带来的客户个性化需求及政府管理需求。

1．初步方案设计

综合分析现有道路停车、室内停车、路边停车等各种城市停车管理方案和系统，提出适合于深圳城市特点的智慧停车云初步解决方案（见图2）。

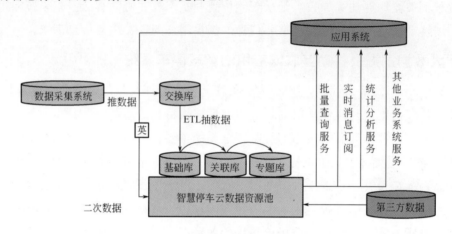

图2 智慧停车云初步解决方案

方案主要从以下几方面入手。

（1）部署数据采集系统：采集各个停车场的车位实时数据、收费信息、位置信息等。

（2）企业等第三方数据接入系统：融合自各相关资源和应用服务的数据，资源状态、属性信息、服务请求信息等。

（3）建设智慧停车云数据资源池：包括基础库、关联库、专题库。

（4）建设智慧停车应用系统，数据资源池为应用系统提供批量查询服务、实时消息订阅、统计分析服务等业务服务。

2．平台构架

智慧停车管理系统要满足全面收集城市相关停车动态及静态信息，通过有效整合、综合分析与控制各种交通管理资源和设施，达到先进实用、反应快速、运转协调、安全可靠的现代化停车管理指挥和服务体系的要求，全面提高城区交通管控能力和停车服务水平。

整体系统分为设施层、数据层、应用层三个层次，同时，提供相应的信息安全与平台监控体系、数据标准规范体系作支撑。

设施层：提供集成的硬件架构，以及虚拟化资源池和云操作系统的运行环境。

数据层：是智慧停车云的核心内容，采用各种硬件技术手段采集智慧停车相关信息，把零散分布的数据采集与汇总，形成各种停车数据库，包括基础库、关联库、专题库等。

应用层：运用先进的大数据分析技术整合分析多元智慧停车数据，与各种服务系统共享数据信息，提高管理效率，解决各类停车问题及交通问题（见图3）。

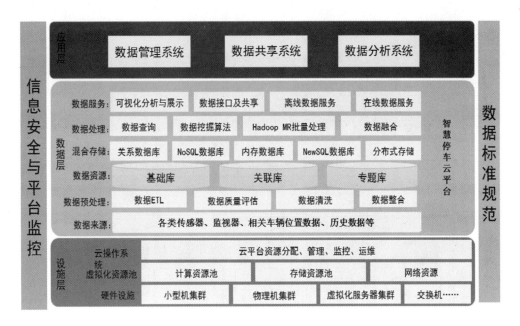

图 3　智慧停车云平台整体框架

3．功能模块

智慧停车云平台对 PaaS 层数据库进行处理、整合、质量评估、融合和共享，完成 SaaS 层服务应用的建设。

具体应用功能如下：

（1）数据应用平台。

● 车位占有率、周转率情况多渠道实时播报。

● 通过对车位占有率、周转率的分析，实施差异化收费，同时也可为停车场选址提供数据决策支持。

● 支撑系统调节动静态交通，有效解决停车困难和交通拥堵两大交通难题。

（2）共享交换平台。

● 政府与社会第三方停车数据资源池。

● 交委、交警、城管、市场监督等部门停车数据互联互通的基础平台。

● 支撑停车关联行业建设规划，如加油站、商业区选址规划。

（3）数据查询：在特定的权限范围内，接受来自各相关方的查询请求，如车位状态信息、充电桩状态等。

（4）清分结算：在完成交易时，根据设定的交易规则、计费规则，对交易进行清分和结算，并完成资金流转。

智慧停车云平台功能示意如图 4 所示。

4．应用方向

建成后的智慧停车云能对城市停车数据进行综合分析与挖掘应用，通过建立量化模型和决策支持模型，为停车政策的调整提供辅助决策支持。例如，针对停车需求不同的区域，通过对车位的占用率和周转率的分析，实施差异化收费标准，合理引导停车资源的配置等。智慧停车云可系统性地协调静态交通和动态交通，有效缓解停车困难和交通拥堵，推动智慧交通、智慧城市的建设。

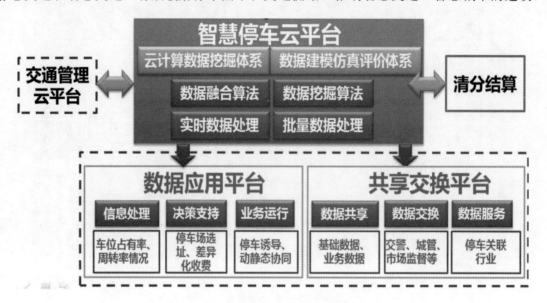

图4　智慧停车云平台功能示意

浅析全视频在道路停车管理应用中的独到之处

深圳信路通智能技术有限公司

据公安部交管局统计，截至 2017 年 6 月底，全国机动车保有量达 3.04 亿辆，其中汽车 2.05 亿辆；机动车驾驶人达 3.71 亿人，其中汽车驾驶人 3.28 亿人。2017 年上半年机动车新注册登记量达 1594 万辆，略高于 2016 年同期水平；汽车新注册登记量达 1322 万辆，与 2016 年同期基本持平。全国有 49 个城市的汽车保有量超过 100 万辆，23 个城市超过 200 万辆，北京、成都、重庆、上海、苏州、深圳 6 个城市则超过了 300 万辆。

在汽车总量如此快速增长的趋势下，城市停车的发展并未跟上节奏，供需矛盾日益突出，一位难求的现象与日俱增。当前路内停车普遍存在停车难、停车乱、找车位难、欠费追缴难等问题，停车问题增加了整个城市交通的拥堵。

近年来，在封闭式车场增长速度无法满足车辆增长对泊位需求的情况下，路内停车因成为治理城市拥堵的快速有效办法，也越来越引起道路交通管理部门的重视。我们以其中某城市交管部门在 2016 年 3 月引入的全视频路内停车管理系统方案为例。在引入此方案之前，该路段的很多出行办事，早晚高峰期学校及幼儿园接送，商业综合体及医院周边停车，各种赛事活动期间周边临时停车非常困难。之前该道路停车项目的运营全为人工收费，效率相对低下，导致了无效交通量增加，通行道路能力下降，交通环境污染加剧，道路安全程度降低，出行时间成本大幅提高，增加了该路段汽车尾气的排放，事故明显增多。

在引入全视频路内停车管理系统以后，该泊位路段道路运行速度、交通秩序和交通拥堵情况都得到明显改善。首先人工收费资金流失率大幅降低，路段路边临时停车周转率平均上升约 49%，同期高峰时段泊位外路边违章停车现象减少约 95%。此外，机动车在路时间有所减少，机动车工作日晚高峰碳排放平均减少约 4.6%。

部分人群对道路附近的违停球、视频桩、全视频会混淆不清，而相比违停球与视频桩，全视频路内停车管理系统的独到之处究竟在哪里？首先我们来看违停球、视频桩还有城市级全视频路内停车管理系统的定义及它们的各自应用领域是什么。

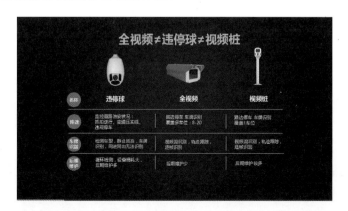

违停球：是基于端到端的系统，它集彩色一体化摄像机、云台、解码器、防护罩等多功能于一体，广泛应用于开阔区域的监控。主要应用在路边及一些重要场合，如机场、口岸、火车站、商场、商业街等地点，是城市交通执法部门为了解决乱停乱放，规范城市交通秩序而使用。违停球的使用不但解决了警力和人力抓拍劳力不足的问题，而且也给执法部门带来了创收。在实现功能方面，违停球采用自动跟踪球机一体化智能分析模式，单点配置一套自动跟踪球机，自动跟踪球机内置智能分析算法，利用机器视觉代替人工视觉进行车辆目标提取、违章行为自动判定、自动跟踪放大、自动车牌识别，兼具机器连续工作优势和人类部分认知能力，准确、快速地对机动车违法停车行为从车辆前部或尾部进行取证记录。违停球可全天 24 小时对多个预置位方向 100～200 米范围内车辆违停、逆行、压线交通违法行为自动进行违章判定、违章抓拍、图片上传，违章捕获率在 90%以上。违停取证设备输出内容包括：3 张全景图片+1 张车牌特写图片+1 段违法过程录像，检测取证同时处理不少于 20 个目标。从方案效益方面来说，违停球震慑了非法违停行为，改善了城市形象，增加了交通部门的财政收入，降低了交通部门人力成本。

视频桩：采用侧向识别技术作为终端数据采集手段，设备安放在泊位的右后侧，依托"互联网+大数据"技术，由路面泊车系统、用户手机软件、服务与管理中心等组成。主要应用在路内平行停车位，使用群体是城市交通执法部门、城市停车管理部门及车主。在实现功能方面，视频桩利用前端设备自动获取车辆停车信息，自动识别车牌号码传输至中心系统，系统自动计费，车主利用自助缴费终端或者是手机 APP 等方式缴费。单个视频桩前端设备覆盖车位数 1 个，设备输出内容包括：1 张车牌特写+车牌字符+时间。从方案效益方面来讲，视频桩提升了城市车辆通行效率，节能减排，缓解了城市拥堵，增加了停车运营收入，实现了共享停车资源带来的额外收益。

全视频：全称城市停车 4.0——城市级全视频路内停车管理系统，是以车牌识别和智能分析技术为核心，能够完整覆盖城市停车各种复杂场景的整体解决方案。该系统由前端设备、车主应用端、后端管理端和智慧停车云平台组成。主要应用于路内平行停车、垂直停车和半封闭停车等应用场景。在实现功能方面，该方案实行集中联网，可实时监控泊位，智能识别车牌车型并存证。自动计时计费，存取欠缴费信息，支持移动端支付，大幅降低人工及运营成本。实现路面泊车的自动化管理和全方位管控。在平行停车位，前端设备覆盖车位数 8～20 个，车辆捕获率≥99%，车牌识别率≥97%。垂直停车位，前端设备覆盖车位数 6～15 个，车辆捕获率≥99%，车牌识别率≥95%。半封闭停车位，前端设备覆盖车位数 N 个，车辆捕获率≥99%，车牌识别率≥97%。平行停车位设备输出内容包括：2 张全景图+1 张特写+车牌文本信息。垂直停车位设备输出内容包括：2 张全景图+1 张特写+车牌文本信息。半封闭停车位设备输出内容包括：1 张全景图+1 张特写+车牌文本信息。从方案效益来讲，该系统增加了停车运营收入，减少了现金漏洞，解放了人力，降低了运营成本，实现了智能化、精细化的管理方式，以及共享停车资源带来的额外收益，提供了大数据增值服务；提升了城市车辆通行效率，缓解了城市拥堵，提高了公众认同感与幸福感。

了解了它们的定义及应用领域之后，我们再来看造成三者之间差异化的原因是什么。

首先，从需求上来讲，"路内停车"是为临时停车便利而设置，具备公共属性，它发挥"价格"杠杆，进行有效资源的调配，防止车位被长期甚至免费占用。城市级全视频路内停车管理系统与视频桩在这个需求中发挥了不可或缺的作用，使车位的泊位数据实现可视化，实现了最大限度地合理分配停车资源。而针对各种城市综合体车辆乱停乱放的现象，相关部门为了震慑非法违停行为，缓解城市交通压力，通过违停抓拍增加收入。违停球虽然解决不了停车难问题，但对解决乱停乱放问题、规范城市交通秩序、效益创收确实很有益处，相关部门在投入违停球的同时并未增设配套的临时停车位，目的主要是解决各种城市综合体乱停乱放的现象，但是对于全局的违停现象，因违停庞大的体系而并未得到彻底妥善解决。

从车牌识别技术上来讲，车牌识别的方式分为前端的硬件识别与后端的软件识别。后端软件识别是用配套的车牌识别软件，对抓拍的图片进行识别处理。其工作方式是通过摄像机，连续抓拍多张图片，选择其中较为清晰的一张，然后通过电脑软件进行字符处理，实现号牌识别。因为每次识别需要抓拍多张图片，因此要求网络的带宽非常高，所以软识别的速度相对较慢。而且该系统对所抓拍的图片要求也是极高的，必须极为清晰才能达到想要的效果。并且经过多重识别设备，丢包的可能性相对较高，造成识别率降低。前端硬件识别是通过独立的硬件设备，对所抓拍图片进行一系列的字符处理，然后再将所处理的结果传输到电脑，完成一系列的工作。前端硬件识别的车牌识别系统相对软识别来说，工作的稳定性要比前者强，其传输的速度也大幅提高。

对于车牌识别方式，违停球主要采用的是后端软件识别，是车辆停放好以后，前端设备静止抓拍检测车型车牌，在一些特殊的场景，如多辆车同时进出时，违停球暂时还无法抓拍到车牌信息。虽然违停球的识别范围较广，但其夜视成像能力和补光能力不足，对车牌识别率相对较低，对车位的精准定位也明显不足，所以主要是应用于部分场合与范围，以管理与打击违停现象。

而全视频与视频桩车牌识别，从技术原理上来讲是采用前端硬识别的视频流方式来进行车牌识别，运用了轨迹跟踪和逐帧识别技术，识别率相对较高。并且拥有夜视成像并智能补光的功能，可以保持在任何环境下，该方案能稳定识别车牌信息。可实时抓拍并且上传车牌信息及车辆泊位的全景图，管理部门可查看泊位实时数据，进行分析和应用。使用泊车系统的车主可以实时掌握临时停车位状况并加以利用，使公共资源得到最大限度的合理分配。

从后期维护上来讲，首先违停球由于前端设备球机在一直转动，损耗比较大，后期维护成本较高。视频桩前端设备安装较低，容易人为对镜头遮挡，如粘口香糖、橡皮泥、深色塑胶袋等。新手倒车也极有可能碰倒视频桩，造成设备损坏。一台前端设备管理一个车位，单一性的识别会造成施工成本高、施工难度大，增加了后期的维护成本，且立杆过多会影响城市风貌。全视频前端设备安装离在地五六米高的位置，避免了人为破坏的可能性，一台前端设备管理8~20个车位，后期维护成本相对较低，并且拥有大广角进行全方位的车牌识别，对城市美观度影响相对较小。

以上是违停球、视频桩、全视频在应用需求与技术和后期维护上的区别，并针对停车痛点解决的方向进行了差异化的描述。

综上所述，违停球、视频桩、全视频路内停车系统在停车行业的业务范畴上各有自身的优势与不足，结合各家产品的功能与应用差异化，更好地为停车产业服务是我们停车人当下最为重要的课题。

尚安停车 SaaS 服务平台

——互联网停车收费系统+停车场运营服务系统+口袋停 APP

上海尚安停车场管理有限公司

一、停车服务行业背景

（一）停车资源缺口明显

我们首先通过一组官方数字看一下，当前我国汽车行业市场的规模。

据中国汽车工业协会提供的数据显示，2016 年，汽车行业累计实现主营业务收入 83345.25 亿元，同比增长 13.79%，增幅同比上升 9.06 个百分点；累计实现利润总额 6886.24 亿元，同比增长 10.66%。

据公安部交管局统计，截至 2016 年年底，全国机动车保有量达 2.9 亿辆，其中汽车 1.94 亿辆；机动车驾驶人 3.6 亿人，其中汽车驾驶人超过 3.1 亿人。2016 年新注册登记的汽车达 2752 万辆，保有量净增 2212 万辆，均为历史最高水平。

由此可见，汽车行业整体经济运行平稳，主要经济指标呈较快增长，主营业务收入、利润总额明显高于 2015 年。2016 年，新注册量和年增量均达历史最高水平。随着人民生活水平的不断提升，汽车刚性需求保持旺盛。

接下来我们再来看一下停车位资源与停车需求的巨大缺口。

据不完全统计，2014 年新增车位需求 2876 万个，而当年实际建设车位仅 1106 万个，供需缺口达到 1770 万个；2009 年新增车位需求 1234 万个，当年实际建设车位 340 万个，供需缺口不到 900 万个。2009—2014 年累计新增车位需求 9740 万个，六年累计建设停车位 4335 万个，缺口达 5400 万个左右。我国每年实际建设的停车位远远落后于新增的停车缺口，每年新增车位需求和每年实际建设停车位数量的缺口不断扩大。

当前，全国停车位缺口为 5000 万个，我国目前的城镇每千人的汽车保有量已经超过 200 辆，每千人停车泊位位仅有 164.2 个，全国城镇平均车位配比仅在 0.8 左右，达到了一个供需的临界点。截至 2015 年年底，全国有 40 个城市的汽车保有量超过百万辆，其中北京、成都、深圳、上海等 11 个城市汽车保有量超过 200 万辆。截至 2015 年年底，11 个城市的汽车保有量之和已经达到 3227 万辆，增长速度极其快速。以常住人口计，各大城市每千人的汽车拥有量也达到了历史上最高的水平，其中深圳、北京、郑州、杭州、西安及成都等城市都超过了 250 辆/千人，停车需求旺盛。

（二）当前停车行业服务现状

在如此巨大的市场需求面前，当前的停车服务现状又如何呢？

1. 停车需求急速增长，停车管理方增加停车资源方法乏力

当前的停车需求正在急速增长，在住宅及非住宅停车场中均面临着停车资源紧张的情况，在住宅停车场中，由于房屋与车位的配比低，同时经济增长迅速，造成停车资源严重不足，但是依靠居民、业委会、居委会或者物业公司来增加社区停车资源困难重重；在非住宅的停车场，如交通枢纽、商业综合体、医院、旅游景区，诸如此类人流量巨大、易产生潮汐式的停车场，无论产权方如何千方百计地利用所属区域进行合理空间布局，都很难满足巨大的停车需求。

2. 停车场流量逐年增加，传统标示标牌引导，停车效率低

无论在住宅停车场还是非住宅停车场，绝大部分停车场依然通过人工控制道闸、人工进行收费，使用传统的地面、柱面涂装、标示标牌引导，进行车流及人流引导服务。由于停车资源的局限性，停车需求难满足，易造成停车场内停车秩序混乱，停车效率低，直接造成停车资源的浪费，间接造成停车场周边交通通行受阻。

3. 停车服务缺乏抉择依据，不能有效地开展停车服务

由于传统停车服务人工干预成分高、停车情况无法数据化，在进行停车服务抉择时缺乏数据支持，缺乏有效监控，凭借停车服务管理者个人经验进行停车服务抉择，往往造成新的停车服务抉择执行效果难以保证，发现问题时无力解决，最终回到老方法、增加人力成本、增加硬件成本投入。

4. 经营思路狭窄，获利途径少，利润空间小

当前大部分停车场的盈利方式：通过周转率提高增加临时停车收入，车位资源出租获得长期租金、道闸及墙柱面出租获得广告收入。获取利益的方法非常有限，且利益空间均不高。

二、尚安停车 SaaS 服务平台

尚安停车作为一家有 26 年历史的停车服务提供商、上海市首批一级专业停车经营企业，基于对停车服务行业的丰富的停车管理经验及在服务中不断思考与总结，为了能够更好地服务所辖停车场，能够为更多的产权方、物业管理方提供更好的停车服务，于 2016 年建立了尚安停车 SaaS 服务平台。

（一）平台技术架构（见图 1）

1. 通过互联网手段连接停车场

将传统的手工停车管理道闸升级为高清识别道闸，并通过互联网技术手段将不同停车场的停车道闸设备进行平台化统一管理。同时建立自主收费系统，能够快速、有效地满足停车场服务需求。建立服务集群，通过分布式系统设计，将现场管理、在线订单系统、财务清结算、会员体系等系统进行平台化集成。

2．为停车服务人员提供移动服务支持

通过现场设备与平台各系统的互联网化连接，通过多种移动设备为现场停车服务提供支持：现场秩序引导、车辆查询、临时停车订单支付等。

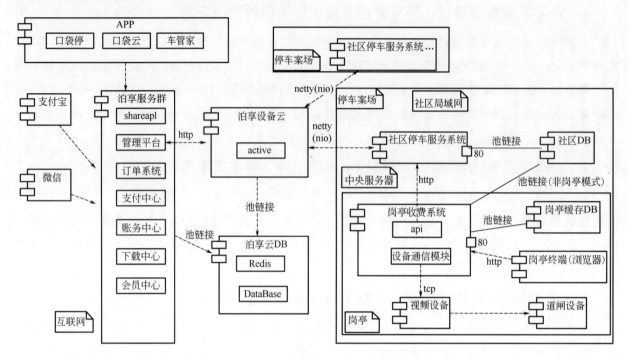

图1　平台技术架构

3．为 C 端用户提供更好的停车体验

通过车辆高清识别技术、车位引导技术、车位控制技术、反向寻车、现场服务支持等手段，提高用户停车服务的体验，同时提高停车场通行效率。

（二）平台业务组成

1．平台入口多样

平台 C 端用户可以通过"口袋停"APP、多个微信公众号、支付宝、扫码付等多种形式建立与平台的连接。平台 B 端用户可以通过 PC 浏览、管理 APP、短信等手段提供停车服务及平台相关支持。

2．用户管理

平台通过手机动态验证码为用户提供快速注册及使用通道，提供钱包充值服务，便于用户进行无感支付进出场。为用户提供完整的临时停车缴费、月租车辆缴费及产权车辆缴费服务。平台为用户提供全部订单的评价功能，从而可以掌握更多的反馈信息。

3．车场管理

平台对于不同停车场内的固定车辆进行有效管理，并为停车服务人员及停车管理人员提供灵活的权限支持。对于停车场内的设备进行互联网化连接，能够及时、有效地对设备情况进行掌控，及时进行保养及维护。对于住宅小区提供业主管理服务，便于对住宅停车提供访客管理、代泊等服务。

平台现已开通 APP 支付、微信支付、支付宝支付、支付宝免密无感支付、钱包支付、线下现金支付及自助缴费机支付等多种支付手段，同时建立了完整的财务清结算体系。

4．服务商管理

平台建立了完整的服务商管理体系，店铺及相关服务人员进行平台注册管理，对于各自品类及服务均提供自助的服务管理支持。同时为各服务商的订单提供有效管理，订单服务效率较高，可以有效满足 C 端用户需求。平台为服务商建立统一的 400 服务体系与应急处理体系，保证 C 端用户服务质量及服务体验。平台将系统内的流量进行合理控制，为服务商提供平台内推广服务。

5．订单管理

平台建立了稳定、可靠的订单服务系统。系统中对主体停车缴费服务所产生的订单进行严格管理，同时在技术实现上多次突破，满足了不同停车场、不同网络环境下、多种支付场景并发的订单支付需求。

6．促销管理

平台为停车服务建立了互联网化的优惠券领取方式，大幅度提高了优惠券使用的便利性，节约了线上优惠券服务所产生的诸多成本，同时有效地杜绝了传统优惠券的多种弊端。

7．服务支持

平台为了同时满足 C 端用户及服务商的服务支持工作，正在逐步完善站内搜索、统一的在线客户服务系统、通过社区交流与种子用户交流停车服务体验，建立完整的停车服务帮助中心，让不同用户在解决常规问题时都能够有所帮助。

8．业务支持

为了满足平台庞大的服务体系，平台引进了多种业务支持模块，有效地为平台用户提供各种服务。完整的车型数据库服务和保养周期表，满足车辆信息需求；车后服务体系，建立标准配件体系，满足车后服务的设置；与多家设备厂商进行高清道闸设备合作；引用外部推广系统与广告管理系统，为站内流量变现提供支持；过滤敏感词，保证平台的健康环境。通过使用阿里云的完整安全机制为平台进行保驾护航。平台建立完整的清结算体系，保证财务相关服务的准确、可靠。与停车管理运营经验丰富的运营支持人员共同打造停车服务数据模型，有效地提高了车位利用率及停车服务收益。

9．外部接口

平台中提供的各种服务引用了大量当前先进的、稳定的、高效的第三方服务接口。呼叫中心使用外部呼叫系统，直接引入 SaaS 平台。平台中各种第三方认证可以直接获取，包括社交相关平台及金融体系相关认证。

三、平台价值

通过尚安停车服务的停车场数量不断增加与尚安 SaaS 服务平台的不断优化及深入使用，平台价值不断显现。

（一）社会价值

（1）通过车位共享、代客泊车服务、错峰服务，一定程度上满足了住宅停车需求，同时提高了非住宅停车场收益，减少了因停车需求衍生的社区停车矛盾，同时通过社区车辆疏导，将原本占据的消防通道还原，使社区更加安全。

（2）通过有效的停车服务抉择，市场化的价格杠杆，以及高清识别技术、视频监控系统、车位引导、反向寻车、在线支付、移动停车服务等内容的紧密结合，使一些重大的交通枢纽大幅度提高了停车场周转率、通行效率，可以服务更多车辆及用户，大幅度缓解了交通枢纽周边的交通拥堵。

（二）停车运营价值

（1）通过在线支付、移动停车服务、自助缴费机等相关设备的使用，停车场收费人员大幅度缩减，同时财务相关清结算工作效率大幅度提高。

（2）通过停车大数据的不断深化使用，停车服务抉择更加准确，停车服务过程更加数据化。停车服务的制定及价格的制定更加准确，停车服务收入实现有效、合理增长。

（3）通过为车辆提供车后服务，大幅度扩展停车场经营内容，大幅度提高停车经营收入。

（三）车主价值

（1）通过平台的使用，能够更好地满足停车需求，让车主获得更多的车位资源选择机会。

（2）车主通过平台的使用，在满足车位需求的同时，能够选择更低价格的停车位。

（3）车主在获得停车服务的同时，通过停车服务建立的信用，车主可以获得更加方便、快捷的车后服务。

道闸雷达解决方案

北京川速微波科技有限公司

一、背景介绍

早期的道闸系统主要是以人工管理为主，不仅费时费力，工作效率低，而且存在着安全性管理方面的漏洞和隐患。随着人们生活水平的提高，私家车增多，住宅区、停车场等地方车辆混杂，人们已不满足车辆进出的传统的道闸系统控制，而对车辆进出控制和管理提出了更高的要求，因此智能化、高精度的道闸系统被引进，并迅速在世界各地发展起来。

目前，在智能停车场系统中，传统的解决方案主要有地感线圈和红外对射。它们具有破坏路面、不能区分人和车、容易受干扰等缺陷，而微波雷达的性能特质，能很好地解决现有产品的问题，是下一代智停车场系统不可或缺的组成部分。

二、传统道闸技术方案的问题

传统道闸技术方案，主要包括地感线圈、红外对射两种。

1. 地感线圈

地感线圈是道闸系统的主流技术之一，其"线圈"就是一个振荡电路。当线圈检测到车辆通过时，触发信号控制闸杆一直升起，只有地感信号消失时才会落杆。地感线圈技术方案应用比较广泛，性能比较稳定，但线圈地下感应信号，不能区分人和车辆，而且常常出现砸人现象；另外，安装线圈要埋在地下，需切割路面，路面容易受到破坏，后期维护也较为麻烦，这些缺陷给用户带来了不少麻烦。

2. 红外对射

另一种常用的智能停车场技术是红外对射，左右两侧各安装一台红外线触发器。

其工作原理首先是红外线由 LED 红外光发射二极体发射，再经光学镜面做聚焦处理使光线传至很远距离，最终由受光器接收。当有车辆通过监控区时，利用遮断不可见的红外线光束而引发警报。红外对射技术特点为响应快，触发及时，但由于触发器是一发一收成对使用，探测范围较窄，而且只要一旦被物体（树叶、小动物）等遮挡，就会引起触发不准确现象；另外，其对安装技术要求高，需要走线布置等复杂操作。

传统技术与雷达技术方案对比如表 1 所示。

表 1　传统技术与雷达技术方案对比

方案	防砸人功能	区分人和车	成本	安装条件	可靠性
地感线圈技术	否	否	低	切割路面	高
红外线	否	是	较高	两侧对射	低
雷达技术	是	是	适中	单侧架设	高

三、道闸雷达系统组成

　　道闸雷达系统主要由触发雷达和防砸雷达组成，如图 1 所示。雷达垂直于车道侧向安装，有触头和触尾两种触发模式。触发雷达主要用于触发相机进行车牌抓拍；防砸雷达主要用于配合闸机落杆，避免砸人现象的发生。

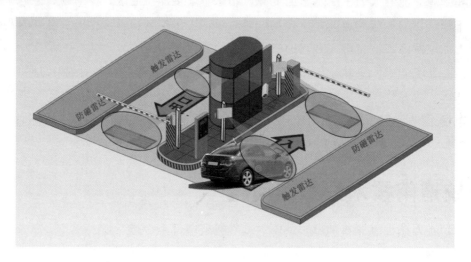

图 1　道闸雷达系统组成

（一）触发雷达

　　触发雷达一般安装在道路出入口的前端，垂直于车道侧向安装，能够首先探测到驶入雷达照射区域内的车辆。

　　在采用地感线圈解决方案时，车辆行驶至感应区往往不能及时触发，造成相机抓拍延迟，前冲率较大，不能保证触发位置与抓拍位置一致性，甚至还出现漏拍的情形。而道闸雷达解决了这些问题，具有以下独特功能：当雷达配合相机抓拍时，一旦有车辆驶入雷达照射区域内，马上触发相机，对车辆进行抓拍，且保证相机的抓拍位置一致；相机能够区分行人和车辆，对车辆抓拍，对行人不抓拍，做到无漏车，无多拍，无前冲。

（二）防砸雷达

　　防砸雷达一般安装在道路出入口的后端，可以安装在闸机上，或者安装在闸机旁，垂直安装，朝正前方照射，能够探测到即将出路口的车辆。

　　当采用地感线圈解决方案时，不能区分人和车辆，车辆和行人无差别都能过杆；而且在落杆的过程中，如果有人通过不能及时抬杆，常出现砸人现象。防砸雷达解决了这些问题，具有以下独特功能：

（1）配合闸机下落：与触发雷达一样，防砸雷达可分为触头模式和触尾模式，防砸主要用触尾模式。当雷达检测到目标离开雷达照射区域后，配合闸机进行落杆，能够区分行人和车辆，车辆通过落杆，行人通过不落杆，做到无漏车（落杆不落），无多判（落杆提前下落）。

（2）防砸人功能：在车辆通过后，闸杆未完全落下的短暂时间内，一旦有行人通过，立刻触发抬杆，防止行人被砸到。

四、雷达优势及性能参数

（一）雷达优势

（1）具有防砸人功能，在闸杆未完全落下的短暂时间内，检测到有人通过时，能够快速及时抬杆，安全性能更高；

（2）雷达触发准确率高，能达到100%的准确率；

（3）触发雷达使用触头模式时，具有触发迅速、触发位置一致的优势，便于相机识别处理；

（4）防砸雷达使用触尾模式时，具有可区分行人和车辆的特点，实现车辆通过时落杆，行人通过时不予响应的自动化控制；

（5）微波雷达传感器尺寸小，可以独立安装在路侧或者封装在道闸箱内，大大降低了施工维护的难度和成本；

（6）24GHz高频微波，具有良好的抗干扰能力，不会出现误报，产品的稳定性和环境适应性好；

（7）雷达具有安装方便、维护简单、成本低廉等特点。

（二）雷达性能参数（见表2）

表2　雷达性能参数

工作频段	K波段
检测范围	0～10m检测范围，检测距离可调节；雷达正向照射能够精确输入距离信息
检测精度	无检测盲区，检测精度±0.1m
雷达角度	典型10°×45°，可定制
人和车区别	控制闸机降落或相机抓拍时，只针对车进行落杆或抓拍，不进行人的落杆和抓拍
误报率/漏报率	无多触发/误报，无漏报
环境影响	不受环境影响（强雨雪天气，地面潮湿，后向干扰，多雷达工作等不影响检测）
通信接口	RS485/RS232/开关量输出
防护等级	IP67
工作电压	9～24VDC，防雷与过压保护
工作温度	-40℃～+75℃
工作湿度	5%RH～95%RH
其他功能	可升级/重启后自恢复/调试功能

五、雷达安装说明

（一）触发雷达

触发雷达安装示意如图 2 所示。

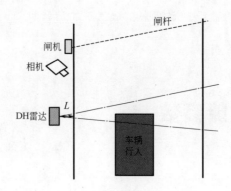

图 2　触发雷达安装示意

安装说明：

（1）雷达安装高度 0.5～1m，推荐安装高度 0.6m；

（2）雷达安装位置可根据相机触发位置进行调整；

（3）距离车道位置 L，建议安装距离大于 20cm；

（4）安装方向：应垂直于车道侧向安装。

（二）防砸雷达

防砸雷达安装示意如图 3 所示。

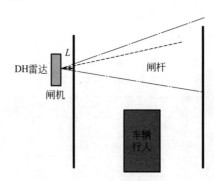

图 3　防砸雷达安装示意

安装说明：

（1）雷达安装高度 0.5～1m，推荐安装高度 0.6m；

（2）雷达安装位置可以安装到闸机上，朝正前方照射，也可以安装到闸机旁（需要单独立杆），距离闸机位移不超过 0.5m 为佳。

（3）距离车道位置 L，建议安装距离大于 20cm；

（4）安装方向：应垂直于车道侧向安装。

六、道闸雷达应用示意图

（一）场景（一）：配合相机拍照

在小区车道入口，车驶入雷达探测区域，相机收到雷达触发信号，对经过的车辆进行拍照；触发位置一致，触发准确率达 100%，如图 4 所示。

图 4　触发相机拍照应用示意

（二）场景（二）：防砸人功能

道闸雷达落杆控制时进行人和车识别，当车过去时才落杆，过人时不落杆。并且在落杆过程的短暂时间内，一旦检测到有任何目标通过会紧急抬杆，如图 5 所示。

图 5　防砸人功能应用示意

信息化背景下智能侧向视频识别技术在停车领域的应用

青岛松立软件信息技术股份有限公司

近年来，随着我国经济高速发展，机动车保有量快速增长，用户对停车的需求也越来越强烈。然而，由于历史欠账、停车设施配建不足、停车管理缺乏科学化统一配置等原因，停车建设步伐较为缓慢，发展速度远跟不上汽车保有量增长速度。停车位供给缺口巨大，多头管理、交通拥堵、"跑冒滴漏"等现象层出不穷。"行车难、停车难"正成为社会关注、百姓关心、政府亟需解决的焦点问题。

智慧停车是破解停车难的重要手段之一。智慧停车利用移动互联网技术、大数据技术、智能信息采集识别技术、移动支付技术等手段优化停车流程，打破信息孤岛，实现路内、路外停车资源共享，从而提高泊位利用率，减少人工成本，增强用户体验感。

一、现有解决方案优劣势

由于城市之间存在政治、经济、文化、地理环境的差异，所以应用的停车设施及技术也不尽相同，每个城市都有一套适合城市自身停车需求的技术解决方案。

广州、太原、香港等地使用的停车技术主要为咪表技术。

咪表虽然从一定程度上缓解了城市停车难问题，但是在运行中却出现了一些问题。根据咪表现有的运营状况来看，很多城市咪表使用不久即拆除或停用。即使现在还在运行的城市，也面临收费标准不够明确、车主与协管人员发生口角等问题。

究其原因主要有两点：

第一，咪表属于全自动的收费系统，其收费实现主要靠停车人的自觉。咪表缴费有三种方式：①银联 IC 卡预付费；②银联 IC 卡后付费；③微信缴费。但无论哪种都需要驾驶人员具有较高的交费理念，如果没有一套完善的征信体制，咪表技术很难进行大范围的推广。

第二，我国运行的绝大部分咪表都没有锁定系统，也就是说即使车主停车时间超过预设时间，设备也不会锁定车辆。所以想要解决这一问题，必须要有一套完整的锁定系统或者处罚体制来进行规范。

现在我国应用较为广泛的停车技术为地磁技术，广东深圳、浙江杭州、天津市等地区主要应用该技术。

地磁技术解决了咪表无法自动记录车辆停泊时间的问题，并且地磁检测设备具有小巧、对道路破坏小、安装方便等优点。

现有的地磁检测设备虽然对道路的破坏较小，但是仍旧会对路面造成一定的损坏，并且在大型货运车和大型客车经过的路段，由于车辆的压力过大会对检测设备造成巨大的压力，改变埋设地点和方向甚至破坏设备，并且地磁检测设备的供电方式仍旧存在缺陷，其采取的是电池蓄电方式，这种供电方式可靠性差，对于我国北方城市而言，在寒冷天气条件下，地磁检测设备便难以进行工作。

同时，地磁检测属于半智能操作，该方式虽然能够主动感知车辆进出，但无法智能识别车辆号牌，不能做到车辆信息的个性化采集，仍需依靠车主自觉和人力管理双重保障，人工操作部分过多，用户体验感差，人工成本过高。

无论是咪表还是地磁都对停车难问题起到了缓解作用，但在应用过程中产生的一系列问题也是未来研究发展的关键点。随着交通系统体系的逐渐扩大，现在各领域对停车技术的研究也越加广泛，在以后的交通检测技术研究当中，如何将互联网、大数据、视频识别技术应用于停车领域是研究发展的趋势。少数高端停车场采用正向图像识别技术，也仅仅是实现某个停车场单机版管理，并没有实现互联网、大数据时代的技术应用。

二、基于侧向视频识别技术的停车管理平台优劣点的剖析

近几年，由于城市发展、建设规划等的限制，如何能够将有限的停车资源最大化地利用起来，实现全社会停车资源在一个平台上统筹使用，是当前我国静态交通管理的关键问题。随着互联网+模式的兴起，视频识别技术也广泛地应用到了停车领域。

青岛松立软件经过大量的市场调研和需求分析，创新性地引入智能侧向视频识别技术，研究开发了基于该技术的可视化车辆管理平台——慧停车管理平台。智能侧向视频识别技术是以图片的形式将车辆信息进行采集并传入平台，经由平台统计分析，实现包括车辆信息自动识别、用户全线上交易、实时数据交互、基础数据查询及维护、泊位信息发布及诱导、车位搜索及预定、车辆信息快速获取及导航定位、管理数据和财务数据分类报表及统计分析在内的八大类功能。

根据业务模块分类，慧停车分为停车管理云平台、车位检测模块、收费模块、巡检/执法模块等四大部分，如图 1 所示，业务涵盖包括车位实时监测、设备实时监测、收费人员监管、收费自动计算及订单自动生产在内的全业务流程管理模式。

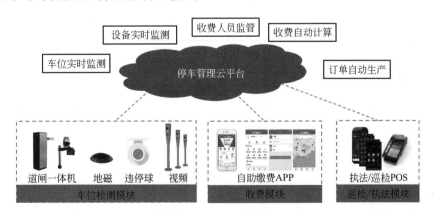

图 1　慧停车数据模块及业务管理流程

对于用户来说，由于信息化程度不够，"信息孤岛"现象严重，部分用户找不到停车位，同时又

有部分停车位闲置，两极化矛盾突出，乱收费、假车位、路怒现象时有发生。

而基于智能侧向视频技术的管理平台可以很好地解决用户的种种问题，用户可通过手机 APP 实现对青岛市停车资源的在线实时查询，掌握最新、最全的泊位空闲信息，规划最优出行路线；并且 APP 可实现不停车线上自动缴费，无须驾驶员任何操作，即停即走，最大限度地减少找车位、找管理员所造成的时间浪费，在简化了停车流程的同时，也极大地增强了用户的体验感。

对于管理人员来说，前端设备采用侧向视频识别技术，对泊位进行一对一的管理，所有停车数据的采集、计时计费均由设备及管理平台完成，完全实现信息化、智能化，最大限度地减少人工成本的投入；停车费用的收取全部通过线上方式进行，提供微信、支付宝、银联、APP 支付等多种支付方式，在方便驾驶员的同时，杜绝了人工收费"跑、冒、滴、漏"等问题，并且所有的运营数据、财务数据均实现信息化一键查询，做到财务明细精细化、透明化，以及停车费用的应收尽收。

而慧停车移动巡检端则是可视化管理平台的有效辅助，移动巡检端可提供电子收费、打印凭证、费用追缴、位置轨迹和故障提醒等功能，基于此，现场工作人员的职能由收费人员转变为管理人员，只针对特定情况进行工作，不仅减少了现场巡检人员的工作压力，更是提高了工作效率。并且，管理人员可通过管理平台对现场人员进行实时监管，且可以查询巡检人员的收入状况、工作范围、巡检轨迹等，以便于更加直观地监管巡检人员的工作，从而杜绝人工收费存在的弊端。

如图 2 所示，慧停车管理平台的信息获取是经由慧停车视频桩对车辆进行信息采集，所有停车数据均是以图片+信息的形式记录，以此为基础进行停车数据挖掘分析，可与车管、交管等部门实现数据无缝对接，为政府对城市的规划提供数据支撑，满足重点车辆监控、行车轨迹分析、套牌车分析等管理需求，并通过视频抓拍，有效规范停车秩序。

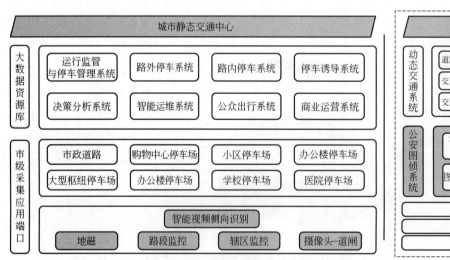
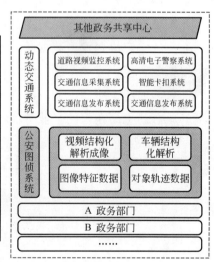

图 2 慧停车数据采集、分析及数据协同

慧停车管理平台的应用，可有效减少人工收费的弊端，降低人工管理的成本，平衡不同区域停车资源利用率，实现了路边公共泊位的规范化、自动化管理。通过该平台的应用，可为城市静态交通提供一整套信息化、智能化解决方案，引领行业发展趋势，助力城市发展。

三、基于侧向视频识别技术的停车管理平台的实际应用

我国"十三五"规划纲要关于"完善现代综合交通运输体系"中明确提出,"加快智能交通发展,推广先进信息技术和智能技术装备应用,加强联程联运系统、智能管理系统、公共信息系统建设,加快发展多式联运,提高交通运输服务质量和效益"。

为促进城市健康高速发展,全国各地都在进行智慧交通、智能停车管理平台建设工作。基于侧向视频识别技术的慧停车产品已分别在北京、青岛、潍坊、贵阳、沈阳等地落地运营并且取得了良好的运营效果。

各城市机动车保有量快速增加,城市交通压力与交通所带来的环境破坏情况与日俱增。各个领域的国际化与环保意识越来越被人们重视,交通问题成为亟须解决的问题。慧停车管理平台在实际管理过程中,为各城市提供精细化、智能化和系统化的停车管理模式,实现"停车入位、规范收费、人钱分离、违停受罚",避免了停车乱收费和停车议价行为,治乱缓堵、规范交通秩序、提供电子警务图侦数据支持、助力城市健康发展,对智慧城市和智慧交通的发展具有重要意义。

四、总结

慧停车管理平台不仅是一个停车软件,它更是为城市的健康高速发展提供"一揽子"的解决方案,如图3所示,无论是在交通方面,还是在城市规划方面,包括后续的大数据应用,都将起到重要作用,形成动、静态交通"一盘棋"管理,协同政府、公众、企业三方资源共享,实现以智慧交通为核心的城市大交通体系。

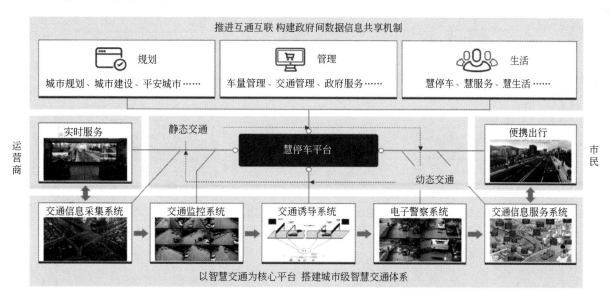

图3 城市交通管理"一揽子"解决方案

慧停车管理平台兼容地磁、RFID 技术等多种前端采集模式,形成全方位、多技术的停车综合管理体系,随着城市的发展,交通体系也在不断完善,随着时代的发展,慧停车管理平台也将继续努力,为智慧城市、智慧交通的建设贡献力量。

城市级静态交通解决方案解析

深圳市前海亿车科技有限公司　杨双健　石芳铭

随着我国经济持续稳定增长和汽车工业的迅猛发展，城市机动车保有量急剧增长，由于停车设施不足带来的停车难问题在我国的大中城市日益严重。据不完全统计，2015 年，我国传统停车位有 6935 万个，2016 年全国新建停车场项目约 1.2 万个，新增停车位约 540 万个，其中公共停车位约 200 万个，其余为配建停车位。然而，按照国际标准，一辆车需配置 1.3 个停车位，我国停车位需求量为 22768 万个，我国停车位供给缺口巨大。

再加上停车存量资源使用不均，有限的城市停车设施得不到高效使用，加剧了城市停车设施的供需矛盾，导致居民停车有位难用，只能在路边违法停车、临时停车，严重影响市民日常生活，加剧了微循环道路拥堵。"停车难，乱停车"的问题成为制约城市发展的一大难题。

一、立足城市，致力解决"停车难"问题

1900 年，世界人口只有约 10%生活在城市，现如今这个数据已经超过了 50%。联合国预测至 2050 年，将有超过 70%的人口聚集在城市。人类历史上的任何时代，城市都是工商业的中心，孕育出大量财富，保障着人类文明的延续与创新发展。任何一个城市的管理者都希望自己的城市高效、高质量运行，而其中促进城市发展的方法之一就是应用不断发展的科技解决城市运行面临的问题。

交通系统无疑是城市生命的大动脉，关乎城市经济的活力，而停车又是目前各种规模的城市所面临的主要交通问题之一。据相关研究机构报告显示，在国际城市繁忙地区，由于停车位短缺所造成的寻位行为至少浪费了 30%的燃油，而寻找车位带来的无效交通流占据全部交通流的 25%~33%。IBM 在 2011 年的一项全球性的调查研究显示，在 20 个国际城市中，平均寻位时间为 20 分钟，60%的司机至少有一次因为无法找到停车位而放弃停车。

停车难问题的解决，不仅仅是解决供应与需求之间在时间与空间上的单点问题，只有着眼整个城市去构思格局，把握时间维度与空间维度上的一体化，做到存量的最大化利用与增量的最优化布局，从管理、用户及片区动态交通系统的需求出发，才能真正实现智慧静态交通的社会价值，水到渠成地走向真正的智慧交通。

"智慧交通"是构建智慧城市的最根本的基础性保障，更是推动以信息技术为引领的现代交通发展核心服务载体。因而，智慧停车是实现智慧城市的必由之路。

二、城市级静态交通解决方案关键点分析

城市静态交通问题的解决，需要政府管理部门、规划设计机构、城市级静态交通解决方案提供商、执法部门等共同协作，从时间维度上，需要经历铺垫期、规划期、建设期、运行期和反馈期四个阶段。其关键要素包括城市空间、交通发展战略、静态交通政策的指引、相关规范的完善，以及城市静态交通设施规划、城市道路泊位设计、智慧静态交通管理平台搭建，和运行期软硬件的运维、针对用户的线上线下运营、项目宣传及基于大数据的静态交通管理细节的调整。因此，解决城市静态交通问题是一个系统工程。城市级静态交通解决方案关键点分析如图 1 所示。

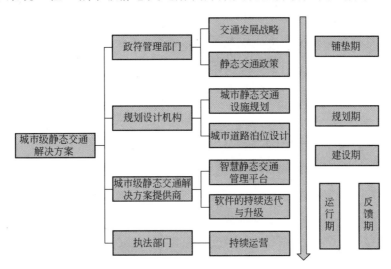

图 1　城市级静态交通解决方案关键点分析

城市静态交通设施规划是对现有停车问题进行诊断分析，提出停车空间的存量优化提升方案与增量合理规划方案，研究治理停车难题所需要的政策支持与保障措施，并且为城市安排近期建设的重点及优化举措。

城市道路泊位设计是对于需要借助部分道路资源满足停车需求的城市，提供施划路边泊位的具体方案。从基于城市道路交通量与周边环境条件进行道路泊位规划，到具体的泊位施工图设计，城市道路泊位设计科学、合理、合规地指导了城市道路泊位的施划工作。

智慧静态交通管理平台是利用物联网、互联网、云计算及大数据等新技术，提升城市停车解决方案效率的关键部分。静态交通管理平台为政府管理部门、企业机构、城市居民提供全面服务，在实现政府的高效监管的同时，也满足了服务型政府的要求。

软件的持续迭代与升级是对解决方案运行效果的持续强化，面对新的管理需求、新的用户需求、新的外部技术的产生，需要不定期地对软件产品进行迭代与升级，以达到最佳的运行效果。同时对于硬件系统，需要本地化的维护服务，利用智慧静态交通管理平台对硬件产品进行监控，实行实时的问题排查与检修工作。

基于城市停车行为产生的数据及用户提供的有效反馈，也是对于方案持续运营能力的考验。在运行一段时间以后，有针对性地调整人员巡检范围、收费时间、定价方式、停车管理时间、泊位分布及数量等。例如，实施错时停车功能，调整夜间停车免费时段，改变繁忙区域最长允许停车时间、增减街道泊位设置等，能够更加灵活、有效地应对和主动优化城市整体停车行为。

三、城市级静态交通管理平台解析

城市级静态交通管理平台是利用科技手段解决城市停车难问题的关键，平台应当安全、稳定、高效、便捷，并且具备可连接、可拓展的特点。

众所周知，城市停车资源包括路内停车资源和路外停车资源两种，其中路外停车资源包括公共停车场、配建停车场和专用停车场。同时，近年来，伴随着新能源汽车的发展，以及共享经济的野蛮生长，停车场不再仅仅满足车辆停放功能，同时还应当提供车辆充电功能；另外，由于分时租赁企业对停车泊位的需求，停车管理不仅仅面向单个车主用户，同时也会面向各类汽车分时租赁企业，停车场也可以成为分时租赁企业的"停放网点"。

在此基础上，亿车科技打造出了静态交通一体化管理平台。伴随着汽车产业及共享经济的发展，一体化平台从最初 1.0 版本迭代到了 4.0 版本，其内涵已经从单纯的智慧路内停车扩展成为"智慧路内停车+路外停车场联网+充电桩+分时租赁+车后市场"的综合管理平台，面向政府、企业及车主用户三大群体。

城市级静态交通管理平台如图 2 所示。

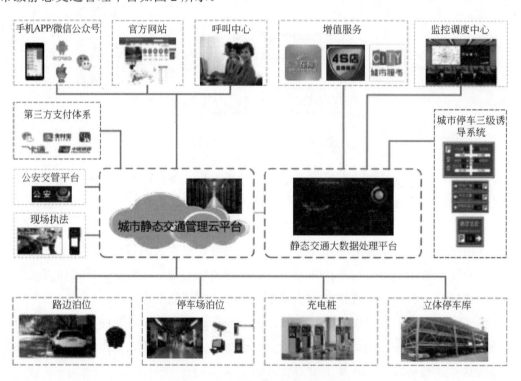

图2 城市级静态交通管理平台

一体化平台将路内外停车资源及部署在这些停车资源上的充电设施进行联网统筹，基于"亿车·泊云"提供的强大计算能力和软件开发能力，根据不同群体的需求提供因地制宜的定制服务。

针对政府主管部门对停车和充电设施的管理及服务功能要求，可定制"亿车·泊云"智慧停车云，满足管理部门在业务、功能、性能及安全上的需求，提供包括系统前端部署、总控中心、呼叫中心、机房的系列部署工作，利用统一的管理后台与移动端巡检软件，实现路内泊位停车管理、停车场联网监管、充电桩运营监管、清分结算及财务管理、人员管理、运维管理、数据共享与交换及公共服务的系统功能，与第三方支付平台、交管平台及交通运行指挥平台、智慧城管平台等多种平台实现对接与联动。

针对大型地产与物业集团、停车场（库）运营管理机构等，提供智慧停车场综合管理平台，针对单个停车场的智能设备和管理系统，以及面对其用户的移动端服务系统，提升运营管理效率，满足现代停车场的"快进快出"需求，降低运营成本，提高管理机构品牌形象，提高车辆安全性，并且提供后端资源及合作服务系统。同时对于新能源汽车企业、运输类集团客户，提供充电、停车、能源管理等服务，为各充电运营商/设备商/管理方提供低成本部署、灵活扩展、简洁的工作平台。

面向企业用户的静态交通解决方案如图3所示。

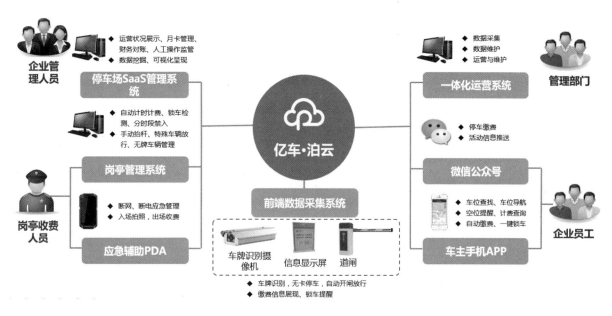

图3　面向企业用户的静态交通解决方案

针对车主用户，提供包含机动车路内外停车及充电的一体化服务平台，包含手机客户端、门户网站及呼叫中心。手机客户端以便民为出发点，对相关功能需求进行严格筛选和提炼，集合了终端用户使用频率高、需求强烈的核心功能，还可以通过服务接口享受车后市场服务，包括加油、购买车险、洗车维修等。

基于城市静态交通一体化管理平台，有助于城市管理者了解城市停车资源、新能源充电资源的全面使用状况，实现对城市静态交通整体状况的全面了解和深刻认知，更加深入地观测和理解城市中每一天每一时段车辆的移动情况，进而推动具备针对性、目的性强的城市静态交通相关政策的制订与调整，有助于城市开发交通模型与交通控制系统，安排道路安全保护措施，更加高效地管理停车资源，降低运营成本；新能源车分时租赁企业可以获得海量的机动车停车泊位资源，通过妥善的谈判进行资源配置的优化，确保分时租赁车辆的高效利用，大力推进分时租赁企业发展，改变市民出行意识与对于机动车产业的理解，在激活现存车辆资源与停车位资源的基础上，通过满足居民出行需求的方式降低使用者私家车购买欲望，保证城市机动车增量市场的稳定有序变化，为缓解城市拥堵、缓解城市停车难题做出贡献。

城市停车难已经成为困扰城市交通及城市发展的顽疾之一，亿车科技作为行业领先的城市级静态交通解决方案提供商和智慧停车运营商，为车主、为企业、为政府解决静态交通问题是义不容辞的，也是职责所在。未来，亿车科技将继续深入探索城市静态交通领域，通过专业的解决方案、科学的管理规划与优势的服务体系，继续为城市静态交通的良好、健康发展做出贡献并付诸实践。

基于光定位的城市智能停车场管理集成系统建设方案

中航联创科技有限公司上海分公司　党征刚　张国锋　陶莲莲　翁显杰

一、背景

据公安部交管局统计，截至 2017 年上半年，中国机动车保有量达 3.04 亿辆（见图 1），汽车保有量达 2.05 亿辆，全国共有 49 个城市的汽车保有量超过 100 万辆，23 个城市超过 200 万辆，6 个城市超过 300 万辆，全国停车位缺口高达 5000 万个，城市机动车和停车位之间的矛盾也日益突出，逐渐成为各大中城市的热点问题。

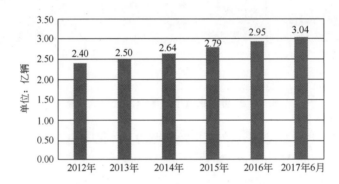

图 1　我国近五年机动车保有量变化情况

现今地下停车场和地面多层停车场等占地少、容量大的场内停车设施越来越多地成为缓解城市停车压力的主要手段。遗憾的是，目前国内大部分的场内停车场内部还处于原始的人工管理阶段，无论对需要停车的车主还是对停车场的运营者都造成了极大的困扰，在可预见的未来，巨大的供求不平衡在无有效管理的情况下将带来严重的停车秩序问题，中国发展智慧停车的必要性和紧迫性愈加凸显。

目前国内停车场亟待解决的问题大致如下：

➢ 车主准备出行或者停车前，无法提前获取目的地周边停车场空余车位和收费信息，盲目地选择停车场，导致部分停车场拥堵，甚至遇到无车位折返的情况，既浪费时间，又造成道路拥堵。

➢ 车辆进入停车场时需停车取卡，取车出库过程需停车缴费或专程去缴费窗口缴费，经常拥堵在停车场进出口，严重影响停车体验。

➢ 车主进入停车场后，无法实时导航找到空余车位，只能浪费大量的时间盲目、无序地在场内低速流动寻找车位，既容易造成停车场通道的拥堵，又增加车辆的油耗，污染空气。

➢ 停车场内出现常见的停车刮擦，甚至车窗被砸等现象时，无法找到责任源，容易造成停车场管理者既损失了金钱，又损失了信誉。

> 车主返回停车场取车时，由于场内空间复杂，结构类似，车主经常在停车场内不能很快找到车辆，尴尬地拎着东西在停车场内兜圈子，既浪费了时间，又增加了安全隐患。

> 管理者不能实时获得停车场内的车位占用情况，只能不断地派遣人员进行人工勘察，高峰时间还需派遣大量的工作人员进行人工疏导，浪费人力、物力。

> 管理者无法实时、准确地统计停车场内车位的使用数据，导致停车场的利用率低下，同时无法根据实际情况及时做出运营调整，优化车位配置资源，使停车场管理效率低，成本高。

二、未来停车场发展趋势

传统的停车场管理系统只解决了出入口控制的问题，对于停车场内部的车位引导、反向寻车、快速进出等功能则鞭长莫及，而且在收费这个环节上也存在缴费方式单一、人工管理效率低下、存在收费漏洞等问题，更无法开展停车场整体的系统整合及资源优化配置。未来智能停车场的发展趋势包括以下几个方面：

（1）停车场信息数据实现联网，实时发布车位信息，建设智慧停车物联网平台，实现收费标准公开透明、车位会员制预定、车位错时共享、在线计时收费等功能。

（2）停车诱导、车位引导和反向寻车系统快速普及，停车场管理更加智能化、服务更加全面、同时增值空间增大。

（3）无人化服务逐渐普及，停车场的自动化程度将越来越高，管理人员逐渐减少，直至实现无人化服务。

（4）移动终端实现车位预定、支付、寻车等功能，同时智能手机和移动互联网的快速普及，促使停车场中的这些应用得到快速普及。

（5）立体车库优化配置，立体车库具有占地少、利用率高、进出方便等优势，将会快速发展。

三、智能停车场管理系统建设方案

（一）总体方案

通过建设智能停车场管理系统，致力于提升整个停车场的智能化和信息化程度，将原来需要人工处理的问题交由智能设备处理，既节省了大量的人工成本，又保证了各种数据的及时、准确、有效。车主可以通过各类引导设备快速、自如地找车位、取车，节省了大量时间，容易对整个停车场产生良好的印象。

智能停车场管理系统由以下五个子系统组成：车位检测及统计发布系统、车牌识别及车位分配系统、停车路径规划及实时引导系统、反向寻车及导航出库系统、会员管理及自动计时收费系统。智能停车场管理系统架构如图 2 所示。

图 2　智能停车场管理系统架构

（二）系统功能实现方案

1. 出入识别

出入口设置高速摄像机拍摄车牌，自动识别车牌信息，上传数据库并开启道闸放行。

2. 车位检测

车辆停在车位上，触发检测设备（摄像头、超声波、地磁设备）检测设备上传车位使用信息至数据库，记录车位使用情况，车位指示灯由绿变红。

3. 车位引导

控制中心通过数据库车位数据信息分析，将各个区域的剩余车位信息显示在车位引导牌上指引车辆找到空车位，或直接引导车辆到系统预分配的空车位。

4. 反向寻车

车主停好车打开手持终端（带有摄像功能的智能终端），摄像头扫一扫基于定位 LED 的灯具，在灯光下记录车辆位置。寻车时点击记录车位，手持终端扫一扫附近基于定位 LED 的灯具，系统规划最优寻车路径并实时导航。

5. 导航出库

车主取到车后，系统自动规划出库路径，据实情引导牌指引。

6. 计时收费

控制中心进行用户管理，预约计时或出入库自动识别车辆并计时；车辆出库后自动计费，并根据用户需求选择付费账期。

（三）系统功能及特点介绍

1．数据共享，实时发布

本系统对停车场内车位使用情况进行实时检测统计，并通过网络系统发布至用户终端或城市停车诱导显示牌上，同时透明发布停车场收费标准，便于用户择优选择停车场地。

2．自动识别，自主放行

相比传统停车场管理系统，本系统使用高清车牌识别系统，自动识别预约车辆及临时车辆，无须停车取卡、缴费，避免了车辆出入库缓慢造成的拥堵。

3．寻位停车，实时导航

车辆进入停车场后，系统会通过车牌识别系统识别车辆，自动分配空闲车位并通过显示屏实时导引至车位；如为会员提前预约车位或固定车位用户，则直接导引至车位。

4．反向寻车，无须刷卡

相比于传统的刷卡式寻车系统，本系统停车后无须专门刷卡，也无须其他硬件设施，无须单独布线，仅需在基础 LED 照明设施上加载光通信定位功能。同时停车场内人员和车辆位置信息在用户终端可实现实时更新，方便人找车，车接人。

5．电子地图，最优路线

用户确认反向寻车功能后，系统会提供当前停车场的平面地图，规划自身位置到目标车辆停放位置的最优路线，并实时导航，方便车主快速、准确地找到爱车。

6．探测监控，合二为一

布置在停车场车道内的视频设备既可实时提供车辆移动位置信息，又可对于停车场内最常见的停车刮擦、车窗被砸等现象起到遏制作用，使停车安全保障达到最佳效果。

7．故障隔离，报警自检

全新的系统架构，停车导航系统具备故障隔离机制。系统内任意一个设备出现故障时，仅影响自身，不对其他设备产生影响，同时系统管理中心周期性监测设备状态，遇到设备故障会发生报警信号，方便快速定位故障设备，进行维护，大大增强了整套系统的可靠性、稳定性。

8．自动计时，在线付费

停车场车辆进出，视频检测系统自动识别后开闸道放行并计时收费，对会员还可开通终端自动费用功能；对于未使用手持终端的用户，可以自助扫码付款。

9．无人值守，节省成本

本智能停车场系统可实现无人值守，能够极大地降低人工成本，并提高停车场的使用效率。同时可以在线实现分时停车，有效利用停车位。

四、价值体现

智能停车管理系统的广泛应用将助力共享汽车、共享车位、共享充电桩等的发展，带来停车新经济。

1. 智能停车加速车位共享

一边是车位难寻，另一边则是大批固定长租车位得不到充分利用，空闲时段也支起地锁拒绝其他车辆短时停放，智能停车系统可方便地与各停车场合作，引进灵活租赁、临时车辆错峰停车等方式。一方面能够减轻业主负担，另一方面能够进一步增加物业收入，从一定程度上缓解临时停车难、长租车位闲置的问题。

2. 智能停车助推汽车共享

在停车资源极其有限的情况下，共享汽车悄然兴起，共享汽车的痛点之一就是周转率不高，智能停车系统可以分析出某辆车已经停了好几个小时没被使用、车辆放在哪些区域租用人多，以此帮助分时租赁平台优化车辆调度，提高单车周转率。从车位共享到汽车共享，智慧停车无疑将成为共享出行方式的重要环节。另外，共享汽车和共享停车的潜在用户具有高度重合性，如能打通两者的用户数据，对拓展商业业务、完善用户体验意义非凡，同时为政策决策提供更加完整、准确的数据分析。

3. 智能停车赋能新能源汽车

按成本核算，充电桩利用率要达到30%以上，运营企业才能实现盈利，但实际上很多用户找不到充电桩，但有的充电桩却空置，造成资源浪费。智能停车场管理系统整合充电桩信息，不仅能让充电桩的信息更透明，还能让用户更好地找到充电桩，为充电桩运营商获取更多优质客流，降低闲置率。更重要的是对于新能源车行业来说，智能停车场可以提升新能源车主的使用体验、扩大新能源车的行驶范围，赋能新能源行业发展，共建智慧城市未来。

4. 智能停车服务无人驾驶

无人驾驶的真正落地，毫无疑问需要智能停车作为支撑。无人驾驶汽车停放时，需要接入一个智能停车平台，实时获取附近停车场的位置、车位空余情况等信息，并制定最优泊车方案。与此同时，智能停车场具备的相关软硬件设施，可以为无人驾驶车提供室内定位、导航、车位索引、自动抬杆放行、电子支付等一系列服务。智能停车作为无人驾驶的一部分，既能保障无人驾驶车辆停车环节真正实现无人化，同时其平台所掌握的大数据，对于无人驾驶的研发和落地，同样有着不可忽视的价值。

5. 智能停车布局智慧城市

停车作为一种高频需求，停车服务、停车数据是智慧交通的重头戏。随着国家智慧城市发展战略的持续推进，智能停车必将成为城市智慧化建设当中的一大指标。市政规划时需相当周全地考虑到周边的整体停车需要，有效地为周边商城、医院等提供配套设施，同时借助人工智能来提高服务水平，具备一定的引领作用。

五、智能停车场管理系统的未来

对于用户来说，通过智能停车功能查询到真正有车位的停车场，线上缴费，让用户实现更简单地停车，极大地提高用户停车效率。对于政府来说，智能停车是城市治堵的最佳解决方案，可以从根本上改善城市交通环境。对于停车场来说，智能停车在让信息更透明的同时，还为停车场分配更合理的客流量。对于互联网停车运营商来说，智能停车服务覆盖庞大的用户群，庞大的位置信息和数据分析，将助力企业和行业发展。

从长远来看，智能停车是各地政府、企业和民众多方共赢的必然选择，也是优化社会资源配置、提升城市形象、推动产业升级和促进生态文明城市建设的必经之路。

科畅慧通智能停车场系统

天津科畅慧通信息技术有限公司　杨　峰

一、概述

（一）问题与现状

随着城市化进程加快、科学技术的发展及人民生活水平的不断提高，居民的消费热情日益高涨，城市机动车数量急剧上升，在泊位资源严重不足的同时，机动车仍以高出泊位供给增速数倍的比例发展，公共泊位缺口越来越大，车辆停泊越来越困难，道路拥堵越来越严重，在寸土寸金的城市环境下，城市交通管理的压力逐步从动态向静态转化，"停车难"正成为影响城市交通的重大问题。

由于在传统城市道路交通管理中，人们往往只重视对城市动态交通的疏导与控制，忽视了对车辆停放等静态交通的规划、建设与管理，以及对车辆停放的诱导，使得违章停车和占用道路等现象时有发生。据国外研究部门测定，每辆汽车平均每年的动态行驶时间不到 500 小时，尚有 8000 多个小时均处于静态停放状态。也就是说，车辆"行"的时间不到"停"的时间的 10%。具体到每一天，平均一辆车的开行不到 3 小时，其余 21 个小时就停在车位上。另据调查，城市路面车流中有 12%～15% 的车辆是在寻找停车位。这不仅增加了道路交通拥堵，而且加重了汽车尾气造成的环境污染，进而影响到城市的经济活力，制约了城市的发展。

各大城市为了缓解"停车难"的问题，在道路上能利用停车的地方几乎都已得到利用，道路停车位上升空间有限。而依靠兴建停车场扩大停车泊位数量，受到资金、时间、土地等各方面条件的制约，无法快速、有效地解决"停车难"的问题。另外，公共停车场的设施也普遍落后，停车管理的信息化水平低，大多数停车场只是提供停车位，系统之间数据共享程度低，存在"信息孤岛"现象；在系统规划设计、信息资源整合、标准化及规范化等方面存在一定的不足，这些都造成了现有停车资源利用不足。

（二）解决方法

事实上，产生"停车难"的问题，除了泊位供需缺口不断增大之外，停车场出入口通行效率低、车位利用率不足也是非常重要的因素，该因素在市中心和商业区显得尤为明显。因此，充分提高停车场出入口通行效率、有效改善停车场的利用率是大多数市中心区和商业区解决"停车难"问题的主要出路。

停车场管理系统便是顺应这一时代需求的高技术产物，它不仅可以提高停车场的通行和管理效率，方便停车场为驾驶员提供更优质的服务；而且可以有效地解决乱停乱放造成的交通混乱，规范停车场的车辆管理，提高停车场的利用率。

综合以上因素，停车场管理系统不论从建造技术、市场需求还是投资主体等各方面都已具备成熟的条件，一方面整合现有停车场泊位资源，面向社会提供停车场泊位信息服务；另一方面提高停车场管理的信息化水平，探索智能停车管理的崭新模式。同时，停车场管理系统作为静态交通的智能化应用，是城市智能交通（ITS）的重要组成部分，有利于推进和完善城市智能交通的全面建设，提升城市文明形象。

（三）系统特点

系统采用高度自动化的机电设备，将机械、电子计算机、传感器和自控设备及 RFID 技术有机地结合起来，着重体现以下特点：

（1）采用非接触式 RFID 技术，支持近、远距离读卡，保密性高、不可伪造、识别速率高；

（2）结合 ETC 技术，实现新业务模式；

（3）方便、快捷、准确的收费和 LED 显示及语音服务功能，成本经济合理；

（4）从系统使用、灵敏性、设备安全性来说，本系统致力于提供一个使用方便，系统灵敏可靠，设备安全耐用，能准确地区分年/月卡车辆、免费卡车辆和临时车辆的系统，在设备选择上选择适应停车场恶劣环境的耐用、可靠的设备；

（5）提供完善的防盗功能，包括一车一卡技术、图像识别和图像比对技术，以提高整体安全性能；

（6）从收费和系统通行速率角度考虑，本系统致力于防止拒缴停车费事件发生、防止收费人员徇私舞弊、乱收费，全自动设计，车辆出入快速，提供优质、高效和安全的停车服务；

（7）从降低系统成本的角度考虑，本系统自动化程度高，可实现全自动收费、车辆引导等功能，节约管理人员的费用支出，提高工作效率和经济效益。

本系统适用于住宅小区、教育医疗、企业机构和商业广场等多种环境，可以满足这些环境下对车辆出入控制、车辆管理、收费管理及车辆引导等多种功能的需求，解决停车场安全、出入高峰快速通行及自动收费等多方面的问题。

二、停车场整体解决方案

（一）系统总体架构

停车场管理系统是通过计算机、网络设备、车道管理设备搭建的对停车场车辆出入、场内车流引导、收取停车费进行管理的网络系统。它通过采集记录车辆出入信息、场内位置，实现车辆出入和场内车辆的动态和静态的综合管理。

出入口管理/收费系统是本系统的重要组成单元，通过给停车场用户发放 RFID 电子标签，用户将电子标签粘贴在汽车前挡风玻璃后视镜的后方（微波窗位置），每次当贴有电子标签的车辆通过停车场出入口的通道时，停车场控制系统通过 RFID 阅读器设备读取车载电子标签信息，判断车辆是否已授权自动通行或缴费通行，然后控制道闸自动开启，用户无须等待，可直接通行。另外，对于未安装电子标签的车辆，也可通过视频车牌识别的方式进行出入管理和控制（见图1）。

图1　系统总体架构

（二）出入口管理/收费系统

采用该系统后，停车场可以真正实现不停车收费管理，相比传统方式进行出入口管理的停车场，可大大提高停车场用户的通行效率，有效提升业主对停车场的满意度，让用户切实感受到一个便捷、舒适、安心的停车服务。

1．系统组成

出入口管理/收费系统主要由前端出入口管理和后端管理中心两部分组成，对于仅有一个出入口的停车场而言，通过岗亭电脑即可实现相关的管理功能，无须再单独部署管理中心。系统组成如图2所示。

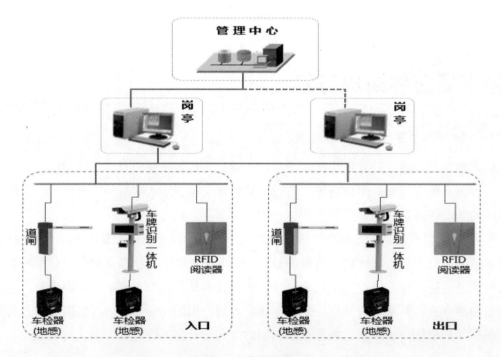

图2　系统组成

2．系统优势

（1）无须刷卡/取票，远距离自动识别车辆，实现车辆快速不停车进出场；

（2）远距离无线射频识别技术，辅以视频车牌识别技术，车辆识别准确率高达99%以上；

（3）支持多种计费形式，可根据停车场的实际需求灵活设置，能够支持ETC扣费方式；

（4）统一的平台化管理，所有数据实时存入数据库，有效统计车辆信息，并可通过软件导出报表。

3．主要产品（见图3）

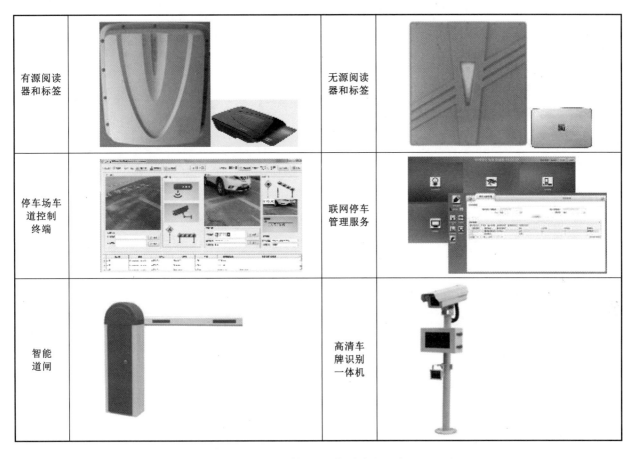

有源阅读器和标签		无源阅读器和标签	
停车场车道控制终端		联网停车管理服务	
智能道闸		高清车牌识别一体机	

图3　出入口管理/收费系统主要产品

（三）占道停车管理系统

在一个典型的路内停车收费管理系统中，泊位装有车位检测器，用于自动检测车辆的驶入与驶离，并发送停车数据至后台管理中心；后台实现停车信息的实时分析、统计与发布；停车信息由后台发送给POS机，收费人员手持POS机进行巡检与收费，收费方式支持现金、缴费卡、银行卡及APP等多种方式。

1．系统组成

典型的路内停车收费管理系统一般由前端信息采集系统、停车诱导系统以及管理中心等组成。占道停车管理系统框架如图4所示。

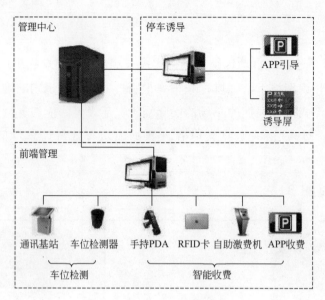

图4 占道停车管理系统框架

2. 系统优势

（1）地磁车位探测器具有 IP68 的防护等级和超强的抗压能力，可有效应对户外停车场环境；

（2）地磁车位探测器通过感知磁场变化识别是否有车停入，识别准确率高达 98% 以上；

（3）地磁探测器采用电池供电，无线方式组网通信，安装维护方便，节约施工成本和时间；

（4）探测器无须外部供电，采用超低功耗设计，内置大容量电池，可保证连续使用 5 年以上；

（5）系统最大支持 10 级中继，提高无线覆盖范围，为大型户外停车场建设提供可靠的保障。

3. 主要产品（见图5）

地磁式车位探测器		工作电压：2.5～3.3V（内置电池） 电池容量：9000mAh 探测准确率：>98% 功　耗：平均电流<50μA	防护等级：IP68 电池寿命：可工作 5 年以上 工作温度：-20℃～+65℃ 通讯方式：RF470MHz@100kbps
地磁数据中继器		工作电压：AC220V 功　耗：<2W 工作温度：-20℃～+65℃ 导屏的防护等级：IP66	通信距离：与探测器≤100m 与集中控制器≤500m 设备容量：60 探测器（视现场距离而定）
集中控制器		工作电压：AC 110～240V 功　耗：≤3W 工作温度：-20℃～+65℃ 规格尺寸：320*260*90mm 净　重：约 3.17kg	通信方式：1 路 10/100BaseT 以太网 通信距离：RF470MHz≤200m 以太网 100m（超五类网线）
户外引导大屏		工作电压：AC220V 功　耗：≤10W（单向） 通信方式：RS485 通信距离：300m	外形尺寸：可根据客户需求定制 工作温度：-20℃～+65℃ 光　源：红/绿 LED 灯珠
室外车位引导屏		工作电压：AC 110～240V 通讯方式：RS485@9600bps 功　耗：≤10W（单向） 工作温度：-20℃～+65℃	通信距离：500m 光　源：红/绿 LED 灯珠 外形尺寸：可根据客户需求定制

图5 占道停车管理系统主要产品

（四）联网停车管理服务平台

联网停车管理服务平台是本系统的重要组成部分，系统为车道终端控制系统的中心管理平台，在终端上报的数据的基础上，系统通过对数据进行分析和挖掘，动态地为停车场经营者和系统管理人员提供停车场数据，并为用户提供相应的统计查询界面，为停车场的智能化、远程化管理提供支撑。

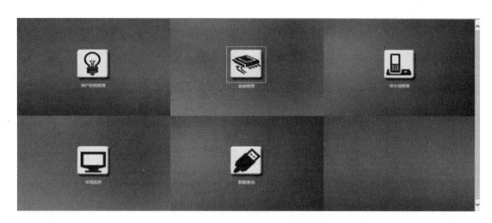

图 6　联网停车管理服务平台

联网停车管理服务平台的主要功能如下：

（1）停车场管理：该模块用来对停车场做统一管理，主要包括业主管理、全局停车场管理、全局费率管理、车辆关系绑定和白名单管理等。

（2）系统管理：系统参数设置模块用来维护系统参数。

（3）用户权限管理：该模块主要用来管理系统登录人员可操作的系统功能，主要包括部门管理、用户管理、权限管理和日志查询等功能。

（4）车场监控管理：车场监控可以监控停车场整体运行状况及停车场各个硬件的运行状况，包括车道终端监控、终端版本监控和现场设备监控。

（5）数据查询服务：数据查询对停车场运行过程中产生的历史数据进行查询，包括通行记录、交易记录、收费日志。

城市级智慧停车管理服务平台
——物联网+大数据共建城市静态交通环境

泰华智慧产业集团股份有限公司　刘冠华　张　宁

一、城市停车行业背景

随着城市化进程的发展，人民生活水平的提升，停车难问题凸显，在一定程度上制约了城市进一步提升品质和管理服务水平。停车问题是城市发展到一定阶段的必然产物，不仅是城市交通的重要组成部分，而且也是关系城市发展和百姓民生的社会问题，其状况的好坏直接关系到城市系统的功能。因而，随着城市停车需求的快速增长，应充分重视和大力加强城市静态交通管理工作，从而营造更好的路面环境，实现静态交通与动态交通的协调发展。

目前，城市停车问题突出表现为供求不平衡、资源不匹配和信息不对称，究其根本在于城市停车的有效资源与车辆作为人民生活必需品之间的深层次矛盾。停车资源的严重匮乏，停车信息的无法获取，以及由此引发的交通拥堵、交通安全、违法停车、停车纠纷、跑冒滴漏等一系列问题日益严重，急需建立一套实时、高效、智能、可靠的智慧停车管理服务平台。只有靠盘活"存量"，才能解决"增量"的问题，而盘活存量就是用智慧化的手段促进现有资源的有效利用，提高公众停车服务水平，是缓解停车难矛盾的有效途径。一方面，引导停车管理走向信息化、智慧化的科学合理发展轨道，为公共停车场的规划、投资、建设保驾护航，为精细化的行业管理提供数据支撑。另一方面，建立实时、可靠的停车诱导与停车信息服务系统，引导车主选择合理的出行方式，提高停车效率，规范停车秩序，为缓解城市交通压力分压节流。

早在两年前，国家发改委就联合其他部委下发了《关于加强城镇停车设施建设的指导意见》，意见中明确提出了要应用智慧化停车，以缓解停车难问题。2017年，国家发展改革委办公厅下发《关于开展城市停车场试点示范工作的通知》，更加明确地提出开展停车信息平台建设的要求，各地政府也先后将智慧停车纳入新的交通规划守则当中。

城市智慧停车管理服务平台的主要参与者包括政府部门、停车运营企业及停车需求者等，各方参与者的不同定位与需求，引导着智慧停车的总体发展方向。首先，对于政府来说，通过建立一套停车信息平台，便于相关部门统一管理与调度，并且日后可以不断扩充、完善平台功能，以促进停车产业的发展，为应急指挥、城市管理规划提供基础数据，同时也为交通管理部门决策提供依据。其次，对于停车场经营者和产权单位，平台建成后有助于提高大多数停车场的使用率和周转率，极大地提高部分停车场业主的经济收益；有助于避免停车场入口的混乱与拥堵，缩短停车时间，规范停车秩序。最后，对于停车需求者来说，可以帮助驾车者尽快找到车位，对于停车非常难的地区和时段，提前决定是否开车，以免耽误时间；缩短寻找停车场的时间，从而提高驾驶员的停车效率。

总之,建设智慧停车对整个城市的交通系统来说,有助于缩短路面车辆滞留时间,缓解路面拥堵,提高地区整体交通系统的运行效率,节能减排。

二、平台总体设计

(一)平台设计目标

1.实现停车资源一体化,提升行业管理水平,达到停车供需动态平衡

通过平台建设,将所有停车场资源(路内、公共、配建)纳入统一管理,实现城市级停车资源的一体化运营,促进停车供需的动态调控与及时对接,提高停车效率与泊位利用率,实现静态交通与动态交通和谐发展。

2.实现行业管理高效化,提升行业决策水平,促进停车产业健康发展

通过平台建设,可以提高行业信息的汇集与分析能力,促进停车管理行业政策引导、价格制定、投诉考核、决策分析、停车场辅助选址等管理手段的规范化运行,提高政府的管理效率。

3.实现公众信息多样化,提升行业服务水平,提升综合交通服务体验

通过平台建设,整合城域现有停车资源和交通信息的发布,打造统一发布渠道,实现为公众提供泊位查询、停车诱导、电子支付、在线预约、监督举报等服务。

(二)平台总体思路

城市级智慧停车管理服务平台通过整合城市区域内停车资源信息,对辖区所有路内、公共、配建停车场资源进行统一管理、统一规范、统一标准、统一服务,通过建设综合性、全方位、多维度的停车资源动态感知体系,运用"互联网+"的思维模式和物联网、大数据、云计算等技术手段,提高行业信息的汇集与分析能力,为政府、企业提供行业管理、辅助决策依据,为公众提供多样化的停车服务,实现智能、高效、便捷、精准的综合停车管理和服务。智慧停车管理服务平台总体思路如图1所示。

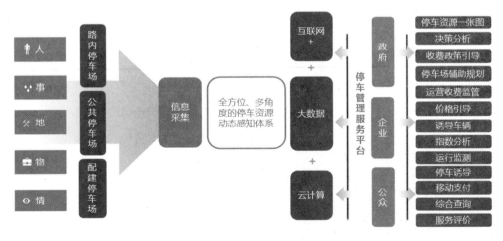

图4　智慧停车管理服务平台总体思路

（三）平台总体架构设计

系统整体分为数据采集层、技术支撑层、业务应用层、用户服务层及标准规范保障体系、信息安全保障体系的四个层次两个制度的整体架构，通过底层数据采集，将数据集中整合、分析和应用，并实现相应的业务功能，用于支持公园停车管理系统的应用（见图2）。

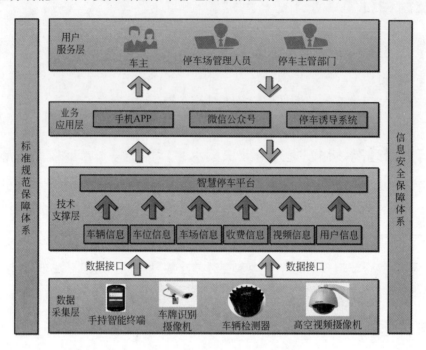

图2　智慧停车管理服务平台总体架构

1. 数据采集层

通过车牌识别摄像机、NB-IOT 车辆检测器等设备，有效采集车辆动态行驶信息，采集内容包括车牌号码、车辆出入数量、车位是否占用等信息。

2. 技术支撑层

技术支撑层主要是指智慧停车管理后台，该平台对采集到的车辆信息、车位信息、车场信息、用户信息、收费信息等进行整合，以实际业务需求为依托，提供包括统计分析、资金管理、车辆管理、停车场管理等功能，服务于公园停车场管理人员。

3. 业务应用层

业务应用层包括手机 APP、微信公众号、停车诱导系统等功能实现介质，并实现了停车诱导、停车缴费、信息查询等功能。

4. 用户服务层

用户服务层主要服务于车主及停车场管理人员等，车主可以通过应用软件实现停车诱导、停车缴费、信息查询等功能，停车场管理人员可以通过后台管理系统实现业务数据统计分析、报表查询、车辆管理、停车场数据统计分析、资金管理等功能。

三、平台建设内容介绍

该平台主要由路内停车管理系统、公共停车场管理系统、停车行业管理系统和公共服务系统四个子系统组成。

（一）路内停车管理系统

路内停车管理系统通过手持智能终端、地磁、视频识别等设备及电子化收费手段，运用无线传输方式实现停车数据的实时采集和停车费用的电子支付，规范了道路停车资源的管理和使用。该系统对全市停车信息进行监控，在地图上展示所有停车场的动静态信息，快速统计城市空余车位信息，为城市停车诱导提供基础的信息，可对停车场效益、秩序管理等数据进行统计分析，为城市停车诱导与信息发布、停车规划、管理等服务提供数据支撑。路内停车管理系统示意图如图3所示。

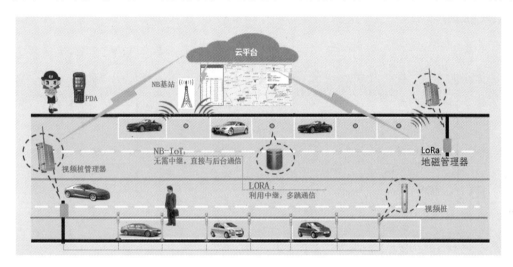

图3 路内停车管理系统示意图

（二）公共停车场管理系统

公共停车场管理系统通过车牌识别实现车辆进出场控制，动态采集进出车辆信息和车位占用信息，数据实时传输，实现公共停车场收费、运营管理及诱导服务。通过对城域范围内所有公共停车场的动态信息采集，实现对城市公共停车场资源进行统一管理、统一规划和使用，掌握整个城市的停车动态和停车资源使用情况。

（三）停车行业管理系统

停车行业管理系统汇总区域内所有的停车资源，进行整合、统计、分析，形成全面、准确、多样化的行业管理信息，便于管理者及时掌握整个城市的停车动态，规范停车收费与管理，提高停车泊位的利用率和经济效益，维护公众的合法权益，且为提升停车管理的科学化、动态化和精细化水平提供辅助支持。停车行业管理系统界面如图4所示。

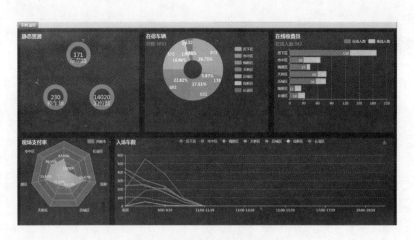

图 4　停车行业管理系统界面

（四）公共服务系统

公共服务系统通过停车诱导电子显示屏、微信公众服务号、手机 APP、网站等多种方式向公众提供空余泊位引导信息、停车场出入口交通信息、停车场周边配套设施引导信息、停车记录查询、电子支付等服务功能，向社会公众及时发布权威、准确的公共停车信息，并为政府管理部门进行行业决策提供重要参考和支撑。

四、应用案例

（一）城市级智慧停车管理服务平台

目前平台在济南市得到了良好的应用，实现了数据、资金、服务的一体化，通过科技手段提高了管理服务水平，建立了济南停车新秩序，加快了停车管理智能化、停车诱导科学化、停车收费电子化的进程，并于 2016 年 9 月 1 日全面实行道路停车电子收费，做到人钱分离，实现了由道路停车收费员到道路停车管理员的转变。济南市智慧停车管理服务平台如图 5 所示。

图 5　济南市智慧停车管理服务平台

（二）首个商用 NB-IoT 智慧停车平台

全国首个全面基于 NB-IoT（窄带物联网）技术的智慧停车平台由中国移动公司与泰华智慧产业集团合作，在鹰潭市龙虎山景区正式亮相（见图 6），打造了全国第一个 NB-IoT 智慧停车应用示范项目。

该项目可以为游客提供自助停车、车位预约、线上支付、停车诱导等多方位的便捷服务体验，景区管理人员也可以从后台实时监控、查看每个停车场每个泊位的实时占用情况，通过 NB-IOT 智慧停车平台的应用，可提高整个景区的停车利用率和运营管理水平。

图 6　鹰潭龙虎山智慧停车应用场景

公共交通

智能公交系统（APTS）的设计与实现

李家洪[1]　王　胜[1]　曾　维[2]

一、智能公交系统概述

当前城市交通拥堵问题突出，公共交通作为城市交通方式的主体，成为解决交通问题的首选方式。同时，公交系统运营过程复杂、运营线路和区域跨度大，交通路况复杂多变、公交行业公益性突出等特点都亟须一套成熟、先进、科学的信息化手段进行规范化运营、管理和服务。

智能公共交通系统（APTS）是城市智能交通系统（ITS）的重要组成部分，它借助 GPS 卫星定位系统、GPRS、3G 网络通讯技术、GIS 地理信息技术、视频监控技术、RFID 技术、数据处理等技术，建立起一套实用、科学、先进、智能的公共交通生产、管理、服务应用体系。实现"线网规划—公交调度—信息服务—行业监管—绩效考核"五位一体（见图 1）的高度集成，实现数据联动、实时反馈、闭环应用。

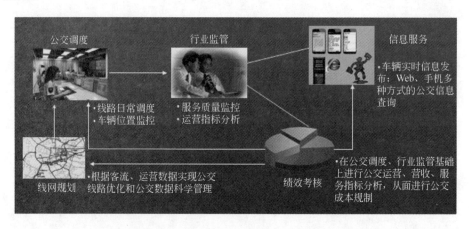

图 1　智能公交"线网规划—公交调度—信息服务—行业监管—绩效考核"五位一体应用

二、智能公交系统总体设计

智能公交系统主要包括智能公交监控调度软件系统、公交车载调度终端、公交一卡通收费软硬件系统、公交移动手机客户端软件系统、公交行业监管系统、公交客流统计分析系统在内的一系列智能公交软硬件产品，形成"一个数据中心，三个应用体系"的智能公交完整解决方案。

---

1 江苏航天大为科技股份有限公司；
1 江苏航天大为科技股份有限公司；
2 北京瑞华赢科技发展有限公司。

（一）系统总体架构

智能公交系统通过公交车载终端、公交 PAD、公交一卡通 POS 机、电子站牌外场终端系统作为数据采集感知和信息发布的手段，通过 GIS-T、视频监控平台、大数据技术、云存储和云计算技术构建一体化集成的公交数据中心，实现企业生产管理体系、政府指挥决策体系、公众出行服务体系三大应用体系在公交领域的全面应用，最终实现绿色公交场景。系统总体架构如图 2 所示。

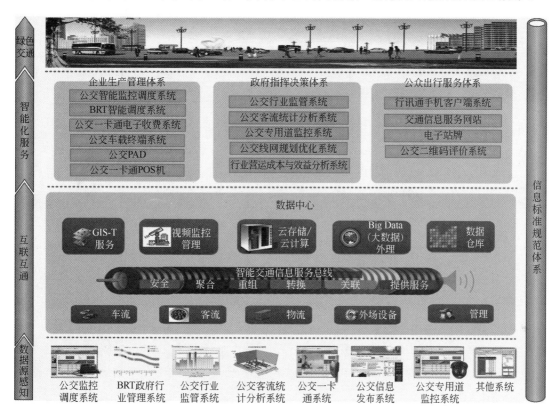

图 2　智能公交系统总体架构

（二）系统应用架构

智能公交系统的主要用户为公交总公司（集团）、公交分公司、公交管理部门、公交司机和出行者。公交总公司（集团）和公交分公司承担着公交企业日常运营调度和管理的功能，保证公交系统的日常运转；公交上级管理部门承担着公交行业监管的职责，保障公交体系的合理、科学、高效运转；公交司机是公交运转的执行者，通过智能公交车载终端与调度中心进行交互式调度，保证公交系统的安全、高效运转；乘客是公交系统的享用者，利用手机、网站、电子站牌、智能手机发布系统获得公交车辆实时到站、公交换乘等出行服务信息，获得便捷、舒适、安全的公交出行服务。系统应用架构如图 3 所示。

（三）系统物理架构

智能公交系统应用软件部署在公交机房数据中心。公交机房数据中心由数据库服务器、通信服务器、GIS 服务器、视频服务器、核心交换机、防火墙、路由器等设备组成，外场车载终端设备通过接入路由器将 GPS 数据、车辆进出站数据传送给机房数据中心。数据中心通过在通信服务器、应用服务器上部署的监控调度等后台软件模块进行业务计算，供调度中心指挥大厅调度人员进行线路实时调度、向外场终端下达命令、传送数据信息等日常智能调度操作，同时实时向电子站牌传送车辆位置数据。行业用户也可通过数据专线与公交机房数据中心进行数据共享和交换。出行者可通过 Web、WAP、手机短信/彩信、智能手机客户端软件系统获得公交车辆实时位置信息，方便出行。系统物理架构如图 4 所示。

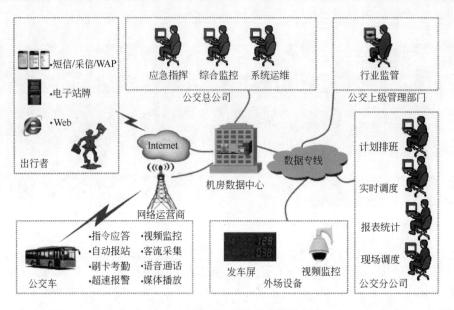

图 3　智能公交系统应用架构

图 4　智能公交系统物理架构

三、智能公交系统在某市公交信息化中的典型应用

智能公交系统在某市公交信息化中的典型应用如下。

（一）公交智能监控调度系统

系统利用 GPS、GIS、GPRS、3G 通信等技术，实现了公交日常运营的动态调度与实时监控，实现了公交运调业务的无纸化。主要功能如下：

（1）实现多条线路的集中调度，能够进行线路简图监控和 GIS 全局监控；

（2）自动生成电子路单，实现无纸化，简化了调度员的报表统计工作量；

（3）根据视频采集客流数据，及时调整运营排班计划，做到运力客流匹配。

智能调度中心实景图及系统界面分别如图 5、图 6 所示。

图 5 智能调度中心

图 6 公交智能监控调度系统软件界面

（二）公交行业监管系统

系统以 GPS 信息为基础，通过接入公交车 GPS 数据、公交企业发班营运数据、一卡通客流统计数据，实现对公交行业的企业、车辆、从业人员进行统一的监测、管理、指挥和调度，提高公交行业监管的针对性，从而有效提高交通行业监管水平。主要功能如下：

（1）实现了公交企业基础数据、动态 GPS 运调生产数据的统一接入及共享；

（2）紧密监测公交行业企业发班等整体营运态势，科学优化配置运输资源；

（3）实时动态监控公交安全生产状况，规范运营秩序，提高交通安全水平；

（4）深入分析行业企业营运成本效益等关键信息，提高政府管理决策水平。

系统界面如图 7 所示。

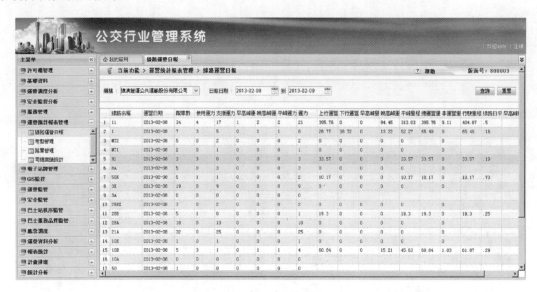

图7　公交行业监管系统

（三）公交客流统计分析系统

系统从时间（高峰时段、日、周、多日）和空间（线路、线路组、站点、站点组、企业、企业组）两个维度对公交客流、发班班次、运营速度、投入运力、成本效益进行精细颗粒度的深入分析，旨在从微观层面挖掘公交客流分布规律及特点，掌握运力与客流的实际匹配情况，为公交企业调整线路排班计划、运营调度计划、增加车辆运力投放等决策管理提供第一手数据资料，为公交管理部门开展线网优化、缓解交通拥堵工作提供辅助决策支持。系统界面如图 8 所示。

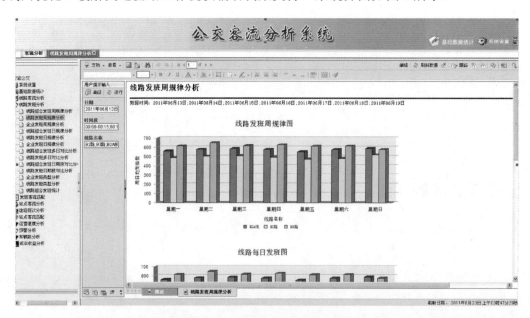

图8　公交客流统计分析系统

（四）公交专用道监控系统

为便于公交专用道的管理，在公交专用道沿线安装公交车载视频、站台视频、道路交通视频、电子警察四大方面前端设备，借助信息化手段"管好""用好"公交专用道，减少社会车辆违法占用公交专用道，保障公交专用道专为公交所用，提高利用效率，如图9所示。

图 9　公交专用道监控的四种手段

公交专用道监控系统的后台软件——公交专用道综合管理系统包含视频监控、GIS 电子地图管理、公交智能运营分析、可视化管理分发、车流检测统计分析发布、交通仿真等模块，通过各个模块功能保障公交专用道的综合调度管理，充分利用各种科技手段，实现道路、站台等重要点位的视频监控、车流检测、数据挖掘、数据分析，为交通综合治理提供准确、可信的数据基础和依据。

（五）BRT 智能调度系统

近年来，快速公交（BRT）作为一种介于常规公交和轨道交通之间的大容量地面运输方式，已经在国内外不少大中城市得到积极应用和推广，BRT 专用车道、BRT 车站、BRT 车辆、收费系统、BRT 智能交通系统是快速公交的五个构成元素。BRT 智能交通系统由 BRT 智能调度系统、BRT 票务系统和 BRT 安全门系统三大系统构成。BRT 实景及 BRT 智能调度系统主界面分别如图10、图11所示。

图 10　BRT 实景

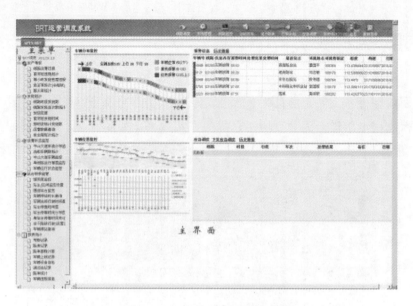

图 11　BRT 智能调度系统主界面

（六）公交一卡通电子收费系统

公交一卡通电子收费系统由公交一卡通后台软件、车载刷卡机、票卡和通信网络组成。一卡通后台系统实现票务数据采集、收益清分清算、黑名单管理、报表统计和综合信息管理等公交电子收费功能。车载 POS 机及后台系统界面分别如图 12、图 13 所示。

图 12　公交一卡通 POS 机

图 13　公交一卡通电子收费后台系统

（七）智能手机发布系统

随着智能手机的普及应用，移动信息服务方式成为广大出行者的首选。智能手机发布系统以手机客户端软件的方式，实现交通出行及相关信息的实时、便捷、点对点推送，实现面向大众的多方式、多样式、全天候、全方位的综合交通信息服务，实现掌上交通信息一站式全面服务，满足市民的出行前、出行中的交通信息查询需求，如图 14 所示。

公交车辆实时位置　车辆还有几站到达　车辆到站提醒　公交换乘方案

图14　智能手机发布系统

四、展望

今后，随着物联网、云计算等新一代信息技术的普及应用，智能公交系统将批量拓展数据采集与感知节点，在高架桥、楼下、树下等 GPS 信号盲区以及小型中途站、大型中途站、普通总站、枢纽总站等公交站点安装公交物联网感知节点设施（含 RFID、传感器等），实现公交车辅助定位、精确定位、感知信息回传等功能。在物联网节点建设部署基础上，可优化智能公共交通系统，提升公交服务水平，进而支撑专用道管理、公交信号优先、智能出租、交通诱导等"公交都市"物联网应用。

城市公共交通运营监管信息平台关键技术研发与示范

交通运输部科学研究院/城市公共交通　智能化技术交通运输行业重点实验室
刘好德　刘向龙　王寒松　吴忠宜

城市公共交通是与人民群众生产生活息息相关的公益性事业。2012 年，国务院发布了城市优先发展公共交通的指导意见，全面实施国家公交优先发展战略，我国城市公共交通事业取得了快速发展。

然而，我国城市公共交通行业管理层级多，管理体制、运营模式及城市规模差异较大，各级行业管理部门对辖区内公共交通的基本情况缺乏全面、准确的掌握，无法对城市公共交通发展水平、服务质量进行有效监测与科学考评，在运营成本核算、财政补贴核发、票制票价设计与调节等方面也尚未建立业务决策模型，亟须结合我国城市公共交通行业的特点开展行业管理服务业务决策模型与信息支撑技术的研究。

一、项目研究内容

在国家公交优先发展战略背景下，针对交通运输部接手城市客运行业管理职能后所面临的"管什么？怎么管？用什么管？"三大关键问题，项目重点研究城市公共交通管理服务的技术框架体系、业务决策模型、数据资源体系、标准规范体系、监管信息平台等内容，并依托城市、省、交通运输部开展示范应用。研究思路和内容如图 1 所示。

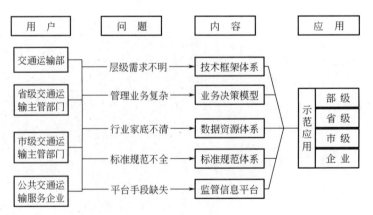

图 1　研究思路和内容

（1）全面梳理和提炼不同层级运营监管业务需求，研究公共交通运营监管信息平台技术框架体系。

（2）研究城市公共交通发展水平与服务质量绩效评价、公交运营成本测算与规制模型、公交成本-服务质量-财政补贴-票价调节联动机制等关键业务模型。

（3）研究不同层级行业管理平台的数据需求、采集与交换机制，研发我国城市公共交通数据库系统。

（4）研究面向城市公共交通运营监管信息化建设的标准规范体系，涵盖数据资源内容、数据交换要求、监管系统技术要求等重点研究内容。

（5）面向不同层级行业监管业务需求，基于城市公共交通数据库与业务决策模型，设计研发部、省、城市三级行业监管信息平台系统，分别在部、省、城市开展相关研究成果的示范应用。

二、关键技术研究

项目关键技术包括技术框架体系、发展水平评价、票价联动机制、数据获取与管理、系统设计研发、标准规范体系设计六大关键技术。

（一）技术框架体系研究

在城市公共交通行业监管业务需求分析的基础上，研究提出了涵盖部、省、城市、企业的城市公共交通运营监管信息平台技术框架体系（见图 2），对平台功能、数据资源、网络条件等方面提出了总体要求。

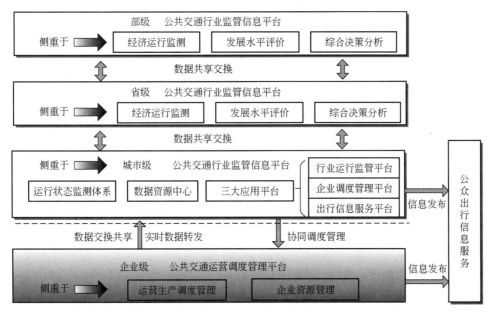

图 2　四级监管信息平台技术框架体系

（二）城市公共交通发展水平评价技术

面向对城市人民政府发展公共交通绩效的考评需求，兼顾常规地面公交和轨道交通的共性和个性特点，考虑了不同类型城市的差异性，注重指标的客观性和可获取性，力求全面、准确反映城市公共交通发展水平，研究构建了涵盖公共交通综合服务效能、政府保障能力与管理水平、公共交通公众体验和公共交通综合效益四个方面共计 46 项指标的评价指标体系，并建立了指标模型。

（三）服务质量-公交成本-财政补贴-票价联动机制

基于"公众可接受、企业可发展、财政可负担"的原则，项目研究提出了兼顾公众、企业、政府三类主体的服务质量-公交成本-财政补贴-票价调节的联动机制（见图 3），并对机制中各参与方相关职责及相互间业务流程进行了定位。

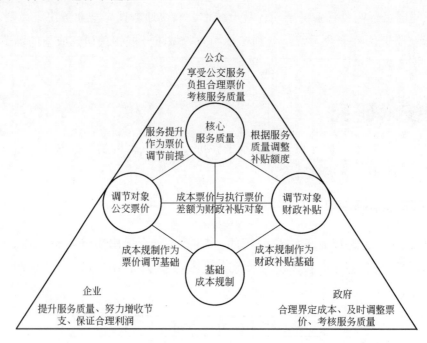

图 3　服务质量-公交成本-财政补贴-票价调节联动机制

（四）数据获取与管理技术

立足于支撑和优化部、省、市三级行业管理部门的科学决策与监管，研究了 4 个层级平台数据库之间的数据交换问题，研究编制了《城市公共交通管理与服务基础数据元》工程标准，以及涉及四个层级的《城市公共交通管理与服务数据资源交换规范》行业标准。监管信息平台数据交换获取体系如图 4 所示。

（五）系统设计研发技术

在城市公共交通数据资源交换体系和数据库构建的基础上，通过软件工程方法，依托应用示范工程，参照项目专题成果《城市公共交通运营监管信息平台建设应用指南》，分别针对部级、省级、城市级研发实现了三级城市公共交通运营监管信息平台，取得"城市公共交通运营监管信息平台"等 4 项软件著作权。

（六）标准规范体系设计

研究提出了我国城市公共交通运营监管信息平台标准规范体系，面向行业监管提出了由平台技术规范和业务规范两部分组成的城市公共交通运营监管信息平台标准规范体系。标准规范体系设计如图 5 所示。

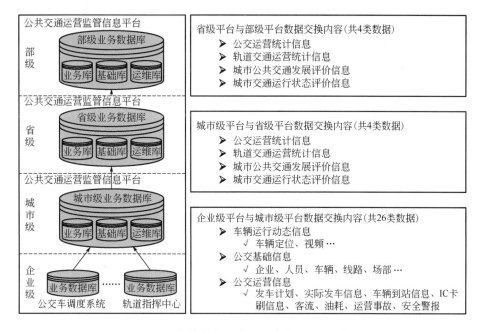

图 4　监管信息平台数据交换获取体系

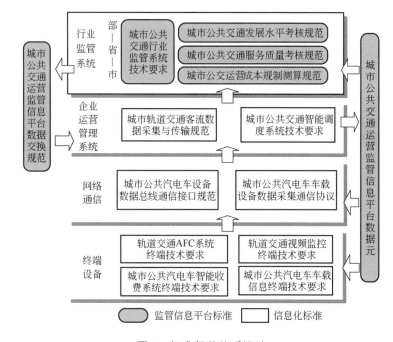

图 5　标准规范体系设计

三、创新成果

项目研究支撑了 6 类创新成果，包括交通运输部文件 3 份、3 项示范工程标准、2 项行业标准、4 项软件著作权、17 篇学术论文、专著 2 本，支撑出版 2011—2014 年度的《中国城市客运发展报告》，并主办和参加国际、国内学术研讨会 7 次。

项目首次提出了涵盖部、省、城市和企业四级的城市公共交通运营监管技术体系，研发了部、省、市、企业四级联动的公共交通数据库及三级行业监管信息平台，系统地形成了城市公共交通行业管理的内容与方法，填补了复杂需求条件下的公共交通行业管理服务信息平台技术空白。

（一）行业技术文件

通过 6 项关键技术研究，直接服务于多项行业技术文件的制定，为国家城市公共交通信息化和智能化顶层设计提供了技术支撑，如表 1 所示。

表 1　政策建议

序号	文号	名　　称
1	交运发〔2013〕387 号	《交通运输部关于印发"公交都市考核评价指标体系"的通知》
2	厅函科技〔2014〕21 号	《交通运输部办公厅关于印发城市公共交通智能化应用示范工程标准规范编制工作方案的通知》
3	厅运字〔2014〕105 号	《交通运输部办公厅关于印发"城市公共交通智能化应用示范工程建设指南"的通知》

上述政策文件有力地指导了全国 37 个城市"公交都市"示范工程建设与各阶段的绩效评价工作，可为全国城市公共交通各级行业监管信息平台的规划、设计与建设提供技术支撑。

（二）数据资源管理平台

研发了"城市公共交通数据资源目录管理软件""城市公共交通数据库管理软件"2 套软件系统，作为城市公共交通运营监管信息平台基础数据的管理软件，为平台分析和管理决策提供数据支持。

城市公共交通数据资源目录管理软件从数据元、元数据的定义、数据元集、数据字典、编码规则、数据交换等方面进行了系统设计与研发，涵盖了城市公共交通的机构与人员、基础设施、运输装备、运营线路、行业管理、运行监测、安全与应急、信息服务、综合分析与评价 9 大类、49 小类的公共交通数据资源目录体系。

在"城市公共交通数据资源目录管理软件"的基础上，研发了涵盖部、省、市、企业四个层级的"城市公共交通数据库管理软件"，同时为了实现城市公共交通发展绩效的国际对标，构建了包括部分年限的美国国家公共交通数据库（NTD）及国际公共交通联合会（UITP）的国际公共交通数据库。

（三）监管信息平台

分别针对部级、省级、城市级研发实现了三级城市公共交通运营监管信息平台。

（1）部级监管信息平台（见图 6）：包括公共交通运行监测子系统、公共交通考核评价子系统和综合分析子系统。

（2）省级监管信息平台（见图 7）：基于云平台技术搭建了河南省的省级城市公共交通行业监管云平台，可为中小城市提供云服务，实现省内城市公共交通运行监测与发展评价。

（3）城市级监管信息平台（见图 8）：主要包括基础信息管理、综合运行监测与预警、安全应急、综合决策分析、发展水平评价、服务质量考核等功能。

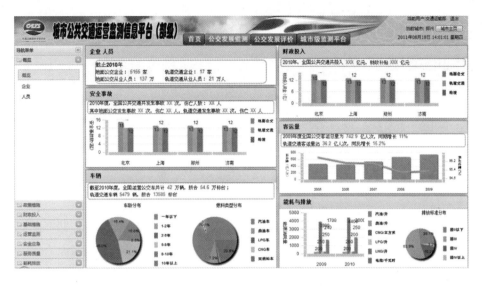

图6 部级监管信息平台（交通运输部）

图7 省级监管信息平台（河南省交通运输厅）

图8 城市级监管信息平台（郑州市交通委）

（四）软件著作权

项目合计获得软件著作权4项（软著登字第0342228号，软著登字第0488422号，软著登字第

0489080 号，软著登字第 0342283 号）。

（五）标准规范编制

项目研究提出了我国城市公共交通运营监管信息平台标准规范体系，研究起草了多项标准规范，其中行业标准《城市公共交通行业监管信息系统技术要求》《城市公共交通管理与服务数据交换规范》已报批（见图9），部分成果支撑起草的河南省地方标准《城市公共交通监管与服务信息系统建设规范》已颁布实施。

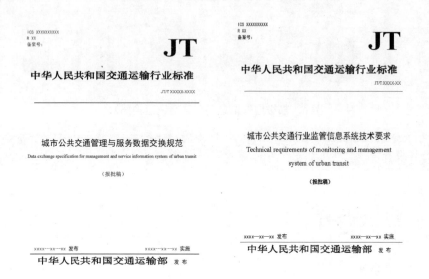

图 9　标准规范

（六）论文专著

基于本项目的研究，发表国内外学术论文 17 篇（其中 SCI 检索 1 篇，EI 检索 6 篇）；支撑出版专著 2 本（见图 10），支撑交通运输部出版了 2011—2014 年度的《中国城市客运发展报告》。

图 10　部分专著

四、示范效果及社会效益

项目依托北京、郑州、济南、西安、上海等城市的公共交通智能化应用示范工程及河南省交通运输厅公共交通行业监管信息平台，开展了城市公共交通运营监管信息平台原型系统的示范应用，取得了良好的示范效果，并正在全国部分公交都市进行示范应用，得到了全国交通运输部、省、市各级示范应用单位的认可。

通过城市公共交通运营监管信息平台系统的建设，能够完善城市公共交通行业管理的内容与方法，为部、省、城市级公共交通管理部门提供了监管手段，填补了信息技术手段方面的空白，为下一步建立我国完整的城市公共交通数据库，系统采集经营企业、线路、车辆、设施基础数据及运营服务数据，考核城市公共交通发展水平与服务质量，建立公共交通运输市场管理诚信体系提供了基础的数据来源。

项目研究的成果能够通过提升各级行业管理部门的管理能力与科学决策水平，全面促进我国城市公共交通的运输服务水平的提升，提高公共交通系统的吸引力，进而让更多的百姓愿意乘公交、更多乘公交，提升城市公共交通系统的出行分担率，改善城市交通拥堵，提升居民生活品质。

五、总结

通过本项目对城市公共交通运营监管信息平台技术框架、业务模型、标准规范、平台研发等的系统研究，攻克了一项关键技术，培育了一支高水平的城市公共交通信息化领域的科研团队，形成了自主知识产权，为全面提升我国城市公共交通行业管理服务能力提供了技术手段，有利于促进城市公共交通运输服务效能提升，深化落实国家公交优先发展战略，具有很强的创新价值及现实指导意义。

项目研究形成的标准规范成果可进一步规范我国城市公共交通信息化领域软硬件系统产品的设计、研发与生产，有利于规范市场秩序，促进公平竞争与互利合作，能够引领相关产业健康发展。

基于电子车牌数据采集的智能交通公交优先系统

沈阳天久信息技术工程有限公司

柏立军　陆增喜　裴志浩

一、前言

伴随着我国经济的迅速发展和科技的进步，人们的生活水平不断提高，私家车的拥有量不断增加，促使道路上行驶的机动车数量迅猛扩增，各大城市市区道路均出现不同程度的交通拥堵现象，加大了出行者的时间成本，降低了城市居民日常生活的办事效率，特别是对城市中乘坐公交出行的人们产生了极大的影响。

为解决城市交通拥堵问题、满足迅速增长的公交乘客的需求，提高服务水平和改善不断下降的服务质量现状，应倡导和加强快速公交系统的建设和信号优先的控制。快速公交系统的出现，将会使传统的按照"车"来分配道路资源，变成按照"人"来分配道路资源，一种车辆运载的人越多，那它就应该享受更多的道路资源。城市快速公交线路智能管理系统是利用现有道路中的某条车道作为专用通道，以实现公交车辆快速通行，并且必须在信号控制上进行优先放行的系统。

但是在某些特殊的道路交叉口（如与轨道交通平面交叉；经过医院、学校门口等），如果遇到红灯信号时也需要进行排队等候，特别是在交通早晚高峰时，将造成快速公交车辆运行延迟，因此也就失去了设计快速公交通行的意义。

所以，为保证快速公交道路的通行效率、保证其能够更好地发挥作用，应该设计出合情合理的城市快速公交线路智能管理系统。

城市快速公交线路智能管理系统是将公交车辆与道路信号控制系统进行信息关联，利用安装在公交车上的射频发射器，由道路交叉口的信号控制器将经过的车辆信息进行采集，经计算、协调等数据处理后，由信号控制器优化信号灯控制周期，以达到公交最佳运行时间。

目前常用的车辆检测和定位技术有多种，包括感应线圈、红外线、GPS、视频和 RFID 等。在这些方法中，以 GPS 的应用最为广泛，但是，在城市高楼区、林荫道、立交桥等有高大物遮挡区 GPS 可能会暂时失效，同时，目前 GPS 的定位精度有待提高，建设和维护费用相对较高。而 RFID 技术具有快速、准确、可同时识别大量移动物体等优点，广泛应用于车辆的快速通行系统中，在国内的城市快速公交的应用中也有成功案例。

因此，为减少公交车营运延迟时间，提升准点服务效率，有效吸引出行者搭乘公交，降低家用汽车使用量以缓解城市交通堵塞与空气污染等问题，特提出基于 2.45G 有源 RFID 的城市公交运行智能管理系统技术方案。

RFID 技术作为一种新兴的非接触式自动识别技术，其本身具有防水、防磁、标签数据可加密、数据存储容量大等特点。如果将 RFID 技术应用于智能交通领域，可充分发挥其自动识别及动态信息采集的优势，能够有效解决城市交通信息化建设的瓶颈问题。在现有的各种车辆检测器中，每种都有自己的特点和使用方法。然而能够识别车辆本身真实身份的检测器目前也只有电子车牌一种。在机动车辆前挡风玻璃上粘贴一块储存本车相关信息的电子芯片，与安装在路段上的发射器通过射频技术进行无线通信和信息交换，以达到检测和识别通过路段的带有电子芯片的机动车辆的目的。

在城市道路交通建设中，运用 RFID 技术、电子地图和无线网络技术等手段，建立机动车辆管理系统，可以实现机动车远距离、不停车信息采集。通过实施该系统可有效提高机动车的管理水平，对采集的数据利用计算机进行研究分析，可以掌握车辆运行规律，杜绝车辆管理中存在的漏洞，实现机动车辆的智能化管理，提升城市形象，从而提高城市机动车辆的交通管理水平。

RFID 智能交通系统采用先进的信息通信技术，收集道路交通的动态、静态信息，进行实时分析，并根据分析结果安排车辆的行驶路线、出行时间，以达到充分利用有限的交通资源，提高车辆的使用效率的目的，同时也可以了解车辆运行情况，加强车辆的管理。RFID 技术作为交通系统信息采集的有效手段，在交通管理系统中将扮演重要角色。

二、基于电子车牌的城市公交优先系统原理与组成

本系统设计是以 RFID 电子车牌数据采集系统为主体实施。将记录车辆信息的电子车牌安装在车辆的前挡风玻璃上端，然后在机动车所经过的每个路口前端 100～300 米处的道路上，预设电子车牌采集器设施，实时读取经过的车辆电子标签信息，并将电子车牌所采集到的信息传送到道路交叉口的信号控制设备中，同时也可经由网络传送到指挥中心。系统结构如图 1 所示。

1. 系统结构

如图 1 所示，系统主要由信号机、公交车道、指挥中心、RFID 读卡器、电子车牌等组成。

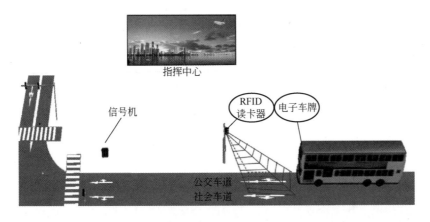

图 1　系统结构

城市交通管理的一项主要任务是交叉路口通行秩序的管理。目前，在城市主要交叉路口都采用交通信号灯（红、绿、黄灯）控制，通过信号灯定时转换，以便行驶车辆分时通过。因为每个方向

的通行时间预先固定，而路面的车流量却时刻变化，因此常常会出现一个方向的车辆排队等候而另一个方向车流却很稀少的现象。再则发展公共交通是解决城市交通拥堵问题最基本、最重要的方法，只有发展公共交通、提高公交工具的通行效率、有条件地限制其他车辆在拥挤路面的通行权，才能减少交通堵塞，使城市的交通更顺畅。公交车智能电子车牌的使用，实现了城市拥挤路段交叉路口公交车的优先通行权。

整体系统主要由 3 个部分构成。

（1）电子车牌：安装在每台公交车的前挡风玻璃上。

（2）RFID 读卡器：安装在交叉路口或路段上，用于探测经过车辆电子车牌。

（3）信号机：安装在道路交叉口，用于收集、处理路口的 RFID 读卡器发送的检测信息和控制交通信号系统的运行。

在城市中，当公交车辆发车间隔较短时，一个常见问题是公交车辆集结，也就是说几辆公交车辆接踵而行，这样会增加乘客在公交停靠站的候车时间。虽然出现公交车辆集结的原因十分复杂，但提供选择性优先权（提供优先信号给那些到站时刻晚于规定时刻的公交车辆，而不是早于规定时刻到达的公交车辆或紧随另一辆公交车行驶的公交车辆），诱导其以最佳行驶速度行驶是一个有效的公交优先控制方法。

2．公交优先感应信号控制

公交优先感应信号控制的目的是尽量减少公交车辆在信号交叉口的延误，为此感应信号控制应能做到：

（1）当公交车辆到达交叉口时，如果交叉口的信号相位已经是绿灯且绿灯即将结束，为确保公交车辆能在绿灯末期能顺利通过交叉口，绿灯可以适当延长而超过它的正常结束时间；

（2）当公交车辆到达交叉口时，如果信号相位是红灯，为减少公交车辆停车等待时间，绿灯可以较正常时间提前启亮。

采用公交优先感应信号控制方法要根据交叉口的交通状况来实施，如果使用不当将难以取得预想的效果，甚至会导致叉口的交通秩序混乱。

3．公交优先感应信号控制适合于以下几种情况

1）交叉口饱和度较低

给予有"公交优先"请求的相位延长绿灯时间，将会增加其余相位车辆的停车等待时间。如果周期不变时，给予有"公交优先"请求的相位延长绿灯时间则是通过缩短其余相位的绿灯时间来实现的。当交叉口饱和度较大时，可能会造成其他相位的交通拥挤和车辆及行人的延误的大量增加，可能会使得这种公交优先的措施得不偿失。为减少这种影响，这种因保障公交车优先通行而延长个别相位绿灯时间的措施也不是没有限制地延长，而是有条件的，也就是说，延长绿灯或缩短红灯时间要综合考虑各进口道的到达交通量。

2）最好只有一个相位有公交车辆或一个相位公交车辆比例较高

如果交叉口的多个相位有公交车辆（实际情况通常是这样），且各相位公交车辆的到达率比较接近，这种情况下往往难以做到整个交叉口公交车辆的同时优先。因为当给其中一个相位延长绿灯时间或缩短红灯时间时，其余相位上同时到达的公交车辆将可能被迫停车等待，或多个相位同时有公交优先请求时将容易产生混乱。

3）公交车辆流量较小且前后公交车辆到达交叉口间隔的时间较长

当交叉口某进口道公交车辆流量较大且呈集结到达的形式（一个进口道上多辆公交车同时到达）时，如果要使得这些公交车辆都在绿灯结束时通过交叉口，则可能需要将绿灯时间延长很多，这将使得其余相位车辆等待时间太长，所以如上所述感应信号需要在系统通过预先确定的"最大"计时器来结束一个过长的公交优先申请，由此又使得该进口道部分公交车辆难以获得优先通行的权利。如果公交车流量较低则不会存在上述两难的局面。

4. 城市公交运行智能管理系统的特点

RFID 读卡器为定点安装，一般安装在现有的交通附属设施上（如红绿灯、路灯、车站、路牌、交通标志及指示牌等），以减少施工成本。RFID 读取器在识别道路上公交车辆，上传数据至控制中心时，确定了公交车辆的位置信息，同时也可确定流量等交通数据。

在城市公交运行智能管理系统中，采集的数据通过通信网络进行传输，包括有线通信网络、无线专用网络、移动通信的 GSM 网络或 GPRS 互联网络。电子车牌安装在营运公交车辆上，每张电子车牌具有唯一性的电子识别特征（识别码）。

指挥中心的计算机系统接收到信息数据后，对数据进行分析处理。同时也管理有关的数据库并运行应用软件，担负相应的指挥、通信任务。

对采集到的数据进行进一步的分析，可以获得车辆平均速度、交通流速等其他有关交通信息，为智能化交通管理提供支持，同时也为政府交通管理部门对道路交通的规划提供参考。公交车的特点是站点和行驶线路基本固定，远距离 RFID 技术恰好可以利用公交的这一特性布设监测网络。

与此同时，也可以将经过路口的公交车辆的信息发送到路口信号控制系统中，由本地信号系统根据得到的下发信息来判断即将通过路口的公交车辆是否有延迟发生。如果有延迟，则在本信号周期内适当调整绿信比，以提高公交车辆的行驶速度。

三、结束语

本文描述了为解决城市公共交通拥堵的一种可行性方案，利用现有数据采集和道路交叉口的信号控制器，经路口信号控制器进行信号周期调时控制，以达到公共交通优先通行的目的。

在智能交通公交优先系统中，通过 RFID 技术将道路上运行的车辆与交通信号机和控制中心连接在一起，以 RFID 读取器识别的公交信息为基础，通过相应的计算模块，控制交通信号机信号周期及绿灯时长，来达到公交优先通行的目的。

智能交通公交优先系统的使用，将大大提升公交运行的效率，使有限的交通资源得到有效的利用。同时，在保证现有乘客的基础上，加大了对潜在乘客的吸引力，公交乘客的增加将带来一系列良性影响，包括减少小汽车的使用率、减缓交通拥堵、减少车辆污染物排放、降低能耗等影响，保护公众健康、刺激经济发展。

上海公交实时到站预报的大数据应用方案

上海博协软件有限公司 [1]　**上海巴士公交（集团）有限公司** [2]

赵颖珩 [1]　**杨复彬** [2]

公交行业是为市民提供出行服务的行业，在社会不断进步、信息化发展不断深化的今天，公交行业仅以将乘客从甲地运送到乙地作为服务目标，已经不能满足乘客日益增长的舒适服务需求，不能满足企业提高为市民服务水平的需求，不能满足政府对公交行业监管的需求。因此，公交行业如何在日益复杂的城市道路交通环境中，充分利用和挖掘公交实时和历史的多源异构大数据集，利用 Hadoop/Spark 大数据云计算技术和集群硬件环境，利用大数据挖掘模型采集市民通勤客流及公交出行客流，面向出行者建立本站到站时间预测、下游站点行程时间预测及出行换乘信息全过程信息服务，成为"智慧公交"信息服务的方向。交通大数据分布式框架 Hadoop/Spark 处理技术示意如图 1 所示。

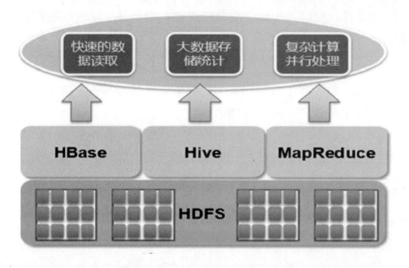

图 1　交通大数据分布式框架 Hadoop/Spark 处理技术示意

智能公交当前的发展与未来展望分为四个阶段。第一阶段，系统感知层的建立。第二阶段，数据报表及计算模型建立，实现计算机参与的智能调度模式。第三阶段，大数据的应用。第四阶段，车路协同与自动驾驶。目前全国各大城市公交已经基本完成第一和第二阶段的工作，"上海公交实时到站预报平台大数据应用"的规划和建设，就是将公交信息化建设向第三阶段推进。目前我们已利用上海巴士公交集团正在使用的"巴士通"智能公交营运管理系统多年来获得的海量大数据，为上海市民提供了精准实时到站预报出行服务。

一、公交实时到站预报平台

（一）概要

公交实时到站预报平台是 2013 年年底由上海博协软件有限公司与上海巴士集团共同自主研发的，它是一个充分利用公交巴士通智能营运管理系统中，GPS、RFID、人工校准、路况等数据，结合起讫站发车时刻，采用沿途站点发布到站时间的信息预报系统。同时建立了包括上海公交 APP、上海发布、候车亭 55 英寸信息屏、站杆 OLED 显示屏、二维码手机扫描、起讫站智能发车屏的全方位发布窗口（见图 2）。

图 2　上海到站预报信息发布软硬件窗口

左上：候车亭 55 英寸显示屏　　右上：站杆 OLED 显示屏

左下：起讫站智能发车屏　　右下：上海公交 APP

（二）大数据应用前遇到的问题

1．到站预报的准确率问题

我们的系统平台在应用初期受到早晚高峰路况拥堵，高架、高楼和天气等因素对 GPS 信号传输和接收产生干扰，部分站点数据采集误差，系统本身计算模型的缺陷等影响，使发布准确的时间预报变得困难。为了改善到站预报的准确率，我们开始结合大数据应用分析对智能调度与到站预报系统进行精细优化。

2．大数据资源未发挥最大优势

上海巴士公交集团的 GPS 多种营运数据每天约 6000 万次、存有近 5 年数据。还有与公交直接和间接关联的含公交 IC 卡（POS 机单笔客流）、APC 数据、手机信令等，都未发挥巨大价值。

3．公交调度水平需向"智慧调度"飞跃

在多源公交数据的支持下，公交调度水平已具备从"智能调度"向"智慧调度"能力的飞跃，但缺乏有效的载体来实现这个飞跃。

4. 公交全过程出行信息不完整

到站预报精准度、下游站点行程时间、公交枢纽时空换乘信息等，还需要进一步提高和完善。

（三）大数据应用方法

（1）计算单线公交车及站级实际运送时间，并根据星期、天气、小时时段已收集的大数据进行分类统计分析；

（2）车辆实时位置的趋势匹配算法，利用 GIS 地图技术、GPS 数据、车辆到离站数据，通过趋势匹配算法纠正异常车辆位置、过滤错误位置，保证车辆位置的准确性；

（3）公交道路实时路况预测分析，将单线站级实际运送时间根据年月日分类建模，建立历史经验大数据库，在对历史大数据进行挖掘和实时采集数据进行分析的基础上，预测计算公交道路实时路况的平均车速；

（4）计算公交车辆预计到站时间，通过实时路况预测分析结果和车辆实时位置信息，计算在站点上的车辆到站时间及顺序。

大数据分析网络示意如图 3 所示。

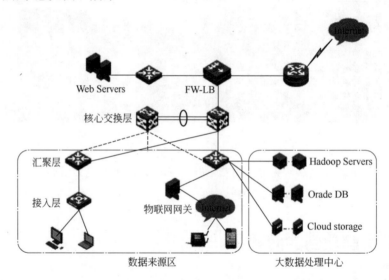

图 3　大数据分析网络示意

（四）基于大数据的系统总体架构（见图 4）

（五）大数据应用成果

1. 大数据应用提升到站预报精准度

通过大数据分析优化，最终实现公交智能调度，将到站预报首次预报准确率从 85% 提高到 90% 以上，前 5 分钟准确率从 95% 提升到 98%。

2. 多源异构的交通大数据，跨领域、跨平台，关联多维度价值信息整合

充分利用和挖掘实时和历史的多源异构大数据集，包括 GPS 实时数据、RFID 实时数据、公交

IC 卡（POS 机单笔客流）数据、客流计实时数据、路网实时交通状态数据、CAN 数据、车辆音视频数据、POS 数据、公交运营数据、设备监测状态数据、路网数据、地理数据、手机信令数据等。

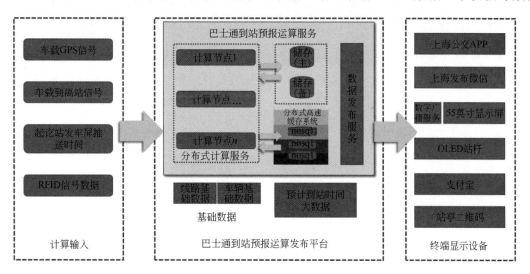

图 4　基于大数据的系统总体架构

3．大数据分布式框架 Hadoop/Spark 处理

能够使多台服务器组成一个稳定、强大的集群，Hadoop 分布式计算能够对交通安全事件大数据进行存储和计算。

4．面向全过程的公交出行信息服务

目前国内仅少数城市具备到站信息服务，本项目提高了到站信息服务质量，增加了下游站点行车时间预报、换乘下游出行方式的时空信息，可以为乘客提供全过程公交出行信息服务。

二、社会经济效益

上海实时到站预报平台投入应用后，会产生巨大的经济效益和社会效益，主要表现在以下方面。

（一）经济效益

对公交企业来说，对于大数据分析中心的数据进行多维度、多层次、多模型的分析处理，包括多源交通数据融合、关联数据挖掘、交通流数据多维统计等，科学地安排人员班次，减少浪费，使运能达到最大化；可以实现多线路集中调度、区域调度，大大减少了调度人员，可以有效降低公交企业的运营成本。

（二）社会效益

上海实时到站预报平台的社会效益更是巨大的。

1．均衡满载率和提高运行准确度，公交出行体验舒适度提升

通过对时刻表自动化编排，能够降低公交在高峰期间的满载率，提升公交出行者在公交乘坐过程中的舒适度。

对政府来说能够根据全市客流走向科学地安排线路规划，优化线网规划，提高与乘客出行需求的匹配度。

2．丰富出行信息种类和提高服务质量，提高公交出行方式的竞争力

平台向乘客不仅提供站到站预报信息，还向乘客提供下游重要站点的行程时间信息及重要枢纽的换乘信息，从而为出行者和社会提供更为准确、方便、有吸引力的公交高质量的服务。

公交信号优先控制技术及应用

江苏智通交通科技有限公司

一、背景介绍

"十三五"规划再次强调城市公共交通优先发展的战略决策。在国家政策的引领下，公交优先发展已成为城市交通可持续发展的主要策略，各大城市在推广与实施过程中，致力于充分发挥公交集约高效、节能环保等优点，缓解道路交通拥堵、转变城市交通发展方式、提升人民群众生活品质、提高政府基本公共服务水平。公交车作为城市公共交通体系内重要的组成部分之一，保障公交车路权优先是公共交通优先发展的重要策略之一，路权专用、信号优先是体现公交优先的重要标志，分别从空间与时间角度为公交车辆提供优先通行权。其中，公交信号优先因其技术和实施的难度，在国内的应用发展现状还存在不足与缺陷。

基于我国城市道路交通流和公交运行模式的特点，智通科技创新性地提出一套特色公交信号优先解决方案，构建新型公交信号优先控制逻辑，自主研发公交信号优先系统，在江苏昆山实施全国首例动态公交优先示范应用，以技术创新全面提升公交信号优先可行性，对公交信号优先的推广应用、落实城市公交优先战略部署具有示范性效益。

二、创新技术

1. 适用于国内城市的右转合乘公交专用道+公交信号优先的公交优先模式

分析国内城市道路交通运行特点及公交运行模式，我们提出右转合乘公交专用道与主动信号优先控制相结合的公交优先控制方式。在不对右转车辆进行控制的前提下，允许直行公交车利用右转专用车道，越过同向车流的排队，并在公交专用相位或直行相位启亮时通过交叉口。该模式具备道路改造成本低、可操作性强的特点，在我国大多数城市具有较强的适用性。

2. 首创相位锁定模式的公交主动优先信号控制方法

深入研究国内城市主流信号控制机的应用模式与保护机制，智通科技创新性地提出主动公交信号相对优先控制逻辑，克服了目前常用公交优先方式的缺陷，充分权衡公交优先获得效益与由此引发的交叉口通行能力损失两者之间的关系,解决当前公交信号优先可靠性和稳定性不佳的现状问题。

通过公交专用相位锁定为公交车提供领先于同转向社会车的优先通行权，减少公交车在交叉口的等待时间亦为其留足启动时间，驶出交叉口后的下游路段交通状态畅通，公交车快速提速，同时减少公交信号优先对其他转向社会车辆通行的影响。从而以技术创新克服信号机应用保护机制对公交优先的影响，有效提高信号控制系统的稳定性及公交优先策略的实施可靠性。

3. 先进的公交车辆到达时间估计技术支撑公交优先管控决策

创新性应用基于数据融合的车辆到达时间估计技术提高行程时间估计准确性，减轻城市交通系统不确定性等固有特性对公交主动优先控制方案执行可靠性的影响。以卫星定位设备采集到的车辆位置对未来一个或多个周期内公交车辆的到达时间进行估计，以射频识别设备采集到的车辆位置对临近停车线公交车辆的到达时间进行估计，对周期内、下一周期信号配时方案的调整提供准确的车辆到达时间信息，有效提高了主动公交信号优先方案执行的可靠性。

4. 基于开放接口的信号控制系统实时对接技术保障公交信号优先可靠性

采用与中心信号控制系统客户端的实时对接方式，构建公交信号优先系统与现有信号控制系统的协同联动框架，实现两套系统实时对接交互。相比与路口信号机直连对接的模式，该方式无须改造现有信号控制系统，实施成本小，可操作性强，同时也避免了公交信号优先控制与常规信号控制之间的脱节，对于形成统一的城市道路交通信号控制平台是一次创新性实践。

三、系统设计

在创新技术研究与突破的基础上，智通科技自主研发了国内行业领先的公交信号优先系统。智通公交信号优先系统能够与城市开放接口的中心信号控制系统构建协同联动框架，以"实时感知、优先控制、全局监控、性能评估"为核心功能，以创新技术驱动可靠的公交信号优先方案的实施，以友好的交互平台实施精细化的公交管控，致力于为国内各级城市提供定制化的公交优先解决方案。

（一）体系架构

智通公交信号优先系统将公交车辆、城市道路、信号控制系统等管控要素深度融合，创造性构建连通车-路-灯的协同体系框架，保障可靠、稳定的公交信号优先的实施。系统布设非接触式 RFID 设备，与车载 GPS 系统、信号控制系统等相关支撑系统进行数据对接，搭建通信网络，实现支撑数据的采集与传输。通过公交信号优先控制等专业数据处理技术的应用，实现对公交车辆运行的感知及优先控制方案的生成与评估。通过系统软件交互界面实现针对车辆、设备、交叉口、信号控制的全面动态监控与研判分析，为交警部门提供全面的公交运行管控应用服务，且依托智通公交信号优先系统构建服务于交警部门、运输管理部门、公交运营企业、公交出行者等城市交通参与者的智慧交通价值链，以闭环体系优化资源配置，推动城市公交提质增效。公交信号优先系统总体架构如图 1 所示。

（二）系统特点

1. 创新的公交信号优先控制逻辑构建，优先控制可靠性高

充分研究我国城市交通管理要求及现有信号控制系统的功能特点，首创相位锁定模式的新型公交优先主动控制逻辑，解决传统优先信号控制方式的常见问题（如专用相位插入失效，信号优先不稳定等），降低信号优先控制对交叉口信号控制稳定性的影响，提高信号机对信号优先控制方案的执行可靠性。

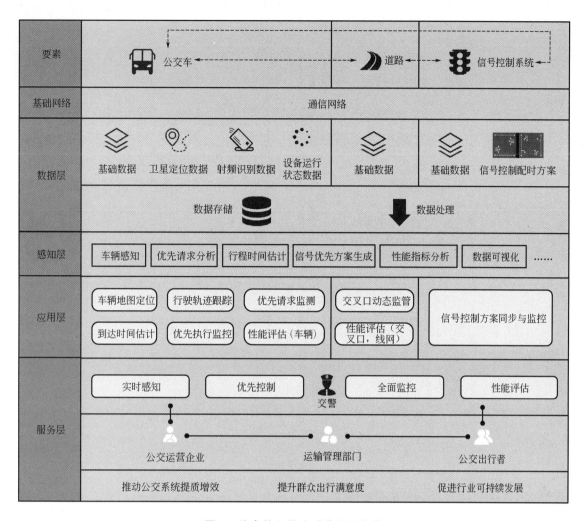

图 1　公交信号优先系统总体架构

2．动态数据的多维度应用，实施大数据驱动的新型交通管控模式

系统构建了覆盖公交运行全程的精细化感知网络，基于动态的公交运行数据主动实施信号优先控制，实现可视化监控、定量化数据研判等多样化的数据应用功能，以数据的闭环流动驱动智能化的公交优先实施与管理应用，辅助交管部门掌握公交优先管控全局，执行车辆、交叉口等层面的动态监管，满足不同层级的管理需求。

3．与城市信号控制系统高效协同，建设城市综合交通信号控制平台

基于开放接口的数据交互，创新性地构建公交信号优先系统与城市常规信号控制系统的统一协同体系，保障公交优先的实时性与可靠性，支撑方案执行、在线监测等功能的稳定应用，降低公交信号优先实施成本，完善城市智能化的道路交通运行管控体系，以技术与应用创新驱动一体化城市交通管控体系的建设与完善。

（三）特色功能

1．可视化的全局监控

系统以电子地图可视化视图实现对公交车通行、交叉口信号控制及车辆信号优先请求与执行状

态的综合监控。

（1）与公交车载主机进行数据对接，获取公交车实时 GPS 定位数据，实现基于地图定位的车辆运行监控，查看车辆位置、行驶速度、基础信息。进一步地，对车辆的行驶轨迹进行跟踪与回放，掌握公交车运行动态。

（2）同步路侧 RFID 检测数据，实时监控交叉口公交信号优先请求情况。

（3）与信号控制中心系统进行数据对接，获取交叉口执行的信号控制方案，包括方案周期时长、相位及当前方案执行动态。

（4）基于 GPS 定位数据及路侧 RFID 检测数据，实时估计公交车辆到达停车线时间，动态跟踪车辆驶入交叉口信号优先监控区域的行驶情况。

2．精细化的交叉口监管

系统对交叉口的信号优先控制情况进行精细化监管，以可视化的交叉口实景模拟视图辅以数据图表，实现对交叉口信号控制方案执行情况的实时同步，交叉口 RFID 检测设备运行状态的动态监测，驶入交叉口进口道的公交车辆优先通行请求状态的即时更新与跟踪，交叉口信号机对公交信号优先控制方案的执行状态的实时监管。

3．主动的公交信号优先控制

基于公交信号控制的关键技术，为公交车辆提供主动的公交信号优先，实现领先于同向社会车辆的公交车辆优先通行，提高公交车辆通行效率，同时降低对社会车辆交通流运行的影响与干扰。

4．定量化的性能评估

系统构建覆盖点-线-网等不同层级的公交信号优先性能评估体系，基于动态运行监管数据，通过不同维度的专题图表对信号优先控制性能评估指标进行可视化的态势研判和对比分析，以定量化指标辅助决策。

公交优先动态监控-公交优先请求监控界面如图 2 所示，公交优先动态监控-信号控制方案执行动态监控界面如图 3 所示，公交优先动态监控-路口监控界面如图 4 所示。

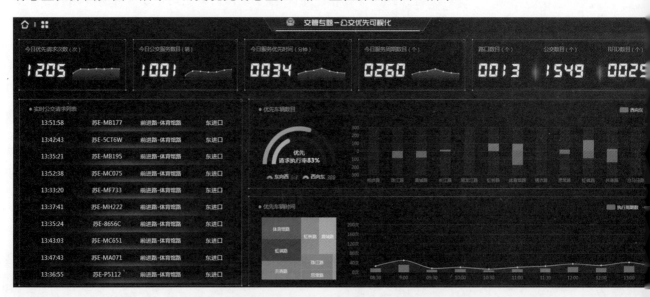

图 2　公交优先动态监控-公交优先请求监控界面

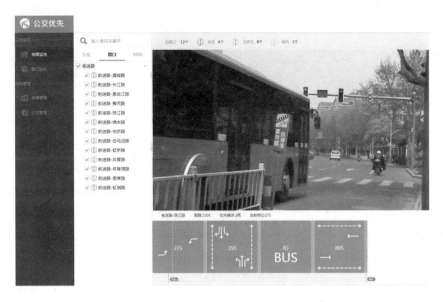

图 3　公交优先动态监控-信号控制方案执行动态监控界面

图 4　公交优先动态监控-路口监控界面

四、示范应用

　　智通科技在江苏省昆山市实施了国内首例公交信号优先示范项目（见图 5），选取主干道前进路作为实施对象，根据前进路现状条件及公交信号优先系统建设需求，对 14 个信号交叉口实施公交信号优先，在前进路沿线设置右转合乘的公交优先道，并对车辆检测定位设备进行布设或改造；智通科技自主研发的公交信号优先控制系统已在昆山市公安局交警大队部署并投入使用。

　　昆山公交信号优先示范项目的实施取得了显著成效，实测数据显示系统检测日均公交优先请求量达 3327 次，高峰时段优先服务率达 82%，平峰时段可达 91%，日均累计信号优先时间共分钟，高峰时段车辆优先路段全线每车次可节约行程时间 2 分钟，估算该干线每日交叉口公交车怠速碳排放量可减少 498g，降低 6.01%。

图 5　昆山市公交信号优先解决方案

　　智通科技为昆山市定制的公交信号优先解决方案作为昆山市智慧交通的重要组成部分，是昆山市作为江苏省内首批公交优先示范建设试点城市落实公交优先政策的重要举措之一，对于充分发挥城市典型带动作用、深化公交都市建设具有示范意义。新型的公交优先模式与控制逻辑的部署对于提高公交优先方案执行的可靠性具有显著效果，可以在提高公交车通行效率与服务水平的同时最大限度地降低对社会车辆通行的干扰；公交信号优先系统与常规信号控制系统协同模式的成功应用对于建设城市一体化的交通管控平台是一次成功的创新实践，可有效提升城市道路交通管控水平；精细化公交车动态感知设备的部署有效地推动了城市公交数据采集体系的建设与完善。利用国内领先的公交优先技术及首创的公交信号优先逻辑，昆山公交信号优先项目取得的实施成果充分体现了技术创新驱动城市公共交通系统提质增效、提升城市公交服务品质、提高公交竞争力与吸引力、提升公众公交出行满意度、推动公交都市建设的示范意义。智通科技将通过创新的公交信号优先解决方案为促进城市公共交通行业可持续发展、构建"畅通–安全–绿色"的综合交通系统提供助力。

基于大数据分析的公交车到站时间预测方法

天津通卡智能网络科技股份有限公司　王　鹏　王红广

近年来，随着国家智慧城市试点的推行，智能公交已经走近大部分城市中，其中公交到站时间预测是智能公交的重要应用之一，并与其他信息一起构成公交智能调度和公众出行服务的核心基础数据。公交到站时间预测不仅能使乘客更清晰、简洁地看到公交到站时间，从而合理规划自己的乘车安排；而且使得公交公司的管理精细化、智能化，提高了公交管理的效率和效能。

目前公交到站时间预测模型有很多，国内常见预测模型包括：基于历史数据的预测模型、回归预测模型、基于平均速度的预测模型、基于离散傅里叶变换和车辆延误的预测模型等。本文提出了一种基于时间序列预测模型和卡尔曼滤波预测模型生成公交车辆到站时间预测方法，并在天津通卡公司自主研发的智能调度系统中实际应用。

时间序列模型主要是利用公交车辆交通流的时间变化规律获取两站之间的车辆行驶数据，具有周期性和局部特性变化特征，进而通过当前与历史公交车辆 GPS 数据和实时位置状态的对比，预测出车辆到站时间。因此，这种模型的预测精度主要取决于对比结果的相似度。相似度较高的，对应的预测精度也相对较高。

卡尔曼滤波预测模型是一种滚动并实时修正的模式，既包括通过历史状态预测当前状态，又包括利用当前实际观测状态修正预测结果。因此，它既考虑了历史数据的影响，又兼顾了当前突发事件的反馈，具有很高的实时性能和较高的预测精度。

在调度系统中，从车辆轨迹数据空间关系和时空分布的角度分析数据，数据仓库数据主要分为两个方面：轨迹数据和矢量数据。其中，轨迹数据包括公交车车载 GPS 模块所上传的数据，公交车辆到站、离站数据，以及部分公交系统业务数据；矢量数据包括公交站点、公交线路、车辆运营数据。数据仓库如表 1 所示。

表 1　数据仓库

车载 GPS 记录	业务数据	基础数据	运营数据
线路 ID	驾驶员信息	城市路网	运营计划
车辆 ID	峰段数据	公交线路	车辆进站数据
行车记录 ID		公交站点	途经站点匹配线路
行车日期		车辆基础数据	轨迹点匹配线路
GPS 记录时间		公交场站数据	车辆出站数据
系统更新时间		线路站点关系数据	
经度			
纬度			
车辆速度			
⋮			

通过大数据分析技术定时对轨迹数据和矢量数据进行常规处理、数据融合、格式化、建数据模型表、入库、索引、关联，同时从地理信息系统的专业角度分析数据的空间和属性特征。

基于大数据分析的公交车到站时间预测方法通过数据预处理和到站时间预测模型获得精确的到站预测时间。

数据预处理包括数据清洗、数据关联匹配、空间关系和时空分布等内容。

◆数据清洗

轨迹数据的经纬度坐标是最重要的基础数据，但由于 GPS 模块定位过程中受到大型建筑物的遮挡，以及其他事物的干扰，会出现很多漂移点。而对于严重偏离所属线路的情况，会对预测精度造成重大影响，因此必须去除。本文通过建立临时轨迹点图层，在地图上非常直观地表现出了车辆行驶轨迹偏离所属线路的程度，从而通过设置可变的阈值，严格控制了轨迹数据中坐标的精度。

◆数据关联匹配

公交数据的路网匹配规则通常采用最短距离法，因为除了应对突发事件或小规模线路调整之外，公交线路和公交站点非常稳定。公交线路数据的来源和处理方式采用两种模式：一是通过地图矢量化或对其他已有数据的格式转换；二是通过高密度分布于线路的点数据自动生成。但无论哪种方式，公交线路都要进行坐标系的统一和路网匹配，从而确保后续处理和空间分析，以及最终预测到站时间的精度。

◆空间关系和时空分布

公交线路的分段方式也是反映数据处理精度的重要因素。按照公交 GPS 轨迹点与运营峰段数据、线路站点基础数据、车辆到站、离站数据进行空间关系分析，最终形成不同时间段、不同相邻站点的到站时间的历史经验数据。

车辆到站时间预测模型的生成方式：

考虑任何一条公交线路 Route 在时间范围 T 内都有 N 条同在这条线路上运行的 BusCount 辆公交车的轨迹记录，而每条轨迹记录都是一个包含某车空间信息、时间信息和属性信息的数组。

第一，根据时间信息抽取预测时间的时间归属并获取时间归属 ID，即运营日的时段属性。

第二，根据空间信息抽取它的路段归属并获取路段归属 ID，即属于线路 Route 的哪个动态分段区间。

第三，分析预测到站时间的空间关系和时空分布特征：根据历史平均总时间和距离即将到达的站点距离得出初步预测时间，再用相应的车辆实时位置信息等属性信息进行修正，得出最终预测结果。

当预测到站时间的两个临近站点大于一站时，预测处于行驶中的公交车的到站时间，以公交车的当前位置所在的行车线路、当前出站（或处于进站中的）站点，以及当前所处运营时间做预测，则当前位置到达最近的公交站点的预测时间为

timeDis=TimeDis（lineNo，upDown，queryBeginTime，queryEndTime，stopList）

其中，lineNo 为当前运营线路，upDown 为上下行，queryBeginTime 为所在起始统计时间，queryEndTime 为所在截至统计时间，stopList 为线路站点数据集合，得出最终预测结果 timeDis。

预测到站时间不足一站的部分，通过两站之间的距离、历史两站之间到站时间、当前车辆位置、当前车辆距离预测站点的距离等数据进行修正预测：

timeDis= timeDis+ TimeDisCurrent(disTemp，stopDisTemp，timeDisTemp，queryEndTime，stopList)

其中，disTemp 为当前车辆距离预测站点的距离，stopDisTemp 为历史两站之间的距离，timeDisTemp 为通过前一步计算分析出来的历史同期两站之间运营时长，得出最终预测结果 timeDis。

实例展示：运营在通卡出行 APP 中的到站时间，距离"龙湾海滨"站点最近的两辆车到站时间如图 1 所示。

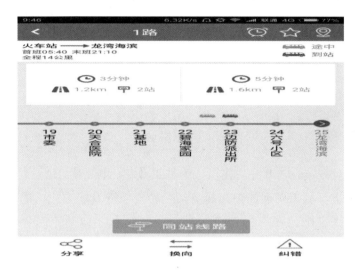

图 1　实例展示

公交到站时间作为公共交通出行者最为关注的重要信息，以及公交系统智能调度的核心依据，其精确预测不仅能提高公交信息服务的质量和体验，也推动了城市公交系统的智能化。

长期以来，公交企业在信息化建设的实施过程中，积攒下了海量的历史运营数据。这些数据中隐藏着大量极具实际应用价值的数据，如何将这些有价值的数据提取出来，并加以分析应用，必将极大地提升公交智能调度系统的效率和对公众的服务质量。

天津通卡凭借着服务公交行业近二十年来沉淀下来的经验，真正做到了理解客户，了解公交。在研发各类公交行业软硬件产品中长期致力于通过先进的技术手段帮助用户改善公交企业的运营管理模式，为公交企业提供有力的技术保障。最终的目标是为公交企业提供更加优质高效的服务，协助公交企业提高自身的核心竞争力，实现社会效益和经济效益的全面提升。

交通信号联网与地面公交优先控制关键技术

南京莱斯信息技术股份有限公司

一、研究概述

（一）研究背景

随着信息技术的迅猛发展，城市智慧化已成为继工业化、电气化、信息化之后的"第四次浪潮"。建设智慧城市，是当今世界城市发展的前沿趋势，是转变经济发展方式、提升城市功能品质、更好地保障和改善民生的重大举措。

通过对信号控制设备的联网建设，可以实现信号控制的系统化监测和远程控制，提高交通信号控制的智能水平。加快推进完成公交信号优先系统建设，有利于形成交通信号机信息汇聚，有助于挖掘信息价值，实现城市交通的动态组织管理，提高交通运行效率，保障城市畅通有序。

（二）研究现状

参照国际大都市的交通信号控制系统技术的发展趋势及发展需要，当前的城市交通信号控制系统仍然存在以下几个方面的问题：

（1）交叉口信号控制机未能实现城区统一的联网控制，无法在交通控制指挥中心进行统一的管控调度和远程控制。

（2）缺乏针对公交车辆通行的高精度实时检测设备和完善的交叉口流量检测设备。

（3）无法在城区范围内依据道路交通特征灵活选用单点交叉口交通信号控制、干道交通信号协调控制、区域交通信号系统控制等多种系统控制方式。

（4）无法为智能交通信号控制系统提供全面的数据支撑。

二、需求分析

借助智能交通信号控制系统联网建设的契机，同步推进公交信号优先的建设，在信号控制的层面上展开公交优先技术应用。

（一）智能交通信号控制系统需求分析

（1）真正具有区域控制的基本功能，即能对控制范围内的各个交叉口信号灯控制方案进行统一协调控制，控制系统可提供面控、线控和点控等多种控制方式的功能；

（2）能根据交通状况实时调整信号配时方案，具有实时自适应控制功能；

（3）通过车载设备实时采集公交车辆位置、速度等信息，对公交车辆行程、时间进行准确预测，在保障交叉口交通顺畅的前提下，实现公交信号优先；

（4）面对特种车辆保障、大型活动保障、突发事件时，可通过控制中心系统直接控制路口信号机，保障特殊的交通通行。

（二）公交信号优先需求分析

为了实现城市公交信号优先控制，必须梳理、分析全市范围内普通公交线路、大站快车线路、有轨电车线路等多模式地面公交线路，根据市区公交客流走廊分布、地铁线路分布、道路基础设施分布，优化公交系统资源配置，形成由骨架线路网、主干线路网、支撑线路网共同组成的多层次的地面公交网络。

（三）交通信息采集设备需求分析

智能交通信号控制系统的运行及公交优先的实现，是建立在统计分析各类交通信息的基础上的。选取合适的交通信息采集设备，是成功构建智能交通信号控制系统和实现其他交通控制应用功能的重要条件。

实现公交优先，需要获取公交车辆运行的相关信息。采用北斗 GPS 双模定位装置，确保公交定位的可靠性。此外，在交叉口附近采用射频识别（RFID）技术，提高关键点位的公交定位精度。

信号联网需采集道路的交通流量信息。目前，无线线圈检测器、微波雷达检测器、视频图像检测器等技术应用较为广泛成熟。

三、体系架构

交通信号联网与公交优先控制是"智慧交通"的重要组成部分，可以实现与智能公共交通管理系统的数据交互，为交通部门、市区政府信息中心等部门提供数据共享服务。体系结构如图 1 所示。

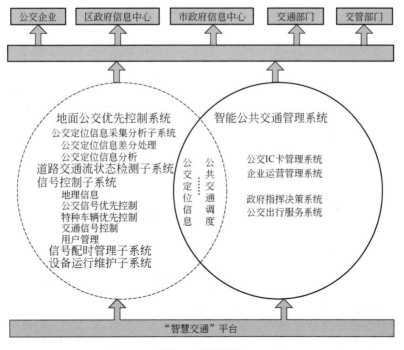

图1 体系结构

把北斗差分定位平台、车载定位信息、路口 RFID 定点检测信息、采集设备获取的多种交通流信息实时发送到交管局交控中心，经系统融合分析处理，生成信号优先方案，发送到路口信号机，执行公交和特种车辆的信号优先控制，并与智能公共交通管理实现信息共享。信息交互流程如图 2 所示。

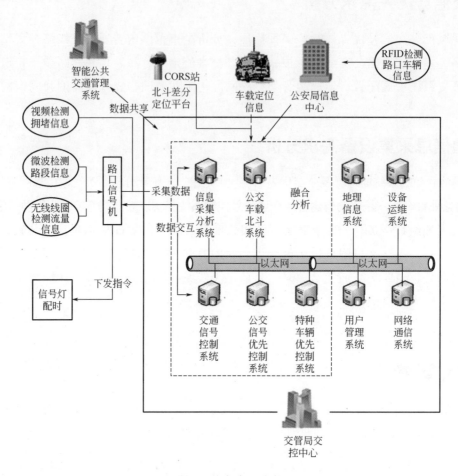

图 2　信息交互流程

四、关键技术

交通信号联网与地面公交优先控制系统的关键技术创新点如下。

1．北斗/GPS 双模差分定位技术

应用高精度卫星定位技术，利用安装于公交车、警卫车辆的北斗/GPS 双模定位设备，依托连续运行卫星定位服务，在大批量、高动态城市公共交通工具上实现了高精度亚米级定位、近实时数据通信、全天候高可靠度信息采集。通过实时掌握车辆的位置、速度、方向信息，实现地面公交车辆的精确定位。

2．道路交通状况 5D 综合检测技术

将道路分解为路段上、交叉口进口道渠化段前、进口道渠化段内、交叉口停车线内、交叉口出口道五个空间维度，针对每个区域不同空间特点采用不同的交通检测方式：在路段上使用车载定位

终端检测车辆实时位置；在进口道渠化段前使用已覆盖全市的 RFID 设备检测公交车辆到达情况；在进口道渠化段内采用正向雷达检测社会车辆交通量与排队长度；在交叉口停车线内采用视频设备检测路口内各流向交通放行情况；在出口道采用无线线圈检测交叉口上游拥堵情况。通过这五种交通检测手段，实现对公交车与社会车辆交通运行状态的全方位感知。

3．三层公交信号优先控制技术

基于区域—干线—路口的三层交通控制模型，对公交车实现公交信号优先。区域控制模型在保证主干道畅通的前提下，合理调节公交车辆分布，最终达到宏观交通控制效果；在干线层面，根据道路等级、公交线路数量、早晚高峰公共交通潮汐特性设计公交绿波带，保障公交车辆绿波畅行。在路口层面，遵循线路、道路等级确定各方向信号优先级别，通过延长绿灯、缩短红灯的方法进行实时的信号调整，实现公交车优先通行。

4．有轨电车自适应控制技术

检测到有轨电车接近路口时，根据有轨电车的速度、站台停靠时间等信息，预测电车通过路口的时间，通过延长绿灯、提前结束红灯、插入公交相位等方法进行自适应优先控制，保障有轨电车顺畅通行。

5．多警卫线路监视预警技术

针对特勤车辆提供交通信号优先保障，制订专门的信号优先方案，实时监控车辆位置，自动根据任务线路调整警卫车队前方路口信号配时，保障车队一路绿灯畅行。

五、解决方案

公交信号优先控制的基本原则是以满足社会交通的基本通行需求为前提，以预先优化设定公交沿线交叉口的信号配时方案为基础，以实时调整公交站点停靠时间和行驶速度确保绿波通行为主要手段，以通过交叉口绿灯相位变频控制为最后保障。

（一）交叉口信号控制策略

通过协调公交车辆与社会车辆的通行权问题，确保在保证公交优先的基础上，使道路交通有最大的通行效率。

1．常态交通状态下的公交信号优先

系统能实施公交信号优先控制技术，包括分段双向绿波、快速通行交通信号保障、信号优先冲突管控等；能通过建立公交信号优先实时配时优化流程，确定公交线路沿线交叉口的周期、相序、绿信比、相位差，实现城市公共交通的优先通行；能对公交系统运营状态和公共交通客流分布进行实施检测与预测，并通过室外诱导屏、互联网、车载装置、移动终端、智能终端等方式，将公共交通诱导信息向社会和公交管控部门发布。

2．饱和交通状态下的公交信号优先

饱和状态是由于意外事件或潮汐交通等原因导致交叉口的交通流量超过了交叉口的疏散能力而

呈现的交叉口流量饱和状态。饱和状态下公交的优先通行很难得到保障，且公交信号优先的前提条件是保证社会车辆的基本通行。因此，在饱和状态下，公交信号优先控制策略应采取相应的调整来满足交叉口的基本通行功能，继而实现公交的优先通行，即系统应具备针对过饱和状态下的过饱和控制功能。

3．突发事件下的公交信号优先

交通意外事件的发生易对公共交通产生较大的影响。公交优先控制策略应具备对交通意外事件的管理功能，能通过检测技术手段对事件进行准确定位与及时响应，并生成事件应急控制策略，保证事件地点的公共交通正常有序性。同时，控制系统应能根据事件严重程度，对周边道路交通的管控制提出合理的应急方案，降低意外事件对公共交通的影响。

（二）分级优先控制策略

根据多层次的地面公交网络格局，分别对不同层次的公交线路网络提供不同优先级别的公交优先通行保障服务，包括路段中公交专用道建设，交叉口处进出口道交通组织渠化和公交信号优先的实时控制，以及公交系统车辆的调度优化和公交乘客的公交信息发布诱导。通过公交资源优化配置、公交优先通行保障、智能交通控制等技术的综合应用，实现城市地面公交优先通行组织与控制。

（三）干线协调控制策略

城区中心道路网交通负荷不断增加，主要干线的畅通程度直接影响到整个区域内的交通状况，因此，需要控制系统具有干线协调控制功能，确保这些干线形成绿波带，从而提高干线道路车辆的行驶速度，有效改善控制区域内的整体交通状况。

城市干道之间的交叉口既是道路交通网络的枢纽，也是交通流的汇集和分流点，需要对这样的单个交叉口采取自适应控制策略，使交叉口交通处理能力提升到最佳状态，减少车辆在交叉口的停车次数和延误时间，提高现有道路的通行能力，保障公交优先。

六、应用效果

在维持原有南京交通信号控制设备及其技术架构基础上，实现江南六区 675 台交通信号控制机的改造升级和联网联控、定位设备和检测器的安装调试、地面公交优先控制系统的建立、配套设备的部署、河西有轨电车沿线 18 个路口的交通信号优先控制等。

对升州路（老城区实施路段）和集庆门大街（新城区实施路段）沿线社会车辆和常规公交在公交优先项目实施前后的交通运行特性进行研究。

1．公交运营车速分析

公交车辆平均运营车速显著提升，高峰期的平均车速提升了 22.13%，平峰期平均车速提升了 20.97%，如图 3 所示。

2．公交停车次数分析

主线和次线的普通公交停车次数降低幅度约为 35.74%，高于其他线路公交停车次数 10% 左右的降幅，如图 4 所示。

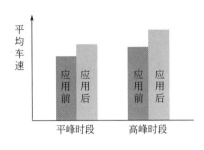

图 3　公交运营车速分析

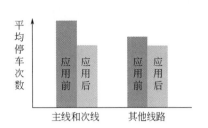

图 4　公交停车次数分析

3．公交停车等待时间分析

对于主线、次线和支线道路，平峰时间段公交停车等待时间的降幅度明显大于高峰时间段，平峰时段的等待时间降幅基本高于 4.5%，高峰时段的等待时间降幅基本低于 4.5%，如图 5 所示。

4．公交调整次数、冲突次数分析

公交优先控制通过红灯减短、绿灯延长为主干道、次干道和其他道路提供了有效的公交优先保障，达到了公交优先的目的；高峰时段为公交提供的优先信号次数大于平峰时段提供的次数，如图 6 所示。

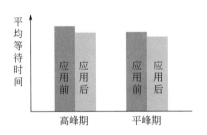

图 5　公交停车等待时间分析

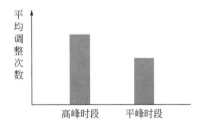

图 6　公交调整次数、冲突次数分析

5．有轨电车运营分析

有轨电车在运行的过程中产生有轨电车信号优先的概率为 83%，产生有轨电车信号优先的概率远大于有轨电车滞站调度的概率，遇到的红灯次数减少，增加了车辆通行效率。

6．大型活动保障

成功保障了南京青奥会、国家公祭日、南京国际马拉松比赛及世界速度轮滑世锦赛等，取得了很大的社会效益和经济效益。

智慧公路

基于交通大数据的公路网出行规律分析

北京掌行通信息技术有限公司 [1]　北京交通大学交通系统科学与工程研究院 [2]
北京航空航天大学软件开发环境国家重点实验室 [3]
杨珍珍 [1,2]　郭胜敏 [1,3]　董　萧 [1]

一、引言

公路网是道路网络中最重要的交通运载通道，直接影响沿线产业结构和人们的生活水平，刺激经济的快速增长，对现代社会的发展有着非常重要的意义。随着国民经济的快速发展，人们节假日期间外出旅游的需求越来越旺盛，对公路网的服务需求也在不断增加，特别是国家在清明节、五一劳动节、十一国庆节、春节法定假期内，对七座及以下小型客车免费通行，刺激消费的同时也导致了公路网的拥堵，高速公路拥堵时间急剧增加，降低了出行舒适度，同时增加了出行成本和交通安全隐患。交通管理部门为了有效监控，合理制定控制与管理措施，需要全面掌握控制全国路网的交通运行态势，了解流量及拥堵分布规律。出行者为了避免假期被堵在路上，需要提前了解假期交通拥堵情况，合理安排出行，避开流量高峰及拥堵路段，错峰出行，或选择绕行路径。

目前已有部分互联网公司和科研机构利用不同的数据源分析公路网出行分布，为出行规律的研究起到了积极的推动作用，但仍然缺少全面、系统的节假日出行分布规律分析，且研究成果还需要不断丰富和完善。随着 GPS、GIS 和无线通信技术的发展，移动位置数据已日渐受到重视。常见的移动位置数据采集设备包括出租车、小汽车、客车、货车等车辆上安装的位置定位设备，或是移动通信设备上安装的带有位置数据采集功能的软件。与传统的固定采集手段相比，移动位置数据获取技术具有易安装、易维护、成本低、覆盖范围广、分析样本大、长期连续等优势。因此，本文提出一种基于海量移动位置数据的公路网出行规律分析方法和系统，对中国传统的节假日——春节、国庆、清明、五一、端午在全国公路网的流量和拥堵变化特征进行分析，并以京沪高速公路为例，分析高速公路流量时变特征，以及高速在沿线城市的流量分布特征。分析结果可以为管理部门提供决策支持，也可以为出行者合理安排出行提供参考依据。

二、基于交通大数据的公路网出行规律分析方法

基于交通大数据的公路网出行规律分析方法是在海量移动位置数据的基础上，计算多维度的流量和拥堵指标，通过网页和报告进行展示。其系统结构如图 1 所示，包括数据中心、数据处理、数据分析和数据展示四大部分。数据中心包括实时和历史的移动位置数据，以及事件、天气等数据；数据处理模块包括数据预处理和标准化、地图匹配和交通信息计算等功能；数据分析模块通过聚类、关联、排序等得到 OD、流量、交通拥堵指数等数据。数据展示模块是从不同时空维度对结果进行可视化展示，包括网页和分析报告等形式。

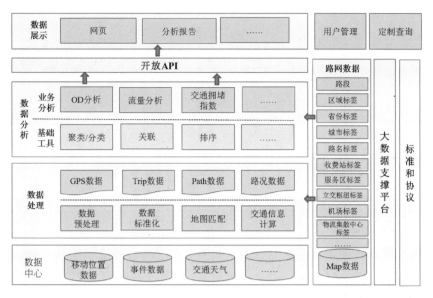

图 1　基于交通大数据的公路网出行规律分析系统结构图

（一）GIS 地图数据处理方法

地图数据结构在数据处理中起到了非常重要的作用。处理维度包括全国、省级、市级、收费站、服务区、交通枢纽等，从粗粒度到细粒度，属于层层包含的关系。常规处理方法是先处理细粒度，再处理粗粒度。例如，处理省级数据必须先把市级数据处理完，这种层层嵌套的处理关系不灵活，处理效率低。为了提高计算效率，本文提出将各维度的数据设置相同的地图数据存储级别，将层层嵌套的空间维度转换为最细粒度路段的属性标签。图 2 是地图数据组织结构示意图，在数据处理时，所有维度的处理优先级相同，各维度可同时处理，大大降低了数据处理的复杂度，提高了系统的灵活性。

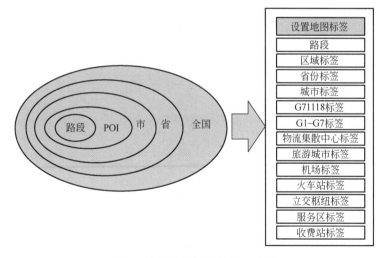

图 2　地图数据组织结构示意图

（二）交通拥堵指数定义

本文提出一种新的交通拥堵指数，定义为统计范围内拥堵路段长度与拥堵时长的乘积之和。用 l_i 表示第 i 条拥堵路段的长度，t_i 表示第 i 条拥堵路段的拥堵时长，n 表示拥堵路段条数，交通运行指数 γ（单位：千米·小时）计算公式如下：

$$\gamma = \sum_{i=1}^{n} l_i t_i$$

该指标综合考虑了统计范围内拥堵的时间（拥堵时长）和空间（拥堵长度）特征，反映了拥堵时空特征的绝对值。

三、不同节假日流量和拥堵特征对比分析

春节和国庆是七天小长假，清明、五一、端午是三天小长假，因此分别对比分析七天小长假和三天小长假流量变化趋势特征。

从七天小长假流量对比结果（见图 3）可以看出，春节流量最高峰在节日最后一天正月初六，是返程高峰；而国庆流量最高峰在节日第一天，是出程最高峰。产生这种差异的主要原因是春节假期，出程分散，而返程集中在春节假期最后一天正月初六，造成返程流量达到最高峰。相反，国庆假期出行者集中在第一天出行，导致流量最高峰在第一天。

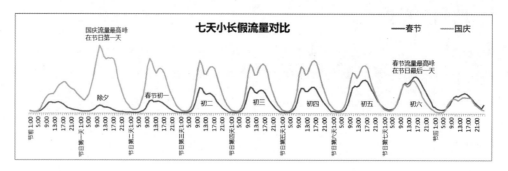

图 3　七天小长假流量对比

从三天小长假流量对比结果（见图 4）可以看出，五一的流量最多，清明次之，端午最少。端午节出行量低于五一和清明，一方面是不同假期风俗习惯的差异，另一个重要原因是高速公路不免费，导致部分出行者不出行，或者选择其他的交通方式。

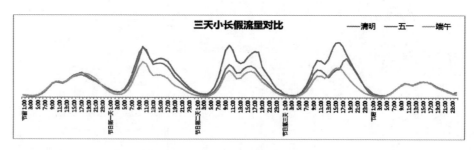

图 4　三天小长假流量对比

为了更深入研究不同节假日流量和拥堵变化特征，下面分别对春节、国庆、清明、五一、端午小长假的流量和拥堵进行分析。

（一）春运期间全国公路网流量和拥堵变化趋势分析

由于春运持续时间长，与其他节假日不同，因此分析了 2017 年 1 月 21 日到 2 月 4 日（腊月廿

四到正月初八）的全国公路网流量和拥堵变化趋势（见图 5）。春节前一周（腊月廿四到除夕），出行量远小于正月初六的返程量，主要是因为部分人提前返乡，过年回家的时间相对分散，所以没有出现明显的流量和拥堵高峰。除夕是与家人团圆的日子，出行量很少，流量和拥堵属于春节假期最低水平。正月初一主要是短距离走亲访友，出行流量和拥堵均不高。从正月初二开始流量回升，人们开始走亲访友，外出旅游，而且初二是传统的回娘家习俗，流量和拥堵显著增加。正月初六是春节的最后一天，人们集中在这一天返程，出现返程流量和拥堵的最高峰。正月初七，流量和拥堵明显回落。

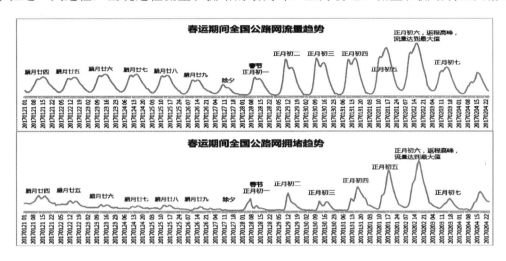

图 5　春运期间全国公路网流量和拥堵变化趋势

（二）国庆节期间全国公路网流量和拥堵变化趋势分析

国庆节期间全国公路网流量和拥堵变化趋势如图 6 所示。10 月 1 日—10 月 6 日流量明显高于工作日（9 月 30 日和 10 月 8 日），说明国庆假期很多人选择外出旅游，探亲访友等活动。不过只有 10 月 1 日的拥堵远高于工作日水平，产生这种现象的原因是 10 月 1 日是出程高峰时段，人们集中从少数大城市出行，导致道路异常拥堵；而在国庆假期中后期（10 月 2 日—10 月 7 日），流量分散在全国公路网，且返程时间分散，导致拥堵程度远低于 10 月 1 日。此外，9 月 30 日下午的拥堵高于工作日水平，主要是因为部分出行者提前出行。

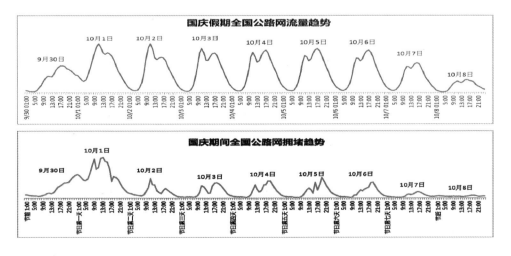

图 6　国庆节期间全国公路网流量和拥堵变化趋势

（三）清明节全国公路网流量和拥堵变化趋势分析

清明期间，清明第一天上午流量达到最高峰，上午和下午均出现拥堵高峰；清明第二天，出行流量高于正常水平，但并没有出现异常拥堵，主要是因为假期第二天流量分散在全国公路网。清明第三天，流量和拥堵均高于正常水平，且由于第三天是农历清明节的当天，拥堵明显高于其他天，上午集中出行，下午集中返程。此外，假期前一天工作日下午流量和拥堵明显高于正常水平，说明部分人提前出行。

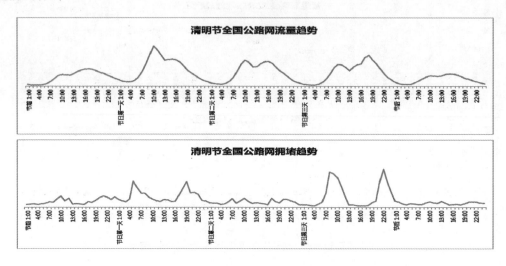

图 7　清明节全国公路网流量和拥堵变化趋势

（四）五一劳动节全国公路网流量和拥堵变化趋势分析

五一期间，假期前一天工作日下午流量和拥堵高于正常水平，说明部分人提前出行。假期第一天上午流量和拥堵均达到出行高峰。假期第二天流量高于正常水平，上午和下午均出现拥堵小高峰，且上午更加拥堵。假期第三天下午流量和拥堵均处于整个假期的最高水平，是返程高峰。节后工作日，高速流量和拥堵恢复平日水平（见图8）。

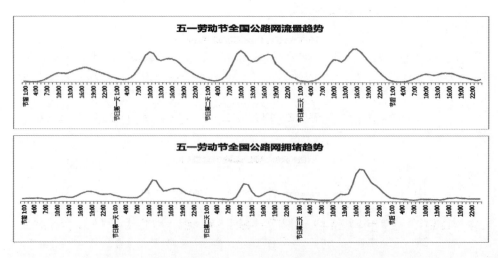

图 8　五一劳动节全国公路网流量和拥堵变化趋势

（五）端午节全国公路网流量和拥堵变化趋势分析

端午期间，假期前一个工作日下午流量和拥堵均高于正常水平，说明部分人会提前进入端午假期。假期第一天上午，流量和拥堵均是整个假期的最高峰。假期第二天流量高于工作日水平，但是由于流量分散到全国，所以没有出现异常的拥堵高峰。假期第三天上午和下午流量均处于高位水平，但是拥堵高峰是在下午出现，主要是因为上午流量分散在全国，而下午集中返程，导致路网拥堵（见图9）。

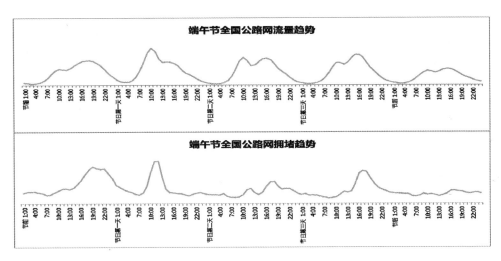

图 9　端午节全国公路网流量和拥堵变化趋势

四、高速公路流量分布特征

以京沪高速公路为例，分析高速公路的流量分布特征。京沪高速公路沿途经过北京市、天津市、沧州市、德州市、济南市、莱芜市、泰安市、临沂市、徐州市、宿迁市、淮阴市、扬州市、泰州市、无锡市、苏州市、上海市共 16 个城市。分析时间为 2016 年春节前后十天，从腊月廿七到正月初七。

（一）京沪高速整体流量变化趋势

春节小长假期间京沪高速流量变化趋势如图 10 所示。北京到上海方向和上海到北京方向整体变化趋势一致，除夕流量最少，正月初六流量最大。从腊月廿七到除夕，京沪高速流量呈现整体降低的

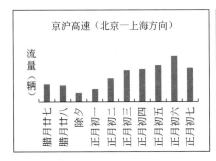
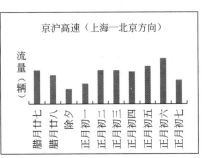

图 10　春节小长假期间京沪高速流量变化趋势

趋势；从除夕到正月初六，京沪高速流量整体呈逐渐上升的趋势。上海到北京方向在正月初二流量略高于正月初三。腊月廿七到除夕期间，京沪高速北京到上海方向的流量略低于上海到北京的方向流量；而正月初一到正月初七前，京沪高速北京到上海方向的流量明显高于上海到北京方向的流量。

（二）京沪高速各城市流量变化趋势

京沪高速不同城市流量如图 11 所示。整体来看，京沪高速不同城市的流量变化趋势不同，京沪高速公路北京到上海方向流量主要集中在无锡、苏州、天津、上海、扬州、北京、泰州、淮阴、沧州、临沂；上海到北京方向流量主要集中在无锡、苏州、扬州、泰州、上海、淮阴、北京、天津、沧州、临沂。节前和节后各个城市流量排名存在一定的差异，但多数情况下流量主要集中在北京和上海附近的几个城市，流量呈现出两边高中间低的地域分布特征，说明高速流量主要集中在京津冀和长三角两大经济区域内部，区域之间较少。

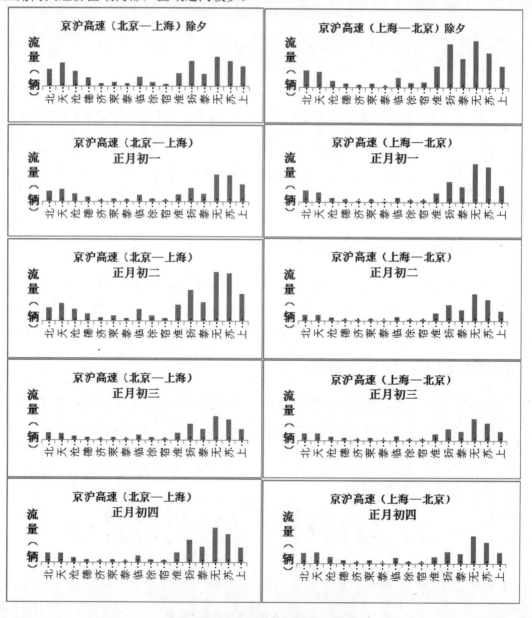

图 11　京沪高速不同城市流量对比

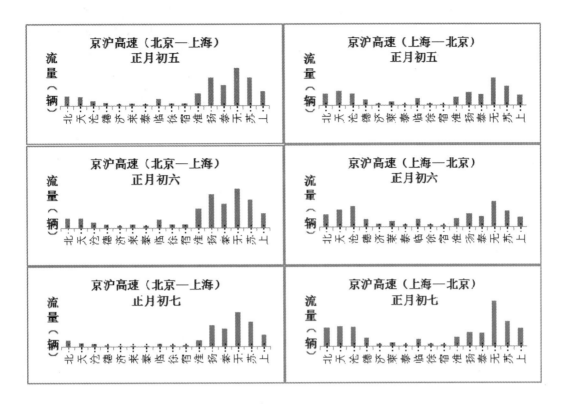

图 11　京沪高速不同城市流量对比（续）

京沪高速双向流量变化趋势一致，除夕流量最少，初六流量最多。具备这种流量变化趋势特征的城市有北京、济南-莱芜-泰安-临沂-徐州、无锡-苏州-上海。

上海到北京方向，正月初六流量最多，其他天流量都很少；北京到上海方向，除了除夕、正月初一和正月初七流量少，其他天都很多。具备这种流量变化趋势特征的城市有天津-沧州-德州。

北京到上海方向，正月初六流量最多，其他天流量都很少；上海到北京方向，除了除夕、正月初一和正月初七流量少，其他天流量都很多。具备这种流量变化趋势特征的城市有宿迁-淮阴-扬州-泰州。

产生这种现象的主要原因是：山东的济南、临沂等城市是主要的人员输出地，而北京、上海等市为主要的人员流入地，所以节前客流主要从北京、上海流向山东等地，节后客流则正相反，从而导致中间段的天津、沧州与扬州、泰州等地呈现相反的客流特征。

五、结束语

本文提出基于交通大数据的公路网出行规律分析方法，提出一种新的 GIS 地图数据处理方法和一种新的考虑拥堵时空变化特征的交通拥堵指数计算方法。对中国传统的节假日——春节、国庆、清明、五一、端午的流量和拥堵变化特征进行分析发现，春节的出行特征明显不同于其他节日，清明、五一、端午三天假期的节日整体变化趋势比较相似，国庆假期出程时段的特征与清明、五一、端午相似，但返程时段有所差异。此外，本文以京沪高速公路为例，分析了高速公路流量时变特征，以及高速在途经城市的流量分布特征。京沪高速公路在春节期间的流量呈现两边高中间低的地域分布特征，说明高速流量主要集中在京津冀和长三角两大经济区域内部，区域之间较少；山东的济南、临沂等城市是主要的人员输出地，而北京、上海等市为主要的人员流入地。

本文基于大数据处理和数据挖掘技术，分析公路网出行分布规律，可以为管理部门提供决策依据，同时能够向社会公众提供交通流量和拥堵信息，让出行者合理安排出行，均衡路网流量，优化道路资源。

车身分离作弊案例的高速公路偷逃费治理研究

长安大学电子与控制工程学院[1]　陕西省高速公路收费管理中心[2]

韩　羽[1]　王　军[2]　熊文磊[1]

一、概述

截至 2016 年年底陕西省高速公路总里程 5181 千米，实现联网收费的收费站有 344 座，收费系统各级数据依次来自收费车道、收费站、路段分中心、省级收费中心，收费中心每天会产生数以百万计的流水记录，随着时间的推移，我国高速公路联网收费数据库已经成为数据海洋，但是这些数据如同关在"牢笼中"并没有发挥其应有的价值。在 2012 年西安绕城高速公路因为五人团伙倒卖高速路通行卡，致使大货车逃费 10 余万元，并且陕西省每年事后稽查追缴的高速公路偷逃费达百万元人民币以上，因为证据不足等原因，还有一部分偷逃费车辆无法进行事后追缴收费，偷逃费行为给高速公路管理部门带来了严重的收费损失。联网收费数据中包含车辆的出入站、OD 时间、车牌、车型、车重等字段，这些数据是对联网收费最真实有效的记录，应用数据挖掘技术可以将大部分有偷逃通行费嫌疑的车辆（如换卡、假冒免费车辆等）挖掘出来，然后检索出监控系统采集到的车辆行驶图像作为证据链图像，从而确定车辆是否有作弊行为，为偷逃费追缴提供最有力的证据。所以如何将数据挖掘技术应用到联网收费数据得到偷逃费嫌疑车辆，并且在监控系统中获取该车辆的行驶图像是偷逃费治理研究的关键。

二、国内高速公路偷逃费治理研究现状

周海川全面介绍了目前国内联网收费稽查方案，并且重点介绍了各种偷逃费现象现场稽查解决方案，讨论了这些方案的合法性与合理性。刘洋对国内现有的 ETC 通道偷逃通行费的行为特征进行了探讨，提出了针对 ETC 通道偷逃费行为的管理对策及治理手段，还提出了建立疑似偷逃费车辆信息数据库和图像稽查取证的方法。张云霞重点介绍了数据挖掘技术的内容、步骤和功能，提出了收费系统建设的三层体系结构，并对每一层具体设计做了阐述。李岩等将数据挖掘技术应用到联网收费数据中，对高速公路中不同类型的数据进行采集、抽取、整合和转化，并按维度与层次对主题建立数据分析模型进行多维、深度分析，寻找数据与数据之间的潜在关系，在预测模型的基础上对数据进行分析，得出偷逃费行为直观的判断。

综上所述，如果将数据挖掘技术应用于联网收费数据得到偷逃费嫌疑车辆，然后获取车辆的行驶图像作为车辆是否有偷逃费行为的证据，可以精确找出偷逃费车辆，进而有效打击偷逃费行为。

三、研究内容和技术路线

在研究国内高速公路偷逃费治理现状的基础上，本文提出一种新的偷逃费行为模式分类方法和证据链图像获取方法，以车身分离作弊特征为例做了具体阐述。

（一）模式分类方法

高速公路收费站每发现一起偷逃费作弊案例，就针对这种案例的作弊概念和作弊特征建立相应数据分析模型并应用到收费数据中，筛选出符合该作弊特征的所有车辆，然后利用模式分类方法，将符合作弊特征的车辆分为无作弊车辆和有作弊嫌疑的车辆。

（二）证据链图像获取方法

利用高速公路收费站出入口、服务区出入口和枢纽立交出入口等处的卡口系统采集车辆的车头图像和车型图像，存储到图像数据库，采用车牌识别技术提取出车牌信息，将采集设备 ID、采集时间、车牌信息、在图像数据库的存储位置等信息存储到采证记录数据库，根据模式分类方法得到的作弊嫌疑车辆的车牌信息、出入站时间信息等与采证记录数据库中记录的信息关联查询，得到图像的存储位置，检索出车辆图像，确定符合此种作弊案例的所有车辆。

（三）技术路线

本文以车身分离作弊案例为研究对象，分析车身分离作弊原因、作弊概念和作弊特征，根据作弊特征以收费数据为数据源建立相应的数据分析模型，筛选出符合车身分离弊特征的所有车辆，采用基于决策树的模式分类方法筛选出作弊嫌疑车辆，根据嫌疑车辆的车牌信息、出入站时间信息等与采证记录数据库中的信息关联查询，得到图像的存储位置，检索出车辆图像，确定有车型变化等有车身分离作弊特征的所有车辆。

四、车身分离偷逃费治理方法

（一）车身分离作弊原因

高速公路实施计重收费，沉重的车身将驱使车主想方设法减重出站，将车身与车头分离后出站成为一种作弊手法，计重收费是根据车辆的轴数和重量来计算收费金额的，对于车主，该作弊方法在不超重的情况下可因降低车型而减少收费额，在超重的情况下可同时降低车型和重量、从而减少收费额。

（二）车身分离作弊概念

车辆出站前，在某一停车区或服务区将车头与车身分离，只有车头出站，出站后的车头又在下一站进入，入站后车辆在停车区或服务区将车头与车身连接，车头与车身连接好后，车辆整车出站（见图1）。此种收费作弊车辆称为车身分离作弊车。

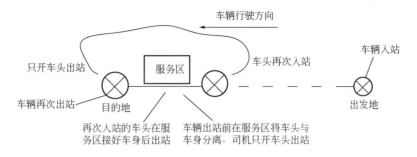

图1　车身分离作弊示意

（三）车身分离作弊特征

（1）只有车头驶出收费站和驶入收费站；

（2）同一车牌，车型不断变化。第一次行驶记录入口车型大于出口车型，第二次行驶记录出口车型大于入口车型；

（3）在某一收费站附近较频繁进出；

（4）在服务区或停车区分离车身或卸货以减轻车重，导致车辆行驶时间过长。

（四）车身分离作弊偷逃费行为模式分类方法

提取收费数据中的车牌号、入站编号、出站编号、入站时间、出站时间、入站车型、出站车型、入站车重、出站车重字段，根据车身分离作弊特征，建立相应的数据分析模型。

（1）出入口异常车辆：建立选取出入口车型不同或出入口车重不同车辆的数据分析模型。

（2）间断行驶车辆：建立频繁从某一收费站驶出，然后在短时间内从邻近收费站驶入车辆的数据分析模型。

（3）行程时间超长车辆：建立车辆的 OD 行程时间大于当前 OD 行程时间平均水平的数据分析模型。

将数据分析模型应用到收费数据中，筛选出符合车身分离作弊特征的所有车辆，然后用基于决策树的模式回归分类方法，将车辆分为无作弊车辆和有作弊嫌疑的车辆，为获取车辆的行驶图像做准备。

（五）证据链图像获取方法

针对高速公路偷逃费稽查取证难的问题，本文提出一种证据链图像获取方法，该方法需要的硬件条件是卡口摄像机使用高清摄像机，既可以识别车牌，也可以识别车型。当车辆通过高速公路收费站出入口、服务区出入口和枢纽立交出入口等处的卡口系统时，卡口摄像机将会抓拍车头图像和车型图像并将其存储在图像数据库，利用车牌识别技术，记录车头图像信息，包括设备 ID、采集时间、图像存储位置、车牌信息；记录车型图像信息，包括设备 ID、采集时间、存储位置信息，这些信息存储在采证记录数据库中，在收费数据中分析出车身分离作弊嫌疑车辆后，根据嫌疑车辆的车牌信息、出入收费站信息、出入站时间信息等与采证记录数据库中记录的车牌信息关联，得到该车辆所有行驶图像的存储路径，然后在图像数据库中查询出该车辆的车头图像和车型图像，确定车辆是否作弊，为偷逃费追缴提供充分的证据。基于决策树的模式分类方法如图2所示，采证图像获取方法如图 3 所示。

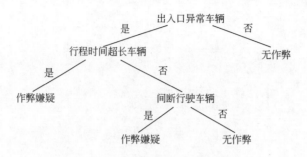

图 2　基于决策树的模式分类方法

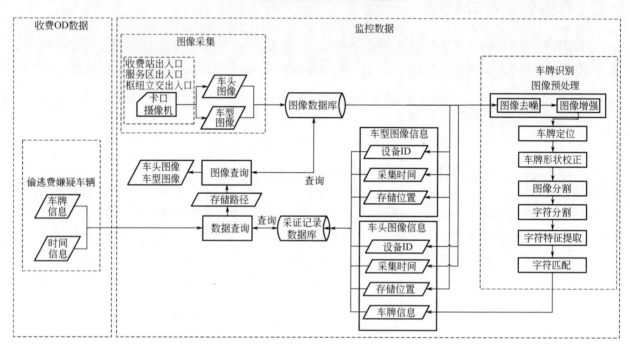

图 3　采证图像获取方法

五、结束语

综上所述，将模式回归分类方法应用在联网收费数据中，可以找出符合该偷逃费行为模式的所有嫌疑车辆，根据车辆的车牌信息、出入收费站信息、出入时间信息等，在监控数据中找出嫌疑车辆的行驶图像作为证据链图像，为偷逃费稽查提供证据。因此，将数据挖掘技术应用到高速公路偷逃费治理中，可充分发挥信息化和智能化的作用，有效解决高速公路偷逃费现象治理难和取证难的问题，提高高速公路收费稽查管理水平。

蓝牙技术在 ETC 中的应用

广东联合电子服务股份有限公司　何　山　黄　琪

一、引言

随着新型城镇化、一带一路等国家重大战略布局的实施，交通运输部提出了加快建设综合、智慧、绿色、平安"四个交通"的理念，这"四个交通"也是行业创新驱动战略实施和实现可持续发展的战略抉择。在新的时代背景下，ETC 不仅需要实现高速公路的便利出行，还应发展"互联网+ETC"技术，探索 ETC 网上充值等互联网服务，实现智能交通在理念上和实践上的提升与发展，促进交通行业的技术进步和交通服务多元化。

蓝牙技术是一种短距离的开放性全球无线通信技术规范，用来描述和规定各种电子信息产品相互之间的短距离无线通信协议，具有低成本、微功率、短距离、小型化等优点。由于蓝牙技术具有取消各种移动设备之间电缆的优势，随着技术的发展和深入，它的应用已经扩展到信息家电、交通、医疗、工业控制等各种领域，并且随着近年移动互联网的全民化发展，有效拓展了蓝牙技术的应用范围，蓝牙技术已经成为各类移动智能终端的标配。

本文以 ETC 行业中关键设备——OBU（电子标签）为基础，结合低功耗蓝牙 4.X BLE 技术，介绍了一种新型的 ETC 系统互联网应用核心设备——蓝牙智能 OBU，并以 ETC 卡互联网充值业务为例，描述了蓝牙智能 OBU 的系统架构、蓝牙通信协议和相关技术流程。

二、蓝牙智能 OBU

对于 ETC 卡圈存，传统技术模式是利用 PC 连接 IC 卡读写器，读取 IC 卡信息，与电子不停车收费系统数据中心（ETC 数据中心）进行密钥认证，从而把金额信息写进卡片电子钱包中。在这种模式中，用户必须到达营业厅或代理点才能办理充值业务，费时费力，浪费大量的社会资源。随着移动支付等互联网技术的普及，用户对 ETC 卡的互联网服务需求越来越强烈。在此背景下，根据 ETC 技术特点和网络安全要求，提出了使用蓝牙智能 OBU 实现 ETC 卡圈存的技术模式，其组成模块如图 1 所示。

蓝牙智能 OBU 由 5.8G 模块、蓝牙模块、ICC 模块和 SE 安全模块组成，前三种模块分别具备与路侧单元（RSU）、移动终端 APP 和 ETC 卡通信的能力，为 RSU/ETC 卡与 APP 信息交换提供低成本点对点的通信渠道；SE 模块以交通运输行业数字证书认证系统（CA）为基础，为 APP 和 ETC 数据中心之间的通信提供安全保障。

图 1　蓝牙智能 OBU 组成模块

在互联网应用中，如 ETC 数据中心需要读取用户 ETC 卡片信息，蓝牙智能 OBU 将首先与手机建立蓝牙连接，ETC 数据中心将加密后的卡片操作指令通过互联网发送给 APP，APP 再通过蓝牙通信协议将数据转发给 OBU，OBU 使用 SE 安全模块对数据进行解密，解析出操作指令，进而对 ETC 卡片进行读写操作，将读取出来的数据进行加密后再通过 APP 传输回数据中心，从而完成整个业务流程。蓝牙智能 OBU 与 ETC 数据中心连接示意图如图 2 所示。

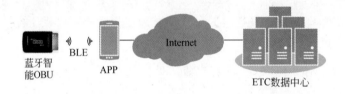

图 2　蓝牙智能 OBU 与 ETC 数据中心连接示意图

三、蓝牙通信协议

蓝牙通信位于移动终端 APP 与蓝牙智能 OBU 之间，结构模型如图 3 所示。通信模型分为三层：第一层为原生蓝牙 BLE 标准协议，第二层为数据链路层，在 BLE 标准协议的基础上，规定了蓝牙智能 OBU 和 APP 建立数据链路的流程和会话时序；第三层为应用层，定义了数据交互中的通信数据帧结构和应用数据类型。

图 3　蓝牙智能 OBU 与移动终端通信结构模型

数据链路层规定了蓝牙智能 OBU 与移动终端 APP 建立通信链路的过程和数据传输的链路控制协议。在建立通信链路的过程中,移动终端作为主机,蓝牙智能 OBU 作为从机。OBU 首先广播 Service UUID、MAC 地址等基本信息, APP 扫描到符合要求的基本信息后, 依据 UUID 建立通信连接 (Indication/Notification 数据传输方式),发起初始化设备指令,再根据业务流程继续对蓝牙智能 OBU 进行后续操作(认证、读卡、充值等扩展应用)。

数据传输的链路控制协议根据数据传输方式的不同而采用不同协议。在 Indication 通信模式下,数据收发的可靠性、重传机制由原生蓝牙标准协议栈保障,不需要自定义响应帧;在 Notification 通信模式下, 一般情况采用广播方式, 不需要响应帧, 在对可靠性有要求的情况下, 接收端可回传自定义响应帧。

根据 BLE 通信协议的技术要求,应用层对业务数据按照表 1 所示的帧结构进行封帧、分包、组包、解析。

表 1 蓝牙协议帧结构

ST（1byte)	CTL（2byte）	LEN（1byte）	DATA	BCC（1byte）

其中 ST 为帧头控制字,固定为 0X50;CTL 为包序号,当最高位 Bit：15=1 时, 代表开始包, 其他为包序号;LEN 为发送数据 DATA 的长度;DATA 为发送的数据;BCC 为从 SN 开始到 DATA 的 BCC 校验值。

在传输过程中,数据帧的最大长度可自定义,APP 可通过设备初始化命令获得蓝牙智能 OBU 支持的最大数据帧长度。若 DATA 域数据长度超过蓝牙智能 OBU 支持的最大数据帧长度,则需要多帧发送。

应用层传输的有效数据仅为上述的 DATA 域,其格式如表 2 所示。

表 2 DATA 域格式

Type（1byte）	Content

其中 Type 为 1 字节的指令类型,Content 为应用数据域内容。

在互联网业务中,需要对蓝牙智能 OBU 进行读取电量、操作 ETC 卡、读取操作记录、对设备进行认证、对 5.8G 数据进行透传,以及厂家的自定义指令,因此应用层数据域存在以下 7 种指令类型（TYPE）(见表 3)。为区分不同方向的指令类型,APP 向 OBU 发起的指令均以 0x8x 开头,OBU 向 APP 响应的指令均以 0x9x 开头。Content 域的内容则按照具体业务要求填充实际数据。

表 3 蓝牙智能 OBU 传输指令

指令类型	请求 TYPE	响应 TYPE	功能说明
初始化	0x80	0x90	OBU 设备初始化
OBU 通道	0x81	0x91	对 OBU 设备操作
COS 通道	0x82	0x92	对 IC/ESAM/SE 进行 COS 通道操作
获取记录	0x83	0x93	获取 IC 卡 COS 通道密文通信时的记录
认证通道	0x84	0x94	设备认证(包括更新终端证书)操作
透传通道	0x85	0x95	5.8G 数据透传操作
厂商通道	0x8F	0x9F	厂商自定义功能

四、技术流程

按照 ETC 行业发展规划，蓝牙智能 OBU 将逐渐成为下一代 ETC 收费系统互联网应用的核心部件，是传统高速公路业务连接互联网的桥梁。蓝牙智能 OBU 可以使 ETC 业务摆脱时间和空间的限制，能够随时随地开展空中充值、OBU 自助安装等多种新型业务，给用户体验带来了极大的提升。虽然蓝牙智能 OBU 能够实现多种业务，但在技术实现方面基本都是一致的。下面以 ETC 卡空中充值为例，简述蓝牙智能 OBU 的基本技术流程。

蓝牙智能 OBU 空中充值的技术流程可简单概括为 3 步：建立蓝牙链接—进行身份合法性验证—传输空中充值应用数据。在整个通信会话过程中，移动终端始终作为主机，蓝牙智能 OBU 作为从机。

在建立蓝牙链接阶段，蓝牙智能 OBU 首先广播自身基本信息，APP 扫描到符合要求的基本信息后，自动建立通信连接。

在身份验证阶段，APP 读取 OBU SE 安全模块中的证书及身份验证信息，发送回 ETC 数据中心进行合法性校验，只有合法的 OBU 才能接入。

在传输 ETC 卡空中充值应用数据阶段，APP 首先从 ETC 数据中心获取加密后的充值申请指令，发送给 OBU 解密后读取 ETC 卡基本信息，对卡片发起充值申请，APP 将加密后的充值申请响应信息发送给 ETC 数据中心，数据中心计算圈存指令后进行加密，并将加密信息发送给 APP，OBU 执行 APP 转发的圈存指令，改写电子钱包余额，并将响应结果发送回数据中心，从而完成整个交易流程，如图 4 所示。

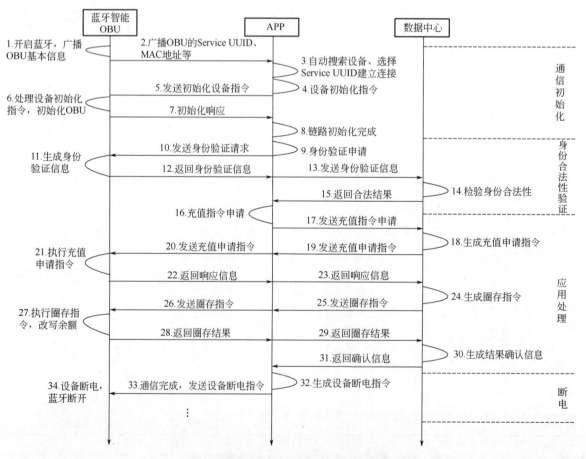

图 4　蓝牙智能 OBU 空中充值技术流程

五、结束语

本文提出了蓝牙技术在 ETC 中的一种具体应用——蓝牙智能 OBU，打破了传统 ETC 行业与互联网之间的隔阂。蓝牙智能 OBU 除了能连接自建 APP 以外，还能在蓝牙通信协议的基础上，按照微信蓝牙协议（Protocol buffer）进行组包，实现微信入口。随着蓝牙技术的发展，特别是蓝牙 4.1 支持 IPv6，下一代蓝牙智能 OBU 将可以直接接入互联网进行数据交换，无须通过移动终端或电脑中转；并且还可以与移动支付相结合，提供安全与便捷的 ETC 移动支付安全解决方案，为 ETC 卡接入互联网提供重要的数据入口。这些新技术都将大大地扩展蓝牙智能 OBU 的应用领域，同时，蓝牙技术结合 ETC 在助推城市交通管理、发展交通领域电子支付应用、提升交通管理服务和社会公共安全水平等许多方面都具有巨大的发展前景。

车牌冗余智能识别技术在收费公路
不停车移动支付系统中的应用

汪国钢　吕务骈　陈流长

随着移动互联网产业的快速发展，移动支付技术已相对成熟，移动应用与支付也已迅速普及，移动互联网技术与高速公路经营管理深度融合发展的趋势日益明显。2016 年 4 月广东省交通集团开始研发不停车移动支付系统（以下简称蓝色通道，BTC：Blueness Toll Collection），2017 年 4 月湖南高速公路以 BOOT 模式完成了基于车牌识别的不停车手机移动支付系统的招投标工作，不停车移动支付便捷、快速、低成本的利好，已成为高速公路经营管理单位和广大用户的共识；然而，新型收费模式的改变，标志着传统技术的变革，在应用不停车移动支付技术过程中，如何确保收费车辆行驶轨迹的快速、准确识别，如何确保在出口不停车收费时的顺畅通行，是不停车移动支付系统能否得以稳定运行的关键，因此，诸多高速公路经营管理单位对该技术的应用还处于观望状态。深圳市哈工大业信息技术股份有限公司（以下简称"哈工大业"）秉承"创新引领，绿色融合"的发展理念，积极参加收费公路不停车移动支付技术的研发工作，着重于攻克系统中路径识别和车牌识别技术等问题难关，将"冗余"技术应用到不停车移动支付系统之中，使路径和车牌识别系统更为稳定、快速、准确，解决了不停车移动支付系统路径识别补充和出口不停车快速通行的问题，得到了业内的充分肯定。

一、收费公路不停车移动支付系统概况

收费公路基于车辆特征识别的不停车移动支付系统是目前在高速公路 MTC 人工收费与 ETC 自动收费两种模式的基础上，提供另一种更为方便、快捷的通行收费与移动应用服务；该系统是利用移动 GPS 和车牌识别技术，识别车辆的行驶路径，通过互联网和移动支付应用，在出口快速识别车辆信息，并计算通行费，实现快速交易和不停车通行的管理目标，用户通过移动应用（APP）进行在线注册，关联车辆、人员及支付账户信息；在线注册车辆预约通行收费车道时，通过识别其车牌信息，确认车辆的出入口信息，在行驶过程中，采取 GPS 虚拟标识点方法，确定车辆的准确行驶路径，当车辆 GPS 信号出现异常时，通过高速公路主线路径识别系统，判断车辆的准确行驶路径，确认实际路径后，从其关联的账户中扣除通行费完成交易。从目前的应用情况来看，主要包括移动应用子系统、收费站子系统、路径识别子系统、云端服务子系统及第三方支付平台。

（一）移动应用子系统

移动应用子系统主要实现用户的注册、预约、GPS 信息采集、支付信息推送等功能。使用不停车移动支付车道的用户必须注册高速公路移动支付 APP 软件，根据自身情况可实现一人多车、一车多授权的方式，并绑定个人电子移动支付功能；当车辆用户准备进入高速公路时，用户需通过 APP 进行一键预约，发起自主缴费预约请求，车辆从任意站点驶入高速公路时，收费站入口车牌识别系统将识别车牌上传至云端运营平台，并自动与云端的车辆预约信息相匹配，实现不停车驶入高速公路；此外，移动应用子系统还能实时上传车辆的 GPS 信息，能接收支付信息和各类预警信息推送。

（二）收费站子系统

收费站子系统主要包括出入口车道收费系统。当车辆驶入高速公路入口收费站时，车道车牌识别系统将自动识别车辆车牌，并将车牌信息上传到云端运营平台服务器，通过云端运营平台验证为合法预约用户后，车道系统将自动快速抬杠放行，实现合法预约用户车辆不停车快速通过入口收费站。当车辆准备驶离高速、进入收费站车辆识别区时，车道车牌识别系统将自动识别车辆车牌，并将车牌信息上传到云端运营平台服务器，运营平台服务器根据上传数据，验证用户为合法用户后，车道系统将自动快速抬杆放行，实现合法预约用户车辆不停车快速通过出口收费站。

（三）路径识别子系统

路径识别子系统主要包括 GPS 路径识别和高清卡口路径识别功能。车辆在高速公路网行驶过程中，通过移动 APP 的虚拟标识技术，提供车辆的行驶路径信息，为高速公路通行费准确计费和拆分提供依据；此外，在路网布设的高清卡口路径识别系统，将识别的车牌信息上传到云端服务器，与 GPS 路径进行匹配，当 GPS 路径识别系统发生异常时，系统自动将高清卡口识别的路径信息作为通行费计费和拆分的依据，确保车辆实时精确拆分和快速通行。

（四）云端服务子系统

云端服务子系统主要包括路径审核、费率计算、信息处理和推送等功能。云端服务子系统根据车辆的入口信息、出口信息、行驶路径信息等，依据各高速公路的收费费率计算、拆分应收通行费，并通过第三方支付系统接口，从车辆用户的支付账号支付通行费到高速公路路段业主指定的账号中。完成车辆用户通行费的自主缴费和拆分。当车辆用户驶离高速公路后，云端服务子系统将会向 APP 推送包括支付的金额、入口、出口、缴费金额等收费相关信息，车辆用户可以通过 APP 显示查看。

（五）第三方支付平台

第三方支付平台主要是完成通行费支付交易功能。当支付平台收到车辆出口费率计算结果后，将自动发起交易，并将通行费存入业主指定账户。

广东省收费公路 BTC 系统入口车道和出口车道布局图例分别如图 1 和图 2 所示。

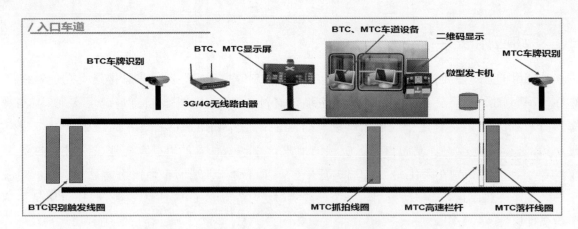

图1　广东省收费公路 BTC 系统入口车道布局图例

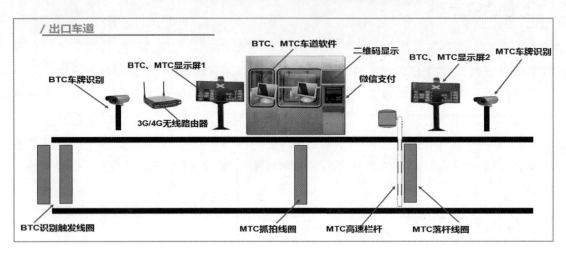

图2　广东省收费公路 BTC 系统出口车道布局图例

二、车牌冗余智能识别技术的重要意义

收费公路不停车移动支付系统的优势在于不停车快速缴费,不需要车辆安装其他收费附属设备,车主在缴费时可以不带现金、银行卡,也不需要扫码支付,实现了收费站的快速通行;车道车牌识别系统的快速、准确、稳定运作,是保证系统运行的基础,目前使用的传统车牌识别系统的识别率在正常情况下仅为95%左右,当发生相机故障、闪光灯损坏等设备突发异常时,系统的车牌识别率将大大降低,这将严重影响系统出入口车道车辆的车牌匹配效率和路径识别的补充功能,造成车道拥堵,系统无法运行。

（一）不停车移动支付系统对车牌识别技术的新需求

识别率的要求:收费车道的车牌识别信息是不停车移动支付系统判断不停车通行的主要依据,若通行车辆的车牌识别错误或没有识别成功,该车辆只能转为人工扫码通行判别通行,这将大大影响通行效率,用户的体验度不高。从目前测试的情况来看一般识别率要求在98%以上。

稳定性的要求:不停车移动支付系统作为高速公路三大支付业务系统,24小时不间断运作,对系统稳定性要求高,除了有响应快速的运维队伍作为保障以外,设备稳定性也是系统运行的关键。

车牌识别系统中的闪光灯、补光灯、控制板、电源等设备属于易耗品，使用一定时间后，出现故障的概率将加大，这将直接影响车牌识别系统的识别率。

识别速度的要求：不停车移动支付系统中，出入口和路径信息要实时、快速地传输至云端平台进行匹配，是不停车和费率计算的重要依据，从目前广东省 BTC 系统测试的情况来看，车牌的识别速度要达到 250 毫秒以内。

（二）车牌冗余智能识别技术

传统的车牌识别系统因为部件单一性，缺少冗余功能，当易损部件故障时，将影响整个系统的运行，不符合 24 小时不间断可靠运行的设计目标。基于此，我们引入了车牌冗余智能识别技术，即采用两套同样独立配置的硬件、软件或设计等，当系统发生故障时，冗余配置的部件介入并承担故障部件的工作，由此减少系统的故障时间，大幅提高系统的可靠性。例如，传统的车牌识别系统在摄像机的电源出现故障时，不仅会工作中断，数据安全也无法保障。而具有冗余技术的系统因采用了双电源系统，两个电源负载均衡，在系统工作时它们能够同时为系统提供电力，当一个电源出现故障时，另一个电源也会立即承担所有的负载，从而最大限度地实现车牌识别系统的高可用性。

采用车牌冗余智能识别技术，具有故障检测、自动故障切换控制的能力，提高了车牌识别系统的可靠性。冗余智能的设计在一定程度上增加了系统的复杂度、功耗、重量及成本，但是能够换来相对较高的可靠性、系统工作的连续性，能够满足不停车移动支付系统车牌识别设备的高可靠性要求。

三、双目高清车牌识别系统在收费车道的应用

不停车移动支付系统的正常使用对车牌识别系统的车牌识别精度及设备运行可靠性有着很高的要求。车牌识别技术应用在不停车移动支付系统中，主要完成车辆的号牌识别、数据处理、与收费系统通信等功能，是不停车移动支付系统重要的组成部件之一。由于车牌识别在系统的特殊功能地位，要求车牌识别系统具有连续、稳定、可靠的工作特性。为了提高车牌识别系统的可靠性，广东省收费公路 BTC 系统采用双目高清车牌识别系统，即对车牌识别系统进行双冗余设计来提高系统的可靠性、稳定性（见图 3）。

图 3　双目高清车牌识别系统

（一）双目高清车牌识别系统介绍

本系统采用冗余技术，对系统进行软硬件冗余设计，以提高系统的可靠性、稳定性，并优化识

别算法，减少车牌识别耗时，提升识别精度。

系统由多个部件组成的，各部件的组合方式与系统可靠性有十分密切的关系，系统在设计时充分考虑了部件冗余与冗余控制，即在车牌识别系统中增加备用的关键部件，当系统发生故障时，控制系统通过故障控制策略启动备用部件，以保证系统的正常运行，避免了单点故障造成的系统部分或全部功能的失效。

（二）双目高清车牌识别系统的原理

系统主要采用重组技术，通过故障检测、故障定位及故障恢复来达到容错的目的。系统采用的形式为热备用替换方式，两个相同的车牌识别摄像机作为主副机形式同时执行相同的程序，通过智能冗余控制板及动态库软件配合，使其中的一套系统作为主机，而另一套作为备件副机。控制软件监视主机的运行状态，获取主机的车牌识别信息并与收费系统进行通信，当发现主机工作出现故障时，自动切换到副机，可以由另一台摄像机承担服务任务，从而在不需要人工干预的情况下，自动保证系统能持续提供服务。双目高清车牌识别系统原理示意如图4所示。

（三）双目高清车牌识别系统的组成

双目高清车牌识别系统主要由车牌识别摄像机、智能冗余控制板、补光单元组成。

1．一体化智能高清车牌识别摄像机（见图5）

➢ 集采用图像采集、牌照识别、数据输出于一体；

➢ 独立的完全嵌入式处理系统，设备稳定性极高；

➢ 工业级硬件设计与生产，确保全天可靠候工作；

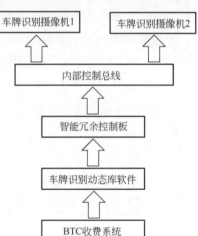

图4　双目高清车牌识别系统原理示意

➢ 具有低照度、宽动态范围，在夜间、逆光/顺光、强光等情况下，图像良好。

2．智能冗余控制板（见图6）

图5　一体化智能高清车牌识别摄像机

图6　智能冗余控制板

当系统的部件发生故障时，控制系统通过故障控制策略启动备用部件，保证系统的车牌识别功能正常运行。

3．补光单元（见图7）

图7　补光单元

双目高清车牌识别系统的补光单元包含智能闪光灯和LED灯，采用高速频闪防眩目设计，具有超高亮度、超低功耗；要求LED灯使用寿命在18000小时以上，闪光灯使用寿命在1000万次以上。补光单元具有以下功能：

➤ 防眩闪光灯：对抓拍图片进行补光，抓拍的图片可展示清晰的车辆全貌及驾驶室内人的面部特征。主要用于车辆防逃费图片稽查。

➤ LED频闪灯：与摄像机保持同步，对摄像机夜间视频进行补光，能够有效提升夜间车牌识别精度。该灯采用防眩设计，不会对人眼造成眩晕（见图8）。

图8　防眩闪光灯和LED频闪灯

（四）双目高清车牌识别系统的主要技术指标

（1）抓拍图像及车牌识别时间：≤200ms（从车辆触发开始到收费系统接收到车牌识别结果为止）。

（2）车辆捕获率：≥99%。

（3）整牌识别率：≥98.5%（需剔除无车牌、车牌污损、遮挡车牌、车牌不完整、安装不规范等车辆图片进行统计）。

（4）识别牌照种类："GA36-2014"和"GA36.1-2001"（02 式牌照），"GA36-2007"标准的民用车牌照和"2012 式"军车牌照、"2012 式"武警车牌照；新能源汽车号牌。车牌颜色：蓝、黄、黑、白、渐变绿、黄绿双拼。

（5）车牌识别冗余功能：当系统的部件（摄像机、电源、补光灯）发生故障时，控制系统通过故障控制策略启动备用部件，保证系统的车牌识别功能正常运行。

（6）存储图像分辨率及格式：分辨率 1600（H）×1200（V），JPEG 格式。

（7）平均无故障连续运行时间 MTB：≥35000h。

（8）触发方式：支持开关量外部触发输入和视频触发方式。

（9）网口：①摄像机网口：10/100M 自适应，RJ45，1 个；②控制系统网口：4 个（支持 4 个摄像机级联）。

（10）工作环境温度：-40℃～+70℃（无加热散热装置）。

四、发展方向

未来随着收费公路不停车移动支付系统的进一步成熟，车牌识别技术将过渡为车辆特征识别技术，将由识别车辆特性的标准化过渡到个性需求化的智能识别，对高速公路通行的车辆不仅仅是识别车辆的车牌、颜色等内容，还会通过后台智能系统和云端大数据的自学习效能，对每辆车的个性化信息进行一一记录，并进行特征叠加，实现"车、路、人"三者的特征有机结合，真正将车辆变为"唯一"。这种技术既能快速识别车辆的轨迹，准确计算通行费，更是让更换通行券和车牌的车辆无所遁形，从源头遏制了换卡逃费行为的发生，为高速公路稽查打逃工作提供了有力的后台保障。目前，哈工大业以车牌冗余智能识别技术为基础，结合基于车辆特征分析的人工智能技术，积极推进基于车辆特征智能识别技术在收费公路不停车移动支付系统中的应用，相信在不久的将来，该项技术将在智慧高速技术变革中大放异彩。

基于扁平化的高速公路联网收费关键技术探讨

安徽省交通控股集团有限公司

一、引言

近20年来,在经济发展的推动下,在国家相关政策的支持下,安徽省交通控股集团有限公司(以下简称"集团公司")高度重视交通运输事业的建设与发展。自从安徽第一条高速合宁路通车以来,集团公司运营管理路段包括合宁、合安、宁千、滁马、岳武、溧广、南沿江、合铜黄、界阜蚌、合六叶、铜南宣等一大批国省干线高速公路,以及安庆、马鞍山、望东长江大桥,高速公路营运里程达到4128千米,占安徽省高速公路通车里程的92%。为经济发展和满足人民出行的需求做出了巨大贡献。集团公司在高速公路的建设营运过程中逐步形成了自己特有的高速公路收费管理模式,并规划定义了各级机构在高速公路收费管理工作中应承担的职责和功能。

传统的高速公路收费管理采用三级四层的管理架构(见图1)。收费管理结构从上至下分为"集团公司—管理处—收费站"三级,采用金字塔结构,逐级管理;收费系统架构采用"集团公司—管理处—收费站—收费车道"四层系统架构进行设计。

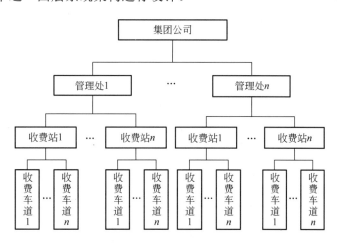

图1 传统的高速公路收费管理架构

高速公路收费管理系统目前所采用的金字塔状系统结构,是根据高速公路历史的管理结构建立起来的。但是随着经济飞速发展,高速公路的建设范围不断扩大,金字塔状的收费系统结构随之快速增长,系统体系结构变得更加庞大,与此同时,高速公路收费管理的覆盖面及深入力度的需求也在不断增加。如何在对高速公路收费工作进行集约化管理的同时,提升整体收费管理工作效率,成为高速公路管理者在收费管理工作上亟待解决的问题。

二、现状分析

通过对高速公路收费管理现状进行分析，目前存在的问题主要包括以下几个方面。

1．信息技术对现场收费管理支撑力度不够

收费现场的管理工作对数据的准确性和及时性要求较高，但目前的收费管理系统架构存在层级较多、数据不集中等问题，导致收费数据、图片、录像查询等功能无法满足现场收费管理工作及时性的要求，在很大程度上影响了现场管理工作的效率。

2．信息资源分散限制收费业务协同管理

目前集团公司收费管理系统分级建设，数据资源分散，不能有效地实现信息资源集中应用，现有系统架构无法实现多级业务协同管理，无法实现跨路段的业务处理，各级系统仅能使用本单位范围内的收费数据，导致收费管理和数据统计业务的效率无法达到最佳。

3．区域化管理配置灵活度低，撤并难度大

目前安徽省进行区域化改造需要对集团公司、管理处、收费站的收费系统进行大量的配置调整，每次变更过程需要制定详细的实施方案，并由技术人员在现场配合收费管理人员进行系统的切换，切换操作过程复杂且容易出错。

4．业务流程操作复杂影响工作效率

收费管理系统相关的各类管理业务，由于受目前多业务系统分级部署的制约，业务流程设计较为复杂。以票据管理的出入库功能为例，每两级系统间需要进行反复的出库、入库操作，一方面业务操作效率低下，另一方面容易造成误操作。

5．系统建设部署分散，建设及运维成本高

由于受早期信息系统应用技术和高速公路营运管理体制的限制，现有的集团公司各级收费系统多采用 C/S 模式开发，导致客户端部署数量较多且较为分散，不但给用户的使用带来不便，同时也给系统故障的排查带来难度，并在系统建设和运维方面增加了人力资源成本。

6．信息传输层级过多，信息传输效率低下

目前集团公司采用"集团公司—管理处—收费站—收费车道"四层传输体系结构，各类收费数据自下而上逐级上传并且在每级系统中落地存储。由于目前信息传输层级过多，审核流程复杂，导致数据传输的实时性、准确性及传输效率方面均受到较大影响。

7．收费监控信息零散，降低突发情况应对能力

目前集团公司对收费站和车道的运行情况，包括收费站的软硬件运行情况、收费站网络情况、车道的设备情况、车辆通行情况等没有整体、直观的了解，缺乏了解也就缺乏面对发生情况时的应对能力。

三、扁平化收费总体框架

为解决上述问题，集团公司站在全局高度和系统视角，提出高速公路收费系统扁平化建设思路，

以集中、集成、集约化建设思想为核心，以加强业务管理、提高业务管理水平为目标，以适应区域化改造思想要求为目的，实现从联网收费多级管理向扁平化管理的转变，从信息系统分散建设部署向集成集中建设部署管理模式的转变，从粗放式、分散式的收费管理模式向集约化、整体化、平台化管理模式的转变，最终达到数据资源集中整合、多级用户协同工作、跨路段信息资源共享的目的。联网收费扁平化应用系统架构如图 2 所示。

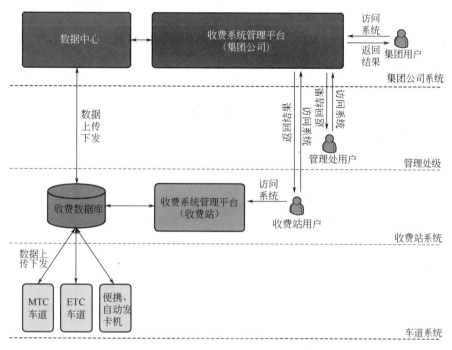

图 2　联网收费扁平化应用系统架构

在采用收费系统扁平化管理模式后，数据传输系统的设计及部署方案也会进行相应的调整，数据由收费车道生成后将在收费站系统中汇总后上传至集团公司，收费站级系统将与集团公司级系统直接通信，收费站的车道系统、客户端将可以直接访问集团公司的应用服务器等。系统的总体网络拓扑结构如图 3 所示。

四、扁平化营运管理机制的调整

按照扁平化和集约化建设思想，对传统的高速公路营运管理机制进行调配，去除过于冗余的管理处与收费站系统功能，将其业务功能向集团公司上移，简化系统内外信息传输路径。推进业务增设与撤并，提升总体效益，搭建网络化集成平台，实现收费业务管理直通，细化岗位职责。由收费员在车道，对过往车辆进行高速公路收费，并且把收费发票给司机；每天下班前每个收费员把收费金额和 IC 卡及发票使用情况报告到收费站；收费站审核所有的收费员收费信息后，把每条记录及汇总记录上传到所属管理处；管理处汇总并审核下属收费站的收费记录后，上传到集团公司；联网结算中心根据车道流水数据，把收费金额按照一定的规则，拆分给各个经营主体，各个经营主体可以根据集团公司内保存的收费上传数据进行拆分结果的对比。扁平化业务管理流程如图 4 所示。

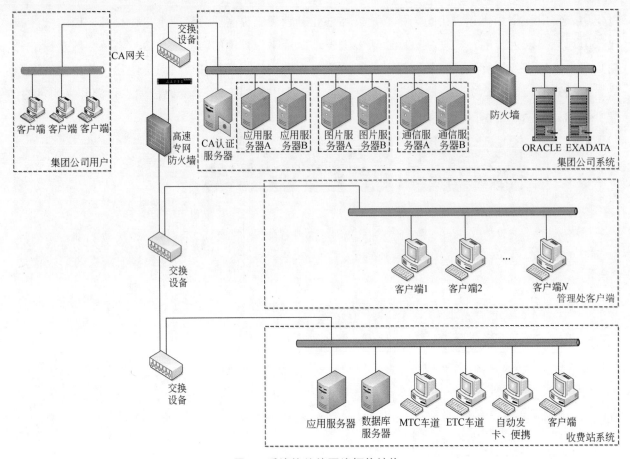

图 3　系统的总体网络拓扑结构

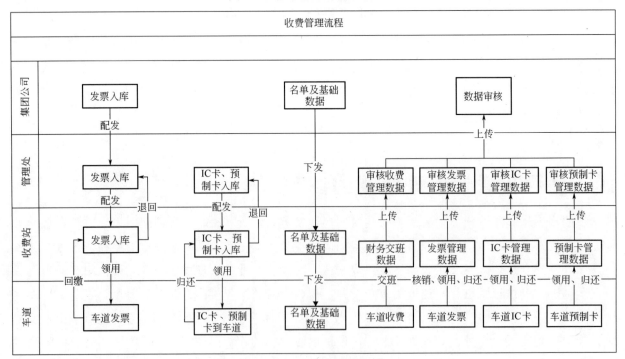

图 4　扁平化业务管理流程

1. 集团公司级改造

集团公司所辖范围内各高速公路路段管理处根据所辖收费站的实际需用量，分类别拟定车辆通行费票据需用计划并报集团公司，由集团公司进行审核、汇总、报送税务部门。审批下来的发票，集团公司配发到下属各个管理处进行使用。固定时间接收下级管理处上报的数据，并进行审核，审核数据包括：财务收费数据、发票使用数据、IC 管理数据、预制卡管理数据、发票管理数据。

2．管理处级改造

管理处主要实现集团公司和收费站之间的对接和对下级收费站的管理作用。要对收费站进行发票、IC 卡、预制卡的配发和回收，定期审核收费站上传的各种数据，并且汇总后上传至集团公司。

3．收费站级改造

收费站作为管理上的底层机构，主要对高速公路上的收费车道做日常管理，从管理处领取发票、IC 卡、预制卡后配发到收费车道使用，车道根据班次将领用的 IC 卡和预制卡的剩余部分归还到收费站，并在站内登记审核，每日收取的通行费在收费站做交班处理，并且核销等值的发票。收费站登记所有数据，并且定期结存、汇总、审核，上报到管理处。

4．车道级改造

收费车道作为高速公路收费的最小单位，执行着高速公路的主要收费工作，并通过收发 IC 卡、预制卡、打印发票等辅助工作，进行高速公路通行费的收取。收费车道分为入口车道和出口车道，入口车道主要领用通行卡，并记录入口信息，发给司机，放车辆进入高速公路；出口车道主要收取通行卡，根据入口信息和收费规则收取通行费，并打印等额发票给司机，放行车辆出高速公路。

五、扁平化收费系统功能规划

通过收费管理业务的扁平化改造，使收费管理业务功能更多地集中在集团公司和收费站两级系统，从而为集团公司区域化管理改造带来便利条件。在项目建设完成后，通过简单的配置和参数下发，即可完成路段管理处的管辖范围的调整。扁平化收费功能架构如图 5 所示。

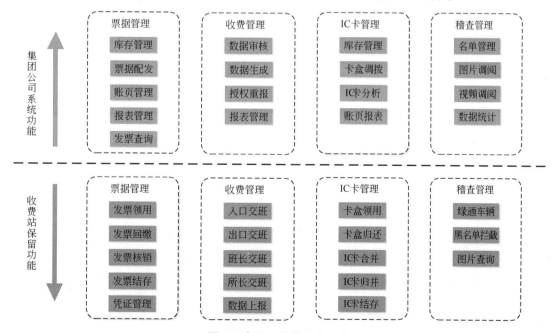

图 5　扁平化收费功能架构

六、扁平化收费运维监控模式

通过对联网收费软硬件系统运行状态信息及业务数据的采集、传输、处理和展示，实现系统运行的整体监控、统一监管，为更好地管理和决策提供实时的数据支持，实现从集团公司层面对管理处、收费站、车道运行情况、通行情况、收费情况的监控。

运营监控系统主要有数据采集、数据监控、数据分析、数据管理和数据传输的综合运行监控，通过运行监控系统，实现对运营过程的统一监控。运营监控数据流转业务流程如图 6 所示。

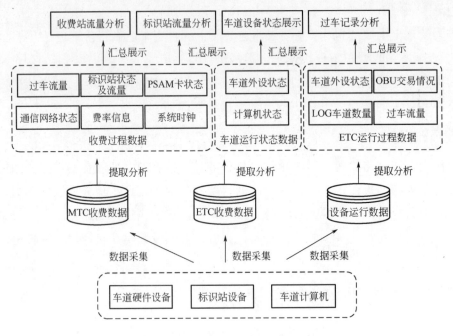

图 6　运营监控数据流转业务流程

七、扁平化收费建设意义

基于扁平化的联网收费技术的实施和推广，具有显著的建设意义，体现在以下几个方面。

1．提升收费系统管理水平，提高业务工作效率

采用收费扁平化管理模式后，由于收费管理系统功能上移集中，相应的工作人员及工作内容同时向上集中，减少了人力资源的冗余，在提高工作效率的同时，有效提升了高速公路收费整体管理水平。

2．减轻员工的工作强度，提高员工的技能与素质

在对原收费管理方式及流程进行调整后，可有效降低现场收费人员日常工作强度，减少无谓的工作量，相关人员的工作重心可以向稽查及分析方向转变，提高了员工的综合素质。

3．合理利用资源，提升软硬件资源利用率

通过对现有收费系统进行改造，对现有的软硬件系统进行撤并，清除冗余资源，提高软硬件资源的利用率，同时减少未来信息化建设投入，避免浪费。

4．提高高速公路的决策水平，提高企业经营效益

在员工业务能力及综合素质提高的同时，高速公路整体决策水平也能够得到提升，可以针对高速公路的历史数据分析情况，提出适合省域高速公路收费营运实际情况的决策意见，提高经济效益水平。

5．适应高速公路营运管理的新理念

采用基于扁平化高速公路收费系统管理模式，建立省中心、收费站两级的集中平台，适应未来高速公路集约化管理思路的需要。

八、结束语

随着交通运输事业的快速发展及基于扁平化高速公路收费管理工作的进一步深入，促进了集约化综合交通运输体系逐渐形成，有效突破了跨平台、跨区域、跨部门的集中业务处理的瓶颈制约，推动了高速公路收费系统信息化进程，对于实现高速公路收费统一规划、收费管理效率提高、收费系统体系精简、收费系统信息共享、收费业务协同融合具有积极的推动作用。

基于"货源地网络预约申报"的高速公路绿色通道管理平台

长安大学电子与控制工程学院[1]　长安大学交通系统工程研究所[2]
陕西省高速公路收费管理中心[3]
申长春[1,2]　王　军[3]

一、引言

　　随着我国经济的发展，人民生活水平的提高，为满足人民对新鲜蔬菜、肉类等鲜活农产品的需求，国家发展和改革委员会、交通运输部和财政部制定了《全国高效率鲜活农产品流通"绿色通道"建设实施方案》：全国所有收费公路对整车合法装载运输鲜活农产品的车辆免收车辆通行费。这一政策极大地提高了鲜活农产品的流通效率，促进和推动了我国农业的发展，并保障了市民对新鲜农产品的日常需求。然而，随着绿通车免费政策的实施，由于假冒绿通车带来的巨大收益，诱惑着不少司机铤而走险，伪装成绿通车辆，逃避通行费，导致高速公路管理部门巨大的通行费损失，扰乱了正常绿通车通行秩序，严重影响了绿通车管理运营工作的正常开展。

二、绿通车查验现状分析

　　目前，各收费站对绿通车的检验方式主要有两种：一是借助射线透视等设备。此类设备成本高，技术上存在对外观相似的农产品难以区别的缺陷，而且对人体和运输的食品有辐射危害隐患，存在安全威胁，难以普及。二是依靠人工肉眼观察、闻气味等进行人为判断，这也是最普遍的检验方式。此方式效率低、耗时长，影响整个收费站的通行能力，同时对工作人员的责任心及经验水平有很强的依赖性，易出现误差。

1. 业务流程信息化程度低，绿通车过站通行效率低

　　目前，收费站对绿通车的记录方式都为人工记录。按照工作要求，需对绿通车的出/入口时间、车牌号、货物种类、免费金额等多项信息进行登记；对车辆的车头、车尾、车身两侧及运输的货物等进行多方位拍照取证；后期由专人根据照片和记录信息进行汇总、归档、统计上报。同时，查验车辆时，人工查验主观性强、准确度低，容易造成收费站工作人员与货车驾驶员的矛盾而消耗更多时间，导致绿色通道排队拥堵而降低整个收费站的通行能力。

2. 假冒绿通车现象严重

　　一方面，人工检验方式易疏漏，射线透视等设备存在难以辨别相似农产品的缺陷；另一方面，

各站的查验水平不一、查验信息共享困难。受到经济利益的诱惑，假冒绿通车的行为和方式越来越多，甚至出现绿通车"包装公司"，发展成专钻管理漏洞、侵占国家利益的非法产业，给公路行业造成巨大的经济损失。

3．绿通车稽查管理工作被动

尽管管理单位投入了较多的人力、物力、财力，但作弊方式花样百出，使检验难度越来越大；并且缺乏假绿通车特征、预警等的参考和指导，查验工作没有针对性，耗时费力、工作量大且难保准确；另外，管理部门缺乏相应的政策支持，多方面的因素导致绿通车查验效果甚微，使绿通车管理处于被动、滞后状态。

综上所述，高速公路绿色通道目前的两种查验方式都存在种种不足，对于各大高速公路运营管理单位而言，亟须一种切实高效的手段来解决目前绿通车管理中出现的问题。

三、高速公路绿色通道管理平台设计

（一）管理平台建设思路

针对现有绿通车稽查方式的不足，本文提出绿通车司机主动上报通行信息的绿通车电子运单管理系统，并利用数据挖掘技术、图像识别技术、机器学习技术实现对绿通车的高效稽查。

1．基于货源地网络预约申报的信息采集系统

借鉴海关通关查验经验，建立绿色通道诚信运输平台司机端 APP，司机通过司机端编辑车辆信息、上传在货源地装货过程的照片等信息生成电子运单，提前进行过站申报，有效实现监管的前推后移。通过从货源地取证的绿通车装货图片、装货位置、装货时间等信息，帮助检查人员识别作弊车辆，提高绿通车作弊的难度，减少车辆过站拍照时间，同时源头取证丰富了绿通车数据库，为挖掘绿通车特性奠定了基础。

2．基于数据挖掘的绿通车稽查模型

根据司机主动上传的车货信息，绿通车稽查系统利用图像识别技术对司机所拍照片内容进行分析，判断所拍照片是否符合拍照规则、照片内容是否存在异常情况。利用数据挖掘技术，对绿通车出入收费站、行驶路径、通行时间、货物类型、吨位等进行分析，并结合拍照时的坐标信息和拍照间隔时间，分析绿通车疑似假冒情况。绿通车稽查系统根据稽查情况，会对收费员提示疑似假冒绿通车，对其进行重点查验。稽查系统会根据人工查验情况，对判断结果进行修正，并通过机器学习，修改稽查算法参数，提高稽查判断效率。

3．绿通车诚信画像

制定《高速公路绿色通道诚信运输管理办法》，明确失信行为，建立高速公路绿色通道运输失信行为目录和行业统一的信用等级，制定守信者各星级抽检标准及黑明单处罚标准。依托绿通车电子运单系统，对系统采集的通行记录对车辆、驾驶员进行诚信画像，并分别建立信息档案，作为对不同信用等级的车辆进行区别化查验和奖惩的重要依据。这种查验模式不仅能提高司机的积极性，而

且能够约束申报者自觉诚实地填报货物详情，规范绿通车的运输行为；同时解决了绿色通道严密监管和快捷过站之间的矛盾，减轻了收费站工作人员的工作量，提高了绿通车的通行效率。

4．多样化绿通车管理策略

目标收费站车道查验人员在车辆到站前对司机上传的货源地申报信息、稽查系统预警信息及信用等级对过站车辆建立智能区别化过站查验模式，满足对不同风险值的车辆通行的监管，达到科学合理配置查验资源、提高过站效率的目的。对于申报合格、低风险及信用等级高的车辆，过站时可根据抽检概率简化查验流程；对于申报不合格、高风险或者信用差的车辆，过站时可对其进行重点监控。对守信运输者给予过站便利、对失信运输者给予严查严打，在提高收费站监管效率和效能的同时，营造良好的过站环境和市场秩序，促进绿色通道管理工作可持续发展。

（二）系统建设方案

1．系统部署结构

本系统基于移动互联网技术，并采用云平台进行数据的云端存储，结合独享的商用企业级私有云平台，形成多点异地双机热备的服务架构体系，保障了系统的稳定性和可靠性。绿通车电子运单管理部署结构如图1所示。

图1　绿通车电子运单管理部署结构

2．业务总体管理流程

绿通车司机通过 APP 提交过站申报电子运单，包括货源地装货过程照片、行驶轨迹、车辆照片、司机信息，在车辆运输途中，收费站检查员可提前通过监察端 APP 对绿通车司机申报的电子运单内容进行初检，对于可能作弊的车辆提前给出预警。其次，位于管理所的监察员可通过电脑端 Web 管理页面进行电子运单的复检，对于可能作弊车辆给出预警。当车辆到站时，合格车辆可快速放行，并记录诚信积分，对预警为作弊嫌疑的车辆进行重点检查，检查后若判为作弊车辆，补交罚款后放行，判断为主观作弊的车辆可考虑将其纳入黑名单。司机提交电子运单的方式极大地降低了到站检查的工作量，提高了过站效率。电子运单业务流程如图 2 所示。

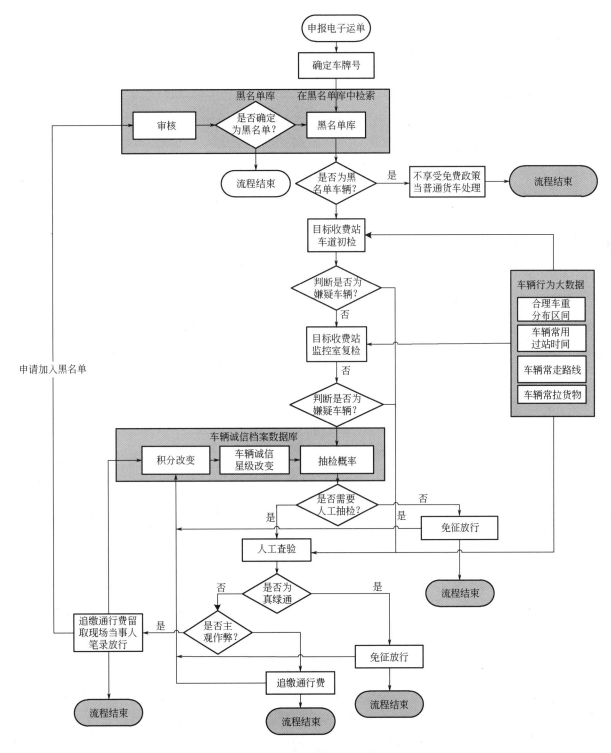

图 2　电子运单业务流程

3. 系统功能设计

1）司机端 APP

司机端 APP 主要供绿通车司机使用，主要包括司机车辆信息维护、申报电子运单、查看信用等级等功能。

① 司机端账号注册、登录。

② 司机车辆信息维护：录入车辆信息，包括车主名称、车主联系方式、车型、车厢类型、车牌号等。

③ 运单管理。

上报运单：装货过程照片（按照规则拍摄）、货物类型、目标收费站等。

运单列表：查看历史电子运单。

④ 公告信息查看。

⑤ 信用积分及信用等级。

⑥ 意见反馈。

2）监察端 APP

监察端 APP 主要供收费站车道查验人员使用，主要包括电子运单初检、终检、检查记录查看、交班管理等功能。

① 登录。

② 电子运单处理：查看电子运单、绿通车信用等级、大数据预警结果并对电子运单进行初检、终检及金额、吨位信息录入。

③ 公告信息查看。

④ 检查记录查看。

⑤ 交班管理。

⑥ 意见反馈。

3）电脑端 Web

电脑端 Web 主要供收费站监控科监控人员使用，主要包括电子运单复检、运单统计、诚信管理等功能。

① 运单管理：运单查询、收费站运单统计、绿通车数据周报表、货物来向统计。

② 运单复检。

③ 绿通车诚信记录管理、黑名单管理。

4）云平台

作为后台服务，主要用于电子运单存储及转发、诚信画像、大数据分析等功能。

① 电子运单存储。

② 诚信档案管理：对车辆与车主建立诚信档案，根据运输记录对绿通车进行诚信画像，实现诚信信息跨省共享。

③ 大数据稽查管理：分析绿通车合理车重分布区间、车辆过站时间段分布、常走路线、常拉货物等信息并建立绿通车运输特征信息库；将司机新申报的信息与绿通车车重、运输路线、运输货物、过站时间等多方面进行关联、拟合，并将结果推送至查验人员，辅助其对过站绿通车进行稽查。

四、总结

本文针对目前高速公路绿色通道管理存在的问题，提出建立基于"货源地网络预约申报"与"大数据预警"的高速公路绿通车管理平台，解决绿通车管理中出现的业务流程信息化水平低、绿通车过站效率低、绿通车查验盲目等问题。本解决方案可以大幅度节约运营成本、优化稽查流程、提高稽查效率和收费站通行效率，对高速公路管理部门提高管理水平和服务水平具有重要意义。

计重设备联网维护方案

重庆大唐科技股份有限公司　李小波

一、概述

　　截至 2016 年年底，全国高速公路通车里程超过 13 万千米，位居世界第一。在全国路网范围内，存在着超过 780 万台机电设备维持着高速公路的正常运转，其中，包含近 4 万套称重系统支撑 5500 亿元的现场计重收费业务的运作。

　　随着新建道路的增长及已建道路的改建，机电设备的投入呈现逐年上升趋势，如图 1 所示。

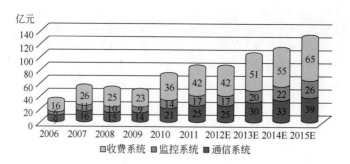

图 1　机电系统市场规模

　　高速公路的运营特性使得机电设备需要 7×24 小时不间断工作，任何一个点的设备故障，都有可能影响区域高速公路的正常运转，甚至可能引发安全事故。

　　为保证机电设备的正常运营，简单的日常人工维护已经满足不了日益增长的设备数量和时效性等要求，需要一套更科学、更便捷的方式，结合"互联网+"的推广，采用物联网技术进行科学的管理，实现设备的远程检测、诊断、处方、自愈、预判等操作，从而实现机电设备交付后的全生命周期管理。

二、当前数据采集的问题及对策

（一）当前公路计量数据存在的问题（数据的质量）

[问题]

■　校准或检定都是已知样本重量；而现场结算业务都是未知的，从一个较长的时间看，单纯的计量数据并不能真实反映实际的车辆载荷。

■　图 2 的左图中为检定或校准时的传感器信号与计量数据的数据关系，通过图上所示，相对较为理想。但是在实际运行过程中，随着时间的推移，通过统计，重量会呈现一定的波动性分布，如图2中右图所示。

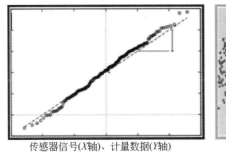 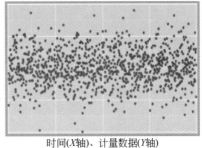

传感器信号(X轴)、计量数据(Y轴)　　　　时间(X轴)、计量数据(Y轴)

图2　计量数据统计

■　目前采用现场的周期性检定，但计量数据的病源如何预防却没有对策。公路计重系统是一个多传感器系统，加之目前设备种类多、同类设备也存在差异，要保证获取信号唯一性是非常复杂的。

[对策]

■　建立对称重过程的远程监测功能，实现动态特征分析及数据处理。

（二）公路计重设备及主要机电设备的维护问题及对策

[问题]

■　60％的维护费用是由突然的故障停机引起的。

■　故障源的不可预知性。由于设备多、布局广，为了解决可能同时突发事件，必然需要维持规模更为庞大的服务队伍。

■　远距离、跨地区的被动式维修方式，及时性差且费用昂贵，同时也严重影响运转效率。

[对策]

■　采用不停地对设备和产品的健康状态进行监测、预测和评估，并按需制定维护计划，以防止它们因故障而突然失效。

■　采用性能衰退分析和预测方法，结合嵌入式智能技术，建立预测性维护系统。

三、远程故障诊断及展示

（一）在线实时故障监测及诊断技术

1. 基于故障树的多值逻辑诊断信息采集

通过平台本身植入故障树分析机制，对采集的数据进行逻辑分析判断，得出设备的实时状态。采集信息包括但不限于：过程关键节点参数及状态、称重设备自有参数及状态、称重设备称重波形数据。

2．观测器技术

在原有的计重设备中植入新的观测器程序，对原有运行的称重业务流程关键节点的参数、状态、数据流转进行观测，上传观测结果，可对称重业务在平台端进行重现。

3．专家分析系统

通过建立在线专家分析，可对疑难问题进行实时诊断与解决，同时对新的故障现象及特性进行平台入库，保证"学习型"特征数据库的持续更新，使得平台更加完善。

（二）总体架构

系统采用物联网架构（见图3），分为感知层（数据采集）、传输层（数据传输）、平台层（诊断及结果分析）、应用层（业务展示）。

感知层：采集设备运行段的状态数据、参数、过程数据等。

传输层：兼容当前主流传输方式，可支持有线与无线传输。

平台层：通过平台层的建设，建立故障及分析数据库，通过数据库对采集的数据进行分析及诊断，同时建立"学习型"特征库，保证平台的扩张性及可持续发展。

应用层：支持当前主流的浏览方式，支持 Web 查询、手机 APP 端实时及推送查看。

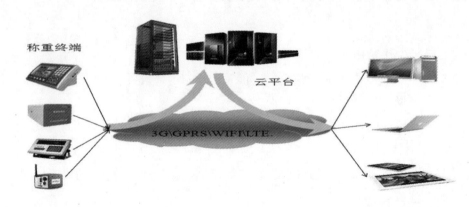

图3　系统架构

（三）兼容性

实现"互联网+机电维护"系统，需要对当前系统进行兼容，在原有设备不满足技术需求、无法介入的情况下，需要一个兼容性的物联网终端来完成系统的兼容，该终端具备以下特性：

➢　接口通用性：以 RS232/RS485/RJ45 等常用接口为主。

➢　传输的兼容性：固网（RJ45）、WiFi、2G/3G/4G 等方式。

➢　稳定性高、性价比高。

（四）展示与功能

1．远程在线检测

通过通信技术，将设备的信息传输到机电设备运维平台，对机电设备的信息进行分类整理，可通过基本电器信息直观地进行设备状态的初步判断，如设备开机、管理、故障、不通电等信息，违法操作等。

2．诊断

对初步在线检测发现异常信息的设备进行分析，通过平台众多的故障数据库，结合设备故障前后设备信息，设备整体运行信息，如时间、操作、修改等，进行诊断，判断出可能造成设备故障的原因，并进行结果展示。

3．处方

对设备进行检测，结合平台信息及经验值得出故障原因，给出建设性的修复意见，指导机电维护人员或设备维修厂家进行设备维修，维修后反馈维修结果，进行设备生命周期记录，便于下次分析使用。

4．自愈

维修是通过他人完成设备的修复，在设备设计之初，设备厂家需要对自身设备进行修改，满足设备在发生电器故障时，能通过自我调整，如复位、重启、升级、备份、归零等方式进行设备的自我修复。

5．预判

运维系统的建设不仅能发现问题、解决问题，更要根据设备的长期监测，对设备进行运行分析、诊断，实现设备的预判，将设备故障在可控范围内解决，需要通过建立长期建设的数据分析，如使用寿命监测分析、AD 值监测分析。

6．设备选型

经过数据积累，可对当前设备后续的改造与后续新建设备的选型提供积极的帮助，可提供通行量、最大过车重量、常见车型等信息，对传感器吨位、计重设备吨位、钢板厚度等起到巨大的作用。

7．展示

随着中国移动互联网的发展，保证设备异常信息的及时性，实现任何人在任何时间、任何地点可参看任何管理设备的状态，使用 B/S 架构的平台进行 Web 展示（见图 4），同时实现安卓与 iOS 系统的 APP 实时信息推送，关联短信业务，可在设备发生问题与即将发生问题的第一时间告知使用者。

图 4　远程运维系统页面展示

四、遗留问题

1．兼容性问题

设备厂家众多，通信协议无法统一，难以实现全部监管。

2．开放型问题

担心技术泄露等因素，设备厂家难以为平台传输所有设备信息、参数等，无法提供准确、全面的数据分析。

3．安全性问题

十万级接入点，每天数据上亿条，数据的传输安全、使用安全需得到保障。

晋阳高速牛王山隧道智能微波自动（事件）监测系统专项设计

山西禾源科技股份有限公司

一、行业背景

（一）我国高速公路交通发展现状

我国在高速公路建设方面取得了举世瞩目的成就。2016 年年末，我国高速公路里程达到了 13.1 万公里，位居世界第一，至"十三五"末 2020 年规划里程为 15 万公里。然而，在巨大成绩的背后，也存在一定的问题。从国际标准来看，我国的高速公路在设计及运营管理方面都不同程度地存在一些问题。据有关数据统计，我国高速公路事故率、死亡率、受伤率分别是一般公路的 7.95 倍、4.20 倍和 4.37 倍，是西方国家一般道路平均水平的 16 倍、8.4 倍和 9.2 倍。现有高速里程 13.1 万公里，机动车 3 亿辆，至 2020 年将分别增长至 15 万公里和 5 亿辆，随着汽车保有量和高速公路通车里程的逐年快速增长，高速公路的交通安全形势将会变得越来越严峻。为了解决高速公路交通安全发展中面临的诸多问题，需要通过高科技来改造升级现有的运输系统和管理系统，提高交通运行效率和安全，而智能交通就是其解决之道。

（二）我国高速公路 ITS 发展现状

智能交通是指将射频识别（RFID）技术、传感器技术、通信与网络等技术应用于交通运输系统，对交通信息进行加工处理，运用运筹学、人工智能和自动控制技术对交通运输进行控制和信息服务，促进车、路、人之间的互动和协同运作，最终使交通运输服务和管理智能化、安全化和高效化。物联网的兴起进一步带动了智能交通的发展，由于其与社会、经济发展和人民生活密切相关，将成为重要的战略性基础设施。根据物联网的网络分层架构和智能交通的参与要素，智能交通系统的综合架构如图 1 所示，物联网感知层涉及交通信息的采集，物联网网络层就是交通信息的传输及加工处理，物联网应用层即为交通信息的发布应用环节。

我国目前 13.1 万公里的高速公路建立了比较完善的收费系统（包括 ETC 非现金收费）、隧道机电系统、安全保障系统等，公路地理信息系统、遥感和 GPS，公路管理电子地图等，但是在数据的完整性、准确性、可靠性、时效性方面都存在着很多亟待解决的问题，尤其是在道路数据采集及交通流控制和诱导方面存在较大的不足，缺乏针对提高交通安全、降低事故率和提高交通运输效率等方面的有效技术手段。

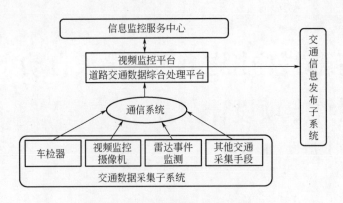

图 1　智能交通系统的综合架构

（三）高速路面交通信息采集及事件监测技术的现状

从智能交通系统的综合架构图中可以看出，实时交通信息是智能交通系统的最基本的信源，只有对各道路实时交通信息有了准确掌握，才能有效地实施和发挥诸如交通诱导之类的 ITS 功能，因此对交通信息的实时检测技术是 ITS 技术中最核心也是最基本的技术之一。

但我国现今缺乏有效的交通数据采集、实时交通状况感知及交通流的自动管控和诱导措施。目前，国内领先的上海市交通综合信息平台实际收到的信源共 143 种，其中基础数据信源 68 种，实时数据信源 33 种，历史数据信源 42 种，可以看出实时信源仅占 23%，比例较低。

我国现有 ITS 基础交通信息采集及交通事件检测的主流技术手段有点、线、面三大类检测方式，如图 2 所示。

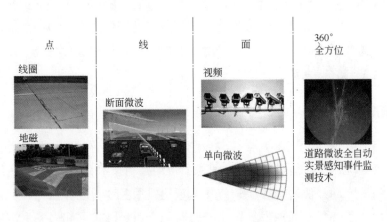

图 2　高速公路现有主流事件检测方式

以上技术手段中，除了我们在本次设计方案中所要选用的微波自动实景事件监测手段外，都不同程度地在全天候工作、误报率较高、监测准确性、系统可靠性、稳定性、系统维护等方面存在较大的不足。

二、项目所涉路段概况

本次交通信息采集时间监测专项设计项目所涉范围为晋城至阳城高速公路（以下简称晋阳高速

公路）中的牛王山隧道。

晋阳高速公路于 1997 年 12 月全线建成通车，路线全长 36.029km，是山西省"人字骨架、两纵十一横十二环"高速公路网第十横连接线的组成部分，是沟通晋城与运城、临汾等地市及陕西省的重要通道。晋阳高速公路的建成有力地促进了晋东南地区经济的发展，带动晋城市高速路网建成进入了一个高质量、快增长的发展时期，加快了晋城市以至山西省现代化建设的步伐，是一条腾飞之路。全幅高速公路 27.47km，路基宽度 21.5m，路面宽度 19m；半幅高速路 8.559km，路基宽度 12m，路面宽度 9m。 全线设有 2 座互通式立交桥（周村、北留互通），平交一处（润城平交），主线收费站一处，全线隧道 6 座：五佛山隧道、牛王山隧道、天坛山隧道、八甲口隧道、小岭头隧道和官道岭隧道。

其中，牛王山隧道单洞总长约 2km，依据《公路隧道交通工程设计规范》，牛王山隧道交通工程等级为 A 级。随着晋阳路车流量不断增大，牛王山隧道经常出现严重拥堵现象，成为事故多发路段。

按照山西省高速公路机电工程规划，本路段由晋城片区中心管理。根据管理体制，本路段监控系统采用片区中心—外场/隧道的管理方式。

晋阳高速建成时在牛王山隧道小桩号侧设置 1 处隧道管理站，负责全线隧道管理。但由于 2009 年进行了晋城片区中心改造，将隧道管理站改为无人值守，隧道管理站仅作为视频数据汇聚点。

牛王山隧道内曾设置了视频事件监控设施，但只布设于隧道的出口与入口处，无法做到对隧道全线实时交通状况的完整监测。

而且现有的视频事件监控设备还存在极高误报率、无法全天候工作的问题。视频摄像头的工作原理决定了其在夜晚及雨、雪、沙尘、烟雾、眩光等恶劣环境条件下无法正常工作，而且由于受到汽车尾气、粉尘、风沙等的污染，视频摄像头必须由人工进行定期清洗。

以上原因使得目前的视频事件检测设备无法发挥其在设计安装之初的监测效果，而且高误报率也增加了监控中心操作人员的工作负担，降低了监测效率与准确性，在实际应用中是无法满足业主需求的。因此，为了可靠、有效地监测交通事件、准确地采集交通数据，需要对现有的视频事件检测设备进行更换、改造。

三、专项设计方案

本方案为晋阳高速牛王山隧道微波自动（事件）监测及预告预警系统专项方案。微波自动监测系统是一个高性能的交通事件自动监测解决方案，适用于高速公路全线（包括隧道、桥梁、多弯道等山区高速公路事故多发地带及平原地带高速公路）的交通意外事故、事件监测的微波自动识别解决方案。系统通过将微波传感器与高度复杂的分析软件相结合，为业主提供可靠、实时、低误报率的解决方案。

微波自动（事件）监测传感器集合了多普勒原理与调频连续波原理的优势，对覆盖范围内目标的速度与距离都可做到准确监测，并可有效地检测到静止的物体。其测距为半径 500m，单个微波传感器的探测范围可达 1000m（视现场实际安装条件而定），呈现 360°圆形区域的扫描范围，可覆盖高速公路双向车道、匝道、立交、交叉路口、广场及服务区。 在眩光、全黑、雾、雨、雪、烟等环境中，可以实现精确监测，且不会被污垢和灰尘影响，无须进行日常清理。

微波全自动事件监测系统可以对监测范围内的交通事件进行实景感知，记录目标物体的实时经纬度、尺寸、运行方向、速度等，并根据已设置好的定制参数自动将监测到的事件分类为停车、慢行、逆行、倒车、行人、抛洒物等，可自定义设置报警规则。同时，系统的其他配置也可进行定制，以满足最终客户的需求。

系统根据微波传感器对整体环境的扫描，通过网络将数据发送到系统的软件进行分析和处理。软件处理由跟踪模块执行，基于高度可配置的报警规则及通信系统，通过中央管理模块实现与现有外部系统的对接。微波事件监测系统将交通智能化、信息化、自动化的技术应用推向极致，可以极大地满足高速公路运营管理部门对实时、准确的交通信息进行全自动采集和对异常事件进行及时报警的需求。

（一）方案的优点

如前文所提到的，现有的事件检测技术手段在实际应用中，都各有优缺点，表 1 是详细对比。

表 1　现有的事件检测技术手段的优缺点

技 术	优 点	缺 点
超声波检测	*检测精度高，全天候工作，能识别客货车，可检测静止的车辆、车间距很小的车辆 *体积小，易于安装	*必须顶置，安装条件受到一定的限制
微波多普勒检测	*在恶劣气候下性能出色 *直接检测速度	*不能检测静止或低速行驶的车辆 *以向前方式用定向天线跟踪单车道
视频检测	*可为事故管理提供可视图像 *可提供大量交通管理信息 *单台摄像机和处理器可检测多车道	*大型车辆能遮挡随行的小型车辆 *阴影、积水反射或昼夜转换可造成检测误差
红外线检测	*昼夜可采用同一算法而解决昼夜转换的问题 *可提供大量交通管理信息	*可能需要很好的红外线焦平面检测器，也就是要用提高功率、降低可靠性来实现高灵敏度
声学检测	*根据特定车辆的声学特征识别该车辆	*为识别车辆需将接收信号进行大量的除去背景静噪声的处理
磁力计检测	*可检测小型车辆，包括自行车 *适合在不便安装线圈场合采用	*很难分辨纵向过于靠近的车辆
感应线圈检测	*线圈电子放大器已标准化 *技术成熟、易于掌握 *计数非常精确	*安装过程对可靠性和寿命影响很大 *修理或安装需中断交通 *影响路面寿命 *易被重型车辆、路面修缮等损坏
微波实景感知检测	*在恶劣气候下性能出色 *极低误报率 *可检测静止的车辆 *可以侧向方式检测多车道 *直接检测速度 *不破坏路面，安装简单	无

从表 1 中可以看出，将微波自动事件监测系统应用于高速公路的隧道及路面会比应用其他事件监测系统有明显的优势。

（二）方案系统功能

1．事件监测功能

微波自动监测系统可对监测范围内的交通事件进行实时监测，具体监测内容如表 2 所示。

表 2　微波自动监测系统具体监测内容

	监测功能内容	微波全自动事件监测席通风
交通事件监测	超速或低速行驶车辆	●
	停止车辆	●
	倒车车辆	●
	逆行车辆	●
	行人	●
	泡酒物	●
交通数据采集	实时车速	●
	实时交通流量	●
	实时车辆位置	●
	事件轨迹回放	●
	历史数据查询	●

图 3 所示为实时交通事件监测的软件界面。

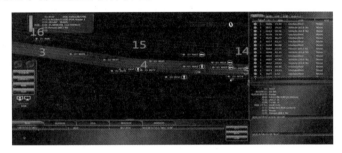

图 3　实时交通事件监测的软件界面

2．全范围覆盖

每个微波自动监测传感器都可以实现对 1km 范围内每秒 4 次的 360°全方位监测。传感器的监测范围可以覆盖整个路面及每条车道的各个方位。

微波自动监测系统是将可视科技与微波传感器相结合的系统化方案，传感器需要被准确定位安装以实现全范围监测。系统可以不断监测车辆的平均速度和次数来直接提供精确的交通分析数据。

不良地面杂波可能对监测范围产生影响，限制监测对象的返回信号，或者增加杂波的返回信号。为减少杂波对监测目标及数据结果的影响，对微波传感器的正确的安装和调试工作变得非常重要。

3．极低误报率，高可靠性系统

微波自动事件监测系统的误报率为每 24 小时＜1 次。

基于预先设置的自定义规则，系统的软件可以自动对实时监测到的事件进行分析归类，并对超出自定义参数的交通行为进行报警。

极低的误报警次数及误报警频率如表 3 所示。

表 3　极低的误报警次数及误报警频率

指标	监测性能表现
误报率	＜1 次/24 小时
监测相应时间	＜10s
监测率	100%

微波全自动事件监测系统在监测过程中，如果测量结果超过系统中设置的阈值时，将自动生成警报：

> 车速超过阈值；

> 车辆慢行；

> 所有的阈值在系统安装时设置，也可根据交通状况进行自动调节。

关于误报，如果新安装的系统没有经过试运行就直接投入使用，用户将经历很多不同的误报。在调试过后的初期遇到这些情况都是正常的，工程师们将对系统进行一段时间的监测，通过对实时交通数据的分析来降低误报率，监测阶段的误报率会在一个可接受的范围内。

大多数的误报都是由以下原因所致：

> 对静态环境/基础设施（杂波环境）的强反射；

> 跟踪设置（软件配置）不足；

> 逻辑规则错误 / 安装不当（软件配置）。

调试阶段结束后，工程师将一直对系统进行监测，以确保低误报率及高性能表现。所有的配置都会依据实地交通路况的调试情况而进行调整，得到系统最精确、最高效、最可靠的监测结果。

4. 全天候工作

本系统不受任何天气、光线环境的影响，包括雾、烟尘、风暴、雨雪、眩光、全黑等情况下都可正常工作，监测功能不受任何影响，可以为最需要它的业主提供最佳的监测方案。

5. 实景感知

微波自动监测传感器可以做到对所覆盖区域的实时实地实景感知。

当隧道内事故发生时，以火灾为例，传统的视频摄像机事件监测技术在高热与烟雾环境下会很快失效。但本系统的高频微波信号可以穿透最浓的烟雾，准确定位被困行人和车辆，并在小于 10s 内自动报警。

6. 监测逆行、停车、拥堵车辆

系统可以由业主根据道路设计标准、实际使用要求、现场实际安装条件设置所需的报警规则，来区分慢速、拥堵、停止、逆行等事件，并实时发出报警。

7. 监测行人、动物、抛洒物

系统的 360°覆盖特性使其可以实时监测到路面外围周边的区域，高速公路或者隧道内的行人、动物、抛洒物都可以被实时、准确地监测到，并基于预先设置的规则进行报警，避免重大事故及二次多次事故的发生。

系统对行人的监测半径是 350m，对抛洒物的监测半径是 150m。

8. 历史轨迹回放

系统可按照客户的实际需求对历史事件轨迹进行回放（见图 4），并可以同步查询历史事件日志与实时数据。

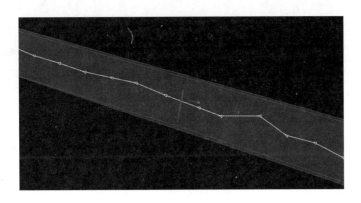

图 4　历史事件轨迹回放

（三）方案的系统组成

系统的硬件包括：微波传感器、电源装置、高规格的微波处理单元。

图 5 所示为微波监测系统的组成示意。

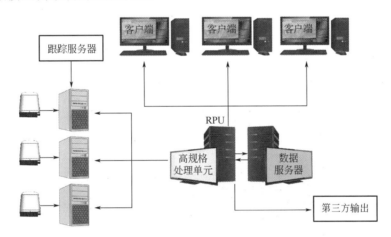

图 5　微波监测系统的组成示意

微波传感器的基本参数如表 4 所示。

表 4　微波传感器的基本参数

指标	基本参数
最大监测范围	1 公里
距离分辨率	25 cm
监测视角	360°
目标数量	无限制
功率要求	24V 额定电压 20W
安装高度	3～5 m
安全工作距离（距离从微波天线罩起算）	0 cm
接口	千兆位以太网
重量	7 kg
追踪数据时长	30 天

续表

指标	基本参数
操作频率	W 波段　77GHz
MTBF	75000（大于 8 年）
防水等级	IP67
符合环保要求	CE 认证 EN 301 091-2 V1.3.2 EN 301 489-3 V1.4.1 EN 301 489-V1.9.2
工作温度	−30°～+60°
盲区	5～10 m
保养间隔	5 年

微波传感器所需的端口：TCP 协议 700；TCP 协议 23；UDP 协议 123；ICNP。

微波传感器在调试阶段，每个微波通常持续占用带宽为 28MB；调试后通常占用带宽为 6MB。

四、具体安装实例

1. 安装现场图（见图 6）

图 6　安装现场图

2. 现场实例图（见图 7）

图 7　现场实例图

五、专项设计项目预期效果

　　禾源科技已与山西省晋城高速公路有限责任公司成立专项小组，项目的设计及技术方案都符合牛王山隧道的智能交通整改要求。项目现已完成前期现场勘探阶段，确定了系统的具体安装位置及详细安装方案，正在进入项目的硬件安装及软件调试阶段。

　　项目建成后将实现对牛王山隧道基础交通信息的实时、准确采集及异常事件的及时、可靠报警，全面提升晋城高速公路有限责任公司对牛王山隧道交通系统的整体调控能力，为有效缓解该事故多发隧道面临的交通压力提供智能化的安全保障。

智能调色温调光隧道照明控制系统应用介绍

浙江生辉照明有限公司

随着国民经济的飞速发展，人们对照明的追求从安全、舒适及节能向着更高的智慧照明进发，智慧照明如今逐渐成为研究的热点和重点。而照明和通风能耗一直以来都是建成公路隧道中能源消耗的主要部分，其中照明能耗更是居高不下。在公路隧道中运用智慧照明控制系统可以更好地满足安全、舒适和节能的目标。

浙江生辉照明有限公司通过与北京工业大学、贵州高速公路开发总公司等单位共同参与光环境课题，历经多年的合作开发、研究、实验，研发出了全新一代 LED 调光调色隧道灯及直流供电智慧隧道照明系统，取得了多项专利技术和科技成果，并在全国诸多省份的隧道进行了应用和推广，至今设备运行稳定。

一、生迪变色温隧道灯介绍

特点：结构简单，设计科学，安全、节能，防眩光，耐冲洗，长寿命，高光效。一体式变色温隧和模组式变色温隧分别如图 1 和图 2 所示。

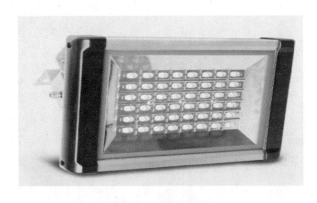
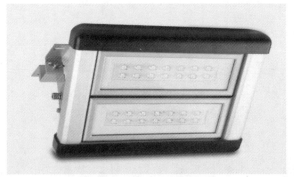

图 1　一体式变色温隧　　　　　　　图 2　模组式变色温隧

优势：

（1）独特科学的外观、结构设计，一体化压铸和模组式两种灯体可供选择，散热面与隧道活塞风方向一致，散热效果好，螺钉无外露，防水等级 IP67。

（2）灯具出光面采用高性能透光镀膜钢化玻璃，透光率高达 97%，维护安全便捷；采用防眩光设计，科学配置光学透镜，光束角 135×90°，提高了光的利用率和路面均匀度。

（3）采用原装进口芯片，色温偏差≤200K，保持了色温一致性，整灯光效 110～140lm/W。

（4）工作温度-40℃～85℃，结温≤80℃，光通维持率50000h大于70%。

（5）电源配置可调光功能，实现二次节能，在原有基础上再节能18%～25%，控制器采用反逻辑方式，遇到故障时照明也全亮，确保运行安全。

（6）灯具安装便捷，采用0～90°角度可调节支架，模组连接线采用航空插头，便于拆卸，维护便利。

（7）具有变色温功能，实现色温3000～6500K间自动调变，解决隧道出入口段人造光环境和复杂的自然光环境友好耦合，消除"黑洞效应"和"白洞效应"，满足驾驶安全舒适性。

（8）拥有变色温隧道灯国家发明专利与实用新型专利权，变色温智能控制技术有利于提高隧道照明环境质量。

二、隧道照明控制系统优势

采用光环境照明调控技术，实现对隧道各段高精度、高效率调光。隧道照明控制系统主要由洞外亮度、色温检测器、LED亮度智能无级控制装置、亮度可控型LED隧道灯、通信系统和上位机监控管理软件等组成。

LED亮度智能无级控制装置自动采集洞外亮度监测装置监测到的信息，并根据亮度值和色温值及隧道的基础通信等参数进行综合分析，利用调光算法模型进行调光，通过调光输出模块来控制LED灯上的电源输出电压。恒流电源输出电压的变化会使LED输出功率和输出光通量发生变化，从而达到控制被照场所亮度和色温的目的。

设置在隧道本地的隧道智能型自适应控制单元，可以根据隧道本地的各种参数进行本地级的亮度调节，也可以采用联网控制模式，由设置在隧道所的隧道联网无级调光监控管理软件进行隧道协同调光控制。

设于隧道管理站的上位机通过以太网光端机与现场的LED亮度智能无级控制装置实现通信，从而实现相关参数的设定、指令下达、实时信号读取和储存。上位机利用隧道联网无级调光监控管理软件，从整体上对隧道群进行优化调节，达到最优的调光控制策略。

系统电源回路只有加强照明回路和基本照明回路。加强照明设有不同工况之分，布设时只有隧道的左侧和右侧之分。隧道内一侧为基本照明，另一侧为基本兼应急照明；当市电断电时，应急照明的功率全部降至额定功率的20%。加强照明白天根据洞外亮度、色温自动进行调节，夜间关闭，基本照明灯具夜间亮度按相关规范标准及光环境课题组的研究成果进行调节。

控制方式采用上行通过以太网可以与隧道的以太工业互联网互相通信，达到数据共享，应用协同的效果，下行采用RS485总线控制方式，与传统的时序控制模式（固定节能模式，运营期不可调），ZIGBEE模式和PLC电力载波模式（电力线干扰大，通信可靠性差，部署困难，单灯控制器发生故障时维修困难，自己的PLC控制网形成了独立、应用孤岛，不利于隧道多个系统的数据共享）有很大的优点。

三、直流供电隧道照明控制系统介绍

在国家大力推广新型绿色、环保 LED 灯具的今天，现有隧道照明系统仍然采用高压钠灯、金卤灯等传统照明灯具供电系统的规划设计，存在功耗高、效率低等多种问题，而采用总体直流供电系统进行 LED 节能化改造可有效改善上述问题。若要实现大功率直流供电，其关键在于 LED 灯具驱动电源的研制和大功率交直流转换设备的研制。目前相关厂商已研制成大功率直流供电设备，所以能否尽快推广节能环保 LED 灯具驱动电源的研制成为关键。

生辉照明自 2011 年起在隧道照明系统中推广电力载波通信单灯控制系统，通过四年连续运行后，又成功研制了变色温灯具，且广泛使用隧道的出入口加强照明，提高了行车环境的安全性。经过多年长期对隧道照明灯具及控制系统深入的研究和积累，生辉照明再次推出高压直流隧道照明 LED 灯具与控制系统，产品更可靠、更节能、灯具寿命更长，加上可变色温灯具的配合使用，可提高隧道行车的安全性和提高行车的舒适性。

采用高压直流电源系统为隧道照明 LED 灯具进行集中供电。系统可实现如下基本功能：

（1）满足隧道 LED 照明系统不同区段的不同功率容量的直流供电需求，一个系统可配置一定容量多个多种规格的整流模块（包括 3kW、6kW、15kW 等规格）；各回路的控制功能能不依赖区域网络独立运行。

（2）能随时遥控全区域范围内的各回路的灯具的开关、亮度调节、电流调节等。

（3）可按照预先设定好的策略自动运行灯具的开关和节能调控。

（4）可随时掌握照明系统供电运行的各种实时信息，如交/直流侧电压、电流、总功率、各回路功率、功率因素、供断电时间、故障监测等，并具备本地信息存储功能。

（5）具备故障监测功能，出现故障监控中心将会主动发出警报。

（6）能根据需求，自动变化入口段的色温，从提高行车的安全性。

（7）能根据洞处亮度变化自动调节照明亮度，大幅度节约用电。

技术优势：

（1）整流模块支持 $N+1$ 冗余热备，具备更强的抗故障能力。

（2）供电线路损耗降低，系统整体效率大于 95%以上。

（3）在电磁兼容测试中供电线路独享，具有较高的抗干扰性，不受交流电网对灯具 EMC 的影响。

（4）大数据平台化管理，集成智能化照明控制系统，无须外购。

（5）后续可扩展功能众多，如各种远程集中监控、视频监控、生产过程监控、经纬时控等业务模块。

（6）系统整体待机功耗不到 40W。

（7）自主的通信协议使单灯控制、可调色温控制，更可靠、更稳定。

隧道照明控制系统由洞外自然光环境探测传感器、集中控制器、直流供电监控模块、直流供电可调光可变色温灯具组成。

通过直流供电线路进行载波通信，对线路上所有分组的灯具进行开关、调光控制、调色温。照明控制系统框图如图 3 所示。

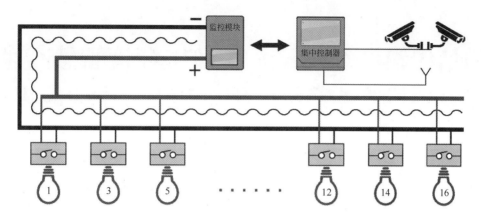

图 3　照明控制系统框图

通信传输设备在云南省 2016 年度智慧高速建设项目监控系统升级改造工程中的应用

北京华飞时代科技有限公司

一、概述

随着经济建设的不断发展，道路车流量不断增大，越来越多的高速公路投入运营。在这样的形势下，提高道路的交通管理水平，规范道路交通秩序已经显得尤为重要。高速公路监控系统利用高科技手段，对道路及收费站上的各种违章现象进行取证，对违章车辆进行处罚，大大提高了交通管理水平，对交通秩序也起到了积极的规范作用。而整个道路监控系统的稳定工作，与一套安全且有保护措施的传输系统密不可分。

二、设计依据

监控系统工程的设计、制造、安装和开通必须按规范和标准进行，主要采用的标准和规范有：

《中华人民共和国标准》；

《电子计算机机房设计规范》GB 50174—93；

《公路工程质量检验评定标准》JTG F80/2—2004；

《高速公路可变信息标志技术条件》JT/T 431—2000；

《高速公路监控系统交通数据库报表格式》GT/T 456—2001；

《高速公路交通工程沿线设施设计通用规范》 JTG D80—2006；

《公路工程基本建设项目设计文件编制办法》交公路发〔2007〕358 号。

以上所使用的国家、部级、行业标准和规范应是最新版本的标准和规范。

三、设计方案的特点

设计方案应具有以下特点。

（1）先进性：将先进的技术和可靠的电子元件相结合，制造出先进的传输设备。

（2）可靠性：高速公路监控系统牵涉面比较广、规模大、运行环境复杂，在设备选型上要选择可靠性比较高的工业级设备。

（3）保护功能：增加光纤线路保护器，对光纤线路做到良好保护，在设备断电时不影响系统的正常工作。

（4）易使用：随着监控规模的扩大，能实现方便、快捷地使用。

（5）经济性：在满足用户对功能、质量、性能、价格和服务等各方面要求的前提下，实现最优化的系统配备配置，降低系统造价。

四、系统简介

高速公路监控系统是为了充分发挥高速公路"安全、舒适、高速、高效"的功能特性，保证道路高效服务水平，实现对交通运行的宏观管理和调度而建立的。前端的高清网络摄像机将违规的车辆信息及事故信息，如照片、视频、车辆外形、车牌等，上传至后方数据处理中心，进行保存和处理，以便及时发现和处理交通事故，有效实施救援，减少二次事故的发生，保证道路的交通安全，同时也有效地减少了车辆违规的现象。在这样的需求下，工业级光纤收发器及光纤线路保护设备就能够为整个系统添一份保障。

该系统大体结构分为 3 个部分：前端监控点、传输单元和后端数据处理中心。

1．前端监控点

前端监控点分为两个部分：第一部分为高速路段部分，包含高清摄像机、车辆检测器、信号检测器、工业交换机、光纤线路保护器、机柜及其他辅助设备；第二部分为收费广场部分，包含高清摄像机、车辆检测器、信号检测器、工业级光纤收发器、机柜及其他辅助设备。

2．传输单元

（1）高速路段：交换机通过环网方式进行连接，将采集的视频、图片等数据汇聚并上传到数据处理中心。收费广场：通过工业级光纤收发器点对点的方式将数据上传到数据处理中心。

（2）高速路段的每台交换机配备光纤线路保护器进行保护，确保整体系统的良好自愈功能。

（3）方案设计全部采用工业级传输设备，以满足系统高性能、高稳定性的需求。

3．后端数据处理中心

后端数据处理中心设有数据处理平台、操作终端、数据服务器、存储服务器，以此来管理全网中的数据。

五、系统结构图

系统总体结构如图 1 所示。

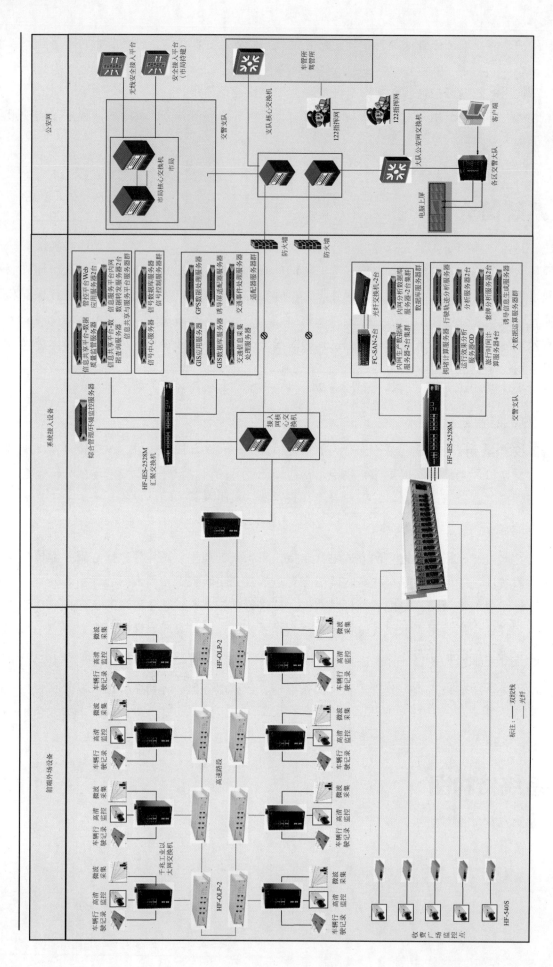

图 1　系统总体结构

六、方案拓扑说明

（1）高速路段采用环网方式进行连接，确保系统的高可靠性。

（2）根据平均带宽需求，预留足够的传输余量，以应付并发的数据传输需求。

（3）光纤线路保护器作为工作稳定性的保障与交换机连接。

1. 收费广场监控点设备

该设备可提供全千兆或全百兆 1 光 1 电接口，在"云南省 2016 年度智慧高速建设项目监控系统升级改造工程"的设计方案中，根据现场实际需求选择为全百兆系列收发器。

此方案中收发器成对使用，通过光口将数据传输到汇聚中心收发器，并通过汇聚交换机集中上传至核心交换机，电口连接收费广场高清摄像机。除此方案外，收发器可非成对使用，汇聚中心采用全光交换机进行汇聚接收即可。

2. 高速路段监控点设备

OLP 光纤线路自动切换保护装置，通过完全建立在光缆物理链路上的自动监测保护系统，对组环的前端交换机光纤线路进行保护。

七、方案使用设备介绍

1. 单电口收发器系列

单电口收发器系列是一款以太网光纤传输设备，是符合 IEEE 802.3 标准的光纤收发器。

该设备可以将网络压缩视频信号转化为光信号在单模或多模光纤上传输，突破了电缆传输距离的限制，使得以太网在保证高带宽传输的前提下，利用光纤介质实现几千米甚至上百千米的远距离传输。单电口光纤收发器如图 2 所示。

RJ-45 网口支持 10/100M 或 10/100/1000M 速率，全/半双工、平行/交叉自适应。光模块和核心电路均采用进口元器件，稳定性高，光、电接口均符合国际标准。可在环境温度-30℃～+75℃、工作湿度 0～95%（无冷凝）的状态下正常工作，具有防尘、防盐雾、防酸雾等性能，完全适用于工作条件更苛刻的野外环境。

图 2　单电口光纤收发器

产品特性如下：

● 符合 IEEE 802.3、IEEE 802.3u 等标准；

● 带 APC 电路，输出光功率恒定，动态范围大；

● SMT 表面贴装工艺；

● 无中继传输距离最远可达 80 千米；

● 电源和其他参数状态指示 LED 可监视系统运行状况；

● 工业级设计，模块化设计使设备可靠灵活；

● 电源、光纤链路、数据状态指示，方便用户的现场操作；

● 设备支持断路功能检测（link-loss）功能；

● 完备的 LEDs 灯诊断功能；

● 提供两种转发模式可调；

● 网管型设备支持 IEEE 802.1Q VLAN TAG 协议；

● RJ-45 网口支持 10/100M 或 10/100/1000 速率，全/半双工、平行/交叉自适应；

● 支持 10KByte 超长数据包传输。

2．光纤线路保护器系列（HF-OLP-x 系列）

图3　光纤线路保护器

光纤线路保护器如图 3 所示。光纤自动切换保护是一个独立于通信传输系统，完全建立在光缆物理链路上的自动监测保护系统。线路保护器 OLP 是工作在光层的传输设备，具有传输信号独立透明、安全可靠、故障恢复快速的特点。可以帮助用户组建一个无阻断、高可靠、安全灵活、抗灾害能力强的光通信网。即插即用的设计使得安装简便易行，无须进行现场调节。

产品特性如下：

● 工业级设计，SMT 工艺；

● 先进自适应技术，使用时无须调节；

● 电源反极保护、自恢复保险，带雷电及浪涌保护；

● 结构多样化，可采用独立/机架式安装；

● 供电方式多样化可选；

● 采用高效可靠连接器插入损耗小于 0.5dB；

● 高速光纤数字传输技术；

● 超级光学动态范围；

● 电源、光纤链路、数据状态指示；

● 插卡式、独立式、19 英寸 1U 标准机箱可选。

3．HF-IES-4000 系列工业交换机（设备推荐）

图4　HF-IES-4000 系列工业交换机

HF-IES-4000 系列工业交换机（见图 4）是华飞科技自主研发的，具有丰富网络管理功能的二层工业级以太网交换机。该系列交换机包含多种接口形态产品，端口可实现 6～52 个光电接口灵活搭配，部分 SFP 光口速率可配置为 2.5G，能满足不同规模网络对设备端口密度及性能的需求，支持 HF-Ring 环网协议，网络故障自愈时间≤15ms，支持以太网供电技术（Power over Ethernet），支持 IEEE802.3af-2003（"AF"）和 IEEE802.3at-2009（"AT"）标准，单端口最大可向外部设备提供 30W 功率。采用工业级宽温范围设计，可在环境温度 -40℃～+85℃、相对湿度 5%～95%（无凝露）的状态下正常工作，具有防尘、防盐雾、防酸雾等性能，适用于环境恶劣的工业领域。

产品特性如下。

工业级的高可靠性：

- 支持 STP/RSTP/MSTP/ITU-T G.8032 Ethernet Ring Protection/HF-RING；
- 支持 LACP/Link Aggregation Static；
- 支持 Web 界面管理/CLI-Console/Telnet/SNMP v1/v2/v3/RMON/System Syslog；
- 支持 DNS client/proxy。

丰富的业务特性：

- 支持 IGMP v1/v2/v3 Snooping、MLD v1/v2 Snooping；
- 支持 IEEE802.1Q VLAN/MAC based VLAN/Protocol based VLAN /IP subnetbased VLAN/GVRP/MVR；
- 支持 IPv4/IPv6；
- 支持 IEEE802.3af-2003，IEEE802.3at-2009；
- 支持 DHCP Client/Relay/snooping/server；
- 支持端口镜像、端口限速、广播风暴抑制；
- 部分光口支持 2.5G，可配置为 1G。

完善的安全机制：

- 支持 Port-based IEEE802.1X/Single and multiple IEEE802.1X/MAC-based authentication/VLAN Assignment/IP source guard/RADIUS/TACACS+/ACL/SSH v2/HTTPS；
- 支持 ARP Inspection。

工业级标准设计：

- 符合工业四级电磁兼容性要求；
- 绿色工业以太网系列，无风扇、低功耗设计；
- 多种可选电源电压输入；
- 宽温工作（-40℃～+85℃）；
- 满足严苛电气环境可靠工作要求；
- 冗余双电源输入设计；
- IP40 防护等级，金属外壳。

本方案中高速路段监控点交换机推荐使用 4000 系列中 8 电口 4 光口设备。在端口数能够正常使用的情况下，适当预留端口以便后期增设其他设备。

八、方案特点

（1）系统传输网络采用环网组网方式，可靠性高。

（2）光纤线路保护器确保了环网交换机的稳定工作，为系统稳定运行提供了保障。

（3）设备选配灵活，方便部署和安装。

国交公司智慧高速产品线

北京国交信通科技发展有限公司

一、危化品车辆通行高速公路智能预警与动态监管系统

系统简介：利用危化品车辆卫星定位数据，对危化品车辆进行实时跟踪定位，实现对违法停驶、车辆事故等突发事件的主动预警；与高速公路视频监控系统联动，当车辆出现预警时，可快速调用周边的高清摄像机查看现场情况，提升危化品车辆事故应急救援的响应速度及道路安全运营水平，降低事故造成的人员伤亡、经济损失、环境污染等负面影响。

1. 系统功能

（1）危化品车辆动态监管：对驶入高速公路的危化品车辆实现实时定位与跟踪、车辆信息查询、轨迹查询等功能。

（2）车辆智能预警：针对高速公路的危化品车辆，实现非法停靠预警、超速预警、疲劳驾驶预警、事故预警及突发事故报警等功能。

（3）拥堵预警：将"两客一危"、重型货车等车辆作为浮动车，基于浮动车动态数据分析和处理技术，实现高速公路拥堵预警。

（4）应急联动：系统与摄像机、情报板、车道控制器等外场设备、路政救援车辆及移动智能终端进行联动。

2. 产品特色

（1）实时获取危化品车辆动态卫星定位数据；

（2）危化品车辆全过程实时动态监管；

（3）突发事件智能预警，实现主动式安全应急管理。

3. 应用案例

本系统已在广东省广乐高速、广东省虎门大桥、江西宁定高速等项目实施应用。虎门大桥危险货物车辆动态监管系统监控界面如图1所示。

图1　虎门大桥危险货物车辆动态监管系统监控界面

二、基于复现式扩展定位的隧道车辆安全管理系统

基于实时卫星信号观测与模拟技术，在隧道内复现 GPS 和北斗卫星导航信号，填补重点营运车辆监控终端定位盲区。通过部级重点营运车辆监管平台获取车辆在隧道内的位置，综合视频、雷达等传感手段，实现危险品运输车辆、客运车辆隧道内的行驶状态监控，提升隧道运行风险管控能力，提高安全营运水平。

1．系统功能

（1）部标车载终端和手机隧道内定位功能；

（2）重点营运车辆隧道内异常情况感知功能；

（3）隧道内车辆数量和平均速度感知功能；

（4）隧道养护巡检管理功能；

（5）支持自定义的隧道安全运营管理功能。

2．复现式扩展定位子系统功能

主控设备：

（1）GPS 和 BD-2 系统同步功能；

（2）时频信号分发功能；

（3）多节点导航信号观测数据生成功能；

（4）多节点观测数据和导航电文分发功能。

发射终端：

（1）GPS 和 BD-2 信号生成功能；

（2）时频信号接收和恢复功能；

（3）网络通信功能。

产品特色：

（1）车载导航设备无须做任何改变即可实现隧道内定位；

（2）可接收重点营运车辆动态数据，实现危化品等重点营运车辆隧道内安全监控与异常事件预警。

3．应用案例

本系统已在北京市青龙桥隧道（长 2800 米）实现示范应用，如图 2 所示。

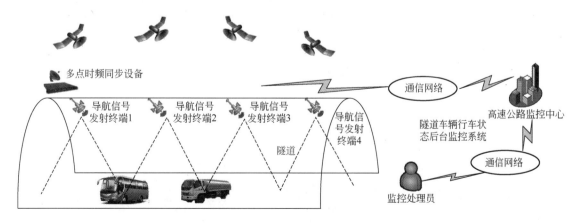

图 2　隧道部署示意图

三、基于北斗技术的综合应急指挥调度系统

综合应用北斗高精度定位、北斗卫星短报文、宽带卫星通信（VSAT）、隧道内卫星定位等技术，同时结合手机APP定位、高精度地图、4G通信等互联网+手段，在应急处置过程中实现人员、车辆、外场设备、应急物资等资源的快速调配，实现事件现场与指挥调度中心的信息共享和联动，提升综合应急救援效率。

1. 系统功能

（1）移动应急指挥车：为处置重大灾害和交通事故提供机动化的应急指挥平台。

（2）事件快速定位：利用北斗智能车载终端及移动电话定位技术，实现突发事件快速定位。

（3）应急值守：支持应急值守人员的运行监控接警、警情初判、信息报送等功能。

（4）无人机巡查：利用无人机视野开阔、把握全局的优势，通过无人机巡查，提升应急现场的信息采集和侦查能力。

（5）应急资源调度：在突发事件条件下，结合手机 APP、北斗智能终端，实现视频、情报板、应急救援车辆、路政救援车辆、无人机等应急资源及搜救人员快速调度。

2. 产品特色

（1）综合应用移动应急指挥车、路政救援车辆、无人机、北斗智能终端等装备，实现高效率的应急救援；

（2）支持与消防、交警及相邻高速公路跨部门、跨区域对接；

（3）提供 VSAT、北斗短报文、4G、光纤、短波等空天一体化的通信保障手段。

3. 应用案例

目前，本系统已在江西宁定高速智慧高速建设中部署，如图 3 所示。

图 3　综合应急救援示意图

四、绿色通道车辆防逃费系统

系统可实现对绿通车辆相关证件进行实时、快速、准确查验，并将车辆证件、交易流水、现场照片和查验视频等进行智能匹配，真正实现"一车一档"，有效解决绿通车辆现场管理及档案管理的难题，从而提升工作效率，有效打击绿通车辆假冒证件逃费行为，保障路费收入。

1．系统功能

（1）实时校验证件信息：实时更新车辆运政信息，实时校验绿通车辆道路运输证件、经营许可证等信息；

（2）智能匹配收费流水：与卡口及视频系统对接，对偷逃费车辆智能匹配收费流水；

（3）自动截取录像视频：自动截取绿通车辆通行收费站视频，并实时上传。

2．产品特色

（1）校验证件数据实时、准确；

（2）真正实现一车一档。

3．应用案例

本系统已在广东广乐高速进行系统测试。测试结果表明，该系统可拦截 30%以上的假冒绿通车辆。高速公路绿通现场检查系统监控界面如图 4 所示。

图 4　高速公路绿通现场检查系统监控界面

五、移动应急指挥平台系统

系统通过车载/单兵摄像机、无人机等多种采集装备，对事件现场信息进行实时、全面的采集，利用光纤、短波、宽带卫星通信（VSAT）、4G 等多种应急通信手段，实现应急救援现场与指挥中心实时信息共享，为处置重大灾害和交通事故提供机动化的指挥平台。

1．系统功能

（1）远程视频会议、移动办公；

（2）现场监控、指挥调度；

（3）跨区域视频图像传输、海事卫星通话等。

2．产品特色

（1）双车配置，机动灵活：采用中型通信指挥车与小型指挥车搭配的双车系统，提高处理突发事件的灵活性。

（2）综合应用宽带卫星通信、北斗短报文、光纤、短波、4G多种通信保障手段。

（3）无人机和移动指挥车系统无缝对接。

3．应用案例

本系统已在江西宁定高速部署应用。移动应急指挥平台系统结构如图5所示。

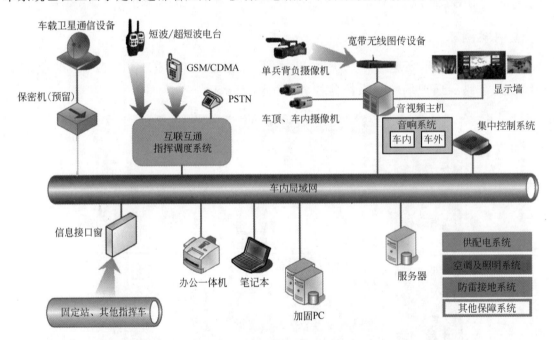

图5　移动应急指挥平台系统结构

智能网联汽车

GNSS 高精度车载定位技术解决方案

东南大学仪器科学与工程学院　张　勇　王歆奥　翟海洋

随着国家信息化程度的提高及计算机网络和通信技术的飞速发展，电子政务、电子商务、数字城市、数字省区和数字地球的工程化和现实化，需要采集多种实时地理空间数据，因此，中国发展城市连续运行参考站系统（CORS）的紧迫性和必要性越来越突出。近几年来，国内不同行业已经陆续建立了一些专业性的卫星定位连续运行网络，目前，为满足国民经济建设信息化的需要，一大批城市、省区和行业正在筹划建立类似的连续运行网络系统，一个连续运行参考站网络系统的建设高潮正在到来。

一、系统建设背景

"空间数据基础设施"是信息社会、知识经济时代的必备基础设施。CORS 是"空间数据基础设施"最为重要的组成部分，可以获取各类空间的位置、时间信息及其相关的动态变化。通过建设若干永久性连续运行的 GPS 基准站，提供国际通用各式的基准站站点坐标和 GPS 测量数据，以满足各类不同行业用户对精度定位，快速和实时定位、导航的要求。建立 CORS 的必要性和意义主要体现在以下几个方面：

（1）CORS 的建立可以大大提高测绘精度、速度与效率，降低测绘劳动强度和成本，省去测量标志保护与修复的费用，节省各项测绘工程实施过程中约 30% 的控制测量费用。并且，可以利用已建成的 CORS 对外开放使用。

（2）CORS 的建立，可以对工程建设进行实时、有效、长期的变形监测，对灾害进行快速预报。CORS 项目完成将为城市诸多领域如气象、车船导航定位、物体跟踪、公安消防、测绘、GIS 应用等提供精度达厘米级的动态实时 GPS 定位服务，将极大地加快该城市基础地理信息的建设。

（3）CORS 将是城市信息化的重要组成部分，并由此建立起城市空间基础设施的三维、动态、地心坐标参考框架，从而从实时的空间位置信息面上实现城市真正的数字化。CORS 建成能使更多的部门和更多的人使用 GPS 高精度服务，它必将在城市经济建设中发挥重要作用。

RTK 技术在应用中遇到的最大问题就是参考站校正数据的有效作用距离。为了克服传统 RTK 技术的缺陷，在 20 世纪 90 年代中期，人们提出了网络 RTK 技术。在网络 RTK 技术中，线性衰减的单点 GPS 误差模型被区域型的 GPS 网络误差模型所取代，即用多个参考站组成的 GPS 网络来估计一个地区的 GPS 误差模型，并为网络覆盖地区的用户提供校正数据。而用户收到的也不是某个实际参考站的观测数据，而是一个虚拟参考站的数据，和距离自己位置较近的某个参考网格的校正数据，因此网络 RTK 技术又被称为虚拟参考站技术。

基准站连续不间断的观测 GPS 的卫星信号获取该地区和该时间段的"局域精密星历"及其他改正参数，按照用户要求把静态数据打包存储并把基准站的卫星信息送往服务器上 Eagle 软件的指定位置。

移动站用户接收定位卫星传来的信号，并解算出地理位置坐标。

移动站用户的数据通信模块通过局域网从服务器的指定位置获取基准站提供的差分信息后输入用户单元 GPS 进行差分解算。

移动站用户在野外完成静态测量后，可以从基准站软件下载同步时间的静态数据进行基线联合解算。

二、系统实现目标

本系统的实现目标是构建一个高精度车载定位系统，通过自建 CORS 基站、配合高精度车载定位终端和系统平台，实现在预定范围内的高精度定位。

（1）公交车应用：公交行车车道判断及车辆到站判断。

（2）其他需要进行高精度定位的领域。

同时，基于单基站，实现亚米级（优于 1m）范围的定位精度。

三、系统架构

（一）系统架构框图

系统架构框图如图 1 所示。

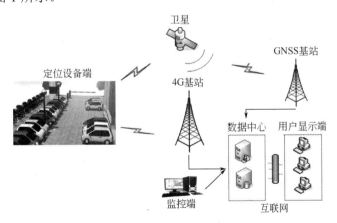

图 1　系统架构框图

高精度定位系统（高精度差分定位）由一个或若干个固定的、连续运行的基准站设备，利用计算机服务器、数据通信和互联网技术组成的网络实时精确定位作业车辆并将数据传输到用户终端。高精度 GPS 定位系统包含定位设备、互联网通信、数据服务器等。

定位设备端：设备端主要包括定位终端、GNSS 基准站等，其中 GPS 设备终端主要是实现车辆定位，GNSS 基准站可查看卫星状态、实时向下发送差分信息及监控移动站上下线情况。

互联网通信：GPS 终端通过设备 4G 模块使用移动运营商的移动通信网络服务器发送数据。

数据服务器：包括防火墙、路由器、网关、交换机等，使用固定 IP 和端口接收数据。通过连接互联网的 PC 端从服务器上获取数据，并实时将车辆位置、状态等信息显示出来。

（二）系统硬件

1. 高精度车载定位终端

本方案使用的终端产品是由东南大学智慧城市研究院设计开发的带有基于北斗卫星定位功能的车辆追踪定位装置，由东南大学智慧城市研究院自主研发。能够将车辆运行参数进行实时记录，并上传至指定服务器。通过基于位置的定位平台（LBS）实现相应的车辆实时监控、地理围栏、车辆数据统计分析等功能，为车辆管理提供真实、保密的原始数据和实时位置查询。终端支持双频多模模式，可接收北斗双频段和 GPS、GLONASS 多频卫星，通过 4G 接口与 LBS 平台进行数据通信，可以满足客户的多种定位需求。本产品能够有效记录车辆实时位置，为车辆统一规划管理提供有效的后勤保证，显著提高车辆使用效率。因此使用本产品并配以使用基于位置的服务平台（LBS），提供高精度、高安全性获取车辆相关参数信息的解决方案，可以客观、全面地记录车辆各种状态，进而从整体上提高公司车辆的管理效率与经济效益，从而有效提高企业竞争力。

高精度车载定位终端主要由主机和相关配件等组成，其产品是一款能针对车辆高精度实时定位、车辆状态监控的智能终端设备，终端集成了 OBD 模块、4G 模块、GNSS 模块及其他辅助功能模块。OBD 模块能够实时采集车辆行驶数据，自动生成车辆行驶及状态报告；GNSS 模块具备差分功能，能有效对车辆进行高精度实时定位，同时具备授时功能；4G 模块具备全网通、低功耗的网络通信功能，将车辆 OBD 数据、定位数据及设备运行数据上传至基于位置的服务平台（LBS 平台）并接收平台下发的指令信息；设备正常情况下可通过 OBD 供电并对内置大容量锂电池智能充电，设备供电异常时，可通过锂电池供电，进行上报设备异常情况等应急操作；设备具有休眠及唤醒功能，可使设备长期有效工作。硬件系统结构组成如图 2 所示。

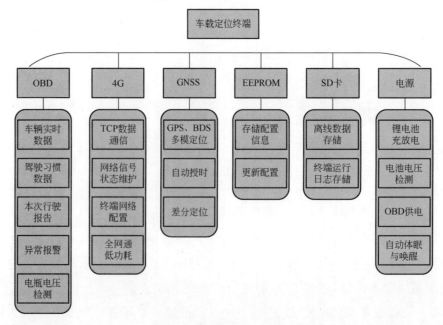

图 2　硬件系统结构组成

2．GPS 基准站

基准站是变形监测的基础框架和基准，因此基准站站址的选择必须符合相关要求。根据客户需要进行建设，实现自主管理、维护，以此减少成本。

硬件使用东南大学自主研制的 GNSS 监测站接收机，其主要性能有：同时接收 GPS、GLONASS、北斗信号，使用网络远程传输，可外接多种类型的传感器。

3．系统软件

根据系统设计原则规定，高精度 GPS 定位系统平台采用多层架构体系，实现界面表现与业务逻辑分离，采集系统独立的构件方式，通过数据服务总线连接所有的应用服务程序，并提供安全、可靠的数据传输通道，保障实施数据的上送显示。

系统软件架构分为数据获取层、数据服务层和呈现平台层三层架构，并结合不同使用人员的需求，灵活进行功能和权限的定制管理。

数据获取层为系统接口平台：主要功能是负责和需要接入的系统连接，根据相关系统接口模型，实现和相应系统的交互。

数据服务层为系统数据平台：主要功能是提供对系统数据进行处理、存储和应用等的服务，实现数据格式的合理性和规范性，减少数据在系统引用过程中的差错率，提高数据的共享和交互能力。同时，在数据存储的过程中还可以增加时间周期维度、地理位置维度等信息，形成多维数据模型的数据仓库。数据处理中心检测系统如图 3 所示。

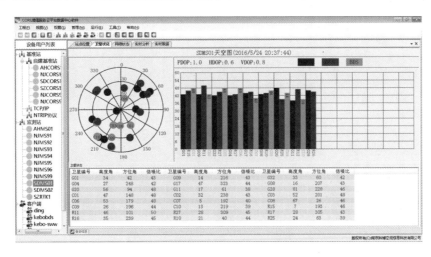

图 3　数据处理中心检测系统

功能模块如下：

（1）站点显示：用户可以在软件中，通过站点显示功能模块看到站点的地理位置，更直观地了解站点信息。

（2）卫星状况：卫星状况模块为用户提供评判卫星数据质量的服务，同时可以依据卫星状况功能了解天气气象情况。

（3）实时数据：用户可以根据需求点击任意站点，查看具体的监测数据，此功能用户可以自定义。

（4）实时分析：以监测的初始数据为标准，分析实时的监测站的变形信息，用户可以选择任意的站点、时间段等。

（5）变形分析：为用户提供更直观的变形图表，根据数据生产的曲线偏离程度，判读监测点的健康程度。用户可以选择任意的站点、时间段等。

（6）数据查询：数据数据存储在服务器中，用户可根据需要进行查看、下载等功能。

四、结论

城市中复杂的定位环境常常导致车辆定位的漂移，稳定的车载定位系统显著提高了车载定位数据的利用率，完备的车载定位方案解决了不同环境下、不同用户需求情况下的车辆定位问题，整体提升了城市的运行效率。

单目摄像头实时视觉感知的高级驾驶辅助技术及应用

深圳职业技术学院[1]　深圳前向启创数码技术有限公司[2]

梁伯栋[1]　熊志亮[2]　张　晖[2]

一、技术背景

自动驾驶技术是集自动控制理论、人工智能理论、视觉计算理论、体系结构理论、程序设计技术、机构控制技术、组合导航技术、传感器技术、信息融合技术、机械设计制造技术等多种理论及技术于一体的多学科、多行业综合技术，该技术不仅有着广阔的民用市场，而且有着巨大的潜在的军用价值。它代表一个国家计算机科学、模式识别和智能控制技术的发展水平，也是衡量一个国家科研实力和工业水平的一个重要标志。

能在道路上行驶是自动驾驶汽车取得不断发展的基础。自动驾驶汽车主要依靠车内以计算机系统为主的智能驾驶仪来实现自动驾驶。它一般是利用车载传感器来感知车辆周围环境，并根据感知所获得的道路、车辆位置和障碍物信息，控制车辆的转向和速度，从而使车辆能够安全、可靠地在道路上行驶。行车感知和控制自然就成为自动驾驶汽车研究开发领域中最核心、最关键的技术问题。

从类人仿生学的认知角度看，感知就是人类通过视觉、听觉、味觉、嗅觉及触觉去感受认知外部世界的过程。自动驾驶汽车实际是一个轮式移动机器人，可以想见，将来的自动驾驶汽车必然能够应用多种感知技术来感知车辆周围的环境。但在当前，常用的检测技术和手段还局限在视频、音频、地磁、微波、超声波、红外等方面。其中，通过照相机和摄像机成像，利用计算机视觉技术进行分析处理的视频和图像检测技术是当前自动驾驶汽车研究开发中主要运用的行车感知技术，原因简单明了，主要有两点：

（1）方便：基于视觉的感知技术可独立于其他技术而单独运行，安装调试方便，受车外环境影响较小。尽管可能受到天气和光照等外部环境的影响，但随着计算机视觉和图像处理技术的发展，天气方面的影响已可大大降低。

（2）类人：自动驾驶是替代人的驾驶行为，自动驾驶汽车利用视觉传感器感知车外环境就如同人们当前驾驶汽车时大部分信息依靠眼睛获取一样。研究基于视觉技术的车外环境感知能力在最终实现自动驾驶之前，在当前复杂的车辆操控过程中，相应的研究和开发成果就可更易于为驾驶员的驾驶提供辅助和补充。例如，研究和开发具有诸如自适应巡航控制、盲点监测、车道偏离警告、夜视、车道保持辅助和碰撞警告等功能的高级驾驶辅助系统（Advanced Drive Assistance System，ADAS），由于其具有自动转向和制动干预功能，可部分控制车辆的移动，预防事故发生。反过来，这些自动安全功能为今后无人自主驾驶汽车的发展也铺平了道路。

正因如此，通过照相机和摄像机成像，基于计算机视觉技术的行车感知和控制系统研发就自然成为当前自动驾驶汽车研究中备受关注、富有挑战性的一个重要研究主题。图1列出了当前一些在世界范围内各大汽车制造商中具有里程碑意义的实际应用。其中，LDW 表示车道偏离预警（Lane Departure Warning），AHC 表示自适应远光控制（Adaptive High-beam Control），TSR 表示交通信号识别（Traffic Sign Recognition），AEB 表示自动紧急刹车（Autonomous Emergency Braking），FCW 表示前车碰撞预警（Forward Collision Warning），ACC 表示自适应巡航控制（Adaptive Cruise Control）。

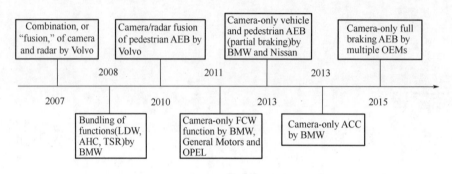

图 1　具有里程碑意义的实际应用举例

二、技术方案

本技术项目首先在车内安装一个对外的单目摄像头，安装位置在经过改装的内后视镜上，用于采集和记录车行方向的路面信息。通过对这个摄像头采集的视频图像信息利用计算机视觉技术进行分析处理，开展针对前方车道线检测和实时前车识别与跟踪的算法研究。在此基础上，研制车道保持辅助系统和自适应巡航控制系统这两种自动驾驶中的主动安全关键控制技术，从而提升大部分配备电子机械式转向助力的普通车辆和具有线控功能的电驱动车辆的主动安全控制级别。

本项目着重解决自动驾驶中感知和决策层面的问题，拟解决的关键科学问题是自动驾驶感知层面基于计算机视觉技术的前方车道线检测和实时前车识别与跟踪两个功能的算法研究。本项目的技术研究分别获得了 2016 年广东省科技厅科技计划项目（项目编号：2016A010101039）和深圳市科创委科技计划基础研究项目（项目编号：JCYJ20160527162817715）的资金资助。

本项技术主要内容包括车道偏离预警和前车碰撞预警两个方面。

车道偏离预警系统（LDWS）主要利用对外的摄像头（该摄像头同样用于行车记录），对本车在当前车道中的位置进行实时检测分析，当检测分析到车辆偏离车道中线一定范围时，系统即会自动发出预警信息。本技术项目针对高速公路和城市快速路车道线的特点，兼顾最小二乘拟合的实时性和 Hough 变换的鲁棒性，将近视野范围内的车道线定义为直线模型，采用基于 Hough 变换的车道线参数全局提取和基于最小二乘拟合的车道线参数局部小窗口提取相协调的检测方法对车道线进行检测，提高车道线实时检测的效果。在图像的预处理过程中，采用改进快速中值滤波算法、基于车道线特征的滤波、基于梯度方向角直方图和连通性分析相结合的滤波方法对车道线图像进行滤波处理，从而增强车道线边缘特征提取的准确性。

前车碰撞预警系统（FCWS）也是主要利用对外的摄像头，对当前车道中的前车距离进行计算，结合本车的速度，计算出相对速度，进而得到碰撞时间，当碰撞时间低于一定阈值时，系统会发出声音预警。本项目采用的前车碰撞预警系统（FCWS）算法的总体处理流程如下：在将采集的彩色图像进行灰度转化和直方图均衡化后，首先通过基于 Haar 特征的 AdaBoost 分类器进行车后脸检测，再根据前述的车道偏离预警系统（LDWS）方法，滤掉其他车道的前车车辆噪声，即可识别出当前车道的前车。接着通过同车道前车后脸在图像中的坐标，根据小孔成像原理，直接估算出前车实际的水平距离。跟踪前车的距离变换，可以得到本车与前车的相对速度，实时计算本车与前车的碰撞时间，当碰撞时间短于一定的阈值时，系统发出预警。其中，基于 Haar 特征的 AdaBoost 分类器需要通过线下进行机器学习，是本系统实现的关键。

三、产品应用方案

通过完成车道偏离预警和完善前车碰撞预警的研究，本技术项目的最终目标是研制一个集车道偏离预警、前车碰撞预警及数字行车记录功能于一体的具有自主知识产权的高级驾驶员辅助系统（ADAS）。

（一）产品外观

该产品（见图 2）为长焦（f=6.0mm）单目摄像头 ADAS 产品，为了达到车规级的电磁干扰及散热要求，产品采用铝合金外壳包围设计。摄像头保持水平方向，为对应不同的车型的角度和安装位置差异，需另行设计相对应的塑料外壳，以保证本产品的安装牢固及摄像头的水平放置。同时，本产品的铝合金外壳设计也保证了有足够的固定安装位置，以装到塑料外壳中。

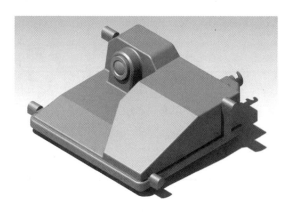

图 2　产品外观示例图

（二）产品架构

目前我们已有较完善功能的整合样机产品。该产品采用 Aptina AR0132AT + AP0101 + Lens（车规级摄像头模组）和通过 AEC-Q100 认证的 NXP（FreeScale）i.MX6Q（车规级 SoC）组合，通过采集车内高清数字摄像头信号的输入，利用智能视频分析实现疲劳驾驶检测；该系统还可通过对车辆速度的判断来实现不同模式的疲劳状态检测，针对可能出现的危险进行主动预防，在本地实现声光报警提示。数字行车记录是本项目所开发设计的高级驾驶员辅助系统的基础功能，包含 1080P 高清画质、130 度超广视角、强劲的低照度夜视、碰撞备份、循环录影不漏秒等功能特点。北斗/GPS 双模定位可以根据卫星导航信号计算行车角度，判断行车是否变道，并且具备事故高发地预警功能。目前此类产品尚未进入国内整车生产的前装市场，研发和生产都有着巨大的市场发展空间。其产品架构如图 3 所示。

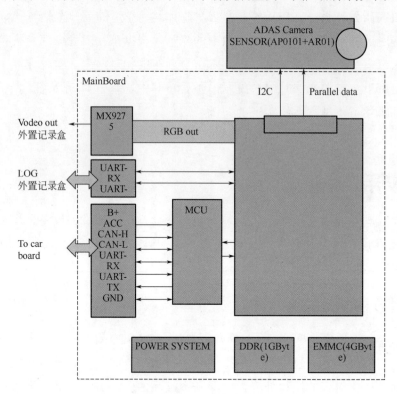

图 3　高级驾驶员辅助系统（ADAS）产品架构

主要硬件模块如表 1 所示。

表 1　主要硬件模块

模块	型号及配置	说　明
主处理器芯片	FreesCale i.MX6Q	−40 度～125 度，车规级 4 核 A9，单核 GPU
Flash Memory	1X4GByte	车规级
DDR Memory	1X8GBit	车规级
感光器	AR0101+AR0132 + Truly 5.47mm	车规级
镜头	HJ6015A	车规级
全景视频接口	MAX9286 接口	包括信号及供电接口
单片机	STM32XX	车规级
CAN 收发器	MC9S12XS128	车规级，单路收发
视频输出	MX9275（720P）	高清串化输出

（三）性能指标

1．车道偏离预警（LDWS）

● 通过 GB/T 26773—2011 认证。

- 基本预警功能。
- 车道偏离预警主要通过计算车道线到车轮外侧的距离及车道线的角度来进行判断。
- 当车道线到车轮外侧的距离小于距离阈值时，就进入偏离候选状态；如果车道线的角度大于最小偏离角度阈值，报警产生；否则，不报警。
- 抑制预警功能。
- SPEED ≥ 50km/h，自动激活系统功能。
- SPEED ≤ 45km/h，系统处于待机状态。
- 左、右转向灯信号为主动换道信号时，此时不报警。
- 车道线形式：虚线、实线、双实线、虚实线、三线。
- 天气状况：晴天、阴天、雨天、逆光、夜间。
- 道路几何形状：直道、弯道。
- 车道线颜色：白色、黄色。
- 道路路况：柏油、水泥。
- 车道线磨损情况：I、II、III 级。
- LDWS 工作受限工况。
- IV、V 级车道线磨损。
- 路面下雨后反光。
- 夜间对面来车强光。
- 前车遮挡车道线。
- 施工临时车道线。
- 大雨、大雾、积雪等路面无法识别车道线场景。

图 4 为在深圳南坪快速路上针对前方车道线检测技术进行的路测实验。

图 4　前方车道线检测技术在深圳南坪快速路上的路测实验

2. 前车碰撞预警（FCWS）

- 达到 NHTSA26555—2006、ISO15623—2012 标准要求。
- 基本预警功能。

● 实时检测本车与前车的相对碰撞时间，即 TTC（Time to Collision），当 TTC 小于系统设定的阈值（缺省设置为 2.5 秒）时，报警产生；否则，不报警。

● 抑制预警功能。

● SPEED ≥ 50km/h，自动激活系统功能。

● SPEED ≤ 45km/h，系统处于待机状态。

● 准确率：>99%。

● 响应速度：<100ms。

● 最远检测距离：100～120 米。

● 工作车速：>50km/h。

● 检测车辆类型：除摩托车、自行车以外的乘用车、商用客车、商用卡车，但不包含特殊变形车辆。

● 天气环境：适应阴天、晴天、雨天、雪天、薄雾天（能见度>100m），适应白天、黄昏、夜晚，且不受雨刮器工作的影响。

图 5 为在深圳南坪快速路上针对实时前车识别与跟踪技术检测到的前车及其距离显示。

图 5　实时前车识别与跟踪技术在深圳南坪快速路上检测到的前车及其距离显示

3. 高清行车记录功能

图 6 所示为该产品在白天和夜间拍摄的行车记录视频截图。

图 6　该产品在白天和夜间拍摄的行车记录视频截图

基于 IGGIII 的三频 BDS 约束 GPS/GLONASS 三系统单历元解算方法

东南大学仪器科学与工程学院　张　勇　王　庆

无人车技术、公交优先系统、车车联网等都需要实时、准确的车辆位置信息，但在城市等环境下，卫星定位的信号容易受到建筑物、树木的遮挡而使车载单元的定位性能明显下降。随着 BDS 的不断发展与完善，对 GNSS 多系统多频数据的处理也越来越重要，为提高城市环境下车辆定位提供了有效的解决方案。多模融合定位能大大提高可见卫星数目，形成更好的空间卫星布局，降低精度稀释因子（DOP），提高导航定位的稳定性和可靠性。随着多系统多频观测数据在高精度动态领域的广泛应用，需要一种快速、有效的模糊度单历元固定方法。本文从三频最优组合触发，详细分析了 BDS 超宽巷模糊度、宽巷模糊度、基础模糊度固定方法，随后用固定了 BDS 宽巷模糊度作为约束值结合 IGGIII 抗差估计对 GPS/GLONASS 的模糊度进行固定并解算，得到了一些有益的结论。

一、单历元 BDS 三频模糊度固定理论

（一）超宽巷固定方法

假设三个载波频率依次为 f_1、f_2、f_3。其相位组合观测值为

$$\Delta\nabla\Phi_{(i,j,k)} = \frac{i \cdot f_1 \cdot \Delta\nabla\Phi_1 + j \cdot f_2 \cdot \Delta\nabla\Phi_2 + k \cdot f_3 \cdot \Delta\nabla\Phi_3}{i \cdot f_1 + j \cdot f_2 + k \cdot f_3} \tag{1}$$

式中，组合系数 i、j、k 为任意整数，$\Delta\nabla\Phi_{(i)}$（$i=1$，2，3）为频率 i 上的双差相位观测值。组合模糊度、频率和波长依次为

$$\Delta\nabla N_{(i,j,k)} = i \cdot \Delta\nabla N_1 + j \cdot \Delta\nabla N_2 + k \cdot \Delta\nabla N_3 \tag{2}$$

$$f_{(i,j,k)} = i \cdot f_1 + j \cdot f_2 + k \cdot f_3 \tag{3}$$

$$\lambda_{(i,j,k)} = \frac{c}{f_{(i,j,k)}} = \frac{\lambda_1\lambda_2\lambda_3}{i \cdot \lambda_2\lambda_3 + j \cdot \lambda_1\lambda_3 + k \cdot \lambda_1\lambda_2} \tag{4}$$

式中，c 为光速，λ_i 为频率 i 上的载波波长。

设 BDS 系统的两个超宽巷组合为（0，1，-1）、（1，4，5），其中（0，1，-1）的超宽巷模糊度采用下式求解：

$$\Delta \nabla N_{(0,1,-1)} = \left[\frac{\Delta \nabla P_{(0,1,-1)} - \Delta \nabla \Phi_{(0,1,-1)}}{\lambda_{(0,1,-1)}} \right] \tag{5}$$

式中，[]代表四舍五入算子。

假设双差伪距观测值等精度，且 $\sigma_{\Delta \nabla P_1} = \sigma_{\Delta \nabla P_2} = \sigma_{\Delta \nabla P_3} = \sigma_{\Delta \nabla P} = 0.5\text{m}$。

解算的浮点模糊度精度为

$$\sigma_{\Delta \nabla N_{(0,1,-1)}} = \frac{1}{\lambda_{(0,1,-1)}} \sqrt{\sigma_{\Delta \nabla P_2}^2 + \sigma_{\Delta \nabla P_3}^2 + \sigma_{\Delta \nabla \Phi_2}^2 + \sigma_{\Delta \nabla \Phi_3}^2} = 0.1448(\text{周})$$

BDS 的 $\Delta \nabla N_{(1,4,-5)}$ 的求解方法，可以使用 Geometry-free 组合公式

$$\Delta \nabla N_{(1,4,-5)} = \left[\frac{\Delta \nabla P_{(1,0,0)} - \Delta \nabla \Phi_{(1,4,-5)}}{\lambda_{(1,4,-5)}} \right] \tag{6}$$

考虑到残留电离层误差的影响，则上式可以导出求解浮点模糊度精度为

$$\sigma_{\Delta \nabla N_{(1,4,-5)}} = \frac{1}{\lambda_{(1,4,-5)}} \sqrt{\sigma_{\Delta \nabla P_1}^2 + \sigma_{\Delta \nabla \Phi_1}^2 + 4^2 \sigma_{\Delta \nabla \Phi_2}^2 + 5^2 \sigma_{\Delta \nabla \Phi_3}^2 + (0.3479 \cdot \Delta \nabla I)^2} = 0.0962(\text{周})$$

因此，单历元能可靠地固定中长基线超宽巷模糊度 $\Delta \nabla N_{(0,1,-1)}$ 和 $\Delta \nabla N_{(1,4,-5)}$。

由于超宽巷不能完全计算正确，为了提高超宽巷固定的成功率，进行如下搜索。

搜索依据：如果固定模糊度之后代入方程，单历元计算，并检查单位权中误差，如果单位权中误差较大［大于观测噪声的 3 倍，如 N（0，1，-1）组合，中误差应该是 0.002×sqrt（2）］，则认为超宽巷没有正确固定，否则就认为已经固定。

搜索方法：寻找固定解与浮点解差异在 0.3 周的模糊度，则模糊度搜索范围为 round（N），round（N）+1，round（N）-1；如果有三个模糊度超过了 0.3 周，则搜索空间为 3×3×3=27；但是并非每个都进行计算，每次换模糊度之后，都代入单历元解算，并且评定中误差，如果中误差小于 3 倍观测值中误差，则停止搜索。

（二）宽巷模糊度整数变换解

对于 BDS，宽巷 $N_{(1,-1,0)}$、$N_{(1,0,-1)}$ 与超宽巷 $N_{(0,1,-1)}$、$N_{(1,4,-5)}$ 是线性相关的。BDS 的宽巷模糊度，可在超宽巷模糊度固定后根据上式求得。

（三）基础模糊度解

单频模糊度可由下式分解：

$$\begin{cases} \Delta \nabla \Phi_{(1,-1,0)} = \Delta \nabla \rho + \Delta \nabla \delta_{\text{trop}} - \beta_{(1,-1,0)} \dfrac{\Delta \nabla K}{f_1^2} - \lambda_{(1,-1,0)} \Delta \nabla N_{(1,-1,0)} + \Delta \nabla \varepsilon \Phi_{(1,-1,0)} \\[3mm] \Delta \nabla \Phi_{(1,0,0)} = \Delta \nabla \rho + \Delta \nabla \delta_{\text{trop}} - \beta_{(1,0,0)} \dfrac{\Delta \nabla K}{f_1^2} - \lambda_{(1,0,0)} \Delta \nabla N_{(1,0,0)} + \Delta \nabla \varepsilon \Phi_{(1,0,0)} \end{cases}$$

$$\Delta\nabla N_{(1,0,0)} = \frac{\Delta\nabla\Phi_{(1,-1,0)} - \Delta\nabla\Phi_{(1,0,0)} + \lambda_{(1,-1,0)}\Delta\nabla N_{(1,-1,0)}}{\lambda_{(1,0,0)}}$$

二、BDS 约束 GPS/GLONASS 模糊度固定方法

将卫星的模糊度分为两类：一类是较容易固定的北斗三频模糊度，另一类为较难固定的 GPS/GLONASS 双频模糊度，则误差方程可以表示为

$$\begin{pmatrix} V_1 \\ V_2 \end{pmatrix} = \begin{pmatrix} A_1 & C_1 & O \\ A_2 & O & C_2 \end{pmatrix}\begin{pmatrix} X \\ N1 \\ N2 \end{pmatrix} - \begin{pmatrix} L_1 \\ L_2 \end{pmatrix} \tag{7}$$

式（7）为无电离层组合模型，此处的 N_1、N_2 是将 L_1 的模糊度分为两类，N_1 为较容易解算的模糊度，N_2 为较难固定的模糊度。

如果将两类模糊度同时解算，其待估参数的解为

$$\begin{pmatrix} \hat{X} \\ \hat{N}1 \\ \hat{N}2 \end{pmatrix} = \begin{pmatrix} A_1^{\mathrm{T}}P_1A_1 + A_2^{\mathrm{T}}P_2A_2 & A_1^{\mathrm{T}}P_1C_1 & A_2^{\mathrm{T}}P_2C_2 \\ C_1^{\mathrm{T}}P_1A_1 & C_1^{\mathrm{T}}P_1C_1 & O \\ C_2^{\mathrm{T}}P_2A_2 & O & C_2^{\mathrm{T}}P_2C_2 \end{pmatrix}^{-1} \begin{pmatrix} A_1^{\mathrm{T}}P_1L_1 + A_2^{\mathrm{T}}P_2L_2 \\ C_1^{\mathrm{T}}P_1L_1 \\ C_2^{\mathrm{T}}P_2L_2 \end{pmatrix} \tag{8}$$

在上述解算过程中，较容易固定的卫星并未起到其优势，如果将较容易固定的卫星首先固定，然后将其代入误差方程，则式（7）即可变换为

$$\begin{pmatrix} V_1 \\ V_2 \end{pmatrix} = \begin{pmatrix} A_1 & O \\ A_2 & C_2 \end{pmatrix}\begin{pmatrix} X \\ N_2 \end{pmatrix} - \begin{pmatrix} L_1 - C_1N_1 \\ L_2 \end{pmatrix} \tag{9}$$

其估值为

$$\begin{pmatrix} \hat{X} \\ \hat{N}2 \end{pmatrix} = \begin{pmatrix} A_1^{\mathrm{T}}P_1A_1 + A_2^{\mathrm{T}}P_2A_2 & A_1^{\mathrm{T}}P_1C_2 \\ C_2^{\mathrm{T}}P_2A_2 & C_2^{\mathrm{T}}P_2C_2 \end{pmatrix}^{-1} \begin{pmatrix} A_1^{\mathrm{T}}P_1(L_1 - C_1N1) + A_2^{\mathrm{T}}P_2L_2 \\ C_2^{\mathrm{T}}P_2L_2 \end{pmatrix} \tag{10}$$

在此模型中，能提高较难固定模糊度固定速度的原因在于较容易固定的模糊度计算出来后代入误差方程，则误差方程组中对应方程与模糊度无关，且 $L_1 - C_1N_1$ 即为双差对流层延迟，所以可以认为是将其算出的大气误差作为了约束。

三、IGGIII 抗差估计剔除固定错误模糊度

在实际情况下并非完全能够固定模糊度，总会有模糊度固定错误的卫星。但多系统数据观测值多，可以使用抗差估计，所以在三系统单历元固定后，需要用抗差估计，剔除固定错误模糊度的卫星对，然后进行单历元解算。

采用 IGGIII 等价权函数计算 $\bar{P}$，令 $u = \dfrac{v}{\sigma}$，其中 v 为观测值的改正数，σ 为改正数的中误差，计算 $\bar{P}$ 的模型为

$$\overline{p}^{(k+1)} = \begin{cases} p^{(k)} & ,|u|<k_0 \\ p^{(k)}\dfrac{k_0}{|u|}d^2 & ,k_0<|u|<k_1 \\ 0, & k_1<|u| \end{cases}$$

式中，$\overline{p}$ 为 $\overline{P}$ 的元素；$d=\dfrac{k_1-|u|}{k_1-k_0}$ 称为平滑因子，且 $0\leqslant d\leqslant 1$；k_0 可取 1.0~1.5；k_1 可取 2.5~3.0。

四、实例数据分析

利用 curtin 的两个站点 cuta、cutb（距离 9.4703m）的 2016 年 3 月 15 日全天数据进行分析。首先，利用三频数据对 BDS 超宽巷 $N_{(0,1,-1)}$、$N_{(0,1,-1)}$ 进行搜索固定，解算成功率如表 1 所示。

表 1　BDS 超宽巷解算成功率

	IntN（1，4，-5）	IntN（0，1，-1）	超宽项（同时）	备注
不搜索	95.0347%	98.7153%	94.3056%	
搜索	98.9583%	99.4097%	98.7500%	设置 sigma145>20×0.002 Sigma011> 5×0.002 搜索
全搜索	98.9931%	99.4097%	98.7847%	只要有 abs（floatN-IntN）>0.3
全搜索	99.2014%	99.5486%	99.0972%	abs（floatN-IntN）>0.2
	99.3750%	99.5833%	99.3056%	abs（floatN-IntN）>0.15

将固定后的模糊度代入方程，单历元计算，并检查单位权中误差，如图 1 所示。

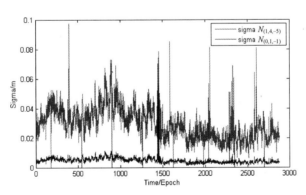

图 1　单历元解算单位权中误差

将正确固定后的 BDS 超宽巷模糊度 $N_{(0,1,-1)}$、$N_{(1,4,-5)}$ 进行变换得到宽巷模糊度 $N_{(1,-1,0)}$、$N_{(1,0,-1)}$ 和基础模糊度 $N_{(1,0,0)}$。

将解出的 BDS 基础模糊度作为约束值代入式（10），得到第二类模糊度 GPS/GLONASS 的模糊度，单历元解算 GPS/GLONASS 模糊度的 Ratio 值，如图 2 所示。

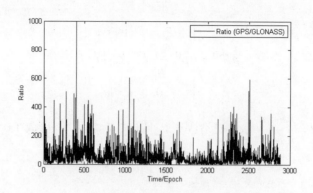

图2 单历元解算 GPS/GLONASS 模糊度的 Ratio 值

将 BDS/GPS/GLONASS 三系统的模糊度均固定后，单历元解算的单位权中误差如图3所示，对应的单历元解如图4所示。

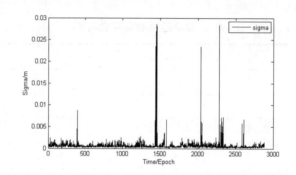

图3 三系统模糊度固定后的单历元解算单位权中误差

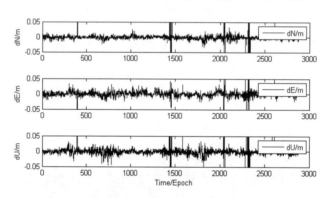

图4 三系统模糊度固定后的单历元解

从图 3 中可以看出，绝大部分单位权中误差优于 0.002，部分单位权中误差相对过大且解也有较大偏差，说明对应地方有卫星模糊度固定错误。

先利用抗差估计，剔除固定错误模糊度的卫星，然后进行单历元解算，单位权中误差如图5所示。

从图 5 中可以看出，使用抗差估计后有效地提出模糊度固定错误的卫星，使得解算精度明显提高，解决了城市车辆定位中精确度受到环境影响精度较低的问题。

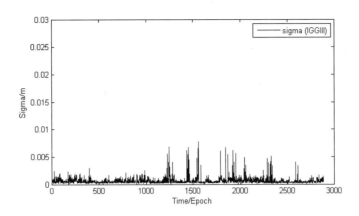

图 5　使用抗差估计之后的单位权中误差

五、结论

通过对实例数据的分析，得到以下几个结论：

（1）对于 BDS 系统，观测误差对超宽巷模糊度 $N_{(0,1,-1)}$、$N_{(1,4,-5)}$ 的影响小于 0.15 周，可以高成功率地快速固定超宽巷模糊度。

（2）将固定后 BDS 模糊度作为约束值代入 BDS/GPS/GLONASS 三系统方程，有益于 GPS/GLONASS 模糊度的快速、有效固定。

（3）在模糊度固定出现错误的情况下，由于多系统观测值多，采用 IGGIII 抗差估计可以有效地剔除固定错误模糊度的卫星，使解的精度提高并平稳。

（4）将此算法应用在城市的车辆定位中能够有效地提高定位的精度和效率，同时 2016 年在南京的大量公交车的运行中验证了算法的效果和精度。

车联网容器云平台的设计

北京九五智驾信息技术股份有限公司　杨　柯

一、背景

随着国家"互联网+"战略的推进，互联网对于汽车行业的改造涉及了研发、零部件、整车、销售、后市场、用车、再流通、报废拆解等全产业链。互联网推动汽车业转型升级，已成为不可逆转的未来趋势。

车联网指的就是汽车移动物联网，利用车载电子传感装置，通过移动通信技术、汽车导航系统、智能终端设备与信息网络平台，使车与路、车与车、车与人、车与城市之间实时联网，实现信息互联互通，从而对车、人、物、路、位置等进行有效的智能监控、调度、管理的网络系统。

传统的车联网软件架构采用传统的 MVC 模式，在设计上比较简单，主要以实现功能性需求为主。部署架构基本上是由单机架构的双机热备（Active Standby）模式。往往面临需求变更后软件功能扩展响应周期长，服务器弹性扩容困难等诸多问题。随着业务发展，车联网应用更加聚焦产品和用户，要求 IT 触角延伸至产品及用户端，高并发、高可用、海量数据计算和存储将给企业 IT 特别是车联网产品应用带来巨大的挑战，要求车联网产品具备百万级的接入能力。在这样的背景下，传统的车联网 IT 架构遇到了越来越多的挑战。

二、技术选型

按照传统的 IT 架构，业务系统越来越庞大，开发、测试、上线的周期越来越长。微服务作为新近兴起的 IT 架构趋势，其好处是将应用分解为小的、互相连接的微服务以解决复杂性问题，能够根据不同服务的特点采用不同的技术栈，并可独立部署和扩展每个微服务。这样的技术模式非常适合车联网不同粒度的功能需要，同时在微服务架构的开源架构上也是丰富的，技术栈的扩展天然具备优势。这样车联网解决方案的目光聚焦于敏捷 IT，在 IT 架构上做出了新的规划和转型目标：技术设施平台化，交付流程敏捷化，IT 运维智能化。

首先是助力 IT 产品应用拥抱云计算，产品初步具备云端服务化及基于容器化的弹性计算能力；其次，打造开发交付管理（持续集成、持续交付）、自动化运维新模式，完成服务拆分、产品架构优化及微服务架构落地，实现统一且平滑地从传统架构到微服务化架构的过渡方案，提高企业的业务敏感性，整合企业资源，加速业务迭代速率。

三、平台流水线

DevOps 是一组过程、方法与系统的统称（英文 Development 和 Operations 的组合），用于促进开发（应用程序/软件工程）、技术运营和质量保障（QA）部门之间的沟通、协作与整合，减少开发和运营之间的摩擦，从而快速部署软件或应用程序，并且可以快速检测。

采用以 DevOps 为理念的容器技术，并搭建微服务架构，是解决车联网平台目前 IT 瓶颈的不二之选。技术成熟的开源 DevOps 一体化企业级容器云平台，用基于容器的 DevOps 原生云平台构建可靠的、可规模化构建的应用程序，克服传统的组件级别的故障。开发者可以更频繁地发布高质量的应用程序代码，消费者可以更快、更便捷地访问服务。DevOps 车联网软件流水线如图 1 所示。

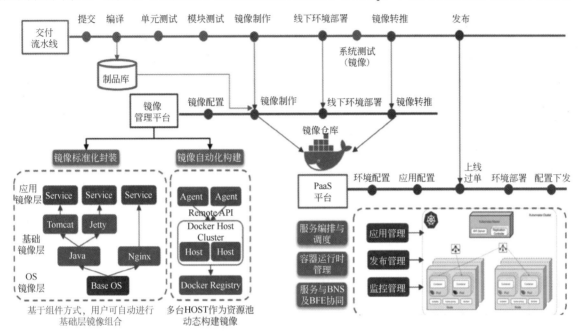

图 1　DevOps 车联网软件流水线

车联网平台搭建了自助式跨云 IT 平台帮助企业跨云、跨环境地管理基础设施资源，同时也能对接企业账号体系，方便 IT 部门的资源申请和成本管理，实现自助 IT 服务。

技术选型如图 2 所示。

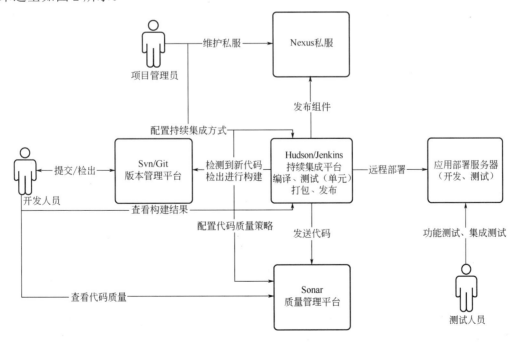

图 2　技术选型

开发人员通过 SVN 服务器对研发的车联网业务模块代码进行编写及管理，通过 jenkins 软件集成平台对通过 SVN 检出的代码进行编译，并可以通过该平台针对源码进行有效测试。另外，jenkins 可以将代码提交到质量管理平台 sonar 中，由开发人员进行内测；提交到 nexus 代码仓库实现组件化管理，上述流程执行完毕后会自动提交到测试平台校验，最终实现持续集成上线的目标。

四、平台架构

在平台流水线的基础上建设车联网平台，软件整体架构如图 3 所示。

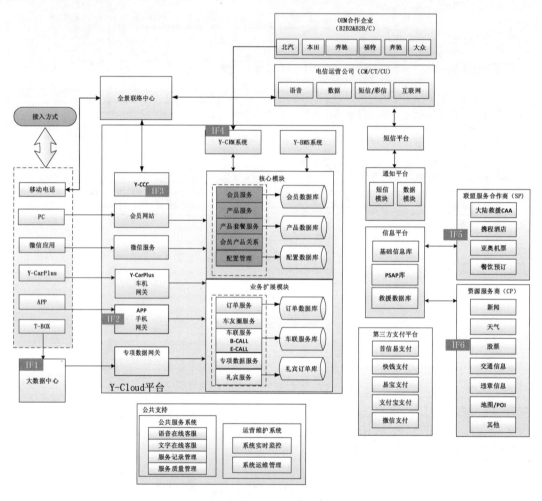

图 3　软件整体架构

车联网平台的主要优势如下。

1．模块化设计

核心功能模块化，可方便根据不同的服务产品进行配置。

2．开放性设计

具有全面的、多样化的平台接口，其开放性满足各类终端设备、第三方系统的技术接入需求，适应多种不同的商业模式。

3．全面性及扩展性

车联网平台已经集成了目前车联网最为重要的服务功能及服务资源，并可随着业务的发展进行扩展。

4．分布式冗余设计

系统设计及部署为分布式冗余设计模式，满足容量扩展及 7×24h 运营条件下的高可用性。

五、技术架构

平台技术体系结构如图 4 所示。

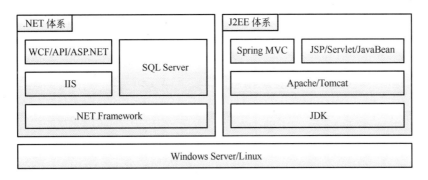

图 4　平台技术体系结构

车联网平台采用.NET 和 J2EE 两个技术体系实现，充分利用了两个技术体系的优点。

支持平台的操作系统采用 Windows Server/Linux，这两个操作系统具备技术成熟、运行稳定、安全性高、易可扩展性等优点。

后台架构采用.NET 体系，与 Windows 操作系统契合度高，可以采用分布式部署，提供高效软件性能。

前台架构采用 J2EE 体系，包含许多组件及开源稳定的架构。主要可简化且规范应用系统的开发与部署，进而提高可移植性、安全与再用价值。

（一）层次结构

车联网平台采用多层结构设计，分为数据存储层、数据处理层、业务处理层、业务表示层（见图 5）。

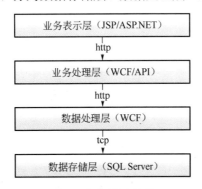

图 5　平台层次结构

数据存储层：存储业务数据，通过读写分离方式实现高性能数据处理。

数据处理层：合理选择数据库，进行数据读写处理。

业务处理层：封装业务处理接口/网关，通过接口/网关实现业务逻辑。

业务表示层：负责用户交互，业务数据展示。

数据处理层与数据存储层之间，通过 ADO.NET 技术，采用 TCP 协议，进行数据交互；业务处理层通过 WCF 接口，采用 http/soap 协议，与数据处理层通信；业务表示层包括前台业务管理和后台业务管理，前台业务管理采用 JSP 技术，后台业务管理采用 ASP.NET 技术，两者通过 WCF/API 与业务处理层通信。

多层结构设计，具有多个优点：

（1）关注点分离：开发人员可以只关注整个结构中的其中某一层。

（2）易于维护：可以很容易地用新的实现来替换原有层次的实现。

（3）降低耦合度：可以降低层与层之间的依赖。

（4）标准化：服务接口模式，有利于标准化。

（5）高复用性：具体实现独立，有利于各层逻辑的复用。

（二）技术特点

车联网平台具备可用性、可靠性、可扩展性、可维护性、可移植性等特点。

（1）可用性：分布式及集群设计，排除系统单点故障，保证平台长时间平稳运行。

（2）可靠性：当平台的某个功能失效发生时，平台在当前环境下能实现故障自动转移，具有重新自动配置、继续执行的能力，软件系统具有自我检测、容错、备份等机制。

（3）可扩展性：分层设计，易于功能扩展；标准接口协议设计，易于外部系统接入。

（4）可维护性：接口化设计，使业务逻辑实现与业务展示分离。当环境改变或者软件发生错误时，进行更新维护的成本和风险降低。

（5）可移植性：平台对运行环境依赖较低，即平台不做修改或做很少的修改即可运行在其他环境下。

六、安全策略

（一）传输安全

车联网平台数据传输过程，采用身份认证和 DES 加密来提供系统安全级别。

车联网平台与外部系统进行数据传输时，通过 HTTPS 中的 Base64 编码的 Authorization 身份认证，确保用户身份安全性。同时，利用 DES 来加密关键信息，而采用 RSA 来传递会话密钥，保证关键信息的安全性。

（二）存储安全

车联网平台数据存储时，采用 DES 加密方式对重要数据进行加密。

系统安全示意如图 6 所示。

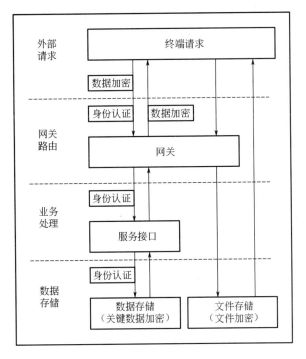

图 6　系统安全示意

七、结束语

　　面对快速变革的外在环境和复杂多样的业务应用，车联网平台供应商通过选择容器技术，提供高可用性容器云平台。能够轻松应对车联网数据压力，将处理能力提高到千万级数据处理级别。快速启动和扩展应用程序，摸索大规模、有效地部署、升级和监测应用程序的最佳实践，并建立系统化的方式来保证执行。依托有效的大数据分析方法，加速技术开发，及时创造业务价值。

　　在持续对最终车联网用户交付高质量应用的今天，在日益增长的车联网世界中提供更具吸引力的扩充服务，设计、部署和定期迭代具有高度吸引力、个性化的 Web 端和移动端的体验，以提升该应用车联网平台的市场认可度为最终目标，希望这套车联网容器云平台的设计理论可以得到更多的应用。

自动驾驶车关键零部件产业化

知行汽车科技（苏州）有限公司　宋　阳

自动驾驶是汽车行业的主要发展方向之一，也是人工智能在汽车行业的具体应用。

国际上，自动驾驶技术的分级主要采用美国汽车工程师学会 SAE 给出的标准：从 1 级的驾驶辅助到 5 级完全自动驾驶。汽车工业"十三五"规划对自动驾驶汽车发展设定了目标：具有驾驶辅助功能（1 级自动化）的汽车新车渗透率达到 50%，有条件自动驾驶（2 级自动驾驶）的新车渗透率为 10%，为自动驾驶汽车的全面推广建立了基础。2016 年 3 月，美国高速公路交通安全管理局（NHTSA）与通用、丰田等 20 家车企（占美国市场的 99% 以上）达成协议，在 2022 年之前，在美国销售的所有新车安装防止碰撞的自动制动辅助系统（AEB）。2016 年，美国 40% 的汽车已提供前部碰撞预警系统或附加自动制动系统。未来，AEB 将在美国成为新车标配。各国的法规也已将驾驶辅助技术之中的安全功能加入各自的 NCAP（新车安全评价标准）之中。举例来讲，中国的 CNCAP 已将 AEB-P（对行人的自动刹车）列入了 2018 年的评分体系。

图 1 所示为今后几年中国的汽车销量预测，到 2022 年将达到 3700 万台。图 2 所示为中央控制器装机率的预测，到 2022 年将达到 20%，意味着安装中央控制器的新车销量在 2022 年将达到 740 万台。

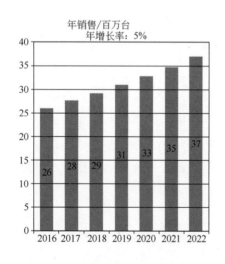

图 1　中国的汽车销量预测

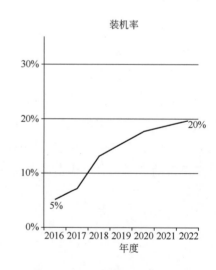

图 2　中央控制器装机率的预测

目前市场上的驾驶员辅助系统主要基于某一种传感器来实现，如摄像头和毫米波雷达，它的控制部分通常集成于传感器中。随着驾驶员辅助系统朝着自动驾驶的方向发展，一台车上通常要布置好几个传感器，在这种情况下，必须要有一个中央控制器来收集各个传感器发来的物体信息，统一处理并且控制车辆。知行科技的中央控制器就是用来实现这样的功能，它将作为今后自动驾驶车辆的大脑，收集各传感器发来的物体信息，对车辆周围环境进行全面监控，并且根据当前交通情况，自动规划车辆的行进路线，自动控制车辆的转向、刹车和加速。

自动驾驶中央控制器是驾驶员辅助系统向自动驾驶发展的必然产物。随着自动驾驶系统越来越复杂，传统的驾驶员辅助系统控制器已经无法处理大量的传感器数据和对车辆进行综合控制，必须由更强大的中央控制器来执行。目前中央控制器只用于非常小部分的高端车辆，如奔驰、奥迪、沃尔沃等，而且仅限于高配车型，装机率非常低。但随着自动驾驶技术的不断升级和完善，对中央控制器的要求必然越来越多，特别是国内主机厂，目前包括上海汽车、吉利汽车、长安汽车等大厂都在寻找合适的自动驾驶中央控制器方案，但是国内做该产品的公司极少，少数几家公司的产品可靠性没有得到主流车厂认可。我们看准了这一块的市场潜力，相信在最近几年会有爆发式的增长。

自动驾驶技术包括环境感知、控制决策和执行。知行科技从控制决策技术入手，首期开发的产品为驾驶员辅助系统中央控制器（支持自动驾驶 1 级和 2 级功能）。产品的核心技术是车规级的软硬件及功能算法。目前样机设计已完成，2017 年将完成实车调试，2018 年量产。通过不断的技术迭代，未来 3 年内将产品逐渐升级为 4 级自动驾驶。项目团队熟悉国内各大主机厂开发流程，和主要技术负责人有良好的业务关系。未来将以技术为导向，帮助中国主机厂掌握核心技术，实现自动驾驶关键零部件产业化。

产品的技术来自公司创始成员在汽车安全和自动驾驶领域长年的研究和开发积累，结合各家技术专长，优化软硬件设计和系统设计，独立开发拥有自主知识产权的软硬件设计和独特功能算法。优势之一在于高集成度。在自动驾驶中央控制器中，将会处理所有传感器的数据融合，综合监控车辆周围的交通情况，自动规划车辆行进路线并且控制车辆的三大执行机构：转向、刹车和加速。优势之二在于高成熟度。本中央控制器基于成熟的车规级处理器，该处理器在汽车领域内广泛应用，安全可靠。公司的自有软件和功能算法基于各大自动驾驶知名公司的成熟经验，不断优化，已经获得国内知名车厂的认可。

团队已自行开发达到自动驾驶 2 级水平的软硬件功能，车辆可以在某一车道中实现自动驾驶，而无须驾驶员介入，并且已经装车测试，预计 2018 年量产。在 2019 年将完成第二阶段，将加入更高级的自动驾驶功能，实现车辆在道路上自动变道。在第三阶段（2021 年），将完成支持自动驾驶 3 级和 4 级的中央控制器开发，车辆可以完全自动驾驶，而不需要驾驶员的任何干预。

在功能层面目前已经实现如下功能。

车道偏离警告 LDW：当探测到驾驶员无意识偏离本车道时，系统发出警告，提醒驾驶员注意，避免与相邻车道的车辆碰擦。

车道保持 LKA：当探测到驾驶员无意识偏离本车道时，系统自动控制方向盘将车辆保持在本车道内，避免与相邻车道的车辆碰擦。

自动紧急制动 AEB：当系统探测到碰撞即将发生，但是驾驶员没有刹车或者其他避让措施时，系统自动发指令给刹车系统进行制动，避免或者缓解碰撞事故的发生。

自适应巡航 ACC：自适应巡航是普通定速巡航的升级功能。系统开启时，可以根据本身和前车之间的相对距离和相对速度，自动调节刹车和油门，与前方保护安全距离。当前方没有车辆时，按照设定的车速匀速行驶。该功能可以让驾驶员从枯燥的长途驾驶中释放出来，提高驾驶舒适性。

智能远近光切换 HMA：在夜间，远光灯的滥用可能会导致严重的事故。该功能通过观察前方的光源，判断前方是否有来车，当发现有来车时自动切换到近光灯，避免影响对方的视线。当没有来车时又自动切换成远光灯，增大可视范围。

交通拥堵辅助 TJA：当车辆在交通拥堵路段低速行驶时，系统可以自动控制车辆的纵向和横向运动，将驾驶员从频繁的刹车、加速和转向中解放出来，提升驾驶员的舒适性。

高速公路半自动驾驶 HWA：在高速道路行驶时，系统可以同时控制车辆的刹车、加速和转向，而不需要驾驶员对车辆进行控制。该系统可以使车辆在一个车道内自动驾驶。

自动驾驶中央控制器主要面向主流车厂，它将作为今后自动驾驶车辆的大脑，主要实现以下几部分功能：

（1）收集各传感器发来的物体信息，对信息进行数据融合；

（2）对车辆周围环境进行全面的监控；

（3）根据当前交通情况，自动规划车辆的行进路线；

（4）自动控制车辆的转向、刹车和加速。

由于汽车所处环境复杂，可靠性要求高，因此系统面临结构复杂、算法复杂、技术水平要求高等风险。而知行科技拥有以下优势，很好地解决了上述问题：

（1）公司由自动驾驶领域资深管理人员带领，具有该领域丰富的经验和技术。研发人员在驾驶员辅助和自动驾驶领域有长年的工作积累，具有雄厚的研发能力。

（2）公司使用业内成熟的汽车电子硬件方案，普遍得到各大汽车主机厂认可。采用市面主流高性能处理器、存储器及逻辑变换器件，从硬件方面保证了系统在应对大数据容量和高处理速度方面的能力。

（3）公司积极与本地区具有科研实力的院校、机构合作开发，引进先进技术和优秀研发人才，提升公司在图像识别领域的研发能力和技术实力。

（4）公司投入大量人力、物力在相关领域做技术开发，配备电子实验室及测试车辆，以保证技术研发工作的顺利进行。

知行科技的目标是成为自动驾驶领域专业的传感器、控制器及车辆控制功能算法供应商，同时提供专业的咨询和工程服务，帮助有志于在自动驾驶领域拓展业务的公司快速建立工程开发能力。

驾驶员辅助系统和自动驾驶已成为汽车行业的核心业务之一，国内各大主机厂都逐渐引入驾驶员辅助系统和自动驾驶。但是，核心技术仍掌握在几大国际供应商手中。国内外其他公司也在研发自动驾驶中央控制器，其中包括博世、德尔福、大陆、法雷奥等。这些大型国际供应商研发的中央控制器主要面向第 3 级和第 4 级自动驾驶，硬件和软件架构都非常复杂，并且成本非常高。目前国内主机厂急需的其实是支持 1 级和 2 级自动驾驶的中央控制器，对于成本的要求也较高。因此，这些大公司研发的中央控制器并不符合中国主机厂的要求。国内主机厂通过采用知行科技的中央控制器，不必捆绑购买某一大公司的传感器，这就帮助中国主机厂打破了垄断。因此，中国主机厂的采购策略将更为灵活，在商务谈判时将占据有利地位。而且，因为功能算法集成在中央控制器内，中国主机厂在新车型开发时，很多车型可以共享一个中央控制器，每个车型可以节省大量的研发费用。而我们设计的中央控制器主要的目标客户就是中国主机厂，我们的产品基于目前主流的汽车行业芯片，系统架构简单，同时也能将成本控制在主机厂能够接受的范围。知行科技将传感器数据融合，周围环境感知，车辆路线规划，决策和执行都集成于中央控制器中，在有限的硬件成本中集成了自动驾驶的整个控制过程，提升了产品的性价比。同时，该中央控制器还有不断升级的优点，基于传感器数据融合，今后可开发更多的功能应用，或者提升目前功能的性能，通过软件升级的形式，不断提升自动驾驶的性能。

智能交通课题下的汽车安全电子
几个话题的探讨

浙江东车研究院

一、行业现状和态势

目前，建设智慧城市在全国是一个热门话题，智慧城市下的智能交通是一个不可或缺的重要组成部分。智能交通（简称 ITS）是基于现代电子信息技术面向交通运输的服务系统，其特点是以信息的收集、处理、发布、交换、分析、利用为主线，为交通参与者提供多样化的服务。智能交通系统包括智能化交通信息服务系统、智能化车辆控制系统、智能交通管理系统、智能收费系统、智能应急管理系统、智能公共交通运营系统、智能商用车辆运营系统等。近年来发展较快的主要有智能化安全防撞预警系统、智能收费系统、智能车辆运营系统等。近一年多来，由于车联网、自动驾驶和无人驾驶的加入，整个行业内外越发火爆。

智能交通系统中唱主角的理所当然是汽车，而汽车里的电子部分又是发展最快、比例最大一块。现在结合公司技术和产品，我们仅就智能交通课题下，汽车安全电子的行业态势、市场竞争、技术创新等企业关心的热门话题，做一些分析和探讨。

1. 国内汽车电子行业态势

我国 2016 年新车产销量双超 2800 万辆，连续八年稳居世界第一位。2016 年我国在用车保有量已突破 2.1 亿辆。随着全球汽车市场迅猛发展，中国汽车电子市场也随之水涨船高。近几年，中国汽车电子产品市场在汽车产业发展的带动下快速稳步发展，各类汽车电子产品在汽车中的普及率持续提高。2014 年，中国汽车电子产品市场规模已经达到 579.2 亿美元，2015 年达到 657.0 亿美元，2016 年达到 746.6 亿美元（折合人民币 4703.6 亿元），累计同比增长 12.7%。随着中国汽车市场的快速发展和汽车电子的价值含量迅速提高，预期汽车电子产品占汽车的成本比例将进一步提高（高档车已经达到 50%），中国汽车电子产业将呈现巨大的经济规模效应。中国汽车电子市场也将随着中国汽车产业一起进入快速发展时期。加上当下国内外汽车行业网络化、电动化、自动化的推波助澜，发展态势更是如火如荼。

2. 汽车安全性成为市场的一大卖点

汽车安全系统市场是目前中国规模最大、发展速度最快的汽车电子细分市场之一，并将在未来几年保持这一趋势。汽车安全系统的发展将以主动安全为重点。主动安全将更有效预防事故的发生，保护乘员的安全。因此，主动安全技术及相关产品将成为主流。

目前，消费者在购车时普遍认为最需要考虑的因素是汽车的安全性，他们认为这一特性远比汽车的功能性能、车载娱乐和燃油效率都更为重要。由于消费者对汽车安全性需求的不断增加，安全性成为新车的一大卖点，因此汽车厂商将加大安全电子产品的装车率。

3. 国家政策强制使用

2016 年 12 月 9 日，在以党中央、国务院名义联合下发的《中共中央国务院关于推进安全生产领域改革发展的意见》中明确要求：完善长途客运车辆、旅游客车、危险物品运输车辆和船舶生产制造标准，提高安全性能，强制安装智能视频监控报警、防碰撞和整车整船安全运行监管技术装备，对已运行的要加快安全技术装备改造升级。

交通部发文落实《营运客车安全技术条件》新规，《营运客车安全技术条件》下的技术要求第 4.1.5 条明确规定：9m 以上的营运客车要求加装车道偏离预警系统（LDWS）以及符合标准的前碰撞预警（FCW）功能，并在第 5 条标准实施的过渡期要求里明确规定了 13 个月的过渡期限。

在国家强制安装的大背景下，市场将迎来爆发式增长。

汽车电子新技术提升驾驶安全性如图 1 所示。

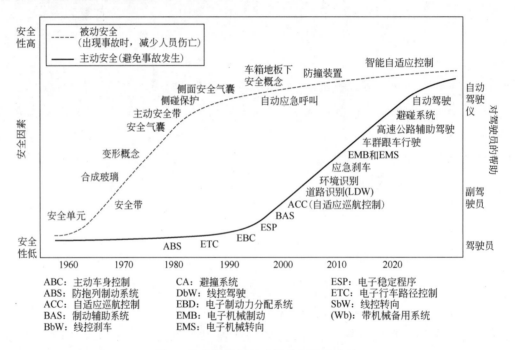

图 1　汽车电子新技术提升驾驶安全性

二、系列产品简介

1. 毫米波雷达汽车智能防撞系统

毫米波雷达汽车智能防撞系统是浙江东车智能科技有限公司的主导产品，历经十年完成开发。配置 24GHz/77GHz 毫米波雷达，具备预警或 AEB 功能的产品，现已经开始推向前、后装市场，同时结合资本运作开始实施项目的产业化。

系统原理如下：

在车辆高速行驶中，利用毫米波雷达，对于本车前方视场的多个目标障碍物进行快速和连续的探测、跟踪（测距、测速、测角），通过中央处理器进行分析、计算和判断，并发出相应的报警、减速、制动控制指令，由执行机构执行。对车辆的控制由单一人控改变为人机并联双控。当急行中的车辆面临碰撞危险而司机又未能及时避让和正确操作时，本系统能快速反应：及时报警、自动减速直至自动紧急刹车，化险为夷。

系统综合优势如下：

采用毫米波雷达连续扫描，可在车辆前方形成一个锥形立体探测空间。具有高分辨、抗干扰、全天候、全天况、体积小、结构紧、功率低、不伤人的特点。与微波、红外、激光等方案相比，具有很多综合优势。在智能防撞和自动驾驶方面，是全世界行业内公认的优选传感器。

毫米波雷达汽车智能防撞系统如图 2 所示。

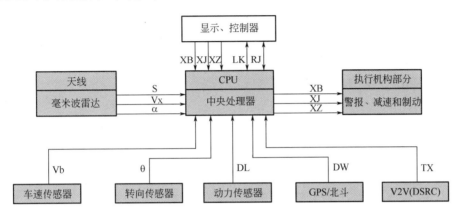

图 2　毫米波雷达汽车智能防撞系统

2．ADAS+毫米波雷达

高级驾驶员辅助系统（Advanced Driving Assistant System，ADAS），利用安装于车上各种不同的传感器（摄像头、毫米波雷达、超声波雷达等）在第一时间收集数据，进行车外和车内环境、物体的辨识和检测，让驾驶员尽快察觉潜在危险以采取相应的操作，从而提高行车安全性。

本公司 ADAS 系统采用了"24/77GHz 毫米波雷达+视频+其他"的多传感器融合配置方案。其中防撞预警（FCW）采用了雷达+视频传感器，分别探测远（150m）近（60m）目标。车道偏移警示（LDW）采用了国内一流水平的单目摄像头。

目前产品已在市场批量销售（引入车辆安全管理、驾驶行为实时监控，与保险公司合作等经营方式）。

3．BSD 盲点监测系统

盲点监测系统又称并线辅助系统，英文为：Blind Spot Detection，简称 BSD 或者 BLIS，是汽车上的一款安全类的高科技配置，主要功能是扫除后视镜盲区。通过 24GHz 毫米波雷达探测车辆两侧的后视镜盲区中的超车车辆，对驾驶者以提醒，从而避免在变道过程中由于后视镜盲区而发生碰撞事故。

本公司开发的 BSD 产品在技术方案、成本控制方面具有难以替代的先天优势，目前已经批量销往汽车前、后装市场。

4．卫星定位安全管理服务云平台

本公司建有自己的卫星定位、安全管理的综合服务云平台。

通过安装在车辆上（或其他载体）的卫星定位车载终端，实时接收卫星信号，并将卫星检测到的车辆定位信息（经度、纬度、时间、方向等）、车辆运行信息（速度、载重、周边环境），通过 GPRS、3G/4G 等无线网络与数据中心链接。数据中心获取到信息数据后进行运算加工、整理后供企业管理人员查看，方便企业管理人员对车辆实时监控、调度工作的开展。同时，还可将车辆的运行历史数据进行统计分析，为企业的管理人员提高企业运营效率、提供数据依据，为科学管理和决策提供有效支撑。

平台根据运输物流企业的业务功能，涵盖基础信息管理、实时调度、实时监控、过程追溯等涉及大中型运输物流企业日常运营的全业务领域。

同时，针对客户需求可进行定制化改造、移动终端定制设计开发、监控系统设计部署等个性化服务，如物联网电动车防盗系统等。

车载终端是通过交通运输部标准符合性审查的产品，能为车辆提供北斗/GPS 双模定位、车辆报警、行驶记录等全方位服务。

本公司卫星定位综合服务云平台通过手机 APP 软件，提供北斗/GPS 双模定位、导航、救援、停车等应用服务。

与巨化合作的全国危险品运输车平台建设正在进行中；与国内三大保险公司、汽车用户管理合作的项目也正在进行中……

公司产品结构如下。

主导产品：毫米波雷达汽车智能防撞系统。

辅助产品：①激光雷达智能安全防撞器；②汽车盲区探测系统（BSD）。

卫星定位—车载终端系统示意如图 3 所示。

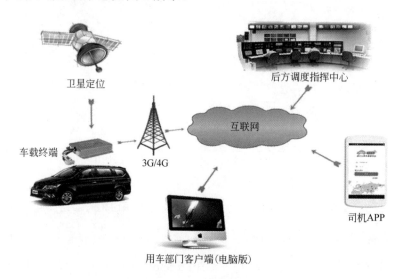

图 3　卫星定位—车载终端系统示意

三、市场竞争与创新驱动

（一）新形势下的竞争特点

我们正处在一个大变革的时代，改革开放经历了近 40 年，发生的变化已经超过了几千年的总和。我们简要分宏观和微观两方面看市场竞争。

1．宏观方面

随着新世纪经济和科技迅猛发展，传统的生产方式、经营方式、管理方式和人们的生活方式都在改变。买方市场的确立，世界经济一体化的进程加快，信息化如浪潮涌动，催生一个新经济时代提前到来。在此大背景下，企业的竞争出现了前所未有的复杂和严峻态势。

（1）市场竞争国际化。随着世界经济一体化的到来，竞争呈现国际化趋势。跨国公司的产品已经占有国际贸易市场的 60%，国内外市场界限也日渐模糊。

（2）市场竞争高强度化。世界经济进入超强时代，这不单在一个国家，而且在国际市场的竞争都成白热化。企业一旦竞争失利，就很难东山再起，如照相胶卷、玻璃显示屏等案例。

2．微观方面

（1）过去主要是产品数量扩张和价格竞争，但现在数量扩展和价格竞争的道路越走越窄，呈现出明显的不可持续状态。

（2）产品竞争正逐步转向以质量型、差异化为主的竞争，同时，产品成本、品牌、网络电商、新商业模式等新的要素在市场竞争中显现出更大的作用。

（3）最可怕的还有今后无法预料的新变化。

导致以上状况的主因是科技的日新月异，产品的更新换代速度加快，优胜劣汰更为迅速，生产能力的严重过剩，产品供过于求。

面对以上新形势、新态势，敢问企业路在何方？

（二）创新驱动，以变应变

● 党的十八大明确提出"科技创新是提高社会生产力和综合国力的战略支撑，必须摆在国家发展全局的核心位置。"强调要坚持走中国特色自主创新道路、实施创新驱动发展战略。

● 《中共中央国务院关于课化体制机制改革加快实施创新驱动发展战略的若干意见》（以下简称《意见》）要求，营造激励创新的公平竞争环境。发挥市场竞争激励创新的根本性作用，营造公平、开放、透明的市场环境，强化竞争政策和产业政策对创新的引导，促进优胜劣汰，增强市场主体创新动力。实行严格的知识产权保护制度，打破制约创新的行业垄断和市场分割，改进新技术新产品新商业模式的准入管理，健全产业技术政策和管理制度，形成要素价格倒逼创新机制。

● 《意见》强调，发挥市场对技术研发方向、路线选择和各类创新资源配置的导向作用，调整创新决策和组织模式，强化普惠性政策支持，促进企业真正成为技术创新决策、研发投入、科研组织和成果转化的主体。

● 面对这个变化迅捷的年代，唯有以变应变，才能不被潮流落下，这个变革创新的社会，唯一可以不变的只有"初心"。市场竞争，适者生存，优胜劣汰。只有尊重市场，敬畏市场，顺应市场，才能赢得市场认可，获得市场回报。在新变化、新趋势、新需求面前，企业不能墨守成规，对变化了的市场需求不可视而不见，要适应市场竞争，总结经验，以创新驱动发展才是正道。

既然创新驱动已经明确成为国家战略，那么作为企业的发展这就是最高指导方针，让创新驱动成为引领行业发展的重要动力。特别智能科技型企业，必须强化技术创新，强化质量创新，强化营销创新，强化品牌创新。要主动顺应时代潮流，积极应用"互联网+"、大数据、云计算等现代技术和管理手段，不断提高信息化水平，努力通过创新供给满足消费需求，引领企业长盛不衰，长足发展。

轨道交通智能化

人脸识别系统在地铁中的应用

杭州海康威视系统技术有限公司　陈华林

一、背景及需求

（一）应用背景

地铁以其高速、稳定、方便、快捷的特点，在如今大中城市的交通运输中发挥着越来越重要的作用，成为居民出行必不可少的交通工具之一。由于客流量大、密度大、背景杂，环境相对封闭，且与周边环境有高度关联性，在日益严峻的反恐形势下，地铁成了恐怖分子首选的打击目标之一。

2015 年 12 月 27 日《中华人民共和国反恐怖主义法》正式发布，从 2016 年 1 月 1 日开始施行，其中明确指出地铁属于重点目标，需制定防范和应对处置恐怖活动的预案和措施。

在地铁反恐防暴方面，大多数地铁公安仍然在采用常规侦查手段，依靠个人经验判断重点人员对其进行盘查，准确性和效率都较低，在地铁公安警力配备不足的普遍现状下，更容易引起嫌疑人员漏网，给地铁带来安全隐患。

建设一套适用于地铁场景人员进出通道进行监控的人脸识别系统，是视频分析、运动跟踪、人脸检测和识别技术在视频监控领域的全新综合应用。通过部署安装人脸抓拍摄像机设卡，对经过卡口的人员进行人脸抓拍、人脸特征的提取和分析识别，并将数据送入后端人脸信息综合应用平台，实现人脸动态比对报警、人员轨迹分析研判、人员身份鉴别查询等功能。通过本系统的部署，对海量人脸精准、高效的排查，实现对涉恐、涉稳、犯罪分子的提前布控和实时预警，帮助提升地铁安全，防止恐怖事件发生，对于提升公安工作能力与水平具有重要意义。

（二）需求分析

（1）迅速从进入地铁区域的人员中甄别出嫌疑人员，可出动警力进行人工盘查，提高盘查工作效率和准确度。

（2）考虑到嫌疑人员可能乘车前往其他车站，范围不确定容易失控，且列车作为封闭空间更是反恐重点区域，系统需快速响应并提供便捷的操作，帮助警务值班人员迅速定位并找到嫌疑人员。

（3）在嫌疑人员离开地铁区域时，系统应能给出提示，以便及时撤警，节省警力资源。

（4）系统应能长期保存抓拍的人脸图片，供事后研判分析使用，为人脸大数据应用提供基础。

二、系统总体设计

（一）总体架构

通过在地铁站合理部署安装人脸抓拍摄像机，对经过该人脸抓拍机点位的人员进行人脸抓拍、人脸特征的提取和分析识别，并将数据送入后端大数据报警平台。

后端人脸大数据报警平台对接地铁公安分局提供的黑名单数据库，实现人脸动态比对报警、人员轨迹分析研判、人员身份鉴别查询等功能，并联动前端人脸抓拍机实现对报警人员的录像，便于后期的取证回放应用。

（二）系统组成

系统拓扑图如图 1 所示。

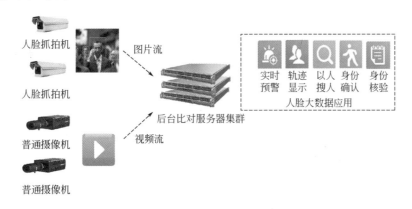

图1　系统拓扑图

系统由前端人脸数据智能采集系统、后端人脸比对云分析系统和人脸信息综合应用平台组成。

前端人脸数据智能采集系统部署在地铁出入口和咽喉处，使用内置 GPU 的人脸抓拍机或视频流人脸分析服务器实现对进出人员的人脸进行自动捕获、跟踪、抓拍，采集人脸特征数据并分析人脸属性信息。

后端人脸比对云分析系统采用高密度 GPU 架构基于深度学习的人脸智能算法，由人脸识别云分析单元、图片云存储单元和大数据单元三部分组成。

人脸信息综合应用平台结合地铁公安实战应用，提供人脸信息相关的功能，帮助地铁公安提升业务能力。

（三）关键技术

1．深度学习技术

深度学习是指机器通过模拟人脑建立的深度神经网络，模仿人脑机制来进行学习、判断、决策的技术，目前已被广泛应用于人脸识别、语音识别、笔记识别等领域。深度学习原理示意如图 2 所示。

图 2　深度学习原理示意图

　　通过深层神经网络训练出来的人脸识别算法能极大地提高识别精度。简而言之，就是让已经在网络结构中预设了人脸识别先验知识的神经网络，大量"阅读"很多人在各种环境（如光照、视角、表情）下被拍摄到的不同人脸图片，自动学习并提取人脸各个部位和尺度的低、中、高层特征，在大量学习之后，机器便能根据所提供的样板信息区分不同的人员。

2．人脸识别技术

　　人脸识别技术是基于生物特征的识别方式，所谓生物特征识别，就是利用人类自身拥有的、并且能够唯一标识其身份的生理特征或者行为特征进行身份验证的技术，一般包含人脸图像采集、人图像检测、人脸图像预处理、人脸图像特征提取、人脸图像匹配识别五部分（见图 3）。

图 3　人脸识别技术示意图

　　如图 3 所示，人脸识别过程的第一步是通过前端采集设备获取源图像，通过人脸检测方法得到有人脸的图像并对该图像进行一定的预处理，保留人脸最本质、对特征提取最有利的部分，然后选定一种特征提取算法对该预处理过的图像进行特征提取，最后根据与测试图像的比对来获得匹配的结果。

3．大数据技术

　　大数据是指无法在一定时间内通过传统数据库软件对其内容进行分析、处理和管理的数据集合。一般可用 4 个 V 来概括大数据的基本特征：Volume（大量化）、Variety（多样化）、Value（价值密度低）和 Velocity（处理要求快，即快速化）。大数据特征示意如图 4 所示。

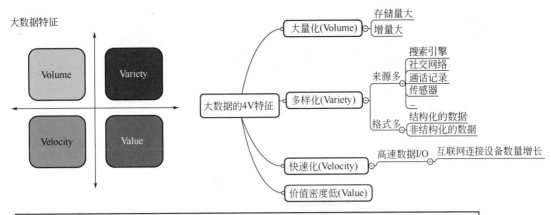

图 4 大数据特征示意图

本系统采用的大数据技术是针对大数据的四大特点，结合公安人员管控业务实际需求，基于分布式计算、全文搜索引擎等技术进行设计的，主要解决系统海量结构化、半结构化数据的存储问题，提供数据的快速检索、分析统计应用，并通过大数据的深度关联分析，对事物的发展趋势做出研判、预测。

4．云存储技术

云存储是在云计算（Cloud Computing）的概念上延伸和发展出来的一个新概念，是指通过集群应用、网格技术或分布式文件系统等功能，应用存储虚拟化技术将网络中大量各种不同类型的存储设备通过应用软件集合起来协同工作，共同对外提供数据存储和业务访问功能的一个系统，也可将云存储理解为是配置了大容量存储设备的一个云计算系统。

本系统针对公安应用特点，采用面向业务的设计思路，融合集群化、虚拟化、离散存储等技术，规划图片云存储，可将网络中大量各种不同类型的存储设备集合起来协同工作，共同对外提供高性能、高可靠、不间断的图片存储和业务访问服务。

三、前端人脸数据智能采集系统

（一）采集方式

1．集成 GPU 人脸抓拍机采集

对于新建线路，宜使用带人脸抓拍功能的智能相机，内嵌专门为视频监控场景设计、优化的深度学习算法，依托强大的 GPU 硬件平台和海量的安防大数据，实现精度更高、智能识别种类更多、环境适应性更强的智能功能。

人脸抓拍机工作流程如图 5 所示。

图 5　人脸抓拍机工作流程

2. 普通高清相机+视频流人脸分析服务器采集

对于已经开通运营的线路，前端相机改造的代价比较大，此时可通过视频流人脸分析服务器对普通高清相机的实时视频流进行处理，输出人脸图片信息。普通高清相机接入方式如图 6 所示。

图 6　普通高清相机接入方式

（二）功能设计

能够对经过设定区域的行人进行人脸检测和人脸跟踪，利用人脸质量评分算法从人脸轨迹中筛选出一张最优的人脸图像作为该行人的抓拍图像。

支持人脸区域自动曝光功能，能够根据外部不同场景及光照变化自动控制调节曝光参数，确保在逆光等情况下抓拍人脸仍较为清晰。

（三）人脸抓拍机安装要求

为了尽量提升前端相机人脸抓拍的准确率，系统对于摄像机的安装部署具有以下要求。

1. 安装环境选择

人脸识别准确率受人脸抓拍机安装位置、现场环境光线（如过暗、过亮）等因素影响极大。为保证系统有更好的效果，环境要求建议如下：

（1）需选择具有标准的人员通道或者出入口的安装环境，以规范人员具有唯一的通行方向，确保摄像机能够抓拍到该方向上所有进入或者离开人员的正脸。

（2）需选择具有稳定、充足的光照环境，在背光条件及光线不足条件下要求补光，确保人脸特征的清晰可见。

2．安装要求

人脸抓拍机安装位置选择规范如下：

（1）摄像机设在通道正前方，正面抓拍人脸，尽量减小水平方向偏转角度。

（2）摄像机安装需具有一定俯视角度，避免一前一后人员经过通道时后方人脸被遮挡。

（3）抓拍图片中要辨清人脸细节，要求人脸瞳距覆盖的像素大于 40 像素点。

（4）摄像机镜头至人员通道出入口中间空旷、无遮挡。

人脸抓拍机安装示意如图 7 所示。

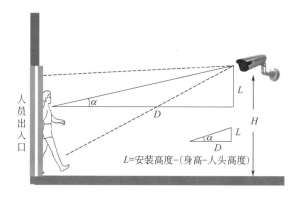

图 7　人脸抓拍机安装示意图

四、后端人脸智能云分析系统

后端人脸智能云分析系统是基于人的脸部特征信息进行身份识别的一种生物识别技术，并自动在图像中检测和提取人脸，进而对检测到的人脸进行脸部的一系列相关技术，如人脸建模、人员跟踪、人员属性提取等。

（一）系统组成

脸谱服务器组成如图 8 所示。

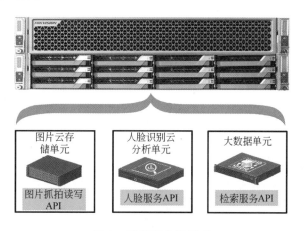

图 8　脸谱服务器组成

（二）组成说明

1．人脸识别云分析单元

人脸识别云分析单元是系统核心组件，通过内嵌 GPU 芯片实现实时对人脸图片建模、人脸特征识别、黑名单人脸布控报警、1V1 比对等功能。

2．图片云存储单元

由于人脸比对报警实时性要求非常高，需要实现秒级响应，因此需实现每秒数以百计的图片存储和提取。

3．大数据单元

大数据单元用于存储人脸结构化数据，包括人脸库的建模数据、实时抓拍的人脸建模数据等。

五、人脸信息综合应用平台

（一）设计概述

针对海量人脸检索的特点优化设计相应的人脸建模比对算法，对前端人脸抓拍机或视频流人脸分析服务器回传的抓拍数据进行建模、存储，建立海量人脸特征数据库。平台基于强大的计算机智能人脸比对引擎，可通过与公安业务信息库的对接，结合公安人脸比对相关业务需求，实现人脸布控及动态比对预警、人员轨迹追踪查询、人员身份鉴别查询等实战应用功能，可在公安机关追逃、破案、寻人等应用中发挥巨大的作用。

（二）系统组成

人脸信息综合应用平台由管理服务器、数据接入服务器、人脸大数据应用服务器和控制终端组成。

1．管理服务器

管理服务器是负责所有系统资源的管理、配置、认证，提供统一的分级配置及查询分析界面；提供系统的用户管理、权限分配、统一用户认证及鉴权服务；提供日志管理、电子地图管理、跨网域访问管理等管理服务；提供客户端的登录管理、信息获取和消息转发服务；提供系统对接服务接口，便于第三方平台对集成接入。

2．数据接入服务器

数据接收服务器作为系统的数据接收硬件，可对接人脸抓拍单元推送的实时过人数据（人脸属性、过人时间）、人脸图片等，同时满足《公安视频图像信息应用系统》标准规定的接口要求，提供数据的转发服务。

3．人脸大数据应用服务器

部署人脸大数据应用服务软件模块，是结合公安人脸大数据实战化应用需求的核心服务器。

4．控制终端

部署于监控席位，用于安装系统客户端软件，实现用户对系统的操作。

（三）平台功能

1．人脸动态比对报警

针对在逃、涉恐、涉案等人员的重点管控需求，系统可按布控对象、布控范围、有效期、预警阈值、预警时段提供实时布控功能，一旦在布控范围内出现关注人员，系统立刻产生报警。人脸动态比对报警功能效果图如图9所示。

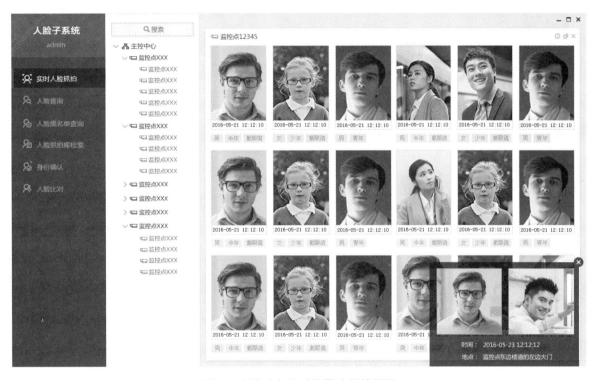

图9　人脸动态比对报警功能效果图

2．人员轨迹分析研判

针对一些公安民警重点关注的人员或涉案、涉恐人员，可利用已有的人脸图片或者系统检索出的人脸图片，搜索出一定时间段及监控范围内的相似人脸图片，选择目标人员人脸图片，结合电子地图刻画出人员时空轨迹，分析目标人员"从哪里来、到哪里去、沿途经过哪里"。

3．人员身份鉴别查询

输入一张人脸照片（前端人脸抓拍机抓拍的人脸照片或治安监控截取的清晰人脸图片），可在静态人脸特征数据库中（通过导入常住人口库、暂住人口库的照片及人员身份信息建立），根据人像特征点比对算法，检索出与其最相似的人员，按照相似度从高到低依次排列，帮助地铁公安快速锁定不明人员的身份信息。人员身份鉴别查询功能效果图如图10所示。

4. 系统管理

系统管理功能主要实现前端人脸抓拍设备的添加，人脸名单分组管理，布控名单报警设置，人脸存储管理，人脸抓拍实时预览，人脸抓拍图片查询，人脸布控报警查询，以及对人脸库、人脸数据进行管理（支持单个图片导入、文件夹批量导入、数据库对接导入），同时可对人脸检索等功能进行参数配置。

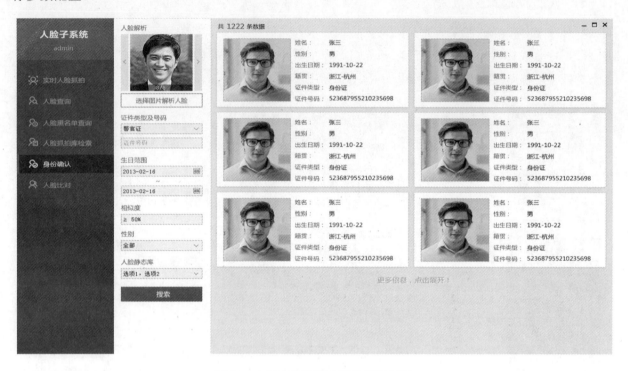

图 10　人员身份鉴别查询功能效果图

六、系统应用风险及实施建议

（一）系统应用风险

人脸识别系统在建设和使用过程中存在着一些风险因素，会影响到系统的良好运行及最终应用成效、应用价值的发挥。

系统应用风险主要包括以下几个方面。

1. 抓拍质量过差

人脸识别准确率与抓拍图像质量密切相关，如果抓拍质量过差的话（像素不够、角度偏转较大），会导致漏抓，人脸动态比对时漏报的概率及人员轨迹分析时数据缺失的概率也会加大。因此，需要保证人脸抓拍图像的质量。

抓拍图像质量较差一般是摄像机安装不当造成，图 11 所示为典型示例。

图 11　镜头未拉近，覆盖范围太广，人脸像素过小

2．导入照片质量过差

1）布控库导入照片质量过差

如果将质量过差的照片加入布控库，人脸动态比对时将会产生大量虚报误报，导致人工确认困难，反而浪费了宝贵的警力资源。

2）照片搜人、身份鉴别等应用导入待检索照片质量过差

如果用于照片搜人、身份鉴别等应用的待检索照片质量太差，将直接影响检索的准确性。因此，不宜选取人脸像素过低、角度不够正面的图片。

3．导入照片年限跨度太长

随着年龄的增长，人的容貌会发生变化，一般来说时间跨度越长，人的容貌变化越大，因此布控库导入照片、待检索照片、常住、暂住库照片的年限跨度不宜太长，否则人脸匹配比对准确的概率会大大降低，从而影响系统的效能发挥。

（二）系统实施建议

为规避上述风险，保证系统最终应用成效的发挥，我们建议在系统部署实施及使用时采取以下有效措施。

1．保证抓拍图像质量

要保证抓拍图像质量，前端人脸抓拍机的搭建就非常关键。建议严格按照前端科学布点要求、前端安装规范要求进行人脸抓拍机的布点和搭建。

由于人员行走路线的不确定性，系统很难做到人员抓拍的完全覆盖，因此一般建议先保证人脸抓拍质量，允许少量漏抓，少量漏抓可通过增加点位来弥补。

人脸抓拍机安装完成后，应测试抓拍效果，如未达到应用要求，应根据安装规范进行相应微调。

2．保证导入照片质量

布控库照片、待检索照片、常住、暂住库照片等系统导入照片的质量应满足以下要求：两眼间

距不低于 60 像素（最低要求 40 像素），姿态上下左右角度偏转不超过 10°，以正面数码照，二代身份证照为宜。

（三）保证导入照片年限跨度

为保证系统的效能发挥，布控库导入照片、待检索照片、常住、暂住库照片的年限跨度一般不宜超过 5 年。

七、结束语

AI 智能的时代逐步走近，人脸识别作为 AI 智能的典型应用在诸多场景已经得到广泛应用，门禁、金融、教育应用等非常成熟，然而在地铁中的应用还是新生事物，本文从地铁公安的实际应用需求出发，提出了人脸识别系统为地铁反恐的建设模式，随着应用逐步普及，将为"平安地铁"进一步发展提供更好的技术手段。

信号系统屏蔽门控制方案

新誉庞巴迪信号系统有限公司

随着城市化进程的加剧，人们对出行效率提出了更高的要求，城市轨道交通地铁系统提供了高速、快捷、中运量解决方案。传统的地铁项目运营，CBTC 模式下列车门和屏蔽门的联动控制是基于门控柜（Door Control Cabinet，DCC）的设计。当车地通信丢失，轨旁 ATC 系统故障等列车降级模式的运行场景，列车门和屏蔽门不能够联动，需要站台值班员手动控制屏蔽门开门、关门，较长的操作时延严重降低了系统的运行效率和列车通过率。为了实现多种列车运行模式（CBTC 模式，降级）满足正常和故障情况下列车高效运行，信号屏蔽门控制柜（Signalling Platform Screen Door Cabinet，SPSDC）实现 CBTC 和降级模式下列车门和屏蔽门联动控制。SPSDC 在自动模式和降级模式提供更短链路的命令传输（小于 500ms），安全性更高命令验证（SIL4）以及双系冗余设计。SPSDC 与无人驾驶的信号系统有更强的兼容性和可扩展性，支持列车门和屏蔽门对位隔离，可配置的车门和屏蔽门对位联动，更加适应无人驾驶信号系统的发展方向。

一、SPSDC 屏蔽门控制方案系统架构

（一）传统的 DCC 设计方案

轨旁系统 RATC 控制屏蔽门门控柜 DCC 实现屏蔽门控制。车门和屏蔽门联动的过程是，列车停站，对齐列车中线到停车窗口，VATP 列车门使能信号安全检查条件通过，车载 ATP 系统发送车门使能命令到车辆门控系统，使能命令是列车门动作的允许信号，RATP 发送屏蔽门使能信号给联锁（CBI），CBI 发送使能信号到目标控制器（OCS），OCS 发送使能信号到 DCC，DCC 安全检查通过，使能列车门对应的站台侧屏蔽门。RATO 发送开门命令到 DCC 驱动屏蔽门开门，停站延时完成，RATO 发送关门信号到 DCC 驱动屏蔽门关闭，在列车精确停站到屏蔽门开始开门需要的传输和处理时延大约为 2.2s。DCC 驱动屏蔽门如图 1 所示，命令传输和处理时延如表 1 所示。

传统方案说明：

（1）从列车停车到屏蔽门开始开门时延为 2.2s；

（2）只有屏蔽门使能信号是安全命令，需要 CBI 和 RATP 驱动；

（3）门控系统 DCC 没有冗余设计；

（4）列车车门与屏蔽门互锁解除，列车至少在 2.2s 延时之后开始离开站台；

（5）不支持车门和屏蔽门对位隔离。

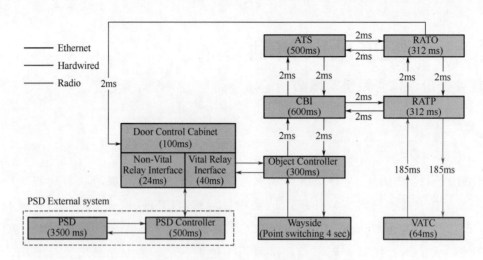

图 1　传统方案——DCC 驱动屏蔽门

表 1　传统方案——命令传输和处理时延

步骤	最大时间
车载 VATP 处理时延	32 ms
车载 VATO 处理时延	32 ms
VATC – RATP 传输时延	185 ms
RATP 处理时延	312 ms
RATP – CBI 传输时延	2 ms
CBI 处理时延	1200 ms
OCS – CBI 传输时延	2 ms
目标控制器操作时延	300 ms
门控柜，安全继电器吸起时延	40 ms
合计	2.2 s

（二）SPSDC 设计方案

　　基于 DCC 传统的车门-屏蔽门联动方案不能解决在点式后备模式（RATC 故障，或 TWC 通信丢失等）场景下，车门与屏蔽门联动控制。SPSDC 信号门控系统方案是配置 SIL4 安全冗余的信号屏蔽门门控系统。SPSDC 门控设备硬件配置采用双通道，采用安全继电器驱动的硬线连接，软件遵守故障-安全设计原则，具有更完备故障诊断和自检功能。基于 SPSDC 屏蔽门控制的过程是，列车停站，对齐列车中线到停车窗口，车载 ATP 安全检查条件通过，车载系统发送车门使能命令到车辆门控系统，列车门使能，车载系统使用站台区域无线电台，发送屏蔽门使能请求到 SPSDC，SPSDC 安全回路检查通过，驱动使能安全继电器激活屏蔽门使能回路，VATO 发送屏蔽门开门信号到 SPSDC，SPSDC 驱动开门回路上电。停车时间结束，车载系统发送关门命令关闭列车门，VATO 发送屏蔽门关门信号到 SPSDC，SPSDC 激活关门回路，关闭屏蔽门，VATP 移除车门使能信号，SPSDC 移除屏蔽门使能信号，车载系统接收列车门关闭锁闭信号和 SPSDC 发送的屏蔽门关闭锁闭信号，列车即可授权发车。SPSDC-PSD 系统架构如图 2 所示，车门屏蔽门联动时序如图 3 所示，开门场景如图 4 所示，命令传输和处理时延如表 2 所示。

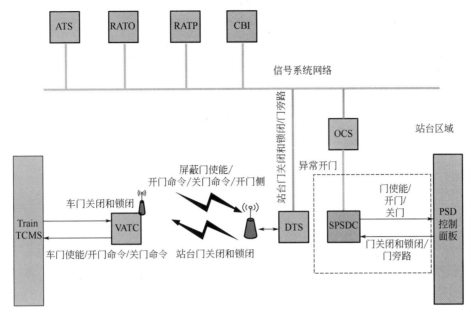

图 2 SPSDC 方案——SPSDC 系统架构

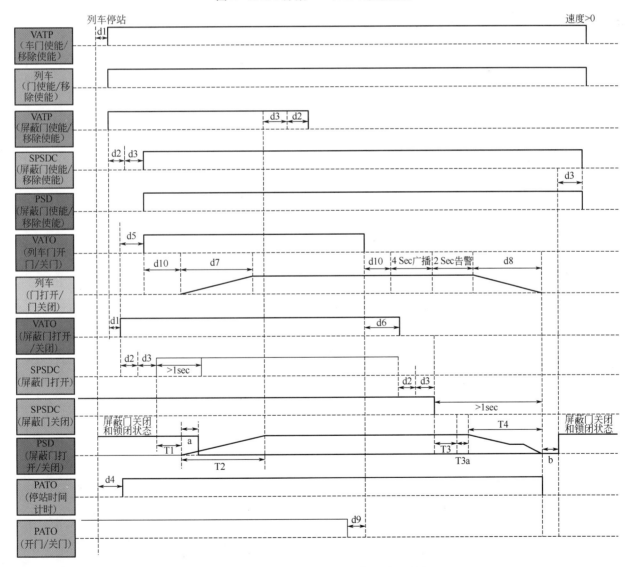

图 3 SPSDC 方案——车门屏蔽门联动时序

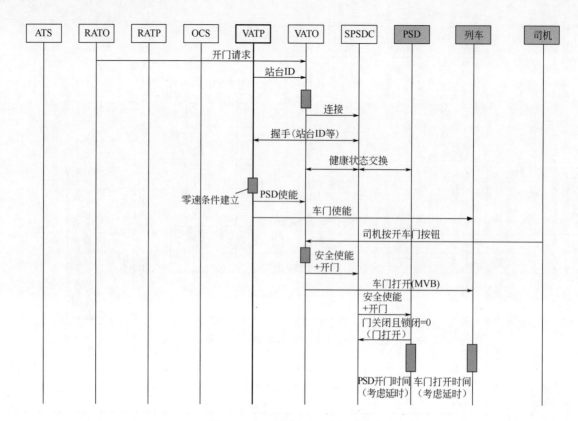

图 4   SPSDC 方案——开门场景

表 2   SPSDC 方案——命令传输和处理时延

d1	执行周期时间（32 ms）
d2	VATC-SPSDC 通信时延（100 + x2）ms，x2 = 网络时延（大约 20 ms）
d3	SPSDC->PSD（96×2+16+40 = 248 ms）
d4	VATO 到 RATO（312 ms）
d5	内部 VATO 时延（大约 142 ms）
d6	内部 VATO 时延（列车门关门时间 – d2 – d3 –T3 – T4 = 5358 ms） 注：列车门关门时间 = d10+4000ms+2000ms+d8
d7	实体列车门开门时间（2500 ms）
d8	实体列车门关门时间（3000 ms）
d9	RATO 到 VATO（312 ms）
d10	VATC-列车门控制单元处理时间（128ms+128ms+128ms+300ms = 684 ms）
T1	从开门命令激活到 PSD 开始开门时延（< 500 ms）
T3	从关门命令激活到 PSD 开始关门时延（< 500 ms）
a	屏蔽门解锁到发送丢失关闭锁闭信号到车载系统（< 300 ms）
b	屏蔽门完全关闭和锁闭到信号系统接收到关闭锁闭状态时延（< 300 ms）

SPSDC 方案说明：

（1）列车停站开始到打开车门时延小于 d1 + d2 +d3（400ms）；

（2）SIL4 安全系统；

（3）冗余 SPSDC 系统配置；

（4）发送互锁解除操作命令到车载系统更短的响应时间 268ms＝40ms（继电器）＋16ms（MVB）＋32ms（单元调度）＋20ms（网络延时）＋96ms（SPSDC-VATO）＋32ms（VATO）＋32ms（VATP）；

（5）支持车门屏蔽门对位隔离，可配置特定的屏蔽门与车门联动控制。

传统 DCC 方案与 SPSDC 方案对比如表 3 所示。

表 3 传统 DCC 方案与 SPSDC 方案对比

编号	描述	传统 DCC 方案	SPSDC 方案
1	列车停站到屏蔽门打开	2.2s	<500ms
2	安全设计	屏蔽门使能信号是安全命令，由 CBI 和 RATP 监控和驱动	SIL4 安全系统（硬件配置+软件设计）
3	冗余配置	无	激活和热备的冗余配置
4	互锁解除激活到列车开始发车时延	2.2s	268ms
5	车门和屏蔽门对位操作	无	支持屏蔽门和车门对位隔离；可配置特定的屏蔽门与车门联动控制
6	降级模式下车门和屏蔽门联动	无	支持点式后备模式下车门和屏蔽门联动控制，具备点式列车站台区域发车信号机红灯误触发防护功能
7	兼容无人驾驶系统	无	实现无人驾驶系统列车门和屏蔽门对位隔离，单门控制
8	嵌入式诊断	无	嵌入式诊断，日志备份，接口调试模块

二、SPSDC 机柜与 PSC/APC（屏蔽门控制盘）物理接口

SPSDC 通过五组安全回路与 PSD 连接，图 5 展示了 SPSDC 和 PSD 子系统之间的物理接口。

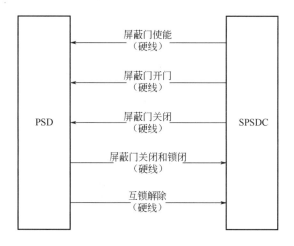

图 5 物理接口

三、SPSDC 与 PSD 电气接口

（一）电气接口综述

图 6 所示为 SPSDC 和 PSD 之间的电气接口综述。

　　SPSDC 方案支持无人驾驶系统，通过 RS485 和以太网等通信方式，配置接口可以实现列车门和屏蔽门对位隔离以及特定车门与屏蔽门的联动控制。

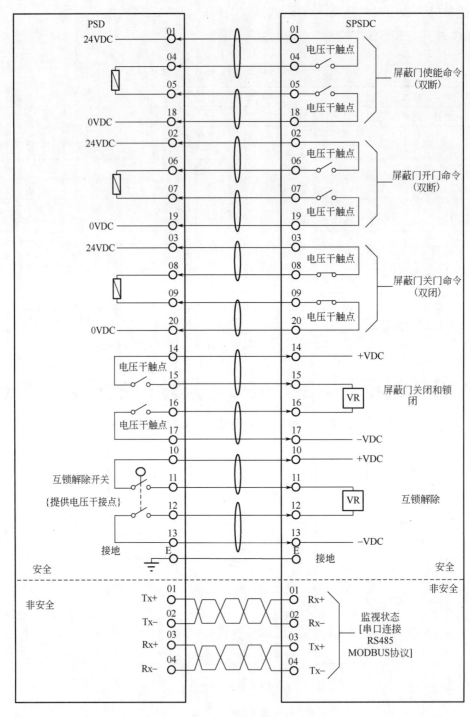

图 6　电气接口综述

注：本图不反映继电器触点的真实状态。

（二）门打开电气接口

　　门打开信号是 SPSDC 通过继电器接口发送给 PSD。SPSDC 发送开门命令打开列车门对应侧的屏蔽门。

开门信号是持续信号，一直持续到关门命令的发出。

此信号高电平有效。

（三）门关闭电气接口

门关闭信号是 SPSDC 通过继电器接口发送给 PSD。SPSDC 发送关门命令关闭车门对应的屏蔽门。

关门命令是持续信号，持续到屏蔽门使能信号无效。

此信号是低电平。

SPSDC 使用软件翻转逻辑保证"门打开"和"门关闭"信号不会同时有效，如果存在任何冲突命令，PSD 返回预定义安全状态。

（四）门使能电气接口

门使能命令是持续命令，此信号高电平有效。

当门使能信号丢失时，PSD 返回预定义安全状态。

（五）门互锁解除电气接口

门互锁解除信号是 PSD 提供的持续信号。

当屏蔽门关闭且锁闭信号因故障无法发送给信号系统，且出于运营方面考虑，需要旁路该信号时，使用互锁解除命令旁路门关闭锁闭信号。

（六）门关闭且锁闭电气接口

屏蔽门关闭且锁闭信号是持续信号。

PSD 系统实时发送屏蔽门关闭且锁紧状态给 SPSDC。

如果屏蔽门没有关闭且锁闭，屏蔽门互锁解除开关未被激活，并且 SPSDC 没有发送开门信号，关门命令已经执行完成，SPSDC 触发"屏蔽门非预期开门"报警信号。

（七）监视状态接口

信号系统通过监视状态接口，采用 Modbus 协议持续监控屏蔽门的健康状态。

检测到故障的屏蔽门，车载系统控制对应的车门不联动，实现故障屏蔽门和车门的对位隔离。

四、屏蔽门开门、关门故障处理

（一）屏蔽门开门故障

由于 SPSDC 无法发送使能信号或开门信号导致屏蔽门无法开门时，站台操作员可以使用 PSL、IBP 盘、LCB 三种方式人工打开屏蔽门。

（二）屏蔽门关门故障

屏蔽门阻塞或机械门故障可能导致屏蔽门无法关门。屏蔽门将尝试关门 3 次，如果仍未成功，门将保持打开（仅仅是无法关闭的门保持打开），站台操作人员使用互锁解除开关旁路屏蔽门关闭锁闭信号，车载系统即可授权发车。

五、结论

本文说明了传统的屏蔽门控制，使用轨旁 ATP 和 CBI 保证屏蔽门安全操作，在可操作性、安全等级、高效控制方面存在瓶颈。SPSDC 方案具有更短的控制时延，更高的安全性和可靠性，支持 CBTC 和点式降级模式的屏蔽门联动以及对位隔离和可配置的列车门和屏蔽门联动设计，兼容无人驾驶系统的屏蔽门控制。因此，SPSDC 设计是更加适合、高效的屏蔽门系统方案。

基于大数据技术的城市轨道交通综合运维解决方案

卡斯柯信号有限公司

城市轨道交通综合运维系统（以下简称 IOM 系统）是卡斯柯信号有限公司倾力研制的拥有全自主知识产权的城市轨道交通信号设备综合运维解决方案。该系统是基于卡斯柯信号与综合监控集成平台（Signal&SCADA Integrated Platform，SSIP）以及大数据、云平台技术，研发的新一代轨道交通信号设备综合运用及维护系统。IOM 系统利用大数据分析实现对设备运行数据的深度挖掘，发现设备运行规律，计算设备状态指标，指导设备维保决策。该系统不仅支持单线城市轨道交通综合运维系统建设方案，也支持城市轨道交通多线路联网建设，为城市轨道交通维保部门建立城市级的一体化综合运维中心，快速提升城市轨道交通维保用户的综合运维能力，提高维护效率，降低运维成本，实现减员增效，为城市轨道交通的安全运营保驾护航。

一、系统结构

IOM 系统采用分布式架构构建，分为路网级中心、线路级中心和车站层三层结构。三层结构分别通过部署不同的设备和软件，实现对应的功能，系统结构如图 1 所示。

（一）路网中心层

IOM 通过在城市级中心配置一套基于云资源池的服务器群组，实现路网中心硬件部署；通过在指挥中心部署各子专业系统分析终端及大屏系统，实现系统维护台的布局。

路网中心云服务器组包括存储资源、主机资源、网络设备等，实现综合运维业务功能；采用云虚拟化技术构建，以实现资源的最大合理利用并方便后续新建线路的扩展接入。

路网中心在云资源池中需要分配的服务器资源包括数据库服务器、应用服务器、综合分析服务器、通信前置服务器、接口服务器、时钟服务器和防病毒服务器等。

在指挥中心部署的终端包括道岔转辙维护终端、专业电源维护终端、CBTC 维护终端、环境维护终端、计轴分析终端等。

（二）线路中心层

线路级中心通过设置必要的业务系统接入服务器，将各条线路各专业平台所需的信息统一接入至路网中心层。提供接入的设备包括通信前置服务器、通信电源接入服务器、环境接入服务器等，同时需要通过硬件防火墙实现必要的隔离和网络安全控制。

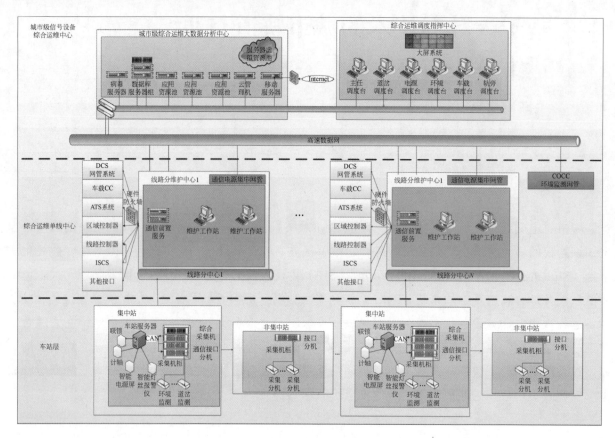

图1　系统结构

（三）车站层

车站层在利用既有的维护支持系统的车站接入信息之外，需要实现 IOM 系统的扩展信息的统一接入。需要接入的扩展信息包括道岔缺口、计轴日志等。

二、系统功能

IOM 系统功能目标是提升信号设备维保的智能化、自动化和信息化水平。通过专家智能诊断和大数据分析技术，实现故障快速诊断定位和预警分析；通过高度集成化的设备状态监视、故障智能分析和闭环处理，实现维护效率的提升；通过针对设备的质量分析和健康度评价，实现基于"状态修""预防修"的维护模式转变。同时，系统提供设备全生命周期管理、问题闭环管理、故障应急处理、生产作业、移动作业等管理相关功能，进一步提高维保部门设备维护管理的信息化水平。

（一）系统集成化监测功能

IOM 系统实现对以下业务专业的全面和专业化的集成化监测。

（1）道岔转辙设备；

（2）电源屏、UPS、电池组、外电网；

（3）CBTC 信号系统；

（4）信号机、智能灯丝；

（5）轨道电路、屏蔽门、绝缘漏流、熔丝；

（6）计轴（实时信息和日志）；

（7）信号和通信机房环境等。

监测范围可方便的扩展和覆盖到其他专业，具体如下：

（1）车辆全息化；

（2）工务；

（3）综合监控系统等。

（二）智能分析和预警功能

IOM 系统具备故障智能诊断和定位以及预警分析功能。在故障出现时，能自动定位故障处所和原因，以故障原理图方式显示故障处所；能自动发现故障隐患，在监测信息出现异常波动、突变、超限等情况时，能及时预警。同时，具备提供维护建议和故障处理流程的功能。

1. 故障智能诊断

IOM 系统可自动分析出故障位置及故障原因，并提供设备故障维修建议及相关图纸，同时具备基于原理图的回放功能。以智能系统代替技术专家人员进行实时诊断，降低对核心人员的依赖，可有效压缩故障延时，降低因设备故障引起的晚点率，如图 2 所示。

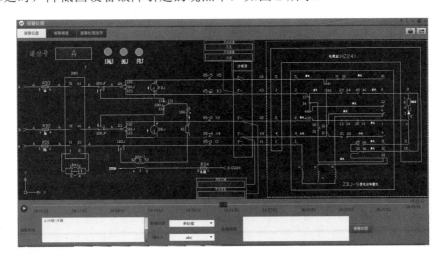

图 2　故障诊断范围及故障处理示意图

2. 预警分析

IOM 系统会 7×24 小时不间断的分析设备数据，当设备存在故障隐患时，系统自动分析发现隐患并以预警方式提醒维护人员，消除隐患于萌芽状态，如图 3 所示。

3. 智能维修

IOM 系统为每种类型设备梳理程序化的故障处理流程，在故障发生时，系统立即自动调取相应流程指挥故障处理。IOM 系统在提供故障智能诊断的基础上，进一步提供故障应急处理流程指导，可以指导维护人员快速完成故障处理和应急抢修工作，压缩故障处理延时。

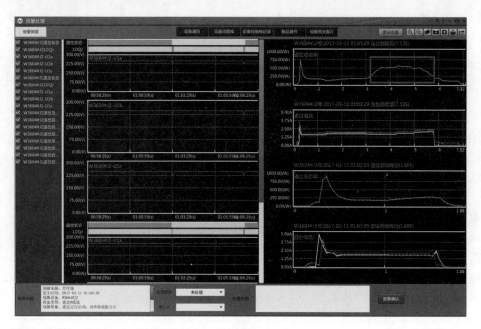

图 3　预警分析

（三）大数据统计分析功能

IOM 系统基于大数据技术，实现设备运行规律挖掘、系统运行压力分析、RAMS 分析、设备健康度统计、设备运用次数统计、长期趋势预警分析。

1. 设备运行规律挖掘

IOM 系统基于大数据技术，实现对 CBTC 系统设备运行规律的挖掘分析，具体如下：

（1）EB 分布统计分析；

（2）超速分布统计分析；

（3）停站精度分布统计分析；

（4）车门与屏蔽门联动延时；

（5）开门-动车/停稳-开门延时；

（6）基地道岔的动作时间预判；

（7）牵引制动惰行分布；

（8）人工办理进路比例；

（9）车轮与钢轨粘着系数分析；

（10）无线通信交叉故障定位等。

2. 系统运行压力分析

IOM 系统基于大数据技术，实现对 CBTC 系统相关运行压力的统计分析，具体如下：

（1）旅行速度、技术速度、限速情况；

（2）折返时间/折返能力；

（3）列车平均/最小/最大追踪时间；

（4）停站时间；

（5）ZC 支持列车数量；

（6）信号系统无线丢包分析；

（7）信号系统无线受扰受攻击分析；

（8）DCS 数据压力分析；

（9）DCS 丢包分析等。

3．RAMS 分析

IOM 系统基于大数据技术，实现系统设备 RAMS 的分析，具体如下：

（1）各设备类型的平均可工作时间 MUT；

（2）各设备类型的平均失效距离 MDBF；

（3）各设备类型的平均故障间隔 MTBF；

（4）各设备类型的平均停机时间 MDT；

（5）各设备类型的可用度；

（6）各站点 MDBF；

（7）各设备类型的平均故障间隔 MTBF 等。

4．设备健康度统计

IOM 系统运用大数据分析技术，对设备整体运用状态进行统计分析，实现基于权值打分系统的设备健康度统计分析功能，指导现场进行设备维护。通过质量评分功能辅助维修模式从故障修、计划修向状态修、预防修转变，以实现减员增效。

IOM 系统基于综合采集和故障信息，可进一步实现各设备类型故障率、各厂家故障率、故障率趋势、各站点故障率、各线路超期服役等统计分析，如图 4 所示。

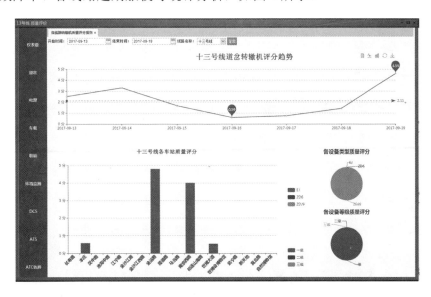

图 4　设备健康度评价

5．长期趋势预警分析

IOM 系统通过对海量电气特性数据的长期跟踪分析，实现基于历史大数据的长时间趋势分析和故障预测，如图 5 所示。

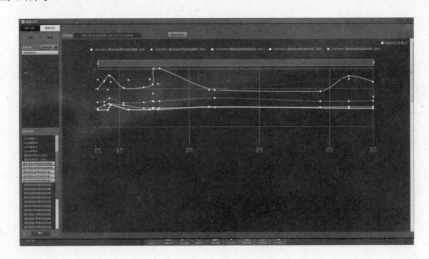

图 5　长期趋势分析

（四）维护建议报告

维护建议报告用于显示车站全站信号设备的总体运用状态。如图 6 所示，通过对一段时间内的设备故障或异常的统计查看可知晓系统总体设备的运用情况。

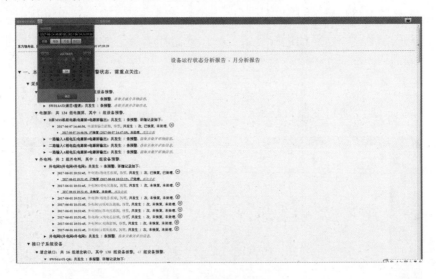

图 6　维护建议报告

（五）图形化展示功能

IOM 系统采用全图形化方式直观地显示设备状态监控。如图 7 所示，通过对系统线路图、单线图、车站室内、车站室外关键设备状态的图形化状态展示，可便捷快速地辅助用户定位故障或异常设备。

（六）设备全生命周期管理

IOM 系统通过 RFID 电子标签/条码实现对设备的唯一性标记，对设备全生命周期（从安装、使用、保养、维修、改造、更换直至报废）进行科学的记录跟踪，以形成系统完整的设备管理体系，如图 8 所示。

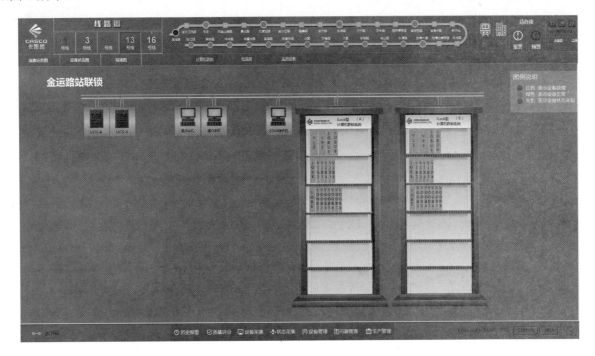

图 7　图形化展示功能

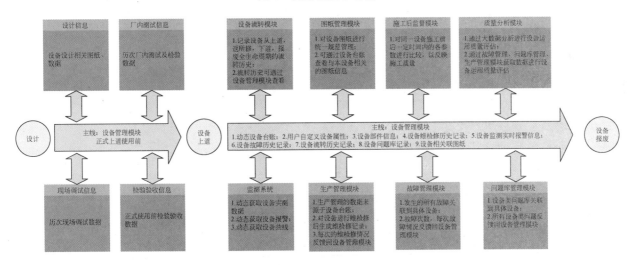

图 8　设备全生命周期管理示意图

设备管理分为在用设备和应急备品管理两类，为每件设备建立唯一的设备台账，按照上道→下道→入所→报废的生命周期对设备进行管理，并能够对处在各状态的设备进行查询。

IOM 系统提供以下设备管理的智能预警提醒功能：

（1）设备到期提醒：根据设备台账中的设备使用寿命，以及设备上道时间，自动判断设备寿命是否即将到期，如果是则给出提醒；

（2）设备到检提醒：根据设备维修计划，以及设备维修记录，对设备维修任务进行到检提醒，提示用户设备临近检修计划日期。

（七）问题闭环管理

IOM 系统具备问题闭环管理功能。该功能可将检维修作业、领导检查、在线监测系统发现的管理、设备问题或作业问题纳入问题库管理，实现问题的分派、流转整改、跟踪，直至问题的关闭。确保线路设备隐患能够跟踪解决到位，避免问题处理遗漏，扩大影响范围。

（八）标准生产作业

IOM 系统提供维修维护过程中各个环节的管理功能，包括维修计划编制、计划审批、维修天窗管理、任务分派、作业执行、作业过程卡控、作业情况反馈、作业完成进度跟踪、计划任务待办提醒等，形成一套完整的生产管理信息平台，实现了从年月表生成、临时任务下发、问题库派发、派工单、再到上道作业卡控、作业销号卡控、天窗统计的全过程立体化生产指挥。该功能可代替人工、纸质管理，大幅提高维保部门的信息化管理水平。

（九）移动应用

在安全隔离的基础上实现移动应用，可在移动终端上实现设备全生命周期管理、设备实时状态监测、报警推送、设备质量评价、报表统计等相关功能，极大方便了维护人员的移动维护作业。

（十）技术图纸管理

IOM 系统提供技术图纸的增加、删除、查询功能，包括图纸类型、所属机构、所属车站、设备类型、设备及上传相应的技术图纸文件，可进行技术图纸的分类查询、预览、下载。

三、综合运维系统优势

IOM 系统可智能实时监督分析设备数据，提前发现设备隐患，大幅降低设备故障率；依托系统的"智能化"，可替代高水平技术专家诊断设备故障原因，减少对高水平维护人员需求和依赖；实现信号设备维护的状态修、预防修，避免过度修；通过信息化手段提升管理、决策能力及效率；大幅降低设备维护及管理人力投入，实现减员增效。

城轨车辆智能旅客信息系统

中车大连机车研究所有限公司
陈广泰　于　健　姜　正　陈　闯　赵海涛

一、引言

随着信息时代的来临，人们生活质量的提高，乘客对于城市轨道交通的要求已不局限于简单的交通工具，需要为乘客提供一套准确、实时、乘车娱乐及资源丰富的信息服务系统，为此智能化城轨车辆旅客信息系统应运而生。

既有的旅客信息系统内部信息多采用 MVB、CAN、LonWorks 总线进行信号传输，基本满足列车上各种设备的监控需要，但这些总线的传输速率低，当传输内容增多时，带宽将成为瓶颈[1]；而且网络可扩展能力较弱。随着"互联网+"的发展，如实时视频监控、车相级多媒体应用、车地故障信息传输要求，使得旅客信息网络上传输的信息越来越多，传统列车网络已经不能支持如此大容量的数据传输。

二、智能城轨车辆旅客信息系统功能

传统旅客信息系统在功能上主要包括列车广播系统（PA）、旅客信息显示系统（PIDS）、视频监控系统（CCTV）三大部分。随着信息时代的来临，在为乘客提供丰富的视听、娱乐享受方面，传统的旅客信息系统已不能满足乘客需求。

新型旅客信息系统在功能上应主要包括列车广播系统（PA）、旅客信息显示系统（PIDS）、视频监控系统（CCTV）、远程监测与故障诊断系统、车厢 WiFi 系统、卫星电视系统（SATV）6 个部分。各系统设备相对独立，但系统之间又具有应用连通接口（见图 1）。

（一）列车广播系统

列车广播系统包括列车媒体广播控制单元（ACSU）、乘客广播控制单元（PACU）、广播控制盒（DACU）、紧急报警器（PEA）、液晶式动态地图（DRM）及 TCMS、Radio 的接口等，其框图如图 2 所示。

列车广播系统是旅客信息系统的重要组成部分，为满足广播通信系统的多功能需求，广播通信采用以下两种总线方式：

（1）列车级通信总线。用于列车控制、显示、状态信息传输。列车级网络采用千兆环型以太网架构。

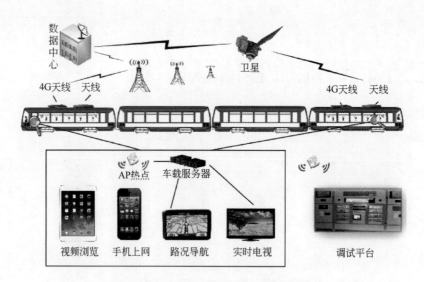

图 1 智能化旅客信息系统功能示意图

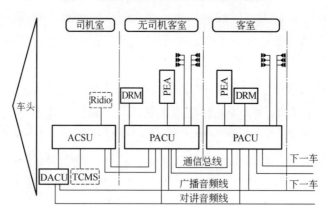

图 2 列车广播系统框图

（2）广播/对讲总线。广播/对讲的音频总线采用 UIC568 标准音频总线结构。广播/对讲总线通信方式可以为广播系统提供安全、可靠的物理通信链路，广播语音可通过广播/对讲总线进行播报。

正常网络状况下，列车广播系统通过列车级通信总线进行信号传输。广播控制盒（DACU）向列车媒体广播控制系统（ACSU）发起广播请求，若此时有更高级别的广播正在进行，主控端 ACSU 不允许接通广播，若没有更高级别的广播正在进行，主控端 ACSU 通知客室广播控制系统（PACU）功放单元，DACU 与客室功放单元建立语音通道，进行广播。当系统总线网络出现故障时，广播系统运行在降级模式，司机室与司机室及司机室与客室音频通过 UIC568 总线进行传输。采用二级总线控制方式，当某一客室设备或车辆通信总线发生故障时，不会产生阻断列车广播控制总线的现象，以免影响列车广播系统的正常运行。

（二）信息显示系统

信息显示系统包括列车媒体广播控制单元（ACSU）、客室广播控制单元（PACU），还包括贯通道显示器（PDU）、终点站显示器（EDD）、网络摄像机（CAM）、司机室监控屏（TLCD）、视频录像机（DVR）、3G/4G 模块等。列车信息显示及监控系统框图如图 3 所示。

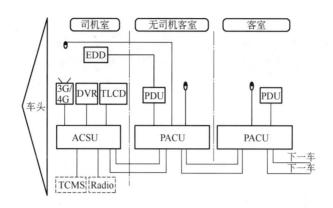

图3　列车信息显示及监控系统框图

　　乘客信息显示系统通过文字显示的方式向乘客显示列车运行方向、当前站、下一站、车速、客室温度等信息。此外，当列车出现紧急情况时，通过列车监控系统触发紧急信息并最终在信息显示屏上显示，以向乘客提醒当前紧急情况。

（三）远程监测信息系统

　　远程监测信息系统是旅客信息系统的重要组成部分，是供地面调控中心、维护人员实时监测列车内旅客情况及车辆运行状态，确保列车正常运行的重要手段。摄像机将实时采集的客室及司机室等视频信息通过以太网网线传输至车载交换机单元，司机通过监控屏（TLCD）查看视频图像（见图4）。

图4　司机室智能监控屏（TLCD）示意

　　此外，列车媒体广播控制系统（ACSU）将接收到的视频、PIS、TCMS等设备运行状态和故障数据，通过无线4G APN专网传输技术实时传至地面运维数据中心，实现了对快轨、地铁等列车的视频监控、设备故障及状态信息的远程监测（见图5）。

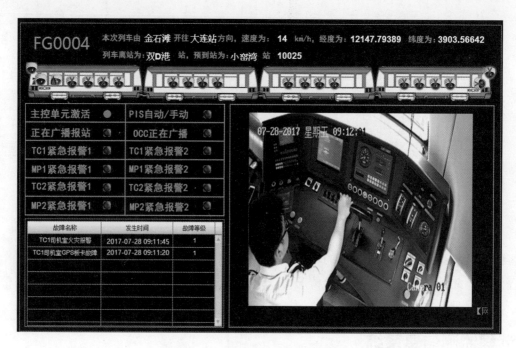

图 5　城轨远程监测信息系统示意

（四）WiFi 及卫星电视系统

随着信息时代的发展，乘客已不满足于传统旅客信息系统服务，为此，新型旅客信息系统在原有信息服务的基础上增加了 WiFi 及卫星电视系统。

乘客 WiFi 及卫星电视系统主要由互联网接入单元、单向卫星信号接收单元、网络安全管理单元、媒体广播控制单元（ACSU）、客室广播控制单元（PACU）、LCD 控制器等组成，其框图如图 6 所示。

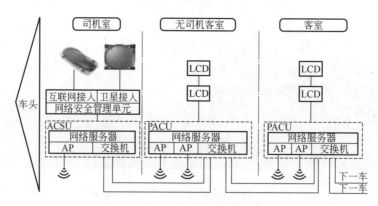

图 6　WiFi 及卫星电视系统框图

1. 旅客 WiFi 系统

WiFi 系统为乘客提供免费上网服务、信息指南服务、旅游信息服务、购票服务、购物和新闻资讯服务。在更好地为乘客服务的同时，营造出完整的信息化列车生态圈。

车头两侧分别布置冗余的车载服务器设备，在保证系统运行稳定的情况下，提供各种旅游信息服务；客室广播控制单元（PACU）内置 2 个无线 AP，满足 500 人同时进行网络接入；列车两侧头部分别安装两个 3G/4G/WLAN 天线，供乘客接入互联网服务及满足车地数据同步的需求。

2．卫星电视系统

卫星电视系统为乘客传送播映中央电视台新闻和体育重大赛事实况。

列车车头两侧各安装一个卫星天线，用于接收卫星信号，天线将接收的实时卫星信号传输给列车卫星接收单元，接收单元将卫星信号解扰、转码、推流后，以多格式同时发布到电视、移动手机、iPad、互联网等多种形式平台，实现乘客实时观看新闻。

三、系统特点

随着信息技术的发展，旅客信息系统的发展更应着重考虑可靠性、可维护性、可扩展性、功能多样性设计，以便列车交付运营后可以安全、便捷地进行使用。

（一）安全性

（1）环网架构：为避免单点故障导致的整个网络通信发生瘫痪，交换机引出的千兆网接口互相连接，在车厢内部构成了一条环形网络。

（2）主备冗余：两个 ACSU 互为冗余配置，在同一时间，只有一个是主设备，另一个是从设备，当从设备检测到主设备发生故障时，从设备自动变为主设备。

（3）网络安全：网络安全管理单元实现防止黑客攻击、防入侵、入侵检测、防 DOS 攻击、用户行为记录与追溯、网页访问审计与过滤、应用控制、带宽管理、终端控制与准入等功能。

（二）可扩展性

（1）可扩展：系统预留 MVB 网口，可以与传统 TCN 列车通信网络并存，同时能够实现列车上全部设备都通过以太网控制的"全 IP 以太网列车"[3]。

（2）多端口：以太网交换机背板带宽不断提高，不仅能提供百兆、千兆网口，而且还可提供千兆、万兆网口，可满足车厢内日益增长的以太网设备的通信需求。

（三）可维护性

（1）维护：调试人员通过电脑以网页访问的方式接入任意一个交换机的任意一个网口，可对所有设备进行维护。

（2）供电：摄像头、紧急呼叫单元通过有源以太网供电，简化布线。

（3）缩减端口：屏体（LCD、LED）以 DHCP 形式进行串联，硬件具有 bypass 功能，单一模块故障，不影响其他单元正常通信。

（四）通信和娱乐性

（1）网络通信：交换机之间采用千兆以太网连接，可以同时传输视频监控图像、车厢级多媒体信息及故障诊断信息。

除传统旅客信息系统外，还包括 WiFi 系统、卫星直播电视系统。

（2）WiFi 系统：交通指南、门票预订、景点导航、应用商城、影音娱乐、新闻资讯。

（3）卫星直播电视系统：重大赛事情况、实时新闻。

（五）关键技术

1. 数字化环形以太网的旅客信息系统集成技术研究

系统网络架构采用具有高可靠性、高稳定性的环形网络，其中一个节点（环网），不影响整个网络的工作性能，稳定性更好。采用车辆级别交换机开发技术，可实现整车网络控制及音视频传输。系统基于 IP 通信，不需要在外部专门连接特定的编码器、解码器，减少了线路连接，提高了效率。网络可采用千兆以太网连接，扩容及挂载能力更强。

2. 基于 WiFi 及卫星电视集成技术的研究

研究车载移动卫星电视接收、推流、解码等技术，基于 PIS 承载网络，与车厢无线 WiFi 系统集成，向乘客提供电视节目直播、预制节目点播和即时通信等车载娱乐服务。

3. 基于智能维护的 Web Server 技术的研究

将网络系统的关键部件设计为智能终端，每个部件包括紧急报警、动态地图、客室地图、噪声检测等，通过 IP 地址可实时访问网络中的任一设备，可实现设备的实时状态显示、故障诊断、版本管理、程序升级更新管理等。

4. 基于模块化、集成化、数字化、标准化的关键部件的研究

车载设备采用统一标准的嵌入式开发平台，关键部件采用插拔式板级模块化设计思路，统一集成在标准 3U 机箱内，通过背板总线将各模块间串联起来，每个模块独立运行工作，相互不影响。

5. 系统冗余设计，提高系统的稳定性和可靠性

主要包括网络架构和关键部件的冗余设计。网络架构冗余采用以太网环形网络架构，当某一设备节点出现故障时，不影响整个系统的运行；关键部件冗余，即两个广播主机相互冗余，当主控机出现故障时，广播会进入降级运行模式，从而保证人工广播和司机对讲链路的正常使用。

四、结束语

城轨车辆采用信息化、智能化、数字化和娱乐化的新一代智能旅客信息系统，不但可以满足车辆远程监测与故障诊断的需求，同时也可以满足乘客出行娱乐需求，提高乘客满意度。对新一代城轨车辆旅客信息系统的研究和探索，可为未来的旅客信息发展方向和配置标准提供借鉴。

浅谈"数字郑万"信息化建设
——铁路工程建设管理平台在郑万客专的应用

中国铁道科学研究院电子计算技术研究所

一、前言

郑万客运专线，又称郑万高速铁路，是郑渝高速铁路（郑州－重庆）的重要组成部分，同时也是联系中原地区和西南地区的主要高速客运通道，兼顾沿线城际及旅游客流运输。全线建筑长度818千米，设计行车速度为350千米/小时。郑万高铁全程桥隧比高达90%以上，被誉为世界高铁领域难度最大、风险最高的铁路。

其中郑万铁路河南段线路全长350千米，桥隧比为89%，于2016年4月1日全面开始建设，目前完成桥梁钻孔桩96%，承台84%，墩身75%，制梁48%，架梁26%，路基和隧道工程也在有序推进。

在中国铁路总公司的统筹和牵头组织下，经过多次上下互动、持续开发、规范管理，逐步形成了具有铁路工程建设信息化代表性的数字郑万思路和产品。

二、"数字郑万"信息化建设

"数字郑万"以铁路工程建设管理平台为基础，充分利用电子施工日志、图文管理系统等模块对建设管理全过程的数据采集功能，逐步积累，形成基础数据库；在此基础上，根据建设管理的需要，通过管理平台的各个模块和其他信息化手段，实现对工程安全、质量、进度、投资等建设管理目标全过程、全覆盖、全生命周期的数字化卡控和实时展示。

郑万项目于2016年6月15日开始正式启用郑万河南段铁路工程建设管理平台。自平台启用以来，共计注册平台账号2845个，累计登录30万人次，日平均在线人数508人。

铁路工程管理平台按照建设项目管理的要素划分为六个体系，主要包括：进度管理体系、原材料管理体系、质量管理体系、安全管理体系、投资控制管理体系和文件管理体系（见图1）。

进度管理体系包括项目动态系统和施工组织系统。项目动态系统融合平台桥梁形象化、隧道形象化、路基压实、检验批、拌和站、试验室、沉降观测、桩基检测、电子施工日志等模块，实现各模块统计数据综合展示及自动生成工程进度报表，作为建设单位交班会支撑材料。

施工组织系统充分融合电子施工日志、桥梁和隧道形象化等模块的施工数据信息，全面实现各项工程进度的即时展示，通过现场进度数据与指导性施组进行比对分析，及时发现施工中影响关键线路的工程，强化"红线"管理，实现对施工过程的动态管理。目前已实现项目全线 91 处桥梁特殊结构、4 座隧道施工过程形象化和可视化管控，成为各级管理人员日常进度管理必备手段，有效把控关键线路节点工期。七峰山隧道施工进度示意图如图 2 所示。

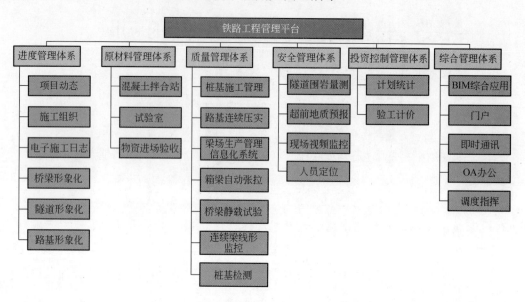

图 1　铁路工程管理平台六大体系示意图

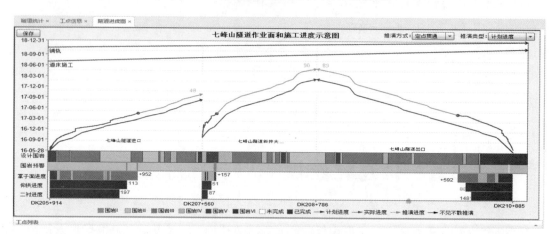

图 2　七峰山隧道施工进度示意图

原材料管理体系主要包括拌和站、试验室及物资进场验收模块。

拌和站模块实现了材料信息、配合比、拌和时间等数据的自动采集和实时上传，对混凝土质量进行实时监管，确保混凝土质量。试验室模块实现混凝土抗压强度、钢筋等原材料试验数据的自动采集和实时上传，通过闭环管理等功能从根本上杜绝不合格品在工程中的使用。平台开发施工配料单功能，与工程实体挂钩，形成工程施工台账。

物料现场验收管理系统首次在郑万项目进行试点应用，涵盖了铁路工程所使用的物资进场、初验、检测、存放、使用、追溯全过程全方位管控。改善了项目物料管理状况，杜绝了物资未检先用的情况，助力项目成本管控，提高了项目经济效益。在郑万 8 标 5 个混凝土拌和站，实现了 77072 车次的各类原材料进场记录。物料现场验收管理系统显示界面如图 3 所示。

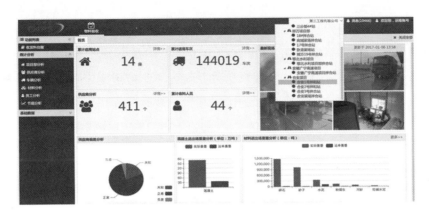

图 3   物料现场验收管理系统显示界面

质量管理体系包括沉降观测、路基连续压实、连续梁线性监控、梁场生产管理信息化系统、桩基检测和问题库模块。沉降观测实现了对路基、桥梁、隧道沉降量测数据的实时采集、实时传输和实时预警。全线已实现 22743 个测点共计 32 万条观测记录,发现沉降超限点 2 个。沉降观测显示界面如图 4 所示。

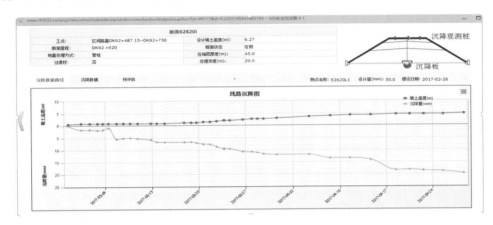

图 4   沉降观测显示界面

路基连续压实实现了压实过程的准确定位,压实质量的全面、实时检测,可有效防止欠压、过压,保证路基压实质量的全面达标,提高压实效率。

连续梁线形监控模块规范了连续梁线形监控量测工作,加强了偏差超限控制,对连续梁变形情况形成施工安全预警,辅助进行连续梁结构分析和后续施工控制,确保成桥后的线形符合设计要求。全线 82 个特殊孔跨,目前已开始 3198 个连续梁梁段共计建立 181432 个测点。

郑万全线所有梁场全面推行梁场过程管理、自动张拉、静载试验模块,实现了箱梁生产、蒸养、铺架、运维等全生命周期的追踪、质量的可追溯性;规范了梁体制作工艺流程,保证了箱梁质量。静载试验模块实现了静载试验过程及时监控,实时掌握桥梁荷载、挠跨比情况,监督成品梁质量检测过程。全线 16 个梁场 8697 榀箱梁生产全部纳入信息化管理,开累完成 3431 片箱梁预制,架设完成 1852 孔。

桩基检测信息管理系统向参建各方提供真实的原始数据以及实时更新的检测工作进度和结果统计共享,对检测单位及人员、设备进行管理,对检测关键过程进行远程视频监控,当桩基静载试验发生异常时远程报警。既可以避免事故,又使检测历史数据可追溯,便于专家核查。全线 74601 根桥梁桩基全部采用桩基检测信息系统检测,目前完成 60365 根桩基检测,其中 I 类桩 59514 根,II 类桩 851 根,III 类桩 0 根。

　　问题库实现了对各级领导检查发现的安全、质量、进度环保等问题进行登记、跟踪、整改、销号闭环管理。截至目前全线共登记问题 39 个（待办 1 个，在办 3 个，闭环 35 个）。

　　安全管理体系以隧道围岩量测模块和视频监控系统为主。隧道围岩量测实现了围岩量测数据的实时采集、测量数据的实时传输、测点变形的实时预警，及时掌握围岩变形情况，采取有效对策，确保隧道施工安全。全线已实现 4 个隧道 1044 个测点的 49225 次量测数据的实时上传。隧道围岩量测系统界面如图 5 所示。

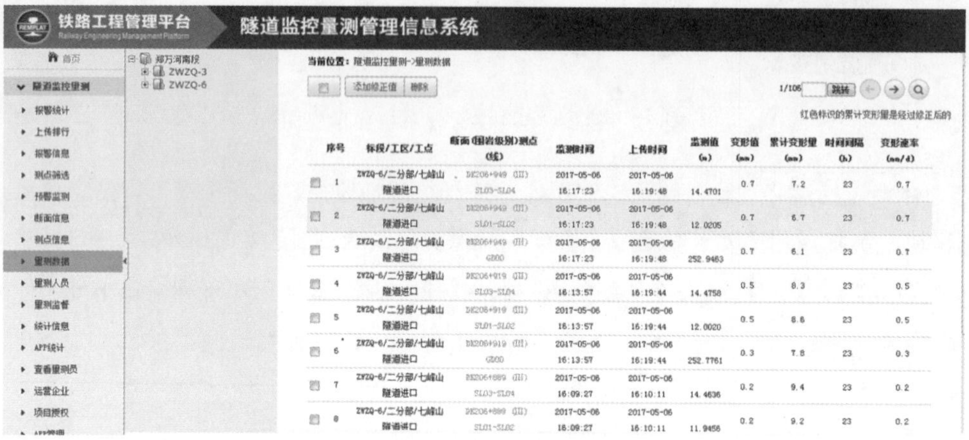

图 5　隧道围岩量测系统界面

　　视频监控系统能够实时监控邻近既有线施工和隧道施工等安全风险点，及时发现安全隐患，采取有效应对措施，避免安全事故；实时监控跨南水北调等环境敏感点，避免因施工对环境造成污染。全线拌和站筛砂洗石区、梁场生产区及桥梁重点特殊结构、营业线施工、隧道掌子面等共计 222 个工点已实现视频监控。

　　投资控制管理体系包括计划统计模块和验工计价模块。可依据合同清单下达施工计划，跟踪投资完成情况，实现验工计价数据的线上填报、审批和管理，可查询验工进度、汇总形成验工计价表，实现网上审批流程，加快验工计价审批进度。

　　文件管理体系实现了施工图、文件、电子施工日志、检验批、试验资料入库，通过工程部位可以查到检验批、施工日志、施工图、隐蔽工程影像资料等信息。目前，全线资料管理系统已收集归档 20 余万份资料，其中电子施工日志 15 万份，工程影像资料 5 万余份。工程影像资料如图 6 所示。

图 6　工程影像资料

三、结束语

郑万客专从纵深推进标准化管理、全面提升建设管理水平的内在需求出发，积极推广应用信息化手段，力求与高铁传统建设管理模式深度融合，认真落实中国铁路总公司"六位一体"、质量管理"五条红线"（结构物沉降评估达标、桥梁收缩徐变达标、锁定轨温达标、联调联试达标、工序达标）、安全管理"三条红线"（高风险工点安全专项方案未经批准不得开工，既有线施工方案未经批准、各种程序未履行不得开工，隧道安全步距超标和擅自改变开挖方法的必须停工）的具体要求，不断探索总结积累，逐步形成有特色的涵盖建设管理全过程的管理模式。

郑万高铁的信息化建设，坚持"方案的完整性，平台的先进性，技术的领先性"的原则，以全面利用现有模块的信息资源和终端软件，不断完善铁路工程管理平台的服务功能为重点，集成具有先进水平、能够与国内铁路建设接轨的信息软件；在郑万全线开展 3D GIS 和倾斜摄影应用，在典型的工点进行 BIM 应用，体现出平台在铁路 BIM 建设领域的先进性；把铁路工程管理平台建设成为集信息开发、应用、建设、管理与服务于一体的综合性平台，使"数字郑万"项目成为铁路工程管理建设信息化的靓丽名片。

高速、城轨列车在途安全预警关键技术及装备

北京市城市交通信息智能感知与服务工程中心

一、概述

截至目前，我国高速铁路（以下简称高铁）和城市轨道交通（以下简称城轨）路网及在役列车规模持续高居世界首位，年旅客发送量分别突破 14 亿和 140 亿人次，列车需适应世界上最复杂、最苛刻和最多样化的运营环境和服务需求；环境多样、工况复杂、服役强度高是我国列车运行的主要特征，几乎所有的特/重大安全事故均发生在列车在途运行中，列车在途运行安全性直接关乎旅客生命安全和公共安全。

长期以来，该领域存在如下亟待突破的技术桎梏：①列车在复杂运行环境下在途服役状态准确感知难、辨识精度低；②同时满足列车车地间数据传输的高可靠、高安全、大容量需求难度极大；③在途运行列车状态在线检测、隐患预测、失效部位辨识、故障确认难及由此导致运维成本高；④缺乏列车在途安全保障与高效运维透明化、主动化技术和系统装备体系。

如何确保列车在途安全和基于服役状态的精准维修成为保障运营安全、降低运维成本和提高运力保持水平的关键所在。在无国际成型技术可资鉴引情况下，突破列车服役状态全息化感知和在途诊断预警等核心关键技术，实现安全和运维保障透明化和主动化，是我国轨道交通可持续发展的必由之路。

二、高速、城轨列车在途安全预警关键技术及装备

（一）总体思路

在我国高铁、城轨列车系统持续高速发展进程中，需要透明主动的安全保障、稳定可靠的能力发挥，高效精准的运维支持。在安全保障方面，团队攻克了在途服役状态全息化感知、在线有效辨识的技术难题，发明了列车关键系统在途智能感知与诊断技术；在能力发挥方面，攻克了难以满足车地间数据传输的高可靠、高安全、大容量需求的技术难题，发明了高性能车地数据传输技术；在运维支持方面，攻克了在途运行列车状态在线检测、隐患预测、失效部位辨识、故障确认难的技术难题，发明了基于隐患挖掘与故障定位的列车预测性维修技术及系统；在以上技术的基础上，创建了列车在途安全预警与网络化运维支持系统装备体系。工程中心历经 10 年，开发出高铁、城轨列车在途安全预警关键技术（其架构见图 1），并已在广州地铁和我国高速铁路主力车型 CRH380A 上广泛应用。

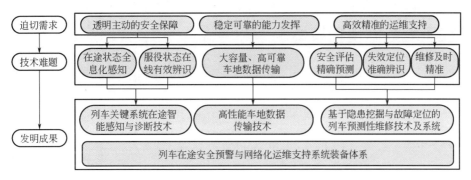

图1 高铁、城轨列车在途安全预警技术架构

（二）列车关键系统在途智能感知与诊断技术

针对列车在复杂运行环境下在途服役状态准确感知难、辨识精度低的瓶颈问题，发明了列车在途服役状态检测车载传感网络技术、基于模型计算和动态数据驱动协同的故障诊断技术，实现了复杂工况下列车在途服役状态准确感知和精确辨识。

1. 列车在途服役状态检测车载传感网技术

创建了与列车控制网络（TCN）物理隔离、具有分层递阶结构和拓扑可重构特点的列车状态检测传感网络架构与传输机制，使数据传输速率由1.5Mbps提升到100Mbps，在保证列车关键设备控制安全性的同时，实现了状态感知全息化；发明了具有低冗余度和高可靠链路及逻辑拓扑的传感网结构与动态链路优化设计方法，提出了检测数据安全优先级分配与异构检测子网融合方法；研制了车载传感网系列接入节点和复合节点设备，解决了各检测子系统协同感知与跨系融合的难题。

2. 基于模型计算和动态数据驱动协同的故障诊断技术

针对复杂运行工况条件下列车在途服役状态有效特征提取难和故障辨识精度低的瓶颈问题，发明了基于动态数据驱动混合智能的列车走行系和辅助系故障特征提取技术，通过改进的LMD、小波分析与PCA串级组合算法解决了低信噪比下有效信号增强、多元有效特征提取的技术难题；发明了基于模型计算和数据驱动协同的列车故障诊断技术，通过组合运用基于非线性动力学模型的故障机理分析、生物群优化基分类算法及故障模式精确匹配的诊断方法，使诊断精度达到90%以上；研制了列车走行系和辅助系故障诊断系统，该技术达到了国际领先水平。

列车安全检测传感网络结构示意如图2所示。

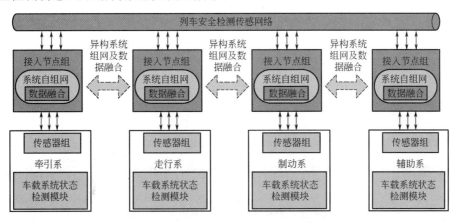

图2 列车安全检测传感网络结构示意

（三）高性能车地数据传输技术

针对车地间数据传输需同时满足高可靠、高安全、大容量需求的技术难题，发明了安全信息高可靠实时移动信道与大容量静止信道协同的复合信道车地传输技术，以及链路快速构建、恢复与保持技术，研制了车地数据传输系列设备；研制的系统设备通过了国家权威机构测试认证，符合车载设备准入相关国家标准。

1. 高可靠实时移动安全信道与大容量静止信道协同传输技术

发明了基于反应信号指令与区域-时间段间映射关系的语义校验技术，解决了无线传输中误码/块率高的问题；定义了实时移动信道与大容量静止信道协同的无线复合信道传输机制，发明了优先级可定制的信道带宽分配和多制式无线通信综合接入技术，实现了在途状态信息通过安全移动信道与大容量静止信道的分级协同传输，取得了复杂环境中车地传输可靠性、安全性和带宽性能综合最优的效果。

2. 车地无线数据传输链路快速构建、恢复与保持技术

发明了一种高可靠、高安全、高 QoS 的网间软切换、网间宏分集技术，形成了一种高可靠无线覆盖方案，研制了融合网络资源综合调度、网间软切换、网间宏分集、混合自动重传等技术的无线通信系统，在极为苛刻的无线通信环境下实现了链路重建时间小于 15s，低于技术规范门限 25%，有效避免了无线链路恢复时间长导致的中途停车事故；解决了车地无线传输网络中同构、异构网络间无线链路快速构建、恢复和保持难题；研制了实时信道与静止信道协同传输的新型车载无线通信主机、实时信道单元、大容量静止信道单元等设备。

车地无线网络传输系统架构如图 3 所示。

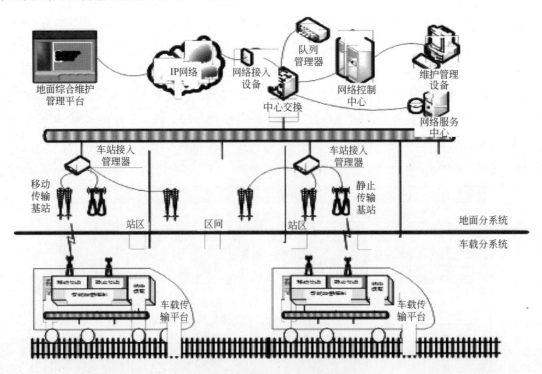

图 3 车地无线网络传输系统架构

（四）基于隐患挖掘与故障定位的列车预测性维修技术

发明了列车关键设备隐患挖掘、性能劣化评估和基于多故障链构建与解耦的故障定位技术，研制了列车状态在线辨识与隐患挖掘评估预警系统装备，填补了国内外在途列车隐患挖掘、性能劣化评估和故障定位方面的技术空白；发明了基于状态特征演化的预测性维修决策优化技术，研制了列车在途安全预警与运维保障系统，实现了由计划修和故障修向预测性维修的跨越，解决了维修及时、精准难及其导致的运维成本高等技术经济难题，成果实现规模化工程应用，相关技术达到国际领先水平。

1. 列车关键部件隐患挖掘、性能劣化评估和故障定位技术及系统

针对列车在途隐患预测难、故障隐患耦合程度高等技术难题，发明了基于安全域分析和计算智能的关键设备隐患挖掘和性能劣化评估技术，提出了基于数据驱动和对象动力学属性的多隐患故障链模型，研制了列车状态在线辨识与隐患挖掘评估预警系统装置，研发了列车在途隐患复合故障因果链构造器软件和列车在途隐患定位与辨识仿真器软件，典型隐患评估准确率达到92%。通过规模应用结果表明，该技术有效遏制了轨道交通关键设备的故障率，填补了轨道交通领域国内空白，达到了国际先进水平。

2. 基于状态特征演化的预测性维修决策优化技术及系统

针对目前维修及时精准难、运维成本高等问题，发明了以成本最小和可用性最高为目标的预测性维修优化决策技术，研制了列车在途安全预警与运维保障系统，实现了故障修和计划修向预测性维修的跨越，成果实现规模化应用，三年累计产生经济效益约2.1亿元，使用寿命延长10%，运维成本降低25%，相关技术达到了国际领先水平。列车关键部件隐患预测技术如图4所示。

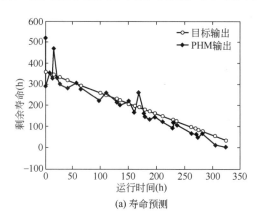
(a) 寿命预测

(b) 关键部件故障预测

图4　列车关键部件隐患预测技术

（五）列车在途安全预警与网络化运维支持系统装备体系

针对原有列车安全保障技术在理论基础和应用上仍处于零散的、未成体系的状态，研制了列车在途监测与预警成套装备体系及支撑原理验证和性能测试的仿真与测试试验平台，实现了网络化、一体化的列车在途监测、预警与运维支持成套装备研制和系统开发的目标。

1. 列车在途安全预警系统装备体系

研制了符合国情、先进普适并经规模化应用验证的列车网络化、全息化、一体化在途安全监测与预警技术及装备体系，形成了行业、企业标准与规范，实现了集成检测监测预警、数据挖掘评估和设备运营维护等功能的列车在途服役状态全局精准检测、有效预警和高效运维一体化系统，填补了轨道交通领域国内空白，达到了国际先进水平。列车在途安全预警系统装备体系如图 5 所示。

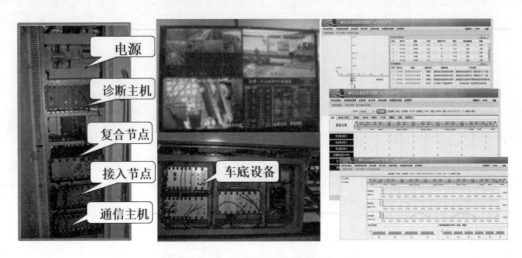

图 5　列车在途安全预警系统装备体系

2. 列车在途安全监测与预警仿真与测试试验平台

发明了基于深度学习与模糊逻辑融合的多指标综合评估技术，解决了列车在途安全监测与预警系统各维度及全局性能客观、精确评估问题，研制了仿真与测试试验平台，可实现智能感知与诊断、车地传输、隐患挖掘与预警相关算法、模型及设备的性能仿真测试等功能，支撑了该项目成果的形成，为该领域持续技术创新和新装备研制提供了集成化研发支撑环境。列车在途安全监测与预警仿真与测试试验平台如图 6 所示。

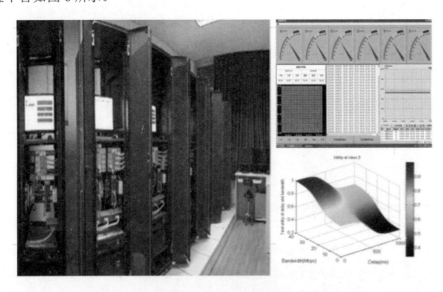

图 6　列车在途安全监测与预警仿真与测试试验平台

高速列车智能化系统研究与应用

周纪超 张 雷

一、引言

目前，在高速列车研制上，国内已经具备并引领高速列车研制的能力和水平，但智能化程度还不高。

当今高速列车信息化已经发展到高级阶段，智能化成为衡量列车先进性的重要指标。为了保证列车运行更安全、更可靠，以达到世界领先水平，发展列车智能化是当前高速列车面临的需急迫解决的问题。

二、智能化列车系统定义

智能化列车系统是将先进的信息技术、数据通信传输技术、电子控制技术及计算机处理技术与先进的管理手段结合起来，使其有效地综合运用于列车控制、监测与维护。其目的是使人与车密切配合、和谐统一，极大地提升列车运行性能，保障列车运行安全，提高列车维护效率。

三、智能化列车技术应用

在我国高速列车高度自主创新的基础上，智能化列车具体应用主要包括以下几个方面：

（1）以智能控制技术为基础的列车自动驾驶系统；

（2）以智能监测与诊断技术为基础的车载安全监控系统；

（3）以智能传输技术为基础的车地信息无线传输系统；

（4）以智能维护技术为基础的列车健康管理系统。

（一）列车自动驾驶系统

自动驾驶系统以现有高速铁路 CTCS3 等级列控 ATP 系统为基础，增加 ATO 单元、无线电台及天线、速度传感器、雷达/加速度传感器以及与车辆的控车接口，在站台股道增加精确定位应答器，在地面临时限速服务器增加无线电台，在车地间通信增加站间运行计划和站间线路数据（包括线路限速、临时限速等）报文，实现 ATO 自动驾驶功能，同时车载设备通过新增无线通道向临时限速服务器发送站台门联动控制命令，临时限速服务器通过列控中心实现站台门的联动控制。

自动驾驶系统可根据停车站点信息、列车当前速度、线路信息等动态计算列车目标速度，并发送给车辆，使得列车能够安全、平稳、准点、节能地在区间运行，实现车站自动发车、区间按图自动驾驶、车站自动精确停车、列车自动开门及防护、车门/站台门联动控制等功能。列车自动驾驶系统可显著降低司乘人员的劳动强度，避免误操作；提高列车运行的安全性、平稳性、舒适性、准时性、节能性；提高车辆及车站的智能化程度及运营效率。自动驾驶系统结构如图1所示。

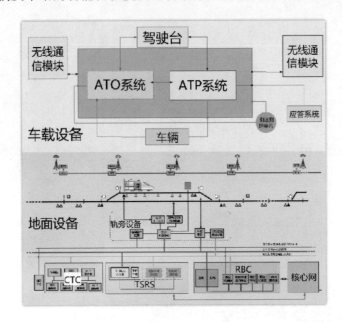

图1　自动驾驶系统结构

（二）车载安全监控系统

车载安全监控系统由车载安全监控平台及各监测子系统（旋转部件状态监控子系统、脱轨监控子系统、构架失稳及车体平稳监控子系统、制动监控子系统、火灾监控子系统、电气绝缘监控子系统）组成，同时具备扩展功能。车载安全监控系统是提升列车运行安全性与全寿命周期服役可靠性的重要保障。

本系统通过采用高稳定、大量程、高精度、高抗扰度的温度、应力、速度、加速度、电流、电压等传感器对列车牵引、传动、走行、制动、电气绝缘等直接影响行车安全的关键系统与部件进行实时状态采集与感知，并进行去噪等预处理，通过车载安全监控平台对数据进行综合分析处理，并将自诊断结果通过车辆网络 MVB 实时上传至列车网络控制系统执行声光报警、限速或停车指令。车载安全监控系统总体拓扑如图2所示。

（三）车地信息无线传输系统

车地信息无线传输系统可实现车载安全监控系统及 TCMS 的数据记录、故障诊断和视频监控等信息与地面大数据中心的通信，配合地面监控设备数据及健康管理系统的应用，实现动车组的智慧化运维；可实现车载旅客的上网需求，提供人均不低于 300kbps 的带宽，通过带宽动态分配，直播信号本地集成分发等技术，可以满足旅客高清视频直播、视频聊天等高带宽需求。

高铁宽带专网采用 6GHz 通信频段（200MHz 带宽），最高可提供 450Mbps 下行，150Mbps 上行带宽，充分满足高铁车地网络传送需求。高铁宽带专网是一个由核心网、卫星导航通信网、地面基站网和车载网四网融合而成的立体网络通信系统，如图 3 所示。它可以在铁路沿线全时空连续工作，由于采用四网融合技术，具有了高稳定性、高可靠性和防灾变、防事故的应急保障功能。

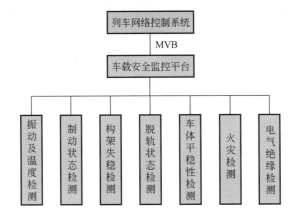

图 2　车载安全监控总体拓扑

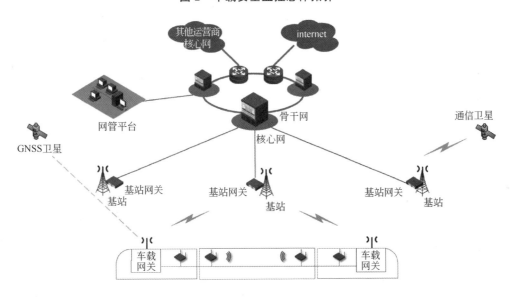

图 3　高铁宽带专网

（四）列车健康管理系统

基于全生命周期 RAMS 管理体系，运用车载诊断信息融合及处理、大数据及云计算、故障可靠性建模分析、以可靠性为中心的维修等先进技术，通过动车组采用监控与诊断系统，搭建大数据、全网络、云计算的诊断平台，结合各种模型和算法来监控、诊断、预测和评估车组及部件的健康水平，建立动车组健康管理系统，汇总既有基础数据（车组制造数据、线路数据等）、车载诊断数据、实时监控数据及知识库，对异常状态进行预警，并提供相应的应急及检修方案，根据检修情况结合基础数据、监控数据和知识库，优化车组修程、应急及检修方案，对车组部件寿命进行评估。对于提高动车组安全性、可靠性、维修性，降低全寿命周期费用，实现预知维修具有重要意义。动车组健康管理功能架构如图 4 所示。

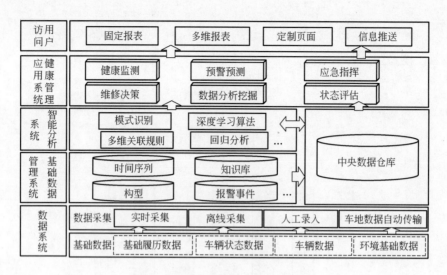

图 4　动车组健康管理系统功能架构

四、列车智能化系统展望

随着信息技术的发展，特别是人工智能、云计算、物联网的蓬勃发展和逐步成熟，必将推动列车智能化系统的进一步发展。主要体现在以下几个方面：

（1）通过智能列车运行控制算法，实现列车的节能驾驶与环保。

（2）通过激光、雷达技术，实现非接触式障碍物监测。

（3）通过人工智能技术，提高旅客乘坐舒适度。

（4）通过智能机器人技术，实现高速列车的快速维修。

向轨道交通智能化迈进

浙江网新智能技术有限公司

一、前言

随着中国经济的日益繁荣，轨道交通也进入了大发展的时代。对外，中国的高铁技术已经成为国家拿得出手的一张金字名片；对内，包括有轨、地铁、城际、高铁在内的轨道交通正日益改变着城市的面貌，成为老百姓首选的安全、快捷的绿色交通工具。然而，轨道交通技术的发展是否就已经达到了发展的顶峰，将要止步了呢？

研究轨道交通离不开四大关系，即路网关系、轮轨关系、流固耦合关系和机电耦合关系，今天的技术成熟与发展即建立在此基础研究之上；但我们看到在中国夺取了世界高铁运行规模最大、运营里程最长、商业运行速度最高等几项桂冠后，世界各国的轨道交通大战并未停止，新的轨道交通竞争热点在不断出现，主要体现在：确保安全、舒适前提下车辆速度的竞争；在列车安全运行监测、生命周期管理和智能检修维护等保障体系支撑下的安全运营与高效运用的竞争；以自动化检测、检修过程信息化管理，结合在途智能监测形成的维修服务个性化的竞争；移动互联网、高速无线通信技术等应用带来的运营服务人性化的竞争；将创新技术应用于列车安全运行、维护检修、乘客服务等多领域，对上述热点起到支撑推动作用的车辆智能化程度的竞争。各国轨道交通竞争新热点如图 1 所示。

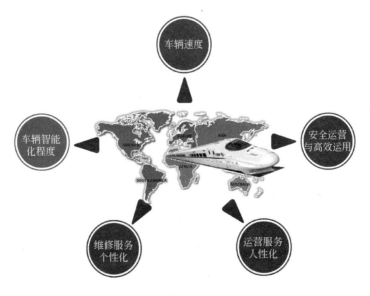

图 7　各国轨道交通竞争新热点

基于轨道交通以上发展趋势和竞争热点，浙江网新智能技术有限公司开发了列车在途监测与智能预警系统和列车智能视频监控系统。

二、列车在途监测与智能预警系统

浙江众合科技股份有限公司（SZ000925）旗下的浙江网新智能技术有限公司（以下简称网新智能），从 2010 年起就在科技部、原铁道部的组织领导下，开展列车智能化的研究与试验工作，通过在三大高铁主机厂主力车型上加装各型传感器和部署传感网络网元，实现了对车辆关键系统和部件的在途实时状态监测与预警，在京沪高铁上成功地进行了实车运行试验；随后，在相关部委与主机厂的持续大力支持下，于 2015 年起开展了对下一代地铁的研究，在智能化方面主要开展了以下工作：

（1）通过 TRDP、MRP 等国际标准协议，实现了在高速实时以太网基础之上的列车控制通信；

（2）通过列车级高精度时间同步，所有接入列车感知网的传感器数据可以统一时域关系，为基于多种传感器的数据分析与应用提供支撑；

（3）通过视频、雷达等新型传感器的接入，对列车运行前方的障碍物进行实时监测预警；

（4）通过 IMU 等惯导单元，结合列车行车基础数据，可对列车所有车厢的加速、姿态和相对位移、定位进行实时的计算与分析，为车体运行状态评估提供精准数据；

（5）通过大容量本地存储和最新 802.11ac 技术实现异构大数据在车载节点的可靠存储与高达 1Gbps 的高速车地传输。

轨道交通在途监测与智能预警系统示意如图 2 所示，障碍物检测子系统示意如图 3 所示，列车高精度定位子系统示意如图 4 所示，转向架状态监测子系统如图 5 所示，车地高速通信子系统如图 6 所示。

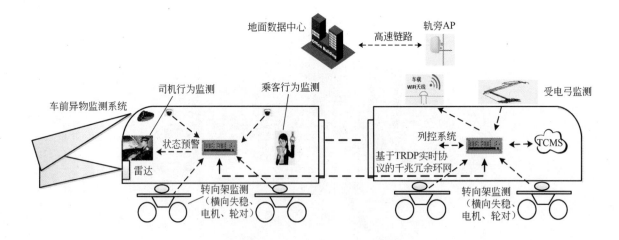

图 8　轨道交通在途监测与智能预警系统示意

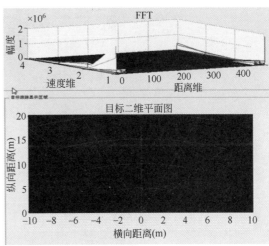

图 9　障碍物检测子系统示意

图 3　障碍物检测子系统示意（续）

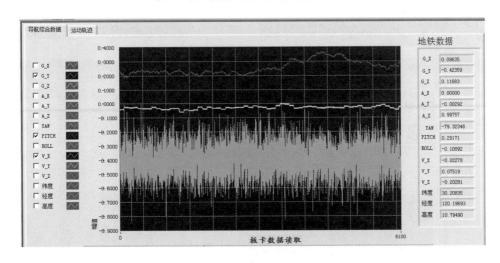

图 4　列车高精度定位子系统示意

435

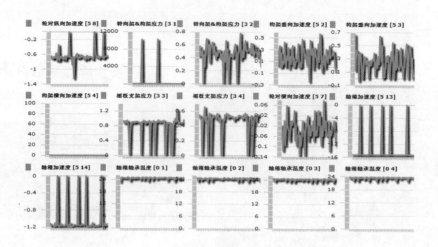

图 5 转向架状态监测子系统

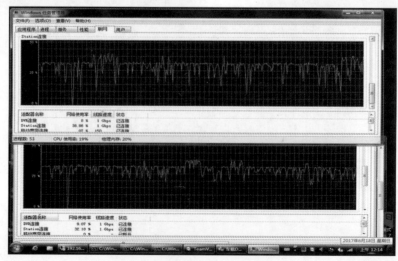

图 6 车地高速通信子系统

三、列车智能视频监控系统

浙江网新智能技术有限公司依据铁总的 TJ/CL 408-2015《动车组车厢视频监控系统暂行技术条件》和 TJ/CL 409-2015《动车组受电弓视频监控系统暂行技术条件》，研制开发了动车组车厢视频监控系统和受电弓视频监控系统，通过了中车唐山公司、中车四方股份等主机厂的技术审查、FAI 鉴定，并完成了在京沪线 CRH380B 型车的 30 万千米运营考核，考核期间系统功能稳定，工作正常，获得了客户的一致认可。

车厢视频监控系统：由视频监控服务器、半球网络摄像机和全景网络摄像机组成，可实现威慑、预警、取证及乘客管理等功能，提升了列车治安监控管理手段，以适应维护铁路客运安全的需要，维护社会安定和谐。列车智能视频监控系统示意如图 7 所示。

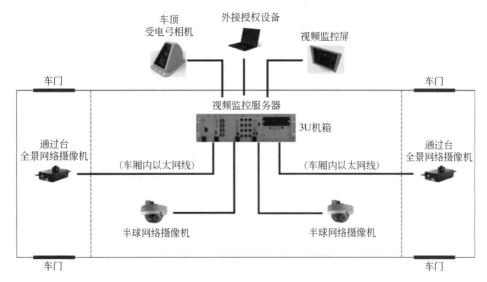

图 7　列车智能视频监控系统示意

受电弓视频监控系统：由视频监控服务器、受电弓相机和视频监控屏组成，用于列车运行途中实时监视车顶受电弓及接触网工作状态，并兼顾受电弓附近高压设备工作状态，为随车机械师处理异常降弓等弓网故障提供辅助的监视视频和分析图像。列车智能视频监控系统实物如图 8 所示。

图 8　列车智能视频监控系统实物

网新智能的列车智能视频监控系统具有以下特点：

（1）满足铁总技术条件要求，适用于各种车型的动车组车厢视频监控和受电弓视频监控。

（2）视频监控服务器主机同时具备车厢视频和受电弓视频的编解码、存储、播放与回放功能，集成度高，大大减少系统安装复杂度和成本。

（3）系统存储容量可满足 30 天×24 小时要求。

（4）系统可组网也可单独运行。设备本身的故障不会引起动车组救援、清客、未发车、换车、晚点等故障，可靠性高。

（5）系统可以在高寒环境下正常工作。

客户端界面示意如图 9 所示，实时录像示意如图 10 所示。

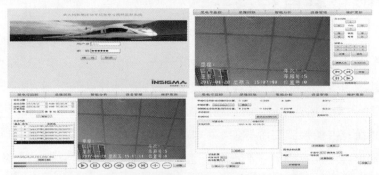

图 9　客户端界面示意

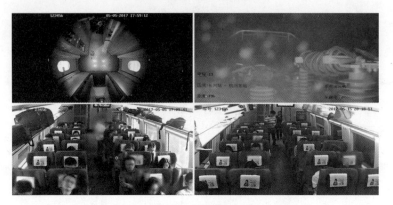

图 10　实时录像示意

依据不同的应用环境和监测需求，可以对人员拥挤、异常声音、异常行为、人员越界等行为现象进行监测和告警。行为分析演示如图 11 所示。

图 11　行为分析演示

四、结束语

浙江网新智能技术有限公司的技术和产品在业界处于领先地位。网新智能的产品实现了安全与高效并行，优质与专业双发。随着轨道交通行业市场的持续扩大，广大业主单位、主机厂通过采用网新智能的新型车载智能设备，可获取多方面的竞争优势，可谓不二之选。

水运、民航交通
智能化及其他

多梯级船闸联合调度的智能化系统设计与实践

南京思创信息技术有限公司

　　水路运输是综合运输体系的重要组成部分，是资源节约、环境友好的运输方式；近年来，内河水运因其运能大、占地少、能耗低、污染小的优势而得到快速发展。在开展航运基础设施建设时，需要考虑航道的适航性；而我国地貌总体呈现北高南低、西高东低的特征，天然航道也具有比降大、水体流速快的特点，给内河航运带来一定的影响。

　　船闸是重要的航运基础设施，具有调整河道比降，改善航道通航条件，沟通干支流水体的功能；特别是在地理跨度大、区域比降高的水系中建设有多梯级多线船闸，在流域航运体系中发挥着重要的作用。与此同时，船闸管理需要考虑航道条件、待闸船舶的数量、大小、空重载、货物类型等多种因素，需要兼顾通航次序的公平性和船闸运行的效率；对于多梯级船闸，还需要考虑梯级间的船闸调度衔接等问题，是一项专业化程度较高的工作。

　　本文从航运管理和软件工程的角度分析多梯级船闸联合调度的业务逻辑，针对船舶报到、登记、调度、排档及公共服务等多业务环节进行智能化设计，提高联合调度系统的可用性，为维护良好的航运秩序和提高航闸整体承载能力提供技术支撑。

一、多梯级船闸联合调度的业务需求分析

（一）单梯级船闸的调度需求

　　单梯级船闸的高效调度是多梯级船闸联合调度的基础，而单梯级船闸需要在公平性（待闸船舶先到先走）原则的前提下实现以下业务目标：

　　（1）通过提高闸室利用率来提高船闸的通过能力；

　　（2）通过船舶自动登记、智能的档位编排等减轻船闸调度一线工作人员的负担；

　　（3）通过智能辅助调度，对有条件的船舶实现免停靠的报到、登记、缴费等手续办理；

　　（4）根据待闸船舶情况，动态制定调度计划，提高对船舶行为的预见性，从而可以提高船闸闸次安排的科学性和提高船舶通过的合理性。

（二）多梯级船闸的调度需求

　　在单梯级船闸调度的基础上，根据航区各梯级船闸的通航船舶、待闸船舶、航道通航状况、船闸运行状况等情况，对在区域内多梯级船闸间待闸、过闸和航行船舶进行可控和有序化调控，实现区域内船闸间整体联合调度。

1．实现基于预测模型的流量预警与控制

在传统的管理模式和调度模式下，各梯级船闸为单独的管理单位，只负责本梯级船闸的船舶通过。但是由于船闸是航道通行的瓶颈所在，因此，往往造成船舶在船闸的上下游集中，降低了船舶的通行速度。如果根据航道的通航状况及船闸的通行情况，借助模型进行预测，通过调度将船舶合理地分散到全航道，而不是集中在船闸上下游出入口，可以减少船舶的阻塞，提高船舶通过船闸的速度。

2．保障特殊船舶的全线不停船通行

在传统的调度模式下，只有船舶报到、登记及缴费后，才被纳入船舶的调度管理。因此，难以以最合理的方式进行调度计划的编排。对于特殊船舶（如救灾船、一级危险品船等），如果能够通过对船舶通行速度的推算，结合船舶的调度申报信息，可以在船舶尚未到达船闸的时候，提前被编入调度计划，从而实现特殊船舶的不停船通行。

3．保证调度计划的执行

目前，对于联合调度管理时，一般由联调中心制定调度计划并下发至给各梯级运调室执行，可能会由于各种原因造成计划不能按要求执行。多梯级船闸的联合调度将监测各梯级的调度计划执行情况，对异常情况及时发现、及时处置，以保证全线调度计划的执行。

二、多梯级船闸联合调度的智能化系统设计

智能化的多梯级船闸调度体系包括以单梯级船闸调度为重点的智能辅助过闸调度，以及以多梯级船闸联合为重点的多梯级船闸联合调控。提高船闸综合信息化，是建成智能化的船闸调度体系的关键，需要抓住以下三个核心要点：过闸船舶的有效指挥调度、船闸的实时运行状况的掌控、船闸的综合保障和应急指挥调度。

（1）过闸船舶的有效指挥调度：指挥调度与服务支持平台提供的，建立在行业主管部门、船闸调度中心、航运企业和航行船舶四者之间的，跨越水陆的高效、可靠、全方位的数据链，可以在应急指挥中心、各级船闸调度中心（支持多梯级间业务数据传递）待闸船舶（包括船务公司）间建立包括直接通话、多方通话、过闸船只档位图推送、待闸船舶位置确认等一系列数据传递与支持，从而确保日常及应急指挥调度的有效执行。

（2）船闸的实时运行状况的掌控：通过数据的整合和集成，构建统一的系统数据采集体系，实现数据一次录入，多业务系统共同使用。

对于智能辅助过闸调度，将以闸室面积利用率最大化，平均船舶待闸时间最小化，闸室运行成本最小化（即合理的开闸计划）为目标，在指挥调度与服务支持平台和智能船载终端的支持下，通过研究智能的数据交换和智能的编排算法，实现图形化的船舶快速智能化排档和敏捷智能化调度，以达到综合提升船闸通过能力的目标。船舶的智能化排档和智能化调度将以高比例尺的电子船闸图为基础，并以业务处理的智能化、操作的简单化和展现的直观化作为设计目标。

对于多梯级船闸联合调度，将以区域内船舶通过能力总量最大化为目标，在指挥调度与服务支持平台的支持下，通过数据的整合和集成及全航线的智能感知体系获得实时通行能力和通航状况数据，根据算法优化，借助立体的沟通体系和智能化的船闸调度体系，实现对在航船舶的指令性调度

和干预，优化航道区域内在航船舶的动态分布，实现区域内船闸间整体联合调度及总体通过能力的提升。将船舶交通流量合理地分散到整个航道，避免单点的通行瓶颈出现。同时，通过多梯级船闸联合调度，可以为海事等监管部门预留调度接口，通过插入来自海事部门的调度指令，实现区域内总体通过能力的提升与船舶快速、安全通行的双赢。

（3）船闸的综合保障和应急指挥调度：借助现有 PLC 系统，实现各梯级船闸相关运维和综合保障数据的联网汇聚与集中控制，以实现对船闸状态的动态监控。其核心点是通过 PLC 数据的联网汇聚、图形演示和集中控制，实现对船闸的智能监控。在指挥调度与服务支持平台高效信息调度与发布能力的支持下，建立包括应急人员管理与调度预案库、船闸设备备件存储与调度预案库、应急故障抢救预案库在内的应急事件综合应对体系，实现对船闸机电故障和突发事件的应急处理。尝试实现船闸机电设备人工远程诊断和辅助故障排除。

（一）多梯级船闸的智能化联合调度系统体系组成

根据智能的船闸调度体系分析，智能化的多梯级船闸调度体系的组成如表 1 所示。

表 1　智能化的多梯级船闸调度体系的组成

	系统名称	系统描述
1	单梯级船闸智能调度	在动态船舶信息数据库、过闸智能监控等系统的支持下，实现过闸图形化辅助智能排序和辅助调度管理，在同梯级船闸运行调度上能够实现计算机三闸、双闸闸外编组、联合调度档位图的绘制并实现船闸调度中心与待闸和过闸船舶间的直接调度沟通
2	多梯级船闸联合调控	在智能辅助过闸系统及通航能力辅助分析系统的支持下，根据通航船舶、待闸船舶、航道通航状况、船闸运行状况等情况，对在区域内多梯级船闸间待闸、过闸和航行船舶进行可控和有序化调控，实现区域内船闸间整体联合调度

（二）单梯级船闸调度系统的智能化设计

根据单梯级船闸调度的业务需求，构建调度系统的逻辑结构如图 1 所示。

船舶的远程申报指的是船舶还未到达船闸时，可以通过智能船载终端等实现远程的行程申报。行程申报主要包括本航次行程（起讫点）、空重载、货种、载重吨位等。通过远程申报，可以使得船舶在首闸不需要停船上岸。船舶远程申报所采用的终端设备可以是多样的，一般新建系统宜采用智能手机或智能终端配合的方案实现远程申报。

船舶的智能识别是船闸智能调度的基础。其核心是通过惟一标识对船舶进行非接触的离岸式自动识别。从理论上讲，能够被本系统直接或间接支持的终端包括智能船载终端、GPS 终端、RFID 终端、AIS 终端等多个种类。

船舶的自动登记是当船舶到达虚拟报到线时，系统会自动将其登记到相应的待闸船舶队列中。系统要进行船舶的自动登记则首先要能够对船舶进行智能识别，因此从理论上讲任何能被智能识别的船舶都可以支持自动登记。

船舶的智能缴费是指系统对待闸船舶进行闸费的自动计算和过闸费的离岸自动扣缴。

船舶的智能调度指的是对于已缴费的待闸船舶（无论是否安装船载终端）由系统根据调度规则自动生成合理的调度计划（包括船闸闸次计划表和船闸排档图），系统自动生成的调度计划由总调审核确认后，系统与过闸调度相关的各方进行数据的交互和调度沟通完成智能调度。当总调审核确认闸次计划后，系统会通过闸船间的沟通链路进行调度信息的发布。对于采用智能手机或智能船载终端的船舶，系统会自动推送档位图；作为辅助手段，也可以利用甚高频、远调电视屏、可变情报板等进行调度信息的发布。

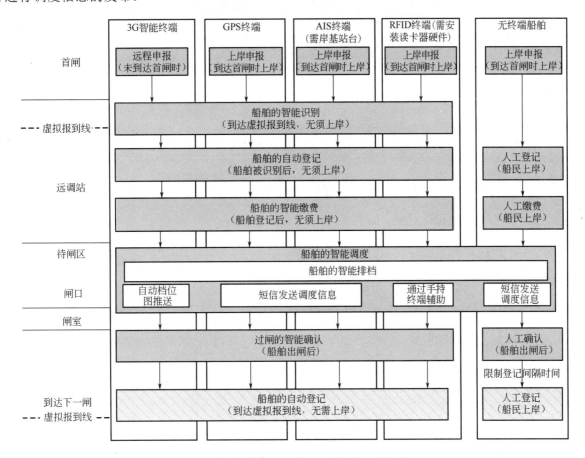

图1　单梯级船闸智能调度系统的逻辑架构

智能过闸确认是根据当前调度计划和实际船舶过闸情况对当前闸次船舶通过情况做确认，以确保本闸次的所有船舶都正常通过船闸，并作为本闸船舶调度的结束依据。对于能够被系统智能识别的船舶，系统进行自动确认；对于不能智能识别的船舶，人工进行过闸确认。

在船舶被过闸确认后，系统将根据航次自动进行次闸的预登记。智能的辅助过闸流程示意如图2所示。

（三）多梯级船闸调度系统的智能化设计

多梯级船闸联合调度系统共包括基本预测模型的流量控制和预警，特殊船舶全线不停船通航，调度计划的执行控制等业务功能。

1. 基本预测模型的流量控制和预警

系统根据船闸的调度情况，结合航道上在航的船舶情况，航道的通航状况，通过预测算法对船闸的未来一段时间的待闸情况（流量）进行预测。此时，各梯级船闸可以根据预测情况提前安排调度计划。在一般情况下，对于各梯级船闸来说船舶上下行分布比较均匀，但在联合调控模式下，尤其是进行船闸单边控制时（如加大下行放行或加大上行放行），增加的船舶流量会在一定时间后到达下一级船闸。如果在下一级船闸不能及时调整调度模式，则很容易在下一级船闸造成船舶大量聚集，造成航道堵档。因此，在联合调控模式下，将通过调控传导智能地进行相关联船闸的调度模式调整。

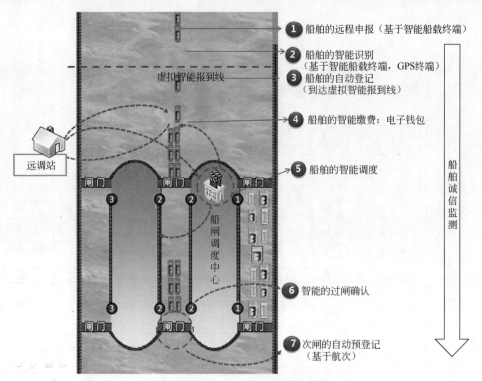

图2　智能的辅助过闸流程示意

2. 特殊船舶全线不停船通行

对于特殊船舶（如救灾船舶、一级危险品船舶等），系统应提前将其纳入调度计划，将根据其位置进行计划的更新。这样，当船舶实际上还在后方船闸时，即可知道前方需要通过船闸的闸次和档位安排，船舶驾驶人员可根据闸次计划调整航行速度，可以确保其到达后不等待即可立即过闸，确保其全程不停船通行。

3. 调度计划的执行控制

对于由梯级船闸运调中心发布的调度计划，各船闸所必须严格按照计划执行。一旦计划执行完成，则系统将不允许再调船，从而可以确保调度计划的执行控制。

三、多梯级船闸联合调度的智能算法实现

对于分布在不同区域的多梯级船闸，其航运业态的特点各有不同：水运发达地区的内河货运量基数大、发展快，梯级船闸常处于需求饱和状态，在实际工作中表现为过闸船舶多、待闸时间长；而在水运新兴地区，内河货运量不稳定或呈周期性变化，船等闸、闸等船的情况交替发生。为有效调节不同特点的梯级船闸的运行，需要根据不同的情况采用不同的调度策略和调度算法。

（一）高通航负荷梯级船闸的调度策略与算法实现

高负荷船闸的船等闸情况明显，船闸调度的智能算法一般以提高闸室利用率为目标，典型算法

有：蚁群算法、贪婪算法、粗集理论、灰色模型等。但是，在实际调度管理工作中，调度人员不仅需要考虑船闸的通过效率，还需要考虑船舶调度的公平性。对于通航负荷较重的多梯级船闸，船舶一般都需要等待多个闸次才能过闸；如果只考虑闸室利用率最大化这一约束条件进行船舶调度，虽然能提高船闸的通过效率，但可能出现先到的船舶推后过闸的现象，当这一情况比较突出时，可能造成治安纠纷等极端事件，不利于船闸管理工作的开展。

在这种情况下，调度策略需要综合考虑船舶调度的公平性和高效性，在调度算法的构建上，需要采用多变量及可变因子的数学模型。

为有效控制过闸次序和利用闸室面积，智能调度系统应将当前所有待闸船舶按照规定的过闸优先级别及船舶尺度进行分类，如将一级危化品船舶编入甲类优先队列，救灾物资船舶编入乙类优先队列，拖船与推顶船编入船队队列，单机船按照横向最大尺度占闸室宽度的比例分别编入超宽单船队列、一般单船队列等；智能排档系统对不同优先级别的船舶队列分别编制调度方案（以下为方便描述，只考虑同一个级别船舶，实际每一个级别都遵循以下排档方法）。

智能调度系统按照全排列的方法列出当前船舶队列中所有可能的船舶排序方式，生成所有可能的排序队列，并依照闸室利用率最大化原则生成对应调度方案。在基础上，根据优先序评估函数对各种调度方案进行评估。

1．计算该调度方案中各单船（船队）的优先序评估值

$$C = f(s, a, z)$$

式中，C 为单船舶（船队）待闸优先序评估值；s 为单条船舶等候过闸的时间（待闸时间）；a 为船闸排档模式因子；z 为待闸船舶的船型因子。

2．计算该调度方案中的各闸次优先序评估值

$$C_L = \sum_{n=1}^{d} C_n$$

式中，C_L 为一个闸次的船舶待闸优先序评估值；d 为本闸次可排入的船舶数量；C_n 为本闸次中第 n 条船舶的排档时间成本。

3．计算该调度方案中的全部闸次优先序评估汇总值

$$C_A = \sum_{L=1}^{k} C_L$$

其中，C_A 为排档方案中全部闸次优先序评估汇总值；k 为本排档方案中的闸次数量。

智能调度系统按照船舶过闸优先级别顺序，并通知当前最优先级别、最优排档方案中的船舶准备过闸。

（二）低通航负荷梯级船闸的调度策略与算法设计

低负荷船闸一般表现为闸等船，单纯从通航要求考虑，可实现船舶的即到即走，无须过多考虑调度策略；但实际调度工作中，需要考虑船闸运行的机电成本、耗费的水资源（特别是对于航电枢纽或南水北调等需考虑水的经济价值的船闸）等因素，需要在通航和水电之间寻找更平衡的解决方案。

在调度算法上，可参考以下数学模型：

1. 基于时间和水电综合成本平衡算法的单级船闸调度模型

根据每个梯级船闸的船舶待闸情况、用水补偿成本等综合因素的单级船闸综合优化模型（综合动态水电和船舶过闸时间成本）。

2. 多梯级船闸联合调度宏观综合计划模型

在多梯级船闸区间在航船舶和船闸闸次安排的中期（如以月为单位，以年为单位）计划模型（包括上下行船舶量、空重载船舶量、水电费用消耗和过闸收益间平衡因素等），基于这个模型可制定动态过闸费用价格杠杆计算子模型。

3. 过闸费用诱导曲线模型

基于水电成本、丰-枯水周期律及最佳通航条件三者约束关系，建立关于水电和水量成本变化的函数和全年过闸费用诱导曲线模型，宏观地、经济化地调控全年航运趋势。

四、多梯级船闸智能化联合调度的实践

京杭运河徐扬段（以下简称苏北运河），北起徐州蔺家坝，南至扬州六圩口，全长404千米，纵跨徐州、宿迁、淮安、扬州四市，全程水位落差31米，分为11个航运梯级，建有28座大型船闸；2013年苏北运河的货物运量达2.72亿吨，是国内货物通过量最大的梯级船闸。

自2012年起，苏北运河进行"航闸智能运行系统"的建设，采用了智能化的设计思路，通过对单级和多级船闸的智能综合运调、对航道及设施的物联网化数字感知和对综合数据的信息管理以及全方位的便民服务，构建了一个"平时运调监管""忙时联合调控""紧急情况应急调度"的智能化业务骨干平台系统；形成了一个协调有力、运行高效、信息共享、互联互通的航闸智能运行系统；最终实现了对航道、船舶、船闸的全过程、全方位的及时、动态、准确的监控、管理。

苏北运河航闸智能运行系统自试运行以来，船闸闸室的平均利用率约提升了16%，船闸的通过能力约增加了20%，减少了船舶的平均待闸时间，充分体现了船民、船舶、船闸三位一体的服务理念，增强了船闸的应急保障能力，提升了船舶安全、过闸高效、船民满意的综合服务服务水平，体现了快速、便捷、高效的管理效率，实现了对苏北运河的综合立体指挥、协调调度和全方位的信息化管理。

基于视觉的港口组合导航定位系统

武汉大学交通研究中心

李必军

一、引言

我国港口运输的集装箱化和集装船舶的大型化，给传统的港口运输模式带来了空前压力，实现港口集装箱运输的全自动化显得越来越重要。AGV（自动导引运输车）是指装备电磁或光学等自动导引装置，能够沿规定的导引路径行驶，具有安全保护及各种移载功能的运输车。AGV 系统可提高港口集装箱的运输效率，节省物力、人力和财力，因此显示出了极大的优势。

港口环境比较特殊，港口面积大、湿度大而且受盐雾影响严重，然而港口的运输效率高，作业时间长，因而给港口 AGV 的定位和导引带来了挑战。AGV 的导引方式包括直接坐标导引、电磁导引、磁带导引、光学导引、惯性导航导引、GPS（全球定位系统）导引、激光导引、视觉导引等。在实际应用中采用较多的是电磁或磁带导引，它在地下埋设金属线或在路面上贴磁带，让 AGV 小车行驶在预定的轨道上，其优点是引线不易受到污染和破损，便于控制和通信。其缺点是路径相对单一，难以更改扩展，对复杂路径有很大的局限性，当工作量增加时，需要铺设新的轨道，安装改造和维护成本较高。相比较之下，视觉导引则具有很好的灵活性和较低的成本，并且视觉设备安装方便。其导引原理是通过视觉系统实时获取当前的图像信息，经过软硬件处理后确定 AGV 小车的位置及与其他物体的相对位置，驱动小车的动力系统行驶。研究一种安全、可靠的 AGV 系统，对于实现港口运输自动化，实现低成本、高效率，改变传统的港口运输模式具有重要意义。

二、系统设计方案

（一）总体架构

AGV 运输系统的工作流程一般分为以下三个步骤：①AGV 小车接收到控制指令，运行到岸桥；②AGV 小车在岸桥载上集装箱后运行到 AGV 伴侣处；③AGV 小车将集装箱放在 AGV 伴侣处等待吊桥将集装箱放入场堆。传统的基于视觉导引的定位导航技术也大多依赖于 AGV 引导轨道，利用视觉设备获取轨道的图像，进而进行定位与导航。而使用超声波传感器进行测距则存在稳定性差、精确度低的问题。基于视觉的导航系统首先通过 GPS 实现 AGV 小车的粗略定位，然后使用双目视觉实现 AGV 小车的精确定位，同时在小车行驶过程中使用激光雷达检测近距离的障碍物并进行避障，摆脱传统的 AGV 引导轨道的束缚，从而得到稳定、可靠的高精度导航信息，提供给控制系统控制车辆的行驶。

本文基于视觉导引的 AGV 运输系统的基本框架分为三层：第一层为感知层，对激光雷达、GPS/INS、相机等数据进行采集，GPS/INS 作为导航定位的核心用于车辆定位与航向测定；相机用于 AGV 小车行驶过程中识别视觉标志物进行无人车辆的相对定位；激光雷达用于识别 AGV 小车近距离的障碍物、划定车身警戒区及减少盲区。第二层为数据中心，用于数据融合，将识别到的障碍物信息、地面上的车道线和视觉标志物的位置关系与相机的空间位置关系及 AGV 小车的高精度位置信息进行融合，得到当前车辆的绝对位置。第三层控制规划层，根据车辆的状态信息和环境信息，对目的地路线进行规划，下发车辆的控制指令（见图1）。

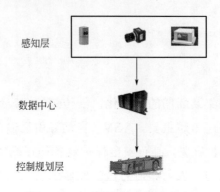

感知层

数据中心

控制规划层

图1　AGV 运输系统的基本框架

（二）系统功能

基于视觉导引的 AGV 运输系统包括 GPS 定位模块、视觉感知定位模块、激光雷达感知模块、数据融合模块、车辆控制规划模块 5 个模块。

1. GPS 定位模块

GPS 定位模块在 GPS 信号缺失等条件下，将 GPS 定位数据、低精度的惯性导航数据融合，并可得到车辆的航向角。同时融合旋转编码器获取的车辆里程信息进行航位推算，获得 AGV 小车的绝对位置和航向信息，对 AGV 小车进行绝对定位。

2. 视觉感知定位模块

视觉感知定位模块利用视觉传感器获取视觉标志物的空间位置和 AGV 小车的高精度定位信息。视觉感知定位模块采用双目视觉定位方法对采集的车道线及视觉标志物进行处理，计算车道线及视觉标志物相对视觉传感器的空间位置关系及 AGV 小车的高精度位置信息。双目视觉定位方法具体为：对于两个相机拍摄的同一物体的两幅图像，采用尺度不变特征变换（SIFT）法提取图像的特征点并进行匹配，获得匹配点；利用匹配点之间的极线约束关系及相机的标定参数求解该点的空间坐标；利用空间后方交会方法计算相机的位置坐标；最终计算车道线及视觉标志物相对相机的空间位置关系及 AGV 小车的高精度位置坐标。

3. 激光雷达感知模块

激光雷达感知模块利用激光雷达 AGV 小车前方障碍物的识别。用于采集 AGV 小车近距离范围内的激光雷达数据。对激光雷达数据进行聚类，分析聚类障碍物的特征参数，确定障碍物的类型，最终获取障碍物的位置、运动状态和形状信息。

4．数据融合模块

数据融合模块将 GPS 定位模块获得的绝对位置和航向信息、视觉感知定位模块获得的空间位置关系和高精度定位信息，以及激光雷达感知模块获得的障碍物的位置、运动状态和形状信息进行融合，获得融合数据。

5．车辆规划控制模块

车辆规划和控制模块根据融合数据和已知的导航电子地图进行 AGV 小车定位与路径规划，并将定位与路径规划结果提供给车辆控制系统，由车辆控制模块控制 AGV 小车的驾驶状态，车辆控制模块根据障碍物的位置、运动状态和形状信息，采取避障措施，如减速、转弯、停车等，避免发生碰撞。

三、结束语

基于视频的视觉定位技术利用低成本的视频传感器解决港口 AGV 的实时定位问题，通过降低传感器的定位成本和运用双目视觉的理论达到相对定位的目的，而且相机等视觉装置的安装和维护也更加方便，避免复杂轨道的铺设，路径行驶更具有灵活性，能够满足系统经济实用的要求。但是，目前图像处理技术受环境的影响比较大，也存在很多研究难点，在系统大规模的成熟应用方面还有待大规模的测试。

基于激光扫测技术的海事卡口建设与卡口数据的综合应用

南京思创信息技术有限公司

水路运输具有运能大、运距长、能耗低、污染小的优势，是综合运输体系中最符合节能、环保和可持续发展要求的运输方式，也是现阶段我国交通运输建设的重点。

船舶交通量是指单位时间内通过水域中某一地点的所有船舶的数量、航向、总吨位等统计数据的集合；是表征某水域水上交通状况的最基本量，也是航道发展定位、基础设施建设以及航道管理策略制定等决策的重要依据之一。

本文根据国内海事卡口建设应用现状，通过对现今各种技术的优劣对比，提出以激光扫测技术为核心的、融合视频、AIS 及 RFID 技术的海事卡口建设方案。再将获得的卡口数据应用于水运态势分析，根据目前水上货运的要求和常规业务需求，主要针对水运交通态势、水运货物周转量、港口货物吞吐量及水运安全生产态势进行分析，从技术上、业务上解决各层级的业务需求。

一、基于激光扫测技术与多源数据融合技术的卡口建设方案

（一）激光扫测技术

1. 激光扫测技术概述

为实现海事卡口建设，目前主要有以下几种方式来测量船舶交通量：基于雷达成像系统的方式，基于视频监控系统的方式，基于红外成像系统的方式，基于 AIS 监控方式和人工方式等。

采用多激光传感器作为船舶数据的采集手段，对船舶进行特征的辨识；通过自适应误差控制，获取船舶三维图像特征；采用形态分类和时空数据连续特征提取的方法，实现对内河船舶交通量进行全天候自动监测统计的智能化系统。多激光传感器测量精度高，不受环境光照影响，对能见度依赖度小，可在不同气候条件下进行全自动 24 小时连续观测。

各观测手段技术对比如表 1 所示。其中，o 表示否，√ 表示是。

表 1　各观测手段技术对比

观测方式	人工	雷达	视频	红外	AIS/RFID	激光器
自动观测	o	√		√	√	√
无须船载设备	√	√		√	o	√
无须建设基站	√	√		√	o	√
可昼夜工作	o	√	o	√	√	√
适应复杂气象	o	√	o		√	√
观测精度	较低	较低	较高		高	高

激光扫测技术的原理是利用激光对被测目标进行准确扫测，计算出距离等数据。该技术的核心硬件是激光测距传感器，它由激光发生器、光学零件和光电器件所构成。激光器工作原理如图 1 所示。

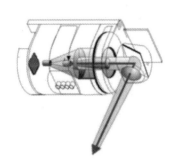

图 1　激光器工作原理

在工作时，通过向目标射出激光，由光电元件接收目标反射的激光束，计时器测定激光束从发射到接收的时间，计算出从观测者到目标的距离和其他三维空度量值。与其他测量手段相比，激光测距传感器具有速度快、实时性强、成本低、获取数据精度高、可全天候工作等优点。通过激光扫测技术采集到的是深度图像，与传统的视觉图像相比，具有以下三个方面的优势：

（1）受场景中介质的种类、纹理影响小。对于介质灰度较统一、纹理基本一致的环境仍有很好的采集效果。

（2）可直接反馈被测目标的三维空间信息，便于建立位置对应关系。

（3）不受光照射条件影响，对光线没有要求。

2．船舶三维图像的检测及数据传输

激光传感器测量船舶时，测量到的是船舶宽度和出水高度，如图 2 所示，假设点与点之间为直线，便可得到船舶的二维外形。测量的点越多，其结果就越可靠。

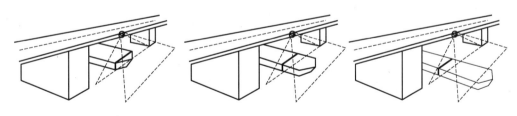

图 2　船舶测量示意图

两台激光传感器被同时安装在桥梁中央，对正下方的航道进行不间断地激光扫描。采集到的图像首先进行滤波等数据处理工作，对于经系统判定是船舶的图像，实时记录船舶的截面。为了获取船舶的三维尺寸，需要将采集到的船舶断面和速度的两路激光数据进行实时匹配、处理，计算出船舶的三维尺寸并对船舶的流量进行累加统计。

对于包括船舶外形尺寸等特征量在内的三维空间数据的检测，需要由两个激光器联合工作，利用计算机对两个激光器按时序获得的若干观测信息，在一定准则下加以自动分析、综合，在时域和空域上对应同一艘船舶，才能做到正确的特征提取。为了使激光能够准确地测出船舶的轮廓特征值和航行方向及速度，需要通过对二维激光传感器测得的激光测量数据进行坐标系的转化，建立激光传感器的空间极坐标系。由于两个激光器安装会产生倾斜且扇形扫描，采集的数据基于极坐标系，因此必须通过三维投影变换将极坐标数据转换到直角坐标系，才能正确得到船舶的特征值。图3所示为激光器数据转换示意图。

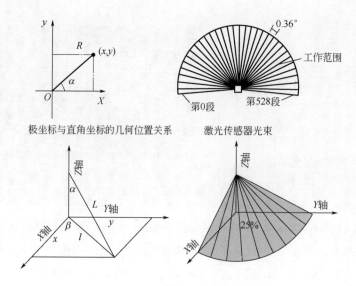

极坐标与直角坐标的几何位置关系　　　　激光传感器光束

图3　激光器数据转换示意图

测量的另一误差来源于船舶轮廓检测中常常会发生目标遮挡的情况，因此需要对部分检测结果进行船舶轮廓的重构。通过机器学习结合形态学的相关理论，对因遮挡而未检测到的船舶进行重构，这样能大大减少测量的误差。利用多种形态学方法，如反相、侵蚀、膨胀、对称等，对被遮挡的船舶进行轮廓重构。

（二）多源数据融合技术

激光扫测系统以激光扫测技术为核心，融合视频、AIS&RFID等感知信息。视频的功能主要是系统识别AIS采集到的船民船号，视频抓拍采集图片，同时对AIS未开机等违规现象抓拍取证；AIS&RFID主要是识别船舶身份。该激光扫测系统将这几种设备采集到的数据融合，实现船舶特征数据的测量、船舶身份识别及采证多种功能融合。

（三）海事卡口建设

在航道中心位置（如桥梁上）安装激光传感器组，激光幕帘对过往船舶进行连续激光扫描，接收船舶反射的激光信号；经过分析，得到船舶的三维特征和运行数据，包括：船舶航向、航速，船舶长、宽、型深，船舶空重载情况，船舶总吨位。

系统可全天候24小时连续观测船舶交通量。适于航道或具有规则性的进出口区域进行交通量流量的统计。

应用实景如图4所示。

由图4可知，建设基于激光扫测技术的海事卡口能够协助海事监管部门对辖区内水上安全监督管理。例如，可以通过图4右方检测到的数据来监测超载超限船舶，掌握该船舶的航行状态和特征数据，海事部门依据此数据有针对性地核查相关船舶违章情况；同时，系统内含的视频系统对船舶的实时情况拍照取证，海事部门可以根据照片查询到大船小证、未穿着救生衣等违规情况；系统内置的 AIS 识别系统主要用来采集船舶的船号,当系统未监测到船舶的船号时,则说明该船舶未开 AIS 设备,海事部门可根据该系统监测采证,对违章的船舶进行后续工作处理。

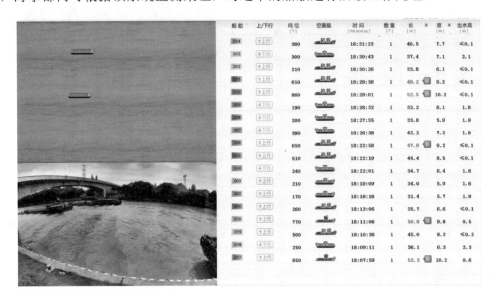

图 4 应用实景

二、卡口数据综合应用——水运态势分析系统

卡口数据综合应用即通过卡口数据建立的一套水运态势分析系统。该系统以激光传感技术为核心,融合视频、AIS&RFID 等智能物联网感知信息,实现在航船舶的精准管控;并在此基础上,分析各监控网络节点的数据关联性,通过大数据处理和分析技术,实现各区域的水运货物周转量、港口货物吞吐量统计等功能。系统可按照时间、空间的不同组合条件进行物流总量统计、分物种统计等操作;可以按照柱状图、饼图等直观的方式描述比例分布和变化趋势;并可进行多点、多维度分析和比较。

该系统可以进一步深化在航船舶智能监控系统的应用,发挥激光监控网络的优势。

(一)水运交通态势总览

从管理部门的工作职能来说,其管理对象主要包括航道、港口、船舶三个方面;在宏观层面主要体现在水运货物周转量、港口吞吐量和水运安全生产率等主要经济技术指标上。

水运交通态势总览主要提供宏观维度的数据展现、大周期的数据同、环比分析等,主要内容包括整个辖区的货物周转量、港口吞吐量及货物种类分布情况等。更细致的分析可在"水运货物周转量分析""港口货物吞吐量分析"子系统中完成,并可按照需求生成相关的统计报表。

(二)水运货物周转量分析

水运货物周转量是指在一定周期内,由各种水路运输工具运送的货物数量与其相应运输距离的乘积之总和。它是反映水路运输业生产总成果的重要指标,也是编制和检查水路运输生产计划,计算水路运输效率、劳动生产率以及核算运输单位成本的主要基础资料。

为解决区域内船舶数量、吨位、航行里程等信息的获取问题，本系统依托已建成的激光海事卡口，以激光传感技术为核心，融合视频、AIS&RFID 的信息感知手段，得到所有进出区域的船舶信息，并在此基础上核算出水运货物周转量，数据较原有的工作方式更准确、详尽，为实现周转量分析提供了数据基础。

（三）港口货物吞吐量分析

港口吞吐量是指一定周期内经水运输出、输入港区并经过装卸作业的货物总量，是反映港口生产经营活动成果的重要数量指标。港口吞吐量的流向构成、数量构成和物理分类构成是港口在地区间水上交通链中的地位、作用和影响的最直接体现，也是衡量地区、城市建设和发展的量化参考依据。

港口货物吞吐量的数据一般来源于港口管理部门在申报业务管理中的历史数据，但由于受主客观因素的影响，会发生瞒报、漏报和虚报、假报的情况，给港口安全和水运交通资源调配带来了较大的影响。

本系统可借助航区全面感知的优势，通过激光、视频等手段对船舶的进港、离港进行监测，自动核对船舶申报数据，对异常进出港时间进行主动告警，完善船舶进出港数据。可对吞吐量的各项指标进行加权分析，形成区域水运景气指数，直观反映水运行业的兴衰程度；同时，系统可设置吞吐量同、环比增减阈值，实现行业发展的预警功能。

（四）水运安全生产态势分析

水运安全生产情况是交通管理部门关注的重点之一，对于 AIS 未开机率、超载超限率、大船小证率、未穿着救生衣人数比例及其他违章情况数据，可分区域、货种等多维度展现，海事部门可以根据系统提供分析的数据有针对性地加强管理。

另外，货品中特别是危化品船舶的载货量大，发生海损事故时有可能直接污染水源、给人民群众的正常生活带来不利影响。

本系统可以通过录入、标注的方式将既往发生的安全生产事故标绘在电子地图上，分析计算周期内的超载超限率、大船小证存在情况、AIS 未开概率及其他违章情况、安全生产率、事故易发点、事故易发时间段等，为管理部门指导安全生产提供帮助。

三、结论

通过分析基于雷达成像系统的方式、基于视频监控系统的方式、基于红外成像系统的方式、基于 AIS 监控方式和人工方式等测量船舶交通量的几种技术，设计一套基于激光扫测技术及多源数据融合的海事卡口建设系统，该系统能够 24 小时连续不间断地监测过往船舶的特征等数据，测量精度高且稳定性强。

在上述海事卡口方案建设的基础上，为了进一步满足港、航部门的需求，可建立一套卡口数据综合分析应用系统，即水运态势分析系统。该系统可根据业务需求个性化定制，更有针对性地解决管理部门的各项需求。

FOD 探测系统助力民航机场跑道安全水平提升

金尔文　龙柯宇

一、FOD 危害

机场跑道外来物（Foreign Object Debris，FOD）是指在飞行区内，任何可能危及航空器地面运行安全的物体，如飞机零件、维修工具、道面材料、站坪垃圾及小动物等。FOD 威胁航空器运行安全，一只飞鸟或一小块塑料布吸入发动机就可能引起停车，一个小螺钉或金属片甚至尖锐石子都可能扎伤轮胎引起爆破，产生的轮胎碎片可能打伤飞机机体或液压管、油箱等重要部件造成安全隐患。

典型案例有，2000 年法航协和空难，祸源是前一航班飞机掉到跑道上的金属片，它扎破了随后起飞的协和飞机轮胎，轮胎爆破产生的碎片击中了一个或多个油箱，飞机左机翼起火并很快坠毁，整个过程不到 1 分 30 秒（见图 1）。

图 1　协和空难

2007 年，国内某航空公司 B747 飞机在美国洛杉矶机场滑行中轮胎辗压 FOD，随后的起飞滑跑中右机身起落架后两个轮胎爆破，造成飞机右起落架损伤，起落架舱损伤，液力系统管路严重损坏（见图 2）。

图 2　某航空公司 B747 爆胎事故

455

据 McCreary 发布的关于全球航空业 FOD 损失的统计数据，平均每 1 万次起降由 FOD 造成的直接损失约为 32000 美元，航班延误间接损失约为 26740 美元。FOD 导致的间接损失还包括乘客伤害、起飞中断、跑道关闭及修复等，McCreary 指出 FOD 造成的间接损失通常是直接损失的 10 倍以上。一般大型机场每年航班起降架次超过 30 万次，可见机场因 FOD 事件遭受的损失十分巨大。

当前，我国民航业跑道 FOD 防范工作主要依赖人工巡检，巡检时需要关停跑道，占用宝贵的跑道时间，对大型繁忙机场来说将极大地限制机场运行效率的提升。因此，随着我国民航机场客货吞吐量的迅速攀升，对机场安全、高效运行提出更高要求，推广使用高度自动化的 FOD 探测设备辅助或替代人工 FOD 巡检，将是未来我国民航业提升跑道运行安全的发展趋势。

二、FOD 技防解决方案

作为行业重要技术支持单位，中国民航局第二研究所针对 FOD 这个困扰民航机场多年的安全生产问题，从国家自然基金重点项目"机场跑道异物监测系统基础理论与关键技术研究"理论研究入手，调研和论证多种物理量 FOD 探测机制，先后试验验证了毫米波雷达、光学成像检测、激光雷达、结构光三维重建等小目标探测技术，分析和比较了各种探测方式的优缺点，选定了采用毫米波雷达和光学检测复合的 FOD 探测体制。通过长期真实跑道环境运行试验，最终突破了地杂波环境下毫米波雷达微小目标检测和复杂背景干扰条件下光学 FOD 检测等一系列关键技术，成功研制了具有完全自主知识产权的塔架式光学 FOD 探测系统和边灯式光学雷达复合探测系统。

图 3 所示为塔架式光学 FOD 传感器，由高精度光学转台、高性能成像装置、光机控制模块等组成。单台传感器覆盖半径 350 米，可探测 2 厘米粒径的 FOD，12 台传感器组网即可覆盖 3600 米的标准跑道。图 4 所示边灯式雷达光学复合 FOD 传感器，由微功率毫米波雷达、近红外成像装置、精密转台等组成。单台传感器覆盖半径 60 米，可稳定探测 2 厘米粒径的 FOD，部署时可与跑道边灯集成安装，60 秒内即可完成对覆盖区域的雷达、光学复合扫描。

图 3　塔架式光学 FOD 传感器

图 4　边灯式雷达光学复合 FOD 传感器

同时，民航二所在总结机场用户建议和示范验证工程经验的基础上，在业内首先提出了综合性能最优、满足我国各型机场需要的传感器混合部署的混合制式 FOD 探测系统。

民航二所为大中型机场推荐的混合制式 FOD 探测系统应用场景如图 5 所示。FOD 探测系统由沿跑道布置的 FOD 传感器、数据中心、控制中心及清理引导移动终端组成。传感器部署方案充分考虑机场跑道安全区域等级划分和净空限制，混合部署塔架式光学 FOD 传感器和边灯式 FOD 传感器实现对跑道的最优覆盖。系统运行时，部署于跑道沿线的各型 FOD 传感器对全跑道进行 24 小时不间断光学、雷达扫描，将传感数据通过光纤传送到数据中心。在数据中心采用高性能服务器阵列对传感器数据进行处理、分析和融合。当辨识出跑道上的异常 FOD 目标时，系统对 FOD 目标自动取证并通过控制中心的控制台向管理人员报警。管理人员可以在控制台对疑似 FOD 进行远程视频鉴定以完成 FOD 确认。被确认的 FOD 信息，包括精确跑道位置、异物图像、威胁等级等被系统通过无线网络发送到值班清理人员的手持终端上。值班人员通过手持终端引导到达 FOD 现场，完成现场拍照取证和异物清理。最后取证和清理信息通过无线网上传数据中心完成 FOD 数据分析和解除 FOD 告警。系统在提供 FOD 监视、清理和取证等服务的同时，还提供完善的 FOD 业务管理流程，包括业务管理、人员管理、FOD 业务分析等功能。

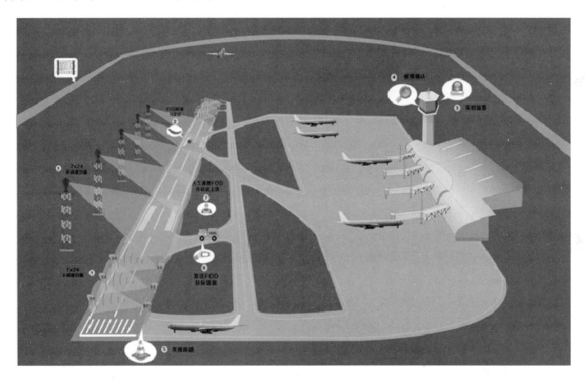

图 5　混合制式 FOD 探测系统应用场景

三、展望

　　民航二所研制的 FOD 探测系统已在兰州中川机场、成都太平寺机场等多个机场开展运行验证，系统性能可满足民航局《机场道面外来物探测设备》（IB-CA-2016-01）信息通告和 FAA 咨询通告定义的要求，整机指标达到国外同类产品技术水平，通过了民航局组织的行业内外专家评审验收，是我国民航安全装备国产化的又一突破。未来，该类系统的广泛应用将有效提升我国民航业跑道 FOD 防范水平，为保障民航机场高效、安全运行提供有力的技术支撑。

基于大数据的综合性空中交通管理平台
——厦门空管站数字化管理平台

中国民用航空厦门空中交通管理站

2015 年 8 月，国务院印发了《促进大数据发展行动纲要》，明确建设数据强国的发展战略。发展和运用大数据，已经成为驱动我国经济持续快速发展的重要引擎。对于民航空管系统来说，借助大数据和大数据技术来提升空中交通管理能力，是建设和实现"民航强国"发展目标的关键。近年来，我国空管系统许多单位已经开始着手大数据应用的研究工作。"厦门空管站数字化管理平台"是国内首个部署于空管运行现场的分局（站）级大数据应用平台，平台于 2011 年由厦门空管站发起并自主研发，2012 年起逐步在厦门地区各民航单位部署，2014 年正式全方位启用。

一、平台建设的目的

（一）空管发展的难题

近年来，伴随着我国民航业的快速发展，空中交通管理开始向系统化和精细化方向发展。作为空中交通的主要参与者，空管系统在运行和管理中存在的固有问题逐步显现，并越来越成为民航发展的瓶颈。"厦门空管站数字化管理平台"研发和应用的主要目的就是解决以下发展难题。

1．信息孤岛问题

信息孤岛是一个普遍的问题。对于空管系统来说，其内部的管制运行、航行情报、航空气象、设备保障等部门都有自己独立的运行系统（如空管自动化系统、航班统计系统、自动通播系统等），系统间相互隔离，数据互不共享。而其他民航单位的运行系统，如航空公司的运行系统、机场的离港系统，也是彼此隔离的。在数据需求不断增强的今天，不论在运行还是管理上，信息孤岛都严重制约了民航的发展。

2．各方协同不足的问题

目前，我国空管运行和管理均采用"金字塔"型组织体系，这种组织体系在保证运行和管理统一性的同时，因缺乏科学可靠的协同支持，信息传递及时性差且存在片面性，导致了各管理层级、各专业部门、各运行岗位之间缺乏及时、有效的信息沟通，缺乏对工作流程所需信息的实时掌握，上级不了解岗位运行情况，各部门、各科室之间也彼此不了解对方运行情况。空管单位与机场、航空公司、通用航空、其他空域用户等空中交通参与方之间也是如此。其后果是空管单位内部管理指令难以得到有效执行，各方（空管单位内部之间、空管单位与其他空中交通参与方之间、其他空中交通参与方之间）的协同配合也难以高效展开，这种情况在民航面临航班大面积延误、灾害性天气或特情处置时尤为明显。

3．依赖人力的问题

目前，空管系统的运行和管理高度依赖人力。例如，业务部门的信息通报、值班日志、报表填写、工时统计等，管理部门的数据收集、数据统计、数据分析及安全管理、效能管理等，基本依靠人力实施，工作负荷大，效率低下。虽然以人为主体的传统运行和管理模式仍然有效，但面对空管系统的多因素和高动态特性，人的经验缺陷日益明显；同时，对空管系统在运行中释放出的海量信息，人的处理能力显然难以高效完成，甚至在很多情况下，依靠人工采集和处理信息将变得越来越困难。

4．传统管理模式的局限

多年来，我国民航航班快速增长主要由社会发展所决定、市场需求所驱动，即空中交通需求驱动空管服务，而非空管服务刺激需求，民航空管系统处于被动发展的状态。对于空管系统来说，依靠传统被动式管理模式已经很难跟上民航发展的整体步伐，管理模式滞后带来的发展瓶颈已经逐步显现。空管系统管理模式期待向数据驱动的主动式乃至前瞻性管理模式转变。

（二）平台建设的目的

"厦门空管站数字化管理平台"的建设就是根据上述复杂运行信息背景和发展需求提出的。平台的建设，旨在突破信息孤岛的局限，实现厦门空管站全局范围内各管理层级、各专业部门、各业务岗位之间，以及与其他空中交通参与方之间的信息互联共享、运行协同、管理协同，同时建设基于空中交通管理数据的创新型电子化支持工具，为实现数据驱动的主动式、前瞻性管理模式，创建超越国内外现行运行及管理概念，为发展具有中国自主知识产权和中国民航特色的空中交通运行及管理技术奠定基础。

二、平台技术路线及应用系统构成

（一）平台建设技术路线

"厦门空管站数字化管理平台"研发的目标，是建立一个契合我国空管运行实际的，以运行数据驱动的新型空中交通服务管理平台，来改进、提升各空中交通管理单位的安全管理、运行管理、效能管理乃至人力资源管理、财务资源管理、行政资源管理等综合管理的管理水平，提升空管单位的运行效能和保障能力。因此，平台按以下技术路线实施研发：

（1）建立数据中心，实现包括雷达 4D 航迹、VHF 通话数据、AFTN 电报、空管自动化系统飞行计划电报，以及管制运行数据、航行情报数据、航空气象数据、现场运行数据、岗位值班数据、设备运行状态数据等在内的空管实时运行数据，包括人力资源管理数据、财务资源管理数据、行政资源管理数据等在内的空管综合管理数据，以及包括机场运行信息、航空公司运行信息、通用航空运行信息、军航运行信息在内的空中交通参与方实时运行数据的安全采集、快速存储和实时共享，为运行数据的实时应用及价值挖掘提供支持。

（2）建立数据共享与交互子平台，作为空中交通各参与方信息连接的纽带，突破信息孤岛的局限，实现空管、机场、公司、通用航空、军航运行系统的信息互联、数据共享和数据交互，为运行数据的实时应用及空中交通服务的"过程管理"与"前瞻性管理"提供数据和工具支持。

（3）建立空中交通各参与方协同子平台（见图1），实现空中交通各参与方的信息对称，同时以平台为媒介，通过应用多方协同的空中交通服务运行和管理应用系统，为各方基于数据的协同会商和协同决策提供支持，改变过去各方协同不畅的局面，实现包括空管、机场、公司、通用航空、军航在内的空中交通参与方的协同运行。

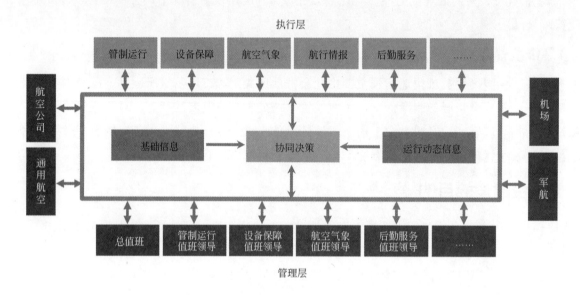

图1　空中交通参与方协同子平台

（4）研发运行和管理支持工具。满足空中交通服务操作层面的具体需要，为用户提供一系列涵盖运行和管理岗位工作周期的业务支持工具，提升运行控制的精细化程度和现场运行效率，减轻工作负荷，降低人因安全风险。

（5）研发大数据挖掘工具。基于运行数据，研发空管风险管控、运行管理、效能管理、综合管理等一系列大数据预测及分析模型，并通过软件工程实现大数据价值的有效挖掘，为空中交通服务提供实用工具，为空管发展提供决策支持。

（二）平台应用系统构成

"厦门空管站数字化管理平台"通过对空中交通数据的集成应用，为厦门空管安全管理、运行管理、效能管理、财务管理、人力资源管理、综合管理及岗位运行提供了先进的支持工具，也为空中交通各参与方的协同运行提供了支持。厦门空管站数字化管理平台应用系统构成如图2所示。

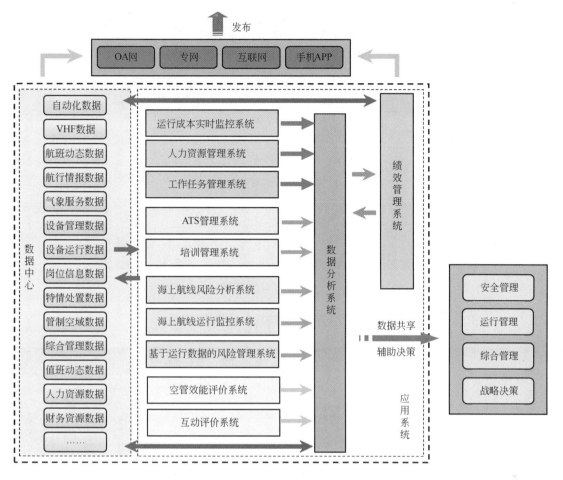

图 2　厦门空管站数字化管理平台应用系统构成

三、关键技术及创新点

厦门空管站根据空中交通运行的实际需求，通过自主研究，原创了流量管理、效能管理、风险管控、协同应急等一系列大数据应用模型。通过软件工程，完成了实用工具的研发，并投入实际运行。

1. 流量管理标准动态定值技术（已申报国家发明专利）

为提高流量控制时机的合理性和方案的可行性，减少管制原因造成的航班延误，原创了"基于空管服务运行数据的空中交通流量管理实操标准的动态定值技术"，并通过软件工程实现了空中交通流量管理实操标准的动态定值，促进空中交通流量管理标准与空中交通管制服务能力全时程的动态匹配，提高空中交通管理安全性、运行效能（见图 3）。

2. 管制效能评价技术（已申报国家发明专利）

为实时评价空中交通管制员工作效能，厦门空管站围绕空管系统"安全、容量、效率、服务"的改革目标，以用户需求为出发点，通过对影响空管运行的因素分析，在大量实证数据基础上，对所收集的信息进行科学的分析和提炼，构建效能评价指标体系，包含航班正常性、管制效率、飞行冲突、通信负荷、通行能力五项评价要素（见图 4）。

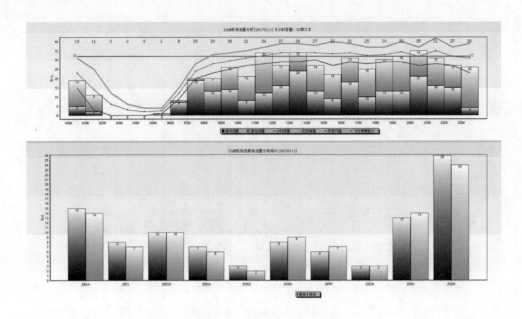

图3　流量管理标准动态定值技术应用界面

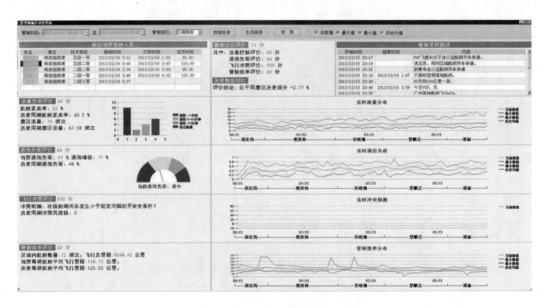

图4　管制效能评价技术应用界面

管制效能评价技术通过软件工程，可以科学、客观地自动评价空中交通管制员的作业能力和工作品质，避免因人工评价的人为因素或因为评价标准不一而造成的评价失真。

3. 风险管控技术

风险管控技术是在大量实证数据的基础上，对空管运行信息进行科学的分析和提炼，确立空管安全风险的核心要素及其指标体系；并基于空中交通运行数据，通过软件工程实现管制扇区飞行冲突、航班流量、管制通信负荷、设备保障、航空气象的等风险核心要素，以及空管运行综合风险的实时监控和自动告警，同时实现安全风险分析、案例分析及安全事件报告自动生成等功能（见图5）。

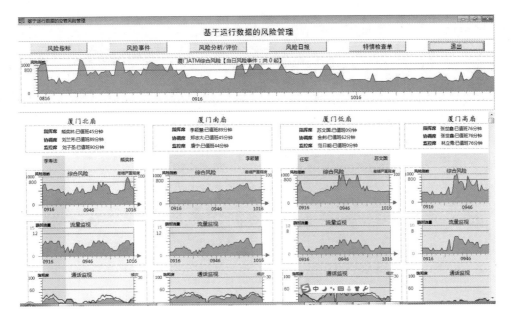

图 5　风险管控技术应用界面

4．偏差检测技术

厦门空管站针对空管服务偏差管理的量化难题，提出了创新型的偏差检测技术——基于动态样本法及动态标尺法的偏差检测技术。并通过软件工程，全天持续实测、自动分析、自动评价空中交通管制服务状态数据，实现了对空中交通服务偏差的自动检测、自动分析和自动评价，以及评价结果的自动报告。

5．空管协同应急处置

厦门空管站在我国空管行业率先实现了基于实时运行的协同应急处置，其应用范围涵盖了厦门空管站 63 个业务岗位，以及厦门机场、机场公安分局、厦门航空有限公司、山东航空公司厦门分公司、东海第二飞行救助队和军航漳指航行科等军民航单位；系统建立了 4 级、共 478 项特情处置典型事件库，并建立了一套空管行业普遍适用的、以实时运行数据驱动的协同应急处置新模式。系统的应用为各级管理人员、运行现场操作人员实施协同应急处置提供了可靠的运行平台，改变了以往高度依赖人力的传统应急模式，显著提高了应急处置的效率。

6．其他技术创新

除了上述技术创新外，还原创了可用空域动态显示技术、岗位自动巡查及告警技术、基于垂直剖面视图的空中交通流管理方法（已申请专利）等一系列新技术，并改良了二次雷达视频图和气象云图叠加技术（见图 6）、航空器偏航告警技术、管制扇区流量预测技术等现有技术，提高了平台应用的科学性和实用性。

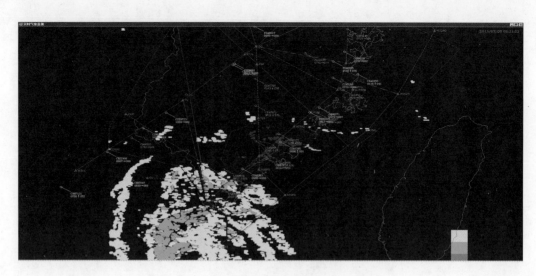

图6　二次雷达视频图和气象云图叠加技术

四、平台应用范围及用户规模

　　"厦门空管站数字化管理平台"通过对空中交通服务数据的集成应用，为厦门空管站安全管理、运行管理、效能管理、财务管理、人力资源管理、综合管理及岗位运行提供了先进的支持工具，也为厦门地区各空域用户的协同运行提供了平台支持，其用户除覆盖厦门空管站管理及运行终端外，还延伸至机场、航空公司、政府职能部门、通用航空、军航等空中交通参与方，有效提高了厦门地区民航的安全水平和运行效率，取得了显著的社会效益和经济效益。

应用于智能交通系统中的电源解决方案

惠州亿纬锂能股份有限公司

一、概述

智能交通系统是将先进的科学技术（信息技术、计算机技术、数据通信技术、传感器技术、电子控制技术、自动控制理论、运筹学、人工智能等）有效地综合运用于交通运输、服务控制和车辆制造，加强车辆、道路、使用者三者之间的联系，从而形成一种保障安全、提高效率、改善环境、节约能源的综合运输系统。智能交通系统中的电源方案需满足东北地区的冬季和西南地区夏季极端天气的放电要求，同时要满足长寿命、高安全性及环保的要求，此外对电源还有瞬间大电流脉冲的要求。例如，地磁车位检测系统中的地磁射频部分，使用温度范围为-40℃～+85℃，用电器年消耗容量为2650.39mAh，要求数年以上的长寿命，截止电压3.02V，最大脉冲电流达140mA。传统的电源解决方案已无法满足如此严苛的用电要求。

二、复合锂电池电容器电源解决方案

为解决智能交通系统电源安全可靠与环境适应性问题，亿纬锂能设计开发了"锂亚硫酰氯（ER）电池与锂离子电池电容器（SPC）"的复合锂电池电容器电源方案。

1．锂离子电池电容器（SPC）

亿纬锂能自主研发的锂离子电池电容器（SPC）是一种金属氧化物锂离子电池电容器，既具有锂离子的容量特性，又具有超级电容器的功率特性。

如图1所示为SPC1520的充放电曲线，该电池电容器具有宽使用电压范围，充放电范围为3.0～4.2V，当放电电压范围为4.2V到3.0V时，容量达到68.8mAh，当放电电压范围为3.67到3.0V时，容量达到45mAh，具有电池能量密度特性，且在整个过程中，电池电容器充放电曲线均保持着线性关系，充放电曲线对称性很好，具有电容功率密度特性。由于其宽广的电压应用范围，该电池电容器可与其他电源（直流电源、锂原电池、锂离子电池、太阳能、蓄电池等）匹配使用，以提高能量密度。

2．复合锂电池电容器电源特性

1）宽使用温度

将SPC1520在不同温度下进行放电，其放电电流与脉宽特性曲线如图2所示，从图2中可以看到，SPC可以支持-40℃～+85℃的脉宽能力，具有很强的脉冲特性。

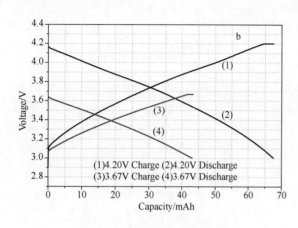

图 1　SPC1520 的充放电曲线

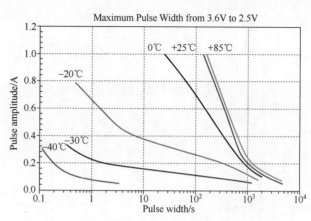

图 2　不同温度下 SPC1520 放电电流与脉宽特性曲线

2）漏电流小

复合锂电池电容器电源漏电流小，如图 3 所示，常温漏电流小于 1μA，−30℃ 时小于 2μA，+85℃ 时小于 5μA。

3）安全可靠性

复合锂电池电容器电源的部件 ER 与 SPC 均采用自带防爆装置的全密封结构，ER 与 SPC 均通过 UL1642、UN38.3 及 ATEXL 认证。

3. 应用实例

锂离子电池电容器是亿纬锂能自主研发的，具有全密封性、宽温度使用范围、低自放电率、长寿命、高可靠性、质量轻、安全设计等优点的产品。目前主要应用于自动读表（AMR）装置、GPS/GSM/ARGOS

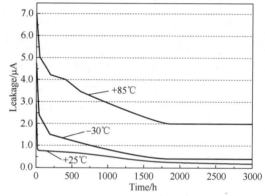

图 3　不同温度下复合锂电池电容器电源的漏电流

相关系统、汽车装置、远程传感器、射频识别系统、紧急设备和军事追踪系统等，作为启动或备用电源，其主要应用市场为水表、电表、气表、热表及智能交通系统。

目前，"复合锂电池电容器电源"已成功应用于智能交通，据不完全统计，超过 2500 万只应用于 ETC、地磁车位检测系统（见图 4）。

（a）ETC　　　　　　　　　　（b）地磁车位检测系统

图 4　应用场景示例

三、亿纬锂能提供可用于 MTC 系统的电源方案

在人工半自动收费车道（MTC）中，路径识别卡采用 5.8G DSRC 移动通信公用频段，同时具有读、写、存等功能，采用一种制式即可统一实现 MTC 与 ETC 用户多路径识别。

由于路径识别卡属于全密封装置，要满足全国各区域、季节的应用，需使用高功率、宽温度、长寿命、高可靠性的薄型电源进行供电。针对路径识别卡，亿纬锂能可提供不同电池体系、不同形状的电源方案，如 SPC 系列及锂锰软包系列等电源方案。

四、结束语

能源问题日益成为国际关注的焦点，为促进产业升级换代，国家正在不遗余力地推动低碳、节能、减排技术的推广应用。智能交通系统通过人、车、路的和谐、密切配合提高交通运输效率，缓解交通阻塞，提高路网通过能力，减少交通事故，降低能源消耗，减轻环境污染。

亿纬锂能以做世界上最好的锂电池，成为行业领先企业为愿景，以市场为导向，以世界先进的技术与领先的智能生产方式，将继续为智能交通系统提供可靠性高的电源方案，同时跟进智能交通系统的发展，继续对电源解决方案进行研究。

毫米波雷达在智能交通领域的应用

南京奥杰智能科技有限公司

一、前言

随着现代化的发展，道路交通情况逐渐向车辆种类多、通行流量大、周期性不固定的复杂特性变化，随之而来的是道路交通拥堵明显增加、交通安全挑战加大。逐渐复杂的道路交通环境促使我国对于智能交通管理系统的要求向智能化、全面化、准确化、实时化发展，而达到这个要求必须依赖可靠、实时和准确的检测数据，包括地磁、视频和雷达等检测手段提供的多模式的数据，而毫米波雷达具有的技术优势可使其在智能交通领域有极其重要的应用，并推动智能交通实现更大的发展。

二、毫米波雷达的介绍

（一）毫米波雷达的优势

毫米波雷达是工作在毫米波波段（Millimeter Wave）探测的雷达。通常毫米波的频域是 30～300GHz（波长为 1～10 毫米）。毫米波的波长介于厘米波和光波之间，因此毫米波兼有微波制导和光电制导兼备的优点。

由于毫米波雷达相比厘米波雷达具有体积小、易集成和空间分辨率高的特点。早期被应用于军事领域，如近程高分辨率防空系统、导弹制导系统、目标测量系统等。随着雷达技术的发展与进步，毫米波雷达传感器开始应用于汽车电子、无人机、智能交通等多个领域。毫米波雷达具有以下几个方面的优势。

1. 精度高抗干扰

同微波导引头相比，毫米波导引头具有体积小、质量轻和空间分辨率高的特点。在天线口径相同的情况下，毫米波雷达有更窄的波束（一般为毫弧度量级），可提高雷达的角分辨能力和测角精度，并且有利于抗电子干扰、杂波干扰和多径反射干扰等。

2. 全天候全天时

与红外、视频、激光等光学导引头相比，毫米波导引头穿透雾、烟、灰尘的能力强，具有全天候全天时的特点。

3. 高分辨多目标

由于工作频率高，可能得到大的信号带宽（如吉赫量级）和多普勒频移，有利于提高距离和速度的测量精度和分辨能力并能分析目标细节特征。同时毫米波雷达能分辨识别很小的目标，并且能同时识别多个目标，因此具有很强的空间分辨和成像能力。

4．敏感高误报低

系统敏感性高，错误误报率低，不易受外界电磁噪声的干扰。

5．高频率低功率

具有更高的发射频率，更低的发射功率。

6．可测速可测距

采用 FMCW 调频连续波，能同时测出多个目标的距离和速度，并可对目标连续跟踪，甚至遇到静止目标也可保持跟踪不丢失。

7．距离远实时性高

测量距离远，达到双向 12 车道 200 米远，同时其检测频率具有极强的实时性。

（二）4D 毫米波可视雷达

4D 毫米波可视雷达是专门为智能交通系统设计的多车道多目标跟踪 4D 视频雷达，它采用世界首创的智能三维立体空间毫米波检测技术，可提供精确的 X、Y、Z 三维坐标和一维速度的 4D 多目标实时跟踪轨迹信息，确保精确检测和统计每一辆行驶车辆的各种信息。该雷达是拥有完全自主知识产权的新型毫米波车辆检测器，利用调频连续波和多普勒技术原理，对路面发射毫米波，通过对回波信号进行高速、实时的数字化处理分析，检测单车速度、平均速度、车流量、车道占有率、车型、排队长度和事件分析等交通流基本信息的非接触式交通检测器。4D 毫米波可视雷达系列集成高清视频摄像机可同时监控 4～12 个车道并提供 128 个目标的高分辨率四维雷达轨迹信息并同步叠加显示在视频上。4D 毫米波可视雷达的四维识别技术使得它能够精确测速并跟踪目标轨迹，即使在大流量或者拥堵缓行的路段，也能提供非常准确的数据。4D 毫米波可视雷达可实时显示雷达轨迹信息，使用户可以直观看到和记录不可见的雷达信号及其目标跟踪轨迹，便于雷达安装调试和使用维护。产品照片如图 1 所示。

图 1　产品照片

三、毫米波雷达的应用

4D 毫米波可视雷达主要应用于高速公路、城市道路、普通公路交通流量等交通参数采集和监测，为交通管理提供准确、可靠、实时的交通信息，为实现交通智能化提供技术支持。主要可应用在智能交通领域的执法、管理、安全及综合等几个领域。

（一）执法

1．测速雷达

一款专门为测速设计的多车道多目标跟踪雷达，可以正装或者斜装，提供精确的车辆速度及定位信息，确保捕获检测路段的每一辆超速汽车。一台雷达加上一台高清摄像机，即可实现多车道多目标测速，同时实现每辆汽车的车牌识别和区分测速并直接叠加在车辆上，准确可靠，捕获率高，降低成本，安装简便。避免了单车道测速雷达的干扰和一张图片上有多辆车汽车不能使用的问题。毫米波测速雷达应用照片如图2所示。

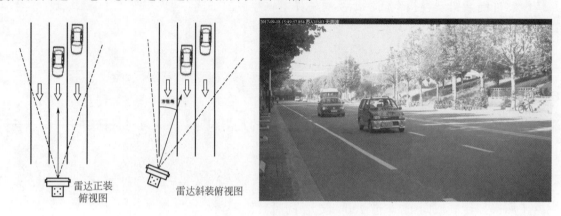

图2　毫米波测速雷达应用照片

2. 电子卡口雷达

一款专门为电子卡口设计的多车道多目标跟踪雷达，可自动检测跟踪区域内的车辆，当车辆满足设定的触发条件时，输出信号触发高清摄像机抓拍取证，构成卡口系统前端采集单元。具有多目标识别跟踪能力，在卡口系统中按车道提供指定位置的触发信号和精确的车辆速度，还可以按周期提供车流量、平均速度、占有率等交通信息，雷达对采集完成的数据进行统计后，直接输出给用户，不需要另外配电脑进行计算与统计。安装调试简单方便，触发位置由参数设定，无须反复调节安装角度来寻找触发位置。毫米波电子卡口雷达应用照片如图3所示。

图3　毫米波电子卡口雷达应用照片

3．电子警察雷达

一款专门为电子警察设计的多车道多目标跟踪雷达，可提供精确的车辆信息及视频监控，确保捕获检测路段的每一辆违章车辆，它无须破坏道路，不受光线和天气变化影响，可取代线圈、地磁和视频检测，同时检测 4～12 个车道 128 个车辆目标的超速、逆行、变道、违停、事故等情况。毫米波电子警察雷达应用照片如图 4 所示。

图 4　毫米波电子警察雷达应用照片

（二）管理

1．流量检测雷达

一款专门为电子警察设计的多车道多目标跟踪雷达，可提供精确的 180 米范围内车流量、平均速度、车道占有率等统计信息，流量精度≥99%，车道占有率精度≥99%，平均速度精度≥99%，提供实时路况照片或视频，用以掌握和验证现场情况，提供 30 毫秒检测更新和 RJ45、485 两种信号输出。

2．智能路口雷达

一台智能路口雷达可同时检测多个车道的排队起始位置、排队长度、排队车辆数、实时平均车速等排队信息，以及四个以上断面每辆车的车速、车型、车道号、占有时间等过车信息。可优化十字路口红绿灯的配时方案。无线组网，安装简便。

3．路内停车管理系统

一台毫米波雷达加上一台高清球形摄像机，即可实现多车道多目标车辆跟踪，一旦检测到车辆停到车位上，即可将坐标发给球机，由球机完成车牌识别，然后完成计费处理流程，准确可靠，降低成本，安装简便。

4．收费站排队长度检测系统

随着机动车数量的快速增多，收费站面临不同程度的拥堵，特别是重大节假日、旅游季节，高速公路收费站拥堵情况更为突出，严重影响了公众的顺畅出行，也给收费管理造成了影响。为了应对收费站交通拥堵状况，亟须通过智能化的科技手段提高管理和服务水平，建立一套自动检测机制以判断收费站的拥堵状态，一方面为管理部门提供直观、便捷的收费站交通状态信息服务，为路网辅助管理做出合理决策；另一方面为广大出行群众提供比较准确的信息，利用高速公路路网管理、交通诱导发布、综合信息发布及信息查询等提供行驶决策依据和帮助。采用毫米波多目标跟踪三维空间检测技术实现的排队预警系统检测精确、安装方便，同时不受天气、光线、环境气候变化的影响。

（三）安全

1. 事件检测雷达

使用事件检测雷达作为交通事件检测系统，采用多目标三维扫描技术和先进的车辆跟踪算法，同时雷达自带高清相机，全天候对目标范围内的车辆进行精准检测、实时跟踪和视频监控，对多种交通异常事件进行检测和即时报警，并自动触发摄像机调整位置进行现场监控、抓拍交通事件现场图片和录像，检测多车道多个车辆的超速、逆行、变道、违停、拥堵等情况，提供实时路况照片或视频，用以掌握和验证现场情况。

毫米波雷达交通事件检测系统结合了雷达精准事件检测和视频可视化特点，适用于高速公路、城市道路、隧道、事故多发地段等多种应用场合，是交通管理者进行道路交通事件检测和交通流量检测的最佳选择。

2. 测速提示系统

汽车的速度越快，越容易引发交通事故。一台毫米波雷达加上 LED 屏构成测速提示系统，可以同时检测多个车道多部车辆的行车速度，并实时显示每个车辆的速度，提醒司机不要超速，并将车速降到安全的范围内，从而提高行车的安全性。此外，测速提示系统也可以实现可变限速的检测和提示。

3. 盲区危险预警系统

交通视觉盲区给道路交通带来了巨大的安全隐患，造成很多交通事故。采用毫米波三维空间检测技术，可以实时对盲区行驶车辆的速度和距离进行检测，一台雷达即可覆盖多个车道 180 米范围内的盲区空间，路侧安装，无须破坏路面、中断交通。同时采用户外 LED 显示技术，主动对危险进行警示；全天候自动检测和主动发布警示信息，不受天气、光线、气候变化的影响；以提高安全通行，减少交通事故，保护国家和人民的生命财产安全。

四、毫米波雷达检测站

传统的微波车辆检测器可以提供车流量和平均速度数据，毫米波车辆检测站在此基础上还提供更多综合检测功能，包括超速检测、事件检测等，一台设备具备了执法、管理和安全防范的综合功能。利用毫米波雷达优势打造的集执法、管理和安全防范多功能于一体的综合一站式解决方案，是充分利用高新技术手段的创新性应用，可以有效地提升检测设备的使用价值。 执法方面：可以实现超速、违法变道、违法停车、逆行、占用应急车道检测；管理方面：可以实现流量、速度、车道占有率、拥堵检测、排队长度检测；安全方面：可以实现安全隐患检测、安全事故检测、安全事件预

警和防范。毫米波雷达检测站应用照片如图 5 所示

图 5　毫米波雷达检测站应用照片

毫米波雷达检测站基本功能如下。

1．大范围空间检测

（1）同时检测 4～12 车道 200 米范围；

（2）同时检测多达 128 个目标；

（3）同时检测来车/去车/双向。

2．多种实时数据

（1）同时检测多车道的车流量、平均速度、车道占有率、车型统计、排队长度信息；

（2）同时检测多车道多车辆的超速、逆行、变道、违停、占用应急车道、拥堵情况。

3．易安装易使用

（1）功耗低，可以支持太阳能供电，安装调试快速方便；

（2）提供实时路况照片或视频，用以掌握和验证现场情况；

（3）真正三维技术，全自动检测，无须测量高度、宽度和角度等数据。

五、毫米波智能路口雷达

　　十字路口是城市道路的重要节点，信号灯控制是交通流的重要调控手段，实现信号灯的感应控制和自适应控制对于提高通行效率和缓解拥堵具有极其重要的意义。而这都基于实时、可靠和可信的数据检测和采集。毫米波智能路口雷达以其特有的优势可以在这方面发挥重要作用，是继线圈、地磁、视频之后的新一代检测设备。

（一）十字路口场景特点

1．Go-Stop-Go

　　十字路口车辆行驶的特点是 Go-Stop-Go，当车辆停止时会出现信号丢失从而目标丢失的现象，

毫米波雷达极其准确的测距能力可以跟踪并保持静止的排队车辆目标不丢失。

2．车辆密聚

当遇到红灯时车辆在排队的情况下每个车道内一辆车紧接着一辆车，各个车道紧紧并成了一片，给目标的分析造成很大困难，毫米波雷达极其准确的空间分辨率可以有效地区分和定位每部车辆。

3．干扰多

十字路口不光有车辆，还有大量的非机动车和行人，同时还有各种电磁干扰，给信号的处理造成很大的干扰，毫米波雷达极强的抗干扰能力可以有效地获取真实、准确的数据。

4．复杂的路况

案例十字路口具有很宽的双向 12 车道、弯道、桥梁、掉头道、非机动车道和人行横道，路况极其复杂，各种干扰源很多。

5．高精度抗干扰

复杂路况对于任何检测手段都是一个巨大的挑战，要求检测技术能够具有很高的精度和抗干扰性能，以获取准确的基础数据。

6．优良的人工智能算法

还要求利用人工智能算法对数据进行复杂的处理，同时具有良好的自学习和自适应的功能，以获取准确的结果数据。

（二）安装布局

智能路口雷达分别架设在十字路口四个方向的红绿灯杆上，通过检测四个方向双向不同车道 200 米范围的交通流信息，实现交通信息实时检测、交通信号灯感应控制（红绿灯智能转换）及多个路口交通信号灯的自适应控制和交通诱导等功能。每个方向均可检测多车道的排队起始位置、排队长度、排队车辆数、平均车速和是否溢出等信息，同时检测多车道四个以上断面每辆车的车速、车型、车道号、占有时间等过车信息，可优化十字路口红绿灯的配时方案，动态调整交通信号控制机的各车道红绿灯设置时间，提高十字路口的通行效率，缓解拥堵。

毫米波智能路口雷达安装布局示意如图 6 所示。

（三）基本功能

1．大范围空间检测

（1）同时检测 4～12 车道 200 米范围；

（2）同时检测多达 128 个目标；

（3）同时检测来车/去车/双向。

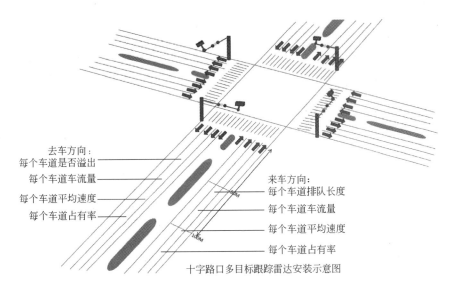

去车方向：
每个车道是否溢出
每个车道车流量
每个车道平均速度
每个车道占有率

来车方向：
每个车道排队长度
每个车道车流量
每个车道平均速度
每个车道占有率

十字路口多目标跟踪雷达安装示意图

图6 毫米波智能路口雷达安装布局示意

2．多种实时数据

（1）同时检测多车道的排队起始位置、排队长度、排队车辆数、实时平均车速等信息；

（2）同时检测多车道四个以上断面每辆车的车速、车型、车道号、占有时间等过车信息；

（3）提供多达四个以上的触发检测区域或四个以上排队长度报警信号；

（4）提供26毫秒数据更新，以及开关量、485和RJ45多种数据输出接口。

3．易安装易使用

（1）可以无线组网，安装调试快速方便，无须穿线和破路；

（2）提供实时路况照片或视频，用以掌握和验证现场情况；

（3）真正三维技术，全自动检测，无须测量高度、宽度和角度等数据；

（4）真正三维技术，全自动检测，无须测量高度、宽度和角度等数据。

毫米波智能路口雷达安装照片如图7所示。

图7 毫米波智能路口雷达安装照片

（四）数据应用

毫米波智能路口雷达精确的检测可以提供车道级和毫秒级的数据，这种检测是微观的，同时也是实时和准确的，可以用于信号灯控制机即时感应控制、自适应控制和绿波带控制，也是未来实现车联网车路协同的基础。

六、结束语

随着技术的发展，智能交通将会越来越多地得到应用。根据中国的国情、技术基础及发展阶段，发展智能交通系统需要科学组织和实施，以提高现有道路通行能力，提高应对突发事件的快速反应能力，逐步实现交通管理现代化。基于国际领先水平的新一代 4D 毫米波可视技术的智能交通雷达可用于车辆检测、交通量调查、交通事件检测、交通诱导、超速监测、电子卡口、电子警察和红绿灯控制等，可全面感知各类道路的运行情况，助力中国打造智慧路网和智能交通管理。

雷达测速仪型式评价解析

国家测速仪型式评价实验室（公安）

一、什么是型式评价

型式评价是指为确定计量器具型式可否予以批准，或是否应当签发拒绝批准文件，而对该计量器具的型式进行的一种检查。因此，型式评价是型式批准的重要组成部分，是由质量技术监督部门授权的技术机构负责实施的具有法制性的技术活动。

现实中就有不对法定计量器具进行型式评价，并将其应用于执法过程且获得了法定计量机构的检定合格证书，从而引起纠纷的事例。

2017 年 1 月，湖南益阳一位市民因开车超速被罚款扣分，不服告到法院。随着进一步的调查发现，用于执法的雷达测速仪竟然是无《计量器具型式批准证》（CPA）、无《制造计量器具许可证》（CMC）、无生产企业的"三无"产品。由此，在公安和质检部门引爆雷达测速仪的监管问题。

湖南益阳公安交警方面认为，该雷达测速仪获得了湖南省计量检测研究院的检定证书，具备了法律效力，可以用于执法。湖南省计量检测研究院认为，他们只是个技术机构，仅对出具的数据负责，测速仪能否用来执法，由交警自己控制。

那么，究竟什么样的雷达测速仪是合法的呢？

《计量法》第十二条明确规定："制造、修理计量器具的企业、事业单位，必须具备与所制造、修理的计量器具相适应的设施、人员和检定仪器设备，经县级以上人民政府计量行政部门考核合格，取得《制造计量器具许可证》或者《修理计量器具许可证》。"

机动车雷达测速仪作为计量器具用于道路交通管理，涉及交通安全和执法公正，属于国家强制检定产品，企业必须取得《制造计量器具许可证》方可生产销售。雷达测速仪生产企业要取得某型号雷达测速仪的 CMC，首先要向当地质检管理部门申请该型号的《计量器具型式批准》。质检管理部门受理企业的型式批准申请后，委托具备资质的技术机构，对雷达测速仪进行型式评价。型式评价合格后，授予计量器具型式批准证书。

测速仪作为执法使用的计量器具，其准确性、稳定性直接关系到执法的公正性，受到了公安交通管理部门和老百姓的共同关注，2012 年 10 月公安部向国家质检总局提交了建立国家测速仪型式评价实验室（公安）的申请。同年，国家质检总局向公安部回函，同意在公安部安全与警用电子产品质量检测中心现有能力的基础上筹建"国家测速仪型式评价实验室（公安）"。2016 年 6 月，国家质检总局授权公安部安全与警用电子产品质量检测中心为"国家测速仪型式评价实验室（公安）"（见图 1），为全国雷达测速仪生产企业提供型式评价服务。

图 1　质检总局授权通知

2016 年 11 月，国家质检总局计量司领导在"国家测速仪型式评价实验室（公安）"揭牌仪式（见图 2）上讲话中表示，欢迎公安部第一研究所检测中心能够以国家测速仪型式评价实验室的名义加入法制计量的国家队伍中。实验室从批准筹备开始，科学谋划、精心规划，倾注了检测中心人员的大量心血，最终顺利通过总局组织的评定，体现了实验室的能力与水平，更标志着检测中心的含金量和权威性。

图 2　国家测速仪型式评价实验室（公安）揭牌仪式

二、雷达测速仪型式评价要求

雷达测速仪的型式评价，依据 JJF 1015—2014《计量器具型式评价通用规范》和 JJG 1335—2012《定角式雷达测速仪型式评价大纲》进行。型式评价的内容包括计量要求、技术要求和法制管理要求 3 个方面。计量要求和技术要求将通过对雷达测速仪进行 27 项试验获得验证，法制管理要求规定了雷达测速仪必须满足或遵守的事项，通过技术资料和外观等检查进行核验。

JJG 1335-2012《定角式雷达测速仪型式评价大纲》第 6 章详细规定了雷达测速仪的法制管理要求，如必须采用法定计量单位、法制计量标志和计量器具标识应包含的内容等。

企业在进行型式评价时，需向技术机构提交产品的技术资料二套和试验样机一套。

1．技术资料

企业提交的技术资料包括：产品的型式评价委托书和/或型式批准申请书、产品样机照片、产品的企业标准（含检验方法）、产品的图纸（总装配图、主要零部件图和电路图）、使用说明书、研制单位做的测试报告。其中，产品的企业标准是针对该款雷达测速仪，指导其生产的专用质量控制文件，不能用国标替代。

2．试验样机

试验样机必须能够承受《定角式雷达测速仪型式评价大纲》规定的所有试验项目而能正常工作。根据《计量器具型式评价通用规范》的要求，试验样机在型式评价试验完成后，对合格的样机，由承担型式评价的技术机构进行封样和标记，交申请单位妥善保存。为满足已批准型式符合检查工作的需要，应保存试验样机至该型式雷达测速仪停产后的第五年。

3．试验样机及技术资料的保密

承担型式评价的技术机构在型式评价中和型式评价后，均应对申请单位提供的样机、技术资料及评价结论保密。

三、型式评价试验项目

雷达测速仪型式评价试验项目包括：计量性能试验、环境适应性试验、电源适应性试验、电磁兼容试验、机械气候试验、安全性试验，共 27 项。

1．计量性能试验

计量性能包括测速范围、模拟测速误差、现场测速误差、微波发射频率、水平主瓣宽度和副瓣电平，是雷达测速仪能否准确测量车辆速度的重要指标。

雷达测速仪是通过检测其发射的微波频率碰到移动物体后反射相应的多普勒频率信号大小判定移动物体的速度。因此，对雷达的微波发射频率误差有严格的限定。模拟测速误差是实验室通过模拟不同速度对应的多普勒频率，检测雷达测速仪测速误差的一种方法。此种方法在雷达发射频率准确的情况下，误差往往为零。现场测速误差是检查雷达测速仪实际安装后的测速误差情况。该实验要求在限速为 120km/h 的三车道高速公路，以中间车道实际行驶的社会车辆为样本进行检测，统计 500 辆车的平均误差为（-4～0）km/h，且每辆车的误差不能超过 0 km/h。模拟测速误差与现场测速误差均取单向负误差，而非习惯的双向正负误差，是为确保超速测量结果的正确性，即保证公安执法的准确与公正。水平主瓣宽度不大于 6°、副瓣电平小于-15dB 两个指标，定义了雷达为窄波束雷达。依据实际安装情况，这种窄的雷达波束仅作用于一条车道，有效避免了临道车辆对测速结果的干扰。

2．环境适应性试验

环境适应性试验包括工作温度上限（高温）、工作温度下限（低温）和交变湿热试验。

衡量雷达测速仪测速准确性的一个重要指标是雷达的发射频率。如果频率发生较大的偏差，其检测的多普勒频率就会产生偏差，从而导致测速结果的偏差。如果雷达发射频率产生部件质量不过关，随着温度的变化，发射频率就会产生较大的变化。工作温度上限和下限规定了雷达测速仪需在高温 60℃ 和低温零下 25℃ 条件下及周期交变的湿热条件下，均能保证雷达发射频率不超差，从而可以有效保障雷达测速仪在实际使用过程中测量结果的准确性。

3．电磁兼容试验

雷达测速仪应用于道路交通，无论固定安装或移动测速，其所处的电磁环境非常复杂，需要有较强的抗干扰能力。试验项目主要有：静电放电抗扰度试验、电快速瞬变脉冲群抗扰度试验、浪涌抗扰度试验、传导骚扰抗扰度试验、电压暂降和短时中断抗扰度试验、射频电磁场辐射抗扰度试验。试验后，模拟测速误差和微波发射频率应符合指标要求。

4．机械气候试验

机械气候试验用于检验雷达测速仪在实际安装环境所受的机械振动冲击和风沙雨淋条件下，其结构的完整性。雷达测速仪各部件装配不合理、连接不牢固，经过振动冲击试验，则会有部件脱落、连接断裂等故障。雷达测速仪的密闭性能不佳，经沙尘和雨淋试验，设备内部会布满沙尘或浸水，将导致不能正常工作。

5．安全性试验

雷达测速仪的安全性试验包括微波安全和电气安全。

微波与我们知道的收音机、电报所用的电波、红外线等不可见光及可见光一样，都是电磁波，只不过它们的频率不同。微波的频率比电波高，比红外线和可见光低。我们熟知的太阳光是具有较高能量的电磁波。微波的安全性跟太阳光一样，是否伤害人体取决于能量的强弱。强光暴晒则可以造成严重的皮肤灼伤，而和煦的阳光只会让人感觉温暖。微波也是如此，只有达到较高的能量才能伤害人体。雷达测速仪微波安全指标借鉴了国外微波安全的定义，在距离微波设备大约 5cm 的地方，每平方厘米的功率不超过 5mW。

任何用电设备的系统绝缘故障，在高电压的作用下，都可能发生漏电、击穿或飞弧现象，造成设备损坏甚至人员伤亡。因此，型式评价大纲规定了雷达测速仪的绝缘电阻、接地导通电阻和耐压试验三项电气安全要求。

四、结束语

公安部安全与警用电子产品质量检测中心是国家质检总局授权的唯一的雷达测速仪型式评价实验室。为加强公安系统对机动车测速仪生产质量的监管，进一步推动公安计量工作的开展提供了强有力的技术保障。中心近年来加强了智能交通产品检测服务的力度，先后建成了特种车辆检测实验室、无人机检测实验室。年检测智能交通类产品五六千台套。

中心将紧密结合公安执法质量及计量保障的需要，深入分析社会公共安全行业及智能交通领域的需求，用我们的智慧和努力服务公安一线，服务国家产品质量技术进步和发展。

武汉理工大学智能交通系统研究中心技术成果介绍

武汉理工大学智能交通系统研究中心

一、研究平台介绍

（一）交通大数据云服务平台

交通大数据云服务平台用于交通领域云计算、云服务、大数据分析等方面的研究。该平台由高性能计算机集群、磁盘阵列、高速网络通信设备、防火墙设备等硬件组成，部署了云管理系统及大数据处理软件系统。交通大数据云服务平台机房及软件架构如图1所示。

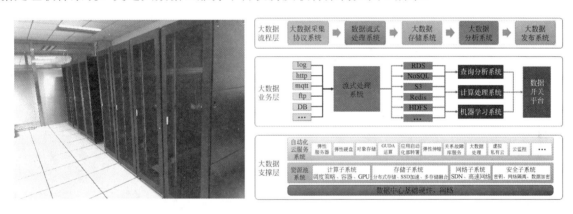

图1　交通大数据云服务平台机房及软件架构

（二）智能车路协同实验平台

综合运用先进的通信技术、自动控制技术与计算机技术，构建全时空、多模式信息环境，实现"人-车-路"之间信息共享。车路协同系统实验平台如图2所示。

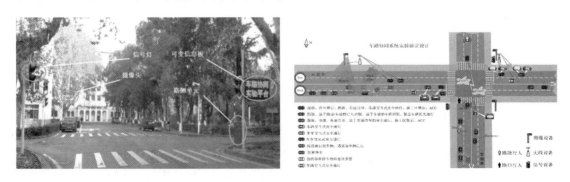

图2　车路协同系统实验平台

（三）海事应急指挥仿真平台

海事应急指挥仿真平台是一套面向船舶碰撞、搁浅、火灾等事故的应急处置和人员救助的仿真系统，利用虚拟现实技术对事故场景进行模拟，综合利用应急预案数据库、电子江图系统、船舶监控系统等，海事管理部门、搜救部门、遇险船舶和人员在虚拟场景中可以相互沟通协调，实现事故的优化处置。海事仿真平台事故场景如图 3 所示，海事应急指挥仿真平台如图 4 所示。

图 3　海事仿真平台事故场景

图 4　海事应急指挥仿真平台

（四）船桥碰撞预警系统

船桥碰撞预警系统可以对桥区水域航行船舶轨迹进行实时跟踪，对船舶 AIS、VTS 数据进行实时分析，综合利用航速、航向、转向率等数据，对未来航行态势进行短时预测，结合桥梁的位置信息和水文气象信息，定量评价与桥梁的碰撞风险。船桥碰撞预警系统和船桥碰撞三维仿真系统分别如图 5 和图 6 所示。

图 5　船桥碰撞预警系统

图 6　船桥碰撞三维仿真系统

（五）智能船舶试验平台

智能船舶试验平台用于船舶自动避碰机理、运动控制理论和智能感知方法等方面的研究。智能船舶试验平台如图 7 所示。

（a）V 型艇

（b）模型船

图 7　智能船舶试验平台

二、产品简介

（一）多功能航标

　　航标是船舶安全航行的重要助航设施，多功能航标不仅具有传统航标的引航功能，同时拓展了采集、传输航道水文信息、气象信息和溢油信息等功能，充分发挥了航标的潜能。多功能航标的研制对于促进航道信息化建设、提高内河船舶航行的安全性和海事监管效率具有重要意义。

　　其基本功能如下：

　　实时监测航标处的水面溢油；

　　实时监测航标处的水流速度和水深；

　　实时监测航标处的能见度、风速、温度、湿度和大气压强；

　　实现航标的碰撞监测功能；

　　实现航标移位报警功能；

　　将采集信息实时传输到海事和航道部门；

　　通过航标上的 AIS 实现向航标周围船舶发布重要的实时信息。

　　多功能船标检测系统软件界面如图 8 所示，多功能航标应用——气象水文监测如图 9 所示。

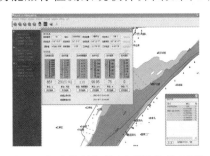

图 8　多功能航标检测系统软件界面　　　　图 9　多功能航标应用——气象水文监测

（二）长江 AIS 应用服务系统

　　长江 AIS 应用服务系统集 AIS、无线通信、电子海图（江图）、计算机及互联网等技术于一体，整合 AIS、海事、助航、调度、物流等信息资源，实现监管与船舶、船公司与船舶的信息互动。

　　长江 AIS 应用服务系统由管理中心、船公司用户端、船舶终端三部分组成。管理中心实现数据发布和数据管理等；船公司用户端实现船位管理、调度管理、视频监控等功能；船舶终端实现监管、助航、调度、船舶过闸、海事业务办理及查询等功能，具备江图、海事标绘及监管、调度等信息的实时提示功能。

　　长江 AIS 应用服务系统结构如图 10 所示。

（三）汽车驾驶模拟系统

　　汽车驾驶模拟系统基于先进的虚拟现实技术研发，支持多通道无缝拼接显示，360°视野覆盖，具备全面的力觉反馈系统、3D 声效仿真系统，沉浸感强。面向实验的驾驶仿真软件系统为快速部署和实施各类型交通安全领域实验提供了良好支持，为扩展培训科目提供了便利。目前该系列产品在道路交通安全研究、驾驶员培训等领域得到了应用，取得了良好效果。各类驾驶模拟系统如图 11 所示。

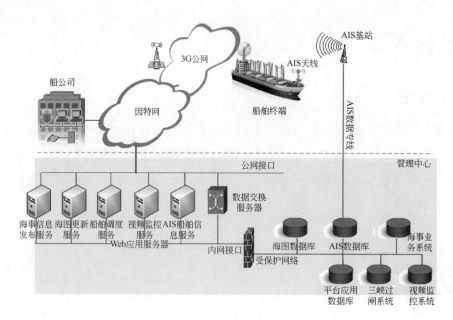

图 10 长江 AIS 应用服务系统结构

图 11 各类驾驶模拟系统

（四）AIS 数据综合分析系统

AIS 数据综合分析系统是利用机器学习、数据挖掘等技术实习对船舶历史轨迹分析系统，可实现对单船船舶行为、轨迹特征等进行分析，也可对某一水域船舶交通流特征进行综合分析，进而对风险区域进行有效提取。本系统可以实现对交通流时空统计、AIS 与通航环境数据关联分析、热点分析、风险预测、轨迹聚类等功能。利用该系统可以为港口及航道建设、交通管理方案、区域水路交通规划等提供技术和数据服务。图 12 所示的船舶交通综合实验平台是 AIS 数据综合分析系统的运行载体。AIS 数据综合分析系统所具备的功能，都要依靠该平台提供的数据与计算资源来开展。同时，该实验平台也是 AIS 数据综合分析系统的服务接口，用来与各种不同的用户需求实现对接。

（五）LNG 燃料动力船航行安全在线监控系统

LNG 燃料动力船航行安全在线监控系统由三个子系统组成：基于多传感器的 LNG 在线监测子系统主要是通过可燃气体浓度传感器等传感器设备，实现对于 LNG 储罐、管线、气体燃料发动机等部位的实时监控；LNG 监测信息传输/告警船载子系统是基于现有的船载 AIS 设备进行功能扩展开发，实现监测信息的处理、航行警告和向岸基的风险报告；LNG 燃料动力船安全岸基海事监控平台是在岸基设立的软件监控平台，其通过接收的 LNG 燃料动力船安全监控信息，结合 AIS 传送的船位、船速、通航环境等信息，实现岸基对 LNG 燃料动力船的有效监控。产品可广泛应用于海事部门、航运公司、港口企业等对船舶的监控调度等，目前已在"海川 3 号"等多艘内河 LNG 燃料动力船安装、测试、运行，监控平台已与长江海事局电子巡航平台结合，实现业务化应用。产品有利于推动清洁能源在内河船舶的广泛使用，能有效提高内河 LNG 燃料动力船航行安全水平。LNG 燃料动力船航行安全在线监控系统组成如图 13 所示。

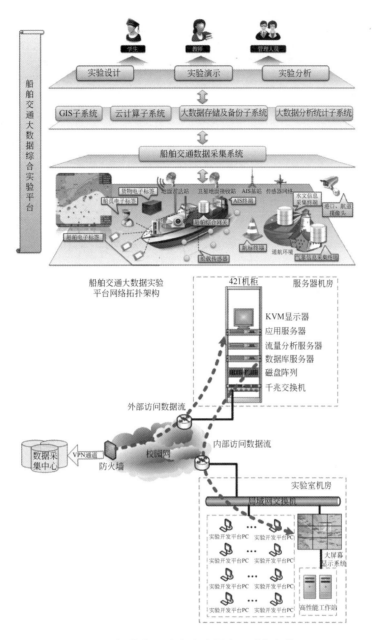

图 12　船舶交通综合实验平台组成与架构

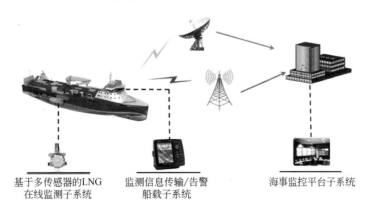

图 13　LNG 燃料动力船航行安全在线监控系统组成

努力打造交通行业大数据全产业链

贵州黔通智联科技产业发展有限公司

按照《贵州省大数据产业发展应用规划纲要（2014—2020 年）》要求，贵州黔通智联科技产业发展有限公司（以下简称黔通智联公司）在贵州省交通厅和集团公司的大力关心和支持下，积极发展大数据核心业态、加快培育大数据关联业态、大力丰富大数据衍生业态，围绕大数据"聚通用"，推动大数据采集、加工、处理、整合和深加工。以数据服务政用、民用和商用为目的，开展大数据重大应用示范，提升大数据应用服务能力。先后获得各种专利 10 项，正在申报的有 17 项，被贵州省大数据局列为 2017 年国家大数据（贵州）综合试验区首批重点企业。

（1）发展定位。以智能交通云为依托，紧紧抓住交通行业电子支付和智慧交通大数据两大战略主线，按照"应用、数据、技术"三位一体协同发展思路，集聚丰富数据资源，发展数据服务业务，建设"基于黔中经济圈、立足全省、覆盖全国"的交通行业大数据全产业链。

（2）发展目标。以"立足贵州、辐射西南、覆盖全国"为战略目标，力争"十三五"期末，大数据产业年产值达 100 亿元。努力将黔通智联公司建设成为全国 ETC 示范型企业、全国交通大数据运用示范型企业、贵州省大数据科技服务型骨干企业。

（3）发展思路。紧紧围绕贵州省委大数据战略部署和智能交通云平台建设要求，按照大数据全产业链的发展目标，以大数据信息化服务和大数据电子支付为抓手，着力打造大数据信息化服务产业链和大数据电子支付产业链。促进两条产业链相互支持、配合和深度融合，建立交通行业大数据产业发展体系。其具体内容如下：

主线一：打造交通行业大数据信息化产业链

以快速汇聚贵州省交通行业大数据为基础，紧紧抓住用户需求导向，按照"1+1+N"的工作工作思路，着力建设一个中心、一张网、N 个运用平台。同时，以行业需求为导向，为政府、金融、医疗、电商、运营商等提供金融风控、精准营销、智能交通、人工智能等数据采集、数据接口定制、数据分析等服务。

一个中心：即大数据研发中心，包括数据生产共享、创新应用、交流协作中心，基本汇聚行业数据和部分其他行业数据，并对数据进行清理、存储、管理、分析等处理，建立对外开放的数据共享平台；以行业大数据应用和智能终端研发为目标，开展公众出行"一站式"服务技术、行业网络舆情监管技术、基于大数据的高速公路运营管理技术、基于物联网的车路协同技术等关键技术的研究，并形成相关的科技成果；以行业需求为导向，与贵州省内外企业、高校或专家技术人才进行合作交流，培育自己的技术团队，并根据市场实际孵化创新商业模式，促进成果向市场化转换。2017年内完成大数据研发中心基本组建，形成 30 人左右的研发团队，完成 1～2 项产品的研发。

一张网：即信息高速公路网。依托已经形成的 5000 多公里高速公路路网，建设带宽 800GB 的信息高速公路网，承载政用、民用和商用数据需求，推动智慧医疗、智慧城市、智慧旅游等大数据产业发展，为贵州省委、省政府战略及贵州省大数据产业发展提供安全的网络运行环境和应用安全支撑，提升行业网络安全风险防范及应急处置能力服务。

N 个运用平台：即"互联网+便捷交通"，与互联网企业、行业协会等整合搭建贵州省公众出行平台，提供综合出行信息服务。完善危险路段与事故区域的实时状态感知和信息告警推送服务。不断优化"黔通途"，实现"路上""车上""手上"数据融合应用。"互联网+行业管理"，建设超限超载运输管理平台、运行交通行业网络舆情监测分析平台等，为政府、企业提供信息依据，构建积极向上的主流舆论。积极推进与贵州省交警总队合作开放数据接口，接入车辆信息、违章信息等重要数据，深度融合"贵州交警"APP，充分发挥集聚用户数据资源的优势，推进大数据在综合执法领域的应用。"互联网+运输服务"，实施完成道路运输管理系统 3.0、驾驶员培训监管平台、网约车监管平台、实现贵州省运输管理的联网联控，推进综合运输体系建设，促进行业转型升级，初步实现智慧化监管、智力化决策和智能化运输。"互联网+高效物流"，推动云计算、大数据、物联网、移动互联网、只能控制等技术与交通运输深度融合，连通各类物流信息平台、企业生产作业系统，统一信息交换标准、消除信息"孤岛"，实现公共平台与各区域相关物流信息系统和平台之间可靠、安全、高效、顺畅的数据交换。完善"城配师"城市配送平台建设，解决城市配送成本高效率低服务差的问题。"交通+文化旅游"，按照推行信息服务"畅行中国"的要求，建立交通旅游数据共享目录，建设"交通·旅游出行服务平台"，形成旅客出行与公务商务、购物消费、休闲娱乐相互渗透的"交通移动空间"。"交通+行业应用"，积极培育新兴产业项目，积极探索与有关机构合作，开展车辆自动驾驶技术、车路协同技术、多式联运发展技术、建筑信息建模（BIM）技术等方面的研究并创新应用。同步推进大数据在商贸、金融、保险方面的应用，将大数据广泛运用于商贸、金融、保险等行业，未来将推进用户征信、网上银行等业务的发展。

主线二：打造大数据电子支付产业链

坚持立足当前、筑牢基础，长远谋划、推动跨越的思路，按照近期、中期和远期目标要求，按照打造一个亮点、一张多功能卡片、一个生态圈"三个一"的工作目标，着力打造大数据电子支付产业链。

一个亮点：即建设全国 ETC 运营示范工程。一是做大 ETC 黔通卡用户总量。继续推行互联网+ETC 发行模式，积极拓展黔通卡"自营+合作+互联网"发行渠道，深入推进与金融、物流、车辆服务等单位合作，保持黔通卡用户井喷式增长态势，2017 年实现客户数量达 200 万户以上。同时，努力抢占资源优势，推动"黔卡出黔"，在全国范围内加大黔通卡发行力度，力争在 3 年内实现黔通卡客户数量 300 万户以上，实现公路客车 ETC 使用率达 50%以上，确保在全国排名第五位，力争全国第三位。二是做大电子运政卡结算总量，推进 IC 卡道路运输证与 ETC 卡二卡合一，IC 卡从业资格证与公交一卡通、工会会员服务卡三卡合一，努力提供更多的增值服务。力争通过 3~5 年的努力，公交卡结算总量达 50 万条以上。三是打造 ETC 上下游产业链，按照 ETC 统一客服、统一软件、统一硬件、统一车道服务的要求，以提供购买服务为发展方向，着力推动 ETC 软硬件供应、车道建设等工作，努力打造 ETC 上下游产业链。四是发挥第三方支付牌照优势，打造交通后服务电子商务产业链。充分发挥贵州省内两家之一、全国 ETC 行业两家之一的第三方支付牌照优势，结合线上线下资源，对庞大的用户群进行汽车后服务市场精准营销，开展停车、洗车、维修、消费及交通罚款、车辆检测、客运售票等服务，努力打造汽车后服务电子商务产业链。

一张多功能卡：即打造贵州市民"一卡通"。一是按照"政府主导、市场运作"的指导思想，积极争取组建省级交通"一卡通"平台运营公司，具体负责本项目的管理和运营，站在全省"一盘棋"的高度，统筹规划，按照"统一规划、统一管理、统一品牌、统一标准、统一密钥、统一结算"的原则，实施"一卡通"建设。力争到 2020 年，实现"一卡通"用户 500 万户以上，实现电子交易额 50 亿元以上。二是建立全省统一、互联互通、便民利民的交通智能卡系统，全面应用于贵州省公交、地铁、出租车、城际轨道交通、道路客运及轮渡等公共交通工具，推动移动支付在交通运输领域应用，形成"一站式"票务系统。三是将"一卡通"扩展到便利店、超市及停车场等公共服务领域，最终实现"智能交通云"与"电子商务云"的深度融合。推动"一卡通"广泛应用在餐饮、百货、服务区购物、洗车、保险社保、旅游、医疗等领域，通过 3～5 年的努力，实现应用门店 6000 家以上。四是推进交通、旅游相结合，实现交通旅游一站式综合服务，消费一卡通用，为群众提供最便利的交通出行和优质服务，力争"十三五"末服务用户达 1000 万人次以上。五是通过交通"一卡通"，汇聚高铁、航空、轮渡、高速公路、城市交通、城际客运等交通行业数据资源，挖掘消费行为、特征及规律，让数据广泛在政用、民用和商用领域发挥重要作用。为交通客流态势、燃油补贴、商家数据精准营销、地区和国家合作和出行链分析等智慧城市领导力建设提供智力支撑。

一个生态圈：即打造金融生态圈。一是以黔通智联公司作为核心企业平台，以发卡和第三方支付结算业务所积累的客户和交易数据为核心基础，围绕用户对资金的需求，深度挖掘潜在客户资源，将服务拓展到小贷、担保、互联网 P2P、保险代理等领域，推动小额贷款、工程担保、保险服务等业务发展。二是围绕 ETC 黔通卡累积客户及交易量达到相应规模后，组建融资租赁公司、汽车金融公司（或消费金融公司）、基金管理公司（产业投资基金），发掘上下游企业和客户端更多广泛需求，提供完善、配套的各种金融产品和服务，力争实现体系内的闭环运行。三是经过 3～5 年的经营实现一定的资本积累，参股或控股小银行、券商、信托公司等持牌金融机构，或者引入大型金融集团作为战略投资者，依托参股股东拥有的金融牌照扩大金融涉足领域及业务规模，将黔通智联旗下金融板块打造为自身具备造血功能可良性持续发展的金融控股平台。力争到"十三五"期末，初步形成互联网 P2P 业务、保险、用户征信、网上银行等互联网金融生态圈。互联网金融产业总体营业收入达 1.5 亿元以上。

典型项目如图 1～图 4 所示。

图 1　停车场改造

图 2　"通村村"项目

图 3　"智行公交"项目

图 4　城配师

安全、有序、畅通、智能

——华为智慧交通解决方案，让出行可预见

华为技术有限公司

一、国务院《推进"互联网+"便捷交通促进智能交通发展的实施方案》

要求加强大范围交通流信息采集、交通管理大数据处理、交通组织和管控优化、个性化信息服务等技术研发。

具体要求包括：

（1）交通流量管理：智能化采集、大数据分析和控制优化。

（2）大数据打击交通违法：规范化、流程化、精细化。

（3）行业平台建设：开放性、智能化，持续发展智慧交通。

二、典型应用：深圳市交警"城市交通大脑"，打造"最领先的城市交通动脉"

1．业务效果

（1）实现全城交通感知：不增加摄像头，只通过深度学习能力，智能分析每月新增加的 500 亿条实时流量参数，为交通数字化转型打基础。

（2）全城交通视频云存储：按需调度资源，极速传输交通数据，将视频利用率提升约 50%。

（3）全场景开放算法仓：通过交通 AI 平台，统一碎片智能，支持上百种交通违法场景，实现智能化的感知、执法、监督。

（4）大数据打击建模引擎：每月分析专项打击数据，包括百类算法、千亿数据，实现 10 分钟建模、30 分钟输出情报（原来需要 7~30 天）。

（5）时空分析引擎分析出行规律：优化深圳市上千个路口的流量采集方式，从手工方式（600人月）转为全自动采集方式（10 分钟），分析交通出行规律，优化信号灯配时，治理交通拥堵。

2. 建设内容

深圳市交警"布建一批多元前端（6000 多路道路监控、4000 多路交通卡口、3000 多路高清电警、500 多套交通诱导屏）、扩大一张视频专网、搭建一个云行平台和算法仓"，将烟囱林立的一体机大军整合到一个城市交通大脑中，实现智能化的感知、分析、执法、治堵。智慧交通顶层设计架构如图 1 所示。

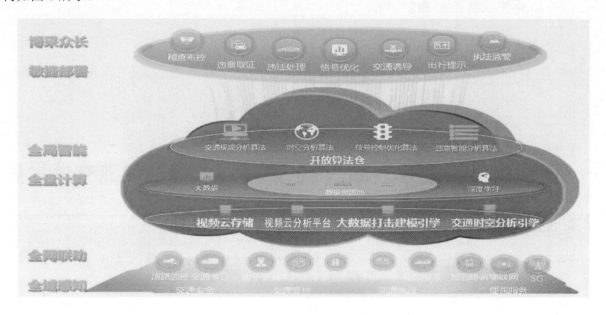

图 1　智慧交通顶层设计架构

3. 方案特征

软件与硬件解耦、业务与数据解耦，实现数据共享、平台集约。

建设视频云存储、视频云分析平台、大数据打击建模引擎、交通时空分析引擎，实现全域感知、全网联动、全盘计算、全局智能，支撑敏捷部署、博采众长的实战应用。

（1）全域感知：交通安全、交通管控、交通执法、便民服务等多维感知前端，实现立体式多维度数据采集。

（2）全网联动：支持 OTN+PON 的道路视频专网，公安信息专网，实现数据无阻塞低时延传输。

（3）全盘计算。

① 视频云存储、云分析：一朵视频云，实现烟囱到云化平台的集约建设，确保资源弹性调度。

② 交通数据资源池：实现数据汇聚，集中处理各类交通数据。

③ 大数据打击建模引擎、交通时空分析引擎：智慧交通服务化平台，为规模化、智能化实战应用奠定基础。

（4）全局智能：通过算法仓，支持交通视频分析算法、交通时空分析算法、信号控制优化算法、违章智能审核算法等。

（5）敏捷部署、博采众长：建设业务应用体系，满足面向道路监控、交通卡口、电子警察、侦查破案、治安防控等实战需求。

三、软件与硬件解耦、业务与数据解耦，构建智慧交通云行平台，实现全城流量感知、人工智能辅助执法、交通流量分析和信号控制优化

以"视频云平台+大数据平台+AI平台"为核心，构建云行平台及三个"智能"，承载视频感知、情报分析、交通拥堵管理、前瞻应用等业务，实现全场景的交通管理（见图2）。

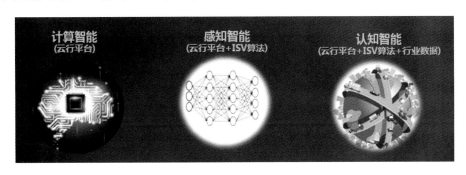

图 2　云行平台智能解耦

1．计算智能：为交通大脑构建开放计算平台

在人工智能领域，各种智能分析算法百花齐放，同时也产生了大量的智能碎片。华为研发开放计算平台，支持 CPU、GPU、FPGA、NPU 等智能计算资源池化，避免目前一体机带来的智能碎片化困境，来支撑智慧交通持续发展的要求。

2．感知智能：像人类一样，感知全城交通状态

研发深度学习平台和算法仓，开放容纳流量采集、事件采集、违章采集、智能分析、智能回滚等上百类几千种算法，结合多渠道、全场景采集的交通图片、视频、数据，实现对交通流量、事件、违章等行为的深度感知，例如，交通流量与流向、交通状态与事件、超载泥头车、开车打手机、不系安全带、车辆不礼让行人、行人闯红灯，等等，为智慧交通生态应用打下基础。

3．认知智能：让交通大脑具备强大的认知能力

（1）为打击交通违法插上 AI 的翅膀：在深度学习平台上，研发了快速打击建模引擎，对电警数据、卡口数据、车驾管数据、交通报警数据等多种百亿级、千亿级数据，进行分钟级建模、秒级分析，通过调用算法引擎深度发掘人、车、路的时空关系，使大数据打击、指挥调度更加及时、有效。

（2）贴近路面，发掘 AI 交通信号灯无限可能：在深度学习平台基础上，研发交通时空分析引擎，对交通流量数据、交通事件数据、交通信号控制等数据，进行大规模、多维度时空分析，覆盖范围从 20 个路口到 20000 个路口，支持超大城市、大城市、中小城市的需求，支持实时拥堵发现和信号优化。

华为公司战略聚焦交通、公共安全行业，持续研发投入。智慧交通解决方案坚持开放、智能、高效的理念，以开放平台集百家之所长，助力实现新业务、新模式，提升交通系统运行效率和管理水平，提升市民交通出行效率和体验，支撑中国智慧城市的建设。

无锡华通智能交通技术开发有限公司

Wuxi Hua Tong Intelligent Transportation Technology Development Co.,Ltd.

　　无锡华通智能交通技术开发有限公司（以下简称"华通公司"）是公安部交通管理科学研究所（以下简称"交科所"）于19　　年设立的股份制高科技企业。

　　华通公司是科研所为适应市场、更好地服务于全国交通管理业务需求而成立的技术应用型专业公司，主要从事交通指挥中心　　设工程咨询设计、交通管理工程规划设计、交通信号控制系统研发应用、交通管理信息化软件及产品开发、系统集成及交通领　　相关专用产品生产销售，为省、市提供全面的交通管理、城市交通解决方案。近年来先后承接了全国八十多个大中城市的交通　　挥系统咨询设计、交通安全管理规划和道路交通工程设计等项目，具有独立知识产权的华通智能交通控制系统（含交通信号控　　机）已成功应用于全国31个城市（区），研制的软硬件产品已覆盖至全国地级市，在国内交通管理领域居领先地位。

　　华通公司拥有一批具有深厚理论基础和丰富实践经验、技术先进、熟悉交通管理业务的专业队伍，现有员工191人，博士8人　　硕士106人，本科以上学历183人。

　　公司本着"先进实用的科技和基层交警的满意是我们永恒的追求"的经营理念，以全新的姿态，与时俱进、开拓创新、共创　　好未来！

企业资质

主要业务和产品

● 大数据人工智能下的交通大脑建设

　　依托公安交通集成指挥平台，汇聚融合车辆轨迹、交通流量、RFID、警车定位、监控视频图片等各类动静态道路交通数据以及道路实时路况、车辆停车等其他行业资源，构建交通管理大数据资源池。按照不同业务应用场景，开展大数据智能化分析应用，数字化描述城市与公路交通运行状况及其特征，生成业务知识和工作建议，辅助交通管理工作决策，实现交通管理精准治理，开启道路交通人工智能管理时代。

● 车辆特征智能识别与图片检索对比

　　应用基于GPU图形计算的机器深度学习技术，实现对十车辆通行图片的智能分析，识别提取车辆号牌、品牌型号、检标识、摆件挂件等车辆特征和驾驶人不系安全带、开车抈电话等驾驶行为特征，生成车辆唯一特征值。关联公安交成指挥平台，比对机动车登记信息和特征值，实现车辆和驾违法行为精准判定、预警推送，对无牌、假牌、套牌、污标牌和遮挡号牌等车辆的"以图搜车"功能，为全国深入开展通违法治理提供技术支撑。

地址：江苏省无锡市钱荣路88号　　　　邮编：214063

电话：0510-85504610　85505166　　　　传真：0510-85522206

● 公安交通管理综合应用平台分布式数据管理平台

　　针对各地公安交通管理综合应用平台（以下简称"综合平台"）数据库存储容量不足、资源消耗过大、平台响应慢的问题，基于分布式架构的综合平台数据存储优化和数据管理技术对现有综合平台架构进行改造优化。通过部分省份案例可以确定，优化后可有效释放综合平台数据库约40%的性能开销，提升约10倍以上数据统计分析性能，大幅提升综合平台服务效能和运行稳定性，为以后综合平台功能不断丰富完善、业务数据快速增长提供更坚实技术支撑。

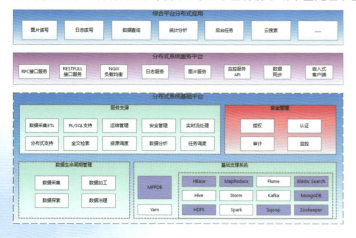 

● 交通信号控制系统

　　中国最早从事交通信号控制研究的单位之一，是国家重大科技项目的科研成果。研发出面向交通场景与目标策略的信号协调实时控制系统。已在江苏、浙江、河北、广东、湖南多个城市的广泛应用。

特色功能

★ 基于视频检测信号实时优化功能
★ 移动式特勤车辆信号优先控制系统
★ 公交车辆信号优先控制系统
★ 有轨电车信号控制系统
★ 动态绿波和双向绿波信号控制
★ 过饱和热点区域动态均衡控制

● 交通安全宣传教育系列装备

　　依托"十一五"、"十二五"国家科技支撑计划及省部级科研课题，公安部交通管理科学研究所创新研发了一系列针对不同交通参与者群体的新型交通安全宣传教育系统装备，构建适用于不同人群的交通安全体验基地，配套宣教装备和体验区形式新颖、参与互动、仿真体验、寓教于乐，创新了交通安全宣传警示教育理念、方法及手段。

深圳市厚石网络科技有限公司

企业简介

深圳市厚石网络科技有限公司是一家专注于工业物联网技术研发与应用的创新型企业，为工业级物联网提供安全、智能、可靠的数据通信解决方案是厚石发展的使命。

厚石产品的主要方向为工业以太网通信技术、工业G/EPON技术、工业3/4G技术、工业WLAN技术、工业网络安全技术、协议网关、嵌入式通信板卡、工业云技术及精密时钟技术、数据的安全可信、军工通信等技术。产品已广泛应用于智能交通、轨道交通、综合管廊、发电、智能电网、石油（石化、管线）、工业自动化和军工等行业的项目中。

厚石公司对所有产品均有完全自主知识产权和品牌，拥有相关技术专利和软件著作权。公司前后荣获"国家级高新技术企业""深圳市高新技术企业""深圳市物联网协会会员""智能交通协会会员""深圳市软件协会会员"等多项荣誉。

公司向客户提供高质量的产品和服务，以及专业的售前和售后技术保障；根据不同的需求，提供最高性价比的解决方案和专业的技术培训。

Primestone

我们可以为您提供

1、高清卡口违章抓拍系统

2、智能交通视频监控传输系统

3、电子收费（ETC）数据传输系统

4、智能诱导通信传输系统

5、智能灯光控制系统-GPRS解决方案

6、隧道检测网络传输系统

成功案例

宿豫技防城项目	广西省公安厅技术防控网环桂项目	天津市电子警察中心城区新建项目
毕节市智能交通目	重庆市中国汽车工程研究院项目	蚌埠市交通安全设施更新改造项目
天津市快速路超速抓拍项目	武汉交管局智慧停车项目	莱州市交通设施设备设置及改造项目
江西省南昌抚生路提升项目	四川省公安厅智慧驾考项目	重庆北碚项目前端网络设备采购项目
河北省唐山市智能交通项目	菏泽市城区及八县区高清监控项目	江西省南昌县汇仁大道限大货车项目
菏泽市省道电警兼卡口项目	智能网联汽车和智慧交通系统项目	天津市公安交通局电子警察建设项目
泉州市路段信号控制升级项目	中卫市公路交通安全设施采购项目	淄博市公安局智能交通系统建设项目
吉林省公主岭市智能交通项目	中卫市交警支队交通设施维护项目	寿光市电子警察目
武汉市智能交通示范工程项目	深高速视频监控联网及防逃费项目	

总部

地址：深圳市南山区中山园路1001号TCL国际E城科学园F区F1栋8B

电话：0755-86966830/1/2/5　网址：www.primestone.com.cn

逸兴泰辰（天津）科技有限公司

公司简介

　　逸兴泰辰（天津）科技有限公司是坐落于天津滨海高新区的高科技企业，是为ITS智能交通提供合理有效的解决方案、大数据分析等增值服务以及各行业软件、平台研发等综合服务提供商。公司在亿级本地交通、生活服务行业布局，产品面向个人用户及大中型企事业单位，需求强烈，前景广阔，以客户需求为导向，以管家式服务为基准，形成一套完整的设计、安装、调试、培训、维护一站式的服务体系，公司主营计算机信息系统集成工程、计算机软件技术开发、智能交通行业信息系统及交通大数据信息管理平台解决方案。

　　公司与国内外众多知名企业及各大高校建立了良好、稳固的合作关系，逐步形成强大的人才、技术和品牌的优势。公司拥有一支朝气蓬勃技术全面的团队，现有大学生占总人数的95%以上，拥有专业的技术人才，拥有经验丰富的高级软件工程师、国家级考试的建造师、计算机系统集成项目经理等专业人才。

　　公司具备雄厚的技术力量和强大的施工力量，为政府机关提供核心解决方案，面向企事业单位及个人提供增值服务，并在智能交通等工程方面取得了优异成绩。公司研发基于互联网+思维的"交通信息发布大数据平台"，智能交通信息发布平台的建设将发挥通过对交通信息数据的分析和挖掘，为城市建设中的道路规划做出科学的指导，使道路规划更加合理。交通信息发布平台的建设有效的利用城市交通信息，改善城市的道路状况，提升城市的综合生活质量，同时带来巨大的社会效益，减少城市污染，促进城市交通的可持续发展。未来公司会在涉足的行业和业务领域内，集中优势，加深研发范围，通过我们的专业水平和不懈努力，争取塑造为科技型领军企业。

基于大数据背景下的智能交通信息服务系统平台的建立

　　随着互联网技术高速发展，带来了数据的爆发式增长，交管部门沉淀了大量的交通数据，数据的爆炸对于交管业务是一种机遇，也是一种挑战，另外，近年来人工智能发展也出现了一个井喷的态势，技术上和数据上的发展，为我们解决传统的交通问题提供了新的途径。

　　目前，大多数交通数据都处于相对孤立的状态，在交管应用方面，存在各自的局限性。为将这些数据进行深入的融合应用，逸兴泰辰（天津）科技有限公司根据自身多年智能交通研究经验及强大的软件开发能力，对交管数据及互联网交通数据进行深度融合，成功开发了智能交通信息服务应用系统。

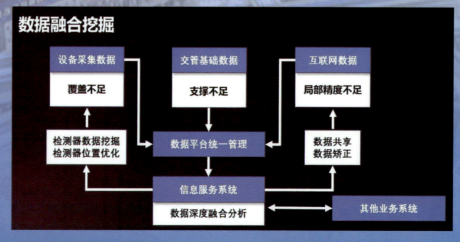

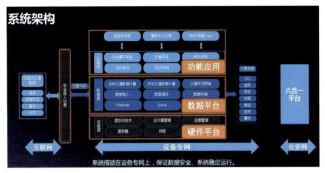

该系统从功能设计到技术架构均具备了较高的先进性，从技术方面平台结合"互联网+""交通大数据"，将互联网大数据与交管数据进行有效的碰撞与融合，将所有可以用于交通管理的数据都进行接入，通过对数据的整理、分析、融合、挖掘、应用，发挥互联网大数据与交管数据的优势，使其更加全面的同时具有较高的实时性与准确性；同时融合计算后的交通数据具备了事件数据的权威性。

我公司将多元交通数据，通过先进的算法并结合高精度地图，对来自互联网和交管部门的浮动车、检测器、事件等多源数据进行深度融合，得到可用于交通信息发布的融合数据；采用大数据技术结合消息队列、流计算、并行数据库等多种先进的数据采集、计算、存储技术，保证平台具备高效的计算效率、数据安全运行，不仅能更实时的、精确的反应交通运行情况，而且能使交通参与者更加了解道路运行情况躲避拥堵，辅助管理者进行决策，使交通管控更加的便利。

下图为智能交通信息服务系统控制界面。

智能交通信息服务系统控制界面

全运会期间，为方便市民全运会期间的出行，特别是外省市来津观看全运会而又不熟悉天津市道路状况的游客，为使他们能够快速准确到达奥体中心主会场，我公司结合交管部门在信息服务系统中增加显示"旅行时间"功能。如下图：

针对全运会比赛场馆提示 "旅行时间"，也就是电子诱导屏所在地点距离奥体中心体育场的行车路线及旅行时间，屏中所显示"距离奥体中心车程*分钟"的信息，将随路况变化进行智能提示。能帮助市民更加清晰的选择到场馆的路线，合理安排出行时间。

继全运会期间完成全运场馆"旅行时间"提示后，我公司于十一黄金假期前夕再次对该系统调试升级，实现对天津市著名旅游景点的"旅行时间"提示。如下图：

除了发布日常的路况信息外，还通过自动计算告知驾驶人，显示屏所在地点与相关旅游目的地之间的距离，以及所需的通过时间，若前方发生交通拥堵，还可及时以车程时间变化的形式通过信息发布系统告知相关车辆，为前往指定地点的人员车辆及时更改旅行路线及合理安排出行时间提供便利。

交通信息服务系统是本市智能交通系统的重要组成部分，它的构建以大数据融合技术为支撑，通过互联网数据和微波检测器数据、地磁检测器数据、视频卡口数据的融合，提供更为准确的城市交通运行状态，预测未来交通发展趋势，合理规划出行路线，提供高效的交通诱导服务，以提高路网运行效率，均衡路网压力。依托现有交通信息发布系统，以大数据融合技术为手段获取路况及旅行时间信息，以室外交通诱导显示屏为媒介，对外发布实时信息，具有实时、准确、直观等特点。

总体来说，日趋精细化的交通管理方式对交通数据的支持会有越来越强烈的需求，数据的深度分析和处理将会解决交管工作中的众多问题。针对这些问题，我公司会继续完善信息服务系统的各项功能，加大研发力度，融合互联网和大数据的技术，践行开放共享的发展理念，精准定位交通需求，开发出更强大更完善的城市智能交通信息发布系统，实现交通信息的直观、实时发布，帮助交管部门做到更精细化管理，辅助出行者进行出行最优路径选择和出行时间预估，达到交通流动态调控的目的，提升城市化的智能管理水平。

地址：天津市华苑产业区海泰发展五道16号B2-2楼　　邮编：300384
网址：www.ethane.com.cn　　电话：022-23770978　　传真：022-23772628

城市交通管控平台解决方案

方案简介

- HiATMP 智能交通管控平台是一个以打造注重实战、科技强警、高效指挥为目标的应用系统。其以大数据为中心，集成联动信号控制、视频监控、电子警察、卡口检测、流量监测、诱导发布、单兵终端、事件检测、停车管理、电子车牌十个子系统，有效打破信息孤岛，有力支撑扁平化的交通指挥模式及交通管理各项业务，为提高公安交通管控的快速反应能力和交通指挥中心的工作效能提供技术保障。

- HiATMP智能交通管控平台涵盖智能化城市道路交通管理各个方面，主要包括态势监控、任务管理、日常勤务、交通预案、警卫任务、稽查布控、交通诱导、交通执法、设备运维、分析研判、重点车辆、行政审批12个业务子系统，支持子系统独立部署，在数十个地市得到充分应用并取得良好效果。

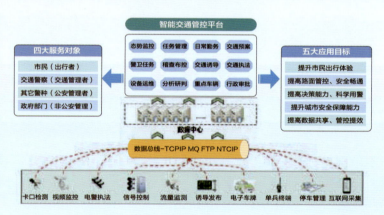

方案特色

- 五种自主突发警情采集技术，提高警情发现效率5分钟以内及时发现，准确率90%以上。
- 扁平化、多级化指挥模式，提高警情处置效率，使警情快速处置，达到"警力跟着警情走"。
- 场景化的交通预案应用模式，快速复制指挥经验，提升交通保障能力。
- 集成非现场执法和诱导发布，提高交通执法威慑力。
- 行业领先的假套牌车分析识别技术、可视化稽查布控、抓捕路径预测推荐结合信号快速堵控，提高涉车犯罪打击力度。
- 百亿级数据秒级检索分析。
- 日常勤务全程自动化监管，建立责任到人、注重实效的全面民警执行力评价体系。
- 智能故障检测与降效分析，提高系统故障发现效率。
- 针对高速公路、国省道形成特色解决方案，具备雾区防撞、大货治理、收费站联合稽查布控等方案，提升安全防范、执法堵控能力。
- 行业领先的交通专业大数据分析挖掘工具，实现高性能交通拥堵、事故及治安防控等专题实战分析，支撑快速精准决策。
- 行业首创基于专家经验提供交通处置推荐方案，辅助指挥员做出专家级调度，提高指挥调度水平，减少对有经验调度人员的依赖。

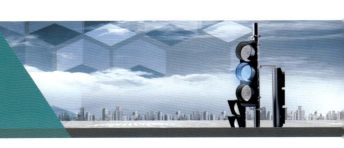

自适应信号控制系统解决方案

方案简介

- HiCON交通信号控制系统主要服务于城市公安交通管理部门，其丰富的交通管理控制功能和数据采集分析功能，能够应对复杂、易变的实时路况，有效缓解交通拥堵，缩短出行时间，降低交通污染，改善环境，提高城市道路的通行能力和通行效率，实现公共交通出行利益的最大化，从而为居民的出行提供了有力保障。

- 产品基于公安部PGIS地图服务开发，操作直观简便，采用B/S方式进行访问使用。以系统优化为核心，系统具有信号控制、信号监视、交通管理、统计分析、系统运维、系统管理、效果评价7大功能模块。在满足交警日常的交通信号管理需求的同时，还可满足一些特殊交通场景下的信号控制需求。

SC6101信号控制机

SC6101信号机采用开放通信协议，提供符合标准的协议接口，一款稳定、灵活、低功耗、智能化、易于扩展、安装维护方便、功能可选配的高端信号机，具备3大类25种控制策略，可应用于快速路匝道控制、隧道控制、可变车道控制、火车道优先控制等特殊应用场景。

SC3101信号控制机

SC3101信号机采用开放通信协议，提供符合标准的协议接口，是一款稳定、灵活、低功耗、智能化、易于扩展、安装维护方便、功能可选配的中端信号机，具备3大类20种控制策略，适用于我国大部分城市的交通需求。

SC1101信号控制机

SC1101信号机采用开放通信协议，提供符合标准的协议接口，并采用小型化设计，使用挂杆式安装方式，具备4种控制策略，可实现远程联网控制、无缆线协调控制等功能，适用于城市相对偏远且流量较小路口和路段行人过街处。

地址：青岛市东海西路17号海信大厦
邮编：266071　电话：0532-80873089　传真：0532-83892739
Email：wlkjsctjb@hisense.com　　网站：www.hisense-transtech.com.cn

甘肃康道交通设施有限责任公司

甘肃康道交通设施有限责任公司成立于2001年3月,位于甘肃省兰州市石化城——西固区环行东路208号,是一家集研发、生产、销售、施工服务于一体的高科技智能交通工程企业。公司注册资本11666万元,目前具备系统集成三级资质、公路工程施工总承包三级资质、国家建设部公路交通工程专业承包交通安全设施一级资质、安全技术防范工程设计施工一级资质。

我公司主要经营智能交通产品,交通设施、照明设施、消防设施的生产、制造、销售、安装、设计施工与技术服务;城市亮化工程、道路照明工程、公路工程、市政工程、公路养护工程、建筑智能化工程、安防工程、钢结构工程、园林绿化工程、智能停车场工程、机电工程的设计、施工;监控安装施工;公路收费、停车收费系统、系统集成、公路交通工程施工技术转让、公路工程技术咨询、服务;智能软件开发、应用及销售、安全防护材料及用品、筑路材料、五金交电的销售与维修。

近年来,随着城市交通事业的迅速发展,在西北地区承建了多项智能交通工程,公司不仅承建了国家重点工程,如国家"五纵七横"连霍国道主干线永古高速交通安全设施工程、天宝高速交通安全设施工程、丹拉国道主干线刘白高速交通设施养护工程、金武高速交通安全设施工程、武罐高速交安设施工程、瓜敦高速交通安全设施工程、兰永高速交通设施工程、西宁至塔尔寺高速公路交通安全设施工程、青海省民小段公路交通安全设施工程等,国道G109线安保工程、国道G227线安保工程、国道G312线安保工程等,青海玉树灾后重建交通安全设施及信号灯工程,省道201、207、308安保工程等。同时承建了甘、青、宁、蒙、藏等多省市的标志标线、信号灯、电子警察、监控等交通工程及楼宇亮化工程。包括交通信号灯系统、电子警察闯红灯抓拍系统、卡口测速系统、智能监控系统、违章停车自动抓拍系统、LED交通诱导信息指挥系统、公安交警智能交通指挥系统等。通过承建这些工程项目,我公司在智能交通领域积累了很多成功经验,掌握了很多先进技术。多年的施工实践证明,我公司所承建的智能交通工程质量可靠、布局合理,赢得了甘、青、宁、藏、新等多省区公安部门的一致好评。公司始终以优质的产品、高效的施工和诚信的服务,赢得了业界及各地客户的一致好评及高度认可。

公司通过了ISO9001质量管理体系认证、环境管理体系认证、职业健康管理体系认证等;先后荣获中国企业信用评价调查中心颁发的AAA级信用企业证书、重合同、守信用企业牌匾证书;由中国中小商业企业协会颁发的AAA级企业信用等级证书、中国交通企业管理协会颁发的全国交通施工行业诚信企业牌匾证书;由中华人民共和国国家知识产权局颁发多项实用新型专利证书(智能风光互补电子警察、智能风光互补标志牌、智能风光互补监控及信号灯)。同时,我公司也当选为甘肃省安防协会的常务理事、中国智能交通协会会员单位、中国交通企业管理协会反光材料分会副会长单位、中国交通企业管理协会交通产品分会副会长单位。

信号灯系列

微信公众订阅号:康道交通kdjt2001　　　　网　址:www.gskdjt.com

诱导屏系列

电子警察系列

指挥中心系列

企业精神

公司以科技为基石，以质量求生存，以效率创佳绩，以信誉谋发展，秉承创新务实的态度和坚定不移的信念，不断创新研发技术及生产技能，为客户量身定制优质产品并提供一流服务。公司上下一心本着"致力于打造智慧交通领军企业"的愿景，以更卓越的产品、更合理的价格、更放心的服务，为交通行业的发展贡献自己最大的力量。

公司使命

"引领智慧交通，构筑康庄大道"

卡口测速系列

电　话：0931-7321968
传　真：0931-7328632

公司地址：甘肃省兰州市西固区环行东路208号

安徽超远信息技术有限公司
ANHUI CHAOYUAN INFORMATION TECHNOLOGY CO.LTD

超群智能 远畅交通

提供有竞争力的智能交通产品/解决方案和专业服务

超远信息
CHAOYUAN INFORMATION

超远科技园

　　安徽超远信息技术有限公司成立于2007年，是一家专业从事智能交通领域技术研发和产品推广的国家级高新技术企业、安徽省优秀软件企业、科技小巨人企业。公司主要致力于智能交通系统软件、智能交通电子设备及产品的研发、生产、销售以及系统集成。通过近几年的快速发展，公司在智能交通行业累积了丰富的研发和生产经验。公司先后获得2013年"云南省科技进步三等奖"、2014年"合肥市科技进步三等奖"、2015年"合肥市科技进步二等奖"、2016年"安徽省科学技术三等奖"、"合肥市区域道路交通控制工程技术研究中心"称号、"合肥市工业设计中心"称号、"合肥市228创新团队"、"安徽省战略新兴产业领军人才"、安徽省著名商标、合肥市知名商标、"合肥市认定企业技术中心"、"安徽工业精品"等荣誉。公司始终坚持"自主创新"原则，把掌握智能交通行业核心技术作为企业立足之本，紧跟行业发展需求，坚持优质创新，自主研发了机动车测速系统、信号控制系统、城市道路交通管理综合解决方案、道路交通大数据应用解决方案、执法服务站管理应用平台等行业核心软件设备和系统，广泛应用于全国各地交通、公安、政府等系统中。

800万机动车雷达测速仪

功能特点：

- 全嵌入式结构，linux操作系统
- 一体化结构设计，固定、便携、车载使用转换方便
- 可拆卸电池盒，电池既可一体使用也可以单独使用
- 双屏设计，高清工业级电容触摸屏和可挂靠移动触摸屏，使用更加灵活
- 支持车道区分功能，提高取证信息的效率
- 内置工业级九轴传感器，雷达角度调整更精确
- 针对测速场景独特的图像质量增强和透雾功能
- 组网灵活，可选择有线/3G/4G/WIFI网络等组网，支持多个监控平台
- 支持手机/PAD/PC等移动终端，及时推送违法图片，适合现场拦截

道路交通信号控制机

功能特点：

- 电压、温度、湿度监测
- 按键跳相位控制
- U盾电子锁防护
- 触摸屏操控
- 相位板接管控制下信号灯故障检测
- 触发式防盗监控功能（选配）

地址：安徽省合肥市高新区文曲路919号
电话：0551-65370961/62 传真：0551-65370985
网站：www.cychina.cn 联系人：吴小姐
邮箱：wud@cychina.cn 手机：13865995295

Add:No. 919, Wenqu Road ,Hefei high-tech
    development Zone,P.R.China
Tel:0551-65370961/62   Fax:0551-65370985
Website：www.cychina.cn Contact：Miss Wu
E-mail:wud@cychina.cn   Mobile:13865995295

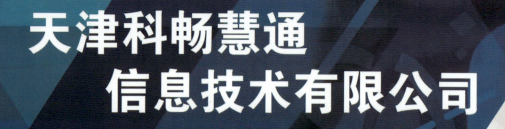

天津科畅慧通
信息技术有限公司

公司简介

天津科畅慧通信息技术有限公司，屹立于渤海之滨，是专业从事物联网、智慧交通、射频识别（RFID）产品研发和应用的公司。公司始终坚持"科技畅享，智慧互通"的发展理念，持续创新、开放合作，为客户提供有竞争力的产品和解决方案。

公司现有产品主要包括智能停车场应用系统、智能交通数据平台、超高频射频识别读写器、资产管理应用系统等，产品性能优异，通过国家相关部门检测，符合国家相关标准要求。

📍 地址：天津市东丽区先锋路65号汇城广场B座17

✉ 邮编：300000   邮箱：public@tjkcht.com

🌐 网站：www.tjkcht.com

📞 电话：022-84458361

公司优势

公司技术团队经验丰富，在90%以上拥有硕士及以上学历，精通RFID及相关领域的核心技术，有深厚的产品研制技术积累，在射频识别领域实现产品自主研发并成功商用的领先团队。全员参与质量管理，对产品进行全过程控制和持续改进，为客户提供"零缺陷"产品和服务，公司按照ISO9001：2008标准要求，建立了相应的质量保证体系并全过程严格执行。

公司在致力于开发技术先进、引领市场的产品的同时，也投入大量人力进行系统解决方案的开发，将产品、系统、应用结合起来，帮助客户更加方便快捷地将产品转换为实际的应用系统，实现价值最大化。

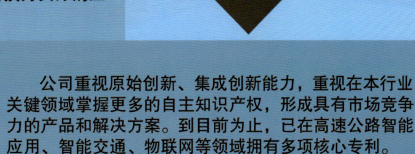

公司重视原始创新、集成创新能力，重视在本行业关键领域掌握更多的自主知识产权，形成具有市场竞争力的产品和解决方案。到目前为止，已在高速公路智能应用、智能交通、物联网等领域拥有多项核心专利。

公司简介 Company profile

智能交通领域高端设备供应商及核心系统解决方案提供商

　　浙江网新智能技术有限公司是众合科技股份公司（SZ000925）全资子公司，以满足轨道交通高稳定性、可靠性、安全性要求的创新型智能化技术与产品，服务于高铁、城轨、地铁的安全运营、高效运用和检修维护，立志成为轨道交通智能化领域的标杆解决方案与领先企业。2010年起在科技部、原铁道部的组织领导下，开展列车智能化的研究与试验工作，通过在三大高铁主机厂主力车型上加装各型传感器和部署传感网络网元，实现了对车辆关键系统和部件的在途实时状态监测与预警，在京沪高铁上成功地进行了实车运行试验；完成和承担了一批国家和省市重大科技项目：国家科技部：《智能化高速列车系统及智能列车样车研制》、国家科技部：《新一代城轨交通列车运行控制系统研制》、国家科技部：《城轨交通列车监测与运行控制互操作测试关键技术》、国家科技部：《高速列车安全控制监测统合系统关键技术研究》、国家科技部：《重载铁路关键技术与核心装备研究之列车运行状态监测系统研制》等，同时浙江网新智能技术有限公司也是国家列车智能化工程技术中心实际承担单位。

　　技术来源于自主研发，目前申请和获得了一批知识产权成果：发明专利58项、实用新型81项、外观设计43项、软件著作权44项等。

在途监测与智能预警系统：

1）高速、实时、鲁棒的列车网络：通过TRDP、MRP等国际标准协议，实现在高速实时以太网基础之上的列车控制通信；

2）高精度时间同步采集：通过列车级高精度时间同步，所有接入列车感知网的传感器数据可以统一时域关系，为基于多种传感器的数据分析与应用提供支撑；

3）领先的障碍物检测技术：通过视频、雷达等新型设备的接入，对列车运行前方的障碍物进行实时检测预警；

4）列车定位、姿态评估功能：通过IMU等惯导单元，结合列车行车基础数据，可对列车所有车厢的加速、姿态和相对位移、定位进行实时的计算与分析，为车体运行状态评估提供精准数据；

5）高速车地传输：通过大容量本地存储和最新802.11ac技术实现异构大数据在车载节点的可靠存储与高达1G的高速车地传输。

视频监控系统：

1）满足行业规范要求：满足铁总技术条件要求，适用于各种车型的动车组车厢视频监控和受电弓视频监控；

2）功能丰富与高性价比：视频监控服务器主机同时具备车厢视频和受电弓视频的编解码、存储、播放与回放功能，集成度高，大大减少系统安装复杂度和成本；

3）高安全可靠性：系统设备本身的故障不会引起动车组救援、清客、未发车、换车、晚点等故障，可靠性高

4）可扩展智能分析：与视频智能分析兼容并结合，实现威慑、预警、取证及乘客管理等功能，提升列车治安监控管理手段，以适应维护铁路客运安全的需要。

电话传真:0571-87750210
地址:浙江省杭州市滨江区江汉路1785号双城国际4号楼5楼
网址: www.iottech.cc
邮件: yuanjinhui@unittec.com.

在途监测与智能预警系统

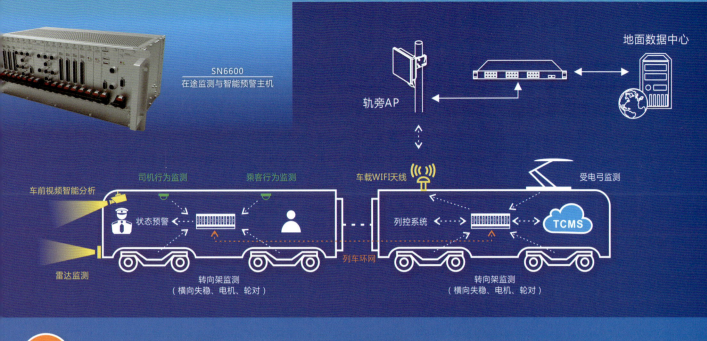

SN6600
在途监测与智能预警主机

地面数据中心

轨旁AP

车前视频智能分析

司机行为监测　　乘客行为监测

车载WIFI天线

受电弓监测

状态预警

列控系统

TCMS

雷达监测

转向架监测
（横向失稳、电机、轮对）

列车环网

转向架监测
（横向失稳、电机、轮对）

应用层

网络层

- **同步性**：基于最新精确时钟同步协议
- **实时性**：采用优化的二层实时通道，减少协议栈处理时延
- **确定性**：采用硬分片的方式，确保关键数据按确定的时间点到达

感知层

转向架数据采集设备　　受电弓红外相机　　转向架红外相机　　横向失稳传感器　　温度传感器

视频监控系统

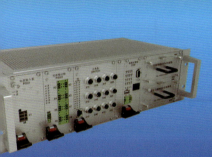

视频监控服务器
3U机箱

车顶受电弓相机　　外接授权设备　　视频监控屏

车门　　　　　　　　　　　　　　　　　　　　车门

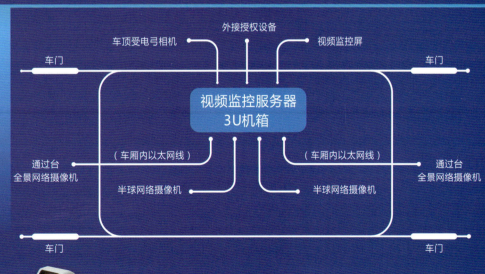

**视频监控服务器
3U机箱**

（车厢内以太网线）　　　　　　（车厢内以太网线）

通过台
全景网络摄像机

半球网络摄像机　　　　半球网络摄像机

通过台
全景网络摄像机

车门　　　　　　　　　　　　　　　　　　　　车门

受电弓相机　　　　全景网络摄像机　　　半球网络摄像机　　　视频监控屏

江苏航天大为科技股份有限公司

江苏航天大为科技股份有限公司是江苏省的一家央企控股高科技企业。其前身为江苏大为科技股份有限公司，2016年在江苏省无锡市政府的大力支持下，引进中国航天科工集团公司的战略投资，成为航天科工集团旗下控股企业。

航天科工集团是中央直属的国有特大型高科技企业，2017年世界500强排行榜中排名355位。智慧产业、智能交通是航天科工集团军民融合发展的核心产业。

航天大为位于江苏省无锡市，总部占地60亩。主要从事智能交通、轨道交通、综合管廊、城市隧道、智慧水务等行业软件开发和系统集成业务，是国家重点高新技术企业和江苏省规划布局内重点软件企业、江苏省知识产权重点保护单位，为"江苏省软件和信息服务业十百千亿企业培育对象"、无锡市软件"十强企业"和无锡市"十大物联网企业"。

航天大为通过了ISO9001国际质量体系认证，是国家技术监督局"标准化良好行为规范企业"，拥有信息系统集成及服务（壹级）、电子与智能化工程专业承包（壹级）、建筑智能化系统设计专项（甲级）、安防工程企业资质（壹级）等资质。

航天大为荣获国家级"国家优质工程金质奖"、中国国际物联网博览会银奖、江苏省优质工程"鲁班奖"、江苏省优质工程"扬子杯"、江苏省软件产品"金慧奖"、江苏省信息产业产品创新奖、江苏省无锡市软件产品"飞凤奖"和省市"科技进步奖"等众多奖项。

"智慧城市 军民融合
广阔天地 大有作为"

地址：江苏省无锡市东亭南路39号　　电话：0510-88201111

城市智慧交通解决方案

1个城市智慧交通大数据中心

1个城市智能交通管控平台

10大业务系统

--动态交通数据采集与分析系统　--城市交通信号控制系统

--非现场执法抓拍系统（电子警察）　--车辆行踪监控系统

--交通视频监控管理及智能分析系统　--停车管理与信息服务系统　--智慧交通运维管理系统

--城市动态交通诱导与信息发布系统　--城市拥堵收费系统　--交通仿真与效益评估系统

城市轨道交通解决方案

--地铁综合监控系统（ISCS）　--地铁环境与设备（BAS）监控系统

--地铁环境与设备节能控制系统　--地铁运营视频监控系统

--地铁门禁系统　--地铁警用通信系统　--地铁屏蔽门（PSD）系统

--地铁信息化管理系统　--地铁模拟教学培训系统

--地铁施工现场监控管理系统　--地铁AFC拍打门及剪式门系统

城市综合管廊解决方案

　　城市综合管廊是指将两种以上的城市管线集中设置于同一空间内的管线公共隧道，是一种现代化、集约化的城市基础设施，可以容纳市政、电力、通信、燃气、给排水等各种管线，为确保综合管廊安全高效的运行和运营，需要建设综合管廊管控和运营平台，主要包括：给排水、照明、通风、电力、通信、监控、应急防灾、运营管理等子系统。

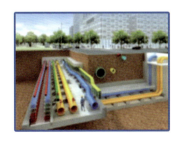

智慧水务解决方案

　　以防洪水、排涝水、治污水、保供水为重点，充分运用云计算、物联网、大数据、人工智能、VR、遥感等新一代信息技术开展水资源整合与业务融合，围绕智慧水务的建设目标，实现精确调度、科学调度、智慧管控，提升水务应急响应能力、水务公共服务能力和水务综合管理水平。

广州市中南民航空管通信网络科技有限公司

企业简介 Company Introduction

广州市中南民航空管通信网络科技有限公司（以下简称公司）成立于2004年，是民航中南地区空中交通管理局直属的国有企业。公司注册地位于广州市白云区太和镇广州民营科技园863产业化促进中心大楼208房。2006年及2008年，公司被认定为国家高新技术开发企业，2011年通过了复审，2014重新认定为国家高新技术开发企业。2006年获得国家工信部颁发的计算机系统集成三级证书，并在2015年升级为二级资质,2017年获得中国电子信息行业联合会颁发的信息系统运行维护分项资质二级。

公司是最早涉及互联网、系统集成和高速数据传输的民航应用软件技术企业，通过不断充实和大胆创新，自主开发的各类应用软件和系统集成技术在行业中被广泛使用，技术水平一直在民航空中交通管理行业中处于领先地位。公司目前经营管理着民航广州地区通信及数据传输网，业务辐射至民航中南六省，是民航业通信信息服务的骨干企业。

由于民用航空对信息技术和通信、数据传输业务有着巨大的市场需求。面对庞大的市场和激烈的竞争，公司凭借长期对民航市场需求有深入了解的先天优势，特别是在空中交通管制领域贴近实际而又扎实的基础工作，以及四十年来逐步建立起来的民航广州地区有线通信网、宽带网及功能强大的数据通信交换设备。

主要业务 Main Business

公司凭借雄厚的技术实力和长期的工程实施经验，深入到民航信息系统开发、系统集成、技术咨询和技术培训等各个层面，特别是空管自动化和相关领域，开发出一系列经中国民用航空系统验收和鉴定的在国内同行中属于创新性技术、达到国内领先水平、属民航业内首创的、拥有自主知识产权的软件系统，拥有包括航班信息处理系统与区域管制中心业务运行支撑系统等40项软件著作权登记证书、13项计算机软件产品登记证书以及4项实用新型及发明专利的产品均已广泛应用于民航各级单位。公司自主研发项目《广州白云机场塔台运行管理系统》荣获2014年度中国智能交通协会科学技术奖一等奖。

公司为广州新旧白云机场周边近两万多门电话提供多样化的服务，拥有可靠的Internet接口和独立的信息平台，为民航专业用户提供实时、准确、全面的航班信息和气象信息服务；承担中南地区雷达、IP数据的传输，ATM高速数据网连接全国，AFTN和SITA电报通达世界。公司不仅与各大通信运营商有着长期友好的合作，而且通过有效的建设，拥有了覆盖新旧白云机场、广州区域管制中心的管线网络和独立的SDH基础传输网络。为打开"祖国空中南大门的瓶颈"、保障"泛珠江三角洲"每年几百万和广州几十万架次的空中飞行提供了有力的技术保障。

未来，公司将把创新重点放在空中交通管制运行和政府机构办公自动化、信息化需求上，同时在向航空业提供安全、可靠的通信、数据传输服务的基础上，向社会开放通信和数据服务产品。

广州市中南民航空管通信网络科技有限公司

地　　址：广州市白云区机场路南云东街3号副楼2-6层
电　　话：020-86120938　　020-86128844
传　　真：020-86636200

ADS-B数据处理中心系统

■ 系统简介（概述）

ADS-B数据处理中心系统(ADS-B Data Processing Center System)是根据《中国民用航空ADS-B实施规划（修订）（民航发[2015]130号）》文件精神，按照《民用航空ADS-B数据处理中心系统配置要求》和《民用航空ADS-B数据处理中心系统运行最低功能与性能要求》等行业规范，并结合空管业务运行实际需要开发。系统引接ADS-B地面站和数据站ADS-B数据，经过处理后为区域管制中心、终端管制中心的自动化系统提供 ADS-B 实时综合监视信息。主要具备多路数据引接、数据分发、数据除错、虚假目标判别、敏感目标过滤、融合、黑名单剔除、按范围输出、录制与回放、地面站状态监视管理等主要功能。主要应用于地区空管局、空管分局站的ADS-B数据处理中心、数据站的建设。

■ 系统特点

- ◆ 具有高性能、高安全性、高可扩展性、高可靠和管理监控便捷等特点
- ◆ 自主研发ADS-B信号转发器，解决信号多路传输、共享和安全引接
- ◆ 取得软件产品登记、国家著作权登记、国家实用新型专利
- ◆ 参与南中国海ADS-B校飞设备保障和校飞工作
- ◆ 通过民航局空管局技术中心、民航中南空管局等民航业内权威单位组织的运行可靠性测试
- ◆ 参与多次空管自动化系统测试工作
- ◆ 参与民航中南地区ADS-B数据传递研究与测试工作，确定组播等低延迟传输方案

■ 应用场景

系统于2014年11月开始应用于《新建南中国海地区L642和M771航路ADS-B监视地面站工程》，2015年11月通过项目验收；实现了三亚区管(海口)、三亚空管站Telephonics自动化系统、莱斯自动系统、川大智胜自动化系统的ADS-B数据应用，融合数据引接到广州区管新版欧洲猫自动化系统、香港自动化系统进行测试。为南中国海L642和M771航路的飞行提供了监视补盲，提升级了南中海空域的飞行服务水平。

■ 发展前景

应用于全国ADS-B数据处理中心、数据站的建设和运行，为全国民航空管、通航、机场、航空公司、安监等部门提供实时可靠的航班监视保障。

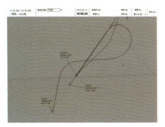
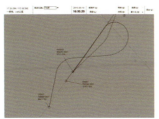
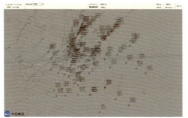
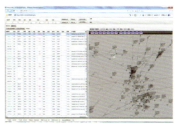

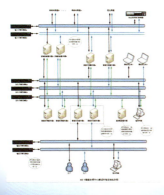
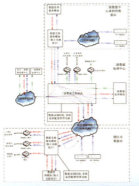

中国民航
华北空中交通管理局

S模式雷达设备的信息协议验证及
空管自动化系统中的应用项目介绍

随着监视信息在中国民航的持续应用，S模式雷达信息在全国各航路监视将发挥巨大作用，中国民航开始部署S模式雷达。目前，由于国际民航组织对S模式雷达数据的规范还在不断完善过程中，各厂家的产品性能标准也因开发和设计思路及方案的不同存在差异，如何在自动化系统中应用这些数据，都没有先例可借鉴。对我国S模式雷达刚刚进入实际应用阶段的关键时期，做好S模式雷达数据信息的研究和应用势在必行，这将有助于民航监视技术的综合发展。

民航华北空中交通管理局适时启动了"S模式雷达设备的信息协议验证及空管自动化系统中的应用"科技项目，研发了S模式验证测试应答机及S模式数据应用测试平台，为用户单位建立专门的实验环境，对在用或需进行验收的S模式雷达设备，以及进行设备使用许可审核的各个厂家S模式二次雷达的询问/应答特性进行验证、测试，解决因目前专业测量设备资源缺乏、现有产品S模式现场测试应答机的S模式应答信息单一等问题。以及如何在空管自动化系统中应用S模式雷达数据、如何为管制员提供合理、有效的功能，都可以在该测试平台进行测试、研究和开发，而不会对生产运行系统造成影响。

2016年3月25日，该科技项目顺利通过科委专家组验收，投入运行。民航华北空中交通管理局天津分局、山西分局、技术保障中心、设备维修中心技术人员先后12次对华北地区已经投产的天津THALES雷达、罕山INDRA雷达、苏庄THALES雷达、百花山THALES雷达和北坪SELEX雷达四个生产厂家的五部S模式雷达的询问/应答特性进行测试验证，并取得了大量实用数据，已基本掌握上述厂家S模式雷达的询问/应答能力。

2016年4月12日，科技查新结果表明：项目在国内空管行业范围具有先进性和创新性。与当前国内同类研究、同类技术的综合比较，本项目具有以下创新点：（1）S模式应答机采用了GPRS数据传输、互联网传输，并增加了数据中转服务器节点，因此具备远程监控功能；（2）S模式应答机具有BDS寄存器可编辑功能；（3）空管自动化系统采用HDLC技术实现了具备COMM-B信（BDS30/40/50/60信息，如飞机磁航向、马赫数、指示速度、上升下降率、转向角度、转向速度、地速、真航向、真空速、调表高度以及BDS得到的ACAS中的威胁目标相关信息的解析与交互显示功能。

获奖证书

获得奖项

　　项目在民航业界相关杂志共发表相关技术论文10篇，与南京莱斯公司共同申请软件著作权1项，独立申请实用新型技术专利1项已获批复。并曾向4家兄弟单位推广应用，系统经过了7次实际上线测试，获得了4部雷达在模式方面应用研究的大量数据并参照对比，取得了管制部门的满意答复。由于项目属于国内技术人员自主研究，打破了外国技术行业的垄断格局，项目的成功研究还节约了大量的资金，为将来民航业采购空管设备与系统提供了良好的借鉴。

　　民航华北空中交通管理局开展的"S模式雷达设备的信息协议验证及在空管自动化系统中的应用研究"项目，荣获2014年获得民航华北空中交通管理局科学技术一等奖，荣获2016年度中国智能交通协会科学技术三等奖。

电话：010-64591777

上海民航华东空管工程技术有限公司

公司主要产品

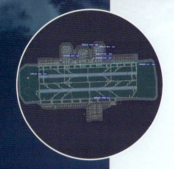

塔台集成系统

将塔台管制所需的各类数据收集并进行处理、展示，可根据各现场不同需求灵活地配置可选功能。通过操作电子进程单，可以满足塔台范围内各管制席位的工作需求，帮助管制员掌握航空器的实时动态，记录各时间节点，为管制员指挥决策提供辅助和警示作用。

民航协同决策系统

通过信息交换、数据共享，确保空管、机场、公司运行的准确、高效、实时，为各方提供最大利益。解决了公司和机场与管制部门之间缺乏足够信息交互和共享，旅客关舱门后的长时间等待，管制部门之间缺乏足够信息交互和共享等问题，使得机场方面的压力得到有效缓解。

飞行计划集中处理系统

飞行计划数据是民航运行最基础、最重要的基本生产要素。系统可实现全国飞行计划集中处理，减少航空用户协调环节，为空管、机场、航空公司等用户单位提供更加安全、高效和高质量的数据服务。

公司地址： 上海市青浦区诸光路451号

联系电话： 021-22326811

联系人： 王经理

高效安全　高质量

提高空管工作效率和工作水平

公司介绍：

　　上海民航华东空管工程技术有限公司前身是成立于1988年的民航华东航管设备安装工程处，并于2013年企业化改制为民航华东空管局的全资子公司。公司主要业务有：空管设施设备的工程安装与调试业务、项目研发与系统集成；空管设施设备维修及更新改造工作；开展空管设备成套系统保障业务、技术支持服务以及产品加工及代购业务。公司致力于以高新技术手段提高空管工作效率和工作水平，在解决空中交通管制工作当前迫切需要满足的管制需求的同时，兼顾未来急速发展的航空运输态势相关技术的研究和发展。

　　上海民航华东空管工程技术有限公司技术研发部门有丰富的项目开发、系统集成经验，研发团队有软件开发人员近60人，另还包括若干工作多年的一线管制员。管制员长期负责航空器的指挥、飞行计划及飞行流量管理工作，有丰富的现场工作经验，充分了解现有系统需求及演进方向。上海民航华东空管工程技术有限公司的软件开发人员有丰富的空管系统开发经验，在监视目标融合算法、流量计算算法、空管人机界面开发等多方面有许多成功案例，目前已获得4项发明专利、2项外观利和4项软件著作权。公司研发的"基于大数据技术的民航空管战术流量管理及机场协同决策平台"获得2016年度中国智能交通协会科学技术奖二等奖。

高速公路信息化专家

帝信科技股份有限公司
成立于1998年（股票代码：430408），
是集核心技术研发、生产制造与运维服务为一体的高新技术企业，
是国内领先的高速公路信息化产品及解决方案提供商。

电话：024-89794000　　18624089208（王经理）　传真：024-89794108
地址：辽宁省沈阳市沈北新区沟子沿路131号帝信科技园　网址：www.dixn.com.cn

收费辅助决策系统：

完美替代传统收费业务通信手段

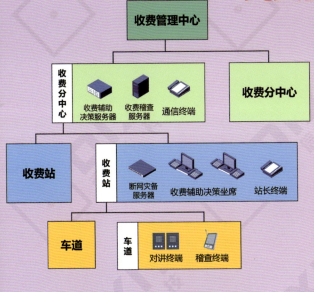

- **1**：收费、通信、监控、广播一体化联动
- **4**：4路高清视频接入，覆盖全部收费环节
- **4**：提供电信级4重系统安全组网保障
- **N**：海量多类别业务数据存储，深度挖掘分析，多维搜车、GIS图形化呈现
- **+**：移动互联网+集群对讲、视频/拍照取证、稽查工作流
- **–**：减员增效、较少大屏投入、降低网络带宽占用

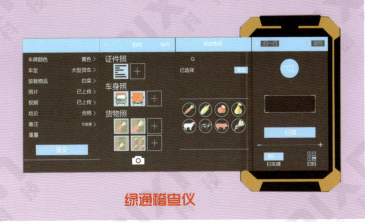

收费辅助决策坐席　　　　　　　　　绿通稽查仪

指调业务通信辅助平台：

以"1中心3平台8业务"为基础构筑指调业务通信辅助平台，提升运营效率降低运维成本

语音调度 业务处置 辅助决策 报警监控
指调业务通信辅助平台

指令通信调度　　业务信息管理
处置预案库　　设备设施管理
通信调度指挥　　桥隧控制管理
事件广播管理　　运维监控管理

- 视频数据分析
- 收费数据分析
- 业务数据分析

数据分析平台

指挥调度大厅

预案辅助平台　　数据存储中心　　融合通信平台

- 事件预案链
- 事件广播预案
- 应急救援预案

- 语音通信
- 视频通信
- 集群通信
- 数据通信

上海智能交通有限公司
Shanghai Intelligent Transportation Co.,Ltd.

智能交通行业最优资源整合平台

上海智能交通有限公司，智能交通整体解决方案与专业解决方案综合服务商，在规划设计、筹划咨询、建设管理、运营维护、投融资、高端智能装备等业务领域，全方位满足城市交通建设运行的各项需求，为客户提供"资源统筹+全程服务"的一站式整体解决方案。

公司依托先进的顶层设计方法、丰富的大型项目管理经验和强有力的产业链整合能力，以智能化、信息化、产业化为切入，运用智能感知、云计算、大数据处理等多种新技术，不断提升交通综合服务能力，助力创新技术与智能交通的全面融合，满足智慧城市建设运行的全方位需求。

创造智慧生活

深圳市易行网交通科技有限公司

深圳市易行网交通科技有限公司成立于2010年1月12日，是全资国有企业、国家高新技术企业，专业从事交通信息咨询，智能交通规划、建设、运维，智能交通核心技术研发、综合交通信息服务和增值服务等业务。

经过六年多的发展，公司已通过ISO9000质量管理体系认证和双软企业认定，取得测绘资质和信息系统运维资质。公司承担的"基于云环境的城市综合交通信息集成与服务关键技术及应用"项目获得中国智能交通协会科学技术一等奖（省部级）；"交通在手APP"获评全国"十佳交通信息服务手机软件"；"运行指挥中心"系统工程和"深圳市交通信息资源采集、整合与服务应用及关键技术研究"项目获得中国智能交通协会科学技术三等奖；"运行指挥中心大屏幕"被认定为深圳企业新纪录；"公众出行信息服务系统"项目被纳入2013年度全国交通运输节能减排推进项目；公司被授予"全国交通运输节能减排先进企业"荣誉称号。同时，公司还是中国智能交通协会理事会员单位、广东省智能交通协会副会长单位、深圳市智慧交通产业促进会第一届常务副会长单位、深圳市智能交通行业协会常务副会长单位、深圳市电子商务协会副会长单位、深圳市工程咨询协会会员单位。

公司自成立以来，就明确了以"数据+服务"为公司的战略发展方向，助力深圳市交通运输委构建全市智能交通顶层设计、参与智能交通项目建设、促进智慧交通产业发展，在"建载体、汇数据、搭平台、促合作"四个方面取得了一系列丰硕的成果，积累了丰富的系统研发和集成经验，形成了一批多学科、多专业、高学历、高素质、技术力量雄厚、业务经验丰富的专业团队，在全国智能交通领域越来越具有影响力，已成为智能交通行业不可忽视的中坚力量，同时确立了深圳市公众出行信息服务领域的领先地位。

地址：深圳市南山区科技园高新南四道9号科技园公交总站东侧三楼
电话：0755-86665088   传真：0755-83130155
网址：www.sze511.com   邮箱：szyxw@sze511.com

公司简介

　　上海宝康电子控制工程有限公司（以下简称"宝康电子"）是央企中国宝武集团旗下上市软件公司宝信软件（A股：600845）全资控股的高新技术企业。宝康电子是国内具有广泛影响的道路交通优化专家，也是大数据时代警务模式创新的引领者。

　　宝康电子拥有公共安全防范工程设计施工、信息系统集成及服务、电子与智能化工程专业承包等多项资质。公司为用户提供全生命周期的专业综合服务，涵盖以交通设计为基础的一城一策咨询服务，以信息技术为基础的系统集成服务，以专业技能为基础的售后运维服务。宝康电子在智能交通及公共安全防范领域具有核心技术能力，公司在图像综合研判、卡口大数据实战、应急指挥调度、交通信号控制及优化、交通综合管控平台、人脸识别、综合治理工作等方面拥有创新应用及系统的解决方案。

　　宝康电子多次获得国家级、省部级奖项，包括科技部国家重点新产品证书、科技部国家级火炬计划证书、教育部科学技术进步奖等。公司多年被评为中国智能交通三十强企业，旗下BK品牌获评上海市著名商标。公司自主研发的指挥中心平台软件、电子警察、信号机产品多次获评行业十大最具影响力品牌，具有很高的行业地位。

第五代
全视频、智能化城市停车管理

对车主

实时车位查询和停车诱导
自动收费，透明无纠纷
提高停车及支付的效率

对经营方

智能化管理，降低经营成本
收费透明，减少费用流失
快速增加泊位供给和泊位周转率，
提高收入

对政府

改善停车服务，提高出行效率
违停治理、违法车辆的缉查布控等
停车大数据与交通管理结合研判，
如分时停车和差异化定价

前端视频采集　　停车管理平台　　智能视频分析

天天泊车

车主APP　　管理员APP　　停车诱导屏

基于视频分析技术的智能停车系统

全自动计时

自动识别车辆停入和驶离相关信息

违法智能识别

支持对违停车辆自动抓拍取证

大数据应用

车辆缉查布控采集路况信息

提供停车证据链

实时采集车辆照片，留存视频图像

监控范围大

单个摄像机覆盖15-30个泊位

识别精准度高

识别准确率可达95%以上

北京精英智通科技股份有限公司 📞 **8610-88864122/33**

地 址：北京市海淀区清河小营西小口路27号海升大厦C座　　传 真：8610-88864177　　官 网：www.jaya.cc

北京市交通运行监测调度中心

北京市综合交通运行监测与服务平台

依托北京市交通运行协调指挥中心（TOCC）二期工程，建成全国首个集综合交通动态运行监测分析、视频资源管理应用、公众信息统一发布于一体的省级综合交通运行监测业务平台。

图 北京市综合交通运行监测业务平台

图 综合交通视频资源管理平台

图 公路交通运行状态的智能分析

综合交通视频资源管理平台

基于自主研发的高复杂度集成和多主体协同应用的视频平台构建技术，建成了综合交通视频资源管理平台，具备了视频资源自由切换调阅、视频资源对外共享、视频智能分析应用三大功能，实现北京市14个交通行业领域、37家单位、共计39156路视频资源的统一平台接入和多主体协同应用，为18家单位提供视频共享应用服务，解决了制式不一、格式多样、接口复杂条件下的视频资源整合和协同应用问题，实现了基于视频智能提取分析的公路运行状态评估和客流检测。

城际客运出租车接续运输动态监测和协调联动

实现了首都机场出租车候车区客流和运力的动态监测，基于民航预计抵达客流共享数据和客流分配模型，预测出租车运力需求，提高城际客运接续需求响应的及时性和准确性，提升接续运输服务水平。

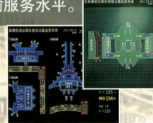

图 城际客运出租车接续运输监测系统

交通气象信息共享和融合应用

与北京市专业气象台建立常态化合作机制，定制化获取每日天气实况、早晚高峰气象快报、不同时间粒度的气象预报，第一时间掌握气象预警和实时气象动态信息。依托与北京市交通信息中心合作承担的市科委"高影响天气下城市骨干路网交通出行精细化预报关键技术研究与应用"项目，融合气象及交通的实时监测和预报信息，面向高速公路、城市快速路挖掘高影响天气条件下交通运行规律，搭建基于气象和交通运行数据的道路交通状态精细化预测预报模型和服务平台，并在TOCC实现了示范应用，取得了良好的应用效果。

图 气象交通预测预报服务平台

数据开放应用

自2017年起，TOCC依托综合交通运行监测大数据分析开放实验室，正向社会提供数据开放应用服务。欢迎等院校、科研单位、社会机构使用，展公益性研究，合作提升交通监测据分析应用水平。

📱 电话：010-57079692/57079693

✉ 传真：010-57079685

🌐 地址：北京市丰台区六里桥南里甲9号首发大厦C座

01 预约+巡游 小车服务

02 园区交通 专线服务

03 定制巴士服务

04 小汽车租赁

05 上下班租赁

06 纯电动车辆 充维服务

战略 定位 以"创新、市场化、与国际接轨"为指导思想，坚持绿色低碳发展导向，构建以"零碳出行、智慧交通"为主要特征的国际化、现代化、品质化综合交通服务体系。

企业 使命 把前海区建设为全国首个零碳出行示范园区，让前海交通更顺畅、更智慧，让您的出行更舒适、更便利。

公司简介：

　　基于前海合作区城市建设和交通发展实际，在国家新能源汽车发展战略和节能减排产业发展规划等政策指引下，经前海合作区管理局批准，为把前海合作区打造全国首个零碳出行示范区和智慧交通发展样板区，于2014年12月1日由深圳市前海联合发展控股有限公司牵头组建深圳市前海绿色交通有限公司。

　　截至目前，我司储备纯电动车辆共计249台，其中纯电动大中巴222台，纯电动小汽车27台，现已投放运营车辆60多台，开通前海片区地铁接驳等园区交通专线8条，开通商务定制专线12条，年度服务乘客约53万人次，为蛇口前海自贸区及周边的职住、往来人员提供了较为便利的交通出行服务。

深圳市前海绿色交通有限公司

地址：深圳市月亮湾大道与桂湾三路交汇处前海建工苑S2-1

服务电话：0755-88981668 0755-32904225　　邮箱：csz@qianhaixing.cn

安徽中科龙安科技股份有限公司

公司简介

安徽中科龙安科技股份有限公司是由中国科技大学、龙芯中科和合肥市蜀山区城投等共同发起成立的一家高科技公司。具有较强的国产化高科技产品研发能力。中科龙安致力于成为基于龙芯技术的生态智慧整体解决方案和产品提供商，推进国产生态交通系统的创新应用。公司已研制出基于龙芯的智慧交通系列产品，包括：国内首台龙芯交通大数据一体机、交通信号机、积水和环境智能监测系统等产品。技术产品将为有效缓解城市交通拥堵、污染，提高出行安全提供有效途径。

1.道路环境检测系统

采用LS1C和1D处理器研制，能同时检测机动车排放尾气、温湿度、光强、PM2.5等多项指标，具有较高的检测精度和自校准功能。所得结果可以通过RS485、CAN总线、以太网和无线模式传输。该检测设备与交通信号机结合，能够实现交通低排放的绿色控制。

指标参数：

检测指标	测量范围	灵敏度/测量精度
一氧化碳	0-5ppm	750±150nA/ppm
二氧化碳	0-5000ppm	±20ppm
二氧化硫	0-100ppm	100ppm的误差为0-2ppb
二氧化氮	0-20ppm	满量程误差<±1
噪声	40dB-100dB	≥2dB
温度	-40℃-123.8℃	±0.5℃（25℃下）
湿度	0~100%	±4.5%RH
光强	0~15万lux	±3%FS
PM2.5	0.1ug/m3-999.9ug/m3	±5ug/m3

2.交通信号控制

国内第一台基于龙芯处理器的高端交通信号控制机，采用基于CAN的多微处理器架构，支持无线通信模式，具有较强的性、扩展性和智能性等特点，其硬件电路件设计均采用了模块化设计方案。信号机由主控制板、相位驱动板、配电单元、独闪模块、无线通讯模块、车辆检测器模块交等优先车辆检测模块和手持终端等组成持多时段控制、感应控制、自适应控制、控制、协调控制、行人二次过街和警用服先控制等功能。

3.道路积水检测仪

中科龙安研制了道路积水实时检测系统，可安装在下穿或低洼地带，实现道路路面积水水位实时检测，通过无线通信或以太网传送至交通信号控制机，根据积水状况控制车辆驶入，以避开积水路段。

性能参数：
- ★ 漂移自补偿功能
- ★ 防雷击、浪涌和漏电保护功能
- ★ 量程：0~3米
- ★ 误差：≤±1cm
- ★ 工作温度：5~50℃
- ★ 工作湿度：0~95%
- ★ 工作电压：12/24VDC

绿色　智能　安

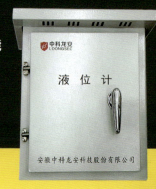

公司地址： 安徽省合肥市蜀山经济开发区
湖光路1299号17幢
公司总机： 0551-65877986
公司网址： http://www.loongsec.com
邮　箱： zkla@loongsec.com.cn

新一代

世界领先的智能交通雷达

4D毫米波可视雷达

OGREAT 毫米波可视雷达是专门为智能交通管理系统设计的多车道多目标跟踪4D雷达，它采用世界首创的智能三维立体空间微波检测技术，可提供精确的X、Y、Z三维坐标和一维速度的4D多目标实时跟踪轨迹信息，真正三维技术，全自动检测，可实时检测单车速度、平均速度、车流量、车道占有率、车型、排队长度和事件分析等交通流基本信息的非接触式交通检测器。它集成高清视频摄像机，可同时监控不少于4个车道64个目标，并同步叠加显示在视频上。4D毫米波可视雷达是微波雷达革命性的创新产品，可用于微波车辆检测、交通量调查、交通事件检测、交通诱导、超速监测、电子卡口和红绿灯控制等。

世界首创：四维检测集成高清视频，直观跟踪轨迹
功能强大：多目标车速、流量、坐标、车型、事件检测
性能卓越：车速、流量、定位、事件准确度≥99%
稳定可靠：嵌入式4核CPU一体机，24小时不间断工作

车速、流量检测

卡口、违章检测

路口、事件检测

智能路口雷达

一台OGREAT智能路口雷达可同时检测多个车道的排队起始位置、排队长度、排队车辆数、实时平均车速等排队信息，以及四个以上断面每辆车的车速、车型、车道号、占有时间等过车信息。可优化十字路口红绿灯的配时方案。无线组网，安装简便。

多目标雷达测速仪

一台OGREAT微波测速雷达加上一台高清摄像机，即可实现多车道多目标测速，同时实现每辆汽车的车牌识别和精确测速并直接叠加在车辆上，准确可靠，捕获率高，降低成本，安装简便。

南京奥杰智能科技有限公司

地址：中国·南京市软件大道180号大数据产业基地7栋
电话：025-83368185　13382080798　17702515952
网址：WWW.OGREAT.COM.CN　邮箱：13905188788@139.com

更多详情
请关注官方微信

城市综合交通信息平台

城市智能交通诱导发布

公安交通集成调度指挥

区域交通应急指挥

交通综合业务平台

交通视频图像综合应用

智能交通设施设备管理

智能网联汽车示范区管控平台

省级智慧高速路网监测、运营与服务平台

智慧高速、智慧大桥、智慧隧道综合监控与运营管理平台

传统高速公路、特大桥梁、长大隧道机电承建业务

智慧高速（含桥梁隧道）专业应用软件产品与服务

智慧交管

智慧高速

电科智能

智慧公交

交通大数据

智慧城市

城市地面公交

城市轨道交通

城市现代有轨电车

城市综合交通枢纽

智慧市政

智慧路灯

智慧管廊

智慧水务

智能建筑

电科交通大数据平台 SEARI_TBDS

互联网+智能交通

地址：上海市普陀区武宁路505号能源大楼3-5楼
邮编：200063　电话：021-32557700
www.seisys.cn　传真：021-32557002

SANSI 上海三思

智慧路灯 点亮智慧城市
Smart Pole System   Light up Smart City

视频监控

信息发布

智能照明

充电桩

紧急广播

传感器

通讯服务

RFID

- **公司介绍**Company Profile

　　上海三思成立于1993年，是国内规模化的LED显示屏、LED照明以及系统解决方案供应商，拥有400余人多学科跨专业的综合研发团队。依托在LED路灯、LED显示屏和硬软件系统集成方面的开发能力，三思成功研发智慧路灯系统，集成八大模块，成为未来智慧社区、智慧城市的重要载体和终端系统，经中国照明学会技术鉴定，性能水平比肩国际。

- **媒体报道**Media Reports

　　上海三思智慧路灯系统在北京、上海、杭州、深圳等全国多个中心城市与海外地区成功落地应用，引发了人民日报、新华社、中新社、央视新闻、中国科技报、中国能源报等知名媒体的相继报道，并连续两届受邀于世界清洁能源部长级会议上展示。

- **项目案例**Project Reference

北京-左安门大街

上海

浙江-杭州G20

江苏-洪泽

一站式大数据公共交通解决方案

应用领域　行业管理、公共交通企业运营管理、政府公共交通行业监管平台、公共交通规划、线网优化。

分析功能　公交线网基础分析、公交运行分析、公交走廊分析、公交专用道分析、公交线网优化分析。

数据模块处理　常规交通、BRT、轨道交通、公共自行车、出租车。

PI公交软件

PROBEInfo（上海元卓信息科技有限公司）公共交通软件，是首款对公交运行现状进行展示，以及对公交运营优化调整的各类方案进行综合评价的软件。提供了公共交通分模块数据全程自动化处理功能，能够自动分析原始数据质量，输出关键指标结果，为公交运营及政府公共交通管理提供全面的数据服务及信息展示服务。

公司简介

PROBEInfo（上海元卓信息科技有限公司）城市数据洞察者，围绕城市智能感知大数据，开展海量数据分析处理业务，深耕城市运营管理、城市规划管理、交通规划管理领域，为客户提供软件化产品和平台定制化的一站式解决方案。广泛服务于城市规划管理部门、交通管理部门、规划设计研究机构和相关企业的客户。

上海元卓信息科技有限公司
SHANGHAI YUAN ZHUO INFORMATION TECHNOLOGY CO., LID

网址：www.iprobeinfo.com
地址：上海市闵行区陈行路2388号浦江科技广场2号楼5楼东座

联系方式：021-6083-3218
公司邮箱：info@iprobeinfo.com

上海市城乡建设和交通发展研究院
上海交通信息中心

　　上海市城乡建设和交通发展研究院隶属于上海市住房和城乡建设管理委员会，是从事城市建设和交通发展战略与规划研究、决策咨询、信息技术支撑以及城市管理公共服务的公益性事业单位，现有员工120人。上海交通信息中心为研究院职能部门，是上海市交通信息资源的数据中心、交通信息共享与交换的枢纽和交通基础性信息提供、发布的主渠道。

　　上海交通信息中心成立以来，先后完成上海市交通综合信息平台、上海市道路交通信息采集和发布系统工程、基于大范围、固定与移动方式相结合交通信息采集技术研发及工程、中心城快速路网三桥一隧交通监控系统完善工程、交通综合信息应用服务工程等一批重大交通信息化工程项目建设。建成世博交通信息服务保障系统、上海道路交通状态指数系统、上海交通出行网、智行者App等交通信息服务系统，完成国家科技部、上海市科委、经信委等立项的世博智能交通、交通大数据等一批重大科研项目研究与示范，成果先后获上海市科技奖一等奖等奖励。上海交通信息中心为支撑政府交通决策管理、服务公众便捷出行作出了重大贡献,受到国务院、上海市委、市政府嘉奖。

上海交通出行网

上海市交通综合信息平台

上海市交通综合信息平台
今日交通"专题"

智行者APP

《城市交通大数据》

📍 地址：上海市宛平南路75号11楼

📞 电话：021-54524500

✉ 邮编：200032

让 "大数据" 说话 金智视讯走在行业最前沿

KingTMS公安交通集成指挥平台

以应用为导向，以大数据为支撑

以 "人、车、路、事" 为核心的大数据应用

助推交通管理工作转型升级

金智视讯技术有限公司　www.wisvision.com.cn
南京市江宁经济技术开发区将军大道100号金智科技园　电话：025-52763366
025-52763330　邮箱：sale@wisvision.com.cn

[因执着而专注，因专注而专业]

智能交通
畅行临沂

山东华夏高科信息股份有限公司专注于智慧城市、智慧交通、智慧农业、科技研发等业务领域.为政府、行业和个人用户提供定制化的解决方案。公司以"大安防"理念为中心，不断拓展安防应用领域和服务范围依托高新技术.发展智慧交通、智慧农业、智慧教育、智慧金融等公共安全、平安城市、智慧城市业务。凭借自身的雄厚实力和专业的技术服务公司现为中国安防协会、中国智能交通协会、山东安防协会、山东软件行业协会理事会员单位。华夏高科将始终坚持"以科技求发展，以服务求生存"的经营理念。加大科技研发力度，提升服务水平，不断跨越，不断迈进，致力发展成为智能化行业的领航者！

荣誉资质

高新技术企业　　　"双软"认证企业　　　安防一级资质企业　　　信息系统集成及服务资质

AAA级信用单位　　　AAA级质量服务诚信单位等

山东华夏高科信息股份有限公司

公司地址：山东省临沂市兰山区育才路111-16号　　　电话：0539-8136692　　　邮编：276000　　　官方微信

北京云海志通科技发展有限公司

公司简介

一流的产品、一流的技术、一流的服务

北京云海志通科技发展有限公司是一家提供智能交通行业整体解决方案的创新型企业，主要面向智能交通信号控制、智慧停车系统、智慧城市、车路协同技术、数字城市、智能交通管理、公共交通、交通仿真等领域，专业从事咨询、设计、研发、制造、实施、维保、运营及培训等业务。公司依托北方工业工业大学"城市道路交通智能控制技术北京市重点实验室"一流的研究队伍和研究条件，致力于智能交通行业内的高科技软硬件产品、检测设备、管控系统、运维服务及系统集成技术的研发和推广。

目前拥有专业的技术研发人员百余人，具备各类大型智能交通工程的设计、施工能力，竭诚为客户提供完善的整体解决方案，一流的产品、一流的技术、一流的服务。

📍 北京市门头沟区莲石湖西路98号院6号楼201-1室
（ 北方工业大学京西创新创业基地 ）

📞 010-57551810

技术能力&代表产品

动静态一体智能交通管控体系

"创新、协调、绿色、开放、共享"的发展理念；把握城市发展战略，以完善城市可持续交通发展模式为主线，推动"动静态一体化交通体系"建设；着力构建以"智能化动静态交通资源调配"为主导，基础设施衔接顺畅、行车停车服务高效便捷的综合交通系统。可根据不同应用需求，实现从基本交通控制系统监控到智能化综合交通管理的综合平台，服务于城市管理与智能出行。

DAYU交通信号控制系统

交通信号控制系统（Dynamic Adaptive sSystem of Urban traffic control, DAYU）以智能化和可视化为导向，基于先进的交通控制理念和软件架构进行设计，采用决策与执行分离的使用理念，通过全局控制信息综合分析实现高效决策指挥，利用灵活控制模式实现决策快速执行。系统采用一体化通用信号控制模式，可实现多种类型信号控制机接入；采用人性化设计，便于用户快速熟练使用。该系统目前应用在长春城区、北京昌平、山东潍坊等地区，覆盖路口数量超过400个。

基于大数据的模块化自适应信号机—NCUT-TSC

具有自主知识产权的NCUT-TSC高性能交通信号控制机是针对我国城市混合交通流交通特点及相关国家标准，在扩展英国、美国等先进交通控制技术的基础上研发与生产的新一代智能交通信号控制机。目前已经顺利通过GB-25280、GB-20999、NTCIP等标准测试，具有操作灵活、运行可靠、功能齐全、安装方便等特点，适合国内城市交通控制的具体需求。该信号机已在北京、山东、上海、广西、江西等省市得到应用。

NCUT-TSC采用全积木式组合电器部件结构，智能总线结构，FPGA硬件设计结构，并结合多功能固化应用软件、丰富的控制参数配置，并结合特有的虚拟城市控制技术可灵活适用于多种不同交通控制场景的应用。

智慧停车运管系统

基于北斗卫星应用的高精度定位，对室外路侧停车和非封闭式停车场的停车资源进行全方面的运维和管理，结合三级诱导系统为市民提供有效的智慧停车服务，可大幅降低成本。

大数据仿真、评价体系

深入挖掘海量交通数据价值，融合视频、违法数据、交通数据等多类型城市数据，形成完善的城市评价体系，并对真实世界交通现象的模拟，实现复杂交通现象的三维仿真再现。

交通态势（交通拥堵）可视化/日常交通流的可视化—与信号控制系统配合

城市交通规划与设计

为城市道路交通管理提供方案及设计，包括道路渠化、设计及智能交通系统顶层设计；提供交通影响评价等子系统方案设计和施工图设计。主要包括：城市旅游诱导设计、停车场规划设计、交通组织与交通渠化设计、智能交通系统设计、城市慢性交通设计、公共交通优化设计。

案例展示

顺义交通管理指挥中心
昌平城区信号控制系统改造工程
山东潍坊智能化电子沙盘指挥系统
山西省临汾市城市交通信号控制系统项目
公路道路科学研究院智能驾驶测试场智能信号控制机项目
上海市虹桥机场周边智能信号控制机项目
山东省潍坊市城区智能信号控制机项目
北京顺义区中医院外部配套工程设计
顺义区友谊新街（天北路-裕泰路）
道路工程-智能交通工程设计
……

Port & Cloud

Integrated transportation cognitive service

— 新智认知"端+云"综合交通认知服务 —

021 3363 7763　　|　　上海市杨浦区政立路421号C栋7-9层　　|　　www.encdata.cn

7-9,C-Building,#421 Zhengli Road,Yangpu District,Shanghai,China

智能创新世界　通信连通未来

ITS智能工业交换机

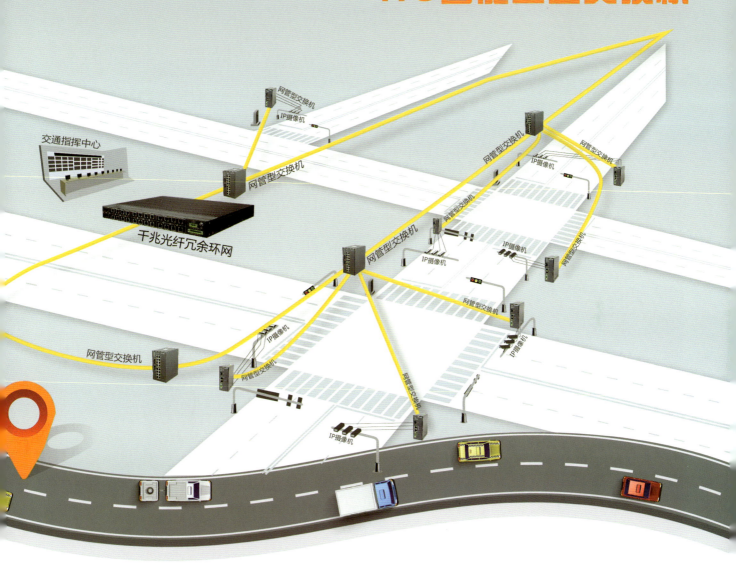

瑞斯康达科技发展股份有限公司专注于光纤宽带接入领域，致力于光纤技术、以太网技术及宽带接入技术的融合。一九九九年成立以来，以领先的技术和高品质的服务为动力，连续多年高速发展，已成为全球领先的综合性接入通信设备制造业公司和全球接入通信设备解决方案提供商之一，经过多年发展，在有线接入网、光传输网、无线接入网络等方面均有良好表现，成为中国光通信最具竞争力企业10强之一。

2014年瑞斯康达公司当选为中国智能交通协会、中国都市快轨交通行业协会理事单位，致力于为智能交通信息大数据采集建设实时、可靠、强健的智能化网络，针对交通行业通信需求开发出多款高可靠、工业级、智能化通信接入产品，提供专业化的通信接入解决方案，保障海量信息的高速通行，全面开启智能通信之门。

瑞斯康达科技发展股份有限公司
RAISECOM TECHNOLOGY CO.,LTD.

地址：北京市海淀区西北旺东路10号院（中关村软件园）东区11号
电话/Tel：+8610-58963999　　传真/Fax：+8610-58963100
网址/Website：www.raisecom.com

24小时服务热线：400-890-1001

股票代码:300212

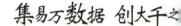
集易万数据 创大千之

易慧

城市交通大脑
面向综合交通提供强大DT引擎

易华录城市交通大脑"易慧"通过构建一套面向综合交通的大数据资源体系,支撑公安交管和交通运输两大业务方向,实现交通数据管理及共享交换能力、智能化数据分析能力、交通业务及服务支撑能力。

智慧引领 数据驱动

通: 提供数据共享交换能力,助力消除系统间的信息孤岛

管: 数据分层管理,降低数据治理成本

智: 交通数据模型及算法集成,提升智慧辅助决策的能力

察: 通过智能化运维实现更高的运维效率

政府

企业

公众

易策

交通管理晴雨表
让交通管理决策更容易

"易策·交通管理晴雨表"有大屏看板、PC看板、手机看板三种产品形态,可为各级交管决策者提供俯瞰全局、凸显重点的工具。过分析交通指数、拥堵排名、趋势箭头、措施匹配度等,对实短时交通态势给出鲜明观点,让交通管理决策更容易。

全时驱动 敏捷实战

大屏看板: 清晰展现实时、短时交通态势,提供精准决策支

PC看板: 大屏看板的延伸,提高警情响应速度

手机看板: 通过智能化运维实现更高的运维效率

OUR ADDRESS
北京市石景山区阜石路165号
中国华录大厦

TELEPHONE & FAX
400-610-1996
(8610)52281188

WEB & MAIL
www.ehualu.com
market@ehualu.com

山东科威达信息科技有限公司

　　山东科威达信息科技有限公司是专业从事智慧交通系列产品研发生产及信息系统集成的高新技术企业。公司成立于1997年，经过二十年的发展，注册资金3719.83万元，拥有高科技人才为核心的研发、生产、销售和工程实施团队。

　　公司从事智慧交通相关产品的研发与生产，拥有智慧交通相关领域自主知识产权的硬件设备与软件系统。硬件设备：自主研发生产智能道路交通信号机、道路交通信号灯、倒计时显示器、机动车违法抓拍机、公路车辆智能监测记录仪等产品，且已通过公安部产品检测中心检测。软件系统：自主研发了**城市智能交通大数据云管理系统平台**、智能交通综合管控平台平台等软件产品，现有21项软件著作权和产品登记，11项专利。公司是国家级高新技术企业、山东省双软认证企业、山东省重合同守信用单位、山东省"厚道鲁商"品牌形象榜上榜企业。

　　公司通过了质量、环境、职业健康安全、信息技术、信息安全五大国际管理体系认证，并取得相关资质：**电子与智能化专业承包壹级资质、山东省安全技术防范工程设计施工壹级资质、计算机信息系统集成企业贰级资质**等。

　　公司秉承"诚信、创新、务实、发展"的管理理念，以先进的科学技术，打造全国卓越的智能交通产品；以卓越的品质，面向全国承揽智能交通工程及交通设备的销售。

追求卓越品质，尽显企业精华

智能交通信号控制机

云管理平台

手机APP：可对信号机进行云控制、云特勤绿波和云路况播报，实时接收故障信息。

车载特勤绿波终端：可预设、修改、自动规划路线，距离路口300m即可执行特勤命令。

可视化手持遥控器

综合管控平台

利用云计算和大数据技术，分析城市交通流量信息，**自动优化城市配时方案**，提高车辆的通行率。

具有**夜间降光**和**LED失效检测**功能，故障信息后台实时显示。

地址：山东省济宁市火炬南路9号　　　　网址：www.kw169.com

咨询电话：0537-5667785　2880110　　　传真：0537-2880101

业务电话：15165379898　15169708666　　商务电话：0537-2880220

连云港杰瑞电子有限公司

连云港杰瑞电子有限公司是中国船舶重工集团公司下属国有控股公司，2004年由中国船舶重工集团公司第七一六研究所自动控制器件研究中心改制成立，是国家两期火炬项目的实施单位、省级高新技术企业、省级化融合试点单位，先后承担20余项省部级科研项目，获得12项省部级科技进步奖，拥有6项国家级新产品和15项高新技术产品，建有国内首家省级交通信号控制工程中心，拥有省级企业技术中心和自动控制器件工程技术中心，入选江苏省首批重点企业研发机构。

公司于1997年进入智能交通领域，是国内最早从事智能交通的专业厂商之一。公司以城市智能交通技术为核心，集研究、开发、制造、销售、系统集成与服务于一体，是交通信号控制类产品的主要供应商和智能交通解决方案的提供商，产品和方案先后在江苏、山东、湖北、湖南、福建、陕西、江西、内蒙等20多个省和天津、武汉、西安、重庆等中心城市得到应用，并出口多个欧、非国家。为适应业务快速增长，先后设立南京、武汉分公司和重庆、徐州、张家界等十余个地方办事处。

杰瑞智能交通 一站式解决方案

全面掌控城市交通，统一管理、指挥、调度。

智能交通指挥控制

降低城市交通延误，提高市民通行效率。

交通信号控制

交通违章取证
多样化取证方式，规范市民交通行为，创造良好交通环境。

快速构建绿色通道，缩短火警、医疗救治等路途时间。

GPS导航特勤控制

交通信息采集及发布
快速掌握交通状况、实时发布交通信息，均衡流量、缓解拥挤。

多样化布控方式，动态分析车辆信息，提高侦破效率。

缉查布控

智能停车管理
提高停车位资源利用率，减少违停，促进城市路面整洁。

提供实时道路交通状况数据，智能分析提取关键信息，促进城市安全建设。

交通视频监控

快速公交管理
提升公交车通行效率，促进市民绿色出行。

整合社会视频资源，建立高效的城市部门联动，构建立体化防控网络。

治安防控

运维管理
实时掌握设备状态，提升设备在线率和系统可用性。

中国船舶重工股份有限公司
连云港杰瑞电子有限公司

地址：江苏省连云港市圣湖路18号　电话：0518-85981717
传真：0518-85981799　邮政编码：222061　网址：www.jarits.com

安谐科技
Anxie Sci-Tech

● 公司简介

　　浙江安谐智能科技有限公司坐落于浙江杭州，创立于2014年7月，是一家专业从事智能化系统集成、通信工程设计施工及软件开发的高新技术企业。目前，企业开发的"违反规定使用远光灯自动记录系统"已通过"公安部交通安全产品质量监督检测中心"检测合格，获得2项国家发明专利，2项外观专利，在申报专利多项，拥有自主知识产权。

● 产品

　　"违反规定使用远光灯自动记录系统"是通过对机动车夜间违法使用远光灯的违法行为进行准确无误的抓拍，并形成清晰可辨的4张违章照片复合成一张完整的违章图片，及1段违章行为的视频作为违章证据。从而克服了交警执法部门非现场查处难，固定证据难等缺点。

　　2017年4月中下旬,深圳举办的全国城市道路交通管理工作现场会上，"违反规定使用远光灯自动记录系统"作为福州成功应用的创新执法项目登上了"全国城市道路交通管理工作亮点集萃视频"的第一篇章"创新执法管理"。

　　目前，该系统已在福州、三亚、重庆、济南、石家庄、漳州等地正式应用执法，效果显著，获得交警部门和民众的一致好评。亦在湛江、武汉、赣州、南昌、杭州、上海、秦皇岛、赤壁、大连等地开展了试点应用。

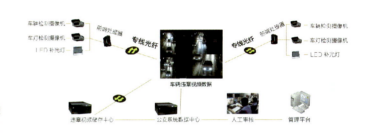

违反规定使用远光灯自动记录系统架构图

违反规定使用远光灯自动抓拍图

● 案例

　　福州是国内首个应用该套系统应用于非现场查处的城市，2016年5月率先使用，截止9月29日，共抓拍机动车滥用远光灯行为6千多起，准确率100%。海峡都市报2017年7月5日讯关于"违反规定使用远光灯自动记录系统"的报道：警方数据显示，今年一二季度远光灯违法量下降37.8%，整治成效明显。

　　南国都市报2017年3月23日讯报道：智能抓拍远光灯违法系统自1月在三亚上线至今，三亚市公安局交警支队已查处不按规定使用远光灯交通违法行为8800余起。这一曝光立刻引起了社会的广泛关注和反响，各大新闻媒体纷纷报道。

浙江安谐智能科技有限公司
ZHEJIANG ANXIE TECHOLOGY CO.,LTD

ADD：浙江省杭州市下城区石桥路279号经纬创意产业园1号楼A座201室
P.C.： 310012 TEL: 400-669-9798 FAX: 0571-89933253 E-mail: zjaxznkj2014@163.com

车行易

330个城市 1.2亿车主的选择!

车行天下　快易生活

公司介绍

　　广州车行易科技股份有限公司（简称车行易）成立于2011年6月，公司总部设立在广州，并在武汉、北京设立了华中分公司和北京分公司，是一家立足广东、面向全国开展违章大数据产业化研究以及车务处理、融合服务的移动互联网服务企业。以庞大的车务数据平台为基础，集违章查询办理、行车周边、车务代办、一键挪车、实时提醒、在线加油六大服务为一体，整合线上线下车务资源打造的车务O2O交易服务平台。

合作优势

七重策略	海量数据	便捷操作	功能惊艳	广泛覆盖
保密策略 频次策略 时间策略 无痕策略 实名策略 黑名单策略 防骚扰策略	自有平台 合作商家 保险公司 地方政府	自动定位 三秒输入 多重渠道 快速联系	解决痛点 制造惊喜 铸造品牌	车行易 支付宝 微　信

互联网移车服务解决方案提供商

广州车行易科技股份有限公司
商务：18928818398
邮箱：support@cx580.com
传真：020-38370166
电话：020-62936789
地址：广州市海珠区阅江西路磨碟沙大街118号琶醍D区4楼

乌鲁木齐市快速公交（BRT）智能系统建设

——乌鲁木齐市城市综合交通项目研究中心

乌鲁木齐市于2011年开始BRT建设工作，目前已经建设完成八条BRT线路，线路长度超过115公里，配车数597辆。八条BRT线路组建成网，有效解决了全市重要客运走廊的公交出行需求，切实解决了乌鲁木齐冬季极寒气候条件下市民公交出行保暖和行车安全问题，融合了地方民族文化和生活习惯，成为我国城市地面公共交通的典范，并于2012年获得"中国人居环境范例奖"。

智能系统是快速公交的核心，能显著提高现有公交企业的管理水平和运营效率，降低企业运营成本，提高资源利用率。乌鲁木齐市BRT智能系统包括"一平台+四系统"。"一平台"指公交智能调度信息化平台，"四系统"是指智能调度系统、安全门系统、自动售检票系统、安防系统。通过该智能系统，乌鲁木齐快速公交实现了"可视化、高效化、智能化、技防长效化"，让乌鲁木齐公交进入"智慧公交"新时代。

乌鲁木齐市快速公交通过BRT运营调度指挥中心实现对各条线路运营车辆位置实时监控；借助于车辆动态定位、无线通信和电子地图技术，改变了调度管理和运作模式，提高BRT车辆管理效率和智能化；通过BRT车辆3G-DVR视频监控和站台监控系统，使调度人员对车内和站台内乘客情况一目了然；通过站台LED显示屏、音频设备、报站系统等为进站、候车的乘客提供多媒体的信息服务；通过自动售检票和票务清分系统，对进出站台刷卡记录进行采集、统计和管理，完成票务清分与对账，节省了人力物力；通过安全门系统，实现站台安全门与BRT车门协调开启和关闭，保证乘客安全；通过安检门和X光安检仪，保证了乘客更加安全乘坐BRT。

目前，BRT 成为支撑乌鲁木齐城市交通快速便捷运行的"主力军"，为乌鲁木齐建设现代化城市建设奠定了有力的基础。

乌鲁木齐市公交调度信息化平台

BRT车内监控情况

乘客通过闸机刷卡进站

BRT站台安全门与车门协同开启

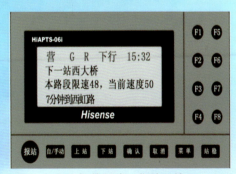
GPS智能限速、报站系统

乘客安检进站

地址：乌鲁木齐市昆仑路82号　　　电话：0991-4692536　　　传真：0991-4647303

JTSMART

上海济通信息技术有限公司
Shanghai Jitong Information Technology Co., Ltd.

上海济通信息技术有限公司由多位智慧城市与智能交通领域资深人士发起创立，2013年注册于同济大学国家科技园。公司定位于产学研用结合，基于大数据、人工智能等技术，专业从事智慧城市与智能交通领域的软件研发、信息系统集成、高新技术研发和技术咨询服务。

上海济通通过了ISO9001质量管理体系、双软企业和高新技术企业认定，拥有14项软件著作权证书和1项发明专利，并被评为杨浦区"专精特新"中小企业。

数据中心

智慧交通大数据平台

行业管理部门
企业
研究机构
社会公众

四大服务对象

多终端应用

监控大屏
服务网站
电脑客户端
手机APP
……

| 大数据 | 人工智能 | Spark | Webservice | GIS平台 | Vue.js |

智慧公交
INTELLIGENT TRANSPORTATION

作为国内智慧公交2.0的引领者，济通公司为公交行业用户提供集运行监控、运营管理、统计决策、应急救援、公众信息服务等多种功能的一站式解决方案

智慧公路
INTELLIGENT HIGHWAY

通过高效的数据挖掘、云存储云计算技术及先进的仿真实验，为用户提供了集全息感知、预测预报、紧急救援、决策支持、仿真实验等功能的智慧公路解决方案

智慧物流
INTELLIGENT LOGISTICS

在物流4.0的大背景下，通过移动互联网、物联网、物流网整合物流资源，为用户提供集监控、管理、决策、统计分析、趋势分析、仿真实验、信息服务等功能的系统方案

济安交通
JATRANS

打造顶级交通技术服务品牌

交通发展战略研究
交通政策研究
综合交通体系规划
交通发展白皮书
交通发展年度年报

道路网规划
公共交通规划
静态交通规划
慢行交通规划
交通治理规划
交通管理与安全规划
交通项目后评估

城市级智慧交通顶层规划与咨询
智能交通管理系统规划与设计
智慧大交通运输系统规划与设计
市级智慧停车系统整体解决方案

综合交通

智能交通　　交通专项

交通软件　　交通组织

交通仿真　　交通设计

区域交通组织与改善
枢纽片区交通组织
大型活动交通组织
施工期间交通组织
交通影响评价分析

交叉口交通设计辅助系统软件
道路横断面辅助设计软件
城市交通仿真与决策平台
基于大数据的交通诊断分析系统

城市道路交通设计
交通信号配时设计
公共汽车交通设计
枢纽交通设计
停车场库交通设计
交通宁静化设计
交通语言系统设计

交通建模与数据分析
区域交通仿真分析
道路交通仿真分析
停车场库仿真分析

　　上海济安交通工程咨询有限公司，由多位交通行业专业人士于2007年发起创办，致力于交通系统工程科技的开发与应用，与国内外多所高校优秀学术团队及产业进行产学研合作，以改善交通，促进城市、环境、资源与交通和谐发展为己任，专业从事交通领域的技术开发、咨询、服务与培训，业务已遍及国内六十余个城市。

　　公司曾获中国智能交通管理规划设计行业优秀单位、上海市科技企业创新奖、上海市专精特新中小企业、杨浦区科技小巨人企业、同济科技园精英企业等荣誉；承担的项目曾获中国智能交通协会科学技术奖一等奖、教育部高等学校科学研究优秀成果科技进步二等奖、广西科技进步奖三等奖；研发成果获多项科技成果认定，并获省部级政府基金支持三项，获软件著作权二十余项，申请专利五项，注册商标三个。

地址：上海市四平路1388号同济联合广场C座1009室
邮编：200092
电话：86-21-33626090
网址：http://www.jatrans.com.cn/

 上海济安交通工程咨询有限公司
Shanghai Ji'an Transportation Consulting Co.,Ltd.

PTV GROUP
the mind of movement

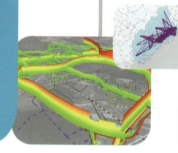

霖图卫软件科技（上海）有限公司
PTV SOFTWARE TECHNOLOGY (SHANGHAI) CO.,LTD

PTV集团致力于在全世界范围内规划与优化人流和物流，总部位于德国卡尔斯鲁厄尔市，主要提供交通和物流软件产品以及数据和专业咨询等服务。目前PTV足迹遍及全球127个国家，其交通软件产品的用户数量已突破5500个。霖图卫软件科技（上海）有限公司（简称PTV中国）是PTV集团在中国的子公司，主要负责PTV Vision系列软件在中国大陆的销售业务（包括PTV Visum，PTV Vissim, PTV Viswalk, PTV Vistro, PTV Optima，PTV Balance, PTV Epics，PTV MaaS Accelerator Program等）。经过十多年的发展，PTV软件的中国用户目前已覆盖国内的所有省份，用户数量已超过400个。PTV中国注重对客户的技术支持和培训，每年在中国定期举办两次PTV软件培训班以及一次用户研讨会，同时也会根据客户需求提供上门培训服务以及在职培训等咨询服务。

邮箱：sales@ptvchina.cn
邮编：200001

电话：021-63288206

传真：021-63288236

地址：上海市南京东路800号
新一百大厦19楼J座

北京交通发展研究院

北京交通发展研究院（以下简称"交研院"）始建于2002年1月，其前身是经北京市委、市政府批准成立的北京交通发展研究中心。2016年8月29日起更名为"北京交通发展研究院"。

交研院秉持"以科研带动技术，以技术支持决策"的理念，集中全市研究力量，整合各方面的智力资源，系统地研究交通问题，是业内影响力大、技术能力强、人才汇聚多、市场占有率高的领军型交通咨询机构。本院现有员工百余人，专业技术人员占90%，设战略研究所、交通规划所、轨道交通所、智能交通所、综合研究所、节能减排中心、研发中心、行政办公室和计划发展部九个部门。我院依托北京市政府特聘岗，引进世界知名科学家，大力推进技术研发与创新，设有国家能源计量中心（城市交通），拥有北京市、交通运输部重点实验室：城市交通运行仿真与决策支持北京市重点实验室、城市交通节能减排检测与评估重点实验室及城市交通北京市国际科技合作基地、博士后工作站。

经过多年努力，我院的科研水平和行业知名度获得极大提升，先后承接了国家"863""973""十五""十一五""十二五"科技支撑项目以及国家自然科学基金和中国工程院等国家重大科研项目十余项，并与呼和浩特、成都等国内城市及欧盟、PTV、瑞森基金会、世界银行、美国能源基金会、美国MIT、华盛顿大学等国外机构开展广泛的研究合作，实现了多个领域技术的引进、吸收、再创新，完成七百余项国内外交通咨询和技术研究项目，形成大量科研成果，荣获国家及省部级科技奖项二十余项、专利及软件著作权四十余项，编制多项国标、地标，在国内外学术刊物发表论文500余篇。

交研院于2006年通过了ISO 9001认证，以雄厚的技术实力及现代化的管理，为北京市政府及相关部门提供了高质量的咨询服务，为北京创建现代化交通体系提供了强有力的技术支持。

北京智诚智达交通科技有限公司简介

北京智诚智达交通科技有限公司，是北京交通发展研究院依照中关村股权激励等政策，经北京市人民政府批准成立的混合所有制公司。公司成立于2014年8月，注册资本1000万元，是一家具有独立法人资格的交通工程建设与咨询服务公司，主要从事城市综合交通与道路交通、轨道交通、停车等专业规划咨询，开展智能交通系统研发与工程建设，承接建设交通影响评价等领域的业务。

"863计划"基于交通与环境数据共享的区域交通排放监测及预测技术

1、交通运行与环境数据共享关键技术

传统的交通排放估算方法，是基于平均速度的，与各种道路类型、管控方式下的实际交通运行状况相去甚远。在863项目里，我们采取了与传统方法完全不同的技术路线。

机动车比功率（Vehicle Specific Power，VSP）是常用的前沿排放指标，VSP分布能够反映机动车运行状态。其作为中间变量，连接了交通运行数据与排放数据。通过挖掘海量道路实测逐秒行驶轨迹和排放数据，本项目建立了高分辨率的城市交通VSP分布图谱库，构建了本地化的交通排放模型。

这就好比给每辆车带上了"智能手环"。机动车排放会随其运行状态的不同而变化，正好比人在不同运动状态下消耗的卡路里不同。通过车的"手环"监测车辆的能耗排放，就像监测人的运动消耗卡洛里一样。如此，实现交通运行数据与环境数据的共享，建立了动态交通流与排放的快速耦合模型。

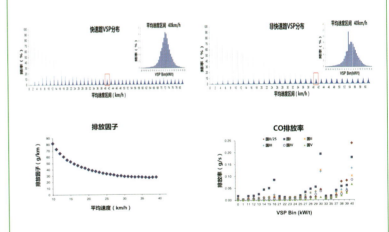

2、交通排放监测及预测技术

基于上述技术，本项目开发了动态交通排放的监测预测可视化系统。系统基础数据源包括10种交通运行和排放数据，包含了驾驶行为数据超过3000万条，涵盖全路网各等级道路各速度区间。基于此可实现对6种排放物的多层次实时动态监测和预测。该系统刷新频率可以达到15分钟，相对误差小于20%。

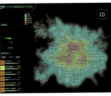
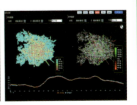

■ 地址：北京市丰台区六里桥南里甲9号首发大厦A座
■ 传真：010–57079800
■ 邮编：100073
■ 网址：http://www.bjtrc.org.cn/

智慧城市智能公交

智能公交出行信息发布系统解决方案

ABOUT ZEMSO
科技为先 品质为先 服务为先

智能公交电子站牌行业领跑者
因为专注 所以更专业

公司简介
COMPANY PROFILE

上海正先电子科技有限公司坐落在上海市3G产业园，注册资金1050万元人民币，是国内少数专业从事研发、生产、销售智能化电子公交站牌的高新科技企业，获得ISO9001及软件企业认证，拥有二十多项电子站牌相关专利，目前在国内智能电子站牌行业领域处于领先地位，市场占有率超过60%，研究开发电子站牌已经超过了12年。

上海正先电子秉承"科技为先，品质为先，服务为先"的宗旨，一贯注重技术与产品的研发，凭借在智能公交电子站牌行业中过硬的研发实力，生产能力与项目实施能力，先后与华为、方正、中兴，普天，航天科工，移动、电信，联通等国内知名企业在电子站牌领域长期战略合作，在国内110多个城市已经建设了超过15000块电子站牌。拥有最深刻的对电子站牌系列产品的理解和最丰富的电子站牌项目实施经验。

正先官网

微信公众号

上海正先电子科技有限公司

咨询热线：021-36532622 / 36532655
地　　址：上海市静安区延长中路 625 号 5 号楼 1F、3F（ 307-311 ）
邮　　编：200072
网　　站：www.zemso.com

TCPS 天津通卡·电子支付与智慧交通系统专业提供商

A POWERFUL TOOL FOR PUBLIC TRANSPORT INTELLIGENT MANAGEMENT
——TCPS PUBLIC TRANSPORT INTELLIGENT DISPATCH SYSTEM

智能公交管理利器 —— 通卡公交智能调度系统

◆ **业内首创智能线路设**

流程化线路设置，虚

线路展示

◆ **行业领先的数据分析**

基于大数据分析，杜

车超速，改善线路拥

◆ **用户友好界面**

实时在线帮助文档，

用户操作问题

电子支付应用系统解决方案

- ◆ 城市一卡通及市民卡系统
- ◆ 公交IC卡及电子支付收费管理系统
- ◆ "方便充" IC卡网络充值平台
- ◆ 公交移动支付系统

智慧交通系统整体解决方案

- ◆ 公交智能调度系统
- ◆ 智能停车管理系统
- ◆ 公交企业管理ERP系统
- ◆ 车载视频监控系统

- ◆ 车载客流统计分析
- ◆ 出租车综合管理系
- ◆ 电子站牌系统
- ◆ 通卡出行APP

天津通卡智能网络科技股份有限公司　电话：022-23859008　022-23859588

网址：http://www.tcps.com.cn　传真：022-23859009

智慧停车 · 科技先行

精准定位车位
一手搜罗停车位置、收费标准、剩余车位、路线规划
云平台大数据分析、停车充电一体化
让你的生活更智能、更愉悦

扫描二维码
下载慧停车＋APP

关注"松立软件"公众号
出行停车更便捷

青岛松立软件信息技术股份有限公司
Qingdao Sonli Software Information Technology Co.,Ltd.

青岛市宁夏路288号软件园6号楼11层
0532-85789111
www.sonli.net/www.wit-parking.com
songliruanjian@sonli.net

招商加盟：400-8008-853

约泊·扫码停车

开放 共享 预约

产品概述：

约泊·扫码停车（YuePark）是基于云平台和车位自控的开放共享停车场管理系统，采用云计算技术平台实现智慧化停车场管理，结合智能车位锁实时精确车位管理，向用户提供扫码停车、开放式停车场、车位信息发布及共享、停车预约、车位导航、反向寻车、车位自控、线上支付的停车全流程一站式服务。

使用流程

| 1.预约泊位 | 2.扫码停车 | 3.解锁停车 | 4.驶离自动结算 |

产品特点

- 预约停车 ④ 扫码停车
- 车位导航 ⑤ 车位分享
- 解锁停车 ⑥ 线上支付

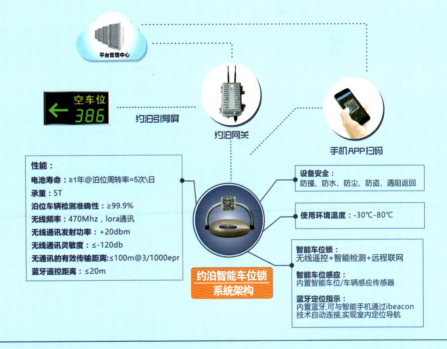

平台管理中心

空车位 386

约泊引导屏

约泊网关

手机APP扫码

性能：
电池寿命：≥1年@泊位周转率=5次\日
承重：5T
泊位车辆检测准确性：≥99.9%
无线频率：470Mhz，lora通讯
无线通讯发射功率：+20dbm
无线通讯灵敏度：≤-120db
无通讯的有效传输距离：≤100m@3/1000epr
蓝牙遥控距离：≤20m

约泊智能车位锁系统架构

设备安全：
防撞、防水、防尘、防盗、遇阻返回

使用环境温度： -30℃-80℃

智能车位锁：
无线遥控+智能检测+远程联网

智能车位感应：
内置智能车位/车辆感应传感器

蓝牙定位指示：
内置蓝牙，可与智能手机通过ibeacon技术自动连接，实现室内定位导航

圳市凯达尔科技实业有限公司
圳市周泊通科技有限公司

址:深圳市南山区西丽同沙路168号凯达尔集团中心大厦A座4楼
t:www.cncadre.com
售:cadre.sale@cadregroup.cn
话:0755-33286333
真:0755-33019181

明大交通
Wuxi Mingda Traffic Technology

咨询研究

1 综合交通规划及政策研究

包括综合交通规划、交通政策研究、交通发展策略制定、交通白皮书、交通发展年报。

2 交通系统专项规划与研究

包括公路网规划、城市道路网规划、公共交通规划、静态交通规划、慢行交通规划、交通管理与安全规划、交通组织规划、交通项目后评估。

3 交通组织与影响评价

包括区域交通组织与交通改善、交通影响评价、特殊事件及大型活动交通组织方案、工程施工期间交通组织、交通源内部及出入口交通组织。

4 交通设计

包括城市道路交通设计、公共汽车交通设计、枢纽交通设计、停车场（库）交通设计、交通安全设计、交通语言系统设计、信号配时设计、电子警察及监控交通设计、交通诱导系统设计、交通设施设置实施细则编制。

5 交通系统建模及仿真

包括城市交通模型构建与数据决策分析、区域交通动态仿真与评价、交通设计方案仿真评价与三维展示。

6 交通秩序管理业务咨询服务、交通秩序管控平台开发

市政设计

道路工程初步设计及施工图设计、道路景观工程设计

电话：0510-85186592
专真：0510-88201170
网址：www.mdttc.cn
也址：江苏省无锡市滨湖区锦溪路53号旭天科技园19栋201室

江苏省邮电规划设计院有限责任公司
JIANGSU POSTS & TELECOMMUNICATIONS PLANNING AND DESIGNING INSTITUTE CO.,LTD.

- **全周期**：公司可提供涵盖智慧交通咨询与规划、方案与设计、产品与实施的全周期高端服务；

- **全体系**：公司可具备包括外场感知、交通基础设施、交通大数据中心、交通业务应用及综合展现、标准规范等全体系的智慧交通交付能力。

- **服务对象**：政府交通运输管理部门、交通运营企业等

- **成功案例**：拥有众多智慧城市、智慧交通等优秀业绩，客户分布全国各地

  智慧城市：智慧南京、智慧前海、智慧昆明、智慧泉州、智慧盐田。
  智慧交通：中国交通通信信息中心、江苏省交通运输厅、四川省交通运输厅、湖北省交通运输厅、黑龙江省交通运输厅、海南省交通厅、江苏交通控股集团、安徽交通控股集团、江苏宁沪高速公路股份有限公司南京交通控股集团。

- **交通通信网络——智慧交通的信息高速公路**

  公司作为全国领先的运营商网络服务提供商，在移动卫星通信、北斗导航应用、交通通信专网、高速公路光纤网、北斗地基增强系统等多个领域具有专业优势和丰富经验。

- **重点领域**：高速公路、城市交通、邮政等大交通领域

- **发明专利及著作权**：拥有智慧交通相关发明专利和著作权近50项

- **交通大数据中心——智慧交通的基石**

  交通大数据中心为智慧交通提供大数据存储、计算和分析IT基础服务，是智慧交通重要建设内容之一，公司可提供整套成熟的交通大数据中心总包服务，拥有众多建设成功案例。

- **智慧交通应用——百花齐放的云应用**

  公司把握智慧交通建设趋势，结合实际建设需求，研发出智慧交通数据综合服务平台（E-DAIP：Data Analysis Integrated Platform -traffic），可提供交通海量数据采集交换、大数据分析处理、智慧管理与服务综合业务智能应用等智慧交通业务支持，为交通运输行业中对象提供按需的云服务。

广州华工信息软件有限公司成立于2001年，由华南理工大学计算机应用工程研究所改制而成，注册资本5000万元，拥有多家参控股企业。公司主要从事高速公路和城市交通领域的规划设计、软件开发、系统集成和技术顾问业务，为客户量身定制解决方案。

作为国家首批认定的软件企业，华软始终秉承"技术服务社会"的发展理念，将"技术创新"视为企业立身之本。公司与多家高等院校及科研机构建立产学研合作关系，现已拥有专利35项、软件著作权82项、高新技术产品19项，并通过ISO国际质量标准认证，获得国家信息系统集成及服务二级资质、国家涉密信息系统集成甲

中国交通电子
支付专业服务商

级资质和广东省安全技术防范系统一级等资质，是广东省高新技术企业、广州市企业研究开发机构、广州市行业领先企业，拥有广东省交通电子支付工程技术研究中心等研发机构。

十余年来，华软坚持交通电子支付主航道，在高速公路收费、高速公路业务运营支持、停车安全与收费服务扩展、城市公共交通支付等领域硕果累累，市场覆盖全国20个省份以及香港特别行政区，累计建设ETC车道2300多条，MTC车道4500多条，是国内领先的交通电子支付专业服务商。

华软秉承"行遵大道、纵横四海"的企业精神，倡导"诚信、创新、尊重、共赢"的企业文化，广纳人才，追求卓越，在创新发展的道路上积极进取，引领交通电子支付技术发展，打造智慧型信息产业集群，为智慧交通、智慧城市的建设贡献力量。

重点产品

- Linux ETC车道系统
- 空中充值系统
- 5.8GHz DSRC 自由流标识系统
- ETC自助服务终端
- MTC车道移动扫码支付
- 互联网ETC车道系统
- ETC运营支撑系统

传统收费

- ETC车道系统
- Linux ETC车道系统
- MTC车道收费系统（正常版本）
- MTC车道收费系统（跨平台版本）
- 无人值守入口自助发卡系统
- 5.8GHz DSRC 自由流标识系统
- 高清卡口系统

智能终端

- 4G在线收费移动终端
- ETC自助服务终端
- MTC车道移动扫码支付

新型系统

- 互联网ETC车道系统
- 基于移动支付的高速收费系统

辅助管理

- 数据校核系统
- 路段系统监控平台

客户发行

- 卡签一发系统
- 卡签二发系统
- ETC发行在线审核系统
- 密钥服务系统

清分结算

- 非现金清分结算系统
- 现金清分结算系统
- 小额支付平台
- 收费数据管理系统

运营分析

- ETC运营支撑系统

增值服务

- 空中充值系统
- ETC公众服务网站

广州华工信息软件有限公司
GUANGZHOU HUAGONG INFORMATION SOFTWARE CO.,LTD.
行 遵 大 道 · 纵 横 四 海

地址：广州市天河区元岗路310号智汇Park创意园区E栋6A
电话：(020)2203-3938　　　传真：(020)2203-3999
客服专线：400-628-2663　　网站：www.hgrica.com

微信公众号：广州华软

EVE 亿纬锂能

ENERGY VERY ENDURE

股票代码：300014.SZ

ER+SPC 电池组

- 长寿命锂亚电池+电池电容器
- 宽使用温度范围
- 漏电流小
- 寿命末期性能保证

- 兼锂亚电池和电容器的能量和功率特性
- 脉冲输出能力超过锂亚硫酰氯电池十倍
- 高安全可靠性 (UL1642、UN38.3、ATEX)

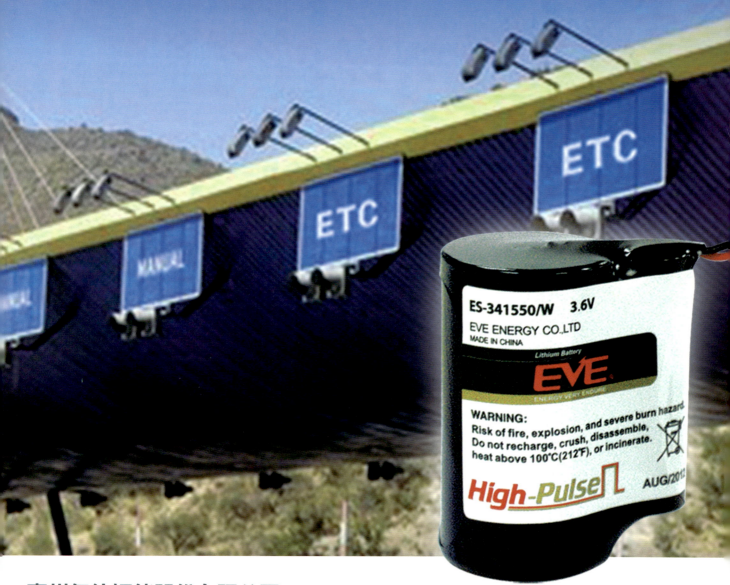

惠州亿纬锂能股份有限公司

地址：广东省惠州市仲恺高新区惠风七路36号
电话：0752-2606966　　传真：0752-2606033

邮箱：sales@evebattery.com
网址：www.evebattery.com

广州航天海特系统工程有限公司

公司简介

　　广州航天海特系统工程有限公司成立于1997年，注册资金人民币壹亿元。是中国航天科工集子公司，专业从事智能交通系统软硬件产品开发、解决方案及统集成的高新技术企业。广州航天海特信息系统工程有限公司是广州市高新技术企业和广东省软件企业，是广州市首批软件园入园企业，并首批获得广州市科局下属的广州市科技风险投资有限公司的风险资金注入，是广州市政府重点支持的IT企业。广州航天海特系统工程有限公司研发中心被政府认定为"广东省能交通信息处理工程技术研究中心"、"广州市智能交通工程技术研究开发中心"，被中国航天科工集团认定为"中国航天科工信息技术研究院智能交通研发心广州分中心"。

　　公司自成立以来，坚持走专业化发展的道路，一直专注于智能交通（ITS）领域的发展。为打造集成化、信息化、智能化的交通体系而长期耕耘，确立并成了公司的三个主营业务：

　　航天海特公司是国内智能交通行业知名企业，2000年6月被交通部交通信息产业协会评为国内六大交通信息产业支柱企业之一，并成为交通部公路学会交通信产业分会常任理事单位。公司业务遍及广东、江西、湖南、安徽、陕西、青海、甘肃、云南、贵州、河南、河北、黑龙江等全国16个省份。近几年来，在高速路、隧道、桥梁等机电系统集成领域每年合同额均保持位居同行业企业的前列，2006年至今累计完成主营业务合同额30余亿元人民币。

　　多年在智能交通领域的业务发展，培养了一支优秀的具有大型机电与信息化系统项目实施能力的工程技术队伍、一支掌握核心技术和行业应用的软硬件研队伍，形成了一套完备的管理、供应、服务体系，具备丰富的工程项目实施经验和产品研发能力。

　　公司坚持规范化管理，于2002年3月，就已通过ISO9001质量管理体系认证。海特天高致力于成为国内综合智能交通领域的行业领跑者，将密切关注客户需求的变，紧跟行业趋势和技术进步，通过持续地为客户提供满足业务需求的集成方案、高性能软硬件产品和专业服务，赢得客户的广泛信任，成为客户信赖的、首选智能交通行业E解决方案提供商。

主营业务

隧道联网统一监控平台

城市智慧交通整体解决方案

轨道交通机电系统整体解决方案

业务分布

　　航天海特公司是国内智能交通行业知名企业，业务及广东、江西、湖南、陕西、青海、甘肃、云南、河、黑龙江、新疆、内蒙古等全国30个省份。

质完善的售后服务体系

立区域售后服务中心，建立了完善的售后服务网络，确保售服务的高效运行；

职的市场人员和售后服务人员，确保与客户的沟通和维护工准确到位；

司承诺"缺陷期保修，终身跟踪维护，二十四小时响应"。

市场业绩

智能交通	青海	青海省交通运输管理信息平台及路网运行监测与服务支撑系统工程
智能交通	广西	南宁市城市建设投资发展有限责任公司南宁市民族大道维修整治工程-交通信号工程
智能交通	广西	南宁机场T2航站区道路视频监控系统工程
智能交通	江苏	无锡地铁公共自行车管理系统集成项目
轨道交通	吉林	长春地铁1号线一期工程自动售检票系统
高速公路收费站	黑龙江	黑龙江省高速公路电子不停车收费（ETC）系统建设工程施工A1段
高速公路收费站	新疆	新疆维吾尔自治区G30线星吐、乌奎段及阜康主线站联网非现金支付软件工程
高速公路机电	新疆	新疆维吾尔自治区国道219线阿克苏至乌什段公路改建工程、国道219线八盘水磨至岳普湖段公路改建工程、省道206线博湖至库尔勒段公路工程、省道326线玉龙喀什河大桥工程机电工程第GSDJD-1标段
高速公路机电	河南	王楼至兰考高速公路省界路警联合超限检查站项目第JD-01标段

地址：广州市天河区思成路15号501室　　　传真：020-85466300

电话：020-85466333　　　网址：http://www.casic-ht.com

南京苏河电子科技有限责任公司

智能收费 科技治超 路网监测

>>公司简介

　　南京苏河电子科技有限责任公司成立于2002年，前身为河海大学江苏河海电子科技公司，公司深耕交通行业二十余载，深得各个业主部门的肯定和信赖。公司拥有大量素质优良的技术开发、软件设计、生产调试、工程安装、系统维护人才，能够为用户提供先进的科学理念、技术、产品和长期可靠的技术服务。公司具有与时俱进的创新精神，公司依托南京高校、产业园等资源建立多个研发团队，积极跟进市场动态，为客户提供实时高效的解决方案和产品。在交通行业拥有多项相关专利和软件著作权。

苏河治超软件著作权登记证书

>>系统总览

- 智能化公路收费管理系统
- 车辆不停车超限检测管理系统
- 收费站联合治超卡口系统
- 公路网运行监测设施及服务系统
- 苏河治超软件
- 石英式计重系统
- 石英式不停车称重系统

石英式（计重收费动态二级）汽车衡生产许可证

石英式（高速动态称重5/10级）汽车衡生产许可证

SHZSU-30 称重系统控制器

SHKJ7701B 电荷放大器

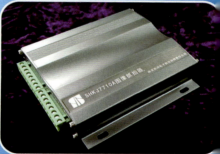

SHKJ7710A 抓拍控制器

邮政编码：210019

电话：025- 86802026，83719159

传真：025- 86802662

地址：江苏省南京市建邺区奥体大街 69 号新城科技园 03 幢 2 楼

重庆首讯科技股份有限公司
CHONGQING TOP INFORMATION CO.,LTD.

首讯科技
TOP INFORMATION

公司简介

重庆首讯科技股份有限公司（以下简称"首讯公司"），是重庆高速公路集团有限公司与重庆高速股权投资管理有限公司成立的国有控股公司，注册资本金3000万元，成立于2011年11月30日。

公司主要负责高速公路机电系统的建设、维护以及智能交通系统开发、计算机及机电产品软件、硬件开发、生产与代理、销售，信息系统集成、技术服务、技术转让与咨询等工作。目前，公司共有6个部门、5个机电维护中心、26个机电站，所辖高速公路维护里程达1705公里，员工总数240余人：其中拥有管理人员43人，博士3名，正高级职称3人、副高级职称6人、中级职称8人、初级职称21人，持职业技能等级鉴定108人，一线技工队伍职业资格持证率90%。

未来，公司将继续秉承高速集团"勇于担当、甘于奉献、快乐工作、健康生活"的核心价值观，凝聚"优质、高效、聚力、创新"的企业精神，立足机电维护，为公众出行提供保障服务和技术支撑。同时加强自主研发工作力度，提升公司核心竞争力，走"开拓市场、技术革新"竞争型企业的市场化道路。

公司产品

基于图像智能分析的高速公路运行管理支持系统

本系统是高速公路视频图像辅助管理系统，可以帮助高速公路管理人员快速准确的发现视频图像故障（抖动、黑屏、偏移）、隧道和关键路段交通异常事件（静止物体、拥堵、行人、隧道火灾、变道）。系统通过数字图像处理技术与模式识别技术相结合的软件实现方式，达到降低产品生产成本、易于安装维护，按需覆盖的目的，从而满足用户需求。

高速公路运行监测智能化平台

高速公路运行监测智能化平台采用云计算平台、物联网技术、数据仓库、互联网+标准、数据库双机热备等关键技术，对高速公路路段监控、隧道监控、视频监控、GIS系统、大数据、数据发布、微博互动、微信路况和应急指挥等综合多样的业务系统进行梳理，对信息资源进行整合，实现信息的共享，用信息化的手段来提升内部管理效率和公众出行服务质量，为领导层提决策支持，实现资源的有效利用。

ETC车道监控报警分析平台

ETC车道监控报警分析平台是一种对高速公路ETC车道实时运行状况进行监测的系统，它能通过对历史故障数据的综合分析，找出故障易发点再进行故障排除分析，并立即对出现故障的ETC车道实时报警，以提醒工作人员及时维修，提高了ETC车道外场设备维修的及时性，保证ETC车道运行畅通。

时钟同步系统

时钟同步系统可以将高速公路中各生产系统的时钟进行统一，通过在网络中构建多级时钟源，采用主动推送及被动请求相结合的方式实现路网中的工作站和服务器的时钟同步。在完成时钟同步功能的同时，可以采集各终端的系统信息及在线状态，方便管理人员进行系统监测。

解决方案

产品研发
业务范围包括面向交通行业的软件定制开发（联网收费、联网监控、智能交通、企业信息化等）；专用设备定制研发（应急指挥平台、车道收费一体化设备、事件检测设备等）。

信息系统集成
提供面向交通行业的信息系统设计咨询、系统集成实施和智能交通整体解决方案，如高速公路不停车收费系统、精确收费系统、物联网应用等。

机电工程
提供高速公路通信、收费、监控等系统的专项机电工程和城市智能交通工程的系统设计、设备安装、系统搭建、维护维修、运营保障。

信息技术运维服务
业务范围包括硬件设备运维服务、软件系统运维服务、专项运维服务（数据中心升级改造、机房运维、灾备体系搭建等）、应用软件运维服务。

地址：重庆市南岸区四公里内环上道口江南加油站旁　　传真：86-23-89021324

电话：86-23-89021335　　网址：http://www.cqsxkj.cn/

SMART
TRAVEL
构建智慧出行生态链
大交通领域 先进诱导信息解决方案

高速公路
Highway transportation

综合信息智能发布系统
可变信息标志系统
收费车道显示设备
桥梁健康监测系统
直流远程供电系统

城市交通
Urban transportation

智能交通诱导系统
停车诱导显示系统
出行信息服务系统

轨道交通
Railway transit

运营指控显示系统
地铁旅客向导系统
地铁WIFI互联网+
TD车地通信系统

LED照明
LED lighting

智能路灯系统
自然拟光照明
新建道路工商业照明
传统照明产品节能改
PPP/EMC投融资服

联系方式
地　址：南京市栖霞区仙林大学城元化路八号创新学院五楼
电　话：025-87787318 87787328 87787338 87787348
传　真：025-52897985
股票代码 STOCK CODE：835485 ｜ 网址 HTTP：www.genture.com

CONTACT INFORMATION
Add：5th Floor,Innovation Building,No.8 Yuanhua
　　　Rd.Qixia District,Nanjing,China
Tel：025-87787318 87787328 87787338 87787
Fax：025-52897985

具备丰富实战经验的**智能交通技术创新国家队** 拥有超前市场眼光的**智能交通产业发展助推器**

国家智能交通系统工程技术研究中心
NATIONAL CENTER OF ITS ENGINEERING AND TECHNOLOGY

路网管理

公交都市

信息安全

电子支付

车路协同

绿色交通

www.itsc.cn
北京市海淀区西土城路 8 号，100088
电话：010-62079526/27/28   传真：010-62045674
官方微博：国家 ITS 中心

服务智慧交通

打造国家级车联网产业链

重庆中交通信信息技术有限公司由中国交通通信信息中心、重庆南岸区人民政府以及重庆市交委三方出资成立。公司是中国交通通信信息中心西部基地（全业务输出），肩负拓展西部事业，打造国家级车联网全产业链，服务智慧交通及国家"一带一路"和"长江经济带"战略的重要使命。

公司主要围绕车联网、船联网、北斗导航、卫星通信、光纤网通信、交通一卡通等六大方面进行软硬件产品设计研发、系统集成技术服务、卫星应急通信服务、产品检测技术服务及标准化研究与制定。

全国重点营运车辆
联网联控平台

全国交通一卡通
西南城市群清分结算中心

全国首家MCN卫星移动
通信营业厅（体验厅）

交通运输通信信息工程
质量检测中心-西部中心

中国交通
通信信息中心
西部基地

车联网
大数据

卫星通信

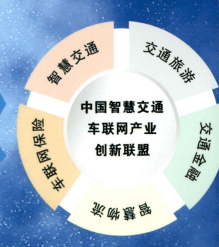

中国智慧交通
车联网产业
创新联盟

智慧交通　交通旅游　交通金融　智慧物流　车联网保险

全国重点营运车辆
联网联控平台

旅游车辆数据分析平台

出租车线上支付系统

检测设备

卫星通信设

重庆中交通信信息技术有限公司
重庆市南岸区茶园通江大道205号车联网科技产业园5号楼
联系电话：023-89693329
网址：www.ccttic.cn

生迪智慧隧道（道路）照明系统

浙江生辉通过与北京工业大学、贵州高速公路开发总公司等单位共同参与的光环境课题，基于驾驶员视认的人因工程理论研究成果及我国隧道管理需求，历经3年开发合作，发挥各自研究及产品技术优势，期间不断攻克技术及产品难题，研发出全新一代LED隧道灯，搭建并优化生迪智慧隧道（道路）照明系统管理平台。于2013年取得了由国家出版局颁发的生迪隧道（道路）照明系统著作权。

项目合作单位：北京工业大学
　　　　　　　贵州高速公路集团有限公司

生迪隧道（道路）照明系统
计算机软件著作权登记证书

系统的功能及意义

系统功能：

　　该系统采用业界先进智能载波技术，实现隧道灯、路灯智能控制诸多创新，真正实现远程设备监控及检测。设备具有高可靠性，其无故障工作时间大于1万小时。运行时间数据不丢失，有备份功能；可热插拔任何设备而不影响设备正常工作；负载故障自动断电不会影响其它负载正常工作，并通过GPRS发送故障报警；在预设工作时间里，可周期性的自动执行开关灯动作；具有负载故障报警功能、完成预设工作时间时能自动按设定的程序工作并具有报警功能。

系统意义：

　　采用数字载波中控系统，路面环境检测系统，对灯具进行亮度控制的手段，进一步提高节能效果。通过二次节能的规划再提高百分之十五至二十的节能效果和实现灯具超亮度控制以延长光源使用年限。将影响隧道照明的外部因素都引入控测系统，使节能效果达到最大化。使通过LED照明改造的综合节能达65%以上。

　　其灯具控制系统在改造实际中无需为控制系统增加额外的布线与施工。给改造项目的实施提供便利。具有推广价值。

智能变色温隧道灯

变色温灯珠图

LED+ 道路照明

项目与技术要求：

额定光通量：10800 lm

额定功率：120w

初始光通量：实测值不低于额定光通量的90%

初始灯具光效：实测值≥100 lm/W

额定相关色温：3000±175K ~6500±500K，色温可调

显色指数：显色指数≥70

道路均匀度：路面亮度总均匀度U0≥0.4;
　　　　　　车道路面纵向均匀度UL≥0.6;

防眩光：失能眩光：TI≤15%

配光：蝙蝠翼配光曲线，角度横向90°±5%，
　　　纵向140°±5%

光源：每组芯片配有高低色温，可自动调节色温

浙江生辉照明有限公司

地址：浙江嘉兴市秀洲工业区升辉路39号
电话：0573-83963000转8112（道路照明事业部）
网站：WWW.SENGLED.COM

润万智慧高速

一体化 解决方案

- ✖ 深度结合GIS实现资产管理、机电养护、路况监控、事件处置等一体化管控；

- ✖ 应用实时更新的多维度大数据对重点车辆，缴费车辆等进行管控、稽查和统计分析；

- ✖ 对海量数据进行特征提取、比对验证、深度挖掘实现：路况预测、事故预警、应急
  指挥、智能防逃费等多场景的辅助决策。

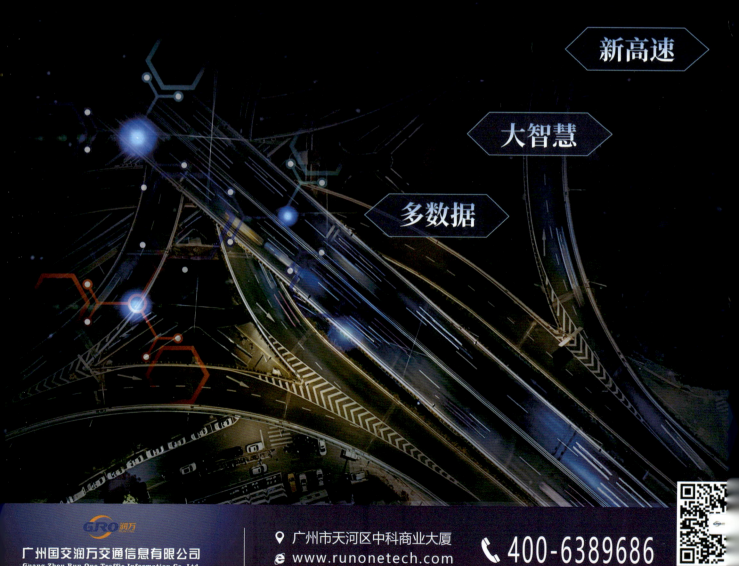

新高速

大智慧

多数据

广州国交润万交通信息有限公司
Guang Zhou Run One Traffic Information Co.,Ltd

📍 广州市天河区中科商业大厦
🌐 www.runonetech.com

📞 400-6389686

贵州中南交通科技有限公司
GuiZhou Zhongnan Transport Technology .Co.Ltd.

智慧型收费亭

　　我司研发的智慧型收费亭是一种新型的用于高速公路的收费亭，外部主框架采用钢板加工拼装而成，采用骨架模组墙体，具有强大抗冲击能力；内部集成多种设备并能实现对这些设备的智能控制，解决收费车道的嘈声、尾气、粉尘，能够让收费员在安全舒适的环境面，方便实现车辆的管理和收费，使得高速公路大大降低了人工成本，提高了工作效率。

智慧收费亭外观图　　智慧收费亭亭内一体化收费平台图

　　该亭主要组成部分为亭体、一体化收费平台、挂墙式自动发卡机（入口）、费额显示器（出口），亭体结构设计合理，确保了收费亭安全性；一体化收费平台由桌面、主机、示屏、专用键盘及高速打印机组成，可以实现一体化收费并能实现对外围设备的监控，道收费数据通过以太网上传至收费站或中心服务器以便统计、分析、处理，实时地将车的车型、收费金额、车道号等信息叠加在车道视频图像中上传至中心监视器；挂墙式自发卡机安装在智慧亭侧壁，应用在高速公路入口，提供无人值守发卡服务的自动化IC卡理的设备；费额显示器（出口）安装在智慧亭侧壁，应用在高速公路出口，提供车辆缴信息；全亭材料选购均为绿色环保材料，门窗玻璃选用钢化玻璃。亭内环境调节系统使收费亭适用于各种气候环境。亭内地板采用抗静地板，整洁、明亮、无焊亭铆接痕迹。亭顶精巧的放置设计，增加了亭内的空间，使得智慧亭无管线暴露，更加美观。收费亭主体外观点：美观稳固、抗冲击、抗腐蚀、不变色、不变形；防雨、隔音效果良好，外观颜色可以满足客户不同的要求。

智能变色温隧道灯

　　为了满足驾驶员在隧道影响区域内驾驶视认的光源特性及其差异需求，通过对不同天气天空色温变化规律研究，贵州中南交通科技限公司研发了一种新型变色温隧道LED灯具。这种灯具打破了传统隧道照明灯具色温单一化的弊端，弥补了当前隧道照明市场的空白，现了随天空色温变化而变化的隧道照明光源。经研究变色温灯具采用3000K和6500K两种色温芯片（如图1-1所示），通过不同的回路控改变两组芯片输入电流，使两种色温芯片具有不同的发光强度，通过调节芯片的亮度实现色温的变化。通过实验室多次测试实验及大量数据采集分析，目前已实现了3000K到6500K之间任意色温的变化。

　　变色温LED隧道灯具可以根据晴天和阴天光谱变化规律设置隧道入口段照明源情况，实现不同天气条件下隧道入口段可以实现不同光源特性照明环境。别是在道路行驶风险较大的雾天，能见度较低，若隧道入口光源为高色温的白光源，不利于驾驶员视认隧道内道路、交通和环境条件，如果在雾天采取色温黄色光源可提高行车的安全性；当隧道入口洞外色温较低，洞外亮度处较高水平时，在一定范围内减小隧道入口段与隧道入口洞外色温及显色指数异有利于驾驶视认，缓解驾驶员驶入隧道时因色温变化对视觉产生影响带来

变色温隧道灯外观图　　　　变色温隧道灯场景图

行车风险。通过对色温的调节达到相同亮度情况下提高驾驶员视认效率，增加驾驶的安全、稳定和舒适性，在相同的视认效率情况下低安全环境亮度，可有效解决盲目调光浪费资源的问题，从而达到合理有效节能和资源利用的目的。

　　因此，隧道中间段照明中采用合理的光源特性照明灯具和在隧道出入口变色温灯具，无论从安全行车角度，还是经济角度都具有重意义。

　　1、该项技术的发明填补了国际、国内的空白，目前已经申请了国家专利，并已授理。现正申请国家发明专利及国际发明专利。

　　2、灯体结构经过科学、合理的设计，精心设计加置反光罩：克服无眩光反应，改善驾驶员的视觉舒适度，不受光线刺眼；表面无丝钉外露，防止隧道内过大的震动造成螺钉脱落而影响行驶车辆的事故发生。

　　3、开发智能系统，采用智能技术，通过自动感光达到自动调节色温，使之与大自然色温变化同步。改善驾驶员的视辰视觉，减少通事故的发生率。

　　4、科学配置光学透镜，使光束角达到纵横匹配。

　　5、灯具采用美国原装ＣＲＥＥ高亮芯片，特殊双色合成。

　　6、灯体设计时，充分考虑散热、导热效果，确保使用寿命为50000小时，铝材选用均作特别要求。为显示灯具的先进与创新，两侧盖独立开模，一次压铸成形。

　　7、灯具设计时充分考虑密封性和维护保养，成灯制作过程中选用橡胶密封条，杜绝脱水密封，增强抗老化功能；出光面选用高透玻璃，日常维护时，去尘去油污方便。

址：贵州省贵阳市国家高新区湖滨路翔明大厦5楼　邮编：550008　电话：0851-85992662　传真：0851-85992830　网址：www.gzznjk.com

动态称重领导者

整车式

轴组式

弯板

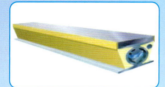

石英

窄条

车载

省 份（个）	数 量（套）	河南	40
内蒙古	585	贵州	35
四川	429	新疆	32
广东	318	青海	26
广西	263	山西	22
安徽	262	湖北	20
甘肃	166	湖南	16
云南	161	江苏	11
江西	132	福建	7
重庆	90	山东	3
河北	78	陕西	3
吉林	47	浙江	2

附：本统计数据截止到2017年02月份（总计：2748套）

重庆大唐科技股份有限公司
CHONGQING DATA TECHNOLOGY CO., LTD.

地址：重庆市北碚区蔡家岗镇凤栖路2号（重庆两江新区机电仪工业园）
Add：No.2 Fengqi Road, Tongxing Industrial District,400700,Beibei,Chongqing, China

电话（Tel）：400-023-1996　　网址（http）：www.udata.cn
传真（Fax）：023-6328 0888　　邮箱（Email）：Service@udata.cn

官方网站

微信公众号

重庆交通大学交通运输学院及交通信息工程及控制学院

重庆交通大学交通运输学院创办于1982年，现有专任教师60人，其中教授17人、副教授24人，本科生近2000人，研究生300余人。学院拥有"交通运输工程"一级学科博士、硕士、工程硕士授予权及博士后科研流动站，设有"交通运输、交通工程、交通设备与控制工程、汽车服务工程、交通管理"5个本科专业，建有"交通运输工程"、"山地城市交通系统与安全"重庆市重点实验室，与企业共同成立了重庆交大道路运输研究院有限公司、与重庆市公安交管局建立了道路交通信息共享与需求服务暨科技创新战略合作关系。近5年来，承担国家和省部级项目40余项，科研经费达1000余万元，发表论文600余篇，被收录200余篇，出版专著与教材20余部。

"交通设备与控制工程"本科专业，依托"交通信息工程及控制"二级学科，旨在培养适应智慧交通发展宽口径工程背景的交通信息、控制和设备方面高级技术人才，已形成近20余人的教授、副教授、实验室专职人员的教学科研队伍。学科连续4年举办交通科技大赛，作品在全国交通科技大赛中获得一等奖1项、二等奖1项、三等奖5项。学科依托学院与重庆市公安交管局共建的"重庆市交通信息综合分析处理平台"，在山地城市交通控制基础理论、数据挖掘、信息服务、新技术应用等方面开展了大量研究，成果显著。近5年，承担国家、省部级项目近10项，连续3年获得国家自然科学基金项目资助，申请专利10余项，多次获得省部级以上奖励。主持了国家863项目"区域交通协同联动控制集成系统评价分析"、国家自然科学基金项目"基于元胞自动机的信号控制环形交叉口交通流模型与优化控制方法研究"、省部级重点项目"山地城市复杂交叉口干道绿波联动动态控制关键技术研究及示范"等科研项目。学科重视校企互动合作，与重庆市通信产业服务有限公司共同建立了产学研合作基地、智能交通系统工程研发与应用中心。

与企业智能交通产学研合作

驾驶行为模拟系统

交叉口控制模拟系统

全国大学生交通科技大赛

与交管局签约

城市交通信号控制实验室

地址：重庆市南岸区学府大道66号　邮政编码：400074

电子信箱：jtys@cqjtu.edu.cn　　电话：023-62652674　　传真：023-62651921

中国（常熟）智能车综合技术研发与测试中心
五方智能车科技有限公司

　　汽车产业是常熟重点发展的"三大千亿级"产业之一，常熟着力打造成中国最年轻的综合性现代化汽车城。2015年8月18日，常熟市人民政府联合西安交通大学、中科院自动化研究所、长安大学、青岛智能产业技术研究院，共同成立了"中国（常熟）智能车综合技术研发与测试中心"，五方智能车科技有限公司为运营主体。中心以需求引导、体系开放为原则，以建设国内一流的智能车公共技术研发与测试平台为目标，并逐步成为具备"独立、公正、专业"特征的第三方智能车辆测评机构。

◆ 智能车辆特色测试场地

　　中心以产业为导向，打造具有中国特色、环境优美、设施完善、服务众多的多模式智能车辆测试基地，规划面积占3平方公里。包括封闭试验区、半封闭试验区和智能城市示范区，建设典型的多类别测试场景，涵盖中国二、三线城市道路中的各种交通情况，包括安全类、效率类、服务类、通信类以及人车混行等5类共52个测试场景。

◆ 智能车辆共性技术研发

　　中心积极打造科技研发平台，与众多自动驾驶研究的高校院所和企业建立"产学研"合作机制，在多传感、基于计算机视觉的场景识别、智能决策、协同控制、模拟仿真、信息融合、大数据、云计算和信息安全等技术方面研发突破。

◆ 企业培育孵化与科技成果转移转化

　　中心提供优惠政策和配套设施，积极吸纳智能车领域的高层次人才，重点孵化、培育、引进以低碳化、智能化、网联化、共享化为特征的高新技术企业，形成关键零部件研发、孵化和培育的科技资源集聚高地。通过产业基金和政府支持，帮助研发项目落地，促进科技成果转移转化，实现产品化。

扫一扫，关注我们

地址：江苏省常熟高新技术产业开发区云深路188号

电话：+86-512-8156 8013

邮箱：ivpc_cs@163.com

清华大学汽车安全与节能国家重点实验室

发展概况

2016年实验室固定人员88人，其中：正高33人、副高41人、中级11人。包括院士2人，国家千人计划2人，国家万人计划1人，国家青年千人计划2人，长江学者特聘教授3人，长江学者特聘讲席教授1人，国家杰出青年基金获得者3人，优秀青年科学基金获得者2人，科技部中青年科技创新领军人才3人，教育部新世纪优秀人才5人。

2016年实验室全力营造出重视人才、吸引人才、服务人才、激活人才的有机环境，加大对人才队伍建设的投入，促进教师队伍的优化组合、有序流动。协同做好人才目标锁定、高端人才引进与青年教师培养三方面工作：以优势学科为平台、创新新兴学科为抓手，吸引一批国际一流学者，打造有国际竞争力的研究团队；加大对实验室优秀青年学者的培养力度，规划青年骨干人才成长路径，实现定点目标发展；完善国际人才库建设，通过多途径网罗人才，与之形成有机、有序联络，提高人才引进主动性、针对性和成功率。形成学术领军人才、学科带头人、学术骨干、青年后备人才层次分明、结构合理、衔接紧密的人才梯队和支持体系，实现人才队伍的持续发展。

从依托单位"双一流"建设经费和国家重点实验室专项经费中，设立人才引进、人才培养专项科研经费，为高层次人才的引进和培养，青年骨干人才的资助和派出等提供经费保障。如设立青年人才启动基金，为新引进的青年人才提供高起点。2016年6位教师职称晋升，其中3位教师首次获得教研系列长聘资格。共引进3位研究系列（左恒峰、许庆、钱煜平）和2位教研系列教师（Remy Mevel、聂冰冰），含与燃烧能源中心共同引进的青年千人Remy Mevel副教授。

2016年实验室人才培养取得丰收，国内外影响力不断提升，赵福全当选国际汽车工程师学会联合会（FISITA）轮值主席（2018-2020）；欧阳明高、李克强牵头组织制定我国"十三五"新能源汽车及智能网联汽车的技术发展路线图，欧阳明高任新能源汽车国家智库"电动汽车百人会"执行副理事长，李克强任智能网联汽车联盟技术委员会主任，张扬军任JW科技委陆战领域基础加强计划项目论证组专家。杨殿阁入选国家"万人计划"领军人才，王建强获"国家杰出青年科学基金"、支阀波获"国家优秀青年科学基金"和"青年长江学者"，李建秋、王志入选科技部"创新人才推进计划"；钟志华、欧阳明高、李克强、赵福全4人当选首届中国汽车工程学会会士，占比1/4；郑新前获"中国青年科技奖"，刘亚辉获"中国汽车工业优秀青年科技人才奖"，郝瀚、戴一凡入选中国汽车工程学会首届"青年人才托举工程"。

科研项目及成果

2016年共承担科研项目320项，到款科研总经费13271万元，其中国家重点研发计划、973计划、863计划、科技支撑计划、自然科学基金等国家级项目，和2011协同创新中心等省部级项目总到款5578万元（42%），军工专项到款1726万元（15%），国际合作项目到款1595万元（12%），横向项目到款4372万元（32%）。另有苏州汽车研究院财政拨款1.2亿元，实到科研经费总计25271万元。

2016年"中美清洁汽车技术国际联合研究中心"被认定为科技部"国家国际科技合作基地"，欧阳明高教授为基地负责人。

2016年，发表SCI论文220篇（以第一完成单位140篇，同比增长18.6%），其中ESI高引论文7篇；EI论文303篇；授权发明专利91项（同比增长65%）。张剑波获"美国化学学会编辑选择奖"、欧阳明高获得清华大学"纪念梅贻琦学术论文奖"，裴普成获"《Applied Energy》高引综述论文奖"，李哲获"中国百篇最具影响的国内学术论文奖"，危银涛获"国际轮胎科学与技术特别提名奖"，本科生郭锐、博士生王克亮分别在《Nature》下属期刊《Scientific Reports》上发表论文，多名学生获得各类国际会议、研讨会的最佳论文奖。

2016年，获国家奖1项，省部级一等奖4项，省部级二等奖1项。2013-2016年，共获国家奖5项，省部级一等奖8项、二等奖4项、三等奖4项。"车用锂离子动力电池性能优化控制与系统集成设计及应用"获2016年中国汽车工业技术发明一等奖（第一完成人和第一完成单位）。围绕车用锂离子动力电池优化管理与系统集成的关键技术及应用进行科技攻关，在上述瓶颈技术方面取得了大量创新成果。"汽车同轴并联混合动力机电耦合系统关键技术及其产业化应用"获2016年北京市科学技术一等奖（第一完成人和第一完成单位）。针对系统构型创新、高效控制等难题攻关，成功研制出基于自动机械变速箱（AMT）的同轴并联机电耦合系统。

科研设施及科研能力建设

2016年实验室购置仪器设备722台，总经费2769万元，其中30万元以上设备共10台，总计1341万元，包括燃料电池阻抗测试系统、发动机状态测试系统、发动机台架、全工况测试系统、高性能服务器、质谱仪、车轮滑移模拟系统、流动燃烧激光测试系统、动力电池量热仪、多通道电池测试系统。其中大部分仪器设备都能够开放共享。

主要研究方向

实验室的主要研究方向为：汽车主动安全性、汽车被动安全性、先进发动机与排放控制、电动汽车与新型动力、汽车电子控制。

汽车主动安全性包括汽车动力学与控制、汽车振动与噪声控制、驾驶行为识别与安全辅助系统、交通安全与事故再现。

汽车被动安全性包括汽车碰撞力学、汽车安全性设计、乘员保护及人体损伤机理、汽车新型材料与轻量化。

先进发动机与排放控制包括发动机燃料与燃烧、发动机排放控制、发动机热流体学、动力总成与性能优化。

电动汽车与新型动力包括车用动力电池系统、纯电驱动系统、混合动力系统、燃料电池动力系统。

汽车电子控制包括发动机电子控制、底盘电子控制、智能汽车、智能交通。

国内外交流

2016年，继续打造重点实验室学术沙龙交流平台，累计已举办185次，本年度共18次，2000余人次参与，主讲嘉宾中有中国汽车工业协会常务副会长、汽车仿真与控制国家重点实验室主任、日本摩擦学会会长、清华大学软件学院院长等，已形成品牌效应；《汽车安全与节能学报》已成为中文核心期刊，本年度出版4期，刊发学术文章55篇，业内影响力不断扩大。新创汽车智能网联领域国际期刊《Journal of Intelligent and Connected Vehicles》。

2016年国际知名学者来访交流100余人次，接待了国务院办公厅、恒基集团、荷兰基础设施与环境大臣等来访；主办国际"智能汽车与智能交通论坛"、与韩国光州市举办首届"清华大学—光州汽车论坛"，来自中韩两国政府、大学和业界400余人出席，签订了未来战略合作意向书。与美国阿岗国家实验室、美国印第安纳大学、中国兵器集团、中国一汽集团、嘉兴市政府和北京海纳川汽车公司分别洽谈并签署了战略合作协议。通过学术交流、参观来访和合作洽谈，进一步扩大我室在国内外汽车行业的影响力。

发展规划

1) 争创优秀级的车辆领域国家重点实验室，联合国内优势学术团队，引领国家汽车技术发展；

2) 进一步加强跨学科研究和实验室共建，发挥苏州汽车研究院的支撑作用；

3) 进一步加强重点实验室自主课题管理，向年轻人和基础性、创新性前沿课题倾斜，以培养人才为目标。

成立"清华大学（汽车系）日产智能出行联合研究中心"

国务院办公厅领导来访交流

荷兰基础设施与环境大臣来访

与美国阿岗国家实验室签订合作备忘录

赵福全教授当选国际汽车工程师学会联合会候任主席（2018-2020）

中美部长见证CVC第二期合作计划书签署

地址：北京市海淀区清华大学汽车研究所304

电话：010-62773036

传真：010-62785708

北京北方朗拓科技有限责任公司

公司以发展北斗导航产业为核心使命，发挥央企的经济责任与社会责任，服务社会，报效国家；"团队、创新、责任、诚信、拼搏"为核心企业文化；公司核心产品：北斗终端、基于RFID技术的物联网产品、读卡器、数据处理及应用软件、运营平台；努力成为中国位置与身份服务的领导品牌。

北方朗拓一贯重视自主技术创新，核心研发团队一直从卫星导航、车辆运营管理、物联网等相关技术的研发，经过多年长期的发展和积累，在军民相关行业取得了丰富的工程经验，目前已经取得多项专利、软件著作权。公司大力发展产学研相结合的技术研发与应用模式，与南开大学、北京理工大学在北斗导航、数据挖掘处理等建立了长期良好的合作关系。

示范城市：哈密、承德、大庆

解决方案

1. 基于北斗与车辆电子标识融合的车辆交通物联网服务平台

2. 高精度北斗公务车管理系统

3. 警务车辆管理解决方案

4. 金融车辆解决方案

5. 车辆智能稽查管理解决方案

6. 机动车环保监测系统

7. 公务车辆管理解决方案

8. 危险化学品运输监控管理解决方案

9. 智能公共交通解决方案

10. 校车管理解决方案

11. 田野文物管理解决方案

硬件产品

- 高精度北斗车载终端
- 北斗高精度测量型终端
- 北斗天线
- RFID标签等

北京北方朗拓科技有限责任公司
Beijing North Long Top Technology co.,Ltd

地　址：北京市丰台区星火路7号
联系人：杨占伟　18911713886
电　话：010-83681917
传　真：010-83681960
邮　箱：bflthr@163.com

合众汽车介绍

浙江合众新能源汽车有限公司，是一家高品质智能互联源汽车企业，于2014年10月在浙江省桐乡市成立，注册资金亿元人民币。由清华大学节能与新能源汽车中心副主任方运士为首的创业团队（上海哲奥投资管理公司）、北京亿华通股份有限公司、浙江清华长三角研究院、以及众合基金共同创建。

合众汽车项目分两期建设，其中一期总投资11.6亿元，占地400余亩，完成3款整车的开发，规划年产能5万辆，建设整车四大工艺、研发中心、实验中心和综合办公大楼等设施。工厂建设以智能化、柔性化、模块化、定制化及信息化为核心理念，以打造品质、安全、环保、节能为使命，贯彻精益求精的生产方式，励志打造一个模式创新、工艺领先、产品力强、经济社会效益双好的新能源汽车"智能制造"示范基地。

公司以"创新、激励、共赢、责任"为经营理念，致力于高品质智能新能源汽车的研发与生产，是集创新设计与研发、生产制造与销售和一体的高新技术企业，其主要产品为智能"移动终端"——电动汽车，愿景是打造中国智能新能源汽车理念创新者与技术先行者的民族品牌。

公司拥有独立的研发机构——浙江清华长三角研究院新能源汽车研发中心，该中心由浙江清华长三角研究院、清华大学与合众汽车共同组建，专注于新能源汽车领域，瞄准汽车电动化、智能化、互联网化的核心技术和前瞻技术，开展研发、试制和试验验证，致力于成为新能源汽车行业技术领先、创新能力强、服务品质高的整体方案提供商，成为我国智能新能源汽车领域独具特色的技术创新和服务平台。

作为一家整车制造企业，合众汽车拥有强悍的研发能力，首先，研发力量雄厚，人才济济，其创始人方运舟先生为国家新能源汽车专家，国家青年千人计划评审专家，国家新能源汽车标准委员会委员，安徽省新能源汽车首席专家，安徽省战略性新兴产业技术领军人才，曾参与国家新能源汽车之规划、政策、法规等方面顶层设计与国家项目策划，并组织承担了16项国家863计划等国家级项目研究。

公司团队主要成员有汽车整车制造及零部件行业10年以上从业经验，对战略管理、市场营销、研发制造、生产管理等有长期经验阅历，创业精神，有对新能源汽车及新能源汽车关键零部件事业的执着追求，保证企业持续、快速、稳定发展。

合而不同 众而不凡
智能网联新能源汽车先行者

 合众汽车对外联系电话：0573-89801917

公司简介 PROFILE

　　浙江东车智能科技有限公司是一家国内外知名电子高科技企业,落户于杭州,公司团队经过10多年的艰辛研发,成功开发出全球领先的汽车智能安全防碰撞系统及ADAS系列辅助产品,真正形成360度全方位汽车安全防护。在此基础上向汽车自动驾驶和无人驾驶方向发展。

　　公司拥有实力雄厚的技术队伍、强大的市场开拓能力,先进的管理方式、标准的电子产品的生产线,具备汽车电子产品的生产资质和条件(质量、行业),形成了特有的公司文化、目标和作风。

　　在当今转型升级、创新创业的新常态下,公司通过军民融合之路,抢占国内当代高新技术产业化高地,为打造中国汽车智能防撞和自动驾驶新产业、成就行业领军企业的远大目标,而不断向成功迈进!

@浙江东车智能科技有限公司

汽车智能安全防碰撞系统

让全世界的人都安全起来!

产品系列 PRODUCT

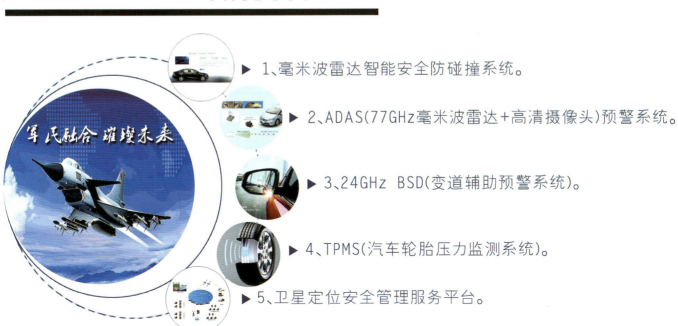

军民融合 璀璨未来

▶ 1、毫米波雷达智能安全防碰撞系统。

▶ 2、ADAS(77GHz毫米波雷达+高清摄像头)预警系统。

▶ 3、24GHz BSD(变道辅助预警系统)。

▶ 4、TPMS(汽车轮胎压力监测系统)。

▶ 5、卫星定位安全管理服务平台。

网址:http://www.dongchezhineng.com　　　　客服热线:400-6775-557

江阴市汽车改装厂
JIANGYIN AUTOMOBILE REFIT FACTORY

地　　址：江苏省江阴市青阳镇锡澄路1519号
邮　　编：214401
厂　　长：秦安君　手机：13906169609
宋建军：13961605199（华北区）
汤金伟：13921232086（华南区）
蒋伟峰：13656167501（华东区）
周玉明：13771199702（西北区）
销售部：0510-86503011 0510-86503010
http://www.chinashentan.com
E-mail：jyg@sttzc.net
技术服务 陈泉 13485022250
服务专线：400-860-1218

请扫二维码

公安部警用车及装备集中采购
目录企业

公安部警用装备采购中心
改装车采购服务优秀企业

3C国家认证 　 GB/T28001-2011/OHSAS 18001:2007 符合职业健康安全体系 　 GB/T19001-2008/ISO9001:2008 符合质量管理体系 　 GB/T24001-2004/ISO14001:2004 符合环境管理体系

　　江阴市汽车改装厂是国内较早提出"警务专用车"改装理念的企业，自1996年开始专业生产改装特种警务用车以来，扎根于公安市场，依托公安部物证鉴定中心、三所、交通管理科学研究所技术团队优势，通过转化基层单位实战应用需求，持之以恒于新型警务专用车研发。工厂现有产品涵盖公安系统治安、边防、刑侦、警卫、网监、行动技术、监管、交管、禁毒、信通、反恐等部门，共计10大类产品已列入国家发展与改革委员会产品公告目录并通过中国国家CQC强制性认证，企业通过ISO9001-2008质量体系认证。神探牌系列产品已获国家强制认证（CCC）并通过公安部科技部门成果鉴定。由我厂与公安部物证鉴定中心共同起草的GA/T799-2008《现场勘查车技术条件》标准已于2008年10月1日实施。2016年获得武器装备科研生产三级保密资质。

　　工厂目前拥有一批长年从事机械、计算机、电子、通讯等领域的中高级专业技术人才，具有丰富的警务专用车设计、改装经验，其中厂长秦安君为公安部警标委、刑标委委员。工厂主要警用车产品有道路安全宣传车、反恐处突车、防暴运警车、智能卡口车、卫星通信指挥车、通讯指挥车、警用巡逻车、刑事现场勘察车、交通事故勘察车、多功能流动警务车、现场照明车、流动邮件邮包检查车、运警车、装备运输车、电子物证车、技术侦查车、囚车、法医工作车等。

　　工厂设计改装的警务专用车以贴近用户需求，实战性强而广受用户好评，产品已在国内各省、市、自治区广泛投入使用，并以其优越的价格性能比，优质专业的售后服务深受全国用户青睐，产品多次被选定出口至老挝、朝鲜、缅甸、吉尔吉斯斯坦、塔吉克斯坦以及非洲部分国家。

　　作为特种警务用车专业改装厂，江阴市汽车改装厂严格遵循"创新、高效、务实"的原则，凭借丰富积累的设计经验，严格把控每一道工序，潜心打造公安专用车市场的精品，以优良的品质、优质的服务，为我国警用车装备事业的发展贡献力量。

神探牌宣传车

神探牌清障车

神探牌交通事故勘查车

神探牌交通事故勘查车

神探牌移动卡口车　　　　　神探牌巡逻车　　　　　神探牌交通事故勘查车

北京市城市交通信息智能感知与服务工程研究中心

北京市城市交通信息智能感知与服务工程技术研究中心成立于2012年5月，依托单位是北京交通大学，作为教育部直属的全国重点大学，北京交通大学在交通运输、交通智能化与信息化技术等重大、综合、超前性的科研攻关中均取得了重大突破。2007年北京交通大学的交通运输工程学科被评为国家级重点学科，并且在每年的学科评比中名列前茅，交通信息工程及控制学科是全国高校第一批该学科博士学位授权点和国家级重点学科，在2001年和2007年国家级重点学科的评定中名列全国第一，也相继被再次评为国家级重点学科。

工程中心的共建单位分别是北京市交通信息中心、北京四通智能交通系统集成有限公司以及北京宏德信智源信息技术有限公司，分别负责测试、中试、应用推广基地建设，实现智能交通技术的孵化、转移和产业化。

2017年，工程中心承担多项国家及省部级科研项目。重点研发了列车关键系统在途智能感知与诊断技术、高性能车地数据传输技术、基于隐患挖掘与故障定位的列车预测性维修技术、列车在途安全预警与网络化运维支持系统装备体系。重点围绕轨道交通信息智能感知技术、轨道交通信息融合与评估技术和轨道交通信息智能化服务技术3个技术方向建设。工程中心成立以来工作人员共发表论文200余篇，其中SCI论文60余篇，EI论文140余篇，申请国家发明专利授权67项，其中授权40项。促进了新型智能传感器技术、列车在途监测与安全预警关键技术、轨道交通路网运营安全保障关键技术等相关研究成果转化。

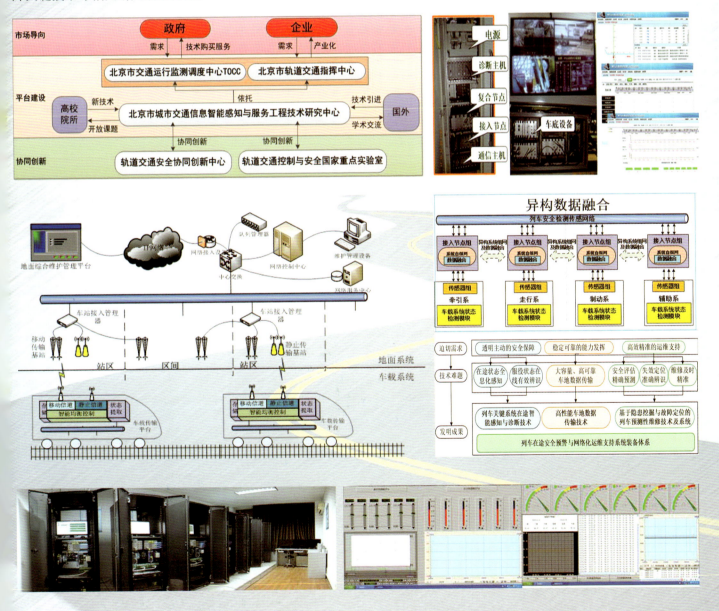

地址：北京市海淀区上园村3号北京交通大学8教406　　　邮编：100044

上海鸣啸信息科技股份有限公司

鸣啸信息科技MIT

鸣啸信息科技MIT 已成功服务全国，不断开辟新的业务领域。已实施的成功案例覆盖全国23个城市，包括全国地铁55条线路682列4000余辆车大连、成都、上海松江、武汉大汉阳、武汉东湖有轨电车，上海及郑州铁路局、深圳及南京机场、江浙皖高速公路等通信及信息化工程。企业已在全国23个城市设立子公司、分公司、办事处，实行属地化管理及区域战略部署；同时投资控股大连盖特尔信息科技有限公司专业从事智慧交通移动信息服务。

地址：上海市静安区恒丰路218号803室

电话：（+8621）-32527617

传真：（+8621）-34611468

官网：www.missiongroup.com.cn

企业简介

上海鸣啸信息科技股份有限公司是由上海国资委下属最大国有控股公司--上海国际集团金融发展投资基金、厉伟先生领导的深圳松禾资本、电器科学研究所（集团）有限公司、上海汽车集团股份有限公司以及员工平台等多元机构投资组成的智慧交通行业高新技术集团企业，注册资本6万，总部上海，公司已完成股份制改造，整体变更为股份有限公司。

鸣啸拥有包括2名 "国家千人计划"的国家级科学家、百余名行士、硕士等技术人才；与同济大学、天津大学、上海电气Alstom、华为等研究院所机构建立了联合实验室，积极开展产学研项目。与多个权威机构团建立了合作关系，使公司拥有专业技术、法务、金融团队支持。

鸣啸信息科技MIT专注于轨道交通领域的综合通信系统开发与集成、息化工程，绿色装备代理、技术升级与自主制造，本地化技术性运营维务，以及智慧城市交通信息系统及服务；同时积极借助战略投资者的技市场资源将公司研发与生产能力导入城市智慧交通和车联网领域。

西南交通大学
综合交通大数据应用技术国家工程实验室

综合交通大数据应用技术国家工程实验室（西南交通大学）是2017年初经国家发改委（发改办高技〔2017〕151号文）批准，由西南交通大学作为主体建设单位，联合中国铁路信息技术中心、中国民航大学、重庆市交通委员会、贵阳货车帮科技有限公司等单位共同开展基于大数据的综合交通一体化规划设计、综合交通智能化运营管控和智慧物流服务三个方向的建设。综合交通大数据应用技术国家工程实验室是综合交通大数据应用领域唯一的国家工程实验室，也是迄今为止四川唯一一个大数据领域的国家工程实验室。

实验室围绕着建设综合交通大数据资源流转中心，建设综合交通大数据应用基础成套关键技术研发实验平台和研发中心，建设综合交通大数据应用成套关键技术研发实验平台和研发中心，建设企业级、城市级、区域级、国家级应用服务示范基地，建设综合交通大数据规范政策与标准研究中心，打造综合交通大数据应用的复合型团队和人才成长的生态环境和国际国内合作交流中心等6个主要目标，从大数据采集与集成、云存储与资源调度、计算与挖掘分析、可视化决策支持、安全共享融合的数据处理流程和综合交通规划设计、运营管控、智慧物流服务2个维度，构建综合交通大数据应用基础技术层面和应用技术层面的成套关键技术体系。围绕基础技术和规划建设、运营管控、智慧物流3个研发方向，打通资政产学研用的价值链、产业链并形成一体化发展模式，实现综合交通大数据应用技术成果在企业级、城市级、区域级和国家级的应用服务示范和在全方位的综合交通大数据应用标准规范体系制定与评估中的转化应用，完成体制和机制层面将综合交通大数据的应用转化为对综合交通跨行业、跨区域管理服务能力的提升。

高速列车数字化仿真平台

高速铁路调度指挥平台

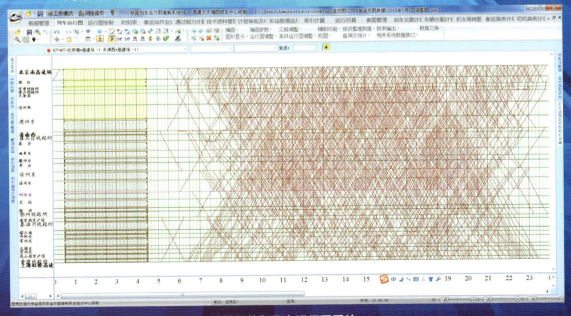

计算机编制列车运行图系统

地址：四川省成都市高新区西部园区西南交通大学　　　　电话：028-66365980　　　传真：028-66365980

中国铁道科学研究院电子计算技术研究所
信息系统与信息安全评测中心

中国铁道科学研究院电子计算技术研究所信息系统与信息安全评测中心主要从事铁路信息化领域的基础研究、综合试验、软件开发、软件评测及系统集成等工作，业务涵盖自然灾害及异物侵限监测、轨道交通综合安防监控、电源及环境监控、崩塌落石监测、通信铁塔安全监测、综合视频监控、铁路公安信息化、基础设施维修管理信息化、信息系统测试及信息安全评测等方向。

研究方向

高速铁路自然灾害及异物侵限监测系统

系统实时采集高速铁路沿线风、雨、雪、地震及上跨高速铁路的道路桥梁异物侵限现场数据，并进行数据分析及处理，为运营管理提供监测、报警信息，发生异物侵限时进行紧急处置，同时实现与路内外相关系统的互联互通和信息共享，为动车组的安全、高速运行保驾护航。

铁路崩塌落石监测报警系统

系统采用多种可配置的智能监测技术综合评判的方式，对危及列车运行安全的泥石流、崩塌、落石等异物侵限和突发事故进行实时监测、自动报警、预警及紧急处置，提高铁路安全防护水平。

电源及环境监控系统

电源及环境监控系统主要用于监控计算机系统机房（场站）动力设备的运行情况和机房（场站）场地环境。设备监控对象主要包括：UPS、配电、空调。环境监控主要包括：门禁、水浸、温湿度、烟感等。系统达到了对机房"五遥"（遥测、遥信、遥控、遥调、遥视）远程监控的设计目标，为机房高效的管理和安全运营提供有力的保障。

铁路综合视频监控

铁路综合视频监控可广泛应用于铁路沿线、车站、货场、机务段等铁路生产现场，实现对铁路沿线、车站售票大厅、候车大厅、车站站台、道口、车站广场、货场、机务段等场所环境的监控，大大减轻日常人员巡视的工作量，便于及时发现危险隐患，保障安全生产。

铁路网络与信息安全评测及服务

为铁路行业重要系统提供安全等级测评、网络与信息安全风险评估、专项验收测评、网络安全硬件产品检测认证、网络与信息安全方案设计与业务咨询、网络安全事件及威胁情报预警及分析、信息安全技术培训等服务。开展基于云计算、物联网、移动互联网、大数据等新技术新应用安全技术防护体系和标准研究，努力打造成铁路行业测评认证中心、技术服务中心、安全威胁情报分析与通报中心、科学试验基地、产品孵化基地。

推广应用

研发的高速铁路自然灾害及异物侵限监测系统在全路推广应用，承担了吉图珲、张呼客运专线，长株潭城际铁路的灾害监测系统建设工作。开发了国内首套基于铁路局中心系统和现场监测设备两级架构的高速铁路自然灾害及异物侵限监测系统，于2015年在太原铁路局成功试点应用，对建立符合我国高速铁路要求、具有世界先进水平的高速铁路灾害监测系统，发挥了示范引领作用，对保障高速铁路列车运行安全具有重大的社会和经济意义。

电源及环境监控系统已广泛应用于京沪、沪昆高铁等20余线路的信息机房以及渝万、沈丹高铁等多条线路的通信机房，为高铁机房的安全运行保驾护航。

作为我国铁路行业唯一认可的网络与信息安全技术支撑单位，承担了铁路总公司客票发售与预定系统、列车调度指挥系统等铁路关键信息基础设施等级保护测评服务，并在北京铁路局、上海铁路局等10余个单位开展了50多个系统的等级保护测评及风险评估工作，为我国铁路行业信息化建设工作提供了网络与信息安全服务保障。

地址：北京市海淀区大柳树路2号中铁科大厦3层　　　　邮编：100081
路电：（021）93164　　　　　　　　　　　　　　市电：（010）51893164
路电传真：（021）74236　　　　　　　　　　　　市电传真：（010）51874236

InnoTrans 2018

9月18-21日．柏林

国际轨道交通技术展览会
革新产品．车辆．交通系统

innotrans.com

引领科技，驶向未来

中国大陆及港澳地区总代表：
德国工商会（香港）有限公司
香港金钟道89号力宝中心第一座3601室
T +852 2532 1232
F +852 2810 6093
Info@hongkong.ahk.de

||||| Messe Berlin

■ 航道整治成绩斐然

自上世纪九十年代以来，我院在航道工程领域承担完成了近500余项目，涵盖规划、科研、设计各个方面，尤其在长江干线重点浅滩航道整治上，独树一帜。工程设计效果明显，改善了中游30多处重点浅滩的航道条件，确保了枯水期航道畅通；有效控制了三峡工程"清水下泄"造成的不利影响，合理利用了枯水期流量增加的正效应，使干线航道通过能力明显提升。

■ 航道养护

航标养护是航道养护主要工作内容之一，我院研发并推广应标新技术、新材料、新工艺，促进航标的大型化、明亮化、标准化息化。我院研究提出长江智能航道定义及总体框架，在关键航道感知、数据交互等方面进行了研究，全程参与长江干线数字航道设计，实现了长江干线航道沿程中短期水位预测预报，有力推动了干线航道信息化的发展。

■ 工程检测

我院拥有一座近4000平米的实验楼，具有水运工程试验检测结构甲级资质、水运工程材料检测乙级资质、计量认证（CMA）资质、工程勘察类工程测量甲级资质和工程勘察专业类岩土工程（勘察）乙级资质，业务遍及水运工程试验检测、河流泥沙分析、岩土工程勘察、工程测量及相应科学研究等范围。

■ 硬件设施

我院建有国内一流的河工模型试验场所，分布于武汉市江岸家山基地和东西湖区长江航道科研实验新基地，可同时开展数十工模型试验，拥有行业最为先进的模型试验、工程检测和测量500台，能满足水运工程各类试验研究的要求。

长江航道规划设计研究院

我院成立于1974年，隶属于交通运输部长江航道局，属公益性事业单位。拥有水位工程全行业设计、工程咨询、工程勘察（测量）理及水运工程结构检测甲级资质。业务范围涉及水运行业的规划、勘察、设计、咨询、研究以及工程检测、经济分析和工程监理等领域。我院拥有国内一流的河工模型试验大厅以及先进的试验、测量和检测设备，已建成占地300余亩的长江航道科研实验新基地，设备一流。拥有包括享受国家政府特殊津贴专家、交通青年科技英才、成绩优异的高级工程师、长航设计大师等在内的中高级以上专术人员100余人，其中研究生以上学历74人（含博士16人）。

建院40年来，先后主持完成了各类科研项目千余项，承担了长江干线航道80%以上的航道整治前期及设计任务，编制了《长江航道发展规划》以及湖北、广西、安徽等多个地方内河航道及港口发展规划，承接项目遍及我国内河及沿海，拥有国家专利及软件权20余项，获省部级以上科研奖励70余项（其中国家级奖近10项），编写行业规范10余部。

国家内河航道整治工程技术研究中心

基本信息

2011年1月经科技部批准，依托重庆交通大学和长江航道局建设；2014年11月，"中心"以优秀成绩通过了科技部验收。

"中心"汇聚了内河航道整治方面600余名专业人才，高级职称近300人；试验基地占地900亩，试验厅室18个、建筑面积5.4万m²，有大型模型试验场6万 m²；各类实验仪器设备1500余台套，总值约1.6亿元。

重庆基地（重庆交通大学）

武汉基地（长江航道局）

主要研究方向

1）山区河流航道整治。卵石滩险及卵石滩群联动航道整治技术；电站非恒定流传播特及模拟方法；库区淤积浅滩形成机理及治理技术；山区河流航道整治建筑物新结构、新工等。

2）平原河流航道整治。枢纽下游航道浅滩演变模拟及预测关键技术；大型冲积河流航塑造技术；平原河流航道整治洲滩控制技术；平原河流航道整治建筑物新结构、新工艺；态航道建设关键技术等。

3）枢纽通航。超高水头船闸输水系统设置技术；闸阀空蚀空化及振动控制技术；船闸能及多线船闸通航技术；碍航闸坝复航技术等。

4）内河港口设计建造。大水位差专业化码头新结构型式及装卸工艺技术；多层带缆结和浮式靠船结构设计技术；深水码头基础设计技术；护岸工程新材料、新结构；港口工程康诊断及维护技术等。

5）航道智能化。航道要素动态实时感知技术、装备及支撑系统；航道养护管理协同、互模型及业务系统；内河航运导助航服务成套技术；实时航道综合信息服务；航道信息服标准体系等。

长江九龙滩卵石沙波滩险

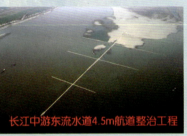
长江中游东流水道4.5m航道整治工程

长江上游航运发展与生态保护大数据研究平台

"中心"开发建设了长江上游航运发展与生态保护大数据研究平台，有效整合水利、航运、生态环境等多种类海量数据，用物联网、三维虚拟仿真、多维度数值模型分析及现场实时监测等前沿技术，提供长江上游千余公里航道的整体水文预报、流运动、非恒定流传播、推移质输移、悬移质冲淤及航道要素、水质、航运经济与承载力预测等多维度多种类模型嵌套计算析，水利、水质与航运要素在线动态展示、预警与信息发布，航道滩险演变与航道整治方案研究等功能。

系统旨在为长江生态环境的大保护战略及航运发展、规划、建设提供决策服务与支持功能，为保护长江生态环境，促进长经济带发展提供科学有效的大数据管理、决策与研究平台。该平台可推广应用于其他通航或不通航河流。

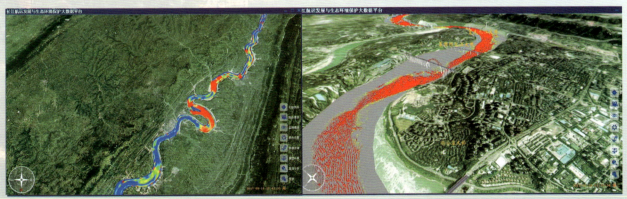
三峡运行30年后库区泥沙淤积分布 　　长江上游实时二维流场分布

地址：重庆市南岸区学府大道66号　　　电话：023-62903905　　　传真：023-62652841

《2017 智能交通产品与技术应用汇编》

广告索引

山东星志智能交通科技有限公司

地址：山东淄博市高新区四宝山民祥路 111 号

电话：0533－3587588

网址：www.xingzhijt.com

山西禾源科技股份有限公司

地址：山西省太原市高新区亚日街同昌创业园 A 座 5 层

电话：0351-3524355

网址：www.hytechie.com

深圳北斗应用技术研究院有限公司

地址：深圳市南山区西丽学苑大道 1068 号中科院深圳先进技术研究院 F 栋 4 楼

电话：0755-86539692

网址： www.sibat.cn

浙江浙大中控信息技术有限公司

地址：浙江省杭州市滨江区滨康路 352 号中控信息大楼 A 座

电话：0571-86667999

网址：www.supconit.com

天津易华录信息技术股份有限公司

地址：天津市津南区八里台工业园区天华路 1 号

电话：022-28669979

网址： www.tjehualu.com

江苏瞬通交通设施有限公司(江苏爱可青实业有限公司)

地址：常州市钟楼开发区合欢路 56 号

电话：400-108-0855

网址：www.suntop88.com

广东方纬科技有限公司

地址：广州市大学城青蓝街数学家庭基地 A 栋 8 楼

电话：020-89250751

网址：www.fundway.net

中山大学工学院智能交通研究中心

地址：广东省广州市新港西路 135 号

电话：020-39332772

网址：http://its.sysu.edu.cn//

华为技术有限公司

地址：北京市东城区永定门西滨河路 8 号院 7 号楼中海地产广场

电话：010-81034499

网址：www.huawei.com

安徽科力信息产业有限责任公司

地址：安徽省合肥市黄山路 628 号

电话：0551-65338252

网址：www.ahkeli.com

北京精英智通科技股份有限公司

地址：北京市海淀区清河小营西小口 27 号海升大厦 C 座

电话：010-88864122/33/44/55/66

网址：www.jaya.cc

无锡华通智能交通技术开发有限公司

地址：江苏省无锡市滨湖区钱荣路 88 号

电话：0510-85504610

深圳市厚石网络科技有限公司

地址：深圳市南山区中山园路 1001 号 TCL 国际 E 城科学园 F 区 F1 栋 8B

电话：0755-86966830/1/2/5

网址：www.primestone.com.cn

逸兴泰辰（天津）科技有限公司

地址：天津市华苑产业区海泰发展五道 16 号 B2-2 号楼

电话：022-23770978

网址：www.ethane.com.cn

青岛海信网络科技股份有限公司

地址：山东省青岛市东海西路 17 号海信大厦

电话：0532-80873089

网址：www.hisense-transtech.com.cn

甘肃康道交通设施有限责任公司

地址：甘肃省兰州市西固区环行东路 208 号

电话：0931-7321968

网址：www.gskdjt.com

安徽超远信息技术有限公司

地址：安徽省合肥市高新区文曲路 919 号

电话：0551-65370961

网址：www.cychina.cn

天津科畅慧通信息技术有限公司

地址：天津市东丽区先锋路 65 号汇城广场 B 座 17 层

电话：022-84458361

网址：www.tjkcht.com

浙江网新智能技术有限公司

地址：浙江省杭州市滨江区江汉路 1785 号双城国际 4 号楼 5 楼

电话：0571-87750779

网址：www.iottech.cc

江苏航天大为科技股份有限公司

地址：江苏省无锡市锡山区科技工业园 1 号

电话：0510-88201111

网址：www.daway.com.cn

广州市中南民航空管通信网络科技有限公司

地址：广州市白云区机场路南云东街 3 号副楼 2-6 层

电话：020-86120938

中国民航华北空中交通管理局

地址：北京市朝阳区首都机场航安路 11 号

电话：010-64591777

上海民航华东空管工程技术有限公司

地址：上海市青浦区诸光路 451 号

电话：021-22326811

帝信科技股份有限公司

地址：024-89794000

电话：沈阳市沈北新区沟子沿路 131 号帝信科技园

网址：www.dixn.com.cn

上海智能交通有限公司

地址：上海市杨浦区周家嘴路 1229 号 A 座 4 楼

电话：021-55970979

网址：www.its-sh.com

深圳市易行网交通科技有限公司

地址：深圳市南山区科技园高新南四道九号科技园公交总站东侧 3 楼

电话：0755-86665088

网址：www.sze511.com

深圳市法马新智能设备有限公司

地址：深圳市宝安区西乡街道三维社区奋达高新科技园 C 栋四楼

电话：0755-23193599

网址：www.cnfama.com

上海宝康电子控制工程有限公司

地址：上海市宝山区锦富路 298 号

电话：021-56931088

网址：www.shbaokang.com

北京市交通运行监测调度中心

地址：北京市丰台区六里桥南里甲 9 号首发大厦 C 座

电话：010-57079692

深圳市前海绿色交通有限公司

地址：深圳市月亮湾大道与桂湾三路交汇处前海建工苑 S2-1

电话：0755-88981668

安徽中科龙安科技股份有限公司

地址：安徽省合肥市蜀山区湖光路 1299 号 17 幢

电话：0551-65877986

网址：www.loongsec.com

南京奥杰智能科技有限公司

地址：南京雨花台区软件大道 180 号大数据产业基地 7 栋

电话：025-83368185

网址：www.ogreat.com.cn

深圳市威尔电器有限公司

地址：窗体顶端

地址：深圳龙华新区观澜街道横坑社区横坑河西村 227 号

电话：0755-83160728

网址：www.well-co.cn

上海电科智能系统股份有限公司

地址：上海市普陀区武宁路 505 号能源大楼 3-5 楼

电话：021-32557700

网址：www.seisys.cn

上海三思电子工程有限公司

地址：上海市闵行区疏影路 1280 号

电话：400-600-3434

网址：www.sansitech.com

上海元卓信息科技有限公司

地址：上海市闵行区陈行路 2388 号浦江科技广场 2 号楼 5 楼东座

电话：021-60833218

网址：www.iprobeinfo.com

上海市城乡建设和交通发展研究中院(上海交通信息中心)

地址：上海市宛平南路 75 号 11 楼

电话：021-54524500

网址：www.sucdri.com

南京金智视讯技术有限公司

地址：南京市江宁区经济技术开发区将军大道 100 号金智科技园

电话：025-52763366

网址：www.wisvision.com.cn

山东华夏高科信息股份有限公司

地址：山东省临沂市兰山区育才路 111-16 号

电话：0539-8136692

网址：www.buy365.com.cn

北京云海志通科技发展有限公司

地址：北京市门头沟区莲石湖西路 98 号院 6 号楼 201-1 室（北方工业大学京西创新创业基地）

电话：010-57551810

网址：www.cloudoceans.cn

新智认知数据服务有限公司

地址：上海市杨浦区政立路 421 号 C 栋 7-9 层

电话：021-33637763

网址：www.encdata.cn

瑞斯康达科技发展股份有限公司

地址：北京市海淀区西北旺东路 10 号院（中关村软件园）东区 11 号

电话：010-58963999

网址：www.raisecom.com

易华录

地址：北京石景山区阜石路 165 号中国华录大厦

电话：400-610-1996

网址：www.ehualu.com

山东科威达信息科技有限公司

地址：山东省济宁市任城区火炬南路 9 号

电话：0537-2880110

网址：www.kw169.com

连云港杰瑞电子有限公司

地址：江苏省连云港市圣湖路 18 号

电话：0518-85981717

网址：www.jarits.com

浙江安谐智能科技有限公司

地址：浙江省杭州市下城区石桥路 279 号经纬创意产业园 1 号楼 A 座 201 室

电话：400-669-9798

网址：www.anxieznkj.com

四川科维实业有限责任公司

地址：成都市西南航空港经济开发区长江路三段 19 号

电话：028-67874567

网址：www.kovy.cn

广州车行易科技股份有限公司

地址：广州市海珠区阅江西路磨碟沙大街 118 号琶醍 D 区 4 楼

电话：020-62936789

网址：www.cx580.com

南京名都智能科技有限公司

地址：南京市秦淮区菱角市 66 号国家领军人才创业园 25 号楼

电话：025-58017201

网址：www.njmdzn.com

乌鲁木齐市城市综合交通项目研究中心

地址：乌鲁木齐市昆仑路 82 号

电话：0991-4692536

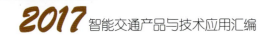

上海济通信息技术有限公司

地址：上海市杨浦区四平路 1388 号同济联合广场 C 座 907 室

电话：021-65138856

网址：www.jtsmart.com

上海济安交通工程咨询有限公司

地址：上海市四平路 1388 号同济联合广场 C 座 1009 室

电话：021-33626090

网址：www.jatrans.com.cn

霹图卫软件科技（上海）有限公司

地址：上海市黄浦区南京东路 800 号新一百大厦 19 楼 J 室

电话：021-63288206

网址：www.ptvgroup.com

北京交通发展研究院

地址：北京市丰台区六里桥南里甲 9 号首发大厦

电话：010-57079809

网址：www.bjtrc.org.cn

上海正先电子科技有限公司

地址：上海市静安区延长中路 625 号 5 号楼

电话：021-36532622

网址：www.zemso.com

上海博协软件有限公司

地址：上海市真南路 150 号 B201 室

电话：021-63638369

网址：www.7lad.com

天津通卡智能网络科技股份有限公司

地址：天津华苑产业园榕苑路 15 号

电话：022-23859008

网址：www.tcps.com.cn

深圳信路通智能技术有限公司

地址：深圳市南山区高新南一道 008 号创维大厦 A 座 603 室

电话：0755-86219229

网址：www.signaltone.com.cn

青岛松立软件信息技术股份有限公司

地址：青岛市市南区宁夏路 288 号软件园 6 号楼 11 层

电话：0532-85789111

网址：www.sonli.net

深圳市凯达尔科技实业有限公司

地址：深圳市南山区西丽同沙路 168 号凯达尔集团中心大厦 A 座 4 楼

电话：0755-33286333

网址：www.cadregroup.cn

泰华智慧产业集团股份有限公司

地址：山东省济南市高新区新泺大街 2008 号银荷大厦 D 座 9 层

电话：0531-81922777

网址：www.telchina.com.cn

无锡市明大交通科技咨询有限公司

地址：无锡市滨湖区锦溪路 53 号旭天科技园 19 栋 201 室

电话：0510-85186592

网址：www.mdttc.cn

江苏省邮电规划设计院有限责任公司

地址：江苏省南京市楠溪江东街 58 号

电话：025-52868888

网址：www.jsptpd.com

广州华工信息软件有限公司

地址：广州市天河区元岗路 310 号智汇 park 创意园区 E 栋 6A 层

电话：020-22033938

网址：www.hgrica.com

惠州亿纬锂能股份有限公司

地址：广东省惠州市仲恺高新区惠风七路 36 号

电话：0752-2606966

网址：www.evebattery.com

广州航天海特系统工程有限公司

地址：广州市天河区思成路 15 号 501 室

电话：020-85466333

网址：www.casic-ht.com

南京苏河电子科技有限责任公司

地址：南京市建邺区奥体大街 69 号新城科技园 3 栋 2F

电话：025-86802026

网址：www.suhekj.com

重庆首讯科技股份有限公司

地址：重庆市南岸区四公里内环上道口江南加油站旁

电话：023-89021335

网址：www.cqsxkj.cn

江苏金晓电子信息股份有限公司

地址：南京市栖霞区仙林大学城元化路 8 号创新学院五楼

电话：025-87787318

网址：www.genture.com

国家智能交通系统工程技术研究中心

地址：北京市海淀区西土城路 8 号

电话：010-62079526

网址：www.itsc.cn

重庆中交通信信息技术有限公司

地址：重庆市南岸区茶园通江大道 205 号车联网科技产业园 5 号楼

电话：023-89693329

网址：www.ccttic.cn

浙江生辉照明有限公司

地址：浙江省嘉兴市秀洲区升辉路 39 号

电话：0573-83963000

网址：www.sengled.com

广州国交润万交通信息有限公司

地址：广州市天河棠下涌东路 400 号中科大厦 212

电话：4006389686　　020-29806468

网址：www.runonetech.com

贵州中南交通科技有限公司

地址：贵州省贵阳市国家高新区湖滨路翔明大厦 5 楼

电话：0851-85992662

网址：www.gzznjk.com

重庆大唐科技股份有限公司

地址：重庆市北碚区蔡家岗镇凤栖路 2 号(重庆两江新区机电仪工业园)

电话：023-68867060

网址：www.udata.cn

重庆交通大学交通运输学院及交通信息工程及控制学院

地址：重庆市南岸区学府大道 66 号

电话：023-62652674

网址：www.jtys.cqjtu.edu.cn

苏州青飞智能科技有限公司

地址：江苏省常熟市高新技术产业开发区云深路 188 号

电话：0512-8380050

网址：　www.genius100.com

中国（常熟）智能车综合技术研发与测试中心

地址：江苏省常熟高新技术产业开发区云深路 188 号

电话：0512-81568013

清华大学汽车安全与节能国家重点实验室

地址：北京市海淀区清华大学汽车研究所 304

电话：010-62773036

北京北方朗拓科技有限责任公司

地址：北京市丰台区科学城星火路 7 号

电话：010-83681917

网址：www.northits.com

浙江合众新能源汽车有限公司

地址：浙江省嘉兴市南湖区亚太路 705 号清华 A7 楼

电话：0573-89801917

网址：www.hozonauto.com

浙江东车智能科技有限公司

地址：浙江省杭州市江干区九环路 9 号浙江高校科技园发展有限公司 1 幢 b 座

电话：0571-86627096

网址：www.dongchezhineng.com

江阴市汽车改装厂

地址：江苏省江阴市青阳镇锡澄路 1519 号

电话：0510-86503010

网址：www.chinashentan.com

北京市城市交通信息智能感知与服务工程技术研究中心

地址：北京市海淀区上园村 3 号北京交通大学 8 教

上海鸣啸信息科技股份有限公司

地址：上海市静安区恒丰路 218 号 803 室

电话：021-32527617

网址：www.missiongroup.com.cn

西南交通大学综合交通大数据应用技术国家工程实验室

地址：四川省成都市高新区西部园区西南交通大学

电话：028-66365980

中国铁道科学研究院电子计算技术研究所信息系统与信息安全评测中心

地址：北京市海淀区大柳树路 2 号中铁科大厦 3 层

电话：010-51893164

网址： www.rails.com.cn

广州际艾希会展服务有限公司

地址：香港金钟道 89 号力宝中心第一座 3601 室

电话：+852-25321232

网址：www.hongkong.ahk.de

长江航道规划设计研究院

地址：武汉市东西湖区临空港大道 816 号

电话：027-51769500

网址：www.cjwi.com.cn

国家内河航道整治工程技术研究中心

地址：重庆市南岸区学府大道 66 号

电话：023-62652841

网址： http://niwrerc.cqjtu.edu.cn

2017 智能交通产品与技术应用汇编

鸣谢单位

杭州博达伟业公共安全技术股份有限公司

北京东土科技股份有限公司

浙江大华技术股份有限公司

杭州海康威视系统技术有限公司

北京精英智通科技股份有限公司

华为技术有限公司

中山大学工学院智能交通研究中心

广东方纬科技有限公司

山西禾源科技股份有限公司

江苏爱可青实业有限公司

安徽国华智能交通科技有限公司

中国（常熟）智能车综合技术研发与测试中心